Die Entwicklung des deutschen
privaten Immissionsschutzrechts
seit Beginn der Industrialisierung

# Rechtshistorische Reihe



Band 293

Peter Lang
Frankfurt am Main · Berlin · Bern · Bruxelles · New York · Oxford · Wien

Norbert Koch

# Die Entwicklung des deutschen privaten Immissionsschutzrechts seit Beginn der Industrialisierung

## Unter besonderer Berücksichtigung des Einflusses der höchstrichterlichen Rechtsprechung

Peter Lang
Europäischer Verlag der Wissenschaften

**Bibliografische Information Der Deutschen Bibliothek**
Die Deutsche Bibliothek verzeichnet diese Publikation in der Deutschen Nationalbibliografie; detaillierte bibliografische Daten sind im Internet über <http://dnb.ddb.de> abrufbar.

Zugl.: Würzburg, Univ., Diss., 2004

Diese Arbeit wurde von
Herrn Prof. Dr. Jürgen Weitzel
zur Aufnahme in diese Reihe empfohlen.

D 20
ISSN 0344-290X
ISBN 3-631-52580-X



www.peterlang.de

*Meinen Eltern*

# Vorwort

Die vorliegende Arbeit wurde von der rechtswissenschaftlichen Fakultät der bayerischen Julius-Maximilians-Universität zu Würzburg im Wintersemester 2003/2004 als Dissertation angenommen.

Mein besonderer Dank gilt meinem Doktorvater, Herrn Professor Dr. Jürgen Weitzel, der mein Promotionsvorhaben betreut und gefördert sowie das Erstgutachten erstellt hat. Herzlich danken möchte ich auch Frau Professor Dr. Inge Scherer, die das Zweitgutachten erstattet hat.

Ganz besonders darf ich mich bei Herrn RiVG Dr. Jörg Rohde für die gewissenhaften und sorgfältigen Korrekturarbeiten und die wertvollen Anregungen bedanken.

Schließlich bin ich meinen Eltern Rolf Eckart und Stefanie Koch für die liebevolle, großzügige Unterstützung und die rege Anteilnahme bei der Entstehung dieser Arbeit zu großem Dank verpflichtet.

Essen, im April 2004 Norbert Koch

# Inhaltsverzeichnis

# Abkürzungsverzeichnis

| | |
|---|---|
| a. A. | anderer Ansicht |
| a. a. O. | am angegebenen Ort |
| a. F. | alte Fassung |
| ABG | Allgemeines Berggesetz für die preußischen Staaten |
| Abt. | Abteilung |
| AcP | Archiv für die civilistische Praxis |
| AG | Appellationsgericht |
| AgrarR | Agrarrecht |
| ALR | Allgemeines Landrecht für die preußischen Staaten |
| Anm. | Anmerkung |
| Annalen | Annalen des Königl. Sächsischen Ober-Landesgerichts zu Dresden |
| ArchBürgR | Archiv für Bürgerliches Recht |
| Art. | Artikel |
| | |
| BayOLGZ | Entscheidungen des Bayerischen Obersten Landesgerichts |
| BB | Der Betriebsberater |
| Bd. | Band |
| BGB | Bürgerliches Gesetzbuch |
| BGBl. | Bundesgesetzblatt |
| BGH | Bundesgerichtshof |
| BGHZ | Entscheidungen des Bundesgerichtshofs in Zivilsachen |
| BImSchG | Gesetz zum Schutz vor schädlichen Umwelteinwirkungen durch Luftverunreinigungen, Geräusche, Erschütterungen und ähnliche Vorgänge (Bundes-Immissionsschutzgesetz) |
| BImSchVO | Bundes-Immissionsschutzverordnung |
| BT | Bundestag |
| BVerfGE | Entscheidungen des Bundesverfassungsgerichts |
| BVerwGE | Entscheidungen des Bundesverwaltungsgerichts |
| | |
| cc | code civil |
| | |
| DAR | Deutsches Autorecht |
| ders. | derselbe |
| Dig. | Digesten |
| DJZ | Deutsche Juristische Zeitung |
| DÖV | Die öffentliche Verwaltung |

| | |
|---|---|
| DVBl. | Deutsches Verwaltungsblatt |
| | |
| E | Entwurf |
| EGBGB | Einführungsgesetz zum Bürgerlichen Gesetzbuch |
| | |
| f. | folgende |
| ff. | fortfolgende |
| Fn. | Fußnote |
| | |
| GewO | Gewerbeordnung |
| GewArch. | Gewerbearchiv |
| GG | Grundgesetz |
| GMBl. | Gemeinsames Ministerialblatt |
| | |
| Hrsg. | Herausgeber |
| | |
| JA | Juristische Arbeitsblätter |
| JherJB | Jherings Jahrbücher |
| JR | Juristische Rundschau |
| Jura | Juristische Ausbildung |
| JuS | Juristische Schulung |
| JW | Juristische Wochenschrift |
| JZ | Juristenzeitung |
| | |
| Kgl. | Königlich |
| | |
| LM | Lindenmeier/Möhring (Hrsg.), Nachschlagewerk des Bundesgerichtshofs |
| LRS | Landrechtssatz |
| LZ | Leipziger Zeitschrift für Deutsches Recht |
| | |
| MüKo | Münchner Kommentar zum Bürgerlichen Gesetzbuch |
| m. w. N. | mit weiteren Nachweisen |
| | |
| n. F. | neue Fassung |
| NJW | Neue Juristische Wochenschrift |
| Nr. | Nummer |
| NVwZ | Neue Zeitschrift für Verwaltungsrecht |
| | |
| OAG | Oberappellationsgericht |
| OG | Obergericht |

| | |
|---|---|
| OGH | Obergerichtshof für die britische Zone |
| OLG | Oberlandesgericht |
| OVG | Oberverwaltungsgericht |
| | |
| PrGS. | Gesetz-Sammlung für die königlich preußischen Staaten |
| PrObTribunalE | Entscheidungen des königlich geheimen Preußischen Obertribunals |
| | |
| RG | Reichsgericht |
| RGBl. | Reichsgesetzblatt |
| RGewO | Reichsgewerbeordnung |
| RGRK | BGB-Kommentar von Reichsgerichtsräten |
| RGZ | Entscheidungen des Reichsgerichts in Zivilsachen |
| Rheinisches Archiv | Rheinisches Archiv für das Zivil- und Kriminalrecht der Königlich Preußischen Rheinprovinzen |
| Rn. | Randnummer |
| | |
| S. | Seite |
| Schletter's Jahrbücher | H. Th. Schletter's Jahrbücher der deutschen Rechtswissenschaft und Gesetzgebung |
| Seuffert's Archiv | Seuffert's Archiv für Entscheidungen der obersten Gerichte in den deutschen Staaten |
| Sten.Ber. | Stenographische Berichte |
| StrA | Striethorst's Archiv für Rechtsfälle des Königlichen Ober-Tribunals |
| | |
| TA | Technische Anleitung |
| TA-Lärm | Technische Anleitung zum Schutz gegen Lärm |
| TA-Luft | Technische Anleitung zur Reinhaltung der Luft |
| | |
| u. a. | unter anderem |
| UPR | Umwelt- und Planungsrecht |
| | |
| vgl. | vergleiche |
| VerwArch | Verwaltungsarchiv |
| | |
| | Warneyer Warneyer (Hrsg.), Die Rechtsprechung des Reichsgerichts |
| Wenglers Archiv | Wenglers Archiv für Civilrechtliche Entscheidungen |
| WiVerw | Wirtschaftsverwaltung |

| | |
|---|---|
| WM | Wertpapiermitteilungen |
| ZAkadDR | Zeitung der Akademie für Deutsches Recht |
| z. B. | zum Beispiel |
| ZfrzZR | Zeitung für französisches Zivilrecht |
| ZMR | Zeitung für Miet- und Raumrecht |

# Literaturverzeichnis

*Adams, Michael*
Zur Aufgabe des Haftungsrechts im Umweltschutz, in: ZZP, Bd. 99 (1986), S. 129 ff.

*Adler, Albrecht*
Negatorischer Beseitigungsanspruch und Schadensersatzanspruch, Göttingen 1934

*Adler, Hans Peter*
Nachträgliche Anforderungen an Gewerbebetriebe, Berlin 1970

*Althaus, H. / Primavesi, C. A. / Wüstenberg, J.*
Umwelthygiene, eine Gegenwarts- und Zukunftsaufgabe zur Erhaltung des menschlichen Lebens, in: Umwelthygiene. Bauwesen. Raumordnung, Schriftenreihe des Bundesministers für wissenschaftliche Forschung, Heft 5, München 1968, S. 5 ff.

*Bartling, Karl*
Die Immissionen im Sinne des § 906 BGB und der gegen sie gegebene zivilrechtliche Schutz, Göttingen 1929

*Baur, Fritz*
Der Beseitigungsanspruch nach § 1004 BGB, in: AcP, Bd. 160 (1960), S. 465 ff.

*ders.*
Die privatrechtlichen Auswirkungen des Bundesimmissionsschutzgesetzes, in: JZ 1974, S. 657 ff.

*ders.*
Lehrbuch des Sachenrechts, München – Berlin 1960

*ders.*
Zur Entstehung des Umweltschutzrechts aus dem Sachenrecht des BGB, in: JZ 1987, S. 317 ff.

*Benöhr, Hans-Peter*
Umweltrechtsentwicklungen in Deutschland zwischen 1800 und 1918, in: Kloepfer, Michael (Hrsg.), Schübe des Umweltbewußtseins und der Umweltrechtsentwicklungen, Bonn 1995, S. 35 ff.

*Beseler, Georg*
System des gemeinen deutschen Privatrechts, Bd. 1 und Bd. 2, 4. Auflage, Berlin 1885

*Beuthien, Kurt*
Der Rechtsschutz des Grundeigentümers gegenüber Einwirkungen auf sein Grundstück von Privatgrundstücken und öffentlichen Wegen aus, Göttingen 1926

*Block, Manfred*
Die Bedeutung des nachbarschaftlichen Gemeinschaftsverhältnisses innerhalb der neueren nachbarrechtlichen Gesetzgebung, Göttingen 1969
*Borrmann, Bernd / Greck, Jörg*
Abwehr ideeller Immissionen im Grundstücksrecht, in: ZMR 1989, S. 130 ff.
*Brox, Hans*
Zur Lösung nachbarlicher Interessenkollisionen, in: JA 1984, S. 182 ff.
*Brüggemeier, Franz-Josef*
Eine Kränkung des Rechtsgefühls? Soziale Frage, Umweltprobleme und Verursacherprinzip im 19. Jahrhundert, in: Abelshauser, Werner (Hrsg.), Umweltgeschichte, Göttingen 1994, S. 106 ff.
*ders.*
Natur, Gesundheit, Eigentum. Zur Entwicklung des Umweltbewußtseins in Deutschland im 19. und 20. Jahrhundert, in: Kloepfer, Michael (Hrsg.), Schübe des Umweltbewußtseins und der Umweltrechtsentwicklungen, Bonn 1995, S. 1 ff.
*Brüggemeier, Franz-Josef / Rommelspacher, Thomas*
Blauer Himmel über der Ruhr: Geschichte der Umwelt im Ruhrgebiet 1840 – 1990, Essen 1992
*Brüggemeier, Franz-Josef / Toyka-Seid, Michael*
Industrie-Natur: Lesebuch zur Geschichte der Umwelt im 19. Jahrhundert, Frankfurt/Main – New York 1995
*Bund, Elmar*
Dig. 8 – Text und Übersetzung, in: Behrends / Knütel / Kupisch (Hrsg.), Corpus Iuris Civilis. Text und Übersetzung Bd. II, Heidelberg 1995
*Clasen, Heinrich*
Nochmals: Grundlage und Grenzen des nachbarlichen Gemeinschaftsverhältnisses, insbesondere des Ausgleichanspruchs, in: NJW 1960, S. 2323 f.
*Cretschmar, Cornelius*
Das Rheinische Civilrecht in seiner heutigen Fassung, Düsseldorf 1883
*Dernburg, Heinrich*
Lehrbuch des Preußischen Privatrechts, Bd. 1, 1. Auflage, Halle 1874
Lehrbuch des Preußischen Privatrechts, Bd. 1, 5. Auflage, Halle 1894
*Diederichsen, Uwe*
Umweltschutz durch Privatrecht, Referat für den 56. Deutschen Juristentag, in: Verhandlungen des Sechsundfünfzigsten Deutschen Juristentages, München 1986, S. L 48 ff.

*ders.*
Zivilrechtliche Probleme des Umweltschutzes, in: Reichert-Facilides, Fritz / Rittner, Fritz / Sasse, Jürgen (Hrsg.), Festschrift für Reimer Schmidt, Karlsruhe 1976, S. 1 ff.

*Diederichsen, Uwe / Scholz, Andreas*
Kausalitäts- und Beweisprobleme im zivilrechtlichen Umweltschutz, in: WiVerw 1984, S. 23 ff.

*Engler, Helmut*
Welche Möglichkeiten des Schutzes vor schädlichen Umwelteinflüssen bietet das Zivilrecht?, in: AgrarR 1972, S. 371 ff.

*Feldhaus, Gerhard*
Bestandsschutz immissionsschutzrechtlich genehmigter Anlagen im Wandel, in: WiVerw 1986, S. 67 ff.

*ders.*
Der Vorsorgegrundsatz des Bundes-Immissionsschutzgesetzes, in: DVBl. 1980, S. 133 ff.

*ders.*
Konturen eines modernen Umweltschutzrechts, in: DÖV 1974, S. 613 ff.

*Ferid, Murad / Sonnenberger, Hans Jürgen*
Das Französische Zivilrecht, Bd. 1, 2. Auflage, Heidelberg 1994
Das Französische Zivilrecht, Bd. 2, 2. Auflage, Heidelberg 1986

*Forkel, Hans*
Immissionsschutz und Persönlichkeitsrecht, Köln – Berlin – Bonn – München 1968

*Francke, Wilhelm*
Betrachtungen über die Beweislast bei der Negatorienklage, in: AcP, Bd. 21 (1838), S. 1 ff.

*Frantz, Th.*
Die gesetzlichen Eigentumsbeschränkungen nach (französisch-)badischem und Reichsrecht, Freiburg i. Br. 1887

*Fritz, Klaus*
Das Verhältnis von privatem und öffentlichem Immissionsschutzrecht nach der Ergänzung von § 906 I BGB, in: NJW 1996, S. 573 ff.

*Fuhr, Eberhard*
Kommentar zur Gewerbeordnung, Wiesbaden, Stand 1960

*Gaentzsch, Günter*
Ausbau des Individualschutzes gegen Umweltbelastungen als Aufgabe des bürgerlichen und öffentlichen Rechts, in: NVwZ 1986, S. 601 ff.

*Gerlach, Johann W.*
Grundstrukturen des privaten Umweltrechts im Spannungsverhältnis zum öffentlichen Recht, in: JZ 1988, S. 161 ff.

*ders.*
Privatrecht und Umweltschutz im System des Umweltrechts, Berlin 1989
*Gesterding, Friedrich Christian*
Die gesetzlichen Eigenthumsbeschränkungen nach römischem Recht, in: Allgemeine Juristische Zeitung 1829, S. 105 ff.
*Gierke, Otto von*
Deutsches Privatrecht, Bd. 2 (Sachenrecht), Leipzig 1905
*Glaser, Hugo / Dröschel, Wilhelm*
Das Nachbarrecht in der Praxis, 3. Auflage, Herne – Berlin 1971
*Glück, Christian Friedrich*
Pandecten nach Hellfeld – ein Commentar, 10. Teil, 1. Abteilung, Erlangen 1810
*Goldmann, Eduard / Lilienthal, L.*
Das Bürgerliche Gesetzbuch systematisch dargestellt, Berlin 1912
*Gruchot, Julius Albert*
Glossen zum Allgemeinen Land-Recht, in: Gruchot's Beiträge, Bd. 6 (1862), S. 90 ff.
*Guyet, Carl Julius*
Bemerkungen aus dem römischen Oeconomierechte, in: AcP Bd. 17 (1834), S. 31 ff.
*Hagen, Horst*
Der nachbarrechtliche Ausgleichsanspruch nach § 906 Abs. 2 Satz 2 BGB als Musterlösung und Lösungsmuster – Rechtsfortbildung in mehreren Etappen, in: Medicus, Dieter / Mertens, Hans-Joachim / Nörr, Knut Wolfgang / Zöllner, Wolfgang (Hrsg.), Festschrift für Hermann Lange, Stuttgart – Berlin – Köln 1992, S. 483 ff.
*ders.*
Die neuere Rechtsprechung des Bundesgerichtshofs zum Nachbarrecht, in: WM 1982, S. 410 ff.
*ders.*
Die neueste Rechtsprechung des Bundesgerichtshofs zum Nachbarrecht, in: WM 1984, S. 677 ff.
*Hager, Günter*
Umweltschäden – Prüfstein für die Wandlungs- und Leistungsfähigkeit des Deliktsrechts, in: NJW 1986, S. 1961 ff.
*Hansmann, Klaus (Hrsg.)*
Landmann/Rohmer, Umweltrecht, Bd. 1 – Bundes-Immissionsschutzgesetz, München, Stand März 2002
*Hausmaninger, Herbert / Selb, Walter*
Römisches Privatrecht, 7. Auflage, Wien – Köln – Weimar 1994
*Heck, Philipp*
Grundriß des Sachenrechts, Tübingen 1930

*Hedemann, Justus Wilhelm*
Die Fortschritte des Zivilrecht im XIX. Jahrhundert, Zweiter Teil, Bd. 1, Berlin 1930
*Hesse, Christian August*
Die Rechtsverhältnisse zwischen Grundstücksnachbarn (Nachbarrecht), 2. Auflage, Jena 1880
*ders.*
Zur Lehre von den nachbarrechtlichen Verhältnissen der Grundeigenthümer, in: JherJB, Bd. 6 (1863), S. 378 ff.
*Hettche, Hans Otto*
Bericht über die 2. Fachtagung des Städtetages Nordrhein-Westfalen über Maßnahmen zur Reinhaltung der Luft in Städten am 8. Januar 1958 in Wuppertal, in: Städtehygiene, 10. Jahrgang (1959), S. 57 ff.
*Hoffmann, Georg / Brückner / Erler / Burlage u. a.*
BGB – Kommentar von Reichsgerichtsräten, 1. Band (Allgemeiner Teil. Recht der Schuldverhältnisse. Sachenrecht), Nürnberg und Leipzig 1910
*Holzschuher, Rudolph Freiherr von*
Theorie und Casuistik des gemeinen Civilrechts, 2. Bd., 1. Teil, Leipzig 1845
*Hörle*
Die Beeinträchtigungen des Eigenthums durch gewerbliche Anlagen nach dem Bürgerlichen Gesetzbuch und der Gewerbeordnung, in: VerwArch, Bd. 10 (1902), S. 366 ff.
*Honsell, Heinrich / Mayer-Maly, Theo / Selb, Walter*
Römisches Recht, aufgrund des Werkes von Paul Jörs, Wolfgang Kunkel, Leopold Wenger, 4. Auflage, Berlin – Heidelberg – New York – London – Paris – Tokyo 1987
*Hoppe, Werner / Beckmann, Martin / Kauch, Petra*
Umweltrecht, 2. Auflage, München 2000
*Hubmann, Heinrich*
Der bürgerlichrechtliche Aufopferungsanspruch, in: JZ 1958, S. 489 ff.
*Jarass, Hans D.*
Die Kontrolle gefährlicher Anlagen nach dem Bundesimmissionsschutzgesetz, in: JuS 1984, S. 351 ff.
*Jauernig, Othmar*
Zivilrechtlicher Schutz des Grundeigentums in der neueren Rechtsentwicklung, in: JZ 1986, S. 605 ff.
*Jakobs, Horst Heinrich / Schubert, Werner (Hrsg.)*
Die Beratung des Bürgerlichen Gesetzbuchs in systematischer Zusammenstellung der unveröffentlichten Quellen,
Einführung, Biographien, Materialien, Berlin – New York 1978
Sachenrecht I (§§ 857 – 1017), Berlin – New York 1985

*Jhering, Rudolf von*
Der Zweck im Recht, Bd. 1, 4. Auflage, Leipzig 1904
*ders.*
Zur Lehre von den Beschränkungen des Grundeigenthümers im Interesse der Nachbarn, in: JherJB, Bd. 6 (1863), S. 81 ff.
*Kaser, Max*
Römisches Privatrecht, 14. Auflage, München 1986
*Klausing, Friedrich*
Immissionsrecht und Industrialisierung, in: JW 1937, S. 68 ff.
*ders.*
Richterspruch und Immissionsrecht, in: JW 1938, S. 211 ff.
*Kleindienst, Bernhard*
Der private Immissionsschutz nach § 906 BGB, Tübingen 1964
*Kleinlein, Kornelius*
Neues zum Verhältnis von öffentlichem und privatem Nachbarrecht, in: NVwZ 1982, S. 668 ff.
*Kloepfer, Michael*
Rechtsschutz im Umweltschutz, in: VerwArch, Bd. 76 (1985), S. 371 ff.
*ders.*
Umweltrechtsentwicklungen in Deutschland nach 1945, in: Michael Kloepfer (Hrsg.), Schübe des Umweltbewußtseins und der Umweltrechtsentwicklung, Bonn 1995, S. 91 ff.
*Kloepfer, Michael / Franzius, Claudio / Reinert, Sigrid*
Zur Geschichte des deutschen Umweltrechts, Berlin 1994
*Koch, Carl Friedrich*
Allgemeines Landrecht für die Preußischen Staaten, Bd. 1, 8. Auflage, Berlin – Leipzig 1884
*Koch, Carl Friedrich*
Lehrbuch des Preußischen gemeinen Privatrechts, Bd. 1, Berlin 1845
*Koch, Wilhelm*
Deutschlands Eisenbahnen, Marburg – Leipzig 1860
*Köndgen, Johannes*
Überlegungen zur Fortbildung des Umwelthaftpflichtrechts, in: UPR 1983, S. 345 ff.
*Künzl, Reinhard*
Abwehr ideeller Immissionen, in: NJW 1984, S. 774 ff.
*Kuntze, Johann Emil*
Rezension von Pagenstecher, Die römische Lehre vom Eigenthum in ihrer modernen Anwendbarkeit, in: Schletter's Jahrbücher der deutschen Rechtswissenschaft und Gesetzgebung, Bd. 4 (1858), S. 196 ff.

*Landmann, Robert von / Rohmer, Gustav / Eyermann, Erich / Fröhler, Ludwig*
Kommentar zur Gewerbeordnung, Bd. 1, 12. Auflage, München-Berlin 1970
*Lindenmeier, Fritz / Möhring, Philipp*
Nachschlagewerk des Bundesgerichtshofs, München
*Marburger, Peter*
Ausbau des Individualschutzes gegen Umweltbelastungen als Aufgabe des bürgerlichen und öffentlichen Rechts, Gutachten C für den 56. Deutschen Juristentag, in: Verhandlungen des Sechsundfünfzigsten Deutschen Juristentages, München 1986, S. C 1 ff.
*Medicus, Dieter*
Zivilrecht und Umweltschutz, in: JZ 1986, S. 778 ff.
*Meisner, Christian / Stern, Heinrich*
Das in Preußen geltende Nachbarrecht, München – Berlin – Leipzig 1927
*Meisner, Christian / Stern, Heinrich / Hodes, Fritz*
Nachbarrecht im Bundesgebiet (ohne Bayern) und in Westberlin, 3. Auflage, Berlin 1956
*Möller, Cosima*
Die Servituten. Zur Entwicklungsgeschichte, Funktion und Struktur der grundstücksvermittelten Privatrechtsverhältnisse im römischen Recht. Mit einem Ausblick auf die Rezeptionsgeschichte und das BGB (Habilitationsschrift), Göttingen, Veröffentlichung geplant für 2003
*Monich, Wilhelm*
Der Umfang des Gegenstandes des Grundeigenthums und die befugte Einwirkung nach dem B.G.B., in: JherJB, Bd. 38 (1898), S. 155
*Mosich, Walter*
Das Grundeigen und seine Begrenzung nach §§ 905 und 906 BGB, in: JherJB, Bd. 80 (1930), S. 255 ff.
*Mühl, Otto*
Die Ausgestaltung des Nachbarrechtsverhältnisses in privatrechtlicher und öffentlich-rechtlicher Hinsicht, in: Baur, Fritz / Esser, Josef / Kübler, Friedrich / Steindorff, Ernst (Hrsg.), Funktionswandel der Privatrechtsinstitutionen, Festschrift für Ludwig Raiser, Tübingen 1974, S. 159 ff.
*ders.*
Treu und Glauben im Sachenrecht, in: NJW 1956, S. 1657 ff.
*ders.*
Grundlage und Grenzen des nachbarlichen Gemeinschaftsverhältnisses, in: NJW 1960, S. 1133 ff.
*ders.*
Nochmals: Grundlage und Grenzen des nachbarlichen Gemeinschaftsverhältnisses, insbesondere des Ausgleichsanspruchs, in: NJW 1960, S. 2324 ff.

*Münchener Kommentar zum Bürgerlichen Gesetzbuch*
1. Auflage, München 1981
3. Auflage, München 1997
*Mugdan, Benno*
Die gesammten Materialien zum Bürgerlichen Gesetzbuch für das Deutsche Reich, Bd. 3 (Sachenrecht), Berlin 1899
*Neufang, Heinz*
Der Siedlungsverband Ruhrkohlenbezirk (1920-1963), in: DÖV 1963, S. 812 ff.
*Nick, Thomas*
Die Beweislastverteilung im zivilrechtlichen Umweltschutz, in: AgrarR 1985, S. 343 ff.
*Ogorek, Regina*
Actio negatoria und industrielle Beeinträchtigung des Grundeigentums, in: Coing, Helmut / Wilhelm, Walter (Hrsg.), Wissenschaft und Kodifikation des Privatrechts im 19. Jahrhundert, Frankfurt/Main 1979, S. 40 ff.
*dies.*
Untersuchungen zur Entwicklung der Gefährdungshaftung im 19. Jahrhundert, Bamberg 1975
*Olzen, Dirk*
Zivilrechtlicher Schutz gegen Belästigungen aus der Umwelt, in: Jura 1991, S. 281 ff.
*Ortloff, Hermann*
Aus dem Nachbarrecht, in: ArchivBürgR, Bd. 26 (1905), S. 327 ff.
*ders.*
Das deutsche Nachbarrecht, Jena 1900
*Ossenbühl, Fritz*
Verwaltungsrecht als Vorgabe für Zivil- und Strafrecht, in: DVBl. 1990, S. 963 ff.
*Otto, Franz*
Gesetzesänderung: Duldung und Abwehr von Immissionen aus der Nachbarschaft, in: ZMR 1995, S. 147 ff.
*Paetz, Erich*
Umweltschutz und Privatrecht, in: JZ 1989, S. 1114 f.
*Pagenkopf, Hans*
Statische und dynamische Betrachtungsweise der Ortsüblichkeit im Rahmen des § 906 BGB, in: LZ 1932, S. 742 f.
*Pagenstecher, Ernst*
Die römische Lehre vom Eigenthum in ihrer modernen Anwendbarkeit, Bd. 1 (Begriff und gesetzliche Beschränkungen des Eigenthums), Heidelberg 1857

*Palmer, Ingo*
Die Entwicklung des deutschen privatrechtlichen Immissionsrechts im 19. Jahrhundert verglichen mit dem französischen Recht, zugleich ein Beitrag zur Entstehungsgeschichte des § 906 BGB, Bochum 1979
*Papier, Hans-Jürgen*
Einwendungen Dritter im Verwaltungsverfahren, in: NJW 1980, S. 313 ff.
*Peine, Franz-Josef*
Die Legalisierungswirkung, in: JZ 1990, S. 201 ff.
*ders.*
Öffentliches und privates Nachbarrecht, in: JuS 1987, S. 169 ff.
*ders.*
Privatrechtgestaltung durch Anlagengenehmigung, in: NJW 1990, S. 2442 ff.
*Pfeiffer, Thomas*
Die Bedeutung des privatrechtlichen Immissionsschutzes – Eine Untersuchung zu §§ 1004, 906 BGB, Frankfurt am Main – Bern – New York 1987
*Planck, G. von*
Bürgerliches Gesetzbuch nebst Einführungsgesetz, Dritter Band (Sachenrecht), 1. und 2. Auflage, Berlin 1902
*Pohl, Hans*
Die Entwicklung der deutschen Volkswirtschaft (1830 – 1880), in: Coing, Helmut / Wilhelm, Walter (Hrsg.), Wissenschaft und Kodifikation des Privatrechts im 19. Jahrhundert, Bd. 2, Frankfurt am Main 1977, S. 1 ff.
*Puchta, Georg Friedrich*
Über die Negatorienklage (1827), in: Rudorff, Adolf August Friedrich (Hrsg.), Georg Friedrich Puchta's Kleine civilistische Schriften, Leipzig 1851, S. 148 ff.
*Rabe, Carl Ludwig Heinrich*
Sammlung Preußischer Gesetze und Verordnungen, Berlin – Halle 1817
*Reinhard, Johann Theodor*
Über das Recht des Eigenthümers, gegenüber dem Nachbarrecht und dem Recht auf Entschädigung. Dabei insbesondere von der cautio damni infecti und der actio negatoria, in: AcP, Bd. 30 (1847), S. 216 ff.
*Rengeling, Hans-Werner*
Die immissionsschutzrechtliche Vorsorge als Genehmigungsvoraussetzung, in: DVBl. 1982, S. 622 ff.
*Riehl, Anton*
Über Immissionsprozesse, in: Gruchot's Beiträge, Bd. 51 (1907), S. 142 ff.

*Rieß*
Zum Sachenrecht des Entwurfs,in: Adams / Wilke / Mecke / Hartmann / Erynthropel (Hrsg.), Gutachten aus dem Anwaltsstande über die Erste Lesung des Entwurfs eines Bürgerlichen Gesetzbuchs, herausgegeben im Auftrage des Deutschen Anwalt-Vereins, Berlin 1890, S. 631 ff.
*Rocholl, Christian*
Rechtsfälle aus der Praxis des Reichsgerichts, 2. Bd., Breslau 1890
*Rönne, Ludwig von*
Ergänzungen und Erläuterungen der preußischen Rechtsbücher durch Gesetzgebung und Wissenschaft, Bd. 1, Berlin 1858
*Rohde, Jörg*
Das Recht der genehmigungsbedürftigen Anlagen im Gewerbe- und Immissionsschutzrecht von 1810 bis in die Gegenwart unter besonderer Berücksichtigung des Preußischen Verwaltungsrechts, Freiburg i. Br. 1999
*Rosenberg, Hans*
Machteliten und Wirtschaftskonjunkturen, Göttingen 1978, S. 178 ff.
*Roth, Günther H.*
Materiellrechtliche und prozessuale Aspekte eines privatrechtlichen Umweltschutzes, in: NJW 1972, S. 921 ff.
*Roth, Paul von*
Bayrisches Civilrecht, 2. Teil, Tübingen 1872
*Sach, Karsten*
Genehmigung als Schutzschild? Die Rechtsstellung des Inhabers einer immissionsschutzrechtlichen Genehmigung, Berlin 1994
*Salje, Peter*
Die Ersatzpflicht des Betreibers für Immissionen in der Nachbarschaft der Anlage, in: DAR 1988, S. 302 ff.
*Sandt, G. (Hrsg.)*
Archiv für das Civil- und Criminalrecht in den Königl. Preuß. Rheinprovinzen, Köln 1820 – 1906
*Schack, Friedrich*
Bürgerlich-rechtlicher und öffentlich-rechtlicher Entschädigungsanspruch bei Immissionen, in: NJW 1968, S. 1914 ff.
*ders.*
Zum Aufopferungsanspruch im Nachbarrecht, in: JR 1958, S. 207 ff.
*Schenke, Wolf-Rüdiger*
Verfassungsrechtliche Probleme eines Einschreitens gegen Immissionen verursachende Anlagen nach dem BImSchG, in: DVBl. 1976, S. 740 ff.
*Scherer, Inge*
Das Asylantenwohnheim in der Nachbarschaft – Zum Dauerthema „Ideelle Immissionen“ –, in: JR 1997, S. 309 ff.

*Schiffer, Heinz*
Immissionen. Ein Beitrag zur Neugestaltung des Nachbarrechts, in: ZAkadDR 1936, S. 1076 ff.
*ders.*
Zum Verfahren in Immissionssachen, in: ZAkadDR 1937, S. 276 f.
*Schlechtriem, Peter*
Nachbarrechtliche Ausgleichsansprüche und Schadensersatzhaftung, in: Lange, Hermann / Nörr, Knut Wolfgang / Westermann, Harm Peter (Hrsg.), Festschrift für Joachim Gernhuber, Tübingen 1993, S. 407 ff.
*Schmidt-Tophoff, Alfons*
Luftreinhaltung und Luftreinhalterecht, in: BB 1959, S. 569 ff.
*Schött, Hans-Jochim*
Grundlagen und Probleme des modernen Immissionsrechts, Hamburg 1961
*Schubert, Werner (Hrsg.)*
Die Vorlagen der Redaktoren für die erste Kommission zur Ausarbeitung des Entwurfes eines Bürgerlichen Gesetzbuches, Sachenrecht, Bd. 1, Berlin – New York 1982
*Schulte, Hans*
Privatrechtliche Aufopferung und Enteignung, Münster 1964
*Schulte, Hans-Wolfgang*
Die gesetzliche Lösung von Interessenkonflikten im Nachbarraum durch Ausgleich, Begünstigung, Entschädigung, Münster 1968
*Schumacher, Detlef*
Das Rheinische Recht in der Gerichtspraxis des 19. Jahrhunderts, Stuttgart – Brüssel 1969
*Sellner, Dieter*
Die Genehmigung nach dem Bundes-Immissionsschutzgesetz, in: NJW 1975, S. 801 ff.
*ders.*
Die Grundpflichten im Bundes-Immissionsschutzgesetz, in: Bachof, Otto / Heigl, Ludwig / Redeker, Konrad (Hrsg.), Verwaltungsrecht zwischen Freiheit, Teilhabe und Bindung, Festgabe aus Anlaß des 25-jährigen Bestehens des Bundesverwaltungsgerichts, München 1978, S. 603 ff.
*ders.*
Immissionsschutzrecht und Industrieanlagen, 2. Auflage, München 1988
*Sendler, Horst*
Rechtssicherheit bei Investitionen und normative Anforderungen des modernen Umweltschutzrechts, in: UPR 1990, S. 41 ff.

*Siebenhaar, Eduard / Siegmann, Georg*
Commentar zu dem bürgerlichen Gesetzbuche für das Königreich Sachsen, Bd. 1, Leipzig 1864
*Siller, Franz*
Die nachbarrechtliche Duldungspflicht von Immissionen, Düsseldorf 1940
*Sintenis, Carl Friedrich Ferdinand*
Das practische gemeine Civilrecht, Bd. 1, Leipzig 1844
*Soergel, Theodor / Siebert, Wolfgang / Baur, Jürgen F. / Abraham, Hans-Jürgen (Hrsg.)*
Bürgerliches Gesetzbuch, 10. Auflage, Stuttgart – Berlin – Köln – Mainz 1968
Bürgerliches Gesetzbuch, 12. Auflage, Stuttgart – Berlin – Köln 1990
*Spangenberg, Ernst Peter Johann*
Einige Bemerkungen über das Nachbarrecht, in: AcP, Bd. 9 (1826), S. 265 ff.
*Starck*
Der § 906 BGB. und seine Auswirkung auf landwirtschaftliche Grundstücke, in: ZAkadDR 1936, S. 741 f.
*Staudinger, Julius von (Hrsg.)*
Kommentar zum Bürgerlichen Gesetzbuch, 11. Auflage,
Bd. I (Recht der Schuldverhältnisse), Berlin 1961
Bd. III (Sachenrecht), Berlin 1956
Kommentar zum Bürgerlichen Gesetzbuch, 13. Auflage
Bd. II (Recht der Schuldverhältnisse), Berlin 1999
Bd. III (Sachenrecht), Berlin 1995
*Stephany, Hans*
Zum Problem der Reinhaltung der Luft, in: BB 1960, S. 529 ff.
*Sturm, August*
Beiträge zum römischen Recht unter Berücksichtigung des Entwurfes für das Bürgerliche Gesetzbuch, Bd. 3 (Die Immissionen), Naumburg an der Saale 1891
*Thibaut, Anton Friedrich Justus von*
Versuche über einzelne Theile der Theorie des Rechts, Bd. 1, 2. Auflage, Jena 1817
*Unger, Joseph*
Handbuch des im Herzogthume Sachsen-Meiningen geltenden partikularen Privatrechts, Bd. 2, Hildburghausen 1894
*Vierhaus, Felix*
Die Entstehungsgeschichte des Entwurfs eines Bürgerlichen Gesetzbuchs für das Deutsche Reich, Berlin – Leipzig 1888

*Volkmar, Leopold*
Die Jurisprudenz des Rheinischen Kassationshofs zu Berlin, 1819 – 1846, Berlin 1848
*Wagner, Gerhard*
Öffentlich-rechtliche Genehmigung und zivilrechtliche Rechtswidrigkeit, Köln – Berlin – Bonn – München 1989
*Walz, Rainer*
Marktbezogener Umweltschutz und privatrechtlicher Immissionsschutz, in: Baur, Fritz / Esser, Josef / Kübler, Friedrich / Steindorff, Ernst (Hrsg.), Funktionswandel der Privatrechtsinstitutionen, Festschrift für Ludwig Raiser, Tübingen 1974, S. 185 ff.
*Warneyer, Otto*
Die Rechtsprechung des Reichsgerichts auf dem Gebiete des Zivilrechts, Leipzig 1908 – 1941
*ders.*
Kommentar zum Bürgerlichen Gesetzbuch, Tübingen 1927
*Werenberg, Wilhelm*
Über die Collision der Rechte verschiedener Grundeigenthümer, in: JherJB, Bd. 6 (1863), S. 1 ff.
*Westermann, Harry*
Die Funktion des Nachbarrechts, in: Paulus, Gotthard / Diederichsen, Uwe / Canaris, Claus-Wilhelm (Hrsg.), Festschrift für Karl Larenz I, München 1973, S. 1003 ff.
*ders.*
Sachenrecht, Karlsruhe 1951
*Wieacker, Franz*
Industriegesellschaft und Privatrechtsordnung, Kronberg/Ts. 1975
*ders.*
Zur rechtstheoretischen Präzisierung des § 242 BGB, Tübingen 1956
*Windscheid, Bernhard*
Lehrbuch des Pandektenrechts, Bd. 1, 5. Auflage, Stuttgart 1879
*Windscheid, Bernhard / Kipp, Theodor*
Lehrbuch des Pandektenrechts, Bd. 1, 9. Auflage, Frankfurt 1906
*Wittgenstein, Fritz von*
Die Beschränkung des Eigentums nach BGB. § 906., Borna – Leipzig 1906
*Wolff, Martin / Raiser, Ludwig*
Sachenrecht, 10. Auflage, Tübingen 1957
*Zachariä von Lingenthal, Carl Salomon*
in: Puchelt, Sigismund (Hrsg.), Handbuch des französischen Civilrechts, Bd. 1, 6. Auflage, Heidelberg 1875, S. 495 ff.

# Die Entwicklung des deutschen privaten Immissionsschutzrechts seit Beginn der Industrialisierung unter besonderer Berücksichtigung des Einflusses der höchstrichterlichen Rechtsprechung

## *§ 1*
## *Einführung*

### I.
### Gegenstand der Untersuchung

Zahlreiche Veröffentlichungen haben sich bislang sowohl mit dem öffentlichen, als auch mit dem privaten Immissionsschutzrecht befaßt. Bislang fehlte es jedoch an einer Darstellung der durch die höchstrichterliche Rechtsprechung entscheidend mitgeprägten Entwicklungsgeschichte des privaten nachbarlichen Immissionsschutzrechts, welche die verschiedenen Entwicklungsstufen auf dem Hintergrund der seit der ersten Hälfte des 19. Jahrhunderts sprunghaft einsetzenden Industrialisierung beleuchtet. Diese Lücke soll mit der vorliegenden Arbeit geschlossen werden. Es geht also vordringlich um die Frage, ob und mit welchen Rechtsfolgen sich seit der Industrialisierung ein von Immissionen belästigter Grundstückseigentümer aufgrund seines Eigentumsrechts am Grundstück gegen seinen immittierenden Grundstücksnachbarn privatrechtlich zur Wehr setzen konnte.

Die Frühindustrialisierung, wie sie in England um 1780 einsetzte, erfaßte in der ersten Hälfte des 19. Jahrhunderts auch das übrige Europa und führte erhebliche wirtschaftliche, soziale und politische Veränderungen herbei. Nach zunächst zögerlichem Ingangkommen formte sie Deutschland etwa ab 1850 innerhalb weniger Jahrzehnte von einem in halbfeudale Territorialstaaten zersplitterten Agrarland zu einem Industrieland mit einheitlichen politischen und gesetzlichen Lenkungsformen[1].

Mit der fortschreitenden Industrialisierung gingen einschneidende Umweltveränderungen und Umweltbelastungen einher. Für die Nutzung der vorhandenen Siedlungsflächen bedeutete die Industrialisierung vor allem eine – zunächst auf die industriellen Ballungsgebiete begrenzte – Verdichtung und Verstärkung von Raumansprüchen für Siedlungs-, Gewerbe- und Verkehrsflächen[2]. Weiterhin strebten die mit erheblichen Aufbauschwierigkeiten ringenden Unternehmer verständlicherweise nach einer gewinnträchtigen Ausnutzung ihrer Produktionsanlagen. Sie setzten deshalb die sich entwickelnden modernen technischen Er-

---

1 *Michael Kloepfer/Claudio Franzius/Sigrid Reinert*, Zur Geschichte des deutschen Umweltrechts (Umweltrechtsgeschichte), Berlin 1994, S. 30.

2 *Kloepfer/Franzius/Reinert*, Umweltrechtsgeschichte, S. 31.

rungenschaften und Werkstoffe ungeachtet der Tatsache ein, daß diese beispielsweise Lärm, Erschütterungen oder Rauchbelästigungen verursachten[3].

Es war also vor allem die unaufhaltsam fortschreitende technische Entwicklung und die damit einhergehende Ausdehnung von Industrie und Gewerbe, die dazu führte, daß mit der Ausübung des Rechts eines gewerbetreibenden Grundeigentümers die Rechte anderer, benachbarter Grundeigentümer an ihren Grundstücken beeinträchtigt wurden[4]. Bereits in der Frühzeit der Industrialisierung konnten mit der Montanindustrie, der chemischen Industrie und den Betrieben der Kohleveredelung und Kohleverfeuerung bedeutende Hauptverursacher von Immissionen ausgemacht werden[5].

Zwar war die Abwehr von nachbarlichen Immissionsbelästigungen keine spezifische Erscheinung des 19. Jahrhunderts. Das mit der aufkommenden Industrialisierung einhergehende Konfliktpotential gewann jedoch erst in dieser Zeit im Nachbarrecht erhöhte Bedeutung und schlug sich vor allem in den sich stark häufenden gerichtlichen Nachbarstreitigkeiten nieder. Die Gründe hierfür waren zum einen in einer deutlichen Erhöhung der Umweltbelastungen durch den verstärkten Auf- und Ausbau industrieller Produktionsanlagen zu sehen, zum anderen in der Tatsache, daß öffentlich-rechtliche Immissionsschutzvorschriften entweder nicht umfassend vor Immissionsbelastungen schützten oder aber von den zuständigen Behörden im Interesse einer volkswirtschaftlichen Entwicklung nicht konsequent angewendet wurden. Deshalb konzentriert sich die Darstellung auf die Probleme der zivilrechtlichen Abwehr von Immissionsbelästigungen, die seit Mitte des 19. Jahrhunderts mit der gewerblichen bzw. industriellen Produktion einhergehen.

Das private Immissionsschutzrecht war im Laufe der Zeit insbesondere aufgrund einer pragmatischen Handhabung und Weiterentwicklung durch die Rechtsprechung einem beständigen Wandel unterworfen, um einen gerechten Ausgleich zwischen den Interessen des von Immissionen belästigten Grundeigentümers und seinem in Ausübung seiner wirtschaftlichen Handlungsfreiheit emittierenden Nachbarn herbeizuführen.

Auch wenn in heutigen Tagen mit der Vorschrift des § 906 BGB ein wirksames Instrument des privatrechtlichen Schutzes vor Immissionen zur Verfügung steht und vor allem verschiedene öffentlich-rechtliche Vorschriften vor den negativen Auswirkungen gewerblicher oder industrieller Produktion bewahren, ist die Bedeutung des privatrechtlichen Immissionsschutzes auch heute noch prak-

---

[3] *Regina Ogorek*, Actio negatoria und industrielle Beeinträchtigung des Grundeigentums (Actio negatoria), in: Helmut Coing/Walter Wilhelm (Hrsg.), Wissenschaft und Kodifikation des Privatrechts im 19. Jahrhundert, Frankfurt am Main 1979, S. 41.

[4] *Ogorek*, Actio negatoria, ebenda.

[5] *Kloepfer/Franzius/Reinert*, Umweltrechtsgeschichte, S. 32.

tisch groß[6]: Die bereits bestehende Bevölkerungsdichte, die fortschreitende technische Entwicklung mit den damit verbundenen verstärkten Immissionen und das Zusammenrücken der Räume erfordern nicht nur eine staatliche Aufsicht über negative Umweltbeeinflussungen, sondern vor allem auch die Bereitstellung eines wirksamen zivilrechtlichen Abwehrinstruments in der Hand des einzelnen Betroffenen[7]. Weiterhin ist zu erwarten, daß auch in Zukunft ein verstärkt sensibilisiertes Umweltbewußtsein, verbesserte wissenschaftliche Erkenntnisse im Bereich der Gesundheitsvorsorge und -erhaltung sowie die zunehmende Kombination verschiedener, neuartiger Immissionen auf den Ausbau des nachbarlichen Immissionsschutzes Einfluß ausüben werden.

## II.
## Problemstellung

Um die Entwicklung des privaten Immissionsschutzrechts in seinen einzelnen Stadien nachzeichnen zu können, sind grundsätzlich folgende Fragen bedeutsam[8]:

1.) Aufgrund welcher Rechtsgrundlagen fand nachbarlicher Immissionsschutz in den verschiedenen Entwicklungsstadien statt?

2.) Welche Arten von Immissionen wurden als verboten angesehen und welche Einwirkungen waren zu dulden?

3.) Wie konnte sich der betroffene Grundeigentümer gegen Immissionen seines Nachbarn zur Wehr setzen? Welcher Rechtsschutz war erfolgversprechend? Konnte der Emittent auf dem zivilrechtlichen Klagewege dazu gezwungen werden, die Immission zu unterlassen, oder stand dem betroffenen Grundeigentümer aufgrund einer Duldungspflicht nur ein Anspruch auf Schutzmaßnahmen bzw. auf Ausgleich seines wirtschaftlichen Schadens zu?

Bei der Lösung von Immissionsfällen im privaten Nachbarrechtsverhältnis zeigten sich hier vielfach Probleme, denen sich Wissenschaft und Gesetzgebung,

---

[6] *Herbert Roth*, in: Julius v. Staudinger (Hrsg.), Kommentar zum Bürgerlichen Gesetzbuch, 13. Auflage 1996 (Staudinger-Roth, 13. Auflage), § 906 Rn. 5.

[7] *Johann W. Gerlach*, Privatrecht und Umweltschutz im System des Umweltrechts, Berlin 1989, S. 14.

[8] Vgl. zu den immer noch aktuellen Grundfragen beispielsweise *Rudolf von Jhering*, Die Lehre von den Beschränkungen des Grundeigenthümers im Interesse der Nachbarn (Beschränkungen), Jherings Jahrbücher (JherJB), Bd. 6, Jena 1863, S. 97.

vor allem aber auch die mit den täglichen Streitigkeiten befaßte gerichtliche Praxis gegenübersahen.

## III.
## Eingrenzungen

Im Rahmen der vorliegenden Untersuchung wird die Frage nach der Entwicklung des öffentlich-rechtlichen Einzel- und Nachbarrechtsschutzes auch im Bereich des Enteignungsentschädigungsrechts im wesentlichen unberücksichtigt gelassen. Dies erklärt sich in erster Linie daraus, daß nachbarliche Immissionsstreitigkeiten vor allem im 19. Jahrhundert mangels wirksamer und einheitlicher öffentlich-rechtlicher Immissionsschutzvorschriften vordringlich auf dem Boden des Privatrechts gelöst wurden.

Zwar stand mit der Gewerbeordnung für den Norddeutschen Bund bereits seit 1869 eine einheitliche öffentlich-rechtliche Kodifikation zur Verfügung, die zumindest im Bereich der von gewerblichen Betrieben ausgehenden Immissionsbelästigungen ein gewisses Regelungsinstrumentarium vorsah[9]. Da die Vorschriften der Gewerbeordnung für den Norddeutschen Bund und die seit 1871 geltende Reichsgewerbeordnung allerdings zunächst nur in einem größeren Teilbereich Deutschlands Geltung beanspruchen konnten und zudem die Behandlung nachbarlicher Immissionsstreitigkeiten seit dem Einsetzen der Industrialisierung primär den zivilrechtlichen Eigentumsvorschriften entnommen wurde, sind die gewerbegesetzlichen Kodifikationen für die anzustellende Untersuchung von geringerer Bedeutung als die Darstellung des zivilrechtlichen Regelungsinstrumentariums. Die Entwicklung des öffentlichen Rechts wird hier deshalb nur in dem Maße dargestellt, wie sie vor allem im Bereich der Gewerbegesetzgebung für den Einfluß auf den zivilrechtlichen Rechtsschutz von Bedeutung gewesen ist.

Auch die in einigen Partikularstaaten Deutschlands – hier vor allem Baden und Rheinpreußen – zur Anwendung gekommenen Regeln des französischen Rechts werden nicht in aller Ausführlichkeit erläutert. Die Arbeit beleuchtet lediglich diejenigen Besonderheiten der deutschen Rechtsprechung zum französischen Recht, welche für die Entwicklung des gesamtdeutschen privaten Immissionsschutzrechts von Bedeutung waren.

Weiterhin konzentriert sich die Arbeit im Zeitraum zwischen dem Ende des Zweiten Weltkrieges und der deutschen Wiedervereinigung auf die für den westlichen Teil Deutschlands maßgebenden rechtlichen Verhältnisse, da zur Beurteilung der Entwicklung des privatrechtlichen Immissionsschutzes und der heute geltenden Rechtslage allein die in der alten Bundesrepublik Deutschland in der

---

9 Vgl. unten § 13 I.

zweiten Hälfte des Zwanzigsten Jahrhunderts entwickelten Grundsätze maßgeblich sind.

## IV.
## Überblick über die Untersuchung

### 1.
### Der privatrechtliche Immissionsschutz nach deutschem Partikularrecht und römischem Privatrecht vor Beginn der Industrialisierung

Die Arbeit stellt zunächst die Rechtsgrundlagen des privaten Immissionsschutzrechts vor Beginn der Industrialisierung in Deutschland dar. Aufgrund der Zersplitterung des deutschen Privatrechts und des fehlenden Bewußtseins eines Erfordernisses einer umfassenden Kodifizierung ließ sich der privatrechtliche Immissionsschutz vor Beginn der Industrialisierung lediglich auf vereinzelte römisch-rechtliche Vorschriften zurückführen[10]. Aus diesem Grunde verdienen die materiellen Vorschriften des römischen Rechts zur Behandlung nachbarlicher Immissionsstreitigkeiten ebenso wie das Instrumentarium der gerichtlichen Durchsetzung besondere Beachtung.

### 2.
### Die Reaktionen von Wissenschaft, Gesetzgebung und Rechtsprechung auf die sich im Zuge der Industrialisierung ergebenden Rechtsprobleme im privaten nachbarlichen Immissionsschutzrecht

In einem zweiten Schritt wird erläutert, wie Wissenschaft, Gesetzgebung und Rechtsprechung versuchten, der Behandlung privater nachbarlicher Immissionsstreitigkeiten Herr zu werden.

Dazu werden die in der Wissenschaft aus den römischen Quellen schrittweise entwickelten dogmatischen Grundlagen des zivilrechtlichen Schutzes eines Grundeigentümers vor von benachbarten Grundstücken ausgehenden Immissionen aufgezeigt[11]. Auf die hierbei zunächst vollzogene Erweiterung des Rechtsschutzes für den immissionsbetroffenen Grundeigentümer wird verstärkt eingegangen[12]. Sodann wird das Bestreben der Vertreter der Wissenschaft dargestellt, die hierdurch insbesondere für den gewerbetreibenden, immittierenden Grund-

---

10 Vgl. unten § 2 II.

11 Vgl. unten § 8 I.

12 Vgl. unten § 8 II.

stückseigentümer entstandenen Belastungen wieder schrittweise herabzumildern[13].

Einen Schwerpunkt der Arbeit bildet die Untersuchung des primären Instruments der gerichtlichen Durchsetzung eines Schutzes vor nachbarlichen Immissionen, der *actio negatoria.* Hier ist die vor allem in der Rechtsprechung vollzogene dogmatische Erweiterung des Tatbestandes der römisch-rechtlichen *actio negatoria* zum Zwecke eines wirksamen Schutzes gegen nachbarliche Immissionsstörungen beachtlich[14]. Die Geschichte der Weiterentwicklung dieser Negatorienklage durch die Rechtsprechung stellt sich als eine bemerkenswert flexible Folge von Anpassungsprozessen an die sich wandelnden Bedürfnisse modernen Wirtschaftens und Zusammenlebens dar, an deren Schluß die Tatbestandsvoraussetzungen der *actio negatoria* so weit ausgedehnt wurden, daß das Ergebnis nicht mehr allzuviel mit der beabsichtigten Berufung auf die römisch-rechtlichen Wurzeln gemein hatte[15].

Weiterhin nimmt die vor allem in der Rechtsprechung des Reichsgerichts vollzogene Weiterentwicklung der Rechtsfolgen der römisch-rechtlichen *actio negatoria* hin zu einem umfassenden Entschädigungsanspruch in nachbarlichen Immissionsfällen breiteren Raum ein[16]. In diesem Zusammenhang ist auch auf die Wechselwirkung mit der sich ab Mitte des 19. Jahrhunderts verstärkt ausbildenden Gesetzgebung zum Immissionsschutz- und Konzessionierungsrecht auf dem Gebiet des öffentlichen Rechts einzugehen[17].

Auch der Einfluß der Rechtsprechung auf die Vorarbeiten eines Allgemeinen Bürgerlichen Gesetzbuches für das Deutsche Reich verdient Beachtung. Hier wird deutlich, daß die in den Partikularrechtsprechungen und vom Reichsgericht herausgearbeiteten Rechtsschutzgrundsätze einen wesentlichen Grundstock der im Rahmen der Neukodifizierung des Privatrechts durch das Bürgerliche Gesetzbuch für das Deutsche Reich geltenden eigentums- und nachbarrechtlichen Regeln bildeten. Das durch die Gerichte in jahrzehntelanger sorgfältiger Rechtsprechung entwickelte System des Interessenausgleichs in privaten nachbarlichen Immissionsfällen fand letztlich in seinen Grundzügen Eingang in die neu normierten Immissionstatbestände. Selbst wo diese Grundzüge durch den Gesetzgeber ignoriert oder modifiziert wurden, setzte sich die mit der tatsächlichen Lösung privater nachbarlicher Immissionsfälle täglich befaßte Rechtsprechung in bemerkenswerter Weise an die Spitze eines Prozesses der dogmatisch freieren und im Hinblick auf Gerechtigkeitserwägungen billigeren Fortbildung des Rechts, um mittels einer Erweiterung des gesetzlichen Instrumentariums nachbarliche Immissionskonflikte zu entschärfen.

---

13 Vgl. unten § 9.

14 Vgl. unten §§ 15 bis 22.

15 *Ogorek*, Actio negatoria, S. 43.

16 Vgl. unten § 22.

17 Vgl. unten § 22 II.

## 3.
## Der Erlaß des § 906 BGB

Die dogmatischen Streitigkeiten um die Wurzeln des privaten nachbarlichen Immissionsschutzrechts fanden mit dem Inkrafttreten des Bürgerlichen Gesetzbuches für das Deutsche Reich am 1. Januar 1900 ihr vorläufiges Ende. Erstmals verfügte Deutschland vor allem mit den §§ 906 und 907 BGB über Normen, die das private Immissionsschutzrecht im ganzen Reichsgebiet einheitlich regelten.

Deshalb werden die Auswirkungen der gesetzlichen Regelung des frühen § 906 BGB für die Behandlung nachbarlicher Immissionsstreitigkeiten dargestellt[18]. Es zeigt sich, daß die privatrechtlichen Immissionsschutznormen allein vor allem im Bereich der gewerblichen Immissionen nicht geeignet waren, einen wirksamen Schutz des immissionsbelästigten Grundeigentümers zu gewährleisten, weil der Gesetzgeber in verschiedenen Bereichen des Gewerberechts aus wirtschaftspolitischen Motiven seinen Rechtsschutz in empfindlicher Weise eingeschränkt hatte. Unter dem Rückgriff auf die tradierten Rechtssätze der richterlichen Rechtsfortbildung gelang es jedoch regelmäßig dem mit dem Einzelfall befaßten Richter, einen gerechten Ausgleich der widerstreitenden Interessen herbeizuführen oder offensichtliche Wertungswidersprüche zu entschärfen[19].

## 4.
## Die Entwicklung hin zum privatrechtlichen Aufopferungsanspruch und die Anerkennung des Rechtsinstituts des nachbarlichen Gemeinschaftsverhältnisses in privaten nachbarlichen Immissionsfällen

In der Rechtsprechung fand deshalb vor allem im Bereich des Schadenersatz- und Entschädigungsrechts eine Entwicklung statt, die dem beeinträchtigten Grundeigentümer zumindest auf der Rechtsfolgenseite einen umfassenden Ausgleich seiner durch die Immissionsbelastung entstandenen Schäden gewährte. Die nachbarrechtliche Negatorienklage erfuhr in der Rechtsprechung des Reichsgerichts in der ersten Hälfte des 20. Jahrhunderts vor allem hinsichtlich der Rechtfolgen bedeutende Veränderungen, um in privaten nachbarlichen Immissionsstreitigkeiten einen billigen Ausgleich der betroffenen Nachbarinteressen herbeizuführen[20]. Hierher gehört die Entwicklung eines an die öffentlichrechtlichen Vorschriften angelehnten privatrechtlichen Aufopferungsanspruchs durch das Reichsgericht, der den von Immissionen betroffenen Grundeigentümer wenigstens vermögensrechtlich entschädigte, wenn ihm aus Gründen des

---

18 Vgl. unten § 27 I.
19 Vgl. unten § 29 I.
20 Vgl. unten § 29 sowie § 30.

öffentlichen Wohls oder hoheitlicher Bevorzugung bestimmter Emittenten negatorischer Rechtsschutz versagt war[21].

In diesen Zusammenhang gehört auch die durch das Reichsgericht vollzogene Entwicklung eines durch spätere Neunormierungen des § 906 BGB anerkannten Rechtsinstituts des nachbarlichen Gemeinschaftsverhältnisses als ein das gesamte Nachbarrecht und somit auch die Behandlung nachbarlicher Immissionsstreitigkeiten durchdringender Grundsatz[22]. Unter Rückgriff auf dieses, aus allgemeinen nachbarlichen Rücksichtnahmepflichten entwickelte Rechtsinstitut erkannte das Reichsgericht einen eigenen, verschuldensunabhängigen, vermögensrechtlichen Ausgleichsanspruch an.

## 5.
## Die Übernahme und Weiterentwicklung der Rechtsprechung des Reichsgerichts durch den Bundesgerichtshof

Der Bundesgerichtshof übernahm diese Rechtsprechung des Reichsgerichts und entwickelte sie sogar noch weiter[23]. Diese Fortführung soll im einzelnen nachgezeichnet werden.

Im Hinblick auf den aus dem nachbarlichen Gemeinschaftsverhältnis durch das Reichsgericht entwickelten nachbarlichen Ausgleichsanspruch konkretisierte er die Voraussetzungen eines vermögensrechtlichen Ausgleichs in nachbarlichen Immissionskonflikten. Er senkte die Schwelle für den vermögensrechtlichen Ausgleich deutlich ab[24]. Mit dieser Rechtsprechung bestimmte er wesentlich die Ausgestaltung des im Jahre 1959 novellierten § 906 BGB, in den der nachbarliche Augleichsanspruch als geltendes Gesetzesrecht übernommen wurde[25].

Zunehmend setzte der Gesetzgeber zudem mit dem Erlaß öffentlich-rechtlicher Kodifizierungen das öffentliche Recht an die Spitze des Immissionsschutzrechts[26]. In diesem Zusammenhang stellt sich der Erlaß des Bundes-Immissionsschutzgesetzes im Jahre 1974, das erhebliche privatrechtsgestaltende Wirkung im Bereich des privaten nachbarlichen Immissionsschutzrechts entfaltete, als besonders bedeutsam dar[27]. Es zeigt sich, daß die höchstrichterliche Rechtsprechung durchaus zurückhaltend auf die in Teilen vorgenommene Überlagerung des privaten Immissionsschutzrechts mit den Wertungen des öffentlichen Rechts reagierte.

---

21 Vgl. unten § 29 II. 2.

22 Vgl. unten § 30 II.

23 Vgl. unten § 32 I., II. sowie III. 1.

24 Vgl. unten § 32 III. 2.

25 Vgl. unten § 34 II.

26 *Gerlach*, S. 36 f.

27 Vgl. unten § 35 III. 4.

Stattdessen betonten die Gerichte die Selbständigkeit des privaten Immissionsschutzrechts. Die in öffentlich-rechtlichen Immissionsschutzvorschriften niedergelegten Grenz- und Richtwerte sowie Meßverfahren wurden zwar allgemein akzeptiert, ihnen wurde jedoch im Bereich des privatrechtlichen Immissionsschutzrechts keine unmittelbare Bindungswirkung zuerkannt. Die höchstrichterliche Rechtsprechung war vielmehr bemüht, die in nachbarlichen Immissionsfällen auftretenden Interessenkonflikte nicht schematisch, sondern unter Berücksichtigung der jeweiligen Umstände des Einzelfalls und im wesentlichen allein nach den Vorgaben des zivilrechtlichen Regelungsinstrumentariums zu lösen.

Es soll dargestellt werden, daß der Bundesgerichtshof in seiner Rechtsprechung in den Bereichen, in denen der Gesetzgeber durch den Erlaß öffentlich-rechtlicher Immissionsschutzvorschriften privatrechtliche Abwehransprüche eingeschränkt hatte, zu einem möglichst umfassenden vermögensrechtlichen Ausgleich der durch Immissionen verursachten Belastungen tendierte[28].

Das geschärfte Umweltbewußtsein führte vor allem in der Rechtswissenschaft zu der Forderung einer personellen und sachlichen Ausweitung des immobiliarbezogenen privaten Immissionsschutzrechts[29]. Es wird zu zeigen sein, daß die höchstrichterliche Rechtsprechung hier der Versuchung widerstand, die abgrenzbaren Konturen des privaten immissionsschutzrechtlichen Instrumentariums aufzuweichen[30], wenngleich die strukturellen Probleme bei der Behandlung bestimmter Immissionsarten – wie beispielsweise die der zunehmend auftretenden summierten Immissionen – offen zu Tage traten[31].

Die Novellierung des Tatbestandes des § 906 Absatz 1 BGB im Jahre 1994 bezweckte zwar eine Harmonisierung des öffentlichen und privaten Immissionsschutzrechts. Sie ist jedoch allein wegen der fehlenden Anzahl konkretisierender öffentlich-rechtlicher Immissionsvorschriften, die Einfluß auf die Bestimmung des Umfangs der Tatbestände des privatrechtlichen Immissionsschutzrechts ausüben könnten, weitgehend ohne Auswirkungen auf die Eigenständigkeit der Behandlung privater nachbarlicher Immissionskonflikte durch die Zivilrechtsprechung geblieben[32].

---

28 *Gerlach*, S. 14, S. 17.
29 Vgl. insbesondere unten § 36 I. und II.
30 Vgl. unten § 37 I.
31 Vgl. unten § 36 III. und § 37 III.
32 Vgl. unten § 38.

# 1. Teil:
# Privatrechtlicher Immissionsschutz vor Erlaß des Bürgerlichen Gesetzbuches

# 1. Kapitel: Privater nachbarlicher Immissionsschutz in Deutschland vor dem Einsetzen der Industrialisierung

## 1. Abschnitt: Materielle Grundlagen des privaten Immissionsschutzrechts

### *§ 2* *Gesetzliche Grundlagen*

#### I. Die Rechtsvorschriften des deutschen Partikularrechts

Das zersplitterte deutsche Partikularrecht vor Beginn der Industrialisierung gibt zur Behandlung privater nachbarlicher Immissionsstreitigkeiten nur spärliche, weil unzusammenhängende und unsystematische Orientierungen[33]. Dies kann jedoch nicht erstaunen: Da eine gewerblich-industrielle Produktion als Hauptursache für Immissionen in nennenswertem Umfang noch nicht vorhanden war, stellte sich auch keine Notwendigkeit zu einer umfassenden Regelung der Frage, in welchem Umfang ein Nachbar solche Einwirkungen auf sein Grundstück zu dulden hatte, die sich in Geräuschen, Erschütterungen oder Luftverunreinigungen äußerten. Denn die bislang an das Wohnhaus gebundenen Tätigkeiten des gewöhnlichen Hausbrandes und kleinere gewerbliche Betriebe verursachten nur geringe schädliche Immissionen auf die benachbarten Grundstücke[34].

##### 1. Das mittelalterliche deutsche Recht

Wenngleich sich ein durchgängiger Rechtsschutz in nachbarlichen Immissionsfällen nicht ausgebildet findet, sind bereits im mittelalterlichen deutschen Recht eine Anzahl von Bestimmungen enthalten, die sich mit dem Ausgleich der widerstreitenden Interessen von Grundstücksnachbarn befassen[35]. Diese sind jedoch so bruchstückhaft, daß sie kaum Aussagekraft bezüglich der Behandlung privater nachbarlicher Immissionsstreitigkeiten bieten.

Ausgangspunkt der verschiedenen Regelungen war jeweils, daß das Grundeigentum zahlreichen Bindungen im Rahmen nachbarlicher Rücksichtnahme-

---

33 *Ogorek*, Actio negatoria, S. 41.

34 *Ingo Palmer*, Die Entwicklung des deutschen privatrechtlichen Immissionsrechts im 19. Jahrhundert verglichen mit dem französischen Recht, zugleich ein Beitrag zur Entstehungsgeschichte des § 906 BGB, Bochum 1979, S. 3 ff.

35 Z. B. Buch III, Titel III, Artikel 12 des rev. Lübischen Stadtrechts (gegen „unleidliche" Gewerbe); §§ 3, 12, 14 und 16 des Rostocker Stadtrechts.

pflichten unterlag, so daß der jeweilige Grundeigentümer in der Entscheidung über die Nutzung seines Grund und Bodens keineswegs frei war[36].

Beschränkungen ergaben sich zunächst primär aufgrund öffentlichen Interesses. Hier lassen sich zum Beispiel aus Brandschutzgründen erlassene mittelalterliche Bauvorschriften und Regelungen bezüglich der Grenzabstände zwischen Gebäuden nennen[37]. Auch die vereinzelt nachweisbaren Vorschriften, in denen Anwohnern ein Einspruchsrecht gegen die Ansiedlung störender Gewerbe zustand oder das Betreiben solcher Gewerbe von der Erteilung einer städtischen Konzession abhängig gemacht wurde, können nicht als auf den privaten Rechtsschutz ausgerichtet bezeichnet werden. Sie dienten vielmehr den zuständigen Behörden dazu, drohende Konflikte durch die Ansiedlung potentiell störender Gewerbebetriebe außerhalb der bewohnten Bezirke von vornherein polizeilich zu unterbinden. Zudem machte es die aufblühende Kultur städtischen Lebens mit ihrem sprunghaften Anstieg der Bevölkerungsdichte und der gewerblichen Produktion in den mittelalterlichen Städten erstmals erforderlich, die katastrophalen hygienischen Zustände mit polizeilichen Vorschriften für die Reinhaltung von Luft und Wasser zu beseitigen oder doch zumindest zu verbessern[38].

Durch baupolizeiliche Vorschriften konnte allerdings auch privatrechtlich absehbaren Belästigungen zwischen Nachbarn vorgebeugt werden. So findet sich beispielsweise im Sachsenspiegel Landrecht eine Vorschrift, nach der

> *„Oven unde gang unde svinekoven solen dre vote van me tune stan"*[39],

um den Nachbarn vor üblen Gerüchen zu schützen, wobei bezweifelt werden kann, daß durch diese Vorschriften wirklich ein effektiver Schutz vor Immissionsbelästigungen herbeigeführt werden konnte[40]. Sie brachten allerdings ein

---

36 Hier sind insbesondere die Beschränkungen anzuführen, die sich aufgrund der Theorie des geteilten Eigentums ergaben. Das Eigentum wurde hierbei in Ober- und Untereigentum aufgeteilt; vgl. hierzu *Justus Wilhelm Hedemann*, Die Fortschritte des Zivilrechts im XIX. Jahrhundert, 2. Teil, Bd. 1, Berlin 1930, S. 3.

37 Vgl. für das Bayerische Recht auch die Nachweise bei *Paul v. Roth*, Bayrisches Civilrecht (Civilrecht), 2. Teil, Tübingen 1872, S. 84 f.

38 *Ilja Mieck*, Aerem corrumpere non licet (Aerem corrumpere non licet), Technikgeschichte, Bd. 34 (1967), S. 37.

39 „Backöfen und Abtritte und Schweinekoben sollen drei Fuß entfernt von der Grenze stehen." Sachsenspiegel in der Ausgabe von Weiske-Hildebrand, 2. Buch, Artikel 51, § 1. Vgl. *Georg Beseler*, System des deutschen Privatrechts, Bd. 1, Berlin 1885, S. 387 (Fn. 15). Ähnlich die bereits erwähnte Regelung im rev. Lübischen Recht, Buch III, Titel III, Artikel 12.

40 So erschien es dem Schöppenstuhl in Leipzig 1648 in einem Urteil unter Berufung auf die zitierte Vorschrift des Sachsenspiegels nicht notwendig, darüber zu befinden, ob trotz Einhaltung dieses Abstandes der Nachbar dennoch von Gestank belästigt sei. Vgl. *Palmer*, S. 10.

großes Maß an Rechtssicherheit mit sich, denn jeder Grundeigentümer konnte klar beurteilen, wozu er befugt war und wozu nicht.

Im privaten nachbarlichen Verhältnis wurden dem Grundeigentümer zudem zugunsten seines Grundstücksnachbarn verschiedenartige Duldungspflichten auferlegt, die einen gerechten Ausgleich der widerstreitenden Interessen herbeiführen sollten[41]. Als Beispiele seien hier lediglich die das Notwegerecht, das Hammerschlags- und Leiterrecht, das Fenster- oder Lichtrecht sowie die das Überhang- oder Überfallrecht betreffenden Vorschriften angeführt[42].

Was die Immissionen durch die vermehrte Gewerbeproduktion in den prosperierenden Städten angeht, so wirkten sich diese zwar negativ auf die benachbarten Gebäude und Bewohner aus. Da sich in den Städten das Zunftwesen jedoch meist lokal in einem Stadtviertel oder sogar in einem Straßenzug konzentrierte, kam es kaum zu Beschwerden über Belästigungen. Man war als Handwerker regelmäßig bereit, die Belästigungen, die der benachbarte Betrieb eines Kollegen mit sich brachte, zu dulden[43].

## 2.
## Neuzeitliche Rechtsvorschriften in den Gesetzgebungen der deutschen Partikularstaaten

Das neuzeitliche deutsche Partikularrecht am Vorabend der industriellen Revolution übernahm fast durchgängig die mittelalterliche Vorstellung der privatrechtlichen Beschränkung des Eigentums[44].

Es gibt allerdings zur speziellen Behandlung von privaten immissionsrechtlichen Nachbarstreitigkeiten grundsätzlich wenig Auskunft[45]. Angeführt werden soll hier lediglich ein vereinzelter Ansatz im bayerischen Codex Maximilianeus Bavaricus Civilis von 1756. In Teil IV, Kapitel 6, § 2, Nr. 1 des Codex findet sich eine Vorschrift zum Schutz vor gewerblichen Immissionen zugunsten solcher benachbarter Personen, die bei ihrer Arbeit besonderer Ruhe bedürfen. Sie bestimmte, daß

> *„Schmid, Schlosser und andere dergleichen grosses Getöse und Unruhe verursachenden Handwerks-Leut, welche in der Ge-*

---

[41] Die Rechtsnatur dieser Duldungspflichten war nicht eindeutig. Zum Teil wurden sie als äußere Beschränkungen des absoluten Eigentums, zum anderen als dessen immanente Grenzen aufgefaßt.

[42] *Beseler*, Bd. 1, S. 384 ff.; *Roth*, Civilrecht, S. 94.

[43] *Kloepfer/Franzius/Reinert*, Umweltrechtsgeschichte, S. 27.

[44] *Roth*, Civilrecht, S. 47 f. Vgl. zur Übernahme der überkommenen Wertvorstellungen der Theorie des geteilten Eigentums und deren Konsequenzen insbesondere *Hedemann*, S. 6 ff.

[45] *Ogorek*, Actio negatoria, S. 41.

*gend, wo bereits Räth, Professores, und andere von Studiis Profession machende Personen ihr Quartier haben, keine Wohnungen miethen können*".

Doch obwohl diese Vorschrift anscheinend zum Schutz der Nachbarn erlassen wurde, wurde sie nicht zur Behandlung privater immissionsrechtlicher Nachbarstreitigkeiten angewandt. Man bediente sich zur Lösung nachbarlicher Immissionsfälle vielmehr auch in Bayern der Regeln des römischen Rechts[46]. Die Vorschrift regelte folglich lediglich die Ansiedlung potentiell störender Gewerbe. Sie war aber nicht darauf ausgerichtet, dem von Immissionen betroffenen Nachbarn ein Untersagungsrecht gegen die Belästigungen zu gewähren[47].

Auch in der Gesetzgebung Preußens, das vor allem im Gewerbe- und Konzessionierungsrecht stets eine gewisse Vorreiterrolle einnahm[48], findet sich keine spezifische privatrechtliche Immissionsschutzbestimmung[49]. Denn auch das Allgemeine Landrecht für die Preußischen Staaten von 1794 (ALR) hatte der Behandlung von immissionsschutzrechtlichen Konflikten, wie sie regelmäßig auch im Gewerbe- und Konzessionierungsrecht auftraten, noch wenig Beachtung geschenkt[50]. Die erlassenen Bestimmungen, die sich sowohl mit der Konzessionierungspflicht als auch mit den besonderen Voraussetzungen bzw. Einschränkungen der Gestattung gewerblich-industrieller Betätigung befaßten, waren in der Regel nur feuer- bzw. baupolizeilicher Art[51]. Allerdings wurden diese Vorschriften des Preußischen ALR zugunsten immissionsgefährdeter Anwohner durch eine zunehmend extensive Auslegung sowie durch den Erlaß zahlreicher ministerielle Reskripte erweitert[52].

Es bleibt also festzuhalten, daß vor dem Einsetzen der Industrialisierung in den deutschen Partikularstaaten – wenn überhaupt – lediglich dem mittelalterlichen Recht ähnelnde einzelfallbezogene Bestimmungen immissionsrechtlicher Art mit primär öffentlich-rechtlichem Charakter aufzufinden sind. Den jeweiligen Gesetzgebern mangelte es also unter Zugrundlegung des Grundsatzes, daß das öffentliche Recht dem Privatrecht vorgehe, an einem grundlegenden Be-

---

46 *Roth*, Cilvilrecht, S. 39 ff. Vgl. hierzu umfassend unten § 17 sowie *Hans-Peter Benöhr*, Umweltrechtsentwicklungen in Deutschland zwischen 1800 und 1918, in: Michael Kloepfer (Hrsg.), Schübe des Umweltbewußtseins und der Umweltrechtsentwicklungen, Bonn 1995, S. 37.

47 Sie bezweckte vielmehr, aus Gründen des Immissionsschutzes zugunsten bestimmter Berufsgruppen in die Vertragsfreiheit der Beteiligten einzugreifen.

48 Vgl. hierzu unten § 10 I.

49 *Christian Rocholl*, Rechtsfälle aus der Praxis des Reichsgerichts, Bd. 2, Breslau 1890, S. 384.

50 *Kloepfer/Franzius/Reinert*, Umweltrechtsgeschichte, S. 34.

51 *Kloepfer/Franzius/Reinert*, Umweltrechtsgeschichte, S. 29.

52 *Kloepfer/Franzius/Reinert*, Umweltrechtsgeschichte, S. 34. Vgl. hierzu unten § 10 I.

wußtsein für die Behandlung der Konfliktpotentiale von Immissionsfällen gerade im Bereich des privaten Nachbarrechts[53].

## II.
## Die Quellen des römischen Privatrechts zur Behandlung von nachbarlichen Immissionsfällen

Weil in den verschiedenen Rechtsordnungen der deutschen Partikularstaaten lediglich vereinzelt Probleme des privaten Nachbarrechts gestreift wurden, geht der private nachbarliche Immissionsschutz zu Beginn der Industrialisierung vor allem auf das römische Recht zurück[54]. Dessen – ebenfalls äußerst fragmentarische – privatrechtlichen Regelungen zur Behandlung von nachbarlichen Immissionen waren die einschlägigen Ansatzpunkte, auf die Wissenschaft und Rechtsprechung zurückgriffen, um den zunehmenden Streitigkeiten im Bereich der nachbarlichen Immissionsfälle rechtlich Herr zu werden. Es sei angemerkt, daß diese rudimentären Regelungen die Behandlung privater nachbarlicher Immissionsfälle für mehr als ein Drittel der Bevölkerung bis zum Inkrafttreten des Bürgerlichen Gesetzbuches im Jahre 1900 bestimmten[55].

Den römisch-rechtlichen Regelungen war gemein, daß sie die Behandlung privater Immissionsfälle an die Rechtsstellung des Eigentümers knüpften. Nach römischem Recht war das (Grund-)Eigentumsrecht als umfassendes Herrschaftsrecht ausgestaltet[56]. Deshalb konnte ein Grundeigentümer mit dem Grundstück grundsätzlich verfahren, wie es ihm beliebte[57].

Dennoch waren Kollisionen der Interessen benachbarter Grundstückseigentümer auch in der römischen Zeit nicht selten. Das römische Recht sah deshalb vor, daß ein Grundstückseigentümer sein Eigentum nur so weit nutzen konnte, wie die Ausübung seiner Eigentumsrechte andere Eigentümer nicht behinderte[58].

---

53 *Palmer*, a. a. O.

54 *Gerlach*, S. 24. Die öffentlich-rechtlichen Grundsätze des römischen Rechts zu nachbarlichen Immissionsfällen haben dagegen im deutschen Recht keine Geltung erlangt. Vgl. hierzu *Wilhelm Werenberg*, Ueber die Collision der Rechte verschiedener Grundeigenthümer, JherJB, Bd. 6 (1863), S. 43.

55 *Benöhr*, S. 35. Wie noch erläutert werden wird, nahmen nur einige der deutschen Partikularstaaten öffentlich-rechtliche oder privatrechtliche Normierungen im Bereich des Immissionsschutzrechts vor. Vgl. unten §§ 10 bis 12.

56 *Hausmaninger, Herbert/Selb, Walter*, Römisches Privatrecht, 7. Auflage, Wien – Köln – Weimar 1994, S. 203.

57 Es galt der Satz: „*Qui suo iure utitur, neminem laedit*" (Wer sein Recht ausübt, schadet niemandem).

58 Bereits die Zwölf Tafeln enthalten öffentlich-rechtliche Regelungen für die Fälle der Kollision gleichrangiger Eigentumsrechte, wie sie sich besonders häufig im Nachbarrecht ergeben. Vgl. hierzu *Hausmaninger/Selb*, S. 208; *Bernhard Windscheid/Theodor Kipp*, Lehrbuch

Ausgangspunkt der Behandlung nachbarlicher Immissionsfälle war deshalb grundsätzlich die Frage, ob der immittierende Nachbar mit seiner Einwirkung die Ausübung der Eigentumsrechte seines Nachbarn an dessen Grundstück behinderte. Bewegte sich der immittierende Grundeigentümer durch die Einwirkung auf benachbarte Grundstücke noch im Rahmen seines umfassenden Eigentumsausübungsrechts, mußten die belästigten Nachbarn die Immission dulden. Handelte es sich bei der Immission nicht mehr um eine gewöhnliche Nutzung des Eigentums, konnte sie der belästigte Nachbar untersagen.

Der Grundeigentümer war also auch nach römischem Recht nicht zu einer unbeschränkten Nutzung seines Eigentums befugt. Denn obschon das Eigentum eine Vollherrschaft gewährte und dem Eigentümer im Falle einer Eigentumsstörung vielfältige Abwehrrechte zustanden, sollte das Eigentum nicht zum Schaden eines Einzelnen oder gar der Allgemeinheit mißbraucht werden können[59].

Beschränkungen eines Grundstückseigentümers zugunsten seines Grundstücksnachbarn, die sogenannten Servituten[60], konnten sich entweder aus gesetzlichen Vorschriften des öffentlichen oder privaten Rechts oder aus rechtsgeschäftlicher Bestellung ergeben[61].

Inhalt dieser Beschränkung des Eigentums war die Verpflichtung des Eigentümers des „dienenden" Grundstücks, eine durch den Servitutsberechtigten herbeigeführte Einwirkung auf sein Grundstück zu dulden bzw. selbst jegliche Einwirkung auf das „herrschende" Grundstück des Servitutsberechtigten zu unterlassen[62]. Waren die Servituten ursprünglich typgebunden, so wurden sie bald von den römischen Juristen auch auf entsprechende Fälle angewandt[63].

Durch Legalservitut anerkannt waren privatrechtliche Beschränkungen des Grundeigentums zugunsten eines Grundstücksnachbarn beispielsweise in Rege-

---

des Pandektenrechts, 1. Band, 9. Auflage, Frankfurt am Main 1906, § 169, S. 861 f. Man spricht insofern von den Beschränkungen des Eigentums.

59 *Max Kaser*, Römisches Privatrecht, 14. Auflage, München 1986, S. 107; *Carl Julius Guyet*, Bemerkungen aus dem römischen Oeconomierechte, Archiv für civilistische Praxis (AcP), Bd. 17 (1834), S. 31.

60 Vgl. zur Entwicklungsgeschichte sowie Funktion der Servituten umfassend *Cosima Möller*, Die Servituten. Zur Entwicklungsgeschichte, Funktion und Struktur der grundstücksvermittelten Privatrechtsverhältnisse im römischen Recht. Mit einem Ausblick auf die Rezeptionsgeschichte und das BGB (Habilitationsschrift), Göttingen, Veröffentlichung geplant für 2003, sowie *Werenberg*, JherJB, Bd. 6 (1863), S. 36 ff.

61 *Hausmaninger/Selb*, S. 181, 205 f. Sofern die Rechtsordnung Beschränkungen des Grundeigentums dergestalt vorsah, daß sie Einwirkungen auf das Nachbargrundstück gestattete, wurden diese Beschränkungen als Legalservituten bezeichnet.

62 *Kaser*, S. 130; *Heinrich Honsell/Theo Mayer-Maly/Walter Selb*, Römisches Recht, Aufgrund des Werkes von Paul Jörs, Wolfgang Kunkel, Leopold Wenger, 4. Auflage, Berlin – Heidelberg – New York – London – Paris – Tokyo 1987, S. 181.

63 *Honsell/Mayer-Maly/Selb*, S. 183.

lungen bezüglich des Überhangs von Ästen eines Baumes, des Überfalls von Früchten, des Überbaus von Grundstücken sowie des Notweges[64].

Einige Legalservituten schrieben zudem vor, daß ein Grundstückseigentümer die das gewöhnliche Maß nicht überschreitenden Einwirkungen von Rauch, Wasser und dergleichen aus der Nachbarschaft zu dulden habe. Diese für den privatrechtlichen Immissionsschutz entscheidenden Bezugspunkte in den Digesten sollten im Zuge der Industrialisierung die maßgebenden materiellen Quellen des gemeinen Rechts für die Behandlung aller Immissionsstreitigkeiten darstellen. Da die römischen Quellen die Behandlung von nachbarlichen Immissionsfällen vorwiegend unter dem Gesichtspunkt der Rechtsbehelfe gegen Eigentumsstörungen betrachteten, befinden sich auch die entscheidenden materiellen Vorschriften vor allem in den Digesten in ihrem Titel über Servitutenklagen (Dig. 8.5.).

### 1.
### Das Gutachten des Aristo – Dig. 8.5.8.5.

Da ein abgeschlossenes System immissionsrechtlicher Vorschriften fehlte, kam dem in Dig. 8.5.8.5. überlieferten Gutachten des römischen Juristen Aristo aus dem 2. Jahrhundert n. Chr. zur Frage der Behandlung nachbarlichen Immissionsstreitigkeiten maßgebliche Bedeutung zu. In dem in Dig. 8.5.8.5.[65] behan-

---

64 *Hausmaninger/Selb*, S. 208 f.

65 Dig. 8.5.8.5: *Aristo Cerellio Vitali responidt, non putare se ex taberna casiaria fumum in superiora aedificia iure immitti posse, nisi ei rei servitutem talem admittit. Idemque ait: et ex superiore in inferiora non aquam, non quid aliud immitti licet: in suo enim alii hactenus facere licet, quatenus nihil in alienum immittat, fumi autem sicut aquae esse immissionem: posse igitur superiorem cum inferiore agere ius illi non esse id ita facere. Alfenum denique scribere ait posse ita agi ius illi non esse in suo lapidem caedere, ut in meum fundum fragmenta cadant. Dicit igitur Arist, eum, qui tabernam casiariam a Minturnensibus conduxit, a superiore prohiberi posse fumum immittere, sed Minturnenses ei ex conducto teneri: agique sic posse dicit cum eo, qui eum fumum immittat, ius ei non esse fumum immittere: ergo per contrarium agi poteri, ius esse fumum immittere: quod et ipsum videtur Aristo probare. Sed et interdictum uti possidetis poterit locum habere, si quis prohibeatur, qualiter velit, suo uti.* („Aristo erteilte Cerellius Vitalis das Gutachten, er sei nicht der Auffassung, daß es rechtlich zulässig sei, den Rauch einer Käserei den darüberliegenden Gebäuden zuzuführen, sofern nicht insoweit eine Dienstbarkeit besteht; denn eine derartige Dienstbarkeit hält er für zulässig. Und Aristo sagt ferner: Selbst aus einem höhergelegenen Gebäude dürfe man kein Wasser oder etwas anderes den unteren Gebäuden zuführen. Auf seinem eigenen Grundstücke dürfe man nämlich nur insofern tun, was man wolle, als man nicht ein fremdes Grundstück mit Immissionen belaste; Rauch und Wasser seien aber nun gleichermaßen Immissionen. Daher könne der Eigentümer des höher gelegenen Gebäudes gegen den des unteren darauf klagen, daß dieser kein Recht habe, so zu handeln. Er sagt ferner, Alfenus schreibe zum Beispiel, man könne darauf klagen, daß der Nachbar kein Recht habe, auf seinem Grundstück Steine in der Weise zu brechen, daß

delten Sachverhalt ging es darum, daß ein gewisser Cerellius Vitalis von der Stadtgemeinde Miturniae einen in deren Gebäude befindlichen Raum gepachtet hatte, um dort Käse zu räuchern. Ein Nachbar, der ein höhergelegenes Gebäude bzw. Grundstück bewohnte, konnte aber den Rauch nicht leiden und untersagte dem Cerellius Vitalis das Räuchern. Cerellius Vitalis erbat deshalb bei Aristo Rechtsrat zu der Frage, ob dem Nachbarn ein solches Verbietungsrecht zustehe.

Aristo sprach dem Nachbarn auf dem höher gelegenen Grundstück das Recht zu, Cerellius Vitalis diese Rauchbelastung zu untersagen. Dieser dürfe seinen Rauch nur ableiten, wenn er hierzu eine besondere Servitut erworben habe[66].

Aristo begründete seine Antwort mit dem allgemeinen Grundsatz, daß ein jeder auf seinem Eigentum tun könne, was er wolle; es sei ihm nur nicht erlaubt, auf fremdes Eigentum einzuwirken. Er vertrat die Ansicht, daß es dem tiefer gelegenen Nachbarn ebenso wenig erlaubt sei, Rauch auf höhergelegene Grundstücke zu immittieren, wie es seinem höhergelegenen Nachbarn erlaubt sei, durch Zuleitung von Wasser oder ähnlichem auf ein tiefergelegenes Grundstück einzuwirken. Die Einwirkung von Rauch stehe der durch Wasser insofern gleich. Gegen den zu Unrecht Immittierenden könne darauf geklagt werden, daß ihm das faktisch beanspruchte Recht nicht zustehe.

Ferner nahm Aristo Bezug auf eine Entscheidung des Alfenus, nach welchem es einem Grundstückseigentümer zwar gestattet sei, auf seinem Grundstück Steine zu behauen, sein Nachbar ihm jedoch mittels einer Klage verbieten könne, daß Bruchstücke auf sein Grundstück fallen.

## 2.
## Die Rechtsansichten des Pomponius – Dig. 8.5.8.6. und Dig. 8.5.8.7.

In Dig. 8.5.8.6. und Dig. 8.5.8.7. sind die Rechtsansichten des römischen Rechtsgelehrten Pomponius zur Behandlung von privaten nachbarlichen Immissionsfällen überliefert.

---

Bruchstücke auf mein Grundstück fallen. Folglich könne, sagt Aristo, derjenige, der eine Käserei von der Stadtgemeinde Miturniae gepachtet habe, vom Eigentümer des höher gelegenen Gebäudes an der Immission des Rauches gehindert werden; die Stadtgemeinde hafte ihm aber aus dem Pachtvertrag, und so könne, sagt er, gegen den, der die Rauchimmission bewirkt, darauf geklagt werden, daß er kein Recht habe, den Rauch zuzuführen. Daher sei umgekehrt auch eine Klage des Inhalts möglich, daß man ein Recht zur Zuführung von Rauch habe. Und eben dies ist auch ersichtlich die Meinung des Aristo. Aber es kann auch das Interdikt ‚Wie ihr besitzt' Anwendung finden, wenn jemand daran gehindert wird, sein Eigentum so zu nutzen, wie er will.“ Übersetzung nach *Elmar Bund*, Dig. 8 – Text und Übersetzung, in: Behrends/Knütel/Kupisch (Hrsg.), Corpus Iuris Civilis. Text und Übersetzung Bd. II, Heidelberg 1995, Dig. 8.5.8.5., S. 713 f.

66 Dem Cerrelius Vitalis stehe es jedoch frei, *ex conducto* gegen seine Verpächterin zu klagen.

Pomponius meinte in Dig. 8.5.8.6.[67], daß einem Grundstückseigentümer ein Recht auf die Erzeugung eines nicht übermäßigen Rauches (*fumus non gravis*) auf seinem Herd ebenso zustehe, wie es ihm erlaubt sei, sich auf seinem Grundstück zu setzen oder zu waschen. Hiergegen könne gerichtlich nicht vorgegangen werden.

Anders entschied Pomponius allerdings in dem in Dig. 8.5.8.7.[68] überlieferten Fall, in dem eine von Quintilla errichtete Badeanstalt die dort entstehenden Dünste durch einen gesonderten, zweckgerichteten Rauchfang auf das benachbarte Grundstück eines gewissen Ursus Julius überleitete. Zu einer Überleitung mittels eines gesonderten Rohres sei Quintilla nur dann berechtigt, wenn vorher eine entsprechende Servitut erworben worden war. Entscheidend war in dem in Dig. 8.5.8.7. überlieferten Fall also, daß die Zuführung der Immissionen nicht durch die normale Vermittlung der Luft oder Naturgewalten, sondern erst durch die gesonderte Errichtung eines hierfür bestimmten Rauchfangs erfolgte. Die Belästigung durch Emissionen, die mittels einer solchen, zweckgerichteten Anlage vom Verursachergrundstück auf das Nachbargrundstück hinübergeführt wurden, bedurften demnach einer gesonderten Erlaubnis des Nachbarn[69].

### 3.
### Zusammenfassung

In den Quellen fand eine einzelfallbezogene Unterscheidung zwischen den vom Grundeigentümer zu duldenden und von ihm nicht mehr zu duldenden Immis-

---

67 Dig. 8.5.8.6.: *Apud Pomponium dubitatur libro quadragensimo primo lectionem, an quis possit ita agere licere fumum non gravem, puta ex foco, in suo facere aut non licere. Et ait magis non posse agi, sicut agi non potest ius esse in suo ignem facere aut sedere aut lavare.* („Bei Pomponius wird im 41. Buch der ‚Lesefrüchte' in Zweifel gezogen, ob jemand darauf klagen kann, daß er das Recht habe, auf seinem Grundstück Rauch, der nicht besonders störe, zum Beispiel von seinem Herd, aufsteigen zu lassen, oder ob der Nachbar dieses Recht nicht habe. Und er sagt, daß man richtigerweise nicht klagen könne, so wenig man darauf klagen kann, daß man das Recht habe, auf dem eigenen Grundstück Feuer zu machen, sich hinzusetzen oder zu waschen"). Übersetzung nach *Bund*, S. 714.

68 Dig. 8.5.8.7.: *Idem in diversum probat: nam et in balineis, inquit, vaporibus cum Quintilla cuniculum pergentem in Ursi Juli instruxisset, placuit potuisse tales servitutes imponi.* („Derselbe Jurist billigt dagegen Rechtsschutz in einem anders gelagerten Fall; denn als Quintilla zur Ableitung von Dämpfen aus ihrem Bad unterirdische Rohre in die Gärten des Julius hinein verlegen ließ, sagt er, wurde [mit Recht] entschieden, daß solche Dienstbarkeiten hätten bestellt werden können [und müssen]."). Übersetzung nach *Bund*, ebenda.

69 Dieser Grundsatz des Verbots der Zuführung von Immissionen mittels gesonderter Leitung ist in den privatrechtlichen Immissionsschutznormen bis in unsere Zeit hinein unverändert beibehalten worden. Es war bereits in der Erstfassung des § 906 Satz 2 BGB a. F. niedergelegt und findet sich heute in § 906 Absatz 3 BGB.

sionen vom Nachbargrundstück statt, die sich am Begriffspaar der gewöhnlichen bzw. ungewöhnlichen Eigentumsausübung orientierte.

Im Gutachten des Aristo hatte der Cerellius Vitalis eine gewerbliche Rauchimmission nur dann zu dulden, wenn dem Emittenten eine zur Immission berechtigende Servitut zustand. Ähnlich entschied Pomponius für den Fall, daß Dünste einer gewerblich betriebenen Badeanstalt mittels gesonderter Leitung auf ein benachbartes Grundstück zugeführt wurden. Dem entgegengesetzt entschied Pomponius, daß eine Einwirkung auf ein Nachbargrundstück durch den gewöhnlichen Rauch eines Herdbrandes nicht untersagt werden könne.

Im ersten und zweiten beschriebenen Fall knüpften die Quellen das Recht zur Einwirkung durch einen Gewerbebetrieb an eine zur Immission berechtigende Servitut, unabhängig davon, ob die Immission mittels einer gesonderten Vorrichtung oder rein tatsächlich vorgenommen wurde.

Im dritten Fall trafen die Quellen für den Fall einer aus dem gewöhnlichen Eigentumsgebrauch resultierenden Immission auf das Nachbargrundstück unter Rückgriff auf das umfassende Eigentumsausübungsrecht eine entgegengesetzte Entscheidung. Bereits durch diese Quellen wird deutlich, daß auch das römische Recht zur Behandlung von nachbarlichen Immissionsfällen keine umfassenden und abgeschlossenen Regelungen vorsah. Insbesondere wurden keine allgemeingültigen Regeln zur Behandlung sämtlicher Immissionsfälle im Nachbarschaftsverhältnis formuliert.

Es ist daher nicht verwunderlich, wenn der im Zuge der Industrialisierung einsetzende Rückgriff auf die römischen Regeln zur Behandlung nachbarlicher Immissionsfälle, insbesondere bei Beteiligung eines gewerbetreibenden Grundeigentümers, zu begrifflichen Abgrenzungsschwierigkeiten und Problemen in der gerichtlichen Praxis führte. Diese mußte im zu entscheidenden Fall jeweils herausfinden, ob die in Frage stehende Immission noch durch eine gewöhnliche Eigentumsausübung gedeckt und damit für den Nachbarn duldungspflichtig war oder ob sie im Rahmen einer ungewöhnlichen Eigentumsausübung entstand und damit vom Nachbarn untersagt werden konnte.

## *§ 3*
## *Private Immissionsfälle in der Behandlung durch die Wissenschaft*

Das Problem der Abwehr von Immissionsbelästigungen im Nachbarrecht und das Erfordernis eines in der Praxis handhabbaren Immissionsschutzrechts wurde vor dem Einsetzen der Industrialisierung in der Rechtswissenschaft zunächst entweder gar nicht oder nur beiläufig behandelt[70].

---

[70] *Jhering*, Beschränkungen, S. 81 f., zieh noch 1863 seine Kollegen einer geradezu stiefmütterlichen Behandlung dieses wichtigen Rechtsbereichs. Vgl. auch *Werenberg*, JherJB, Bd. 6 (1863), S. 44 ff.

Ausgangspunkt war auch für die Wissenschaft die römisch-rechtliche Lehre von der Beschränktheit des Eigentums[71]. Zur Behandlung von Nachbarstreitigkeiten wurden insbesondere die römisch-rechtlichen Servitutenregeln bemüht[72]. Dem Geist der Zeit entsprechend, waren allerdings nicht rechtspolitische oder gar praktische Erwägungen ausschlaggebend, sondern es wurde die Entwicklung eines allgemeingültigen Prinzips zur Behandlung der widerstreitenden Interessen der von Immissionsfällen betroffenen Nachbarn aufgrund einer Bezugnahme auf die in den römischen Quellen angeführten Einzelfälle angestrebt[73].

## I.
## Erste Systematisierungsversuche durch *Spangenberg*

Im Jahre 1826 griff *Spangenberg* das Problem der privatrechtlichen Abwehr von nachbarlichen Immissionsstörungen erstmals grundlegend auf[74].

Ausgehend von Dig. 8.5.8.5. – 7. entwickelte *Spangenberg* den allgemeinen Grundsatz, daß der Grundstückseigentümer auf seinem Grundstück alles vornehmen dürfe, was ihm beliebe, er jedoch dabei nichts auf fremde Grundstücke emittieren dürfe, was den Nachbarn oder das Grundstück belästige[75]. Er verstand die überlieferten Stellen trotz ihrer Einzelfallbezogenheit als Ausdruck eines einheitlichen Rechtsgedankens und hielt eine analoge Anwendung der Regelungen auf andere Immissionsfälle für möglich[76], ging doch offensichtlich auch Aristo davon aus, daß eine unbefugte Wasserimmission einer Einwirkung durch Rauch gleichzustellen sei[77].

Begrenzt sei eine analoge Erweiterung der in den Quellen zu Tage tretenden Grundsätze allerdings durch den Begriff der schädlichen Immission selbst. *Spangenberg* befand, daß von den Quellen nicht jegliche Art der Einwirkung verboten werde[78]. Ausschlaggebend sei, ob die Einwirkung schädlich für das

---

71 Vgl. hierzu beispielsweise *Hausmaninger/Selb*, S. 208 ff.; *Werenberg*, JherJB, Bd. 6 (1863) S. 47.

72 Vgl. beispielsweise *Guyet*, AcP, Bd. 17 (1834), S. 64 ff. zum Fruchtüberfall und S. 31 ff. zum Überhang von Ästen eines Baums; ferner *Anton Friedrich Justus Thibaut*, Versuche über einzelne Teile der Theorie des Rechts, 2. Auflage, Jena 1817, S. 1 ff., 25 ff.

73 Vgl. nur *Wilhelm Francke*, Betrachtungen über die Beweislast bei der Negatorienklage, AcP, Bd. 21 (1838), S. 2, der ausdrücklich die Praxisferne dieses Ansatzes bemängelte.

74 *Ernst Peter Johann Spangenberg*, Einige Bemerkungen über das Nachbarrecht, AcP, Bd. 9 (1826), S. 265 ff.

75 *Spangenberg*, AcP, Bd. 9 (1826), S. 268.

76 Vgl. auch Dig. 8.5.8.5.: „... *non quid aliud immitti licet*".

77 Vgl. Dig. 8.5.8.5.: „*fumi autem sicut aquae esse immissionem*".

78 So z. B. Einwirkungen, durch welche „die Sinne auf andere Weise unangenehm afficirt werden". Als Beispiele nannte *Spangenberg*, AcP, Bd. 9 (1826), S. 272, die Lärm verursachende Niederlassung eines Blechschlägers bzw. Weißgerbers in der Nachbarschaft oder das

geschützte Rechtsgut, das Grundeigentum, sein könne. Im Ergebnis unterfielen damit nach *Spangenberg* bloße Belästigungen – sowohl für das Grundeigentum wie für den Grundeigentümer – nicht dem in den Quellen zugestandenen Rechtsschutz.

Zur Unterscheidung, ob es sich bei der Einwirkung um eine schädliche Immission oder eine bloße Belästigung handele, knüpfte er an das Kriterium der Körperlichkeit an, denn die Körperlichkeit sei allen in den Quellen erwähnten Einwirkungen Rauch, Wasser und Steinschlag gemeinsam[79]. Ausgehend hiervon erweiterte Spangenberg das Immissionsverbot auf die Gruppe der Dämpfe und Stäube, weil auch diese Einwirkungen körperlich auf das benachbarte Grundstück hinübergeführt werden und dort Schaden anrichten konnten[80]. Mit diesem Definitionsmerkmal der Körperlichkeit stieß *Spangenberg* eine Diskussion um den Begriff der Immission an, die bis zum Erlaß des Bürgerlichen Gesetzbuchs nicht mehr verstummen sollte[81].

*Spangenberg* nahm vom Immissionsverbot jedoch solche körperlichen Einwirkungen auf den Nachbarn oder sein Grundstück aus, die sich als Folgen einer gewöhnlichen Benutzung des Grundstücks durch den Eigentümer im Rahmen seines Eigentumsausübungsrechts darstellten. Diese Immissionen, die aus der Benutzung des Grundeigentums durch das gewöhnliche Leben des Eigentümers entstünden, könnten, so *Spangenberg*, zwar belästigend wirken, jedoch nicht unter den Begriff der rechtswidrigen Einwirkung subsumiert werden, weshalb der Nachbar diese stets zu ertragen habe, selbst wenn er durch sie stark gestört werde[82]. Denn diese von seinem Grundstück ausgehenden Immissionen seien als Ausfluß des umfassenden Eigentumsausübungsrechts des Grundeigentümers stets rechtmäßig.

Dagegen sollte der Nachbar unabhängig von deren Intensität sämtliche Immissionen unterbinden können, die sich aus dem Betrieb eines besonderen Gewerbes ergäben. Denn die beim Gewerbebetrieb entstehenden Immissionen seien als bei einer außergewöhnlichen Nutzung des Grundstücks entstanden anzusehen, selbst wenn sie an und für sich nur gewöhnliche Folgen des Gewerbes darstellten[83]. Aus Dig. 8.5.8.5. – 7. ließe sich nämlich ableiten, daß ein Nachbar sich zwar die von einem häuslichen Herd ausgehende Rauchbelästigung gefallen lassen müsse, nicht aber die von einer gewerblich betriebenen Käserei herrüh-

---

Versehen eines benachbarten Hauses mit einem blendenden Anstrich. Diese Einwirkungen sollten nicht dem Privatrecht, sondern allenfalls dem Polizeirecht unterfallen.

79 *Spangenberg*, AcP, Bd. 9 (1826), S. 271.

80 *Spangenberg*, AcP, Bd. 9 (1826), ebenda.

81 Vgl. hierzu im einzelnen unten § 8 I.

82 *Spangenberg*, AcP, Bd. 9 (1826), S. 269. Hierunter zählte er das Ausklopfen der Kleidung oder der Betten sowie das Kochen und Heizen.

83 *Spangenberg*, AcP, Bd. 9 (1826), S. 270.

rende. Eine solche Einwirkung müsse sich der Grundeigentümer nur gefallen lassen, wenn der Immittent eine entsprechende Servitut erworben habe[84].

## II.
## Bewertung

Es ist *Spangenberg* zuzuschreiben, als Begründer der oben dargestellten sogenannten Immissionstheorie erstmals das Erfordernis eines privaten nachbarlichen Immissionsschutzrechts erkannt und den Versuch gemacht zu haben, es auf römisch-rechtliche dogmatische Grundlagen zurückzuführen. Zudem leitete er die vor allem gegen Mitte des 19. Jahrhunderts geführten Diskussionen um Schaffung und Gesetzmäßigkeiten eines abgeschlossenen privaten Immissionsschutzrechts ein, indem er als erster Vertreter der Wissenschaft versuchte, den Begriff der Immissionen allgemeingültig zu definieren und nach rechtmäßigen und rechtswidrigen Immissionen zu unterscheiden.

*Spangenberg* knüpfte zur Einordnung, ob eine Einwirkung rechtmäßig oder rechtswidrig sei, allerdings lediglich an die äußeren Tatbestandsmerkmale der Körperlichkeit der Immission bzw. der gewöhnlichen Nutzung des Grundeigentums an. Mit diesem Versuch der Differenzierung von rechtmäßiger und rechtswidriger Immission nach objektiven Kriterien stieß er eine heftige wissenschaftliche Grundsatzdebatte an, die sich bis kurz vor Erlaß des Bürgerlichen Gesetzbuchs hinzog[85].

Bei der Entwicklung seiner Theorie hielt sich Spangenberg streng an die Quellen und gestand Rechtsschutz gegen Immissionen grundsätzlich nur dann zu, wenn durch die Immission die Substanz des Grundstücks geschädigt wurde. Da *Spangenberg* allerdings den Betrieb eines Gewerbes stets als ungewöhnliche Benutzung des Grundstücks ansah und für ihn sämtliche hierdurch entstehenden Immissionen unabhängig von ihrer Intensität nicht duldungspflichtig waren, sofern der Immittent keine zur Einwirkung berechtigende, entsprechende Servitut erworben hatte, war besonders im Zuge der aufkommenden Industrialisierung mit der einhergehenden gewerblichen Immissionsbelastung der Konflikt zwischen dem belästigten Grundeigentümer und dem gewerblichen Immittenten vorprogrammiert.

Es entspricht dem rein rechtstheoretisch und nicht auf die wirtschaftlichen Verhältnisse ausgerichteten Verständnis in der damaligen Wissenschaft, daß diese These *Spangenbergs* in letzter Konsequenz dazu führen mußte, daß dem gewerblichen Immittenten trotz des auch ihm am eigenen Grund und Boden grundsätzlich zustehenden Eigentumsausübungsrechts praktisch jede Gewerbeausübung unmöglich gemacht wurde, weil die hierbei entstehenden Immissionen

---

84 *Spangenberg*, AcP, Bd. 9 (1826), S. 272.

85 Vgl. hierzu im einzelnen unten § 8 I.

stets als durch eine ungewöhnliche Benutzung des Grundstücks verursacht angesehen wurden und damit nicht duldungspflichtig waren.

## *§ 4*
## *Zusammenfassung*

Es bleibt festzuhalten, daß die materiellen Grundlagen der Behandlung privater Immissionsfälle in Deutschland vor Beginn der Industrialisierung vor allem auf das Römische Recht zurückgeführt wurden.

Ein vertieftes Verständnis des sich im Zuge der industriellen und gewerblichen Entwicklung abzeichnenden, sprunghaft ansteigenden Konfliktpotentials von nachbarlichen Immissionsstreitigkeiten wurde weder von der Gesetzgebung in den deutschen Partikularstaaten[86], noch von der Rechtswissenschaft[87] ausreichend erkannt und einer grundsätzlichen Behandlung zugeführt.

Es liegt auf der Hand, daß allein ein Rückgriff auf die rudimentären materiellen Regelungen der römisch-rechtlichen Quellen nur begrenzte Anhaltspunkte für die Behandlung von nachbarlichen Immissionsfällen im Zuge einer beginnenden Industrialisierung bot[88]. Sie waren als Entscheidungshilfe für die Frage, welche Art und Intensität der verstärkt aufkommenden gewerblich-industriellen Immissionen ein Grundstückseigentümer hinzunehmen und gegen welche er sich wehren konnte, zu bruchstückhaft und deshalb zu wenig aussagekräftig.

Besondere Bedeutung sollte daher in der Rechtsprechung die Bestimmung einnehmen, wann eine Grundstücksnutzung noch einer gewöhnlichen Eigentumsausübung entsprach und wann es sich demgegenüber um eine ungewöhnliche Eigentumsausübung handelte[89]. Hiervon hing nämlich in erster Linie ab, ob der durch die vom Nachbargrundstück ausgehenden Immissionen betroffene Grundeigentümer die Einwirkungen untersagen konnte oder im Gegensatz dazu dulden mußte. Bereits in ihrem Ansatz läßt sich ablesen, daß die von *Spangenberg* als einzigem namhaften Vertreter der Rechtswissenschaft unter Rückgriff auf die Quellen vorgenommene Differenzierung allein eine sinnvolle Systematisierung nicht gewährleisten konnte. Sie hätte dazu geführt, daß jegliche Gewerbeausübung gehemmt worden wäre, was sich unter Berücksichtigung des dem Gewerbetreibenden regelmäßig zustehenden, umfassenden, kollidierenden Eigentumsausübungsrecht als nicht sachgerecht erwies.

---

86 Vgl. oben § 2 I. 2.

87 Vgl. oben 3 I.

88 *Ogorek*, Actio negatoria, S. 43.

89 Vgl. beispielsweise unten § 15 II. sowie III. 5. und 6., § 16 I. 1. a) und § 17 II.

## 2. Abschnitt: Prozessuale Behandlung privater Immissionsfälle

### *§ 5*
### *Die römisch-rechtlichen Rechtsbehelfe zum Schutz vor Einwirkungen auf ein Grundstück*

Das römische Recht gab dem Grundeigentümer zur prozessualen Abwehr von Störungen seines Eigentums[90] durch Immissionen vom Nachbargrundstück mehrere Instrumente an die Hand:

#### I.
#### Die *actio damni infecti*

Nach römischem Recht war es einem Grundeigentümer erlaubt, Anlagen, von denen eine Belästigung für die Nachbarschaft ausging, unmittelbar an seiner Grundstücksgrenze anzulegen. Um zu gewährleisten, daß ein Eigentümer an seinem Grundstück durch eine von einem bebauten Nachbargrundstück ausgehende Handlung oder ein dort befindliches mangelhaftes Bauwerk keinen Schaden erlitt, sah das römische Recht den Rechtsbehelf der *actio damni infecti* vor[91]:

Sie stellte für den Grundeigentümer sicher, daß dieser wegen eines drohenden, zukünftigen Schadensereignisses am Grundstück Ersatz vom Nachbarn erlangen konnte, indem dieser ihm die Stellung eine Sicherheit (die sogenannte *cautio damni infecti*) versprechen mußte, aus der sich der Grundeigentümer im Schadensfalle befriedigen konnte[92].

Weigerte sich der Nachbar, die *cautio* zu stellen, stand dem Grundeigentümer die Möglichkeit offen, sich vom Prätor durch Dekret in den Fremdbesitz des Nachbargrundstückes einweisen zu lassen[93]. Hier stand es dem Grundeigentü-

---

90 Hier sollen nur die aus dem Eigentum am Grundstück abgeleiteten, für nachbarliche Immissionsfälle wichtigsten Rechtsinstitute zur Abwehr von Eigentumsstörungen dargestellt werden. Einen Sonderfall der Eigentumsstörungen im Nachbarrecht regelte für den Bereich von Immissionsstörungen im landwirtschaftlichen Bereich beispielsweise die *actio aquae pluviae arcendae*, wenn ein – grundsätzlich zu duldender – störender Zufluß von Regenwasser aufgrund einer baulichen Vorrichtung des Nachbarn auftrat; vgl. hierzu beispielsweise *Hausmaninger/Selb*, S. 210.

91 *Honsell/Mayer-Maly/Selb*, S. 154. Eingehend *Christian August Hesse*, Die Rechtsverhältnisse zwischen Grundstücksnachbarn (Rechtsverhältnisse), 2. Auflage, Jena 1880, S. 3 ff.

92 *Hausmaninger/Selb*, S. 211. Zu den Voraussetzungen vgl. im einzelnen *Johann Theodor Reinhard*, Über das Recht des Eigenthümers, gegenüber dem Nachbarrecht und dem Recht auf Entschädigung. Dabei insbesondere von der *cautio damni infecti* und der *actio negatoria*, AcP, Bd. 30 (1847), S. 226 ff.

93 Sogenannte *missio in possessionem ex primo decreto*.

mer dann offen, seinerseits vorbeugende Maßnahmen gegen den Schadensfall zu ergreifen, deren Kosten er vom Nachbarn mittels der sogenannten *actio in factum conceptum* zurückverlangen konnte. Im Falle einer Weigerung seitens des Nachbarn konnte dem Grundeigentümer durch ein weiteres Prätorendekret entweder treuhänderisches Eigentum am Nachbargrundstück zugewiesen werden oder der Nachbar konnte zur Zahlung von Schadenersatz verurteilt werden[94].

Die *actio damni infecti* gab einem Grundeigentümer jedoch regelmäßig keine wirksame Handhabe gegen eine Immission[95]. Denn zur Begründetheit der Klage mußte dem Grundeigentum tatsächlich ein Schadenseintritt drohen. Die Gefahr bloßer Belästigungen, die nicht die Substanz des Grundeigentums verletzten, waren nicht ausreichend[96].

Zum anderen nutzte die Rechtsfolge der *actio damni infecti* dem immissionsgeplagten Grundeigentümer in der Regel wenig, da mit ihr die tatsächliche Einwirkung auf das Grundstück nicht verboten werden konnte. Sie diente nur der Sicherung eines Schadenersatzverlangens für zu erwartende Schäden, nicht aber zur Untersagung der schädigenden Handlung selbst.

Zudem war die *actio damni infecti* in die Zukunft gerichtet[97]. Gerade in den Immissionsfällen ging es aber regelmäßig darum, eine nicht vorhergesehene und bereits eingetretene Einwirkung durch den Nachbarn zu unterbinden.

### II.
### Die *actio confessoria*

Wurde ein Servitutsberechtigter in der Ausübung seiner Servitut beeinträchtigt, stand ihm nach römischem Recht die Möglichkeit offen, diese Beeinträchtigung mittels der sogenannten *actio confessoria* zu unterbinden[98].

Die Klage richtete sich gegen den Eigentümer des dienenden Grundstücks. Sie war darauf gerichtet, eine ungestörte Servitutsausübung des Eigentümers des herrschenden Grundstücks am dienenden Grundstück herzustellen, indem dem Eigentümer des dienenden Grundstücks jegliche Störung der Servitutsausübung untersagt wurde[99].

Dieses Rechtsinstitut half damit jedoch dem durch eine vom Nachbargrundstück ausgehende Immission gestörten Grundeigentümer regelmäßig nicht wei-

---

94 Sogenannte *missio in possessionem ex secundo decreto.*

95 *Reinhard*, AcP, Bd. 30 (1847), S. 230.

96 *Hesse*, Rechtsverhältnisse, S. 10, S. 38.

97 *Werenberg*, JherJB, Bd. 6 (1863), S. 28; *Jhering*, Beschränkungen, S. 99, führt diese Ausrichtung auf die Sicherung gegen zukünftige Schadensereignisse auf den allgemeinen Rechtsgedanken zurück, daß ein „Betheiligter ... zur rechten Zeit sein Interesse wahrnehmen und nicht im Vertrauen auf den Rechtsschutz die Hände in den Schoß legen [soll]".

98 *Kaser*, S. 133.

99 *Kaser*, ebenda.

ter: Der immittierende Nachbar beeinträchtigte durch seine Immission nämlich nicht die Ausübung einer Servitut des Grundeigentümers an dessen, des Nachbars, dienendem Grundstück. Der Grundeigentümer war vielmehr dadurch gestört, daß sein immittierender Nachbar sich durch eine tatsächliche Einwirkung auf das herrschende Grundstück nicht im Rahmen einer erworbenen Servitut hielt bzw. sich eine ihm überhaupt nicht zustehende Servitut anmaßte.

## III.
## Die *actio negatoria*

Beeinträchtigten von einem Nachbargrundstück ausgehende Immissionen einen Grundeigentümer, waren zwei rechtliche Konstellationen denkbar: entweder der Nachbar immittierte von vornherein ohne Berechtigung, oder er behauptete, zur Immission auf das Grundstück aufgrund einer entsprechenden Servitut hieran berechtigt zu sein.

Behinderte der Nachbar den Grundeigentümer lediglich in tatsächlicher Weise bei der Ausübung seiner Eigentümergewalt, ohne gleichzeitig eine Berechtigung hierzu zu behaupten, standen dem Grundeigentümer die sogenannten Besitzinterdikte zur Verfügung[100].

Maßte sich ein Nachbar aber – wie regelmäßig in nachbarlichen Immissionsfällen – an einem Grundstück eine ihm nicht zustehende Servitut an oder überschritt er die Grenzen einer ihm zustehenden Servitut, konnte der Eigentümer dieses Grundstücks ihm zwecks Herstellung seiner vollen Eigentümergewalt dieses Verhalten mittels der *actio negatoria*, der dinglichen Negatorienklage, untersagen[101]. Deswegen konnte der Grundeigentümer, der sich gegen eine vom Nachbargrundstück ausgehende unzulässige Immission zur Wehr setzen wollte, unabhängig von seinem eigenen Eigentumsrecht auch allein die Überschreitung einer dem Nachbarn eingeräumten Servitut geltend machen, sofern deren Rahmen vom Emittenten nicht eingehalten wurde[102].

Die *actio negatoria* richtete sich auf die Feststellung, daß das Eigentum von der angemaßten Servitut frei sei sowie auf Feststellung, den vor der Eigentumsbeeinträchtigung bestehenden Zustand zu restituieren[103].

Der Anspruch auf Restitution konnte mehreres umfassen: So konnte der Kläger verlangen, daß Einrichtungen, die seinen Besitz oder sein Eigentum störten, beseitigt wurden. Weiterhin konnte der Kläger seinen Schaden sowie die ihm

---

[100] *Hausmaninger/Selb*, S. 237; *Benöhr*, S. 35. In diesem Falle stand dem Eigentümer gegen den Nachbarn beispielsweise das *interdictum uti possidetis* zu. Vgl. hierzu auch *Reinhard*, AcP, Bd. 30 (1847), S. 220.

[101] *Hausmaninger/Selb*, ebenda; *Hesse*, Rechtsverhältnisse, S. 264.

[102] *Ogorek*, Actio negatoria, S. 44.

[103] *Honsell/Mayer-Maly/Selb*, S. 538.

entgangenen Gebrauchsvorteile ersetzt verlangen. Zudem konnte er den Störer auf Sicherheitsleistung wegen zukünftiger Schäden verklagen[104].

Für die Behandlung von Immissionen im Nachbarverhältnis war der Rückgriff auf die *actio negatoria* als Schutzinstrument damit aus zweierlei Gründen problematisch:

Zum einen betrachteten die Römer die *actio negatoria* als Servitutenklage, also als eine Klage, die demjenigen Grundeigentümer zustand, dessen beklagter Nachbar sich zu Unrecht ein dingliches Recht an seinem, des Klägers, Grundstück anmaßte. Damit hatte der Eigentümer regelmäßig nicht nur sein Eigentum am streitbefangenen Grundstück nachzuweisen, sondern auch, daß dem beklagten Nachbarn eine zur Immission berechtigende Servitut am Grundstück nicht zustehe. Durch diese Beweislastverteilung wurde der Rechtsschutz für den immissionsbelästigten Grundeigentümer erschwert[105].

Zum anderen war den Digesten keine eindeutige Rechtsfolge einer erfolgreichen Servitutenklage zu entnehmen. Es kamen im Rahmen des Anspruchs auf Restitution so unterschiedliche Rechtsfolgen wie die Unterlassung der Störung, Schadenersatz und die Stellung einer Sicherheit in Betracht. Damit bestand die Gefahr, die *actio negatoria* zu einem brisanten Instrument zu erheben, um jegliche Störung aus der Nachbarschaft zu untersagen und damit die Ansiedlung störender Gewerbe auf Nachbargrundstücken zu verhindern[106].

## *§ 6*
## *Zusammenfassung*

Dem von nachbarlichen Einwirkungen auf sein Grundstück betroffenen Eigentümer boten sich also mehrere römisch-rechtliche Rechtsbehelfe an, um gegen die Immission vorzugehen. Die Auswahl des Rechtsbehelfs war hier vor allem am Rechtsschutzbegehren des Immissionsgeschädigten auszurichten.

Regelmäßig war es dem gestörten Grundeigentümer nicht ausschließlich daran gelegen, einen durch die Immission an seinem Grundstück eingetretenen Schaden beim schädigenden Eigentümer des Nachbargrundstücks zu liquidieren. Zudem war für ihn der alleinige Schutz vor zukünftigen Immissionen oder die Sicherung vor einem in der Zukunft liegenden Schadensereignis für sein Grundstück wenig sinnvoll. Dem Grundstückseigentümer kam es vielmehr regelmäßig darauf an, tatsächliche Beeinträchtigungen für sein Grundstück oder seine Person, wie sie sich vor allem aufgrund von Immissionen vom Nachbargrundstück ergaben, zu unterbinden.

---

104 *Honsell/Mayer-Maly/Selb*, S. 539; *Christian Friedrich Glück*, Pandecten nach Hellfeld – ein Kommentar (Pandecten), Teil 10, Abteilung 1, Erlangen 1808, S. 231.

105 *Ogorek*, Actio negatoria, S. 45.

106 *Ogorek*, Actio negatoria, S. 44.

Damit schied für ihn die *actio confessoria* als Rechtsbehelf aus. Der Grundeigentümer begehrte ja nicht Rechtsschutz aufgrund einer Servitut am Nachbargrundstück, deren Ausübung durch das Handeln seines Nachbarn erschwert oder verhindert wurde. Entscheidend war für ihn vielmehr der Schutz seines eigenen Grundstücks vor einer Beeinträchtigung durch den Nachbarn, die sich als angemaßte Eigentumsbeeinträchtigung darstellte.

Als erfolgversprechendstes Mittel konnte sich ein Grundeigentümer deshalb zur Untersagung der Immission nur der römisch-rechtlichen *actio negatoria* bedienen, sofern die Immission als unberechtigte Gebrauchsanmaßung seines, des Grundeigentümers, Grundstücks zu werten war. Hier befand sich der Grundeigentümer allerdings regelmäßig in der unbequemen Lage, zur Begründung seiner Klage nicht nur sein Eigentum am Grundstück nachweisen zu müssen, sondern auch zu beweisen, daß dem immittierenden Nachbarn eine Berechtigung zur Gebrauchsanmaßung seines Grundstückes, also eine zur Immission berechtigende Servitut, nicht zustand.

# 2. Kapitel: Die Reaktionen von Wissenschaft, Gesetzgebung und Rechtsprechung auf die immissionsrechtlichen Herausforderungen im Zuge der Industrialisierung

## 1. Abschnitt: Die einsetzende Industrialisierung

### *§ 7*
### *Wirtschaftliche und gesellschaftliche Umwälzungen im Zuge der Industrialisierung*

Um 1800 war Deutschland von der aufkommenden Industrialisierung noch weitgehend unberührt. Zwar traf bereits 1795 in Berlin die erste Dampfmaschine für den gewerblichen Einsatz ein. Sie konnte jedoch wegen einer Beschädigung beim Transport erst zwei Jahre später ihren Betrieb aufnehmen und wurde wegen zu hoher Betriebskosten bald wieder stillgelegt[107]. Noch im Jahre 1812 waren im gesamten preußischen Hoheitsgebiet nur zwei Industriebetriebe mit Dampfmaschinen ausgestattet[108]. Diese Zahl stieg jedoch in kurzer Zeit sprunghaft an. Waren im Bereich der preußischen Montanindustrie im Jahre 1826 nur 58 Dampfmaschinen in Betrieb, hatte sich deren Anzahl bereits im Jahre 1864 auf 2.321 erhöht[109].

Die an diesen Zahlen ablesbare sprunghafte Entwicklung im Maschinenwesen auf den verschiedensten Wirtschaftsgebieten führte insgesamt zu einer bis dahin nicht erahnten Vermögensmehrung und Bevölkerungsexplosion[110]. Waren die Wirtschafts- und Gesellschaftsstruktur zu Beginn des 19. Jahrhunderts noch durch und durch agrarisch geprägt und war die Bevölkerung noch zu etwa 80 % in der Landwirtschaft tätig, waren um 1870 nur noch ca. 50 % der Erwerbstätigen in der Land- und Forstwirtschaft tätig[111].

Mit dem Übergang von Holz hin zu fossilen Energieträgern wurde zudem die Grenze zu einem relativen Energieüberfluß überschritten, was die rasante tech-

---

107 *Franz Josef Brüggemeier/Michael Tokya-Seid* (Hrsg.), Industrie-Natur: Lesebuch zur Geschichte der Umwelt im 19. Jahrhundert, S. 19.

108 *Mieck*, Aerem corrumpere non licet, S. 39.

109 *Hans Pohl*, Die Entwicklung der deutschen Volkswirtschaft (1830 – 1880), in: Helmut Coing/Walter Wilhelm (Hrsg.), Wissenschaft und Kodifikation des Privatrechts im 19. Jahrhundert, Bd. 2, Frankfurt am Main 1977, S. 11.

110 *Kloepfer/Franzius/Reinert*, Umweltrechtsgeschichte, S. 30. In der Zeit von 1800 bis 1875 hatte sich die Bevölkerungszahl Deutschlands auf ca. 43 Millionen Einwohner fast verdoppelt.

111 Vgl. hierzu *Pohl*, S. 10.

nische Entwicklung im Hinblick auf neue Produktionsverfahren beschleunigte und zum Aufbau völlig neuer Industriezweige führte[112].

Insbesondere die Fortschritte in der anorganischen Chemie ermöglichten die Großproduktion von Alaun, Vitriol und vor allem Soda, deren giftige Abfallprodukte entweder in die Atmosphäre entwichen oder ungeachtet der – allerdings erst mit erheblicher zeitlicher Verzögerung erkannten – erheblichen Schädlichkeit frei gelagert wurden[113]. Wo Kohle verbrannt wurde, wurden als sichtbare Rückstände Ruß, Staub und schweflige Säuren in die Atmosphäre ausgestossen[114], was nicht nur zu ungewohntem Geruch und Schmutz, sondern schon bald zu teilweise erheblichen, bereits mit bloßem Auge zu beobachtenden Umweltschäden führte[115].

In zunehmendem Maße kam es außerdem infolge der Industrieabgase zu gesundheitlichen Problemen bei der betroffenen Bevölkerung[116]. Diese wurden dadurch verschärft, daß es gerade in den sich ausbildenden industriellen Kernräumen und Städten zu einer massiven Bevölkerungskonzentration kam[117].

Bereits in der Frühzeit der Industrialisierung konnten mit der Montanindustrie, der chemischen Industrie und den Betrieben der Kohleveredelung und Kohleverfeuerung dieselben Hauptverursacher von Immissionen ausgemacht werden, die auch in unserer heutigen Zeit die für die Luftbelastung am bedeutendsten sind[118].

Zwar blieben diese negativen Auswirkungen der zunehmenden Industrialisierung zunächst örtlich auf die Industriezentren begrenzt. In zunehmender Häufigkeit kam es jedoch auch in benachbarten Regionen zu Klagen über Schädigungen der menschlichen Gesundheit, des Pflanzenwuchses und des Gebäudeeigentums[119]. Die mit der industriell-gewerblichen Produktion einhergehenden Folgeerscheinungen wurden deshalb zunehmend als Verschlechterungen der allgemeinen Lebensqualität empfunden[120].

---

112 *Kloepfer/Franzius/Reinert*, Umweltrechtsgeschichte, a. a. O.

113 *Kloepfer/Franzius/Reinert*, Umweltrechtsgeschichte, S. 32.

114 *Brüggemeier/Tokya-Seid*, S. 30.

115 Vgl. hierzu anschaulich *Franz-Josef Brüggemeier*, Blauer Himmel über der Ruhr. Geschichte der Umwelt im Ruhrgebiet 1840 – 1990 (Blauer Himmel), Essen 1992, S. 19 ff.

116 Vgl. hierzu nur *Brüggemeier/Tokya-Seid*, S. 31 f.; *Mieck*, Aerem corrumpere non licet, S. 43.

117 *Kloepfer/Franzius/Reinert*, Umweltrechtsgeschichte, S. 30 f. Die Bevölkerungszahl von Berlin wuchs von 172.000 Einwohnern im Jahre 1800 auf über 800.000 im Jahre 1870, die von Essen von 40.000 im Jahre 1800 auf 443.000 im Jahre 1910.

118 *Kloepfer/Franzius/Reinert*, Umweltrechtsgeschichte, S. 32.

119 *Brüggemeier*, Blauer Himmel, S. 17.

120 *Franz-Josef Brüggemeier*, Eine Kränkung des Rechtsgefühls? Soziale Frage, Umweltprobleme und Verursachungsprinzip im 19. Jahrhundert (Umweltprobleme), in: Werner Abelshauser (Hrsg.), Umweltgeschichte, Göttingen 1994, S. 132 f.

# 2. Abschnitt: Die Reaktionen in der Wissenschaft auf die immissionsrechtlichen Herausforderungen im Zuge der Industrialisierung

## *§ 8* *Die Erweiterung des privaten Immissionsschutzes durch die Wissenschaft*

### I. Die Erweiterung des Immissionsbegriffs

Ausgehend von *Spangenberg* und der von ihm begründeten sogenannten Immissionstheorie setzte in der Rechtswissenschaft in der Mitte des 19. Jahrhunderts eine lebhafte Diskussion um den Umfang des privaten Immissionsschutzes ein, der aufgrund der römisch-rechtlichen Regeln zu gewähren sei.

Ausgangspunkt war bei den Überlegungen meist, inwieweit das in den Quellen statuierte allgemeine Immissionsverbot einzuschränken sei, um zu einer allen Interessen gerecht werdenden Lösung zu gelangen. In zunehmendem Maße standen sich nämlich im Zuge der Industrialisierung – was *Spangenberg* bei seinen Überlegungen außer Acht gelassen hatte – die Geschäftsinteressen der Gewerbetreibenden und die der immissionsgeschädigten Eigentümer von Grundstücken in der unmittelbaren Nachbarschaft der Gewerbebetriebe gegenüber.

Es zeigte sich zunächst, daß einige Vertreter in der Wissenschaft das Problem in ihrer ganzen Tragweite noch nicht ausreichend erfaßt hatten oder dem Immissionsbegriff recht unkritisch gegenüberstanden. Ausgehend vom Inhalt des Eigentums begnügte sich beispielsweise *Guyet*[121] noch unter Bezugnahme auf Dig. 8.5.8.5. mit der Feststellung,

> *„daß zwar Jeder mit seinem Eigenthume schalten kann, so lange er sich in dessen Gränzen hält, daß es aber nicht erlaubt ist, dergestalt darüber zu disponiren, daß dadurch eine Einwirkung auf eine fremde Sache stattfinde, namentlich nicht so, daß irgend etwas dem Eigenthümer der fremden Sache Nachtheiliges oder Beschwerliches, in oder auf die fremde Sache hingebracht werde oder sonst geschehe"*

und verstand als Einwirkung im Sinne der Quellen

> *„jede Einwirkung auf das fremde Eigenthum"*[122].

[121] *Guyet*, AcP, Bd. 17 (1834), S. 35 ff.
[122] *Guyet*, AcP, Bd. 17 (1834), S. 36 f.

Ähnlich verfuhr *Reinhard*, der die in den Quellen gestattete Immission eines „*fumus non gravis*“ unter Bezugnahme auf Dig. 1.8.43.27. um die des Schattenwurfes an Gebäuden erweiterte[123].

Hier zeigte sich deutlich, daß es einigen Vertretern der Wissenschaft nicht primär daran gelegen war, die erörterten Rechtsprobleme im Lichte ihrer wirtschaftlichen Auswirkungen zu behandeln, sondern daß sie die Behandlung privater Immissionsstreitigkeiten lediglich vom rechtstheoretischen Standpunkt aus betrachteten.

Dennoch bildete sich nach *Spangenbergs* erstmaligen systematischen Definitionsversuchen zunehmend eine grundsätzlichere Differenzierung zwischen den verschiedenen möglichen Immissionen heraus. Es wurde versucht, sie in rechtmäßige, also für den betroffenen Grundeigentümer duldungspflichtige, und rechtswidrige Einwirkungen, für die eine Untersagungsmöglichkeit bestand, einzuteilen.

### 1.
### Der enge Immissionsbegriff

*Spangenberg* hatte versucht, eine rechtswidrige Einwirkung in erster Linie dadurch zu kennzeichnen, daß sie körperlich wirke. In diesem engen Immissionsverständnis zählte er zu den in den Quellen angeführten Immissionen Wasser, Rauch und Steinsplitter auch Staub, weil auch diese Substanz gesundheitsschädlich sei und sich hob und senkte[124]. Unter Bezugnahme auf die Quellen sah *Spangenberg* alle Einwirkungen körperlicher Art als rechtswidrig an und unterstellte sie einem Immissionsverbot. Dem betroffenen Eigentümer gestand *Spangenberg* ein umfassendes Untersagungsrecht zu[125].

Ausdrücklich vom Immissionsverbot ausgenommen wurden von *Spangenberg* aber solche Einwirkungen, die nur die Sinne, also das Gesicht, das Gehör und den Geruch „unangenehm afficirten“ und welche nicht über eine gesonderte Zuleitung auf das benachbarte Grundstück hinübergeführt wurden[126]. Damit wurde von *Spangenberg* aber von vornherein gerade ein Großteil der sich im Zuge der Industrialisierung zunehmend häufenden, belästigenden Einwirkungen vom Immissionsverbot ausgenommen, was im Umkehrschluß für den betroffe-

---

[123] *Reinhard*, AcP, Bd. 30 (1847), S. 217 (Fn. 1). Differenzierter bereits *Carl Friedrich Ferdinand Sintenis*, Das praktische gemeine Civilrecht, Bd. 1, Leipzig 1844, S. 476: „ ... wodurch geradezu oder wenigstens in Folge eines besonderen Zwecks, Gewerbes u.s.w. Rauch, Dampf, Staub, Steinstücke und dergl. in ungewöhnlichem Maase auf des Nachbarn Gebiet hinübergeleitet und befördert werden“.

[124] *Spangenberg*, AcP, Bd. 9 (1826), S. 269 f.

[125] *Spangenberg*, AcP, Bd. 9 (1826), S. 271.

[126] *Spangenberg*, AcP, Bd. 9 (1826), S. 271 f.

nen Grundstücksnachbarn eine umfassende Duldungspflicht gegenüber solchen Einwirkungen auf sein Grundstück mit sich brachte.

Dieser engen Interpretation des Immissionsbegriffs durch *Spangenberg* schlossen sich namhafte Vertreter in der Wissenschaft an[127]. Diesen Vertretern des sogenannten engen Immissionsbegriffs war gemeinsam, daß sie nach einem objektiven Abgrenzungskriterium zur Bestimmung einer unerlaubten Immission suchten. Sie sahen es primär im Merkmal der Körperlichkeit. Körperliche Immissionen seien rechtswidrig und unterfielen deshalb dem Immissionsverbot, unkörperliche Immissionen seien grundsätzlich rechtmäßig.

*Werenberg* beispielsweise wandte sich dagegen, Lärmbelästigungen unter das Immissionsverbot zu subsumieren, da Töne körperlos seien[128]. Ebenso verfuhr er mit üblen Gerüchen[129]. *Werenberg* führte seine Unterscheidung auf den in den Quellen verwendeten Begriff *„immittere"* zurück, der nur auf körperliche Stoffe Anwendung finden könne[130]. *Werenberg* bezog allerdings gesundheitsschädliche Dünste in das Immissionsverbot mit ein[131].

Für den Bereich der Nachbarklagen gegen die zunehmenden Gewerbeimmissionen hatte das Festhalten am engen Immissionsbegriff weitgehende Folgen. Denn Einwirkungen durch Erschütterungen, Lärm, Gerüche etc. stellten sich regelmäßig als erlaubte Einwirkungen auf das Grundeigentum des Nachbarn mit der Folge dar, daß er sie fast ausnahmslos zu dulden hatte. *Werenberg* hielt allerdings die geltenden Regelungen zur Behandlung von nachbarlichen Immissionsfällen für völlig ausreichend und warnte:

> *„Wir können die Nothwendigkeit nicht einsehen, daß die Gesetzgebung gerade hier eingreifen müsse. ... In unserm auf Freiheit der Bewegung im gewerblichen Leben hindrängenden Zeitalter wäre damit nur eine neue Schranke aufgerichtet."*[132]

## 2.
## Der weite Immissionsbegriff

Dieses enge Verständnis von Immissionen wurde allerdings bereits kurz nach der erstmaligen Veröffentlichung der Thesen *Spangenbergs* aufgeweicht.

---

127 Vgl. beispielsweise *Hesse*, Rechtsverhältnisse, S. 272 ff.; *Julius Albert Gruchot,* Glossen zum Allgemeinen Land-Recht, Gruchot's Beiträge, Bd. 6 (1862), S. 90 ff.; *Ernst Pagenstecher*, Die römische Lehre vom Eigenthum in ihrer modernen Anwendbarkeit, Bd. 1, Heidelberg 1857, S. 120 ff.

128 *Werenberg*, JherJB, Bd. 6 (1863), S. 52.

129 *Werenberg*, JherJB, Bd. 6 (1863), ebenda.

130 *Werenberg*, JherJB, Bd. 6 (1863), S. 53.

131 *Werenberg*, JherJB, Bd. 6 (1863), ebenda.

132 *Werenberg*, JherJB, Bd. 6 (1863), S. 78 f.

1829 machte *Gesterding*[133], noch in der Begrifflichkeit *Spangenbergs* verhaftet, den Versuch, das Immissionsverbot unter Bezugnahme auf das Begriffsmerkmal der Körperlichkeit auch auf Gerüche zu erweitern. Er verstand Gerüche als unsichtbare, jedoch körperliche Substanz[134]. Diese Ansicht wurde vornehmlich auf die römisch-rechtliche Quelle Inst. 2.2.1. gestützt, nach der als körperliche Sache grundsätzlich das anzusehen sei, was mit den Sinnen wahrgenommen werden könne[135].

*Kuntze*[136] befand, daß Gerüche nicht aufgrund „transcendenter Ausstrahlung" wahrgenommen werden könnten, sondern aus feiner Materie bestünden. Er gestand einem Grundeigentümer auch gegen Geruchsbelästigungen die Klagemöglichkeit zu.

*Windscheid/Kipp*[137] sahen in Gerüchen und Geräuschen nicht lediglich eine Belästigung, sondern bereits eine körperliche Einwirkung. Ihrer Auffassung nach verbreiteten sich Gerüche mittels Hineintreiben von körperlicher, gasförmiger Materie, wohingegen sich Geräusche mittels körperlicher Schallwellen fortpflanzten.

Insgesamt akzeptierte die Wissenschaft jedoch erst relativ spät gegen Ende des 19. Jahrhunderts den von *Sturm* 1891 geprägten, sogenannten weiten Immissionsbegriff, der Immissionen als

> *„jedes Einwirken, jedes Eindringen von körperlichen oder unkörperlichen Substanzen in einen anderen Stoff"*[138]

ansah.

Den Vertretern des weiten Immissionsbegriffs ist zugute zu halten, daß sie versuchten, den von Nachbarimmissionen geplagten Grundeigentümern einen erweiterten Eigentumsschutz zuzugestehen. Dennoch führte dieser immer noch am Begriff der Körperlichkeit der Immission verhaftete Versuch nicht zu einem wirklich umfassenden zivilrechtlichen Schutz gegen nachbarliche Immissionsstörungen[139].

---

133 *Friedrich Christian Gesterding*, Die gesetzlichen Eigenthumsbeschränkungen nach römischem Recht, Allgemeine Juristische Zeitung 1829, S. 105 ff.

134 *Gesterding*, Allgemeine Juristische Zeitung 1829, S. 105 f.

135 Inst. 2.2.1.: *„Res corporales sunt, quae tangi possunt"*.

136 *Johann Emil Kuntze*, Rezension von Pagenstecher, Die römische Lehre vom Eigenthum in ihrer modernen Anwendbarkeit, H. Th. Schletter's Jahrbücher der deutschen Rechtswissenschaft und Gesetzgebung (Schletter's Jahrbücher), Bd. 4 (1858), S. 200.

137 *Bernhard Windscheid/Theodor Kipp*, Lehrbuch des Pandektenrechts, 9. Auflage, Frankfurt 1906, § 169, S. 862 f. (Fn. 20).

138 *August Sturm*, Beiträge zum Römischen Recht unter Berücksichtigung des Entwurfes für das Bürgerliche Gesetzbuch, Bd. 3 (Die Immissionen), Naumburg an der Saale 1891, S. 41.

139 Erschütterungen konnten beispielsweise nicht unter den weiten Immissionsbegriff subsumiert werden.

## 3.
## Mittelbare und unmittelbare Immissionen

Bestand bereits Uneinigkeit darüber, welche Einwirkungen überhaupt wegen Schädlichkeit unter den Begriff der Immission zu subsumieren seien, spalteten sich weiterhin die Meinungen in der Wissenschaft an der Frage, ob nach der Art der Zuführung der Immissionen weiter zu differenzieren sei.

Unterschieden wurde insbesondere zwischen mittelbaren und unmittelbaren Immissionen. Als unmittelbare Immissionen galten solche, deren Wirkungen sich entweder ausschließlich im Eigentumsbereich des Verursachers entfalteten oder die noch auf dessen Grundstück begönnen, sich aber auch auf dem Grundeigentum des Nachbarn bemerkbar machten. Unter mittelbaren Immissionen dagegen verstand man solche, die erst durch Vermittelung anderer Ursachen wie beispielsweise durch Luftströmungen auf das Nachbargrundstück hinüberwirkten[140].

Unstreitig war, daß auch der Verursacher mittelbarer Immissionen zum Schadenersatz verpflichtet war, sofern eine ihm zurechenbare Handlung auf dem Nachbargrundstück zu einem Schadensereignis geführt hatte[141]. Uneinig war man sich aber über die rechtliche Behandlung von bloßen Belästigungen, die mittelbar auf das Nachbargrundstück einwirkten.

Während einige Stimmen in der Wissenschaft die Rechtswidrigkeit einer mittelbaren Immission allein nach dem Grad der Belästigung bestimmen wollten, erklärten andere unter strenger Interpretation der Quellen nur solche mittelbaren Immissionen für rechtswidrig, die mittels einer besonderen Leitung vorgenommen würden[142].

Im Ergebnis brachte diese Unterscheidung eine Erweiterung des Rechtsschutzes von Grundeigentümern, da nun auch mittelbar zugeführte Einwirkungen dem Immissionsverbot unterfielen. Allerdings wurden weiterhin nur solche Einwirkungen dem Schutz des Zivilrechts unterstellt, die sich negativ auf das Grundstück auswirkten. Einen umfassenderen Schutz der Person des Grundeigentümers oder der Bewohner des betroffenen Grundstücks vermochte deshalb auch die Unterscheidung zwischen mittelbaren und unmittelbaren Immissionen nicht zu gewährleisten.

---

140 *Jhering*, Beschränkungen, S. 107 ff.; *Hesse*, Rechtsverhältnisse, S. 269.

141 *Werenberg*, JherJB, Bd. 6 (1863), S. 54.

142 Vgl. *Roth*, Civilrecht, S. 42 f. m. w. N.; *Rudolph Freiherr von Holzschuher*, Theorie und Casuistik des gemeinen Civilrechts, 2. Bd., 1. Teil, Leipzig 1845, S. 81 f.

## 4. Die Ansichten *Hesses*

*Hesse*, der als populärer Vertreter der von Spangenberg begründeten Immissionstheorie galt, ging zur Bestimmung eines objektiven Abgrenzungskriteriums einen anderen Weg.

*Hesse* akzeptierte unter strenger Bezugnahme auf die römischen Quellen zunächst die Prämisse der Immissionstheorie, daß zivilrechtlicher Schutz lediglich für das Eigentum als Vermögensrecht existieren könne, nicht aber für die Person des Eigentümers[143]. Eine Einwirkung auf das Grundeigentum, die sich nicht als Vermögenseinbuße darstelle, könne durch den Grundeigentümer im Rahmen des Zivilrechts nicht untersagt werden. Hierzu zählte *Hesse* insbesondere solche Einwirkungen, die lediglich von Personen aufgrund ihrer Sinne als Belästigungen wahrgenommen werden könnten, die sich aber nicht auf die Substanz des Grundstücks als Vermögensrecht auswirkten[144].

Unkörperliche Einwirkungen auf das Grundstück fielen deshalb nach *Hesse* nicht unter das Immissionsverbot des Zivilrechts, sondern ermöglichten allenfalls ein polizeiliches Einschreiten[145]. *Hesse* begründete dies dahingehend, daß kein objektiver zivilrechtlicher Maßstab zur Beurteilung der Lästigkeit solcher Einwirkungen, sondern nur ein relatives polizeiliches Ermessen existiere[146].

Aber auch das Eindringen von körperlichen Einwirkungen auf ein Grundstück stelle sich nur dann als rechtswidrig dar, wenn diese notwendig und unmittelbar als vorhersehbare Folge einer Handlung, Vorrichtung oder Anlage des Grundeigentümers zu charakterisieren seien. *Hesse* legte sein Augenmerk bei der Beurteilung der Rechtswidrigkeit einer Einwirkung also nicht auf die Wirkungen der Immission, sondern betrachtete die Entstehung der Immission, das heißt die immissionsverursachende Handlung bzw. Anlage[147].

Eine Unterscheidung zwischen unmittelbaren und mittelbaren Immissionen lehnte *Hesse* deshalb ab, weil für ihn ein objektives Abgrenzungskriterium nicht erkennbar war. Die Unterscheidung erfolge letztlich immer aus Zufall[148]. Dies sei jedoch mit dem Erfordernis der Definition eines objektiven Merkmals der Widerrechtlichkeit der Immission nicht zu vereinbaren. Aus demselben Grund lehnte *Hesse* auch das von *Spangenberg* angeführte Abgrenzungskriterium der gewöhnlichen Benutzung des Grundstücks zur Bestimmung des Merkmals der

---

143 *Christian August Hesse*, Zur Lehre von den nachbarlichen Verhältnissen der Grundeigenthümer (Nachbarliche Verhältnisse der Grundeigentümer), JherJB, Bd. 6 (1863), S. 390.

144 Die Gesundheit unterfalle nämlich nicht dem Sachenrecht. Vgl. *Hesse*, Nachbarliche Verhältnisse der Grundeigentümer, S. 386.

145 Nach *Hesse* boten sich insbesondere die „Möglichkeiten des Kriminalrechts“ an. Vgl. *Hesse*, Nachbarliche Verhältnisse der Grundeigentümer, S. 387.

146 *Hesse*, Nachbarliche Verhältnisse der Grundeigentümer, S. 388 f.

147 *Hesse*, Nachbarliche Verhältnisse der Grundeigentümer, S. 434.

148 *Hesse*, Nachbarliche Verhältnisse der Grundeigentümer, S. 410.

Widerrechtlichkeit ab. Es sei zu relativ[149]. Damit stellten sich für *Hesse* auch mittelbare körperliche Immissionen als nicht rechtswidrig dar.

Im Ergebnis führten die Auffassungen *Hesses* dazu, daß dem von Einwirkungen auf sein Grundstück betroffenen Eigentümer folgende Rechtsschutzmöglichkeiten zustanden:

Mit der *actio negatoria* konnte der Eigentümer nur solche Immissionen untersagen, bei welchen eine unter den engen Immissionsbegriff fallende Einwirkung vom Nachbargrundstück ausging, durch die sich der Nachbar eine ihm am Grundstück nicht zustehende Servitut anmaßte[150].

Gegen alle anderen, unmittelbaren und mittelbaren, potentiell schadensverursachenden Einwirkungen auf ein Grundstück, welche durch das Eindringen fester bzw. flüssiger Körper verursacht wurden oder welche sich insbesondere als durch von Anlagen bzw. Einrichtungen ausgehende Erschütterungen darstellten, stand dem Grundeigentümer lediglich die *cautio damni infecti* zu[151]. Eine grundlegende Anwendbarkeit der *actio negatoria* gegen jegliche Art von Störungen lehnte *Hesse* also ab[152].

*Hesse* ist zugute zu halten, daß auch er den Versuch der Systematisierung von Immissionen unter Rückgriff auf die römischen Quellen an streng objektiven Kriterien zu bemessen suchte und die Verantwortlichkeit des Immittenten nicht an die jeweiligen Wirkungen der Immissionen, sondern an das Merkmal der Verursachung knüpfte. Im Ergebnis führte dieser Ansatz jedoch nicht dazu, den Rechtsschutz für die Person des Grundeigentümers gegen nachbarliche Immissionen zu erweitern. Denn auch *Hesse* hielt Belästigungen durch Lärm, Erschütterungen und Gerüche wegen seiner am Merkmal der Körperlichkeit der Einwirkung orientierten Blickweise nicht für abwehrfähig. Zudem gestand er dem Grundeigentümer nur ein Abwehrrecht bezüglich solcher Einwirkungen zu, die sich als nachteilig für das Grundstück darstellten. Damit waren die nur einer Person nachteiligen Immissionen immer duldungspflichtig.

### 5.
### Die Überwindung der Immissionstheorie durch *Jhering*

Erst umfassende Systematisierungsversuche unter völlig neuem Ansatzpunkt durch *Rudolf von Jhering* führten ab den sechziger Jahren des 19. Jahrhunderts einen einschneidenden Wandel in der Beurteilung nachbarlicher Immissionsfälle in der Wissenschaft herbei.

---

149 *Hesse*, Nachbarliche Verhältnisse der Grundeigentümer, ebenda.
150 *Hesse*, Nachbarliche Verhältnisse der Grundeigentümer, S. 412.
151 *Hesse*, Nachbarliche Verhältnisse der Grundeigentümer, S. 421 f.
152 *Hesse*, Nachbarliche Verhältnisse der Grundeigentümer, ebenda.

*Jhering* löste sich als erster von der bis dahin vorherrschenden Auffassung, allein aus den fragmentarischen römischen Quellen zu Immissionsstreitigkeiten einen allgemeinen Grundsatz zur Behandlung privater nachbarlicher Immissionsfälle abzuleiten. Er vertrat vielmehr die Ansicht, daß es sich bei den in den Quellen überlieferten Aussprüchen der römischen Juristen nicht um ein abgeschlossenes System von Regeln, sondern vielmehr um eine Anzahl zufällig überlieferter Einzelfallentscheidungen zur Lösung von Konfliktfällen auf dem Gebiet des Grundeigentumsschutzes im – wie er erstmals formulierte – „Nachbarverhältnis“ handele[153].

Dieser Ansatz ermöglichte es *Jhering* als erstem, die Grundsätze der Immissionstheorie, wie sie durch Spangenberg entwickelt wurden, zu verwerfen. Er sah in den Quellen nicht das von der Immissionstheorie anerkannte, durch äußerliche Unterscheidungen charakterisierte Prinzip, nach welchem sich sämtliche privaten nachbarlichen Immissionsfälle entscheiden ließen[154]. *Jhering* bevorzugte vielmehr einen an der Praxis ausgerichteten Ansatz und versuchte, sinnvolle Gesetzmäßigkeiten für einen wirksamen privaten Immissionsschutz im Nachbarverhältnis zu entwickeln.

*Jhering* betrachtete das Grundeigentum und den Grundeigentümer als Einheit und erkannte, daß eine Beeinträchtigung des Grundstücks durch Belästigungen immer auch eine Beeinträchtigung des Eigentumsausübungsrechts des Eigentümers am Grundstück beinhaltete. Deshalb akzeptierte *Jhering*, daß auch Lärm, Licht, Dünste, Gerüche und Erschütterungen bei Überschreiten eines gewissen Umfanges Verletzungen des Eigentums darstellten[155].

Die entscheidende Problematik in der Behandlung von kollidierenden Interessen eines Grundeigentümers und eines auf dessen Grundstück einwirkenden Nachbarn bestand für *Jhering* darin, eine Grenze des Umfangs an Einwirkung zu ermitteln, bei welcher der Grundeigentümer diese noch zu dulden, und bei welcher er die Einwirkung nicht mehr zu dulden habe[156].

*Jhering* befand, daß eine solche Grenzziehung zwischen Schädlichkeit und bloßer Lästigkeit nicht absolut zu ziehen sei[157]. Andererseits sprach er sich auch gegen eine Grenzziehung nach lediglich individuellen Maßstäben aus, da die

---

[153] *Jhering*, Beschränkungen, S. 112. Es ging *Jhering* vielmehr darum herauszuarbeiten, nach welchen allgemeinen Grundsätzen das römische Recht benachbarten Grundeigentümern Beschränkungen auferlegte. Er sah die Behandlung nachbarlicher Immissionsfälle in den Quellen also nur als einen fragmentarischen Teil des Gesamtsystems eines Nachbarrechts, vgl. *Jhering*, Beschränkungen, S. 101. Diese Anerkennung eines Systems von nachbarlichen Beziehungen führte schließlich bei der Behandlung von nachbarlichen Immissionsfällen zur Anerkennung des Rechtsinstituts des nachbarlichen Gemeinschaftsverhältnisses in der Rechtsprechung des Reichsgerichts und in der Wissenschaft. Vgl. hierzu unten § 30.

[154] *Jhering*, Beschränkungen, S. 112.

[155] *Jhering*, Beschränkungen, S. 111 f.

[156] *Jhering*, Beschränkungen, S. 113 ff.

[157] *Jhering*, Beschränkungen, S. 114.

Berücksichtigung persönlicher Befindlichkeiten bei der Bestimmung der Schädlichkeit einer Einwirkung zu willkürlichen Ergebnissen führen würde. Er differenzierte deshalb zwischen Einwirkungen auf das Grundstück und Einwirkungen auf Personen[158]. Als objektiven Bezugspunkt der Einwirkung auf ein Grundstück machte er die gewöhnliche Benutzung des Grund und Bodens[159] und als objektiven Bezugspunkt für die Einwirkung auf eine Person die allgemeine, durchschnittliche Empfänglichkeit aus[160].

*Jhering* erkannte die Unterscheidung zwischen mittelbaren und unmittelbaren Immissionen an. Als – verbotene – unmittelbare Einwirkungen bezeichnete er solche, deren Wirkungen in der Eigentumssphäre des Nachbarn begönnen, als – grundsätzlich erlaubte – mittelbare Einwirkungen solche, die ihre nächsten Effekte zunächst auf dem Grundstück des immittierenden Eigentümers entfalteten, aber auch auf das Nachbargrundstück ausstrahlten[161].

Mittelbare Einwirkungen habe der Nachbar grundsätzlich zu dulden, denn es könne einem Eigentümer nicht zugemutet werden, sich jeglicher mittelbarer Einwirkung zu enthalten, ohne in seinem Eigentumsausübungsrecht unzumutbar beschränkt zu werden[162]. Eine Ausnahme von der generellen Duldungspflicht ergebe sich für den Nachbarn jedoch dann, wenn sich die Schädlichkeit oder Lästigkeit auch der mittelbaren Immission bereits nach den gewöhnlichen sachlichen oder persönlichen Maßstäben ergebe[163].

Hiermit erweiterte *Jhering* den Rechtsschutz des Grundeigentümers gerade in den Fällen der Gewerbeimmissionen erheblich, denn in den durch einen Gewerbebetrieb auf dem Nachbargrundstück verursachten Einwirkungen war – zumindest in der Anfangszeit der Industrialisierung – auch an gewöhnlichen, sachlichen Maßstäben gemessen noch immer etwas durchaus Besonderes zu erblicken.

---

158 *Jhering*, Beschränkungen, S. 113.

159 *Jhering*, Beschränkungen, S. 115 f.; *Heinrich Dernburg*, Lehrbuch des Preußischen Privatrechts, Bd. 1, 1. Auflage, Halle 1875, S. 466 Rn. 21, pflichtete *Jhering* in dieser Unterscheidung bei: „Denn wenn z.B. die Errichtung einer übelriechende Dämpfe verbreitenden Fabrik im Mittelpunkt einer glänzenden Stadt als außerordentliche Belästigung den Nachbarn gerechten Grund zur Klage gibt, so kann in dem gleichen Etablissement, welches in einer entlegenen Industrievorstadt oder gar in einer beträchtlichen Entfernung von menschlichen Wohnungen errichtet ist, etwas Normales und von den Nachbarn zu Duldendes liegen“.

160 *Jhering*, Beschränkungen, S. 121 ff. Die Anerkennung dieser objektiven Bezugspunkte führte zu Kritik seitens der Vertreter der Immissionstheorie, die sich allein an den römischen Quellen orientieren wollten. Sie sahen diesen objektiven Maßstab als von den römischen Juristen nicht anerkannt an. Vgl. *Hesse*, Nachbarliche Verhältnisse der Grundeigentümer, S. 427.

161 *Jhering*, Beschränkungen, S. 107.

162 *Jhering*, Beschränkungen, S. 108.

163 *Jhering*, Beschränkungen, S. 117, S. 128. Gegen diese Ausnahme bei der Duldungspflicht von mittelbaren Immissionen wandte sich *Hesse*, Nachbarliche Verhältnisse der Grundeigentümer, S. 404, weil anderenfalls „große, kostspielige Etablissements, wie Fabriken, Gasanstalten, Hüttenwerke und Eisenbahnen u.s.f. fast unmöglich“ wären.

## II.
## Die Erweiterung der *actio negatoria* hin zu einer allgemeinen Eigentumsklage

Die wissenschaftliche Diskussion um die Behandlung privater nachbarlicher Immissionsfälle zog seit den dreißiger Jahren des 19. Jahrhunderts in verstärktem Maße auch eine vertiefte Auseinandersetzung um die Gewährung effektiven Rechtsschutzes nach sich. Als problematisch erwies sich deshalb die Frage nach dem rechtlichen Charakter der Negatorienklage.

Es herrschte zunächst Einigkeit darüber, daß die *actio negatoria* dem Grundeigentümer in den Fällen zugestanden werden sollte, in denen eine Einwirkung auf das Grundstück durch einen Nachbarn erfolgte und dieser behauptete, daß er zur Einwirkung berechtigt sei. Die Diskussion entzündete sich aber an der Frage, ob das römische Recht die *actio negatoria* gegen private nachbarliche Immissionsstörungen ausschließlich als Servitutenklage – wie es die Quellen nahelegten – oder als allgemeine Eigentumsfreiheitsklage ausgestaltet hatte[164].

Die Antwort auf diese Frage war mit Blick auf das Beweisrecht von erheblicher Bedeutung. Denn nach dem Grundsatz, daß der Kläger alle anspruchsbegründenden Tatsachen beweisen mußte, war er, sofern man die *actio negatoria* als Servitutenklage verstand, nicht nur für das Eigentum an seinem Grundstück, sondern gleichzeitig auch für die Nichtexistenz der vom Beklagten behaupteten Servitut beweispflichtig[165]. Dieser Beweis stellte sich unter der Geltung der legalen Beweistheorie allerdings regelmäßig als kaum zu überwindendes Hindernis für den Kläger dar[166]. Damit war die Erlangung wirksamen gerichtlichen Rechtsschutzes gegen die Nachbarimmission erheblich komplizierter, als wenn man die *actio negatoria* lediglich als allgemeine Eigentumsfreiheitsklage verstand. Dann nämlich war vom Kläger lediglich das Eigentum am immissionsbeeinträchtigten Grundstück zu beweisen, der Beklagte aber mußte beweisen, daß ihm eine zur Immission berechtigende Servitut zustand.

Es wurde deshalb zwecks Gewährung effektiven Rechtsschutzes in zunehmendem Maße versucht, unter Rückgriff auf die römischen Quellen die Beweislast für das Recht zur Einwirkung auf den beklagten Immittenten zu verlagern[167].

Dieser Versuch orientierte sich vor allem am römisch-rechtlichen Eigentumsbegriff. So vertrat *Francke* als einer der ersten Fürsprecher der neuen Lehre die Auffassung, daß der Grundeigentümer die Freiheit seines Eigentums bereits deshalb nicht zu beweisen habe, weil die römischen Quellen selbst die Prämisse aufstellten, daß das Eigentum so lange als von einer Servitut frei anzusehen sei,

---

164 *Ogorek*, Actio negatoria, S. 44.
165 Vgl. oben § 5 III.
166 *Francke*, AcP, Bd. 21 (1838), S. 4.
167 *Ogorek*, Actio negatoria, S. 45.

wie nicht das Gegenteil bewiesen werde[168]. Zudem liege bereits in der Rechtsstellung des Eigentums am Grundstück immanent begründet, Dritte von dessen Gebrauch auszuschließen, weshalb allein durch den Nachweis der Eigentümerstellung ein Verhinderungsrecht gegenüber Einwirkungen auf das Grundstück dargelegt sei[169].

Bereits nach kurzer Zeit meldeten sich in zunehmender Zahl weitere Stimmen in der Wissenschaft zu Wort, die verkündeten, bei der Auffassung der *actio negatoria* als Servitutenklage habe es sich um einen revisionsbedürftigen Irrtum gehandelt[170]. Sie sei vielmehr als allgemeine Eigentumsfreiheitsklage aufzufassen[171]. Denn in der Einwirkung auf ein Nachbargrundstück liege auch immer eine partielle Eigentumsverletzung, da der Eigentümer in seinem umfassenden Eigentumsausübungsrecht gestört werde[172]. Zur Begründung wurde auf einige römischen Autoritäten verwiesen, die auch in Fällen, in denen eine Einwirkung auf das Grundstück nicht als Servitutenanmaßung anzusehen war, dem Grundeigentümer die *actio negatoria* zugestanden[173].

Dieses neue Verständnis des Charakters der Negatorienklage führte zu zwei weitreichenden Konsequenzen: Zum einen wurde dem Kläger eine Beweiserleichterung dergestalt verschafft, daß er zur Begründung seiner Klage lediglich sein Eigentumsrecht nachweisen mußte, während es nun dem Beklagten oblag, das von ihm behauptete Recht zur Einwirkung einredeweise vorzutragen[174].

Zum anderen hatte dieses Verständnis der *actio negatoria* die für die Praxis weitreichende Folge, daß die Klage eines Grundeigentümers gegen nahezu jeden objektiv rechtswidrigen Eigentumseingriff begründet war, der nicht in einer Besitzentziehung bestand[175]. Das bedeutete wegen der Offenheit der Rechtsfolge

---

[168] *Francke*, AcP, Bd. 21 (1838), S. 6, S. 34.

[169] *Francke*, AcP, Bd. 21 (1838), S. 9; *Carl Friedrich Koch*, Lehrbuch des Preußischen gemeinen Privatrechts (Preußisches Privatrecht), Berlin 1845, S. 414.

[170] *Ogorek*, Actio negatoria, S.46 f. m. w. N.

[171] Vgl. nur *Th. Frantz*, Die gesetzlichen Eigentumsbeschränkungen nach (französisch-)badischem und Reichsrecht, Freiburg i. Br. 1887, S. 155 ff. m. w. N.; *Glück*, Pandecten, S. 241 f.

[172] *Georg Friedrich Puchta*, Über die Negatorienklage (1827), in: Adolf August Friedrich Rudorff (Hrsg.), Georg Friedrich Puchta's Kleine civilistische Schriften, Leipzig 1851, S. 148 ff., S. 151; *Roth*, Civilrecht, S. 224 ff. Hiergegen wandten sich insbesondere *Hesse*, Rechtsverhältnisse, S. 264, S. 309, und *Werenberg*, JherJB, Bd. 6 (1863), S. 61.

[173] *Holzschuher*, S. 214; *Puchta*, S. 149 f.

[174] *Sintenis*, S. 522 f.

[175] Vgl. *Koch*, Preußisches Privatrecht, S. 414; *Frantz*, S. 156. Uneinigkeit herrschte bei den einzelnen Vertretern dabei über den Begriff des objektiven Unrechts und die jeweilige Rechtsfolge. Vgl. hierzu *Hesse*, Rechtsverhältnisse, S. 311 ff., der objektives Unrecht mit Verschulden gleichsetzte. *Jhering*, Beschränkungen, S. 99 f., gestand als Rechtsfolge lediglich einen Unterlassungsanspruch zu. *Bernhard Windscheid*, Lehrbuch des Pandektenrechts, 5. Auflage, Stuttgart 1879, § 198, S. 626, folgerte als Rechtsfolge auch einen Schadenersatzanspruch, forderte aber zusätzlich zum objektiv rechtswidrigen Verhalten ein subjektives Verschulden.

der Negatorienklage, daß ein Grundeigentümer jede nicht nur unerhebliche, objektiv rechtswidrige Einwirkung auf sein Grundstück nahezu schrankenlos verhindern konnte. Damit wurde nicht nur das Nachbarschaftsverhältnis zwischen Grundeigentümern schwer belastet, sondern es verhinderte die sich im Zuge der Industrialisierung zunehmende Ansiedlung von Industrie- und Gewerbeanlagen in Ballungsgebieten nahezu vollständig[176].

*Jhering* fand:

> „*Der Seifensieder und der Kupferschmied sind in die menschliche Gesellschaft recipirt, der Schinder mit seinem Schindanger nicht. Aber jene beiden sind es nicht darum, weil man dabei von der Ansicht ausgegangen wäre, jeder könne auf seinem Grundstück unbekümmert Gerüche und Lärm jeder Art erzeugen, sondern weil man das Maß, in dem dies von ihnen geschieht, nicht für so lästig und unerträglich gehalten hat, um sie, wie im Orient, in besondere Straßen oder Stadtviertel oder, wie den Schinder, vor die Stadt zu verweisen. Auch hier wiederum würde daher der Schluß ein völlig unberechtigter sein, daß, weil ich einen Seifensieder oder Schmied als Wandnachbar ertragen muß, ich in derselben Nähe auch eine Fabrik dulden müßte, welche durch Erzeugung unerträglicher Gerüche oder übermäßigen Lärm den Aufenthalt in unmittelbarer Nähe zur Unmöglichkeit macht. Die Fabriken mögen, wie der Schinder, sich in die Einsamkeit zurückziehen*“[177].

Erstaunlicherweise wurde diese praktische Konsequenz für Industrie und Gewerbe von nur wenigen Verfechtern der Auffassung, daß die *actio negatoria* eine umfassende Eigentumsfreiheitsklage darstelle, gesehen.

Zur Lösung des Konfliktes, der durch die wachsende Anzahl von Industrie- und Gewerbebetrieben zwischen den Interessen der jeweiligen Grundeigentümer in Siedlungsgebieten entstand, bemerkte *Jhering* denn auch nur:

> „*Aber wie, wenn die Stadt ihnen [den Fabriken] nachzieht? Sollen sie abgebrochen werden? Dann mögen sie entweder Vorrichtungen treffen, um die nachtheiligen Einwirkungen zu beseitigen, oder sie mögen von den benachbarten Grundeigenthümern die erforderlichen Servituten acquiriren und dieselben für die*

[176] *Ogorek*, Actio negatoria, S. 47.
[177] *Jhering*, Beschränkungen, S. 127.

*Nachtheile, die sie ihnen zufügen, entschädigen oder endlich in dem Umkreise ihres Einwirkungsgebiets das Land aufkaufen."*[178]

In der praktischen Anwendung wurde denn auch sehr schnell deutlich, daß diese Erweiterung der Negatorienklage zur Abwehr von nachbarlichen Immissionsstörungen zugunsten des betroffenen Grundeigentümers mit einer erheblichen Beeinträchtigung der Interessen des gleichfalls grundeigentumsberechtigten Gewerbetreibenden einherging. Die Beschäftigung mit der Auflösung dieses Konflikts löste deshalb auch ab den sechziger Jahren des 19. Jahrhunderts eine Diskussion um eine rigorose Einschränkung der negatorischen Ansprüche des von Immissionen betroffenen Grundeigentümers zugunsten der unternehmerischen Entfaltungsfreiheit aus[179].

## III.
## Bewertung

Rückblickend ist bei der Bewertung der Versuche der Wissenschaft, für die Praxis taugliche Grundsätze eines privaten Immissionsschutzrechts zu entwickeln, der Ansatz, dessen Tatbestandsvoraussetzungen und Rechtsfolgen allein aus den Quellen des römischen Rechts zu entnehmen, kritisch zu bewerten. Denn es wurde übersehen, daß die Quellen lediglich wenige Einzelfälle regelten. Der einzige aus den Quellen zu entnehmende Grundsatz ließ sich dahingehend zusammenfassen, daß ein Eigentümer sein Grundstück nur in dem üblichen Umfang nutzen durfte, in welchem er verpflichtet war, eine gleichartige Benutzung des Nachbargrundstücks zu dulden[180].

Mit einem alleinigen Rückgriff auf die römischen Quellen und den hierin enthaltenen Wertungen war die Wissenschaft deshalb nicht imstande, die sich rapide ändernden wirtschaftlichen und sozialen Veränderungen, die sich im Zuge der fortschreitenden Industrialisierung auf dem Gebiet der Nachbarschaftsverhältnisse ergaben, für die beteiligten Konfliktparteien rechtlich zufriedenstellend zu meistern.

Der lediglich an den römischen Quellen orientierter Ansatz der Wissenschaft führte zu Realitätsferne, die sich vor allem im engen Immissionsbegriff nieder-

---

178 *Jhering*, Beschränkungen, ebenda. Klammerzusätze durch Verfasser.

179 *Ogorek*, Actio negatoria, S. 48. Dieser Konflikt wurde allerdings zunächst durch den Erlaß der Gewerbeordnung für den Norddeutschen Bund bzw. der Reichsgewerbeordnung einseitig zugunsten des Gewerbetreibenden entschieden. Vgl. dazu unten § 9 I.

180 Dieser Grundsatz der Ortsüblichkeit sollte sowohl in der Rechtsprechung, wie auch in den Überlegungen vor Erlaß der materiellen privaten Immissionsschutznormen eine gewichtige Rolle spielen. Vgl. hierzu insbesondere unten § 15 III. 5, § 21 II. 2., § 23 II. 2. sowie § 25 II. 4.

schlug. Denn mit dem alleinigen Charakteristikum der Körperlichkeit wurde dem Grundeigentümer wirksamer Rechtsschutz gegen die gerade im Zuge der Industrialisierung verstärkt auftretenden Beeinträchtigungen durch Lärm, Gerüche und Erschütterungen verwehrt.

So verständlich das Bestreben der Wissenschaft erscheint, an objektiven Kriterien orientierte Grundsätze für Immissionsfälle im Nachbarschaftsverhältnis zu entwickeln, so wenig war es – insbesondere, wenn es sich bei einer beteiligten Partei um einen Gewerbetreibenden handelte – geeignet, einen gerechten Ausgleich zwischen den widerstrebenden Interessen der betroffenen Grundeigentümer herbeizuführen. So waren beispielsweise die Thesen *Spangenbergs*, der unter Rückgriff auf Dig. 8.5.8.5. – 7. sämtliche körperlichen Immissionen von Gewerbebetrieben unter das Immissionsverbot subsumierte, weder mit den sich rasant verändernden ökonomischen Bedingungen, noch mit dem aufkommenden legislativen Bemühen[181] der Förderung der Gewerbefreiheit in Einklang zu bringen.

Auch die Unterscheidung zwischen unmittelbaren und mittelbaren Immissionen zwecks Bestimmung der Rechtswidrigkeit von Einwirkungen auf ein Nachbargrundstück brachte deshalb für die Praxis nur bedingt taugliche Ergebnisse, weil man sich noch immer am Merkmal der Körperlichkeit orientierte. Diese Unterscheidung mochte zwar neue Erkenntnisse für einen Fortschritt in der Beurteilung der objektiven Verursachung von Einwirkungen auf ein Grundstück beinhalten. Zu einem wirksamen Rechtsschutz der von Immissionen betroffenen Grundeigentümer und der auf dem Grundstück lebenden Personen trug sie jedoch nur begrenzt bei[182].

Es ist besonders *Jhering* zuzurechnen, die wissenschaftliche Diskussion um die dogmatischen Grundlagen des privaten Immissionsschutzrechts entscheidend vorangetrieben zu haben. *Jhering* erkannte als erster, daß es sich bei den in den römischen Quellen zitierten Entscheidungen zu nachbarlichen Immissionsfällen nicht um ein abgeschlossenes System des nachbarlichen Immissionsschutzes handelte, sondern daß die Quellen lediglich den Ausfluß eines das gesamte Nachbarschaftsverhältnis regierenden Grundsystems von Grundeigentumsbeschränkungen darstellten[183]. Diese Erkenntnis ermöglichte es *Jhering* als erstem,

---

[181] Vgl. hierzu *Kloepfer/Franzius/Reinert*, Umweltrechtsgeschichte, S. 36 ff.

[182] *Palmer*, S. 40.

[183] Diese Erkenntnis wurde für die Behandlung nachbarlicher Immissionsfälle in der Wissenschaft später insbesondere von *Friedrich Klausing*, Immissionsrecht und Industrialisierung, Juristische Wochenschrift (JW) 1937, S. 68 f.; *ders.*, Richterspruch und Immissionsrecht, JW 1938, S. 211 ff.; *Heinz Schiffer*, Immissionen. Ein Beitrag zur Neugestaltung des Nachbarrechts (Immissionen), Zeitschrift der Akademie für Deutsches Recht (ZAkadDR) 1936, S. 1076 ff.; *ders*, Zum Verfahren in Immissionssachen, ZAkadDR 1937, S. 237 ff., aufgegriffen. Sie plädierten dafür, in dem Konflikt um nachbarliche Immissionen im Rahmen eines sogenannten „nachbarlichen Gemeinschaftsverhältnisses“ den Beteiligten unter anderem dynamische Mitwirkungs- und Umstellungspflichten abzuverlangen. Die Rechtsprechung

sich von den objektiven Abgrenzungskriterien der Immissionstheorie zu lösen und auf einen interessengerechten Ausgleich der widerstreitenden Rechtspositionen zuzusteuern[184]. Der Rechtsschutz gegen nachbarliche Immissionsstörungen war ihm zufolge nicht nach Art oder Form der Einwirkung, sondern nach dem Maß der Beeinträchtigung, also ihrer Wirkung, zu bemessen. Da Eigentum und Eigentümer als Rechtseinheit angesehen wurden, ergab sich erstmals auch die Möglichkeit des Rechtsschutzes gegen solche Einwirkungen, die sich als Störungen der Person darstellten. Damit konnte sich ein Grundeigentümer unabhängig vom Merkmal der Körperlichkeit der Immission auch gegen solche Einwirkungen wehren, die – wie Lärm, Gerüche und Erschütterungen – bereits aufgrund ihrer Intensität als Beeinträchtigung seines Eigentumsausübungsrechts angesehen werden konnten.

Auch *Jhering* griff bei der Bestimmung des zu duldenden Maßes von Immissionen allerdings auf objektive Kriterien zurück. Für Einwirkungen auf die Person sollte die Grenze zwischen Schädlichkeit und bloßer Lästigkeit aufgrund einer Betrachtung eines durchschnittlichen allgemeinen Empfindens zu bestimmen sein, für Einwirkungen auf Grundstücke aus der Betrachtung der gewöhnlichen Benutzung des Grund und Bodens[185]. Zudem konnte eine mit Einwirkungen verbundene ungewöhnliche Nutzung eines Nachbargrundstücks, wie sie regelmäßig in der Ansiedlung von Industrie und Gewerbe bestand, vom Grundeigentümer allein aus diesem Grund und ohne Berücksichtigung der tatsächlichen Immissionsbelästigung untersagt werden. Hiermit gab *Jhering* der gerichtlichen Praxis Kriterien an die Hand, um bei der Behandlung privater Immissionsstreitigkeiten zu einer gleichermaßen verwertbaren wie die Verhältnisse des Einzelfalls berücksichtigenden Lösung zu gelangen[186].

Zu einer weiteren, für den Rechtsschutz bei privaten nachbarlichen Immissionsfällen einschneidenden Entwicklung kam es zudem infolge der in der Wissenschaft vollzogenen Ausgestaltung der Negatorienklage als einer umfassenden Eigentumsfreiheitsklage. Diese Entwicklung erweiterte den Rechtsschutz des

erkannte die Anwendbarkeit des Rechtsinstituts des nachbarlichen Gemeinschaftsverhältnisses bei der Behandlung privater nachbarlicher Immissionsstreitigkeiten erstmals in dem Urteil des Reichsgerichts vom 10. März 1937 (RGZ 154, S 161 ff. – „Zweite Gutehoffnungshütte-Entscheidung“) ausdrücklich an, wenngleich bereits vorher eine Anzahl von Entscheidungen von dem Rechtsgedanken durchdrungen sind, daß die Interessen der Parteien in nachbarlichen Immissionsstreitigkeiten aufgrund ihrer engen nachbarlichen Gemeinschaft aus Billigkeit zum Ausgleich gebracht werden müßten. Vgl. zur Ausbildung und Bedeutung des nachbarlichen Gemeinschaftsverhältnisses in privaten nachbarlichen Immissionsstreitigkeiten unten § 30.

184 *Ogorek*, Actio negatoria, S. 48.

185 Auf diese Grundsätze sollte bereits in der unmittelbaren Folgezeit sowohl in der Gesetzgebung, als auch in der Rechtsprechung als Abgrenzungskriterium zur Bestimmung der Rechtswidrigkeit von Immissionen zurückgegriffen werden. Vgl. insbesondere unten § 15 III. 6, § 21 II. sowie § 25 II. 3. und 4.

186 *Jhering*, Beschränkungen, S. 115.

von Immissionen belästigten Grundeigentümers ganz erheblich und ermöglichte es ihm, erleichterten Rechtsschutz gegen Eigentumsbeeinträchtigungen vor den Gerichten allein durch Behauptung seiner Eigentümerstellung zu erlangen, ohne sich auf eine schwierige Beweisführung bezüglich der Servitutsfreiheit einlassen zu müssen. Mit ihrem ursprünglichen strengen dogmatischen Charakter, der aufgrund der römisch-rechtlichen Quellen eher in einer Servitutenklage erblickt werden mußte, die lediglich auf gewisse andere Fälle gewohnheitsrechtlich ausgedehnt wurde, hatte diese Interpretation der *actio negatoria* allerdings nur noch wenige Wurzeln gemeinsam[187].

Dieser bis in die sechziger Jahre des 19. Jahrhunderts vollzogenen Erweiterung des privatrechtlichen Rechtsschutzes bei Immissionsfällen im Nachbarverhältnis stand jedoch in der Konsequenz eine rigorose Einschränkung der wirtschaftlichen Betätigungsfreiheit des gewerbetreibenden und damit immittierenden Nachbarn gegenüber. Durch die Erweiterung des Rechtsschutzes und durch das umfassende Untersagungsrecht des Grundeigentümers war er von unkalkulierbaren Risiken für seinen Gewerbebetrieb und damit vom Verlust erheblicher Investitionen bedroht. Dies erschien umso ungerechter, weil auch der gewerbetreibende Nachbar sich regelmäßig auf sein eigenes umfassendes Eigentumsausübungsrecht berufen konnte[188].

## *§ 9*
## *Die Einschränkungen des privaten Immissionsschutzes durch die Wissenschaft*

### I.
### Einschränkungen hinsichtlich der Rechtsfolge der *actio negatoria*

Die Belastung des gewerbetreibenden Grundeigentümers mit dem wirtschaftlichen Risiko der Einstellung seines Gewerbebetriebs infolge der Erweiterung des durch die Negatorienklage gewährten Rechtsschutzes rief auch kritische Stimmen in der Wissenschaft hervor. Die Kritik richtete sich vor allem gegen die Rechtsfolgen der für private nachbarliche Immissionsfälle einschlägigen *actio negatoria*. Bemängelt wurde insbesondere das umfassende Verbietungsrecht, welches dem von Immissionen betroffenen Grundeigentümer zukam[189]. Zudem konnte die relativ unabsehbare Weite der Rechtsfolgen der römisch-rechtlichen

[187] *Ogorek*, Actio negatoria, S. 46 f.

[188] *Ogorek*, Actio negatoria, S. 42.

[189] *Ogorek*, Actio negatoria, S. 56 m. w. N. Bezüglich des Verbietungsrechts hatte der Kläger zwar nur einen Anspruch auf Beseitigung der „entsprechenden Veranstaltung", vgl. *Roth*, Civilrecht, S. 44 (Fn. 76). Dieser führte allerdings regelmäßig zur Schließung des Gewerbebetriebes, da zur Errichtung von Anlagen, durch welche die Immission auf das Nachbargrundstück vermieden wurde, häufig die technischen Möglichkeiten fehlten.

*actio negatoria* dazu führen, daß in für das Deliktsrecht systemwidrige Weise dem Kläger in nachbarlichen Immissionsfällen unabhängig vom Verschulden des Beklagten ein Schadenersatzanspruch zugesprochen werden konnte[190].

Es wurde verstärkt darauf aufmerksam gemacht, daß eine solche Erweiterung des Rechtsschutzes gegen gewerbliche Immissionen letztlich den öffentlichen Aufgaben zuwiderliefe, die Förderung und Erhaltung der menschlichen Erwerbstätigkeit zu sichern und zu gewährleisten, daß Beschränkungen der gewerblichen Freiheit auf das unbedingt erforderliche Maß beschränkt blieben[191].

*Werenberg* meinte deshalb, es könne nicht erwünscht sein,

> „*wenn aufgrund neuer Rechtsregeln in jedem Augenblicke ein Grundeigenthümer wegen Beeinträchtigung seines Eigenthums, etwa wegen Überströmung von Rauch und dergl. den Betrieb bedeutender Fabriketablissements u.s.f. lähmen könnte*"[192].

Die Gewährung eines Anspruchs auf Schadenersatz und auf umfassende Wiederherstellung des vor der Störung bestehenden Zustandes stieß denn auch insbesondere bei *Jhering* und *Windscheid* auf Kritik.

*Windscheid*[193] vertrat die Auffassung, daß als Rechtsfolge der *actio negatoria* nur dann Schadenersatz für den immissionsgeschädigten Grundeigentümer in Betracht komme, wenn sämtliche Voraussetzungen eines deliktischen Schadenersatzanspruchs, also insbesondere das Verschulden des Schädigers, vorlägen. Die Behauptung eines bloßen Eingriffs in das Eigentum könne eine Gewährung von Schadenersatz nicht rechtfertigen. Es sei deshalb richtiger, davon zu sprechen, daß im Rahmen der Negatorienklage lediglich ein nach allgemeinen Grundsätzen gerechtfertigter Schadenersatzanspruch verfolgt werden könne. Ihm schlossen sich insbesondere *Frantz*[194] und *Dernburg*[195] an.

---

190 *Ogorek*, Actio negatoria, S. 57.

191 *Ogorek*, Actio negatoria, S. 53. Im Ergebnis löste man sich damit von der gemeinen Rechtsauffassung, daß das Eigentumsrecht als umfassendes Individualrecht ausgestaltet sei. Der Inhalt des Grundeigentums wurde nunmehr vor allem auch in Reflexion zu seiner Gemeinbindung und seiner Funktion innerhalb einer funktionierenden zivilen Gemeinschaftsordnung betrachtet. Vgl. *Fritz von Wittgenstein*, Die Beschränkung des Eigentums nach BGB. § 906., Borna – Leipzig 1906, S. 16 ff. m. w. N.

192 *Werenberg*, JherJB, Bd. 6 (1863), S. 79.

193 *Bernhard Windscheid*, Lehrbuch des Pandektenrechts, Bd. 1, 5. Auflage, Stuttgart 1879, S. 626 Anm. 5. Hiergegen wandte sich *Hesse*, Nachbarliche Verhältnisse der Grundeigentümer, S. 403, S. 409; *ders.*, Rechtsverhältnisse, S. 295 f. *Hesse* sah unter Zugrundelegung des engen Immissionsbegriffs allerdings bereits in jeder objektiv rechtswidrigen Immission ein schuldhaft vorwerfbares Verhalten.

194 *Frantz*, S. 171: „Allein zur Begründung des Schadenersatzanspruchs ist die Behauptung eines Verschuldens entschieden erforderlich. ... Also nicht schon durch die Tatsache allein,

Bezüglich des Wiederherstellungsanspruchs unterschied *Jhering* im Rahmen der Prüfung des objektiven Unrechts danach, ob es dem von Immissionen geschädigten Grundeigentümer möglich gewesen sei, den Eintritt des Schadensereignisses vorauszusehen. Sofern nämlich der Eintritt des Schadens vorhersehbar war und diese Vorhersehbarkeit den Verschuldensvorwurf gegen den emittierenden Nachbarn begründe, sei es zunächst dem Grundeigentümer zuzumuten, sich entweder mittels der *cautio damni infecti* zu wehren, oder, wenn er dies unterlassen habe, sich bezüglich der erhobenen Negatorienklage auf einen lediglich beschränkten Schadenersatzanspruch verweisen zu lassen[196]. Zwar verwirke er durch das Unterlassen der Geltendmachung einer *cautio damni infecti* grundsätzlich nicht seinen Schadenersatzanspruch, jedoch habe der geschädigte Grundeigentümer die Restitution des vorhergehenden Zustandes auf eigene Kosten vornehmen zu lassen. Dies war nach *Jhering* der Preis, den die Rechtsordnung ihm auferlege, weil er einen durchaus möglichen Einspruch nicht rechtzeitig erhoben habe[197]. Denn es hieße, so *Jhering*, der Möglichkeit des Rechtsmißbrauchs Vorschub leisten, wenn es gestattet wäre, dem Bau einer schädlichen Anlage tatenlos zuzusehen, um hinterher relativ risikolos auf Einstellung des Betriebs und Beseitigung zu klagen[198].

Für den Bereich der konzessionierten Anlagen wurde dieser Diskussion spätestens seit Erlaß der Gewerbeordnung für den Norddeutschen Bund im Jahre 1869 bzw. der Reichsgewerbeordnung im Jahre 1871 die Grundlage entzogen. Damit waren zumindest die Hauptanwendungsfälle in der Praxis von den Streitigkeiten um eine angemessene Beschneidung der Rechtsfolgen der nachbarrechtlichen *actio negatoria* ausgenommen[199].

## II.
## Bewertung

Bei den Vertretern der Wissenschaft, die für eine Einschränkung der Rechtsfolgen der Negatorienklage eintraten, deutete sich an, daß sie bei allem Bestreben, das als gefährdet betrachtete Eigentumsrecht des von Immissionen belästigten Grundeigentümers juristisch abzusichern, bereit waren, gewisse Rechtsschutz-

---

daß der Eingriff des Beklagten ein objektiv rechtswidriger war, ist derselbe schadenersatzpflichtig."

195 *Heinrich Dernburg*, Lehrbuch des Preußischen Privatrechts, Bd. 1, 1. Auflage, Halle 1874, S. 548: „Welche Thatsachen vom Kläger ... anzuführen und nachzuweisen sind, richtet sich nach allgemeinen Grundsätzen."

196 *Jhering*, Beschränkungen, S. 98 ff.

197 *Jhering*, Beschränkungen, S. 100.

198 Vgl. auch *Ogorek*, Actio negatoria, S. 57.

199 Vgl. hierzu im einzelnen unten §§ 15 bis 23.

einbußen zugunsten des technischen und wirtschaftlichen Fortschritts hinzunehmen[200].

Es kann daher nicht verwundern, daß in der Rechtswissenschaft versucht wurde, die Erweiterungen, welche die *actio negatoria* gegen nachbarliche Immissionen vor allem im Bereich des Tatbestandes durch Ausdehnung des Immissionsbegriffes und die Anerkennung als allgemeine Eigentumsfreiheitsklage erfahren hatte, auf der Rechtfolgenseite systemgerecht zu beschneiden. Regelmäßig hatte nämlich für den gewerbetreibenden Nachbarn die auf Unterlassung der Immission und Restitution des vorhergehenden Zustandes gerichtete Rechtsfolge der Negatorienklage die dauerhafte Verhinderung des rationalisierenden Einsatzes von Maschinen oder gar die Einstellung der Produktion zur Folge. Das war allerdings weder mit dem Eigentumsausübungsrecht des gewerbetreibenden Nachbarn vereinbar, noch wirtschaftspolitisch erwünscht.

Die Rechtsfolge der Naturalrestitution und des Ausgleichs des Vermögensschadens im Bereich des durch die Negatorienklage eröffneten Schadenersatzanspruchs sollte deshalb nur gewährt werden, wenn der Immittent die Eigentumsverletzung schuldhaft begangen hatte, ihm der Eintritt der Eigentumsverletzung vorhersehbar war oder der betroffene Grundstückseigentümer die ihm zumutbaren Rechtsmittel erfolglos ergriffen hatte. Unterließ es der betroffene Grundeigentümer, sich rechtzeitig gegen drohende und vorhersehbare Beeinträchtigungen zu wehren, stand ihm der vermögensrechtliche Schadenersatzanspruch nur eingeschränkt zu, was vor allem dem Mitverursachungsgedanken Rechnung trug. Die Wiederherstellung des vorherigen Zustandes konnte der immissionsbetroffene Grundeigentümer dann nur auf eigene Kosten verlangen.

---

200 *Ogorek*, Actio negatoria, S. 48.

## 3. Abschnitt:
## Die Reaktionen der Gesetzgebung auf die immissionsrechtlichen Herausforderungen im Zuge der Industrialisierung

### *§ 10*
### *Preußen*

### I.
### Das Allgemeine Landrecht für die Preußischen Staaten

Wie bereits erwähnt, hatte das Preußische ALR von 1794 den erst heraufziehenden Problemen bei der Behandlung von nachbarlichen Immissionsfällen infolge der zunehmenden Industrialisierung noch wenig Beachtung schenken müssen. Abgesehen von einer bereits damals recht ungenauen Definition von Fabrikanlagen wurde vor allem die bisher geübte Praxis bestätigt, nach der Fabriken lediglich nach vorheriger staatlicher Konzessionierung betrieben werden durften[201].

Dabei blieb völlig offen, ob durch eine entsprechende Genehmigung jegliche Art der industriell-gewerblichen Betätigung überall und ohne Berücksichtigung der möglichen Störungen und Belästigungen für die Anlieger und für die übrige Bevölkerung konzessioniert war. Das ALR enthielt lediglich zwei Generalklauseln, in denen bestimmt war, daß bei der Entscheidung über die Erteilung der Genehmigung zumindest zu beachten war, daß durch die Anlage Straßen und öffentliche Plätze

> *„nicht verengt, verunreinigt oder sonst verunstaltet werden“*[202]

dürften und

> *„Gewerbe und Verrichtungen, deren Betrieb mit besonderer Feuersgefahr verbunden, ... in Städten, Flecken und Dörfern und überhaupt in der Nähe von anderen, einer leichten Entzündung ausgesetzten Gebäuden nicht geduldet werden“*[203]

---

201 ALR, Teil II, Titel 8, § 410 lautete: „Die Erlaubnis zur Anlegung einer Fabrik zu erteilen kommt allein dem Staate zu.“

202 ALR, Teil I, Titel 8, § 78.

203 ALR, Teil II, Titel 20, § 1543.

sollten. Bei der Konzessionierung waren aus präventiver Sicht in erster Linie nicht private Interessen der Nachbarn, sondern bau-, hygiene- und feuerpolizeiliche Gesichtspunkte zu berücksichtigen[204].

Wenige Jahre nach dem Inkrafttreten des ALR zeigte sich jedoch aufgrund der zunehmenden Beeinträchtigungen durch Gewerbebetriebe, daß es ergänzender Bestimmungen bedurfte, um gewisse schädliche Begleiterscheinungen der gewerblich-industriellen Produktion zu vermindern[205].

So verfügte beispielsweise ein Reskript des Preußischen Generaldirektoriums vom 5. April 1796[206], daß verschiedene Gewerbebetriebe nur noch an fließenden Gewässern und an Orten errichtet werden dürften, wo eine freie Luftzirkulation gewährleistet sei. Zwar handelt es sich um eine an die örtlichen Genehmigungsbehörden gerichtete Order. Dennoch ist die Begründung des Reskripts aufschlußreich:

> *„... Die bösartige Ausdünstung von den animalischen Materien, welche verschiedene Professionisten, als Weiß- und Lohgerber, Corduanmacher, Leimkocher, Darmsaiten-Fabrikanten, welche animalische Materialien verarbeiten und daher bei ihrem Betrieb bösartige, der Gesundheit schädliche Ausdünstungen erzeugen“,*

erforderten deshalb eine gesonderte Ansiedlung, weil es

> *„den Anwohnenden nicht nur höchst unbequem, sondern auch ihrer Gesundheit äußerst nachteilig ist, hinfolglich die Mortalität dadurch vermehrt wird, wenn dergleichen Professionen nicht an fließendem Wasser und an solchen Orten der Stadt, die weniger dicht bebauet und bewohnet sind, betrieben werden“.*

Es ist bemerkenswert, daß hier bereits eine Unterscheidung zwischen lediglich lästigen Einwirkungen und solchen, die sich gesundheitsschädlich auswirken, stattfindet[207]. Explizit sollten also auch die Interessen der Grundstücksnachbarn bei der Entscheidung der Behörde Berücksichtigung finden.

Diese Verfügung wurde durch ein Reskript vom 21. Januar 1800[208] teilweise wieder entkräftet[209]. In diesem vertrat das Generaldirektorium die Auffassung,

---

204 *Mieck*, Aerem corrumpere non licet, S. 45.

205 *Kloepfer/Franzius/Reinert*, Umweltrechtsgeschichte, S. 34.

206 *Carl Ludwig Heinrich Rabe*, Sammlung Preußischer Gesetze und Verordnungen, Bd. 3, Berlin – Halle 1817, S. 318.

207 *Kloepfer/Franzius/Reinert*, Umweltrechtsgeschichte, S. 34 f.

208 *Rabe*, Bd. 6, S. 9 f.

209 Vgl. hierzu *Mieck*, Aerem corrumpere non licet, S. 40 f.

daß eine Gerberei, auch wenn sie nicht an einem fließenden Gewässer belegen sei, nicht in jedem Falle zu einer Gesundheitsbeeinträchtigung der Nachbarn führe[210]. Begründet war dieser Sinneswandel wohl vor allem in einer der merkantilistischen Wirtschaftspolitik verpflichteten Absicht der Gewerbeförderung. Indem man nun eine Gesundheitsgefährdung bei gewissen Betrieben verneinte und die Beeinträchtigung der solchen Betrieben benachbart lebenden Personen im Interesse eines höheren Zwecks als zumutbar ansah, nahm man einen Großteil des 1796 Verkündeten zurück und verlagerte die Entscheidung allein auf die zur Konzessionserteilung zuständigen lokalen Ordnungsbehörden[211].

## II.
## Die Preußische Gewerbegesetzgebung

Verschärft wurde die immissionsschutzrechtliche Situation im Nachbarschaftsverhältnis vor allem durch die Einführung der Gewerbefreiheit im Rahmen des Oktoberedikts von 1807[212] bzw. des Gewerbesteueredikts von 1810[213], die einen raschen Anstieg des Umfangs und der Anzahl der gewerblichen Produktionsbetriebe ermöglichten[214].

Das häufigste Verfahren, um schädlichen Umweltauswirkungen auf die Nachbarschaft vorzubeugen, bestand für die Ordnungsbehörden vor allem darin, die erforderlichen Betriebserlaubnisse nur unter – teilweise umfangreichen – Auflagen zu erteilen[215]. Ferner war es den Behörden möglich, auch nach Genehmigungserteilung bis in den unternehmerischen Entscheidungsbereich hineinreichende Weisungen zu erteilen[216]. Die allgemein gehaltenen Bestimmungen des ALR ermöglichten es der Obrigkeit deshalb, mittels Einzelanordnung so unterschiedliche Gewerbebetriebe wie Eisengießereien, Eisengußwarenfabriken, Glashütten, Gasbereitungsanstalten, Kohlenschwelereien, Teer- und Pechfabriken sowie Kalkbrennereien in ihrer Tätigkeit zu beschränken, weshalb das Er-

---

210 *Kloepfer/Franzius/Reinert*, Umweltrechtsgeschichte, S. 35.

211 *Mieck*, Aerem corrumpere non licet, S. 41.

212 PrGS 1807, S. 170.

213 PrGS 1810, S. 79.

214 *Palmer*, S. 20. Hierdurch wurde der Rechtsschutz der von Immissionen Betroffenen allerdings nicht verringert. Die Gewerbetreibenden hatten nämlich nach wie vor die umfassenden, teilweise sogar noch ausgedehnteren Beschränkungen „einer guten Policey“ zu beachten. Vgl. *Benöhr*, S. 38 f.

215 Den Behörden war nämlich nicht daran gelegen, den Betrieb bestimmter Gewerbe einzuschränken, sondern lediglich störende oder lästige Betriebe von Wohngebieten fernzuhalten. *Kloepfer/Franzius/Reinert*, Umweltrechtsgeschichte, S. 37.

216 *Mieck*, Aerem corrumpere non licet, S. 45. Bei Nichtbefolgung der Weisungen wurde den Betrieben schlicht die Schließung angedroht.

fordernis einer abgeschlossenen – insbesondere privatrechtlichen – Immissionsgesetzgebung lange entbehrlich schien[217].

Als sich abzeichnete, daß die rudimentären öffentlich-rechtlichen Regelungen eine Lösung der sich im Zuge der Industrialisierung verschärfenden Immissionssituation nicht vollständig herbeizuführen vermochten, erweiterte Preußen das Konzessionierungserfordernis für immissionsverursachende Anlagen in der ersten Hälfte des 19. Jahrhunderts durch die sogenannte Dampfkesselgesetzgebung von 1831[218] sowie den Erlaß der Preußischen Gewerbeordnung im Jahre 1845[219] (PrGewO). Es wurde umfassend neugeordnet[220]. Zudem versuchte der preußische Gesetzgeber, gewisse als potentiell gefährlich erkannte Wirtschaftszweige durch spezielle Kodifikationen zu regulieren. Eine solche Kodifikation findet sich beispielsweise im preußischen Eisenbahngesetz vom 3. November 1838[221].

Nach § 26 Nr. 1 PrGewO war

> *„zur Errichtung gewerblicher Anlagen, welche durch die örtliche Lage oder die Beschaffenheit der Betriebsstätte für die Besitzer oder Bewohner benachbarter Grundstücke, oder für das Publikum überhaupt erhebliche Nachtheile, Gefahren oder Belästigungen herbeiführen können"*,

eine besondere polizeiliche Konzession erforderlich.

In § 27 PrGewO war der Kreis der gewerblichen Anlagen, bei denen ein Gefährdungspotential vermutet wurde, mit 49 Gewerbezweigen abschließend festgelegt[222]. Aufgrund des nach § 28 Satz 1 PrGewO erforderlichen Genehmigungsantrags prüfte gemäß § 29 Absatz 1 PrGewO die Regierung, ob nach ihrem Ermessen das Vorhaben „mit so erheblichen Nachtheilen, Gefahren und Be-

---

217 Vgl. *Ilja Mieck*, Luftverunreinigung und Immissionsschutz in Frankreich und Preußen zur Zeit der frühen Industrialisierung (Luftverunreinigung), Technikgeschichte, Bd. 48 (1981), S. 243 f.; zur Erweiterung auf weitere Gewerbezweige vgl. *Kloepfer/Franzius/Reinert*, Umweltrechtsgeschichte, S. 35.

218 „Allerhöchste Kabinettsorder, die Anlage und den Gebrauch von Dampfmaschinen betreffend", PrGS 1831, S. 243 f.

219 PrGS 1845, S. 41.

220 Vgl. hierzu und zum Recht der genehmigungsbedürftigen Anlagen in der Gewerbegesetzgebung Preußens umfassend *Jörg Rohde*, Das Recht der genehmigungsbedürftigen Anlagen im Gewerbe- und Immissionsschutzrecht von 1810 bis in die Gegenwart unter besonderer Berücksichtigung des Preußischen Verwaltungsrechts, Freiburg i. Br. 1999, S. 14 ff.

221 PrGS 1838, S. 505.

222 Hierher gehörten beispielsweise Gasbereitungs- und Gasbewahrungsanlagen, Schießpulverfabriken, Hochöfen, Schmelzhütten, Anlagen zur Bereitung von Steinkohlenteer und Koks, Gerbereien, Abdeckereien, Düngepulverfabriken, Metallgießereien und Hammerwerke sowie chemische Fabriken aller Art.

lästigungen für die Nachbarn oder das Publikum überhaupt verbunden war", daß es sich „ohne Weiteres als unzulässig" erwies. Ergab sich im Rahmen dieser Ermessensentscheidung kein Anlaß, das Vorhabengesuch sofort zurückzuweisen, ordnete die PrGewO für den weiteren Ablauf des Genehmigungsverfahrens eine Öffentlichkeitsbeteiligung an[223]. § 31 Absatz 1 PrGewO verwies Einwendungen privatrechtlicher Natur zur richterlichen Entscheidung. Sie sollten also nicht Gegenstand der Öffentlichkeitsbeteiligung sein. Welche Einwendungen als privatrechtlich zu charakterisieren waren und ob eine Verletzung der nachbarrechtlichen Eigentumsvorschriften vor den Gerichten geltend gemacht werden konnte, blieb dabei auch in der Rechtsprechung lange umstritten[224]. Nach überwiegender Rechtsprechung der Gerichte sollte jedoch eine Verletzung des allgemeinen Nachbarrechts nicht im Genehmigungsverfahren berücksichtigt werden, so daß der von Immissionen bedrohte Nachbar auch privatrechtliche Ansprüche gerichtlich geltend machen konnte[225].

Der Konflikt um die sich aufgrund der Liberalisierung des Wirtschaftslebens verschärfenden Immissionen einerseits und die Abwehr gesundheitlicher Beeinträchtigungen für die Nachbarn andererseits mußte also zumindest bis zum Inkrafttreten der PrGewO vor allem auf dem Gebiet des öffentlichen Rechts und somit vor den zuständigen Behörden ausgetragen werden[226].

## III.
## Bewertung

Was den privatrechtlichen Schutz des Grundeigentümers vor lästigen Gewerbeimmissionen seines Nachbarn in Preußen anging, so mußte er sich regelmäßig mit den allgemein gehaltenen Bestimmungen des ALR zum Eigentumsschutz begnügen, aus denen auch die Regeln zur Behandlung nachbarlicher Immissionsfälle hergeleitet wurden[227].

---

223 Zum Gang des Verfahrens bei der Öffentlichkeitsbeteiligung vgl. *Rohde*, S. 28 ff.

224 *Rohde*, S. 29 f.

225 *Rohde*, S. 30 f. m. w. N. Erst eine Entscheidung des Rheinischen Appellationsgerichtshofs vom 5. Mai 1859, in: *G. Sandt* (Hrsg.), Archiv für das Civil- und Criminalrecht der Königl. Preuß. Rheinprovinzen (Rheinisches Archiv), Bd. 55, S. 19 ff., klärte diese Frage dahingehend, daß den Gerichten die Prüfung der Verletzung nachbarrechtlicher Vorschriften oblag. Dieser Auffassung schloß sich das Preußische Obertribunal in seiner in PrObTribunalE 53, S. 146 ff., S. 155, veröffentlichten Entscheidung aus dem Jahre 1864 an.

226 *Kloepfer/Franzius/Reinert*, Umweltrechtsgeschichte, S. 37; *Rocholl*, S. 395. Insbesondere fand das gemeinrechtliche Rechtsinstitut der *cautio damni infecti* auf konzessionierte Gewerbebetriebe keine Anwendung mehr.

227 *Rocholl*, S. 384.

Sie finden sich in Teil I, Titel 8, §§ 26 – 28[228] sowie in Teil I, Titel 7, §§ 181 und 182[229] ALR. Weiterhin konnte er auf die allgemeinen Schadenersatzansprüche des Teils I, Titel 6, §§ 36 und 37[230] ALR zurückgreifen.

Im Bereich privater nachbarlicher Immissionsfälle war deshalb unklar, in welchem Umfange und gegen welche Arten von Einwirkungen auf das Grundeigentum und den Grundeigentümer die Vorschriften des ALR Schutz gewährten. So blieb bis zur berühmten Entscheidung des Plenums des Preußischen Obertribunals im Jahre 1852[231] problematisch, ob zu den wohlerworbenen Rechten – die Teil I, Titel 8, § 26 ALR schützte – auch die im Eigentumsrecht begründeten gehörten[232]. Deshalb schwankte die mit nachbarlichen Immissionsfällen beschäftigte Rechtsprechung in ihren Begründungen. Als Rechtsfolge der *actio negatoria* kamen sowohl ein Unterlassungsanspruch des Immissionsgeschädigten gegen seinen einwirkenden Nachbarn, als auch ein Schadenersatzanspruch in Betracht[233].

Problematisch waren dabei insbesondere die Vorschriften des Teils I, Titel 8, §§ 26 – 28 ALR. Denn trotz der dem immissionsgeschädigten Kläger zustehenden Beweiserleichterung des Teils I, Titel 7, §§ 181 und 182 ALR konnte dem immittierenden Beklagten in der Regel nicht nachgewiesen werden, daß er sein Eigentumsrecht mißbrauchte und Immissionen gerade in Schädigungsabsicht vornahm. Auch der auf Teil I, Titel 6, §§ 36 und 37 ALR gestützte Schadenersatzanspruch des Klägers lief regelmäßig leer. War schon fraglich, ob dem Beklagten nachgewiesen werden konnte, daß er unter mehreren möglichen Nutzungsarten seines Grundstücks in Schädigungsabsicht gerade diejenige wählte,

---

228 § 26 lautete: „Jeder Gebrauch des Eigenthums ist daher erlaubt und rechtmäßig, durch welchen weder wohlerworbene Rechte eines anderen gekränkt, noch die in den Gesetzen des Staates vorgeschriebenen Schranken überschritten werden." § 27 lautete: „Niemand darf sein Eigenthum zur Kränkung oder Beschädigung Anderer mißbrauchen." § 28 lautete: „Mißbrauch heißt ein solcher Gebrauch des Eigenthums, welcher vermöge seiner Natur nur die Kränkung des anderen zur Absicht haben kann."

229 § 181 lautete: „Die Vermuthung, daß Personen und Eigenthum frei seien, überwiegt die Vermuthung für die Rechtmäßigkeit des Besitzes." § 182 lautete: „Wenn also auch Jemand in dem Besitze, die Freiheit oder das Eigenthum eines Anderen einzuschränken, sich befindet, so muß er dennoch sein Recht zu diesem Besitze angeben und nachweisen."

230 § 36 lautete: „Wer sich seines Rechts innerhalb der gehörigen Schranken bedient, darf den Schaden, welcher einem Anderen daraus entstanden ist, nicht ersetzen." § 37 lautete: „Er muß aber denselben vergüten, wenn aus den Umständen klar erhellet, daß er unter mehreren möglichen Arten der Ausübung seines Rechts diejenige, welche dem Anderen nachtheilig wird, in der Absicht zu schädigen gewählt habe."

231 PrObTribunalE 23, 252 ff. Vgl. dazu unten § 15 II 1. c).

232 Bejahend *Carl Friedrich Koch*, Allgemeines Landrecht für die Preußischen Staaten (Landrecht), Bd. 1, 8. Auflage, Berlin – Leipzig 1884, S. 392 (Fn. 32); *Ludwig von Rönne*, Ergänzungen und Erläuterungen der preußischen Rechtsbücher durch Gesetzgebung und Wissenschaft, Bd. 1, Berlin 1858, S. 197; *Rocholl*, a. a. O., S. 385.

233 Vgl. oben § 5 III.

die sich für seinen Grundstücksnachbarn als nachteilig erwies, so hielt der Beklagte dem Kläger jedenfalls regelmäßig entgegen, sich nach Teil I, Titel 6, § 36 ALR im Rahmen seines Eigentumsausübungsrechts zu bewegen.

## *§ 11*
## *Sachsen*

### I.
### Das sächsische Bürgerliche Gesetzbuch

Bis in die Mitte des 19. Jahrhunderts galten in Sachsen als Regelungen mit immissionsschutzrechtlichem Bezug lediglich die erwähnten Vorschriften des Sachsenspiegel Landrechts[234]. Auch in der Literatur waren Probleme des privaten Immissionsschutzrechts meist unerwähnt geblieben. *Unger* weist allerdings darauf hin, daß der Katalog der belästigenden Anlagen in der Vorschrift des Sachsenspiegels aus Praktikabilitätsgründen gewohnheitsmäßig auch auf andere Gebäude und Anlagen, die in derselben Art und Weise belästigten, erstreckt wurde[235].

Um den positivrechtlichen privaten Schutz eines von Immissionen betroffenen Grundeigentümers war es also in Sachsen ebenfalls lückenhaft bestellt. Eine einschneidende Neuerung in diesem Bereich führte allerdings der Erlaß des sächsischen Bürgerlichen Gesetzbuchs (BGB) von 1863[236] herbei.

Bereits der *Held*'sche Entwurf eines sächsischen BGB[237] aus dem Jahre 1852 sah in § 388 vor:

> *„Auch darf Niemand auf seinem Grundstücke Vorrichtungen anbringen, durch welche dem Nachbargrundstücke zu dessen Nachtheile Dampf, Dunst, Rauch oder Ruß zugeführt wird. Über gewerbliche Anlagen bestimmen die politischen Gesetze."*

Dieser Entwurf stellt die älteste private immissionsrechtliche Bestimmung in Deutschland dar. Sie erlangte allerdings keine Gesetzeskraft, weil der den Ständen im Jahre 1853 vorgelegte Entwurf sich vielfältiger Kritik ausgesetzt sah und als zum Erlaß noch nicht reif befunden wurde[238].

---

234 Vgl. oben § 2 I. 1.

235 *Joseph Unger*, Handbuch des im Herzogthume Sachsen Meiningen geltenden Partikularrechts, Bd. 2, Hildburghausen 1894, S. 170 (Fn. 7 m. w. N).

236 Sächsisches Gesetz- und Verordnungs-Blatt 1863, S. 1.

237 Vgl. zur Geschichte des Entwurfs und zur Entstehungsgeschichte des sächsischen BGB *Felix Vierhaus*, Die Entstehungsgeschichte des Entwurfs eines Bürgerlichen Gesetzbuches für das Deutsche Reich, Berlin – Leipzig 1888, S. 28 f.

238 *Vierhaus*, ebenda.

Das sächsische BGB von 1863 griff allerdings den Gedanken einer privatrechtlichen Immissionsschutzbestimmung auf, da eine Beschränkung von Einwirkungen auf ein benachbartes Grundstück zum Zweck einer ruhigen und sicheren Benutzung durch die jeweiligen Nachbarn als wünschenswert erachtet wurde[239]. So findet sich im sächsischen BGB vom 2. Januar 1863 folgende Bestimmung:

> *„§ 358: Dem Eigenthümer ist, sofern nicht besondere Gesetze aus Rücksichten auf das allgemeine Beste Ausnahmen bestimmen, nicht erlaubt, auf seinem Grundstück Vorrichtungen anzubringen, durch welche dem benachbarten Grundstücke zu dessen Nachtheile Dampf, Dunst, Rauch, Ruß, Kalk- oder Kohlenstaub in ungewöhnlicher Weise zugeführt wird."*

Damit wurde dem von Immissionen betroffenen Grundeigentümer erstmals eine materielle Schutzvorschrift zur Untersagung der Einwirkung an die Hand gegeben[240].

Wie unschwer zu erkennen ist, legten die Väter des sächsischen BGB bei der Beurteilung von Einwirkungen auf das Grundstück den engen Immissionsbegriff der damaligen Wissenschaft zugrunde[241]. Die Formulierung in § 358 des sächsischen BGB, „Vorrichtungen anzubringen, durch welche ... zugeführt wird", läßt darauf schließen, daß auch mittelbar durch Luftbewegung zugeführte Immissionen auf das benachbarte Grundstück erfaßt werden sollten, da es allein auf die

---

239 *Eduard Siebenhaar/Georg Siegmann*, Commentar zu dem bürgerlichen Gesetzbuche für das Königreich Sachsen, Bd. 1, Leipzig 1864, S. 307 ff.

240 Er konnte nämlich erstmals mit Hilfe einer materiellen Immissionsschutzvorschrift auf Unterlassung und Schadenersatz klagen. §§ 321 bis 323 des sächsischen BGB bestimmten: § 321: „Beschränkt Jemand thatsächlich das Eigenthum eines Anderen, oder behauptet er ein das Eigenthum des Anderen beschränkendes Recht, so kann der Eigenthümer auf Anerkennung der Freiheit seines Eigenthums, Aufhebung der Beschränkung, Ersatz des ihm zugefügten Schadens und Androhung einer Strafe für weitere Störungen klagen." § 322: „Der Kläger hat sein Eigenthum und die thatsächliche Störung, oder daß der Beklagte ein Recht behauptet hat, zu beweisen." § 323: „Der Beklagte kann die Klage durch die Einrede abwenden, daß er zu der in Frage stehenden Beschränkung berechtigt sei. Er hat den Beweis seines Rechts zu führen, selbst wenn er sich in dessen Besitze befindet und selbst wenn er durch richterliche Erkenntnis in diesem Besitz geschützt worden ist." In § 321 wurde also als Rechtsfolge der Negatorienklage auch ein Schadenersatzanspruch positiv normiert.

241 Vgl. zu den Motiven *Siebenhaar/Siegmann*, S. 309: „Geräusch und übler Geruch, obwohl beides zu namhafter Belästigung werden kann, sind im § nicht erwähnt und auch nicht unter die daselbst speciell bezeichneten Uebelstände zu subsumiren; insoweit also der Geruch nicht mit der ungewöhnlichen Ausströmung von Dünsten etc. auf das fremde Grundstück verbunden ist, welche an sich oder wegen des Geruches schädlich sind, ... bleibt dem Eigenthümer oder den Bewohnern des ersteren nur die Imploration polizeilicher Hülfe als Auskunftsmittel übrig."

Wirkung ankomme. Da die Formulierung bezüglich der benachbarten Lage aufgrund eines redaktionellen Versehens den Weg in das Gesetz fand, wurde die Vorschrift in der Folgezeit von Praxis und Wissenschaft auch auf solche Fälle angewandt, bei denen belästigtes und einwirkendes Grundstück nicht aneinander grenzten[242].

Obschon hierdurch hinreichend deutlich wird, daß der durch § 358 des sächsischen BGB gewährte private Immissionsschutz für den Grundeigentümer lükkenhaft war, ist doch bemerkenswert, daß die Vorschrift insbesondere solche Ausnahmen vorsah, die sich aufgrund besonderer Gesetze und aus Gründen des allgemeinen Wohls ergaben[243]. Darunter fiel auch die sächsische Gewerbeordnung, die dem Landtag in den Jahren 1860/1861 gleichzeitig mit dem Entwurf des BGB zur Beratung und Verabschiedung vorgelegt wurde. Eine Duldungspflicht des immissionsbelästigten Nachbarn sollte sich also insbesondere aufgrund höherer staatlicher Interessen ergeben können. In der Berücksichtigung ökonomischer und wirtschaftspolitischer Belange wird hier die allmähliche Überwindung der grundsätzlich gewerbefeindlichen und somit im Hinblick auf das zunehmende Fortschreiten der Industrialisierung praxisfernen Ansichten, wie sie die Rechtswissenschaft unter dem Hinweis auf das überkommene römische Recht vertrat[244], sichtbar.

Mit dem Verweis auf die Gewerbeordnung bezweckte der sächsische Gesetzgeber, konzessionierte Gewerbebetriebe von privatrechtlichen Ansprüchen auf Einstellung des Betriebs freizustellen[245]. Sonstige Gewerbebetriebe, die der Genehmigung nicht bedurften, waren allerdings bei Verursachung einer körperlichen unmittelbaren Immission auf das benachbarte Grundstück von der Untersagung bedroht, wenn die Zuführung „in ungewöhnlicher Weise" erfolgte.

Die Beurteilung der „ungewöhnlichen Weise" richtete sich danach, was bei der Benutzung des Grundstückes für dieses die Regel bildete und den allgemeinen Bedürfnissen genügte[246]. Damit war es dem erkennenden Richter ermöglicht, eine Einzelfallentscheidung zu treffen. Es läßt sich damit festhalten, daß der § 358 des sächsischen BGB eine für den damaligen Erkenntnisstand in der privaten Immissionsschutzlehre zufriedenstellende Regelung nachbarlicher Immissionsfälle darstellte[247].

Damit standen dem immissionsgeschädigten Eigentümer in den Vorschriften der §§ 321 bis 323 in Verbindung mit § 358 des sächsischen BGB erstmals positivrechtliche Bestimmungen beiseite, mit denen er vor Gericht wirksamen Rechtsschutz erlangen konnte. Es war ihm nun möglich, vom beklagten Nach-

---

242 *Siebenhaar/Siegmann*, S. 309.
243 Vgl. zu den Motiven *Siebenhaar/Siegmann*, S. 308.
244 Vgl. oben § 8 I.
245 Vgl. *Siebenhaar/Siegmann*, a. a. O.
246 Hierzu ausführlich *Siebenhaar/Siegmann*, S. 309.
247 *Palmer*, S. 59.

barn eine Eigentumsfreiheitserklärung, die Unterlassung der Einwirkung sowie Schadenersatz für erlittene Schäden zu fordern. Zudem stand ihm die Strafandrohung gegen den Nachbarn für zukünftige weitere Störungen zur Verfügung. Das sächsische BGB gestand dem immissionsgeschädigten Grundeigentümer also sämtliche der von der Wissenschaft im Rahmen der Negatorienklage diskutierten Rechtsfolgen zu. Die Erleichterungen für den klagenden Immissionsbetroffenen, die sich vor allem im Beweisrecht der §§ 321 bis 323 des sächsischen BGB zeigen, deuten auf eine vollständige Rezeption der Lehre hin, die die *actio negatoria* als umfassende Eigentumsfreiheitsklage verstand[248].

## II.
## Die sächsische Gewerbeordnung

In der sächsischen Gewerbeordnung vom 15. Oktober 1861 war mit § 30 hinsichtlich gewisser Betriebe eine Bestimmung enthalten, die bezüglich der Folgen einer erteilten Genehmigung für spätere Einwendungen eines Immissionsgeschädigten im Bereich des privatrechtlichen Immissionsschutzes große Bedeutung erlangte. § 30 der sächsischen Gewerbeordnung lautete:

> *„Ist eine Anlage nach Beobachtung des Verfahrens von der zuständigen Verwaltungsbehörde genehmigt und unter Beachtung der dabei gestellten Bedingungen ausgeführt worden, so kann von den Gerichten später wegen Belästigung oder beeinträchtigter Nutzbarkeit fremden Eigenthums nicht mehr auf Änderung oder Beseitigung der Anlage, sondern nur auf Entschädigung zuerkannt werden."*

Durch § 30 der sächsischen Gewerbeordnung von 1861 wurde also gegenüber derartigen Anlagen die Zivilklage des Nachbarn wegen Belästigung oder beeinträchtigter Nutzbarkeit seines Eigentums auf Schadenersatz beschränkt. Die Klage auf Änderung oder Beseitigung der Anlage wurde ausgeschlossen. In § 30 der sächsischen Gewerbeordnung findet sich damit erstmals eine Vorschrift, die der behördlichen Anlagengenehmigung erhebliche privatrechtsgestaltende Wirkung zumaß, indem sie anordnete, daß nach Erteilung der Genehmigung nicht mehr auf Einstellung des konzessionierten Betriebs, sondern nur noch auf Entschädigung geklagt werden konnte. Hier zeigt sich zum ersten Mal eine deutliche Überlagerung des Privatrechts durch das öffentlich-rechtliche Gewerbekon-

---

[248] *Ogorek*, Actio negatoria, S. 54.

zessionierungsrecht, indem allein die Erteilung der behördlichen Gewerbegenehmigung privatrechtliche Ansprüche ausschloß bzw. erheblich modifizierte[249].

Zugleich erkannte der Gesetzgeber aber für den Bereich des Nachbarrechts in den Fällen von Immissionsstörungen durch konzessionierte Gewerbebetriebe das Erfordernis einer positivrechtlichen Billigkeitsentscheidung für den betroffenen Grundeigentümer an, der aus Gründen der staatlichen Wirtschaftsförderung in seinem Rechtsschutz beschränkt wurde.

Konzessionierungspflichtig waren nach § 22 der sächsischen Gewerbeordnung gefährliche oder belästigende Anlagen, wozu solche Gewerbebetriebe zählten, die feuer- oder explosionsträchtig waren und Rauch, Dämpfe oder Gase verbreiteten. Speziell aufgeführt wurden unter anderem Koksöfen, Gerbereien, Ziegeleien, Gasbereitungsanstalten und Düngerfabriken. In optimistischer Weise gingen die Verfasser der Vorschrift davon aus, daß sich Ruß- und Kohleimmissionen leicht vermeiden ließen[250].

Der Inhaber einer konzessionierten Anlage erfreute sich also eines weitgehenden Schutzes seines Betriebes. Privatrechtlichen Klagen gegen die von seinem Betrieb ausgehenden Immissionsbelästigungen beschränkten sich von vornherein auf einen Schadenersatzanspruch[251].

## III.
## Bewertung

Es bleibt festzuhalten, daß Sachsen als erster deutscher Partikularstaat das Erfordernis einer positivrechtlichen privaten Immissionsschutznorm im Bereich des Nachbarrechts erkannte und das Problem von Immissionen im Nachbarverhältnis einer gesetzlichen Regelung zuführte.

---

[249] Die Problematik ist bis heute im Bereich des privaten nachbarlichen Immissionsschutzrechts aktuell. Sie ist mit § 14 Satz 2 Bundes-Immissionsschutzgesetz (BImSchG) auch heute noch zugunsten der öffentlich-rechtlichen Anlagengenehmigung entschieden. Vgl. zu den verschiedenen Rechtsgrundlagen der Gewerbegenehmigung und deren privatrechtsgestaltenden Auswirkungen insbesondere unten § 13 I., § 27 V. 1. und § 35 IV. 2. a) sowie zur aktuellen Rechtslage unter Geltung des BImSchG *Franz-Joseph Peine*, Privatrechtsgestaltung durch Anlagengenehmigung (Privatrechtsgestaltung), NJW 1990, S. 2442 ff.; *Fritz Baur*, Die privatrechtlichen Auswirkungen des Bundesimmissionsschutzgesetzes (Privatrechtliche Auswirkungen), JZ 1974, S. 657 ff.

[250] Vgl. die Motive zu § 22 sächsische Gewerbeordnung: „Das Hinüberleiten von Kalkstaub und Kohlestaub ist kein Umstand, der unter die unvermeidlichen Übelstände irgendeiner besonderen Art von Fabrikation gehören. Soweit der Kohlenstaub sich als Niederschlag aus Rauch bildet, ist er Ruß und durch Rauch getroffen. In anderer Form hat keiner nöthig, seinen Nachbar durch Kohlenstaub zu belästigen. Alles Andre ist leicht zu vermeiden."

[251] Besondere privatrechtliche Titel bleiben allerdings unberührt. Vgl. *Kloepfer/Franzius/Reinert*, Umweltrechtsgeschichte, S. 44 (Fn. 194).

Die private Immissionsschutzregelung des § 358 des sächsischen BGB brachte in Verbindung mit den §§ 321 bis 323 des sächsischen BGB für den betroffenen Grundeigentümer endlich eine eigene Anspruchsnorm, mit deren Hilfe er sich gegen Immissionen von benachbarten Grundstücken erfolgreich zur Wehr setzen konnte. Handelte es sich bei dem Immittenten nämlich um den Betreiber einer nicht konzessionierungspflichtigen Anlage, standen dem immissionsgeschädigten Grundeigentümer erstmals positivrechtliche Bestimmungen zur Seite, um den Betrieb zu untersagen oder zumindest Schadenersatz zu erlangen.

Anders war die Rechtslage allerdings im Bereich der Immissionen durch konzessionierte Gewerbebetriebe. Hier wurde der privatrechtliche Rechtsschutz durch die öffentlich-rechtlichen Gewerbevorschriften erheblich überlagert und modifiziert. Durch die Zuerkennung eines Schadenersatzanspruchs anstelle der Möglichkeit, auf Unterlassung der Störung oder gar auf Untersagung des Betriebs des Gewerbebetriebs zu klagen, war positivrechtlich erstmals den Interessen des konzessionierten Anlagenbetreibers Rechnung getragen worden, seine mit erheblichen Investitionen verbundene gewerbliche Produktion nicht infolge eines jederzeit möglichen Gerichtsprozesses einstellen zu müssen[252]. Der öffentlich-rechtlichen Konzession war gegenüber privatrechtlichen Eigentumsvorschriften somit ein eindeutiger Vorrang eingeräumt worden.

Die gesetzliche Normierung eines Anspruchs auf Schadenersatz stellte sich zwar als Billigkeitsausgleich für die dem konzessionierten Gewerbetreibenden vom Gesetzgeber aus Gründen der Wirtschaftsforderung eingeräumte Vorrangstellung dar[253]. Gegen die tatsächlichen Einwirkungen, die von einem konzessionierten Betrieb ausgingen, war der immissionsgeschädigte Grundeigentümer aber deshalb empfindlich ungeschützt. Zwar konnte die örtliche Genehmigungsbehörde die Gewerbekonzession nach § 25 der sächsischen Gewerbeordnung untersagen, wenn mit Bestimmtheit ein nicht zu duldender Nachteil für die Umgebung zu bejahen war. Von dieser Untersagungsbefugnis wurde jedoch im Hinblick auf die wirtschaftspolitisch erwünschte Förderung von Industrie und Gewerbe nur als *ultima ratio* Gebrauch gemacht. War eine Konzessionierung erfolgt, konnte der Grundeigentümer gegenüber dem Genehmigungsempfänger keinen Untersagungsanspruch hinsichtlich der betriebenen Anlage mehr geltend machen. Zwar stand es der Genehmigungsbehörde nach § 32 der sächsischen Gewerbeordnung grundsätzlich frei, den konzessionierten Betrieb wieder stillzulegen, sobald sich entgegen der vorher getroffenen Prognose nachteilige Auswirkungen auf die Nachbarschaft und Umgebung zeigten. Da diese Stillegung jedoch zur Ersatzpflicht des vollen, dem Anlagenbetreiber entstandenen Schadens führte, schreckten die Behörden in der Regel vor diesem Schritt zurück[254].

---

252 *Kloepfer/Franzius/Reinert*, Umweltrechtsgeschichte, S. 45.

253 *Palmer*, S. 74.

254 *Palmer*, S. 61.

## *§ 12*
## *Bayern*

### I.
### Codex Maximilianeus Bavaricus Civilis von 1756

Wie bereits erläutert, fehlt auch im Codex Maximilianeus Bavaricus Civilis von 1756 eine spezielle privatrechtliche Bestimmung zur Behandlung von Immissionsfällen. Man bediente sich vielmehr der römisch-rechtlichen Eigentumsregeln[255].

Die Behandlung ergab sich insbesondere aus Teil IV, Kapitel 16, § 10 des Codex, der eine Bestimmung über den Rechtsschutz des Grundeigentümers in dem Falle enthielt, daß sein Grundstück durch die Baufälligkeit eines auf dem Nachbargrundstück befindlichen Gebäudes gefährdet sei. Ihm wurde hier die Möglichkeit der *cautio damni infecti* zugesprochen[256]. Teil IV, Kapitel 16, § 10, Nr. 6 des Codex bestimmte:

> „*Hat obige Verordnung nicht nur in gefährlichen Baufälligkeiten benachbarter Häuseren sondern auch ex Argumento & Ratione Legis in anderen dergleichen besorglichen Schäden Statt, dergestalt, da, wenn die Gefahr sehr groß, oder der Schaden fast unvermeidlich ist, man nicht einmal Cautionem zulaßt, sondern dem Befund nach alsogleich völlige Abstellung hierunter vorkehrt, z. E. da es an des Nachbarn Wand ein Privet Backofen, oder Feuerstatt so nahe angelegt wird, daß man dadurch in Feuers-Gefahr oder andere wiederrechtliche Ungelegenheit kommt, item da man so tief grabt, daß des Nachbars Mauer darüber sinken muß und dergleichen mehr.*“

Die an sich naheliegenden Beeinträchtigungen durch nachbarliche Immissionen wurden allerdings mithilfe dieser Vorschrift nicht behandelt. Es wurde stattdessen bei der Behandlung von Immissionsfällen auf Dig. 8.5.8.5. – 7 zurückgegriffen[257].

---

[255] Vgl. oben § 2 I. 2.

[256] *Roth*, Civilrecht, S. 82 f. (Fn. 7).

[257] Vgl. *Roth*, Civilrecht, S. 41 ff., 225. Man hielt unter Bezugnahme auf die allgemeinen Eigentumslehren die Klagemöglichkeit mittels der *actio negatoria* für gegeben. Vgl. auch unten § 17.

## II.
## Der Entwurf eines bayerischen BGB

Eine private Immissionsschutzvorschrift findet sich erst in dem ab 1858 beratenen und ab dem Jahre 1861 veröffentlichten Entwurf für ein bayerisches BGB[258], welcher im Hinblick auf die erwartete bundesgesetzliche Regelung allerdings nicht in Kraft trat[259]. Teil III, Hauptstück III des Entwurfs bestimmte unter Abteilung IV (Nachbarrecht) in Art. 193:

> „*Der Grundeigenthümer ist ohne besondere Ermächtigung des Betheiligten nicht befugt, auf seinem Grundstücke Vorrichtungen zu haben oder etwas vorzunehmen, wodurch dem benachbarten Grundstücke in einer für dieses oder dessen Bewohner nachtheiligen, belästigenden oder gefährdenden Weise Dampf, Dunst, Rauch, Ruß, Feuerfunken, Kalk- oder Kohlenstaub und dergleichen zugeführt werden. Eisenbahn- und Dampfschiffahrts-Unternehmungen gegenüber findet dieser Anspruch nicht statt.*
>
> *Ist jedoch durch den Betrieb derselben in der in Abs. 1 bezeichneten Weise Schaden zugefügt, so sind zu dessen Ersatz die Unternehmer verpflichtet, ohne daß es des Nachweises eines Verschuldens von Seite derselben oder ihres Dienstpersonals bedarf.*“

Die Motive sehen die Vorschrift als Ausdruck eines allgemein anerkannten Grundsatzes, daß „kein Grundeigenthümer sich eine nachtheilige oder belästigende körperliche Einwirkung erlauben darf“[260]. Der Schutz solle aber nicht nur das Grundstück betreffen, sondern „auch die Bewohner desselben dürfen durch die körperliche Einwirkung des benachbarten Grundeigenthümers nicht Beschädigungen an ihrer Person oder an ihrem Vermögen oder Gefährdungen in dieser Richtung ausgesetzt sein“[261].

Hinsichtlich der Ausnahmeregelung der Betriebe des Eisenbahn- oder Dampfschiffahrtsgewerbes führen die Motive aus:

> „*[Trotz der] Eigenthümlichkeit nach Belästigung und Gefahr ... in einem kaum zu bemessenden Umkreise ... läßt sich aber die*

---

[258] Entwurf eines bürgerlichen Gesetzbuches für das Königreich Bayern, Theil I und II sowie Motive veröffentlicht 1861, Fortsetzungen jeweils veröffentlicht 1864.

[259] *Vierhaus*, S. 27.

[260] Motive zum Entwurfe eines bürgerlichen Gesetzbuches für das Königreich Bayern, Fortsetzungsband 1864, S. 67.

[261] Motive zum Entwurfe eines bürgerlichen Gesetzbuches für das Königreich Bayern, Fortsetzungsband 1864, ebenda.

*unbedingte Anwendung des Art. 193 auf Anstalten des allgemeinen Verkehrs nicht rechtfertigen, weil hier das höhere volkswirtschaftliche Interesse eine Ausnahme von der Strenge der civilrechtlichen Vorschriften gebietet. Indem aber das Gesetz diese Ausnahme macht und dem Eigenthümer das an sich unbestreitbare Recht entzieht, von dem Unternehmer solcher Anstalten die Unterlassung des Unternehmens zu fordern, ist es nur recht und billig, daß andererseits der Unternehmer zum Schadenersatze verpflichtet wird, da dieser Ersatz nur das Surrogat der an sich begründeten Verpflichtung ist.*"[262]

Bemerkenswert ist, daß in Absatz 2 der Vorschrift ausdrücklich ein verschuldensunabhängiger Schadenersatzanspruch zugestanden wird. Im Umkehrschluß ergibt sich, daß der Schadenersatzanspruch des Absatzes 1 nur bei Vorliegen sämtlicher Anspruchsvoraussetzungen, also auch nur bei Vorliegen von Verschulden, gegeben werden sollte.

Im Vergleich zur Vorschrift des § 358 des sächsischen BGB ist auffallend, daß mit dem Passus „und dergleichen" im bayerischen Entwurf die Immissionen nicht abschließend aufgezählt sind. Dies hätte es also der Rechtsprechung durchaus ermöglichen können, den Kreis der Immissionen über die ausdrücklich genannten zu erweitern.

## III.
## Bewertung

Der bayerische Entwurf einer privatrechtlichen Immissionsschutzvorschrift geht, was den Kreis der Immissionen angeht, noch über den des sächsischen BGB hinaus. Damit hätte er eine flexiblere Handhabung des privaten Immissionsschutzrechts ermöglicht. Dennoch findet sich auch hier lediglich die Anerkennung körperlicher Einwirkung als Immission und auch die Motive wollten nur körperliche Einwirkungen vom Schutz der Norm umfaßt wissen. Die zu dieser Zeit ebenfalls bekannten Immissionen durch Erschütterungen und Lärm blieben also bewußt unberücksichtigt.

Im Vergleich zur Regelung des § 358 des sächsischen BGB beabsichtigten die Väter des Entwurfs des bayerischen BGB offenbar, auch die auf dem Grundstück lebenden Personen in den Schutzbereich des privaten Immissionsschutzrechts mit aufzunehmen. Hieran wird deutlich, daß sich die Gesetzgebung Bayerns den *Jhering*schen Überlegungen zum Eigentumsausübungsrecht annäherte, der jede Einwirkung auf das Grundstück auch als Beeinträchtigung des umfas-

262 Motive zum Entwurfe eines bürgerlichen Gesetzbuches für das Königreich Bayern, Fortsetzungsband 1864, ebenda. Klammerzusatz durch Verfasser.

senden Ausübungsrechts der Eigentümer ansah und diese in den Schutzbereich des privaten Immissionsschutzrechts einbezogen wissen wollte.

## *§ 13*
## *Die Gewerbeordnung für den Norddeutschen Bund und die Reichsgewerbeordnung*

### I.
### Die Gewerbeordnung für den Norddeutschen Bund

Der Reichstag erließ, gestützt auf die Kompetenznorm des Artikels 4 der Verfassung des Norddeutschen Bundes vom 26. Juli 1867[263], am 21. Juni 1869 die Gewerbeordnung für den Norddeutschen Bund[264] (GewO). Die Gewerbeordnung für den Norddeutschen Bund wurde am 1. Juli 1869 verkündet und trat am 1. Oktober 1869 (Titel I, II, IV – X) bzw. am 1. Januar 1870 (Titel III) in Kraft. Sie statuierte den Grundsatz der Gewerbefreiheit und war im wesentlichen mit der Preußischen Gewerbeordnung von 1845 identisch[265].

Wie die PrGewO reglementierte die GewO für den Norddeutschen Bund bestimmte gefahrbringende gewerbliche Tätigkeiten aus Gründen der öffentlichen Sicherheit und Ordnung, um ein gemeinverträgliches Zusammenleben in den Ballungszentren zu gewährleisten[266].

§ 26 GewO für den Norddeutschen Bund lautete:

> *„Soweit die bestehenden Rechte zur Abwehr benachtheiligender Einwirkungen, welche von einem Grundstücke aus auf ein benachbartes Grundstück geübt werden, dem Eigenthümer oder Besitzer des letzteren eine Privatklage gewähren, kann diese Klage einer mit obrigkeitlicher Genehmigung errichteten gewerblichen Anlage gegenüber niemals auf Einstellung des Gewerbebetriebs, sondern nur auf Herstellung von Einrichtungen, welche die benachtheiligende Einwirkung ausschließen, oder wo solche Einrichtungen unthunlich oder mit einem gehörigen Betriebe des Gewerbes unvereinbar sind, auf Schadloshaltung gerichtet werden."*

---

263 BGBl. 1867, S. 1.
264 BGBl. 1869, S. 245.
265 *Rohde*, S. 51.
266 Motive zur GewO, abgedruckt in: Stenographische Berichte des Reichstages des Norddeutschen Bundes (Sten.Ber.) 1869, Bd. 3, S. 106 ff.

Der Beschlußfassung war eine hitzige Diskussion im Reichstag vorausgegangen[267]. Insbesondere war den Abgeordneten problematisch erschienen, welchem der beteiligten Interessen in nachbarlichen Immissionsfällen im Hinblick auf die Förderung von Industrie und Gewerbe der Vorrang einzuräumen sei. So bemerkte der Abgeordnete *Weigel*[268]:

> *„Es handelt sich bei diesem ganzen Abschnitte der Gewerbeordnung über Anlagen, welche einer besonderen Genehmigung bedürfen, ... darum, das Publikum der Nachbarschaft vor Belästigungen durch erstens die Industrie und zweitens den Industriellen zu beschützen vor den Folgen, welche das Gemeine Recht jetzt noch an die allerunerheblichste Belästigung knüpft, das ist die effektive Einstellung des Fabrikbetriebes selbst. Es sind Fälle vorgekommen, in denen auf der einen Seite ein Werthobjekt von 10 Thalern in Frage stand, auf der anderen Seite aber ein ganzes Fabriketablissement, welches Tausende von Arbeitern beschäftigt. Die Hilflosigkeit des Römischen Rechtes, welches auf dem uranfänglichen Standpunkte des Gewerbebetriebs der damaligen Zeit stehen geblieben ist, konnte darüber nicht hinaus. Um dem gewiß berechtigten Anspruche zu genügen, bei einer Beschädigung von 10 Thalern jährlichem Werth den Beschädigten nicht vollends leer ausgehen zu lassen ... bot sich dem Römischen Rechte kein anderes Mittel, als indem es dem betreffenden Beschädiger verbot, überhaupt Rauch etc. auf des Nachbars Grundstück nieder zu lassen, d. h. seine Fabrik weiter zu betreiben."*

Diese im Interesse der unternehmerischen Freiheit und Gewerbeförderung unhaltbaren Zustände veranlaßten den Abgeordneten *Bähr* zu beantragen, die Regelung des § 26 in die GewO für den Norddeutschen Bund einzufügen. Zur Begründung führte er aus:

> *„Diese äußerste Konsequenz ist es, welche ich mit der ... Auffassung des Gewerbebetriebs nicht vereinbar erachte, und welche ich auch nicht für ein unbedingtes Erfordernis der Gerechtigkeit ansehen kann. Diese äußerste Konsequenz will ich aus dem Begriffe des Eigenthums hinwegstreichen, und die Klage darauf beschränken, daß entweder Einrichtungen getroffen wer-*

267 Vgl. das Sitzungsprotokoll der 15. Sitzung des Reichstages für den Norddeutschen Bund vom 9. April 1869, abgedruckt in Sten.Ber. 1869, Bd. 1, S. 266 ff. Vgl. zur Entstehungsgeschichte des § 26 GewO für den Norddeutschen Bund insbesondere *Rocholl*, S. 390 ff.

268 Sitzungsprotokoll der 15. Sitzung des Reichstages für den Norddeutschen Bund vom 9. April 1869, abgedruckt in Sten.Ber. 1869, Bd. 1, S. 281.

*den, welche die nachtheilige Einwirkung beseitigen – wie sich von selbst versteht – oder, wenn dies nicht thunlich ist, daß unbeschadet der Fortdauer des Gewerbebetriebs die Klage nur auf Schadloshaltung gerichtet werden könne. ... Ich glaube, daß aus meinem Antrage ergiebt, wie grade durch das öffentliche Scrutinium, welches über die Zulässigkeit einer Gewerbeanlage geführt werden soll, einigermaßen der privatrechtliche Schutz, der im bisherigen Recht gegeben war, ersetzt werden soll, und in diesem Sinne kann man sagen: die Einwendungen privatrechtlicher Natur, welche auf dieser allgemeinen gesetzlichen Grundlage beruhen, werden in der That dadurch berührt; unberührt bleiben die Einwendungen, welche auf Spezialtiteln beruhen und welche auch von meinem Antrage nicht berührt werden.*“[269]

Durch § 26 der GewO für den Norddeutschen Bund wurde also eine erhebliche Schlechterstellung für den immissionsgeschädigten Nachbarn eines Gewerbebetriebes herbeigeführt[270]. Seine privatrechtlichen Belange sollten lediglich der Erörterung im behördlichen Genehmigungsverfahren zugeführt werden[271]. Die *actio negatoria* konnte nur noch auf Herstellung von immissionsverhindernden Maßnahmen und, falls diese „unthunlich“ waren, auf Schadenersatz gerichtet werden[272].

Damit war bezüglich nachbarlicher Immissionsfälle für den überaus bedeutenden Bereich der konzessionierten Anlagen erneut[273] der Interessenwiderstreit zwischen dem Bedürfnis der Industrie nach ungestörter Entfaltung einerseits und dem privaten Eigentumsanspruch andererseits zugunsten der Industrie entschieden worden[274]. Die gesetzliche Normierung eines Anspruchs auf Errichtung immissionsschützender Einrichtungen und auf nachgelagerten Schadenersatz stellte sich nach dem Willen des Gesetzgebers lediglich als Billigkeitsausgleich für die vom Gesetzgeber aus Gründen der öffentlichen Wirtschaftsförderung beabsichtigte Vorrangstellung eines genehmigten Gewerbebetriebs dar.

---

269 Sitzungsprotokoll der 15. Sitzung des Reichstages für den Norddeutschen Bund vom 9. April 1869, abgedruckt in Sten.Ber. 1869, Bd. 1, ebenda.

270 *Anton Riehl*, Über Immissionsprozesse, Gruchot's Beiträge, Bd. 51 (1907), S. 152.

271 *Rohde*, S. 62 ff.

272 Dieser Schadenersatzanspruch bezog sich nur auf zukünftige Schäden. Vgl. *Rocholl*, S. 395 ff.

273 Wie auch schon durch § 30 der sächsischen Gewerbeordnung. Vgl. oben § 11 II.

274 *Ogorek*, Actio negatoria, S. 60 f., S. 63; *Kloepfer/Franzius/Reinert*, Umweltrechtsgeschichte, S. 46.

## II.
## Die Reichsgewerbeordnung

Nach der Gründung des Deutschen Reiches wurde die Gewerbeordnung für den Norddeutschen Bund übernommen. Auf der Grundlage der Artikel 3 und 4 Nr. 1 der Reichsverfassung[275], die dem Reichsgesetzgeber die Zuständigkeit für die Regelung der Gewerbebetriebe zuwiesen, wurde die GewO für den Norddeutschen Bund durch § 2 des Gesetzes, betreffend die Verfassung des Deutschen Reiches vom 16. April 1871[276], zum Reichsgesetz erklärt[277].

Sie konnte jedoch erst nach und nach Geltung im ganzen Reichsgebiet beanspruchen. In Württemberg und Baden[278] sowie in Bayern[279] wurde sie beispielsweise erst im Jahre 1872 eingeführt, in Elsaß-Lothringen[280] gar erst im Jahre 1888.

## III.
## Bewertung

Mit dem Erlaß des § 26 der GewO für den Norddeutschen Bund, der nach deren Erlaß in der RGewO weiterlebte, war also der Konflikt zwischen den widerstreitenden Interessen des immissionsgeschädigten Grundeigentümers und der wirtschaftlichen Entfaltungsfreiheit des gewerbetreibenden Immittenten wiederum relativ einseitig zugunsten des letzteren entschieden worden[281]. Der Gesetzgeber hatte der öffentlich-rechtlichen Gewerbegenehmigung erhebliche privatrechtsgestaltende Wirkung zugemessen und damit dem öffentlichen Recht eine eindeutige Vorrangstellung gegenüber den privatrechtlichen negatorischen Immissionsschutzansprüchen zugestanden[282].

Im Hinblick auf die Sprengkraft des negatorischen Untersagungsanspruchs des gemeinen Rechts stellte dies aber nur in den Augen des Gewerbetreibenden eine sachgerechte Lösung dar[283]. Die Schadenersatzforderungen, denen sich der

---

275 RGBl. 1871, S. 64 ff.
276 RGBl. 1871, S. 63.
277 *Rohde*, S. 52.
278 Durch Gesetz vom 10. November 1871, RGBl. 1871, S. 392.
279 Durch Gesetz vom 12. Juni 1872, RGBl. 1872, S. 170.
280 Durch Gesetz vom 27. Februar 1888, RGBl. 1888, S. 57.
281 *Palmer*, S. 63.
282 Diese Überlagerung der privatrechtlichen Abwehransprüche gegenüber den aufgrund öffentlich-rechtlichen Vorschriften konzessionierten Gewerbebetrieben ist bis heute unverändert beibehalten worden. Vgl. zur heutigen Schutzwirkung der Anlagengenehmigung nach dem BImSchG gegenüber den negatorischen privatrechtlichen Ansprüchen insbesondere unten § 35 IV. 2. a).
283 *Kloepfer/Franzius/Reinert*, Umweltrechtsgeschichte, S. 45.

Unternehmer beim Betrieb seiner emittierenden Anlage im Nachbarverhältnis möglicherweise ausgesetzt sah, konnten nämlich von ihm einkalkuliert werden und bei günstiger Konkurrenzsituation auf den Preis seiner Produkte umgelegt werden. Der betroffene Grundeigentümer war demgegenüber den gewerblichen Immissionen ohne Untersagungsmöglichkeit hilflos ausgesetzt, was sogar dem erklärten Gesetzeszweck entsprach.

Der bei Beginn der privatrechtlichen Behandlung nachbarlicher Immissionsfälle von Vertretern der Wissenschaft als mögliche Rechtsfolge der römischrechtlichen *actio negatoria* anerkannte Schadenersatzanspruch wurde von der Gesetzgebung nun endgültig zu einem Auffanganspruch im Interesse des wirtschaftlichen und damit öffentlichen Wohls ausgestaltet[284].

Allerdings wurde beim Erlaß des § 26 GewO ein Problem nicht erkannt, das sich in der Folgezeit bei der gerichtlichen Behandlung privater Immissionsfälle als ausgemacht schwierig zu handhaben erweisen sollte: Nach dem Normtext war der Klageantrag des immissionsgeschädigten Nachbarn zunächst auf die Herstellung von Schutzeinrichtungen und erst in zweiter Linie auf die Leistung von Schadenersatz zu richten, sofern die Errichtung derselben „unthunlich" war. Mit dieser Subsidiaritätsklausel waren gerade im Vollstreckungsverfahren enorme Schwierigkeiten verbunden[285]. Denn erst im langwierigen Zwangsvollstreckungsverfahren erhielt der Kläger – regelmäßig nach Einholung von umfangreichen Sachverständigengutachten[286] – Gelegenheit, zweckdienliche Einrichtungen vorzuschlagen, deren Effektivität zudem mehr oder weniger vom guten Willen des Beklagten abhingen, dem die Handhabung der Einrichtungen überlassen blieb[287]. Damit ging eine erhebliche Einschränkung der Rechte des immissionsgeschädigten Grundeigentümers einher, von der rückblickend wohl angenommen werden kann, daß sie der Gesetzgeber in ihrer Tragweite nur sehr unvollständig erkannt hatte.

Vor allem aber wurde mit der Schaffung der Subsidiaritätsklausel auf dem Gebiet des privaten Immissionsschutzrechts eine Ausnahme von dem allgemeinen Grundsatz statuiert, daß in Privateigentum nur zum Wohle der Allgemeinheit und dann auch nur gleichzeitig mit der Gewährung einer Entschädigung eingegriffen werden durfte[288]. Denn die Subsidiaritätsklausel suspendierte faktisch den Anspruch auf Entschädigung bei Eingriffen in das Eigentum zum

---

284 *Riehl*, Gruchot's Beiträge, Bd. 51 (1907), S. 154 f., weist zutreffend auf den enteignungsrechtlichen Charakter des Ersatzanspruchs nach § 26 RGewO hin.

285 *Riehl*, Gruchot's Beiträge, Bd. 51 (1907), S. 143 f.

286 Zu den hierbei auftretenden Problemen vgl. *Riehl*, Gruchot's Beiträge, Bd. 51 (1907), S. 155.

287 *Ogorek*, Actio negatoria, S. 61 f.; *Riehl*, Gruchot's Beiträge, Bd. 51 (1907), S. 143, S. 153.

288 *Riehl*, Gruchot's Beiträge, Bd. 51 (1907), S. 153 f., S. 156.

Zwecke des öffentlichen Wohls der Gewerbeförderung[289]. Im Zwangsvollstrekkungsverfahren konnte es zudem zu der Konstellation kommen, daß zunächst der Gewerbetreibende Einrichtungen zur Immissionsvermeidung herstellte, die sich aber in der Folgezeit als nicht wirksam erwiesen. Hier wirkte die auflebende Schadenersatzverpflichtung dann aber nicht für die vergangenen, sondern nur für die zukünftigen, also die nach der Beurteilung der Praktikabilität der Schutzeinrichtungen entstandenen Schäden[290].

Zum anderen rief die Subsidiaritätsregelung des § 26 GewO zunehmend Stimmen hervor, die den verschuldensunabhängigen Ersatz des beim immissionsgeschädigten Grundeigentümer entstandenen Schadens nach Klageerhebung ohnehin nur für die Zukunft gewähren wollten[291]. Der Gesetzgeber habe nämlich mit dem Wortlaut des § 26 GewO den Herstellungsanspruch und den Schadenersatzanspruch nicht gleichermaßen als Äquivalent für den weggefallenen Untersagungsanspruch statuieren wollen. Der Schadenersatzanspruch sollte erst dann eingreifen, wenn die Herstellung von Schutzeinrichtungen nicht tunlich oder mit einem geordneten Gewerbebetrieb unvereinbar war. Die Rechtsfolge Schadenersatz sei also lediglich Äquivalent für die Unpraktikabilität der Herstellung von Schutzeinrichtungen. Da dieser Herstellungsanspruch aber in die Zukunft wies, sollte der Schadenersatzanspruch als dessen Äquivalent auch nur solche Schäden abdecken, die aufgrund der Unpraktikabilität der Herstellung von Schutzeinrichtungen zukünftig entstanden[292]. Ein Schadenersatzanspruch für bei Klageerhebung bereits existente Schäden war danach nur aufgrund des allgemeinen Deliktsrechts zu erlangen. Hierfür aber mußte dem Gewerbetreibenden ein Verschulden zur Last fallen[293].

Damit war der dogmatische Fortschritt, im Nachbarrecht einen Schadenersatzanspruch etabliert zu haben, mit dem im Gegensatz zum Deliktsrecht ein interessengerechter Ausgleich bei Immissionsfällen gerade verschuldensunabhängig herbeigeführt werden konnte, weitestgehend dahin[294]. Die *actio negatoria* war gerade in ihrem wichtigsten nachbarrechtlichen Anwendungsbereich,

---

[289] *Riehl*, Gruchot's Beiträge, Bd. 51 (1907), S. 152, sah das Eigentum „halbseitig gelähmt".

[290] Diese Auffassung geht insbesondere auf *Rocholl*, S. 389, S. 395 ff. zurück. Vgl. *Riehl*, Gruchot's Beiträge, Bd. 51 (1907), S. 155.

[291] Vgl. *Heinrich Dernburg*, Lehrbuch des Preußischen Privatrechts, Bd. 1, 5. Auflage, Halle 1894, S. 524 f. m. w. N. unter Aufgabe der noch in der 1. Auflage vertretenen Rechtsauffassung; *Rocholl*, S. 384, S. 389. Hiergegen wandte sich *Riehl*, Gruchot's Beiträge, Bd. 51 (1907), S. 146 ff., mit dem Hinweis, daß der zukünftige Schaden zum einen vom mit dem Immissionsfall befaßten Richter nur äußerst schwierig eingeschätzt werden und zum anderen bereits deshalb nicht zugesprochen werden könne, weil es sich als unsicher darstelle, ob der Immittent auch zukünftig in gleichem Maße Einwirkungen auf benachbarte Grundstücke vornehme.

[292] *Rocholl*, S. 396.

[293] *Dernburg*, Bd. 1, 5. Auflage, S. 525.

[294] *Ogorek*, Actio negatoria, S. 64; *Gerlach*, S. 27.

nämlich dem des Schutzes vor schädlichen Immissionen eines benachbarten Gewerbebetriebs, ihrer primären Stoßrichtung entkleidet worden[295].

## *§ 14*
## *Zusammenfassung*

Im zersplitterten deutschen Privatrecht fehlten bei Beginn der Industrialisierung Normen, die einen wirksamen privatrechtlichen Schutz eines Grundeigentümers vor nachbarlichen Immissionen gewährleisteten[296]. Man bediente sich vielmehr zur Lösung privater nachbarlicher Immissionsfälle entweder des Rückgriffs auf den gesetzlich normierten privatrechtlichen Eigentumsbegriff oder suchte, wo entsprechende Regeln fehlten, eine sachgerechte Behandlung im gemeinen Recht.

Dennoch ist auch in der Gesetzgebung in der ersten Hälfte des 19. Jahrhunderts die Tendenz erkennbar, den Bestrebungen der Wissenschaft um eine Erweiterung des privaten Rechtsschutzes des von Immissionen belästigten Grundstückseigentümers nachzufolgen. Als Ausdruck dieses Bestrebens ist insbesondere die Diskussion um die Schaffung eigener privatrechtlicher Normen zum Schutz des immissionsbetroffenen Grundeigentümers anzuführen, wie sie sich beispielsweise in § 358 des sächsischen BGB findet. Dennoch wurde eine umfassende private Immissionsschutzgesetzgebung nicht als erforderlich angesehen, sondern der Nachbarschutz gegen Immissionen überwiegend als Nebenproblem im Rahmen der Gewerbegesetzgebung behandelt[297].

Die Bestrebungen um die Erweiterung des privaten Immissionsschutzes kollidierten allerdings alsbald mit den legislativen Zielen, die Ansiedlung von Industrie und Gewerbe umfassend zu fördern. Hier erwies sich insbesondere das dem immissionsbetroffenen Grundeigentümer im Rahmen der überkommenen *actio negatoria* zugestandene umfassende Untersagungsrecht als zunehmender Hemmschuh für die industriell-gewerbliche Entwicklung. Ab der Mitte des 19. Jahrhunderts wurden deshalb in verstärktem Maße die privatrechtlichen Rechtsschutzmöglichkeiten des Grundeigentümers auf Untersagung der mit der gewerblichen Tätigkeit seines Nachbarn verbundenen Immissionen beschnitten. Dies ging jedoch nicht auf dem Gebiet der zivilrechtlichen Gesetzgebung vor sich, sondern wurde durch umfassende Normierungen in den Gewerbegesetzgebungen der Partikularstaaten vollzogen[298]. Insbesondere durch die öffentlich-rechtliche Gewerbegesetzgebung wurden die privatrechtlichen Immissions-

---

295 *Riehl*, Gruchot's Beiträge, Bd. 51 (1907), S. 152, bezeichnete sie als „verkrüppelte *Negatoria*".

296 *Kloepfer/Franzius/Reinert*, Umweltrechtsgeschichte, S. 26; *Gerlach*, S. 24.

297 *Kloepfer/Franzius/Reinert*, Umweltrechtsgeschichte, S. 36.

298 *Ogorek*, Actio negatoria, S. 60 f.

schutzmöglichkeiten beschränkt und in einen reinen Vermögensschadensausgleich umgestaltet.

Damit hatte der Gesetzgeber das öffentliche Recht an die Spitze der Immissionsschutzrechtsentwicklung gesetzt[299]. Im besonders praxisrelevanten Bereich der gewerblichen Immissionen oblag die wirksame Verhinderung von Immissionen nun vor allem den Genehmigungsbehörden.

Einen Höhepunkt dieser Beschränkungsbestrebungen stellt hierbei der Erlaß des § 26 GewO des Norddeutschen Bundes dar, der in § 26 der RGewO übernommen wurde. Die dem Grundeigentümer im Rahmen der Eigentumsfreiheitsklage zugestandene Abwehrmöglichkeit wurde gegenüber konzessionierten Gewerbebetrieben dahingehend beschränkt, daß ihm der Untersagungsanspruch bezüglich der Immissionen vollständig genommen und sein Rechtsschutz nur noch auf die Herstellung immissionsschützender Maßnahmen beschränkt wurde. Damit wurde im besonders immissionsträchtigen Bereich der staatlich konzessionierten Anlagen der privatrechtliche Rechtsschutz erheblich umgestaltet und im Ergebnis eine umfassende Duldungspflicht des Grundeigentümers gegenüber industriellen Immissionen normiert.

Der ursprünglich als Billigkeitsausgleich konzipierte Anspruch auf Gewährung vom Verschulden unabhängigen Schadenersatzes wurde nur subsidiär zugestanden und zudem nur auf zukünftige Schäden beschränkt[300]. Bezüglich der durch die Einwirkungen bereits entstandenen Schäden blieb der Grundeigentümer auf das allgemeine Deliktsrecht verwiesen.

Mit dieser Entwicklung beschritt der Gesetzgeber aus wirtschaftspolitischen Motiven einen Weg der deutlichen Schlechterstellung des immissionsbetroffenen Grundeigentümers zugunsten seines staatlich konzessionierten, gewerbetreibenden Nachbarn. Damit funktionierte der Gesetzgeber aus Gründen einer als im Interesse des öffentlichen Wohls verstandenen Wirtschaftsförderung den dogmatisch zunächst mühsam erkämpften umfassenderen Rechtsschutz gegen nachbarliche Immissionen im vor allem praktisch wichtigen Bereich der gewerblichen Einwirkungen ungeachtet des damit einhergehenden Bruches mit überkommenen Rechtsgrundsätzen zu einem umfassenden Duldungsanspruch um[301]. Die gewerblich-industrielle Entwicklung wurde von den allseits als hinderlich angesehenen Bindungen und Beschränkungen des Privatrechts „entfesselt“[302] und abgekoppelt. Immissionsschutz im Bereich der konzessionierten Gewerbetriebe fand nun vor allem vor den zuständigen Genehmigungsbehörden und nicht mehr vor den Zivilgerichten statt.

Dem Privatrecht kam damit ab der Mitte des 19. Jahrhunderts nicht mehr primär die Aufgabe zu, vor schädlichen Immissionen zu schützen, als vielmehr le-

---

299 *Gerlach*, S. 25.
300 *Kloepfer/Franzius/Reinert*, Umweltrechtsgeschichte, S. 45.
301 *Ogorek*, Actio negatoria, S. 63.
302 *Gerlach*, a. a. O.

diglich für einen Schadensausgleich beim Immissionsbetroffenen zu sorgen[303]. Damit war im privaten Immissionsschutzrecht endgültig ein Weg eingeschlagen worden, der dem Betroffenen bei schädigenden Immissionen im Nachbarverhältnis aus dem privaten Aufopferungsgedanken heraus lediglich einen Billigkeitsausgleich für den Verlust seiner umfassenden Rechte zugestand[304].

303 *Gerlach*, S. 26.
304 *Palmer*, S. 63.

# 4. Abschnitt: Die Reaktionen der Rechtsprechung auf die immissionsrechtlichen Herausforderungen im Zuge der Industrialisierung

## 1. Unterabschnitt: Die Ausbildung der Entscheidungsgrundlagen zur Behandlung privater nachbarlicher Immissionsfälle durch die Rechtsprechung der deutschen Gerichte

Die Gerichte mußten sich bei Beginn der Industrialisierung bereits früh mit den privatrechtlichen Problemen, die durch Immissionen im Nachbarverhältnis verursacht wurden, auseinandersetzen. Sie standen dabei vor dem Problem, zu einer sachgerechten Lösung zu gelangen, ohne bei der Entscheidung auf eindeutige gesetzliche Grundlagen zurückgreifen zu können. Denn die Probleme des privaten nachbarlichen Immissionsschutzrechts waren in keiner der partikulardeutschen Gesetzgebungen eindeutig geregelt. Die Gerichte griffen deshalb – je nach Teilstaat – auf ganz unterschiedliche Rechtsregeln zurück.

### *§ 15*
### *Die preußische Rechtsprechung*

#### I.
#### Die frühe preußische Rechtsprechung zu privaten nachbarlichen Immissionen

Das Stadtgericht Berlin mußte sich bereits 1821 mit einem nachbarlichen Immissionsfall beschäftigen. Dem Rechtsstreit lag folgender Sachverhalt zugrunde: Ein Nachbar hatte in eine auf seinem Grundstück befindliche Mauer Belüftungslöcher geschlagen. Infolge der durch die Mauer entweichenden Luft „ekelhaften Geruchs“ wurde der klagende Grundeigentümer auf seinem Grundstück belästigt. Das Gericht verurteilte den beklagten Nachbarn am 12. Januar 1821 dazu, die Löcher zuzumauern. In der Begründung hieß es:

> *„Er hat die ihm zustehende Befugnis hinsichtlich der Befugnis der Benutzung seines Eigenthums offenbar überschritten. Denn nach § 26 Tit. 8 Th. I des Allg. Land-Rechts geht diese Befugnis nur so weit, als durch diese nicht für Andere ein Nachtheil erwächst. Ein solcher ist aber im vorliegenden Falle ... herbeigeführt und ... ein Untersagungsrecht wohl begründet“*[305].

---

[305] Begründung bei *Gruchot*, Gruchot’s Beiträge, Bd. 6 (1862), S. 121 f.; das Urteil wurde vom Preußischen Obertribunal am 10. Januar 1823 bestätigt.

Interessanterweise untersagte das Gericht hier eine Geruchsbelästigung, also eine unkörperliche Immission. Bereits zu diesem frühen Zeitpunkt und noch vor den Systematisierungsversuchen *Spangenbergs*, der das entscheidende Merkmal rechtswidriger Einwirkungen auf Grundstücke im Charakteristikum der Körperlichkeit erblicken wollte[306], zeichnete sich also ein pragmatischer Ansatz der Rechtsprechung bei der Behandlung nachbarlicher Immissionsfälle ab. Anderenfalls wäre die Klage nämlich abzuweisen gewesen. Das Gericht stellte jedoch nicht auf die Art der Einwirkung, sondern auf deren Wirkung ab und sprach dem immissionsbelästigten Grundeigentümer auch gegen belästigende Gerüche ein Untersagungsrecht gegen seinen Nachbarn zu.

Zur Begründung des Untersagungsrechts bezog sich das Gericht mangels spezieller privater Immissionsschutznormen im ALR auf die Grenzen des Eigentumsgebrauchs im preußischen Recht, wie sie sich aus Teil I, Titel 8, § 26 ALR ergaben. Das Gericht griff also nicht auf die überkommenen Grundsätze des gemeinen Rechts über das Eigentum zurück, sondern argumentierte aus dem ALR selbst, wobei es offenbar das Eigentum als „wohlerworbenes Recht“ im Rahmen des Teils I, Titel 8, § 26 ALR auffaßte. Diese Vorgehensweise zur Behandlung privater nachbarlicher Immissionen auf der Grundlage der Rechtsnormen des ALR wurde erst durch den Plenarbeschluß des Preußischen Obertribunals vom 7. Juni 1852 für unzulässig erklärt[307].

## II.
## Die preußische Rechtsprechung zum privaten nachbarlichen Immissionsschutzrecht im Bereich der konzessionierten Anlagen

Bedingt durch die zunehmende Industrialisierung und die fortschrittliche Gewerbegesetzgebung in Preußen bekamen es die Gerichte im Bereich des privaten nachbarlichen Immissionsschutzrechts vermehrt mit Klagen von Grundeigentümern zu tun, die sich gegen Belästigungen wehrten, welche von einem konzessionierten Gewerbebetrieb auf dem Nachbargrundstück ausgingen.

In der Regel waren die Fälle folgendermaßen gelagert[308]: Der Anlagenbetrieb verursachte Schäden am Eigentum der Grundstücksnachbarn, obwohl die Genehmigung nicht überschritten wurde. Die Nachbarn nahmen den Anlagenbetreiber auf dem Privatrechtswege auf Abwehr und Schadenersatz in Anspruch. Als Verteidigung berief sich der Anlagenbetreiber auf seine staatliche Genehmigung. Auf dem Hintergrund der Gewerbegesetzgebung hatten sich die Gerichte nun mit der Frage auseinanderzusetzen, ob die staatliche Anlagengenehmigung

---

[306] Vgl. oben § 3 I.
[307] Vgl. hierzu unten § 15 II. 1. c).
[308] Vgl. *Rohde*, S. 40.

des Gewerbetreibenden eine Ausschlußfunktion gegenüber den zivilrechtlichen Abwehr- und Schadenersatzansprüchen des Nachbarn beinhaltete[309].

## 1.
## Entwicklung der Grundsätze zum privaten nachbarlichen Immissionsschutzrecht bei konzessionierten Anlagen

Die Frage, inwiefern durch eine Konzessionierung eines Gewerbebetriebs Unterlassungs- und Schadenersatzansprüche eines benachbarten Grundeigentümers ausgeschlossen waren, war in der preußischen Rechtsprechung zunächst umstritten.

### a)
### Das Urteil des Ersten Senats des Preußischen Obertribunals vom 18. September 1848

Im Jahre 1848 mußte sich das Preußische Obertribunal das erste Mal mit der Frage beschäftigen, ob und in welchem Maße gegen einen Betreiber einer nach § 26 ff. PrGewO genehmigten Anlage privatrechtliche Schadens- bzw. Abwehransprüche durchsetzbar waren. Der Entscheidung, die der Erste Senat des Obertribunals am 18. September 1848[310] fällte, lag folgender Sachverhalt zugrunde:

Der beklagte Betreiber einer chemischen Fabrik war von dem klagenden Eigentümer eines Nachbargrundstückes auf Ersatz des Schadens in Anspruch genommen worden, der am Grundstück dadurch entstanden war, daß infolge der der chemischen Fabrik entweichenden schädlichen salzsauren Dämpfe „auf die Crescenz nachtheilig eingewirkt und alles vegetabilische Leben" auf dem Grundstück des Klägers zerstört worden war.

Die Klage wurde durch das Preußische Obertribunal abgewiesen. Zur Begründung seiner Entscheidung griff der Erste Senat auf die allgemeine Regel des Teils I, Titel 8, § 26 ALR zurück und setzte sie ins Verhältnis zu den Vorschriften Teil I, Titel 6, §§ 36 und 37 sowie Teil I, Titel 8, §§ 27 und 28 ALR. Aus diesen Vorschriften folgerte der Senat für Beschränkungen des Beklagten in Bezug auf das Grundstück des Klägers folgendes: Eine Beschränkung des Eigentumsausübungsrechts des Klägers an seinem Grundstück durch den Beklagten

---

309 Obwohl in der heutigen Zeit unter Geltung des BImSchG zumindest hinsichtlich der Frage der Einstellung des Gewerbebetriebes durch § 14 Satz 2 BImSchG Klarheit geschaffen wurde, ist die Problematik im Hinblick auf die deliktischen Schadenersatzansprüche nach wie vor aktuell. Vgl. zu den verschiedenen Lösungsansätzen unten § 35 IV. 2. b).

310 Preußisches Obertribunal, Urteil vom 18. September 1848, auszugsweise abgedruckt in: PrObTribunalE 23, S. 253 f.

könne nur dann angenommen werden, wenn dieser die Störung in der Absicht der Kränkung und Beschädigung vorgenommen habe. Diese gesetzlichen Schranken hielt das Gericht für eingehalten, denn in der Errichtung und dem Betrieb der Fabrik verfolge der Beklagte nicht den Zweck, den klagenden Nachbarn zu kränken oder zu beschädigen[311]. In den Urteilsgründen führte der Senat aus, daß der Beklagte als Eigentümer und Betreiber der chemischen Fabrik auch aufgrund seiner polizeilichen Genehmigung einen erlaubten und rechtmäßigen Gebrauch von seinem Eigentum mache. Ihm könne folglich der Betrieb der Fabrik nicht allein deshalb verboten werden, weil dieser der Nachbarschaft lästig und nachteilig sei[312].

Der Senat sah also die Ablehnung von Schadenersatzansprüchen aus zwei Gründen gegeben: Zum einen verneinte er bereits die Tatbestandsvoraussetzungen einer Überschreitung des Eigentumsausübungsrechts des Beklagten zulasten des Klägers. In seinen Augen war hierzu im Rahmen der Teil I, Titel 8, §§ 27 und 28 die besondere Willensrichtung der Nachteilszufügungsabsicht erforderlich. Zum anderen erschienen dem Senat der geltend gemachte Schadenseratzanspruch gerade deshalb nicht als begründet, weil der Anlagenbetrieb des Beklagten auf einer behördlichen Genehmigung beruhte. Mit der Genehmigung des Anlagenbetriebs verband der Senat also ein Recht des Anlagenbetreibers zur Immission innerhalb der von der Genehmigung gesetzten Grenzen, ohne möglichen Schadenersatzansprüchen ausgesetzt zu sein[313]. Die Genehmigung schirmte also nach Ansicht des Senats den Anlagenbetrieb gegen privatrechtliche Untersagungs- und Schadenersatzansprüche von vornherein ab.

### b) Das entgegengesetzte Urteil des Zweiten Senats des Preußischen Obertribunals

Kurze Zeit später wurde dem Zweiten Senat des Obertribunals ein ähnlich gelagerter Fall zur Entscheidung vorgelegt[314].

In dem zu entscheidenden Sachverhalt ging es darum, daß eine von den Beklagten betriebene Zinkhütte Rauch erzeugte, welche auf dem Grundstück des Klägers Schäden an den landwirtschaftlichen Erzeugnissen verursachte. Die Vorinstanz hatte dem Kläger einen Schadenersatzanspruch zugesprochen. Der

---

311 Preußisches Obertribunal, Urteil vom 18. September 1848, auszugsweise abgedruckt in: PrObTribunalE 23, S. 256 f.

312 Preußisches Obertribunal, Urteil vom 18. September 1848, auszugsweise abgedruckt in: PrObTribunalE 23, S. 254.

313 *Rohde*, S. 43.

314 Preußisches Obertribunal, auszugsweise abgedruckt in: PrObTribunalE 23, S. 254 f.

Zweite Senat schloß sich dieser Rechtssicht an und verwarf die Nichtigkeitsbeschwerde der beklagten Zinkhütteneigentümer gegen dieses Urteil.

Der Senat begründete seine Entscheidung damit, die Beklagten

> *„hätten kein Recht, ihre Zinkhütte in der Weise zu betreiben, daß durch den Betrieb dem Grundstücke des Klägers beschädigende Substanzen zugeführt würden; ein rechtswidriges Einbringen einer körperlichen Substanz durch die Zinkhütte der Verklagten auf das Grundstück des Klägers gehe über diejenige Schranke hinweg, welche dem Rechte der Verklagten durch das Eigenthumsrecht des Klägers gezogen werde. Auf den Nachweis einer besonderen Verschuldung komme es nicht an. Nur bei Beschädigungen aus unerlaubten Handlungen komme das objective Element des Verschuldens in Betracht. Wo aber jemand nicht aus Versehen oder Vorsatz, sondern ohne Verschulden in die objective Rechtssphäre eines Anderen in der Absicht eingeschritten sei, um dadurch einen Gewinn zu erzielen, fließe die Verpflichtung zum Ersatze des Verlustes, den der Andere dadurch erlitten, aus der einfachen Rechtsregel, daß Niemand mit dem Schaden eines Anderen sich bereichern, überhaupt Niemand zu seinem Vortheile in fremdes Rechtsgebiet eindringen dürfe"*[315].

Bezüglich der den Beklagten erteilten Genehmigung führte der Zweite Senat aus:

> *„Das Recht der Verklagten, ihre Zinkhütte in Betrieb zu setzen, werde nicht in Frage gestellt; die Ausübung desselben sei aber begrenzt durch das Recht des Klägers, welches ihm die Befugniß gebe, zu fordern, daß sein Eigenthum durch die Ausübung des Rechts der Verklagten nicht beschädigt werde."*[316]

Der Zweite Senat bejahte also einen Schadenersatzanspruch des Klägers nach den aus der rechtlichen Natur des Eigentums fließenden Grundsätzen. Ob die Beklagten im Besitz einer Genehmigung für ihren Betrieb waren, hielt der Senat offenbar nicht für entscheidungserheblich, da es für ihn auf die Art und Weise der Durchführung der Produktion im Rahmen der Genehmigung ankam[317]. Stelle sich die Ausübung der Genehmigung als Eingriff in das Recht des Klägers an seinem Grundeigentum dar, sei ein Schadenersatzanspruch begründet.

---

315 Preußisches Obertribunal, auszugsweise abgedruckt in: PrObTribunalE 23, S. 255.
316 Preußisches Obertribunal, auszugsweise abgedruckt in: PrObTribunalE 23, S. 254 f.
317 *Rohde*, S. 44.

Diese Rechtsprechung stand in Widerspruch zu dem Urteil des Ersten Senats aus dem gleichen Jahr. Deshalb bedurfte es einer klärenden Plenarentscheidung des Preußischen Obertribunals.

### c) Die Entscheidung des Plenums des Preußischen Obertribunals vom 7. Juni 1852

Der entstandene Konflikt wurde durch das Plenum des Preußischen Obertribunals am 7. Juni 1852 entschieden[318]. Im Ergebnis wurde dem immissionsgeschädigten Kläger Recht zugesprochen.

Die Leitsätze der Entscheidung lauten:

> „*Der Eigenthümer einer Fabrikations-Anstalt ist vermöge seines Eigenthumsrechts nicht unbedingt befugt, die durch den Betrieb einer solchen Anstalt entwickelten Dämpfe auf benachbarte Grundstücke zu verbreiten und kann den Ersatz eines hierdurch veranlaßten Schadens nicht schon durch die Behauptung abwenden, daß er sich nur eines aus dem Eigenthume folgenden Rechts bedient habe. Ebensowenig schützt der Umstand, daß die Fabrikations-Anstalt mit polizeilicher Erlaubniß angelegt und betrieben worden ist, für sich allein schon gegen die Vertretung eines entstandenen Schadens.*
>
> *Der Inhaber einer Fabrikations-Anstalt kann nach Umständen für den Schaden verantwortlich gemacht werden, welchen der durch den Gebrauch der Anlage entstehende und sich über andere Grundstücke verbreitende Dampf oder Rauch verursacht, ohne daß es zur Begründung der Vertretungsverbindlichkeit des Nachweises einer besonderen Verschuldung bei der Anlage und bei dem Betriebe der Fabrik-Anstalt bedarf.*“[319]

In einem ersten Schritt untersuchte das Plenum des Obertribunals ausgehend von der Entscheidung des Ersten Senats, ob die Ausübung des Eigentumsrechts des beklagten Fabrikeigentümers mit dem materiellen Recht vereinbar war[320]. Dabei unterzog es den Eigentumsbegriff, wie er in Teil I, Titel 8, § 1 ALR[321] definiert

---

[318] PrObTribunalE 23, S. 252 ff.

[319] PrObTribunalE 23, S. 252.

[320] *Rohde*, a. a. O.

[321] § 1 lautete: "Eigenthümer heißt derjenige, welcher befugt ist, über die Substanz einer Sache oder eines Rechts nach Willkühr zu verfügen."

war, einer eingehenden Analyse[322]. Es erkannte an, daß es aufgrund der widerstreitenden Interessen des Eigentumsausübungsrechts einerseits und der Ausschlußfunktion des Eigentums andererseits gerade im Falle der benachbarten Lage von Grundeigentum zu Kollisionsfällen kommen könne[323]. Hier werde das Recht auf ausschließliche und willkürliche Ausübung eines Grundeigentümers durch das gleichgelagerte Recht des Grundstücksnachbarn aufgrund der allgemeinen positiven Bestimmungen des Nachbarrechts beschränkt[324]. Einen Rückgriff auf die allgemeinen Grundsätze des ALR hielt das Plenum deshalb für entbehrlich[325]. Die vom Ersten Senat in seiner Entscheidung herangezogenen Vorschriften des Teils I, Titel 8, §§ 27 und 28 ALR schlössen nämlich, so das Plenum, die Grundsätze über die Beschränkung des Eigentums keineswegs aus, sondern regelten lediglich Spezialfälle der „chicanösen Benutzung des Eigenthums“[326].

Unter Berufung auf *Spangenberg* und Dig. 8.5.8.5. sprach das Plenum ein allgemeines Verbot körperlicher Immissionen aus, welches auch auf mittelbare Immissionen Anwendung finde. Denn es könne, so das Obertribunal, keinen Unterschied machen, ob die Einwirkung unmittelbar oder „vermittelst des Mediums des Wassers und ebenso der Luft geschehen ist; denn die Immission wird dadurch nicht aufgehoben“[327].

Hinsichtlich der Schadenersatzfolge befand das Plenum, daß „die Anlage und der Gebrauch der Fabrikationsanstalt an sich schon zur Begründung des Entschädigungsanspruchs ausreicht“, da dem Betreiber die unmittelbaren und mittelbaren Folgen zugerechnet werden würden[328]. Allerdings sei der Nachweis erforderlich, daß der Betrieb der Anlage den Schaden ursächlich herbeigeführt habe[329]. Zur Verschuldensfrage befand das Plenum, daß ein besonderes Verschulden des Emittenten, durch welchen sich ein erkennbares Unrecht gegen den Geschädigten begründen lasse, nicht erforderlich sei und sich auch nicht aus den

322 PrObTribunalE 23, S. 257.
323 PrObTribunalE 23, S. 258.
324 PrObTribunalE 23, S. 259.
325 PrObTribunalE 23, S. 256 f.: "Die zur Entscheidung gestellte Frage ... kann nur aus dem Begriff des Eigenthums und aus den allgemeinen über den Gebrauch desselben bestehenden Vorschriften beantwortet werden, da das Allg. Land-Recht eine besondere Richtschnur nicht gegeben hat. ... [Die Ansicht], daß solche Anlagen weder unter die durch Natur und Willenserklärung bestimmten, noch unter die gesetzlichen Einschränkungen des Eigenthums fallen, für den Gebrauch solcher Anlagen daher die allgemeine Regel des § 26 Tit. 8 Thl. I des A.L.R. gelte, ... kann jedoch nicht für richtig anerkannt werden.“
326 PrObTribunalE 23, S. 263.
327 PrObTribunalE 23, S. 261.
328 PrObTribunalE 23, S. 269.
329 PrObTribunalE 23, S. 267.

vom Ersten Senat herangezogenen Vorschriften des ALR herleiten lasse[330]. In Fällen der vorliegenden Art liege

> „*die Pflicht zum Schadenersatze in der Sache selbst, und wer nach einem bestimmten § sucht, wird ihn unzweideutiger in dem § 93 der Einleitung*[331] *finden*"[332].

Bezüglich der den Beklagten zum Betrieb der Zinkhütte erteilten behördlichen Genehmigung bemerkte das Plenum:

> „*So wenig aus den vorstehend entwickelten Gründen der Eigenthümer einer, schädliche Dämpfe und Dünste entwickelnden Fabrikations-Anstalt sich gegen den ihm angemutheten Schadenersatz schon dadurch gesichert halten darf, daß er sich nur seines aus dem Eigenthume folgenden Rechts bediene, ebensowenig läßt sich behaupten, daß die zur Anlage einer solchen Anstalt ertheilte polizeiliche Erlaubniß für sich allein gegen die Vertretungspflicht schütze*"[333].

Seiner Ersatzpflicht könne sich der Anlagenbetreiber also nicht unter dem Hinweis auf seine behördliche Anlagengenehmigung entziehen. Denn aus der Genehmigung spreche nur die Prognose der Behörde, „daß die Anlage, sei es ohne oder mit gewissen Vorrichtungen, so erhebliche Gefahren, Belästigungen, Nachtheile nicht darbiete, um den Betrieb ganz und gar zu hindern, nicht aber die Meinung, daß überhaupt und unter allen Umständen kein Schade daraus erwachsen werde"[334]. Die Genehmigung habe nur den Zweck, „für das Ganze oder doch für einen ausgedehnten Kreis Sorge zu tragen, nicht dem Einzelnen, dessen Rechtskreis verletzt ist, seine Ansprüche zu entziehen"[335]. Auch schieden aufgrund der Genehmigung etwaige Haftungserleichterungen des Anlagenbetreibers aus[336].

---

330 PrObTribunalE 23, S. 267 f.

331 § 93 Einleitung ALR lautete: „Wer den Anderen in der Ausübung seines Rechtes hindert, beleidigt denselben und wird ihm für allen daraus entstehenden Schaden und Nachtheil verantwortlich."

332 PrObTribunalE 23, S. 270.

333 PrObTribunalE 23, S. 264 f.

334 PrObTribunalE 23, S. 266.

335 PrObTribunalE 23, ebenda.

336 PrObTribunalE 23, S. 267.

## 2.
## Bewertung

Es kann festgehalten werden, daß sich der nach preußischem Recht konzessionierte Anlagenbetreiber nicht auf eine etwaige Schutzwirkung der ihm durch die Behörden erteilten Anlagengenehmigung verlassen konnte. Aufgrund der Rechtsprechung des Preußischen Obertribunals war er verpflichtet, über den Regelungsgehalt der ihm erteilten Genehmigung hinaus der Entstehung von Schäden vorzubeugen, sofern er die zivilrechtliche Inanspruchnahme auf Schadenersatz verhindern wollte[337]. Interessanterweise wies das Plenum bereits in dieser frühen Phase der preußischen Rechtsprechung darauf hin, daß die Erteilung der Genehmigung lediglich eine Prognose der Behörde über die von der Anlage abstrakt ausgehenden Gefahren darstelle und der dabei anzulegende Prüfungsmaßstab eine Verletzung von Individualinteressen im Einzelfall nicht ausschließe[338].

Im Ergebnis normierte das Plenum des Preußischen Obertribunals mit seiner Entscheidung unter Rückgriff auf das umfassende Immissionsverbot eine weitgehende privatrechtliche Haftung des immittierenden Anlagenbetreibers für die auf dem Grundstück seines Nachbarn entstehenden Schäden. Hielt das Obertribunal zwar noch grundsätzlich an dem Merkmal der Körperlichkeit der Immission fest, so erweiterte doch die Ausdehnung des Immissionsverbots auf mittelbare Immissionen den Rechtsschutz der Betroffenen erheblich.

Der vom Plenum formulierte Grundsatz, daß die Ausschließlichkeit und Willkürlichkeit des Eigentumsgebrauchs durch das gleichgelagerte Recht des Nachbarn begrenzt werde, stellte fortan den Maßstab nicht nur für die preußischen Gerichte dar, nach denen sie private nachbarliche Immissionsfälle beurteilten und den Schutz des immissionsbetroffenen Grundeigentümers erweiterten[339].

Bezüglich der Annahme einer auf allgemeinen Rechtsgrundsätzen beruhenden Schadenersatzverpflichtung „in der Sache selbst" stand allerdings die Argumentation des Plenums auf schwankendem Grund, insbesondere, wenn es sich beim Immittenten um einen konzessionierten Anlagenbetreiber handelte[340]. Die Ablehnung der vom Ersten Senat in dessen Entscheidung herangezogenen Bestim-

---

337 *Rohde*, S. 49. Hier zeigt sich bereits früh die auch in unserer heutigen Zeit unter Geltung des BImSchG bestehende Verpflichtung, trotz erteilter öffentlich-rechtlicher Genehmigung weitere Schutzmaßnahmen zugunsten der potentiell gefährdeten Personen zu ergreifen. Im heutigen BImSchG kommt diese Verpflichtung insbesondere in dem in § 5 Absatz 1 Nr. 2 BImSchG niedergelegten Vorsorgegrundsatz zum Ausdruck. Vgl. hierzu unten insbesondere § 35 III. 3. sowie § 35 IV. 1.

338 Diese Rechtsauffassung hat sich bis in die heutige Zeit erhalten. Vgl. zum Diskussionsstand hinsichtlich der Frage, ob die Anlagengenehmigung nach dem BImSchG vor deliktischen Schadenersatzansprüchen schützt, insbesondere unten § 35 IV 2. b).

339 *Ogorek*, Actio negatoria, S. 52 (Fn. 40).

340 *Regina Ogorek*, Untersuchungen zur Entwicklung der Gefährdungshaftung im 19. Jahrhundert (Gefährdungshaftung), Köln 1975, S. 59.

mungen und die Bezugnahme des Plenums auf § 93 Einleitung ALR zur Herleitung eines in der Sache selbst liegenden Anspruchs wirkte wenig konsequent, lautete doch § 94 ALR:

> *„Wer aber sein Recht nach den Gesetzen ausübt, ist zum Ersatze eines bei dieser Gelegenheit entstandenen Schadens nicht verbunden.“*

Dennoch kam dieser Entscheidung des Plenums des Preußischen Obertribunals wichtige Bedeutung für die Praxis der preußischen Rechtsprechung zu. Denn die Entscheidung machte deutlich, daß sich aus dem ALR kein allgemeines Rechtsprinzip zur Behandlung privater Immissionsfälle ableiten lasse. Damit war es dem mit der Entscheidung jeweils befaßten Richter möglich, im Einzelfall eine Entscheidung unter Berücksichtigung von Billigkeitsgesichtspunkten zu treffen[341].

## III.
## Die Rechtsprechung der preußischen Gerichte zu speziellen Immissionsfällen

In der Folgezeit war die preußische Rechtsprechung nun häufig mit dem Problem der Anwendung der Plenarentscheidung des Preußischen Obertribunals vom 7. Juni 1852 auf die verschiedensten Immissionsfälle beschäftigt.

### 1.
### Die Rechtsprechung zu durch den Eisenbahnbetrieb verursachten Immissionen

#### a)
#### Die Entscheidung des Preußischen Obertribunals vom 8. Oktober 1852

Am 8. Oktober 1852[342] hatte das Preußische Obertribunal die Frage zu klären, ob die Grundsätze der Plenarentscheidung vom 7. Juni 1852 auch auf den Eisenbahnbetrieb Anwendung finden sollten. Hier hatte ein Grundeigentümer infolge des auf dem benachbarten Grundstück belegenen Eisenbahnbetriebes unter dem Kohlen- und Aschenauswurf der Lokomotiven zu leiden, welcher schon bei geringer Luftbewegung auf sein Grundstück niederging. Er forderte von der Ei-

---

341 *Palmer*, S. 81. So kann es auch nicht verwundern, wenn die preußische Rechtsprechung zur Begründung von Einzelfallgerechtigkeitsentscheidungen immer wieder auf die Plenarentscheidung zurückgriff.
342 Preußisches Obertribunal, Entscheidung vom 8. Oktober 1852, Striethorst's Archiv für Rechtsfälle des Königlichen Ober-Tribunals (StrA), Bd. 7, S. 263 ff.

senbahngesellschaft Entschädigung für den Minderwert seines Wohnhauses und für die Verlegung seines Milchbetriebes. In der Vorinstanz war die Klage abgewiesen worden. Die hiergegen gerichtete Nichtigkeitsbeschwerde verwarf das Obertribunal.

Zur Begründung führte es aus:

> *„Der Appellationsrichter beseitigt diesen Anspruch ... mit der Hinweisung auf die Grundsätze von der Unbeschränktheit des Eigenthums und der Freiheit in seinem Gebrauche, Allgem. Landrecht I. 8. §§ 26 und 28 und I. 6. § 36, daß die ... Verklagten, ... sofern sie in den Gesetzen des Staates oder durch ausdrückliche Vereinbarungen vorgeschriebenen Schranken nicht überschreite, resp. sich nicht eines Mißbrauchs ihres Eigenthums zur Kränkung oder Beschädigung Anderer schuldig mache, oder durch Vorsatz oder Fahrlässigkeit in Benutzung derselben zu einer bestimmten Schadens-Forderung Anlaß gebe. Im Allgemeinen ist diese Ansicht des Appellationsrichters gewiß richtig. ... Implorant hätte den vorliegenden Fall als Ausnahme ... von der Freiheit des Eigenthümers im Gebrauche seines Eigenthums charakterisiren, und diese Ausnahme näher begründen sollen, wofür die nachträgliche Bezugnahme auf den Plenarbeschluß vom 7. Juni 1852 nicht genügt, da dieser von ganz anderen Voraussetzungen ausgeht, als der vorliegende Fall darbietet.“*[343]

Deshalb sei die Entscheidung des Appellationsgerichts, dem Grundeigentümer keine Entschädigung aus Aufopferungsgesichtspunkten zuzusprechen, nicht zu beanstanden:

> *„Ein Prinzip, welches nicht ohne Einschränkung richtig und namentlich – ohne die gefährlichste Beeinträchtigung des öffentlichen Verkehrs – nicht auf jeden Nachtheil auszudehnen ist, der dem Adjazenten einer Eisenbahn, einer Straße oder sonst dem Interesse des Publikums prospizirenden Anstalt aus deren, für diesen Zweck konzessionirten Betrieb oder Benutzung erwächst.“*[344]

Die Entscheidung läßt das Bestreben des Obertribunals erkennen, die sich aus §§ 75, 74 Einleitung ALR an sich bestehenden Aufopferungsansprüche des Grundeigentümers zugunsten eines reibungslosen Eisenbahnbetriebs einzuschränken und die Eisenbahngesellschaft von Entschädigungsansprüchen freizu-

---

343 Preußisches Obertribunal, Entscheidung vom 8. Oktober 1852, StrA, Bd. 7, S. 266 f.
344 Preußisches Obertribunal, Entscheidung vom 8. Oktober 1852, a. a. O., S. 267.

stellen. Die im Plenarbeschluß vom 7. Juni 1852 entwickelten Grundsätze sollten also keine Anwendung auf den Eisenbahnbetrieb finden, da dies anderenfalls zu einer „gefährlichsten Beeinträchtigung des öffentlichen Verkehrs“ führe. Diese Einschränkung sei auch auf andere im Interesse der Allgemeinheit betriebene konzessionierte Anlagen auszudehnen. Zweck der Entscheidung war es wohl in den Augen des Obertribunals, nicht jegliche Art von Schaden über den Aufopferungsanspruch des §§ 74, 75 Einleitung ALR zu ersetzen, um konzessionierte Gewerbebetriebe, welche zumindest auch im öffentlichen Interesse betrieben wurden, nicht mit einer Flut von Entschädigungszahlungen zu belasten.

Allerdings ist die Begründung der Entscheidung nicht eindeutig: Warum dem Fall, welcher der Plenarentscheidung vom 7. Juni 1852 zugrundegelegen hatte, „ganz andere faktische Voraussetzungen“ als dem hier zu entscheidenden zugrundelagen, führte das Obertribunal nämlich nicht aus. Als Unterscheidungskriterien lassen sich hier vordergründig anführen, daß es sich bei der Eisenbahn gegenüber gewöhnlichen Fabrikanlagen um eine zumindest auch im öffentlichen Interesse des Verkehrs betriebene Anlage handelt und dieser Betrieb ungleich einer Fabrik aufgrund der ständigen Bewegung nicht statisch ist, wodurch sich die Betriebsgefahren des Eisenbahnverkehrs einer größeren und unsichereren Menge von Rechtsträgern mitteilen. Letztlich war die Entscheidung aber wohl in erster Linie von der Förderung des volkswirtschaftlich äußerst bedeutsamen Eisenbahnverkehrs motiviert. Da allerdings eine tiefergehende Auseinandersetzung mit der Frage, welche im Interesse des öffentlichen Wohls betriebenen konzessionierten Anlagen besonderen Schutz genießen sollten, nicht erfolgte, war dem mit dem Einzelfall befaßten Richter unter Rückgriff auf das öffentliche Wohl ein weiter Beurteilungsspielraum eröffnet. Denn schließlich standen sowohl jegliche Erweiterung der maschinell-industriellen Produktion, als auch der Auf- und Ausbau der Infrastruktur im Interesse einer gesunden Volkswirtschaft.

### b) Das Urteil des Preußischen Obertribunals vom 10. März 1853

Die hierdurch eigengeschlagenen Begründungsstrukturen wurden durch eine weitere Entscheidung des Preußischen Obertribunals vom 10. März 1853[345] weiter verfestigt. Hier hatte ein Grundeigentümer gegen eine Eisenbahngesellschaft geklagt, weil seine Tierzucht aufgrund der infolge des benachbarten Eisenbahnbetriebs entstandenen Erschütterungen und des den Lokomotiven entsteigenden ammoniakhaltigen Dampfes Schaden genommen hatte. Er stützte seinen Schadenersatzanspruch auf § 25 des Preußischen Eisenbahngesetzes vom 3. Novem-

---

345 Preußisches Obertribunal, Urteil vom 10. März 1853, StrA, Bd. 8, S. 337 ff.

ber 1838[346]. Das Obertribunal bestätigte das klageabweisende Urteil der Vorinstanz.

Das Obertribunal stellte auf Teil I, Titel 6, § 36 ALR ab, nach dem niemand schadenersatzpflichtig sei, wenn er sich eines ihm zustehenden Rechts innerhalb der gehörigen Schranken bediene. Die Eisenbahngesellschaft aber, so das Obertribunal, habe sich innerhalb der gehörigen Schranken des Bahnbetriebs gehalten, denn es sei selbstverständlich, daß

> „*das Befahren einer Eisenbahn allein niemals als Ueberschreiten der Schranken des Rechts zu deren Gebrauch aufgefaßt werden [kann], da dies die einzige mögliche Ausübungsart des Rechts ist* ... ."[347]

§ 14 des Preußischen Eisenbahngesetzes bestimme, daß beim Eisenbahnbetrieb entstandene Schäden nur ersetzt werden könnten, wenn sie sich als Folge mangelhafter Instandhaltung oder schuldhaften Verhaltens darstellten. Damit sei aber ebenso der Wille des Gesetzgebers zum Ausdruck gekommen, daß solche Ersatzansprüche, welche sich lediglich als Folge des bestimmungsgemäßen Betriebs der Bahn ergäben, ausgeschlossen werden sollten[348].

Schäden an der Tierzucht, die durch vom Bahnbetrieb ausgehende Erderschütterungen entstünden, seien zudem nicht ersatzfähig. Das Obertribunal befand zu diesen Schäden, daß diese sich lediglich als Folge eines unabwendbaren Zufalls darstellten:

> „ ... *So war dies [das Sterben der Tiere] eine blos mittelbare Folge, also eine solche, die der Handelnde nur dann zu vertreten hat, als er sie voraussehen konnte, Allgem. Landrecht I. 3. § 8. ... Die von zahlreichen unberechenbaren Verhältnissen des Terrains bedingte Fortwirkung der Erschütterungen des Schienenweges bei dessen Befahren, und der Einfluß dieser Vibrationen auf den Gesundheitszustand oder die Fortpflanzungsfähigkeit ... ließ sich daher nicht vorhersehen. Der Schaden ... charakterisirt*

---

[346] § 25 des Eisenbahngesetzes von 1838 lautete: „Die Gesellschaft ist zum Ersatz verpflichtet für allen Schaden, welcher bei der Beförderung auf der Bahn an den auf derselben beförderten Personen und Gütern, oder auch an anderen Personen oder Sachen entsteht, und sie kann sich von dieser Verpflichtung nur durch den Beweis befreien, daß der Schaden entweder durch die eigene Schuld des Beschädigten, oder durch einen unabwendbaren äußeren Zufall bewirkt worden ist. Die gefährliche Natur der Unternehmung ist als ein solcher von dem Schadenersatze befreiender Zufall nicht zu betrachten."

[347] Preußisches Obertribunal, Urteil vom 10. März 1853, StrA, Bd. 8, S. 344. Klammerzusatz durch Verfasser.

[348] Preußisches Obertribunal, Urteil vom 10. März 1853, a. a. O., S. 340.

*sich daher unzweifelhaft als ein zufälliger, der nicht von dem Handelnden zu vertreten ist."*[349]

Auch dieses Urteil bewirkte also eine weitgehende Freistellung der Eisenbahngesellschaft vor Entschädigungs- und Schadenersatzansprüchen. Bemerkenswert ist die Argumentation des Obertribunals in zwei Punkten:

Das Obertribunal schloß unter Verweis auf § 14 des Eisenbahngesetzes nicht nur eine Schadenersatz- sondern auch eine aus dem Aufopferungsgedanken entspringende Entschädigungshaftung für Schäden aus, die trotz bestimmungsgemäßen Betriebs der Bahn entstanden. Da § 14 des Eisenbahngesetzes jedoch nur Schadenersatzansprüche behandelt und sich über Entschädigungsansprüche gerade ausschweigt, wäre es wohl sachgerechter gewesen, anzunehmen, daß das Gesetz die allgemeinen Regeln in Bezug auf Entschädigungsansprüche nicht abändern wollte. Denn daß Entschädigungsansprüche aus Aufopferungsgesichtspunkten von den Regelungen des Eisenbahngesetzes, insbesondere von seinem § 14, nicht berührt wurden, hatte das Obertribunal ursprünglich in seinem Urteil vom 8. Oktober 1852[350] und in einer Plenarentscheidung vom 20. Oktober 1851[351] ausdrücklich anerkannt.

Zum zweiten kam das Obertribunal erst durch eine erhebliche Dehnung des Begriffs der Vorhersehbarkeit dazu, die Ersatzansprüche abzulehnen, weil es sie als durch Zufall entstanden ansah. Diese im Interesse des geordneten Eisenbahnbetriebs bewirkte Einschränkung der Schadenersatzpflicht erscheint jedoch bei Erschütterungen wenig sachgerecht. Es muß vielmehr gerade als vorhersehbar gelten, daß die mit dem Eisenbahnbetrieb einhergehenden Erschütterungen Schäden verursachen. Auch in diesem Urteil des Obertribunals tritt damit der Wille der Rechtsprechung deutlich hervor, den Betrieb von Eisenbahnen im Interesse eines volkswirtschaftlich erwünschten Auf- und Ausbaus der Verkehrsinfrastruktur von wirtschaftlich nachteilig verstandenen vermögensrechtlichen Ansprüchen freizustellen.

### c)
### Das Urteil des Appellationsgerichts Hamm vom 13. Februar 1868

Erst im Jahre 1868 wurde in Preußen eine Haftung der Eisenbahngesellschaften für Schäden anerkannt, die von vom Eisenbahnbetrieb ausgehenden Einwirkun-

---

[349] Preußisches Obertribunal, Urteil vom 10. März 1853, a. a. O., S. 342. Klammerzusätze durch Verfasser.

[350] Vgl. oben § 15 III. 1. a).

[351] Preußisches Obertribunal, Entscheidung vom 20. Oktober 1851, PrObTribunalE 21, S. 177 ff.

gen verursacht wurden. Das Appellationsgericht Hamm befand in den Entscheidungsgründen zu seinem Urteil vom 13. Februar 1868[352]:

> *„Dem Kläger ist daher durch die Bahn ein wirklicher Schaden erwachsen. Die Frage, ob die Verklagte dafür verantwortlich gemacht werden kann, fällt zusammen mit der, ob die Verklagte die Schranken ihres Eigenthumsrechtes überschreitet, wenn ihre Locomotive glühende Asche auf das Nachbargrundstück auswirft. Diese Frage ist zu bejahen. Kein Nachbar darf dem andern schädliche Stoffe zuführen, und er muß, wenn er dies thut, ohne daß es auf ein Verschulden seinerseits weiter ankommt, für seine rechtlose Handlung aufkommen und den damit in ursächlichem Zusammenhang stehenden Schaden vollständig ersetzen."*[353]

Das Gericht sah in seiner Entscheidung von einer Begründung für die Annahme einer verschuldensunabhängigen Schadenersatzverpflichtung ab. Es übertrug die Grundsätze hinsichtlich der verschuldensunabhängigen Haftung, die das Preußische Obertribunal im Plenarbeschluß vom 7. Juni 1852 aufgestellt hatte, unproblematisch auf den Eisenbahnbetrieb. Gerade hier ist bemerkenswert, daß die Entscheidungsgründe über das in der Plenarentscheidung geforderte Merkmal der Vorhersehbarkeit als Tatbestandsmerkmal des Schadenersatzanspruchs ohne nähere Erläuterung hinweggehen, welches im konkret zu entscheidenden Fall einer näheren Erläuterung würdig gewesen wäre.

## 2.
## Die preußische Rechtsprechung zu unkörperlichen Einwirkungen

In einem bereits dargestellten Urteil des Stadtgerichts Berlin vom 12. Januar 1821[354] hatte sich angedeutet, daß die preußische Rechtsprechung aus Praktikabilitätsgründen bei der Beurteilung von Einwirkungen auf Grundstücke nicht vom engen Immissionsbegriff ausging.

So dehnte denn auch das Obertribunal in einem Urteil vom 4. Januar 1859[355] die im Plenarbeschluß vom 7. Juni 1852 aufgestellten Grundsätze ausdrücklich auf unkörperliche Immissionen aus und sprach einem Grundeigentümer einen verschuldensunabhängigen Schadenersatzanspruch wegen einer von einem Ge-

---

[352] Appellationsgericht Hamm, Urteil vom 13. Februar 1868, Gruchot's Beiträge, Bd. 12, S. 383 ff.
[353] Appellationsgericht Hamm, Urteil vom 13. Februar 1868, a. a. O., S. 384.
[354] Vgl. hierzu oben § 15 I.
[355] Preußisches Obertribunal, Urteil vom 4. Januar 1859, StrA, Bd. 32, S. 90 ff.

werbebetrieb auf dem Nachbargrundstück ausgehenden Hitzeeinwirkung auf seine Agrarerzeugnisse zu. Es befand,

> *„daß die zum Eigenthum eines Grundstücks gehörige Luftschicht über demselben durch eine Anlage des Nachbarn keine Veränderung erleiden darf, welche den natürlichen Gebrauch derselben hindert oder schmälert, ohne daß es darauf ankommen kann, ob das Immittiren für den Gesichts- oder Tastsinn substanziell faßlich ist ... Es ist kein Grund abzusehen, einer solchen Immission andere rechtliche Wirkungen beizulegen, als der von entschieden körperlichen Gegenständen, oder gar des Rauchs und der Dämpfe ... Auch kommt es ... nicht darauf an, ob dem Eigenthümer der Fabrikations-Anstalt bei deren Anlegung eine besondere Verschuldung zur Last fällt, vielmehr genügt schon diese Anlage und der Gebrauch an sich schon zur Begründung einer Entschädigungs-Verpflichtung, und es muß jener selbst die mittelbaren Folgen vertreten, sofern er sie voraussehen konnte.“*[356]

Mit gleicher Argumentation verurteilte das Obertribunal auch in seinen Entscheidungen vom 29. September 1867[357] – wegen einem Hochofen entstiegener Dämpfe – und vom 12. Oktober 1871[358] – wegen der Verunreinigung von Brunnenwasser durch schädliche Dämpfe und arsenhaltiges Wasser – die jeweiligen Beklagten verschuldensunabhängig zur Leistung von Schadenersatz, obwohl die Errichtung von Schutzvorrichtungen nicht möglich gewesen war. Diese Unvermeidbarkeit der Immissionen gehe zu Lasten des Gewerbetreibenden.

Diese Rechtsprechung wurde durch ein Urteil des OAG Berlin vom 21. Dezember 1872[359] fortgeführt und zu einem grundsätzlichen Verbietungsrecht des betroffenen Grundeigentümers auch gegen Erschütterungen ausgebaut. Hier hatte ein Grundeigentümer wegen der Erschütterungen geklagt, welche die in einem auf dem Nachbargrundstück in einer Holzschneiderei befindliche Dampfmaschine verursachte. Hierdurch drohten nicht nur einem Gebäude des Klägers der Einsturz und weiteren Hausbewohnern Belästigungen. Der Kläger befürchtete auch die Gefährdung seiner Existenz, da durch die Erschütterungen sein feinmechanischer Gewerbebetrieb beeinträchtigt wurde. Die Vorinstanzen verurteilten den Beklagten gemäß § 26 RGewO zur Herstellung solcher baulichen Ein-

---

356 Preußisches Obertribunal, Urteil vom 4. Januar 1859, a. a. O., S. 95 f.

357 Preußisches Obertribunal, Entscheidung vom 29. September 1867, StrA, Bd. 68, S. 189 ff.

358 PrObTribunalE 75, S. 317 ff., hier bereits gestützt auf § 26 der GewO für den Norddeutschen Bund.

359 OAG Berlin, Urteil vom 21. Dezember 1872, Seuffert's Archiv, Bd. XXVII, Nr. 208, S. 332 ff.

richtungen, welche die Erschütterungen beseitigten. Die hiergegen gerichtete Nichtigkeitsbeschwerde wies das OAG Berlin ab.

Das Gericht sah zunächst die gesetzlich hervorgehobenen Fälle körperlicher Einwirkungen nicht als abschließend an und bejahte eine analoge Anwendung auch auf weitere Fälle, in denen durch Einwirkungen das Eigentumsausübungsrecht eines Grundeigentümers „in gewissem Maße" ausgeschlossen werde. Das OAG Berlin nahm unter ausdrücklicher Bezugnahme auf *Jhering*[360] an, daß eine beeinträchtigende Einwirkung auf das Eigentumsausübungsrecht nur dann vorliege,

> *„insofern sie dem Nachbar, und zwar allgemein, nicht nach individuellen Verhältnissen, schädlich oder beschwerlich sei, wobei das Maß der Schädlichkeit ... den in dem jeweiligen Culturzustand herrschenden Anschauungen unterworfen wird ... Insbesondere wird in der constatirten Erschütterung eine solche nachtheilige Einwirkung ... gefunden, zu deren Duldung der Kläger ... über die durch das nachbarliche Verhältniß begründeten Eigenthumsbeschränkungen nicht für verpflichtet gehalten werden könne"*[361].

Es ist bemerkenswert, daß sich das Gericht die neueren Erkenntnisse *Jherings* zu eigen machte. Es erkannte gleich *Jhering* als Ursprung der Duldungspflichten das „nachbarliche Verhältniß" und nicht mehr nur lediglich die Beschränktheit des Eigentumsausübungsrechts am Grundstück an. Zudem übernahm es *Jherings* verobjektivierte Grundsätze zum Duldungsmaßstab[362].

Die Anerkennung eines Untersagungsrechts bei Erschütterungen schränkte das Preußische Obertribunal allerdings in einem Urteil vom 4. Februar 1879[363] dahingehend ein, daß es sich bei den Erschütterungen um solche erheblicher und ungewöhnlicher Art handeln müsse. Das Gericht führte aus:

> *„Insoweit die Klage auf Eingriffe in das klägerische Eigenthum an dem Hause selbst gegründet wird, kann nicht wegen jedes den Nachbarn störenden Lärms und Geräusches, welches auf durch auf dem Nachbargrundstück vorgenommene Arbeiten oder Handlungen entsteht, eine Negatorienklage erhoben werden, vielmehr ist eine solche Klage, wenn überhaupt, nur unter ganz besonderen Umständen zuzulassen. Eben so kann nicht wegen*

360 Vgl. oben § 8 I. 5.
361 OAG Berlin, Urteil vom 21. Dezember 1872, a. a. O., S. 334.
362 Vgl. oben § 8 I. 5.
363 Preußisches Obertribunal, Urteil vom 4. Februar 1879, Seuffert's Archiv, Bd. XXXV, Nr. 99.

*jeder Erschütterung des Hauses, welche durch eine Thätigkeit des Nachbarn auf seinem Grundstück hervorgerufen wird, die Negatorienklage angestellt werden, vielmehr nur wegen ungewöhnlicher, Gefahr drohender Erschütterungen, welche durch eine außergewöhnliche Benutzungsart des Nachbargrundstücks entstehen.*"

In der Entscheidung finden sich mit der Betonung des Merkmals der Erheblichkeit und der außergewöhnlichen Benutzungsart erste deutliche Hinweise auf die Maßstäbe, an welchen sich auch zukünftig die Beurteilung nachbarlicher Immissionsfälle orientieren sollte[364].

### 3.
### Die preußische Rechtsprechung zu flüssigen Immissionen

Auch bei der Behandlung flüssiger Einwirkungen wurde auf die Plenarentscheidung des Preußischen Obertribunals vom 7. Juni 1852 zurückgegriffen.

#### a)
#### Die grundsätzliche Verantwortlichkeit auch für flüssige Immissionen

In seiner Entscheidung vom 1. Dezember 1854[365] verurteilte das Obertribunal den Betreiber einer Zuckerrübenfabrik, das einem Fluß entnommene und in der Fabrik verunreinigte Wasser nicht mehr in den Fluß zurückzuleiten, wenn es dadurch zu einer Beeinträchtigung in stromabwärts gelegenen Gewerbebetrieben komme.

Das Obertribunal befand unter Rückgriff auf den Plenarbeschluß vom 7. Juni 1852 wiederum, daß „die Ausschließlichkeit und Willkürlichkeit des Gebrauchsrechts des einen Eigenthümers ... in der dem andern Eigenthümer ebenfalls zustehenden Ausschließlichkeit und Willkürlichkeit ihre nothwendige Begränzung" finde. Auch hier wurde also der in der Plenarentscheidung geprägte Grundsatz als Ausgangspunkt der Beurteilung nachbarlicher Immissionen gewählt und nicht auf das ALR zurückgegriffen.

Das Obertribunal erkannte zwar an, daß gerade bei Flüssigkeiten die erhöhte Gefahr bestehe, daß es durch die Vermittelung von Naturgesetzlichkeiten zu einer Einwirkung auf das Nachbargrundstück kommen könne, obwohl den einwirkenden Grundeigentümer ein Vorwurf wegen der Überschreitung seiner Eigen-

---

[364] Beide Merkmale wurden zur Beurteilung der Duldungspflichten in nachbarlichen Immissionsfällen im späteren § 906 BGB normiert.

[365] Preußisches Obertribunal, Entscheidung vom 1. Dezember 1854, StrA, Bd. 16, S. 50 ff.

tümerbefugnisse nicht treffe. An der Verantwortlichkeit des einwirkenden Grundeigentümers für Einwirkungen auf die Nachbargrundstücke ändere dies jedoch nichts.

In seinem Urteil vom 29. September 1874[366] bezüglich von einer Dunggrube auf das Nachbargrundstück ausgetretenen, flüssigen Immissionen brachte das Obertribunal diese Auffassung mit folgenden Worten zum Ausdruck:

> *„Rechtlich darf überhaupt der Nachbar selbst bei einer im Allgemeinen berechtigten Anlage auf seinem Grund und Boden dieselbe nicht so einrichten, daß in Folge derselben eine Immission, wenn auch nach Naturgesetzen, stattfindet, da der Immittent auch die durch seine Anlage in Wirksamkeit gesetzten Naturgesetze zu vertreten hat."*

### b)
### Das Urteil des Preußischen Obertribunals vom 27. Juni 1865

In diesem Zusammenhang findet sich mit dem Urteil vom 27. Juni 1865[367] eine bemerkenswerte Entscheidung des Obertribunals bei kollidierenden Eigentümerbefugnissen im Bereich flüssiger Immissionen, wenn die Immission die faktische Betriebseinstellung zur Folge hatte. Der klagende Eigentümer einer an einem Bach gelegenen Wäscherei und Färberei wandte sich gegen die Immissionen, welche von einer stromaufwärts gelegenen Woll- und Garnwäscherei der Beklagten verursacht wurden. Die Beklagten verunreinigten das Wasser so sehr mit Fett- und Schmutzstoffen, daß der Gewerbebetrieb des Klägers nahezu zum Erliegen kam und das von den Beklagten in sein Sammelbecken geleitete Wasser des Baches zu einem Fischsterben führte. Der Kläger beantragte Unterlassung der Beeinträchtigung und Leistung von Schadenersatz. Das Landgericht Elberfeld und der Rheinische Appellationsgerichtshof wiesen die Klage in den Vorinstanzen ab. Die Vorinstanzen begründeten dies mit einem Verweis auf § 1 des Wassergesetzes vom 28. Februar 1843[368], wonach jeder Uferanlieger befugt sei, das an seinem Grundstück vorüberfließende Wasser zu seinem Vorteil zu gebrauchen, soweit eine solche Benutzung nicht durch gesetzliche Regelungen einer Beschränkung unterworfen sei. Sie stellten also auf das Eigentumsausübungsrecht eines jeden Uferanliegers ab.

Die Vorinstanzen befanden sich aber nun vor der schwierigen Aufgabe, den Konflikt zwischen den beiden gleichberechtigten Gewerbebetrieben zu ent-

---

366 Preußisches Obertribunal, Urteil vom 29. September 1874, Seuffert's Archiv, Bd. XXX, Nr. 233.

367 Preußisches Obertribunal, Entscheidung vom 27. Juni 1865, StrA, Bd. 60, S. 82 ff.

368 PrGS 1843, S. 41.

scheiden. Es verwundert deshalb nicht, wenn die Begründung, mit der sie den Betrieb der Beklagten bevorzugten und dem Kläger bezüglich der Verunreinigungen eine Duldungspflicht auferlegten, praktischer Natur war. Beide Vorinstanzen befanden,

> *„... daß bei der Benutzung des Wassers zu industriellen Zwekken es fast nie zu vermeiden sein wird, daß fremde Bestandtheile sich mehr oder minder mit dem Wasser verbinden und dem unterliegenden Eigenthümer zugeführt werden; daß also, wenn einer unterhalb gelegenen Fabrik gar kein unreines Wasser zugeleitet werden dürfte, dann fast aller Betrieb der oberhalb gelegenen Fabriken aufhören müßte"*[369].

Mit dieser Entscheidung ging allerdings faktisch die Einstellung des Gewerbebetriebs des Klägers einher. Das stand im Widerspruch mit der auf einen Ausgleich der kollidierenden Interessen von Gewerbetreibenden bedachten vorhergehenden Rechtsprechung des Rheinischen Appellationsgerichtshofs, der immer wieder betont hatte, daß auch bei der Interessenskollision zwischen zwei Gewerbetreibenden ein jeder Anspruch auf „den dem Begriffe des Eigenthums entsprechenden gleichmäßige Rechtsschutz" habe.

Das Obertribunal hingegen gab der Klage statt und verurteilte die Beklagten auf Unterlassung der Beeinträchtigungen. Es befand, daß entgegen der Rechtsauffassung der Vorinstanzen

> *„die Lösung ... nicht in den allgemeinen Grundsätzen über die Freiheit und Unbeschränktheit des Eigenthumes zu suchen ist, da es sich hier nicht um eine in das Gebiet des fremden Eigenthumes eingreifende Eigenthumsausübung, sondern um eine mehreren Eigenthümern an einem dem Eigenthume nicht unterworfenen Gegenstande, dem vorbeifließenden Wasser, gleichmäßig zustehende Berechtigung und um die Ausgleichung einer Kollision handelt, welche durch die Gleichmäßigkeit dieser Berechtigung und die Identität des Objektes derselben herbeigeführt wird"*[370].

Dennoch sei, so das Obertribunal, bei der Beurteilung, ob den Beklagten aus § 1 des Wassergesetzes die Befugnis zur Verunreinigung auf Kosten des Klägers zuzugestehen sei, die Einbeziehung allgemeiner zivilrechtlicher Grundsätze nicht ausgeschlossen, da das Wassergesetz privatrechtliche Ansprüche unberührt lasse. Bei der Bestimmung der Schranke für das zivilrechtliche Benutzungsrecht

---

369 Preußisches Obertribunal, Entscheidung vom 27. Juni 1865, a. a. O., S. 90.

370 Preußisches Obertribunal, Entscheidung vom 27. Juni 1865, a. a. O., S. 97 f.

des Beklagten und die Duldungspflicht des Klägers sei unter Anerkennung des Immissionsverbots zu berücksichtigen, daß

> *„das Benutzungsrecht des einzelnen Berechtigten nicht nach einem theoretischen Prinzip ein für allemal, sondern in dem einzelnen Falle nach Maaßgabe der lokalen Verhältnisse und Bedürfnisse und der dadurch bedingten Art der Benutzung erfolgen kann“*[371].

Das Obertribunal erkannte an, daß eine faktische Einstellung des Gewerbebetriebs des Klägers sein Benutzungsrecht am Bach und damit einen gerechten Interessenausgleich zunichte machen würde und verurteilte die Beklagten auf Unterlassung und Schadenersatz.

In dieser Entscheidung erhob das Preußische Obertribunal also einmal mehr den Ausgleich kollidierender Interessen bei nachbarlichen Immissionsfällen zum Prinzip und argumentierte lösgelöst von den Bestimmungen des ALR auf dem Boden allgemeiner Billigkeitsüberlegungen. Es entschied, daß ein solcher Interessenausgleich gerechterweise die tatsächlichen Verhältnisse im Einzelfall berücksichtigen müsse. Das Gericht betonte hierbei wiederum besonders das Merkmal der ortsüblichen Benutzung, welches in der übrigen gemeinrechtlichen Rechtsprechung aufgrund eines überwiegenden Festhaltens am starren Immissionsverbot kaum Geltung beanspruchen konnte.

Das Obertribunal beschränkte sich in seinen Entscheidungsgründen zum Maßstab der Duldungspflicht allerdings hauptsächlich auf Allgemeinplätze. Gerade im zu entscheidenden Fall aber hätte sich dem Preußischen Obertribunal die Möglichkeit eröffnet, die Maßstäbe für das in der Plenarentscheidung vom 7. Juni 1852 ausgesprochene umfassende Immissionsverbot im Verhältnis zweier Gewerbetreibender zu konkretisieren, da sich ein starres Immissionsverbot in dieser Fallkonstellation als nicht sachgerecht erwies.

### c)
### Die Rechtsprechung in Bezug auf Überschwemmungen aufgrund baulicher Anlagen

Das Preußische Obertribunal hatte auch mehrmals über Fälle zu entscheiden, in denen ein Grundeigentümer durch bauliche Anlagen auf seinem Grundstück Überschwemmungen auf dem Nachbargrundstück herbeigeführt hatte.

---

371 Preußisches Obertribunal, Entscheidung vom 27. Juni 1865, a. a. O., S. 100.

In zwei Entscheidungen aus dem Jahre 1870[372] und 1874[373] verurteilte es jeweils Eisenbahnunternehmer, deren Errichtung von Eisenbahndämmen zu Überschwemmungen auf dem Nachbargrundstück geführt hatten, zur Herstellung von Vorrichtungen, durch welche eine Beeinträchtigung der Nachbargrundstücke bei Hochwasser gewährleistet wurde. Das Gericht befand, daß kein Grundeigentümer das Recht habe, sein Eigentum so zu nutzen, daß die Nachbarn hierdurch zumindest mittelbar benachteiligt würden.

Allerdings wurde diese Rechtsprechung nicht immer konsequent durchgehalten, wie ein Urteil des Preußischen Obertribunals vom 19. Mai 1870[374] zeigt. Hier sah das Obertribunal in regelmäßigen Überschwemmungen, die aufgrund einer Veränderung eines Grenzgrabens auf dem Nachbargrundstück auftraten, keinen auch nur mittelbaren Eingriff in das Eigentumsrecht des Grundeigentümers, sondern betonte die Freiheit des Nachbarn zur Benutzung seines Grund und Bodens ungeachtet der davon ausgehenden Beeinträchtigungen. In dieser Entscheidung bezog das Obertribunal also wieder eindeutig zugunsten des Immittenten Stellung.

## 4.
## Die preußische Rechtsprechung zu entziehenden Einwirkungen

In einer Entscheidung vom 23. Oktober 1874[375] hatte sich das Obertribunal mit einem Fall zu beschäftigen, bei dem einem Grundeigentümer auf seinem bebauten Grundstück durch den Bau eines Kanals Grundwasser entzogen wurde. Nach einiger Zeit nahm das Haus des Grundeigentümers Schaden und drohte einzustürzen. Problematisch war für das Obertribunal insbesondere, ob der im Plenarbeschluß vom 7. Juni 1852 aufgestellte Grundsatz von der Begrenzung der Ausschließlichkeit und Willkürlichkeit eines Grundeigentümers bei dem Gebrauch seines Eigentums immer auch das Vorliegen einer Immission voraussetze, oder ob dieser Grundsatz auch bei einer andersgearteten Einwirkung auf nachbarliches Eigentum Anwendung finden könne.

Das Obertribunal verneinte die Anwendbarkeit der entwickelten Grundsätze auf den zu entscheidenden Sachverhalt. Nach dem Plenarbeschluß vom 7. Juni 1852 sei immer ein körperliches Eingreifen oder Hinübergreifen[376] auf das Nachbargrundstück erforderlich, an welchem es im zu entscheidenden Falle fehle. Zwar habe die Anlage des Kanals mittelbar die Ursachenkette in Gang ge-

372 Preußisches Obertribunal, Entscheidung vom 24. März 1870, StrA, Bd. 78, S. 125 ff.
373 Preußisches Obertribunal, Urteil vom 1. Dezember 1874, StrA, Bd. 92, S. 344 ff.
374 Preußisches Obertribunal, Urteil vom 19. Mai 1870, StrA, Bd. 77, S. 347.
375 PrObTribunalE 73, S. 31 ff.
376 Also ein „*immittere*", wie die römisch-rechtlichen Quellen nahelegten.

setzt. Ein Eingriff in das Eigentumsrecht des Klägers sei jedoch nicht gegeben. Das Obertribunal wörtlich:

> *„Das als nur mittelbare Folge der Kanalanlage von selbst sich vollziehende, Sand und Mergel ausspülende Abfließen des Grundwassers nach der tieferen Sohle hin läßt sich aber schon begrifflich nicht als ein Uebergreifen in die Eigenthumssphäre der Klägerin, nicht als eine Ueberschreitung der nothwendigen Begrenzung der beiderseitigen Rechtskreise bezeichnen."*[377]

Damit bestätigte das Obertribunal seine eigene Rechtsprechung, wie sie bereits in einer vorhergegangenen Entscheidung vom 16. September 1873[378] zum Ausdruck gekommen war, als das Obertribunal im Falle eines Grundeigentümers, dessen Grundstück teilweise einstürzte, weil sein Nachbar mit einem Steinbruch bis an die Grundstücksgrenze abgebaut hatte, die Wiederherstellung des ursprünglichen Zustandes mangels Immission schädlicher Substanzen abgelehnt hatte.

Daß gegen entziehende Einwirkungen nicht nach den allgemeinen negatorischen Immissionsschutzregeln vorgegangen werden konnte, weil es an einem „*immittere*" fehle, blieb in den folgenden Jahrzehnten gängige Argumentationsstruktur nicht nur in der Rechtsprechung[379].

### 5.
### Die preußische Rechtsprechung zum gewöhnlichen Gebrauch des Eigentums

In seiner Entscheidung vom 6. April 1865[380] hatte sich das Obertribunal mit der Frage des gewöhnlichen Gebrauchs des Eigentums auseinanderzusetzen. In dem der Entscheidung zugrundliegenden Sachverhalt wehrte sich ein Grundeigentümer gegen das Überwehen von Sand auf sein Grundstück, zu dem es infolge eines vom Nachbarn an der Grundstücksgrenze aufgeschütteten Erdhaufens gekommen war.

Das Obertribunal sah im Aufschütten von Erdreich an der Grundstücksgrenze eine „an sich rechtmäßige, keinen Eingriff in das Rechtsgebiet des Nachbarn enthaltende Handlung" und wies die Schadenersatzforderung des Grundeigentümers ab, auch wenn es infolge von Naturereignissen zu einer mittelbaren Im-

---

377 PrObTribunalE 73, S. 36.

378 Preußisches Obertribunal, Entscheidung vom 16. September 1873, StrA, Bd. 89, S. 246 ff.

379 Vgl. hierzu beispielsweise unten § 19 II. 2. und § 23 I. zur französisch geprägten Rechtsprechung sowie unten § 25 II. 2 b) zur Adaption in das Konzept des § 906 BGB.

380 Preußisches Obertribunal, Entscheidung vom 6. April 1865, StrA, Bd. 59, S. 63 ff.

mission gekommen war. Die Grundsätze, die im Plenarbeschluß vom 7. Juni 1852 aufgestellt worden seien, bezögen sich nämlich nur auf Anlagen. Eine solche sei hier jedoch auf dem Nachbargrundstück nicht vorhanden, sondern bei dem Aufschütten des Erdhaufens handele es sich lediglich um einen „gemein gewöhnlichen Gebrauche des Eigenthums“[381].

Zur Begründung führte das Obertribunal – wenig überzeugend – an, daß der durch die Vermittelung des Windes bedingte Schadenseintritt „jedenfalls nicht mit der Bestimmtheit, wie die Ausbreitung der Fabrikdämpfe bei Anlage der Fabrik, vorauszusehen ist“[382]. Hier versuchte das Obertribunal also, einer allzu weiten Haftung des Nachbarn im Einzelfall unter Hinweis auf den gewöhnlichen Gebrauch des Eigentums vorzubeugen.

Diese Rechtsprechung führte das Obertribunal auch in seiner Entscheidung vom 23. Juni 1874[383] fort. Im zu entscheidenden Sachverhalt waren die auf dem Grundstück des Klägers befindlichen Pflanzen durch Pilzbefall geschädigt worden. Die Pilzerreger waren von den auf dem Nachbargrundstück angebauten Sträuchern durch Insekten und den Wind auf die Pflanzen des Klägers hinübergetragen worden. Das Obertribunal lehnte eine verschuldensunabhängige Schadenersatzpflicht des Nachbarn ab und sah im Anpflanzen von Sträuchern einen erlaubten Gebrauch seines Eigentums. Die Plenarentscheidung vom 7. Juni 1852 finde nur auf Gewerbebetriebe Anwendung. Deshalb komme ein verschuldensunabhängiger Schadenersatzanspruch des Klägers im vorliegenden Falle nicht in Betracht. Für einen deliktischen Schadenersatzanspruch fehle es jedoch an einem Verschulden des Nachbarn.

Die Entscheidung ist von dem Bemühen getragen, den in im Plenarbeschluß des Preußischen Obertribunals vom 7. Juni 1852 entwickelten Grundsatz einer verschuldensabhängigen Schadenersatzverpflichtung nicht allzu weit auszudehnen. Dies erschien im vorliegenden Fall auch konsequent. Die Gewährung des verschuldensunabhängigen Schadenersatzanspruchs war im Plenarbeschluß des Preußischen Obertribunals vom 7. Juni 1852 gerade im Hinblick auf die durch den Anlagenbetrieb eröffnete, schadensträchtige Gefahrenquelle, letztlich also aus dem Gedanken der Gefährdungshaftung entwickelt worden, woran es im vorliegenden Falle allerdings fehlte.

Beide vorangegangenen Entscheidungen zeigen deutlich, daß die preußische Rechtsprechung die im Plenarbeschluß des Preußischen Obertribunals vom 7. Juni 1852 statuierte Gewährung eines verschuldensunabhängigen Schadenersatzanspruchs bei Immissionen im Nachbarverhältnis beginnend mit den sechziger Jahren des 19. Jahrhunderts restriktiv auf die Fälle beschränkte, bei denen der Immittent eine gewerbliche Anlage betrieb. Dem immissionsbetroffenen

---

381 Preußisches Obertribunal, Entscheidung vom 6. April 1865, a. a. O., S. 67.

382 Preußisches Obertribunal, Entscheidung vom 6. April 1865, a. a. O., ebenda.

383 Preußisches Obertribunal, Entscheidung vom 23. Juni 1874, StrA, Bd. 95, S. 1 ff.

Grundstückseigentümer sollte also nur in den Fällen ein verschuldensunabhängiger Schadenersatzanspruch als Äquivalent für die entsprechende Duldungspflicht zustehen, in denen sein Nachbar aufgrund seines konzessionierten, potentiell schadensverursachenden Gewerbebetriebs zur Ausnutzung seines Eigentums berechtigt war[384].

## 6.
## Die preußische Rechtsprechung zur Duldungsgrenze

Ein großes Problem bestand nach wie vor in der Bestimmung der Grenze, bei der eine Einwirkung auf das Grundstück vom Grundeigentümer noch zu dulden war und ihm ein wirksamer Rechtsschutz versagt blieb.

Mit dieser Schwierigkeit hatte sich das Obertribunal in seiner Entscheidung vom 30. November 1876[385] zu befassen. Hier wurde auf einem Bleichplatz ausgelegte Wäsche bei Windstille und Westwind regelmäßig durch den Rauch, der einem auf dem Nachbargrundstück belegenen Schornstein einer Fabrik entstieg, verunreinigt. Das Obertribunal griff – obwohl diese Vorschriften bereits im Plenarbeschluß des Preußischen Obertribunals vom 7. Juni 1852[386] als zur Problemlösung wenig ergiebig angesehen wurden – auf die Vorschriften des Teils I, Titel 8, §§ 26 ff. ALR zurück, verneinte die Überschreitung des Eigentumsausübungsrechts des Gewerbetreibenden und wies einen Anspruch auf Herstellung immissionsverhindernder Anlagen ab. Es befand,

> *„daß der Eigenthümer eines Grundstücks aus billiger Rücksicht die von dem Nachbargrundstück ausgehenden indirekten Immissionen in einem gewissen Umfange zur Herbeiführung eines gegenseitig friedfertigen Verhältnisses zwischen den Nachbaren dulden muß, wenn sie nicht aus einer aussergewöhnlichen Benutzungsart des Grundstücks oder seiner Anlagen hervorgehen und das gewöhnliche Maß des Erträglichen nicht überschreiten. ... Es handelt sich nicht um Belästigungen ganz erheblicher und wiederkehrender Art, ... sondern nur um solche, wie sie ... im gewöhnlichen Leben üblich sind. Gegen solche Unbequemlichkeit muß sich Jeder selbst schützen, er kann nicht von dem Nach-*

---

384 Unabhängig von dem der Gefährdungshaftungscharakter des verschuldensunabhängigen Schadenersatzanspruchs erschien dies auch unter Berücksichtigung der Tatsache, daß zumindest der konzessionierte Gewerbetreibende die ihn treffenden vermögensrechtlichen Verpflichtungen in die Kalkulation seiner Produktionskosten einstellen konnte, während diese Möglichkeit dem immittierenden „Privatmann“ nicht offenstand, sachgerecht.

385 Preußisches Obertribunal, Entscheidung vom 30. November 1876, StrA, Bd. 97, S. 66 ff.

386 Vgl. oben § 15 II. 1. c).

*baren Vorkehrungen verlangen, durch welche solche Unbequemlichkeiten überhaupt vermieden werden*"[387].

Hier handelte es sich offensichtlich um eine im Interesse des Anlagenbetreibers gefällte, verobjektivierte Entscheidung unter Berücksichtigung der Umstände des Einzelfalls. Festhalten läßt sich allerdings, daß – wenngleich eine Erläuterung und Abgrenzung nicht stattfand – mit den Merkmalen der billigen Rücksicht, des gewöhnlichen Maßes des Erträglichen sowie der Häufigkeit und Intensität der Beeinträchtigung entscheidungserhebliche Faktoren benannt wurden, die dem mit dem Einzelfall beschäftigten Richter einen gewissen verobjektivierten Prüfungsmaßstab an die Hand gaben.

Dennoch ist zweierlei bemerkenswert: Bezüglich mittelbarer Immissionen schien die Tendenz des Obertribunals dahin zu gehen, das hierfür anerkannte Immissionsverbot im Interesse eines gedeihlichen nachbarlichen Zusammenlebens unter dem Hinweis auf die Üblichkeit im gewöhnlichen Leben einzelfallbezogen zu beschneiden. Der Verweis darauf, daß es sich hierbei nicht um Immissionen erheblicher und wiederkehrender Art handele, weil sie nicht vom Willen des Immittenten abhingen, erscheint allerdings wenig überzeugend, denn dieses Charakteristikum bildet gerade die Natur mittelbarer Immissionen. Zum zweiten mutet der Rückgriff auf die Vorschriften des ALR antiquarisch an, denn die Bezugnahme auf diese Regelungen hatte es schon bei der vom Ersten Senat des Obertribunals am 18. September 1848[388] gefällten Entscheidung nicht vermocht, eine sachgerechte Lösung privater nachbarlicher Immissionskonflikte herbeizuführen und war als taugliche Entscheidungsgrundlage auch vom Plenum des Obertribunals in der Entscheidung vom 7. Juni 1852 verworfen worden[389].

### IV.
### Bewertung

Die preußische Rechtsprechung stand mangels eindeutiger gesetzlicher Reglungen im Privatrecht vor der Aufgabe, ein System wirksamen privatrechtlichen Schutzes vor nachbarlichen Immissionsbelästigungen aus den wenigen Regelungen des ALR zum Eigentumsbegriff und aus den überkommenen Regelungen des gemeinen Rechts zu entwickeln. Gerade im Bereich der Immissionsbelastungen, wie sie von Gewerbebetrieben ausgingen, hatte die Rechtsprechung zudem gegen die durch die vom preußischen Gesetzgeber in der umfassenden Gewerbegesetzgebung statuierte Bevorzugung des öffentlichen Rechts zur Behandlung von nachbarlichen Immissionsfällen und die in den gesetzlichen Rege-

---

387 Preußisches Obertribunal, Entscheidung vom 30. November 1876, StrA, a. a. O., S. 70 f.
388 Vgl. oben § 15 II. 1. a).
389 Vgl. oben § 15 II. 1. c).

lungen zum Ausdruck kommende bewußte Wertentscheidung zugunsten einer Besserstellung des konzessionierten Gewerbetreibenden gegenüber seinem immissionsbelästigten Grundstücksnachbarn zu kämpfen[390].

Einen Meilenstein in der preußischen Rechtsprechung stellt deshalb die Plenarentscheidung des Preußischen Obertribunals vom 7. Juni 1852[391] dar, in welcher zu einem relativ frühen Zeitpunkt völlig losgelöst von den Diskussionen zwischen den Vertretern der Wissenschaft und ohne die Möglichkeit eines Rückgriffs auf einschlägige gesetzliche Normierungen der Grundstein für ein System zur Behandlung privater nachbarlicher Immissionsfälle unter Beteiligung eines konzessionierten Gewerbetreibenden gelegt wurde. Hier wurde durch das Obertribunal normiert, daß die dem konzessionierten Anlagenbetreiber erteilte obrigkeitliche Genehmigung kein „Schutzschild“[392] gegen privatrechtliche Klagen bedeutete, die von belästigten Grundstücksnachbarn wegen der durch den Gewerbebetrieb ausgehenden Immissionen erhoben wurden[393].

Revolutionärer jedoch war die im zweiten Leitsatz der Plenarentscheidung für den Bereich eines gerichtlich einklagbaren Schadenersatzverlangens gegen private nachbarliche Immissionsstörungen statuierte, verschuldensunabhängige Haftung des Gewerbetreibenden für die seinem Betriebe entspringenden Immissionen. Das Plenum eröffnete dem immissionsgeschädigten Nachbarn hier erstmals die Möglichkeit, einen vom Merkmal des Verschuldens unabhängigen Schadenersatzanspruch allein aufgrund des Betriebs einer konzessionierten Anlage gegen den Gewerbetreibenden geltend zu machen. Allein der Betrieb einer industriell-gewerblichen Produktion stellte sich also in der Sicht des Preußischen Obertribunals als potentiell schadenersatzauslösende Gefährdungshandlung dar[394].

In der Folgezeit wurden bis in die sechziger Jahre des 19. Jahrhunderts die Grundsätze der Plenarentscheidung vom 7. Juni 1852 auf verschieden gelagerte private Immissionsbelastungen durch Gewerbebetriebe übertragen und damit der als unzureichend empfundenen Schutz des von gewerblichen Immissionen betroffenen Grundeigentümers erweitert[395]. Für den praktisch wichtigen Bereich des Eisenbahnrechts lehnten die preußischen Gerichte allerdings bis zum Urteil des Appellationsgerichts Hamm vom 13. Februar 1868 in ständiger Rechtsprechung eine verschuldensunabhängige Haftung des Betreibers einer Eisenbahn

---

390 *Ogorek*, Actio negatoria, S. 59.

391 Vgl. oben § 15 II. 1. c).

392 Insofern begriffsprägend *Karsten Sach*, Genehmigung als Schutzschild? Die Rechtsstellung des Inhabers einer immissionsschutzrechtlichen Genehmigung, Berlin 1994.

393 *Rohde*, S. 49. Diese Rechtsauffassung ist in ihren Grundzügen bis in die heutige Zeit maßgeblich. Vgl. zum Verhältnis zwischen der Anlagengenehmigung des BImSchG und den deliktischen Schadenersatzansprüchen unten § 35 IV. 2. b).

394 *Gerlach*, S. 29.

395 *Ogorek*, Gefährdungshaftung, S. 59 f. Vgl. oben § 15 III.

ab, weil der Betrieb einer öffentlichen Zwecken und insbesondere des Ziels des Verkehrsfortschritts dienende Anlage den Unternehmer von einer Schadenersatzverpflichtung befreien sollte[396]. Auch deliktische Schadenersatzansprüche wurden verweigert, weil im Betrieb einer Eisenbahn *per se* kein schuldhaftes Verhalten gesehen wurde[397].

Die Rechtsprechung der preußischen Gerichte zum Immissionsbegriff stellte sich von Beginn an als bemerkenswert flexibel und damit losgelöst von der vor allem von den Vertretern der Wissenschaft geführten Diskussion um das Erfordernis der Körperlichkeit dar. Schon früh wurde effektiver Rechtsschutz auch gegen vom Nachbargrundstück ausgehende Lärmbelästigungen, Erschütterungen, Hitze und Flüssigkeiten gewährt, die sich aber, um dem Immissionsverbot zu unterfallen, als Folge einer ungewöhnlichen Benutzung des Nachbargrundstücks von gewisser Intensität und Dauer darstellen mußten[398]. Auch in dieser Hinsicht übernahm die Rechtsprechung mangels einschlägiger gesetzlicher Regelungen und praktisch verwertbarer Orientierungshilfen durch die Wissenschaft die Pionieraufgabe, mittels Billigkeitsentscheidungen im Einzelfall den Ausgleich zwischen den widerstreitenden Interessen des Grundeigentums und der Gewerbefreiheit herbeizuführen und die vorgegebenen unbestimmten Rechtsbegriffe auszufüllen.

Der preußischen Rechtsprechung kommt zudem der Verdienst zu, mit den Merkmalen der gewöhnlichen Benutzung des Grundstücks sowie der Art und Dauer der Einwirkung für den jeweiligen Richter erste und bis in unsere heutige Zeit[399] aktuelle Leitbegriffe entwickelt zu haben, um im Einzelfall das Maß der Duldungspflicht für den immissionsbelasteten Grundeigentümer festzulegen.

Rückblickend läßt sich festhalten, daß die Impulse, welche von der preußischen Rechtsprechung für die Behandlung privater nachbarlicher Immissionsfäl-

---

396 Mit dieser Begründung hätte man allerdings eine Vielzahl von Unternehmungen von Schadenersatzverpflichtungen freistellen können. Die Berufung auf den höherrangigen öffentlichen Zweck des Anlagenbetriebs diente somit vor allem einer erweiterten Billigkeitsentscheidung des mit dem Einzelfall befaßten Richters. Dennoch finden sich auch in der Rechtsprechung des Reichsgerichts eine Vielzahl von Urteilen, in welchen Betriebe im öffentlichen Interesse des Verkehrsfortschritts, der Daseinsvorsorge oder der Verteidigung bessergestellt wurden. Vgl. hierzu beispielsweise die Urteile des Reichsgerichts vom 12. Oktober 1904 (Entscheidungen des Reichsgerichts in Zivilsachen (RGZ) 59, S. 70 ff. – Kleinbahn), vom 16. April 1910 (RGZ 73, S. 270 ff. – Reichspostanlage), vom 28. Dezember 1904 (RGZ 59, S. 326 ff. – militärischer Flugplatz), vom 1. Juli 1920 (RGZ 100, S. 69 ff. – militärischer Flugplatz), vom 15. Dezember 1920 (RGZ 101, S. 102 ff. – kriegswichtiger Rüstungsbetrieb) sowie vom 9. Januar 1939 (RGZ 159, S. 129 ff. – Reichsautobahnen) und ausführlich unten § 29 II. 2. a) bb), § 29 II. 2. b) sowie § 30 II. 2.

397 Vgl. oben § 15 III. 1.

398 Vgl. oben § 15 III. 2. und 3.

399 Noch heute sind die Tatbestandsmerkmale der wesentlichen Beeinträchtigung und der Ortsüblichkeit in § 906 BGB normiert.

le ausgingen, das private Immissionsschutzrecht teilweise bis in die heutige Zeit bestimmen. Im Bereich des Immissionsbegriffs erkannte die preußische Rechtsprechung nämlich schon früh, daß ein zu starres Festhalten an bestimmten Immissionscharakteristika[400] die sachgerechte Lösung des Interessenausgleichs versperrte. Zielführender war es vielmehr, auf die Wirkung der Beeinträchtigung abzustellen, wie bereits *Jhering* erkannt hatte[401]. Fortan sollte der unbestimmte Rechtsbegriff der Intensität der Einwirkung einen verobjektivierten Maßstab für die Duldungspflicht des Immissionsbetroffenen darstellen[402]. Zudem sollte sich die Duldungspflicht des Immissionsbetroffenen auch am Merkmal des gewöhnlichen Gebrauchs des Eigentums orientieren[403].

## *§ 16*
## *Die sächsische Rechtsprechung*

### I.
### Die sächsische Rechtsprechung vor Erlaß des sächsischen BGB und der sächsischen Gewerbeordnung

#### 1.
#### Die sächsische Rechtsprechung zum Unterlassungsanspruch

##### a)
##### Körperliche Immissionen, Immissionen durch Flüssigkeiten, mittelbare Immissionen

Die erste gerichtliche Entscheidung erheblicherer Bedeutung in Sachsen zu diesem Problemkreis stammt vom Appellationsgericht Dresden und datiert vom 17. Dezember 1843[404]. Ein Grundeigentümer hatte gegen die nachteiligen Einwirkungen einer von der Stadt Dresden auf dem Nachbargrundstücke betriebenen Gasbereitungsanstalt geklagt. Er sei durch die der Anstalt entströmenden „ammoniacalischen Dämpfe“, Steinkohlenruß sowie die „Inficirung der Brunnen“ in seinem Eigentumsausübungsrecht beeinträchtigt. Der Kläger beantragte

---

400 Wie beispielsweise der Unterscheidung zwischen unmittelbaren und mittelbaren bzw. zwischen körperlichen und unkörperlichen Immissionen.

401 Vgl. oben § 8 I. 5.

402 Vgl. hierzu insbesondere die Urteile des OAG Berlin vom 21. Dezember 1872 (Seuffert's Archiv, Bd. XXVII, Nr. 208, S. 334), des Preußischen Obertribunals vom 4. Februar 1879 (Seuffert's Archiv, Bd. XXXV, Nr. 99) und die Entscheidung des Preußischen Obertribunals vom 30. November 1876 (StrA, Bd. 97, S. 66 ff.) sowie oben § 15 III. 2. und § 15 III. 6.

403 Vgl. die Entscheidung des Preußischen Obertribunals vom 30. November 1876 (StrA, Bd. 97, S. 66 ff.) sowie oben § 15 III. 6.

404 AG Dresden, Urteil vom 17. Dezember 1843 (Seuffert's Archiv, Bd. III, Nr. 7, S. 8 ff.). Das Urteil wurde vom OAG Dresden am 11. Mai 1844 bestätigt.

Entfernung der Gasbereitungsanstalt auf Kosten der beklagten Stadt, hilfsweise Einstellung des Betriebs und den Ersatz des ihm durch den Betrieb der Anlage entstandenen Schadens. Der Klage wurde stattgegeben.

Das Gericht bejahte ausgehend von Dig. 8.5.8.5. zunächst die Anwendbarkeit der römisch-rechtlichen Immissionsregeln auch für nebeneinander liegende Grundstücke[405]. Denn der Eigentümer brauche ein durch „besondere Veranstaltungen zu einem solchen außergewöhnlichen Zweck herbeigeführtes Eindringen des Rauchs, ... woraus ihm zugleich ein erheblicher Nachtheil erwächst, nicht zu dulden" auch wenn die Einwirkung nur in den Luftraum seines Grundstückes erfolge. Dieselben Grundsätze wandte das Gericht auf das Eindringen schädlicher Substanzen vom Nachbargrundstück in das Grundwasser an, welches der Kläger aus den auf seinem Grundstücke belegenen Brunnen zutage fördere. Ob sich das Eindringen von Schadstoffen auf benachbarte Grundstücke über die Luft oder über das Erdreich vollziehe, sei gleichgültig. Ein taugliches Abgrenzungskriterium, wann dem Grundeigentümer durch die Einwirkung denn ein erheblicher Nachteil erwachse, legte das Gericht allerdings nicht näher dar.

Die Entscheidungsgründe nehmen auch auf die Unterscheidung zwischen mittelbaren und unmittelbaren Immissionen Stellung:

> *„Indessen, wenn auch der römische Jurist ... nur das Eindringen des Rauchs vermittelst einer künstlichen Vorrichtung vor Augen gehabt haben sollte, so schließt dies doch nicht aus, daß der von ihm aufgestellte Grundsatz analog auch auf die Fälle anzuwenden sey, wo der Eigenthümer des Grundstücks, von welchem der Rauch in Folge eines besonderen Apparates in ungewöhnlicher Masse aufsteigt, demselben zwar seinen freien Lauf läßt und keine besonderen Anstalten trifft, um ihn dem Nachbargrundstück zuzuführen, das Einströmen des von der Luftströmung fortgeführten Rauchs aber auf das Letztere so regelmäßig und ununterbrochen erfolgt, oder wenigstens in so kurzen Zwischenräumen sich wiederholt, daß erheblicher Schaden daraus entsteht. Ob die Ursache des Schadens, das Eindringen des Rauchs, eine etwas entferntere oder unmittelbare Folge der Handlung des Gegners sey, kann keinen Unterschied mehr machen, sobald eine Belästigung nur als eine nothwendig eintretende und voraussichtlich bleibende Wirkung dieser Handlung erscheint."*[406]

[405] Vgl. oben § 2 I. 1.

[406] AG Dresden, Urteil vom 17. Dezember 1843, Seuffert's Archiv, Bd. III, Nr.7, S. 10.

Hier erweiterte das Gericht also den Rechtsschutz des Grundeigentümers durch die Einbeziehung auch mittelbarer Einwirkungen in das Immissionsverbot. Abzustellen sei nämlich, so das Appellationsgericht, nicht auf die Art der Zuführung, sondern auf die Wirkung, welche die Immission auf dem betroffenen Grundstück verursache. Die Einwirkung müsse aber die Merkmale einer ununterbrochenen Zuführung in gewisser Regelmäßigkeit bzw. einer absehbaren Wiederholungsgefahr mit absehbaren Schädigungsfolgen aufweisen.

Das Gericht machte auch den Versuch, den Begriff des Nachteils für das immissionsbeeinträchtigte Grundstück einzugrenzen. Der Nachteil des belästigten Grundstücks dürfe

> *„nicht etwa bloß in der Beeinträchtigung oder Verhinderung einer außerordentlichen, besonders gewinnreichen Art der Benutzung des Grundstücks bestehen, welche der von dem Rauch leidende Eigenthümer zufällig bisher ausübte"*[407].

Ein Klagerecht könne dem Grundeigentümer wegen des ebenfalls schutzwürdigen Eigentumsrechts des Immittenten also nur dann zugestanden werden, wenn er in der gewöhnlichen Benutzung seines Grundstücks behindert sei und sich dies als Schadensposition darstelle. Im konkreten Fall wurde anerkannt, daß eine solche gewöhnliche Nutzung des Grundstücks des Klägers in einer Verwendung zu Wohnzwecken bestehe, nicht aber in dem Betrieb einer Gasanstalt. Damit griff das Gericht auf Grundsätze zurück, wie sie vom römischen Recht bei der *cautio damni infecti* ausgebildet wurden. Um einen Schaden beim Kläger zu bejahen, mußte hier ein tatsächlicher Vermögensverlust zu besorgen sein, der entweder in einem Substanzverlust (*damnum verum*) oder in einer Entziehung von Vorteilen, auf die der Kläger ein wohlerworbenes Recht hatte (*damnum emergens et lucrum cessans*), bestehen konnte[408].

Die Entscheidung macht vor allem im Ausspruch zur Behandlung von mittelbaren und unmittelbaren Immissionen deutlich, daß sich auch die sächsischen Gerichte im Vergleich zur Wissenschaft der Behandlung von privaten nachbarlichen Immissionsfällen in einer sehr viel pragmatischeren Sicht der Dinge näherten, um zu sachgerechten Lösungen zu gelangen. Die Tendenz, nicht so sehr auf die Art der Einwirkung, sondern vielmehr auf deren Wirkung abzustellen, kommt auch in zwei weiteren Urteilen des Oberappellationsgerichts Dresden aus den Jahren 1858[409] und 1859[410] zum Ausdruck. Hier wurde ausgesprochen, daß es bei der Beurteilung der Belästigung nicht entscheidend sei, daß schädliche

---

407 AG Dresden, Urteil vom 17. Dezember 1843, a. a. O., S. 9.

408 *Hesse*, Rechtsverhältnisse, S. 31 f.

409 OAG Dresden, Urteil vom 26. Februar 1858, Schletter's Jahrbücher, Bd. 5, S. 221 ff.

410 OAG Dresden, Urteil vom 3. April 1859, Sächsische Zeitung für Rechtspflege, Bd. 18, S. 341 ff.

Dämpfe durch besondere Vorrichtungen auf das benachbarte Grundstück hinübergeleitet wurden.

Im Vordergrund stand für die sächsischen Gerichte also bei der Behandlung nachbarlicher Immissionsfälle von Anfang an nicht so sehr die Berufung auf die dogmatischen Ursprünge der jeweils herangezogenen Rechtsgrundlage, sondern vielmehr eine pragmatische analoge Ausdehnung des Immissionsverbots auf gleichgelagerte Fälle.

### b)
### Unkörperliche Immissionen, insbesondere Lärmimmissionen

In einem Urteil vom 20. August 1857[411] nahm das OAG Dresden zur Klagebefugnis bei Lärmimmissionen Stellung. In dem der Entscheidung zugrundeliegenden Sachverhalt ging es darum, daß sich der klagende Grundeigentümer gegen die von einem auf dem benachbarten Grundstück belegenen Eisenbahnbetrieb ausgehenden Lärmbelästigungen wandte. Er verlangte die Einstellung des Eisenbahnbetriebes. Die Klage wurde abgewiesen.

Das Gericht erkannte:

> „*Der Lärm und das Getöse, das Jemand auf seinem eigenen Grundstücke verursacht, wäre es auch noch so groß, gewährt dem Eigenthümer des benachbarten Grundstückes nicht einen civilrechtlichen Anspruch. Nur polizeiliche Hülfe können die Eigenthümer dagegen in Anspruch nehmen, und nur die Polizeibehörde hat darüber zu cognosciren, ob derartige Uebelstände durch Verbot oder sonst auf geeignetem Wege abzustellen sind.*“

Das Gericht brachte hier also noch zu einem relativ späten Zeitpunkt die vor allem in der Wissenschaft zum gemeinen Recht vertretene Auffassung des engen Immissionsbegriffs zum Ausdruck, daß Lärmbelästigungen nicht dem privatrechtlichen Immissionsverbot unterfielen[412]. Sie seien vielmehr ausschließlich dem Polizeirecht zuzuordnen.

Diesem Urteil steht eine Entscheidung des gleichen Gerichts aus demselben Jahre gegenüber. In einem weiteren Urteil aus dem Jahre 1857[413] nämlich hatte das OAG Dresden anerkannt, daß einem Nachbarn zivilrechtlicher Schutz auch gegen die Einwirkungen zustehe, die nicht dem strengen Immissionsbegriff un-

---

411 OAG Dresden, Urteil vom 20. August 1857, Seuffert's Archiv, Bd. XXII, Nr. 123.

412 Vgl. oben § 8 I. 1.

413 OAG Dresden, Sächsisches Wochenblatt für merkwürdige Rechtsfälle, Jahrgang V, S. 265 ff., abgedruckt bei *Wilhelm Koch*, Deutschlands Eisenbahnen, Marburg – Leipzig 1860, Anlage XXXIIb, S. 346 ff.

terfielen. Hier hatte ein Hauseigentümer gegen eine Bahngesellschaft auf Unterlassung geklagt, weil die von den vorüberfahrenden Zügen ausgehenden Erschütterungen sein Haus beschädigten. Der Klage wurde grundsätzlich als begründet erachtet, dem Kläger aber nur Schadenersatz zugesprochen.

Die Entscheidungsgründe führen aus:

> *„Es ist auch wirklich kein Grund in der Natur der Sache gegeben, warum z. B. Rauch einer anderen Beurteilung unterliegen solle, als eine Kraft, welche vom Menschen erzeugt wird und den angrenzenden Grundstücken sich mit verderblicher Wirkung mittheilt. Ob die eine oder andere Wirkung mit unmittelbar sichtbaren Erscheinungen begleitet ist, kann für die rechtlichen Folgen nicht wesentlich sein.“*[414]

Hier hatte das OAG Dresden also auch unkörperliche Immissionen vom Immissionsverbot umfaßt sehen wollen. Allerdings war in diesem Fall im Gegensatz zu dem der Entscheidung vom 20. August 1857 zugrundeliegenden Sachverhalt der Unterlassungsanspruch wegen des „überragenden Volksguts“ des ungestörten Fortgangs des Eisenbahnbetriebs ausgeschlossen, so daß dem Kläger von vornherein nur der Verweis auf den Schadenersatzanspruch blieb.

## 2.
## Die sächsische Rechtsprechung zum Schadenersatzanspruch

Auch in Sachsen existierte vor Erlaß des sächsischen BGB mit Ausnahme einiger gewerberechtlicher Regelungen keine Rechtsvorschrift, die bei privaten nachbarlichen Immissionsfällen einen verschuldensunabhängigen Schadenersatzanspruch gewährte[415]. Die sächsischen Gerichte hatten also die schwierige Aufgabe, trotz der herrschenden Verschuldensdoktrin des Deliktsrechts zu praktisch verwertbaren Billigkeitsentscheidungen im Bereich des privaten Immissionsschutzes zu gelangen. Die Gerichte versuchten deshalb, das Merkmal der Vorhersehbarkeit eines Schadensereignisses auszudehnen, um hierdurch eine Haftung des Immittenten zu begründen[416]. Gerade im Bereich der Immissionen, die durch genehmigte Gewerbebetriebe im Rahmen konzessionskonformen Betriebs verursacht wurden, stellte sich das zusätzliche Problem, ob auf dem Hin-

---

[414] OAG Dresden, a. a. O., S. 351.
[415] Vgl. oben § 11 II.
[416] *Palmer*, S. 71.

tergrund der erteilten behördlichen Genehmigung eine Einwirkung auf ein Nachbargrundstück überhaupt als rechtswidrig anzusehen war[417].

Am 27. Januar 1855[418] hatte sich das Appellationsgericht Leipzig zum ersten Mal mit dieser Frage auseinanderzusetzen. Der Kläger begehrte Ersatz von Schäden, die beim Betrieb einer Eisenbahn am Grundstück des Klägers entstanden waren, obwohl sich der beklagte Staatsfiskus als Betreiber der Eisenbahn im Rahmen der behördlichen Konzession gehalten hatte. Das Gericht lehnte einen Schadenersatzanspruch des Klägers ab. Es erkannte zunächst die Analogiefähigkeit der gemeinrechtlichen Immissionsschutzregeln grundsätzlich an, befand aber, daß eine solche Analogie restriktiv anzuwenden sei, wenn sie „auf eine Beschränkung der wohlbegründeten Rechte hinauskommt, und mit dem unbestrittenen, allgemeinen Grundsatz in Widerspruch tritt, daß derjenige, welcher sein Recht ausübt, an sich dadurch kein Unrecht begeht, mithin für die daraus entstehenden Nachtheile nicht zu stehen braucht"[419]. Im Rahmen der Rechtswidrigkeit der Schadensverursachung befand es dann, daß es

> *„ ... doch an jedem Rechtsgrunde [gebricht], wegen dieses Schadens den Concessionar verantwortlich zu machen, welcher die angeblich schadensbringende Handlung auf Grund vorgängiger Prüfung des projectirten Unternehmens und unter ausdrücklicher Autorisation Seiten der Staatsgewalt ausübt .... "*[420]

Das Gericht vertrat also die Auffassung, daß die behördlich erteilte Genehmigung privatrechtliche Schadenersatzansprüche ausschließe. Nach dieser Entscheidung kam also der öffentlich-rechtlichen Gewerbegenehmigung privatrechtsgestaltende Wirkung auch im Bereich der deliktischen Schadenersatzansprüche zu[421].

Dieser Standpunkt wurde jedoch im Jahre 1857[422] durch das OAG Dresden aufgegeben. Das Gericht befand nunmehr, daß in der Konzessionserteilung nur die allgemeine Anordnung des Staates liege, nachteilige Einwirkungen durch

---

417 Vgl. zum Parallelproblem des Ausschlusses der Rechtswidrigkeit im Bereich der deliktischen Schadenersatzansprüche bei Einhaltung der immissionsschutzrechtlichen Grenzwerte unter Geltung des BImSchG unten § 35 IV. 2. b).

418 AG Leipzig, Urteil vom 27. Januar 1855, abgedruckt bei *Hesse*, Rechtsverhältnisse, S. 641 ff.

419 AG Leipzig, a. a. O., S. 641.

420 AG Leipzig, a. a. O., S. 643. Klammerzusatz durch Verfasser.

421 Vgl. zur heutigen Rechtslage unter Geltung des BImSchG unten § 35 IV. 2. b) mit umfangreichen Nachweisen zum Diskussionsstand in der Rechtswissenschaft.

422 OAG Dresden, Urteil aus dem Jahre 1857, Sächsisches Wochenblatt für merkwürdige Rechtsfälle, Jahrgang V, S. 272.

den Betrieb der Eisenbahn zu dulden, daß aber den Eigentümern für entstandene Schäden ein verschuldensunabhängiger Ersatzanspruch zu gewähren sei[423].

## II.
## Die Rechtsprechung in Sachsen nach Erlaß des sächsischen BGB und der sächsischen Gewerbeordnung

### 1.
### Die sächsische Rechtsprechung zum Unterlassungsanspruch

#### a)
#### Körperliche Immissionen

Die sächsische Rechtsprechung führte die bisherige Rechtsprechung zum Unterlassungsanspruch auch nach Erlaß des sächsischen BGB unverändert fort.

In einem Urteil aus dem Mai 1876 erweiterte das OAG Dresden[424] die in § 358 des sächsischen BGB aufgezählten körperlichen Immissionen um die des Funkenflugs[425]. Es verurteilte den Beklagten aufgrund der gewerberechtlichen Bestimmungen zur Herstellung immissionsverhindernder Einrichtungen und sprach hinsichtlich körperlicher Einwirkungen aus, daß sich ein Grundeigentümer unabhängig von einer eventuell bestehenden behördlichen Konzession grundsätzlich aller Immissionen zu enthalten habe.

Am 26. Juni 1886[426] verurteilte das OLG Dresden den Betreiber einer Gasanstalt, nach § 26 RGewO Vorrichtungen anzubringen, damit das Grundwasser des Nachbargrundstücks nicht weiterhin durch Steinkohlenteer sowie Ammoniak- und Schwefelbestandteile verseucht werde. In einem ähnlich gelagerten Fall unter Beteiligung eines Eisenbahnbetriebs griff das OLG Dresden in seinem Urteil

---

423 Diese Rechtsprechung wurde durch das OAG Dresden in seinem Urteil vom 14. April 1893, Annalen des Königlich Sächsischen Ober-Landesgerichts zu Dresden (Annalen), Bd. 15, S. 41 ff., bestätigt.

424 OAG Dresden, Wenglers Archiv für Civilrechtliche Entscheidungen (Wenglers Archiv) 1879, S. 474 ff.

425 Die Anwendung der §§ 357 bis 360 des sächsischen BGB wurde analog auch auf weitere Fälle körperlicher Immissionen ausgedehnt. Am 9. März 1878 (OAG Dresden, Entscheidung vom 9. März 1878, Wenglers Archiv 1880, S. 407 ff.) erachtete das OAG Dresden in einem Fall, bei dem aufgrund einer Unterhöhlung im Steinbruch des Beklagten Felsmassen in die Elbe stürzten und der Schiffsverkehr behindert wurde, eine Klage des Staatsfiskus als Eigentümer des Flusses auf Schadenersatz für begründet. Das OAG Dresden sah in der Einbringung der Gesteinsmassen in die Elbe einen Eingriff in das Eigentumsausübungsrecht des Staatsfiskus am Fluß und nahm neben den §§ 357 bis 360 des sächsischen BGB Bezug auf die in Dig. 8.5.8.5. festgehaltenen Regeln zu Immissionen durch Steinsplitter.

426 OLG Dresden, Urteil vom 16. Juni 1886, Wenglers Archiv 1887, S. 689.

vom 8. Oktober 1894[427] auf § 30 der sächsischen GewO[428] zurück. Da eine Untersagung der Einwirkungen aber wegen des konzessionierten Gewerbebetriebs des Beklagten nicht in Betracht kam, sprach es dem Kläger in Bezug auf sämtliche unmittelbaren und mittelbaren Immissionen einen Schadenersatzanspruch zu.

### b) Unkörperliche Immissionen, insbesondere Lärmimmissionen

Auch § 358 des sächsischen BGB traf keine Aussage darüber, ob unkörperliche Einwirkungen, speziell Lärmimmissionen, untersagt werden konnten[429]. Es dauerte bis zum 14. April 1893[430], bis das OLG Dresden in einem Urteil, der Argumentation des Reichsgerichts in seinem Urteil vom 19. März 1882[431] folgend, die Negatorienklage auch auf Lärmimmissionen anwandte, sofern die Zumutbarkeitsgrenze überschritten war und hierin eine wesentliche Beeinträchtigung des Eigentums lag.

Im zu entscheidenden Sachverhalt lehnte das OLG Dresden jedoch in Bezug auf Lärmimmissionen, die durch die von einem Eisenbahnbetrieb ausgehenden Signale einer Dampfpfeife verursacht wurden, den – nach § 26 RGewO einzig in Betracht kommenden – Schadenersatzanspruch ab, weil

> *„wenn für den, manchem Ohre vielleicht nicht angenehmen Klang dieser Signale eine Entschädigung gewährt werden sollte, die ganze Umgebung der fraglichen Eisenbahn zu demselben Anpruche berechtigt sein müßte. ... Derartige geringe Belästigungen [sind] untrennbar vom heutigen Verkehrsleben.“*[432]

Auch hier zeigt sich – ähnlich wie in der preußischen Rechtsprechung zum Schadenersatzanspruch bei durch den Eisenbahnbetrieb verursachten Immissionen[433] – daß die sächsische Rechtsprechung auch nach der positivrechtlichen Anerkennung des Schutzes vor Immissionen durch § 358 des sächsischen BGB und der vorsichtig angedeuteten Erweiterung des im sächsischen BGB zugrun-

---

427 OLG Dresden, Annalen, Bd. 16, S. 59 ff.

428 Weil nach § 6 RGewO die Anwendung der RGewO auf Eisenbahnen ausgeschlossen war, griff das OLG Dresden nicht auf § 26 der RGewO zurück, sondern stellte auf § 30 der sächsischen GewO ab.

429 *Palmer*, S. 59.

430 OAG Dresden, Urteil vom 14. April 1893, Annalen, Bd. 15, S. 41 ff.

431 RGZ 6, S. 217 ff.

432 OLG Dresden, a. a. O., S. 49. Klammerzusatz durch Verfasser.

433 Vgl. zur preußischen Rechtsprechung im Hinblick auf Immissionen durch den Eisenbahnbetrieb oben § 15 III. 1. a) und b).

degelegten Immissionsbegriffs[434] den Eisenbahnbetrieb im Interesse der Verkehrsentwicklung von Schadenersatzansprüchen weitgehend freizustellen versuchte, indem es im Rahmen eines Billigkeitsausgleichs[435] entscheidend auf das Merkmal der Intensität der Beeinträchtigung und auf die allgemeine Akzeptanz der Belästigung abstellte.

### c)
### Flüssige Immissionen

Am 20. Dezember 1882[436] befaßte sich das OLG Dresden mit einem Fall flüssiger Immissionen. Durch die Abwässer einer Brennerei und eines Wohnhauses auf dem höhergelegenen Nachbargrundstück war das tiefergelegene Grundstück des Klägers durch Jaucheabfluß über eine Straße beeinträchtigt und das Brunnenwasser verseucht worden. Das OLG Dresden untersagte die Immission und verurteilte zur Herstellung immissionshindernder Anlagen sowie Schadenersatz. Es stützte sich hierbei auf die Vorschrift des § 359 des sächsischen BGB und nahm auch auf die Vorschriften des Sachsenspiegels Bezug. Daß der Überfluß über eine Straße auf das Grundstück des Klägers erfolge, erachtete das Gericht als unschädlich:

> „*Die Nachbarschaft ... ist daher überall da vorhanden, wo die Grundstücke der Betheiligten so nahe bei einander liegen, daß dergleichen nachtheilige Einflüsse, trotz des Dazwischenliegens eines dritten Grundstücks ... über dessen Grenze hinaus auf das Grundstück des anderen Betheiligten ausgeübt werden.*“[437]

Unerheblich sei es auch, ob den Beklagten an der Verursachung der Immission ein Verschulden treffe. Denn bei der in § 359 des sächsischen BGB bestimmten Haftung handele es sich, so das Gericht, nicht um eine Verschuldens-, sondern eine Zustandshaftung[438].

Dagegen war die Rechtsprechung bezüglich flüssiger Immissionen, welche sich aufgrund von Grundstücksveränderungen ergaben, nicht einheitlich. In der Veränderung der Grundstücksneigung, die beim Abfluß des Regenwassers zu einer Überschwemmung des Nachbargrundstücks führte, erblickte das OLG

---

434 Insbesondere durch das Urteil des OAG aus dem Jahre 1857 (OAG Dresden, Urteil aus dem Jahre 1857, Sächsisches Wochenblatt für merkwürdige Rechtsfälle, Jahrgang V, S. 265 ff., abgedruckt bei *Koch*, Anlage XXXIIb, S. 346 ff.). Vgl. oben § 16 I. 1. b).
435 Vgl. oben § 11 I.
436 OLG Dresden, Urteil vom 20. Dezember 1882, Wenglers Archiv 1883, S. 753 ff.
437 OLG Dresden, a. a. O., S. 760.
438 OLG Dresden, a. a. O., S. 761.

Dresden in einem Urteil vom 24. November 1887[439] lediglich eine erlaubte Ausnutzung des Gebrauchs des Eigentumsrechts zu wirtschaftlichen Zwecken. Dasselbe Gericht verurteilte jedoch am 5. Januar 1893[440] einen Eisenbahnunternehmer, der einen Eisenbahndamm entlang eines Flusses errichtet hatte, wodurch es infolge einer Brückenöffnung bei Hochwasser zu Überschwemmungen auf den Nachbargrundstücken gekommen war, zum Ersatz des dadurch entstandenen Schadens[441]. Ohne die Errichtung des Bahndamms hätte sich der Fluß nämlich selbst reguliert. Nachdem es auf das Eigentumsausübungsrecht des Eisenbahnunternehmers eingegangen war, führte das OLG Dresden aus:

> „*Insbesondere aber ist es Rechtens, daß niemand auf seinem Grund und Boden etwas vornehmen darf, wodurch der thatsächliche Zustand eines Wasserlaufs zum Nachtheile anderer eine Abänderung erleidet.*“[442]

## 2.
## Die sächsische Rechtsprechung zum Schadenersatzanspruch

§ 321 des sächsischen BGB eröffnete dem immissionsgeschädigten Grundeigentümer die Möglichkeit, auf Schadenersatz zu klagen. Für das hierzu erforderliche Verschulden war die allgemeine Vorschrift des § 116[443] des sächsischen BGB heranzuziehen. Im Rahmen privater Immissionsfälle stellte sich regelmässig die Frage, ob dem Einwirkenden auch ein Verschulden zur Last fallen mußte oder ob der Schadenersatzanspruch bei privaten Immissionsstörungen auch verschuldensunabhängig gewährt werden sollte. Die Rechtsprechung der sächsischen Gerichte hierzu war uneinheitlich.

Das OLG Dresden sprach sich in einem Urteil vom 20. Dezember 1882[444] für eine verschuldensunabhängige Schadenersatzhaftung des Immittenten im Rahmen von §§ 358, 359 des sächsischen BGB aus. Im Rahmen von §§ 358, 359 des sächsischen BGB sei nämlich allein die tatsächliche Beeinträchtigung des Nachbargrundstücks entscheidend.

Dennoch stand diese Begründung auf unsicherem Grund, behandelten doch die §§ 358, 359 des sächsischen BGB lediglich den Unterlassungsanspruch bei

---

439 OLG Dresden, Urteil vom 24. November 1887, Annalen, Bd. 9, S. 369 ff.

440 OLG Dresden, Urteil vom 5. Januar 1893, Annalen, Bd. 14, S. 146 ff.

441 Da der Unterlassungsanspruch gegen den konzessionierten Eisenbahnbetrieb nicht durchdringen konnte.

442 OLG Dresden, a. a. O., S. 147.

443 § 116 des sächsischen BGB lautete: „Wer durch Handlungen, seien es Begehungen oder Unterlassungen, die Rechte eines Andern verletzt, ist, wenn ihm eine Verschuldung zur Last fällt, dafür einzustehen verbunden.“

444 OAG Dresden, Urteil vom 20. Dezember 1882, Wenglers Archiv 1883, S. 753 ff.

nachbarlichen Immissionen und nahmen zum Schadenersatz und insbesondere zum Verschulden des Immittenten bei der Herbeiführung eines Schadens für das Grundstück des Geschädigten keine Stellung.

In zwei weiteren Entscheidungen vom 13. Dezember 1882[445] und vom 18. Dezember 1882[446] hatte das OLG Dresden in jeweils ähnlich gelagerten Fällen, indem es um den Ersatz des infolge eines Wasserrohrbruches entstandenen Schadens ging, einmal entschieden, daß es auf das Verschuldenserfordernis nicht ankomme, das andere Mal aber gerade darauf abgestellt.

Einschränkend urteilte das OLG Dresden in seiner Entscheidung vom 22. Juni 1886[447], als es um den Ersatz des Schadens ging, welcher durch Immissionen einer nicht konzessionierten Gasfabrik auf dem Nachbargrundstück entstanden war. Das OLG hielt die auf §§ 358, 359 des sächsischen BGB gestützte und auf Schadenersatz gerichtete Negatorienklage des Grundeigentümers für begründet,

> „*wenn nur überhaupt eine schadensbringende Anlage auf dem Grundstücke des Beklagten sich befindet ... Es genügt die Thatsache allein, daß von dem Grundstücke der Beklagten aus schädliche Substanzen nach dem Grundstücke der Klägerin übertreten. ... Denn die Verpflichtung zum Ersatze des Schadens ist in § 321 des Bürgerlichen Gesetzbuches als eine unbedingte hingestellt; nach dem Wortlaute dieser Bestimmung verpflichtet lediglich die thatsächliche Beschränkung fremden Eigenthums zum Ersatze des Schadens, ohne daß unterschieden wird, ob den Urheber eine Verschuldung trifft oder nicht*“[448].

Das Gericht wollte also das Verschuldenserfordernis des § 116 des sächsischen BGB als konstitutives Merkmal eines Schadenersatzanspruchs nur auf Handlungen, nicht jedoch auf tatsächliche Zustände, wie sie sich regelmäßig in den in §§ 358, 359 des sächsischen BGB einschlägigen Fallkonstellationen ergaben, anwenden[449].

Auch an dieser Entscheidung läßt sich das Bemühen ablesen, letztlich aus Billigkeitsgesichtspunkten eine Schadenersatzverpflichtung zu konstruieren. Dogmatisch läßt sich nämlich die vom OLG Dresden vertretene Interpretation der §§ 116, 358, 359 des sächsischen BGB kaum halten. Eine Trennung der Verantwortlichkeit in eine Zustands- und eine Handlungsverantwortlichkeit mit jeweils unterschiedlichen Voraussetzungen ist in den zu behandelnden Immissionsfällen in der Regel widersinnig, weil hier die schädlichen Zustände durch

---

445 OLG Dresden, Urteil vom 13. Dezember 1882, Wenglers Archiv 1886, S. 167 ff.
446 OLG Dresden, Urteil vom 18. Dezember 1882, Wenglers Archiv 1884, S. 225 ff.
447 OLG Dresden, Urteil vom 22. Juni 1886, Wenglers Archiv 1887, S. 689 ff.
448 OLG Dresden, Urteil vom 22. Juni 1886, a. a. O., S. 693 f.
449 OLG Dresden, Urteil vom 22. Juni 1886, a. a. O., S. 695.

Handlungen herbeigeführt werden. Anknüpfungspunkt der Schadensverantwortlichkeit kann demnach bei Immissionsfällen nur eine Handlung des Immittenten sein[450].

## III.
## Bewertung

Die sächsische Rechtsprechung entschied private nachbarliche Immissionsfälle bis zum Erlaß des sächsischen BGB 1863 nach gemeinem Recht, wobei sich bereits im ersten Urteil des OAG Dresden vom 17. Dezember 1843 zu diesem Problembereich eine deutliche Tendenz zur analogen Erweiterung der römischrechtlichen Quellentatbestände beispielsweise auch auf mittelbare Immissionen findet, um zu praktisch verwertbaren Lösungen zu gelangen[451]. Auch in der Praxis der sächsischen Gerichte läßt sich also bis in die sechziger Jahre des 19. Jahrhunderts vor allem in Bezug auf einen Untersagungsanspruch eine der preußischen Rechtsprechung ähnelnde Tendenz ablesen, zulasten einer dogmatisch korrekten Argumentation den Rechtsschutz des von Immissionen betroffenen Grundeigentümers zu erweitern.

Legten die römisch-rechtlichen Quellen eine Unterscheidung zwischen körperlichen und unkörperlichen Immissionen nahe, so setzte sich die sächsische Rechtsprechung schon in ihren frühen Urteilen über diese Unterscheidung hinweg und stellte allein auf die Art der Einwirkung ab, wie sich insbesondere dem Urteil des OAG Dresden aus dem Jahre 1857[452] entnehmen läßt. Während allerdings die sächsische Rechtsprechung im Hinblick auf Lärmimmissionen, wie das Urteil des OAG Dresden vom 20. August 1857[453], zeigt, zurückhaltend agierte, stellte sich das Preußische Obertribunal bereits in seinem Urteil vom 4. Januar 1859[454] sehr viel deutlicher auf den Standpunkt, daß es nicht darauf ankommen könne, „ob das Immittiren für den Gesichts- oder Tastsinn substanziell faßlich" ist. Klarer als die sächsische Rechtsprechung sprach sich das preußische Obertribunal also für einen weitgehenden Immissionsschutz des Betroffenen aus und gestand diesem im Bereich der gewerblichen Immissionen sogar einen verschuldensunabhängigen Schadenersatzanspruch zu.

---

450 *Palmer*, S. 74.

451 Vgl. oben § 16 I. 1. a).

452 OAG Dresden, Urteil aus dem Jahre 1857, Sächsisches Wochenblatt für merkwürdige Rechtsfälle, Jahrgang V, S. 265 ff., abgedruckt bei *Koch*, Anlage XXXIIb, S. 346 ff – Erschütterungen durch den Eisenbahnbetrieb. Vgl. oben § 16 I. 1. b).

453 OAG Dresden, Urteil vom 20. August 1857, Seuffert's Archiv, Bd. XXII, Nr. 123 – Lärmimmissionen. Vgl. oben § 16 I. 1. b).

454 Preußisches Obertribunal, Urteil vom 4. Januar 1859, StrA, Bd. 32, S. 90 ff. – Hitzeeinwirkungen. Vgl. oben § 15 III. 2.

Zumindest bleibt festzuhalten, daß die sächsische Rechtsprechung auch nach Erlaß des sächsischen BGB außerhalb des Gewerberechts die in § 358 des sächsischen BGB aufgezählten Immissionsarten schrittweise erweiterte[455].

Bezüglich der Gewährung eines verschuldensunabhängigen Schadenersatzanspruchs auf dem Gebiet gewerblicher Immissionen waren die sächsischen Gerichte also deutlich zurückhaltender als die preußischen[456]. Die sächsische Rechtsprechung war zunächst sehr in der Verschuldensdoktrin verhaftet und vermochte es nicht, die in der preußischen Rechtsprechung – insbesondere nach der Plenarentscheidung des Obertribunals vom 7. Juni 1852[457] – aus dem Gedanken der Gefährdungshaftung vollzogene Entwicklung hin zu einem verschuldensunabhängigen Schadenersatzanspruch nachzuzeichnen, obwohl davon ausgegangen werden kann, daß den sächsischen Gerichten die preußische Rechtsprechung durchaus bekannt war. Stattdessen hielten die sächsischen Gerichte vor Erlaß des sächsischen BGB und der sächsischen Gewerbeordnung noch bis zum Jahre 1857[458] daran fest, daß gegenüber konzessionierten Gewerbebetrieben jegliche Schadenersatzansprüche scheiterten, weil der behördlichen Konzession rechtfertigende Wirkung zukomme.

Obwohl die Rechtslage durch den Erlaß des sächsischen BGB und der sächsischen Gewerbeordnung deutlich dahingehend modifiziert wurde, daß durch die Schaffung des § 321 des sächsischen BGB und durch § 30 der sächsischen Gewerbeordnung die Möglichkeit der Geltendmachung von Schadenersatzansprüchen bei privaten nachbarlichen Immissionsfällen normiert wurde, ist es umso unverständlicher, daß die sächsische Rechtsprechung keine klare Linie bei der Frage aufwies, ob der Schadenersatzanspruch gegen einen immittierenden Gewerbetreibenden auch verschuldensunabhängig gewährt werden sollte[459]. Hier fällten die Gerichte unter dem Bemühen, im Einzelfall zu einer der Billigkeit gerecht werdenden Lösung zu gelangen, widersprechende Einzelentscheidungen, was für den Immissionsgeschädigten eine nicht unerhebliche Rechtsunsicherheit zur Folge hatte.

---

[455] Vgl. beispielsweise die Urteile des OAG Dresden aus dem Jahre 1876 (Wenglers Archiv 1879, S. 474 ff. – Funkenflug), des OAG Dresden vom 9. März 1878 (Wenglers Archiv 1880, S. 407 ff. – Einbringung von Gesteinsmassen in einen Fluß) und des OLG Dresden vom 26. Juni 1886 (Wenglers Archiv 1887, S. 689 – Immissionen durch Steinkohleteer sowie Ammoniak- und Schwefelbestandteile) sowie oben § 16 II. 1.

[456] Vgl. oben § 16 I. 2.

[457] PrObTribunalE 23, S. 252 ff. Vgl. oben § 15 I. 1. c).

[458] Vgl. das Urteil des Appellationsgerichts Leipzig vom 27. Januar 1857 (abgedruckt bei *Hesse*, Rechtsverhältnisse, S. 641 ff.). Diese Rechtauffassung wurde erst durch ein Urteil des OAG Dresden aus dem Jahre 1857 (Sächsisches Wochenblatt für merkwürdige Rechtsfälle, Jahrgang V, S. 272) aufgegeben. Vgl. auch oben § 16 I. 2.

[459] Vgl. oben § 16 II. 2.

## *§ 17*
## *Die Rechtsprechung der bayerischen Gerichte*

Von den bayerischen Gerichten sind bei der Behandlung von privaten Immissionsfällen nur solche Entscheidungen bekannt, die wie selbstverständlich auf der Anwendung des gemeinen Rechts beruhen. Mit der Frage der Anwendbarkeit der Vorschriften des Codex Maximilianeus Bavaricus Civilis von 1756 setzten sich die bayerischen Gerichte dabei nicht auseinander[460].

### I.
### Immissionen durch den Eisenbahnbetrieb

#### 1.
#### Das Urteil des OAG München vom 11. Mai 1853

So stützte das OAG München in seinem Urteil vom 11. Mai 1853[461] zu Immissionen, welche durch den Betrieb einer Eisenbahn entstanden waren, seine Entscheidung auf die Grundsätze des gemeinen Rechts. In dem der Entscheidung zugrundeliegenden Sachverhalt hatte ein Grundeigentümer gegen die Staatseisenbahn auf Entschädigung geklagt, weil ihm auf seinem Grundstück infolge des durch die Eisenbahnen verursachten Funkenflugs ein Schaden entstanden war. Die beklagte Staatsbahn wandte ein, sie habe nur von ihrem Eigentumsausübungsrecht Gebrauch gemacht. Das Gericht gab der Klage statt.

Das OAG München hielt die Anwendbarkeit der Aquilischen Klage – also einer deliktischen Schadenersatzklage[462] – des römischen Rechts für einschlägig. Das hierfür erforderliche Verschulden der Beklagten leitete das Gericht aus dem Verhalten der bei ihr beschäftigten Bediensteten her:

> *„Haben die Bahnbediensteten bei dem Vorüberfahren an dem Eigenthum des Klägers die Maschine überheizt, oder nur nicht Vorsorge getroffen, daß der ... Kamin eine geminderte oder ungefährliche Quantität von Funken, oder gar keine aussprühte ... so haben sie, wenn auch in geringem Grade, worauf es bei der Vertretung der aquilischen Klage nicht ankommt, fahrlässig gehandelt.“*

---

460 *Palmer*, S. 103.
461 OAG München, Urteil vom 11. Mai 1853, Seuffert's Archiv, Bd. X, Nr. 164.
462 Vgl. hierzu *Hesse*, Rechtsverhältnisse, S. 21 ff.

In Bezug auf den Einwand der Beklagten, die Schädigung sei aufgrund ihres Eigentumsausübungsrechts nach dem römisch-rechtlichen Grundsatz *qui iure utitur, neminem laedit* nicht als rechtswidrig anzusehen, erkannte das Gericht:

> *„Dieser Satz ist nicht dahin zu verstehen, daß der Eigenthümer ungestraft den Nachbar beschädigen dürfe, da dieser auf Integrität seines Eigenthums den gleichen Rechtsschutz anzusprechen habe."*

Ein Schadenersatzanspruch des Klägers wurde hier also nicht aufgrund der durch die mit der *actio negatoria* zu verfolgenden Eigentumsfreiheit, sondern aufgrund allgemeiner deliktischer Grundsätze zugesprochen.

### 2.
### Das Urteil des OAG München vom 16. April 1861

Wenig später jedoch griff das gleiche Gericht zur Behandlung eines ähnlich gelagerten Sachverhalts auf die *actio negatoria* zurück. In seinem Urteil vom 16. April 1861[463] sprach das OAG München dem Kläger Schadenersatz wegen eines beim Betrieb einer Eisenbahn durch Funkenflug verursachten, vor Klageerhebung entstandenen Schadens am klägerischen Grundstück zu. Das Gericht stützte sich auf die Quelle Dig. 8.5.8.5. – 7 und führte zur Eigentumsbeeinträchtigung am Grundstück des Klägers aus:

> *„Ein solcher Angriff findet aber offenbar dann statt, wenn Jemand auf seinem Eigenthum Anlagen macht oder Einrichtungen trifft, welche das Auswerfen schädlicher Stoffe auf benachbartes Eigenthum nothwendig herbeiführen, und er wird daher auch durch den Eigenthümer einer Eisenbahn begangen, wenn derselbe dieß sein Eigenthum mit Locomotiven exploitirt, nachdem diese Brandstoffe auf die angränzenden Grundstücke ausstreuen. ... Zum Schutze gegen einen derartigen Angriff ist die aus dem Eigenthume fließende actio negatoria gegeben ... Die Behauptung eines dolus oder einer culpa auf Seiten des Beklagten ist dagegen zur Substantiierung dieser Klage nicht erforderlich."*[464]

[463] OAG München, Urteil vom 16. April 1861, Seuffert's Archiv, Bd. XIV, Nr. 208, S. 724 ff.
[464] OAG München, Urteil vom 16. April 1861, a. a. O., S. 724 f.

Das Gericht zog allerdings hilfsweise auch die Anwendung der Aquilischen Klage in Betracht und sprach auch hieraus den Schadenersatz zu. Das erforderliche schuldhafte Verhalten des Beklagten erblickte es darin, daß

> *„eine Handlung schon dann diesen Charakter an sich trägt, wenn der Handelnde wissen mußte, daß sein Thun einen Schaden verursachen konnte, und er dessenungeachtet die Handlung vornahm. Es ist nämlich augenscheinlich, daß der Erguß von Feuerfunken auf fremdes Eigenthum, wo brennbare Stoffe vorhanden sind, einen Brand zur Folge haben könne ...“*[465]

Hierdurch wurde eine weite Verantwortlichkeit des Beklagten für die fahrlässige Vornahme potentiell gefährdender Handlungen für das Grundeigentum der Nachbarn statuiert[466]. Das OAG München erklärte,

> *„der Umstand, daß die Technik noch nicht so weit fortgeschritten ist, um die Locomotiven in der Art herzustellen, daß bei Anwendung gehöriger Vorsicht eine Brandstiftung unmöglich ist, kann von dieser Ersatzverbindlichkeit nicht befreien ...“*[467]

Damit war in der Rechtsprechung der bayerischen Gerichte der Schritt zu einer weiten Gefährdungshaftung im Bereich des privaten nachbarlichen Immissionsschutzrechts vollzogen. Für den Bereich des Eisenbahnrechts wurde ein „notwendig culposer“[468] Schadenersatzanspruch normiert, indem die naturgemäß gefahrträchtige Handlung des Betriebs einer Eisenbahn als fahrlässiges Verhalten gegenüber dem benachbarten Grundeigentümer im Sinne eines Verschuldens gewertet wurde. Damit wurde im Bereich des Eisenbahnrechts das Prinzip der Schuldhaftung restlos preisgegeben[469].

In seinem Urteil nahm das Gericht auch zu der Frage der Behandlung mittelbarer Immissionen Stellung und erklärte auch diese für rechtswidrig:

> *„Der Sturmwind kann nur in Verbindung mit dem Funkenaussprühen der Locomotive den Brand verursacht haben, die Concurrenz eines derartigen nicht ungewöhnlichen ... eingetretenen Elementarereignisses kann aber von der Ersatzpflicht nicht befreien. Daß der Fiscus [der Beklagte] auch für den durch die Weiterverbreitung des Feuers ... verursachten Schaden verant-*

465 OAG München, Urteil vom 16. April 1861, a. a. O., S. 726.
466 *Ogorek*, Gefährdungshaftung, S. 67.
467 OAG München, Urteil vom 16. April 1861, a. a. O., S. 725.
468 *Ogorek*, Actio negatoria, S. 72.
469 *Ogorek*, Gefährdungshaftung, S. 67 f.

*wortlich ist, selbst wenn der herrschende Wind vorzugsweise dazu beigetragen haben sollte, bringt ... die Natur der Sache mit sich.“*[470]

## II.
## Einwirkung auf das Grundstück und erlaubter Gebrauch des Eigentums

### 1.
### Das Urteil des Obersten Gerichtshofs für Bayern vom 29. Mai 1873

In seinem Urteil vom 29. Mai 1873[471] nahm der Oberste Gerichtshof für Bayern erstmals zu der Frage Stellung, ob die Einwirkung durch positives Handeln oder Einleiten erfolgen müsse. In dem der Entscheidung zugrundeliegenden Sachverhalt wandte sich der Kläger gegen eine vom Nachbargrundstück ausgehende Rauchbelästigung, welche nicht absichtlich auf sein Grundstück hinübergeleitet wurde.

Das Gericht faßte auch eine solche Immission unter Rückgriff auf Dig. 8.5.8.5. unter das Immissionsverbot. Es führte aus:

> *„Es darf das Wort „immittere“ nicht in jenem einschränkenden Sinne aufgefaßt werden, vielmehr sind darunter alle diejenigen Fälle begriffen, in welchem ohne positives Handeln und ohne besonderen Zwecke eines Hinüber- oder Hineinleitens getroffene Vorrichtungen auf fremdes Eigentum etwas Materielles, Körperliches zugeführt wird.“*[472]

Der Grundsatz des *qui jure suo utitur, neminem laedit* sei nur auf die gewöhnliche Benutzung des Eigentums, nicht jedoch auf eine außergewöhnliche anzuwenden. Das Gericht gab der Klage statt. Damit entschied der Oberste Gerichtshof, daß auch mittelbare Immissionen grundsätzlich vom Immissionsverbot umfaßt seien und begründete eine weitgehende Haftung des Immittenten.

---

470 OAG München, Urteil vom 16. April 1861, a. a. O., S. 726. Klammerzusätze durch Verfasser.
471 BayOLGZ 4, S. 45 ff.
472 BayOLGZ 4, S. 47.

## 2.
## Das Urteil des Obersten Gerichtshofs für Bayern vom 2. November 1874

In seinem Urteil vom 2. November 1874[473], betonte der Oberste Gerichtshof allerdings die Freiheit des Eigentumsausübungsrechts eines Grundeigentümers, mit dem Grundstücke so zu verfahren, wie es ihm beliebe.

Es ging es darum, daß das Grundstück des klagenden Grundeigentümers dadurch abgerutscht war, daß sein Nachbar auf seinem Grundstück in die Tiefe gegraben und dem klägerischen Grundstück die Tragfähigkeit entzogen hatte. Der Oberste Gerichtshof sah diese Abgrabung nicht als ein Eingreifen in die Eigentumssphäre des Klägers an[474]. Er wies die Negatorienklage ab und befand, der Kläger habe sich beizeiten mit der *cautio damni infecti* wehren können. Insofern er dies versäumt habe, sei nun der Schadenersatzanspruch ausgeschlossen.

## III.
## Flüssige Immissionen

In seinem Urteil vom 20. Juli 1875[475] hatte der Oberste Gerichtshof für Bayern über einen Fall zu entscheiden, bei dem aufgrund einer Verlegung eines Weges und einer hierzu durchgeführten Abgrabung Regenwasser in den Keller des Klägers eindrang. Das Gericht erkannte unproblematisch eine zur Negatorienklage berechtigende *immissio aquae* an und verurteilte die Beklagte zur Aufschüttung der Abgrabungen und zur Wiederherstellung des ursprünglichen Weges. Es betonte dabei, der Weg in seinem jetzigen Zustand stelle sich als ein für den Kläger schädliches Werk dar[476].

---

473 Oberster Gerichtshof für Bayern, Urteil vom 2. November 1874, Seuffert's Archiv, Bd. XXXI, Nr. 334.

474 Insofern finden sich hier die typischen Begründungsmuster, die regelmäßig bei der Beurteilung negativer Immissionen auftraten. Mangels eines „*immittere*" wurden negatorische Ansprüche abgelehnt.

475 Oberster Gerichtshof für Bayern, Urteil vom 20. Juli 1875, Seuffert's Archiv, Bd. XXXII, Nr. 15.

476 In einem ähnlichen Sachverhalt machte der Oberste Gerichtshof für Bayern in seinem Urteil vom 24. Januar 1881, Seuffert's Archiv, Bd. XXXVI, Nr. 183, S. 272 f., zudem klar, daß zwischen der Zuleitung von Regenwasser oder sonstiger Flüssigkeiten nicht zu unterscheiden sei.

## IV.
## Einwirkung auf ein Grundstück durch Gewerbebetriebe mit staatlicher Konzession

### 1.
### Das Urteil des Obersten Gerichtshofs für Bayern vom 4. April 1875

In seinem Urteil vom 4. April 1875[477] hatte der Oberste Gerichtshof für Bayern über die Frage zu entscheiden, ob gegen den Betreiber einer nach der RGewO konzessionierten Anlage privatrechtliche Immissionsschutzklagen zulässig, oder ob private Einwendungen durch die Genehmigung ausgeschlossen seien. Das Gericht befand, daß gegen nach § 26 RGewO konzessionierte Anlagen die Erhebung der Negatorienklage nur aufgrund spezieller privatrechtlicher Titel möglich sei und sich nicht allein auf das aus dem Eigentum fließende umfassende Verbietungsrecht gegen Eigentumsstörungen stützen lasse. Die Entscheidung über solche Einwendungen sei den Verwaltungsbehörden vorbehalten, wie sich aus § 19 Absatz 2 der RGewO ergebe. Einen doppelten Schutz sowohl aufgrund des § 19 Absatz 2 RGewO und der Zivilgerichte sei mit dem Gesetzeszweck der RGewO nicht vereinbar.

Der Oberste Gerichtshof für Bayern vertrat in diesem Urteil also die Auffassung, daß sich im Bereich von Immissionen, welche von nach der RGewO konzessionierten Gewerbebetrieben ausgingen, der Schutz vor den Verwaltungsbehörden und der zivilgerichtliche Schutz gegenseitig ausschlössen[478], der öffentlich-rechtlichen Genehmigung also im Bereich der allgemeinen Eigentumsansprüche privatrechtsgestaltende Wirkung zuzumessen sei. Offenbar sah er den Schutz der Betroffenen durch das auch ihren Interessen dienende, umfassende Genehmigungsverfahren als ausreichend an und bejahte insoweit eine Überlagerung der privatrechtlichen Immissionsschutzansprüche durch das öffentlichrechtliche Genehmigungszulassungsrecht[479].

---

[477] BayObLG, Urteil vom 4. April 1875, Seuffert's Archiv, Bd. XXXI, Nr. 71.

[478] *Rohde*, S. 117.

[479] Diese Rechtsauffassung stellt sich insbesondere unter Berücksichtigung der preußischen Rechtsprechung des Obertribunals, die sich seit der Plenarentscheidung vom 7. Juni 1852 (PrObTribunalE 23, S. 252 ff.; vgl. oben § 15 I. 1. c)) in der Folgezeit in seinen Entscheidungen 4. Januar 1859 (StrA, Bd. 32, S. 90 ff. – Schadenersatzverpflichtung bei Hitzeeinwirkungen durch konzessionierten Gewerbebetrieb; vgl. oben § 15 III. 2.), vom 29. September 1867 (StrA, Bd. 68, S. 189 ff. – Schäden durch Dämpfe aus einem konzessionierten Hochofenbetrieb; vgl. oben § 15 III. 2.) sowie vom 12. Oktober 1871 (PrObTribunalE 75, S. 317 ff.; vgl. oben § 15 III. 2.) zunehmend verfestigte und in welchen immittierende konzessionierte Gewerbebetriebe noch nicht einmal gegen verschuldensunabhängige Schadenersatzansprüche geschützt waren, als antiquarisch dar.

## 2.
## Das Urteil des Bayerischen Obersten Landesgerichts vom 2. Juni 1881

Am 2. Juni 1881[480] entschied das Bayerische Oberste Landesgericht mit bemerkenswerter Begründung über folgenden Sachverhalt: Der Kläger hatte gegen seinen Nachbarn geklagt, welcher im durch eine gemeinsame Mauer verbundenen Nachbarhaus eine Druckerei mit einer konzessionierten dampfbetriebenen Stanzmaschine betrieb. Durch die Erschütterungen, die diese Stanzmaschine hervorrief, zeigten sich im Hause des Klägers Risse in den Wänden. Der Kläger beantragte Unterlassung der Störung und Ersatz des bisher entstandenen Schadens, hilfsweise die Herstellung von Einrichtungen, welche die Erschütterungen ausschlössen. Das Oberste Landesgericht gab dem zweiten Klageantrag statt.

Das Gericht setzte sich zunächst mit dem vom Kläger geltend gemachten Unterlassungsanspruch auseinander und bejahte diesen nach gemeinem Recht auch im Falle der Beeinträchtigungen des Grundeigentums durch vom Nachbargrundstück ausgehende Erschütterungen. Bezüglich des Maßes einer zu duldenden Einwirkung im Nachbarverhältnis nahm das Gericht folgendermaßen Stellung:

> *„Allerdings ist es gemeine Regel, daß man sein Recht ungehindert ausüben darf, auch wenn dadurch einem Andern Schaden zugeht ...; sowie daß der Eigenthümer eines Grundstücks vom Eigenthümer des Nachbargrundstücks Alles dulden muß, was als Folge der Eigenthumsausübung erscheint. Es ist aber wohl zu unterscheiden, was Eigenthumsausübung ist und was mit der persönlichen Individualität zusammenhängt, wie Gewerbebetrieb, und durch diesen bewirkt wird. ... Was die allgemeine Bestimmung von Grundstücken, Gebäuden mit sich bringt, und was mehr mit der persönlichen Individualität zusammenhängt, also in Bezug auf das dingliche Recht zufällig ist, muß auseinandergehalten werden. ... So können doch von den Beklagten die durch ihren Gewerbebetrieb mittels einer Dampfmaschine in dem klägerischen Nachbargebäude zugefügten Beschädigungen nicht mit dem Eigenthumsrecht an dem Grundstück, worauf sie ihr Gewerbe betreiben, gerechtfertigt werden.“*[481]

Allerdings schlösse, so das Gericht, der § 26 RGewO einen Untersagungsanspruch gegenüber den Belästigungen der konzessionierten Dampfmaschine des Beklagten aus, dessen Normzweck sei, daß „die Industriellen vor den Folgen geschützt werden, welche das Privatrecht an die allerunerheblichsten Belästigungen knüpft“.

---

480 BayObLG, Urteil vom 2. Juni 1881, Seuffert's Archiv, Bd. XXXVIII, Nr. 6, S. 8 ff.

481 BayObLG, Urteil vom 2. Juni 1881, a. a. O., S. 9.

Interessant sind die Ausführungen des Bayerischen Obersten Landesgerichts zur Grenze der Duldungspflicht bei nachbarlichen Immissionen. Das Gericht bediente sich nicht der gebräuchlichen Begriffspaare der gewöhnlichen bzw. ungewöhnlichen Benutzung des Grundeigentums. Es stellte vielmehr der aus dem dinglichen Recht am Eigentum entspringenden „Eigentumsausübung" die vom dinglichen Recht am Eigentum unabhängige „persönliche Individualität" gegenüber. Aus der persönlichen Individualität entspringende Beschädigungen seines Grundeigentums könne ein Grundeigentümer stets untersagen, weil diese sich nur als zufällige dingliche Nutzung des Nachbareigentums darstelle. Hierunter faßte das Gericht auch den Betrieb eines Gewerbes.

Diese Argumentation blieb in der bayerischen Rechtsprechung einzigartig, was jedoch nicht erstaunen kann, da sie zur Bestimmung einer klaren Grenzlinie für ein Verbietungsrecht des von Nachbarimmissionen getroffenen Grundeigentümers nur in geringem Maße beizutragen vermochte. Dennoch wurde in diesem Urteil vom 2. Juni 1881 aufgrund des gemeinen Rechts ein Verbietungsrecht auch gegenüber Erschütterungen, die vom Nachbargrundstück ausingen, anerkannt. Dieser grundsätzliche Untersagungsanspruch aus dem gemeinen Recht wurde durch ein Urteil des Bayerischen Obersten Landesgerichts vom 27. Juni 1892[482] ohne nähere Begründung auch auf Lärmimmissionen und durch ein weiteres Urteil vom 27. März 1897[483] auch auf üble Gerüche ausgeweitet.

## V.
## Bewertung

Rückblickend läßt sich feststellen, daß von der bayerischen Rechtsprechung keine entscheidenden Impulse für den Schutz des von nachbarlichen Immissionen betroffenen Grundeigentümers ausgingen[484]. Wesentlichen Anteil daran hatte vor allem die vom Obersten Gerichtshof für Bayern vertretene Auffassung, daß eine zivilrechtliche Klage gegen einen konzessionierten Gewerbebetrieb ausschied, weil der betroffene Grundeigentümer sich im behördlichen Genehmigungsverfahren hätte zu Wort melden können[485].

---

482 BayObLG, Urteil vom 27. Juni 1892, Seuffert's Archiv, Bd. XLVIII, Nr. 171.

483 BayObLG, Urteil vom 27. März 1897, Seuffert's Archiv, Bd. LIII, Nr. 8, sofern sich diese Gerüche nicht durch die Errichtung entsprechender Einrichtungen abstellen ließen. Vgl. auch BayObLG, Urteil vom 21. April 1895, Seuffert's Archiv, Bd. LI, Nr. 11.

484 *Palmer*, S. 108.

485 Vgl. oben § 17 IV. 1. Dieses Begründungsmuster findet sich allerdings noch bis in unsere heutige Zeit im Hinblick auf die Problematik wieder, ob die Anlagengenehmigung nach dem BImSchG – abgesehen von § 14 Satz 2 BImSchG – vor weiterer zivilrechtlicher Inanspruchnahme, etwa im Rahmen deliktischer Schadenersatzansprüche, schützt. Vgl. insoweit im einzelnen unten § 35 IV. 2. b) m. w. N.

Hervorzuheben ist lediglich die Rechtsprechung im Bereich der durch den Eisenbahnbetrieb verursachten Immissionen, wie sie vor allem im Urteil des OAG München vom 16. April 1861[486] zum Ausdruck gekommen ist[487]. Hatte die bayerische Rechtsprechung in diesem Bereich ursprünglich die Gewährung eines Schadenersatzanspruchs aufgrund allgemeiner deliktischer Grundsätze befürwortet, führte die spätere Annahme, daß im Betrieb einer Eisenbahn stets und notwendigerweise eine culpose Handlung zu sehen sei, zu einer weitgehenden Gefährdungshaftung des immittierenden Eisenbahnunternehmers im Rahmen der Negatorienklage. Die Argumentation, das zur Begründung einer Schadenersatzpflicht erforderliche Verschulden sei bereits in der Vornahme einer gefährdenden Handlung zu erblicken, stellte sich zwar für den immissionsgeschädigten Grundeigentümer als willkommene Erweiterung seines Rechtsschutzes dar, war aber mit dieser dogmatischen Begründung auf dem Hintergrund der herrschenden Verschuldensdoktrin kaum haltbar[488] und wurde schließlich durch ein Urteil des Reichsgerichts vom 7. Dezember 1886[489] für unzulässig erklärt[490].

## § 18
## *Die Rechtsprechung sonstiger Gerichte*

### I.
### Celle

Ähnlich den bayerischen Gerichten entschieden auch die hannoveranischen Gerichte unter Rückgriff auf Dig. 8.5.8.5. – 7 nach gemeinem Recht. Hierbei wurde ähnlich pragmatisch vorgegangen wie bei den anderen Gerichten der deutschen Partikularstaaten.

#### 1.
#### Mittelbare Immissionen

Das älteste Urteil des OAG Celle zu privaten nachbarlichen Immissionsstörungen datiert vom 22. Juni 1837[491]. Im zu entscheidenden Fall war insbesondere problematisch, ob Einwirkungen von Qualm und Dampf dem Immissionsverbot unterfielen, wenn sie nicht mittels einer gesonderten Leitung auf das belästigte Grundstück überführt wurden, sondern lediglich aus den Kelleröffnungen und

---

486 OAG München, Urteil vom 16. April 1861, Seuffert's Archiv, Bd. XIV, Nr. 208, S. 724 ff.
487 Vgl. oben § 17 I. 2.
488 *Ogorek*, Gefährdungshaftung, S. 67.
489 RGZ 17, S. 103 ff. – Eisenbahnbetrieb. Vgl. unten § 22 II. 2.
490 Vgl. unten § 22 II. 2.
491 OAG Celle, Urteil vom 22. Juni 1837, Seuffert's Archiv, Bd. XI, Nr. 18.

Fenstern einer auf dem benachbarten Grundstück belegenen Seifen- und Kerzenfabrik entströmten. Das Gericht unterstellte unter Rückgriff auf Dig. 8.5.8.5. – 7. auch solche Einwirkungen dem Immissionsverbot, da für den immissionsbetroffenen Nachbarn keine Duldungsverpflichtung ersichtlich sei.

Das Gericht verzichtete also bereits zu einem frühen Zeitpunkt auf das in den Quellen erwähnte Erfordernis einer gesonderten Zuleitung bei Gewerbeimmissionen und untersagte Einwirkungen durch Dampf und Qualm auch auf solche Grundstücke, die nicht – was die Quellen nahelegten – örtlich höher gelegen, sondern nur benachbart lagen. Da das Gericht keine konkreten Aussagen zum Umfang einer etwaigen Duldungspflicht des Grundeigentümers traf, legt das Urteil nahe, daß sich der beklagte Nachbar jeglicher Einwirkung auf das Grundstück des Klägers zu enthalten habe bzw. der Kläger jegliche Einwirkung untersagen könne. Man ging also offenbar von einem umfassenden Immissionsverbot aus.

### 2.
### Umfang der Duldungspflicht bei gewerblichen Immissionen

#### a)
#### Keine Duldungspflicht bei durch aufgrund von Immissionen bewirkten Schäden am Grundstück

Der Umfang der Duldungspflicht wurde in einem Urteil aus dem Jahre 1848[492] näher konkretisiert und das grundsätzliche Immissionsverbot deutlich eingeschränkt. Das OAG Celle hatte über die auf Schadenersatz gerichtete Klage eines Grundstückseigentümers zu entscheiden, dessen auf dem Grundstück befindliche Bäume durch die Dämpfe einer auf dem Nachbargrundstück befindlichen Ziegelei Schaden genommen hatten. Der beklagte Ziegeleibetreiber nahm sein Eigentumsausübungsrecht für sich in Anspruch. Das Gericht hielt die Klage für begründet und fand, daß

> *„die allerdings in der Regel jedem zustehende freie Benutzung seines Eigenthums keineswegs die Befugniß in sich schließe, solche neuen Werke und Anlagen auf seinem Grund und Boden zu errichten, welche für den Nachbar nicht etwa eine bloße Belästigung und Unbequemlichkeit, sondern eine Zerstörung des Eigenthums oder doch einen positiven Vermögensschaden zur Folge haben."*

---

[492] OAG Celle, Urteil aus dem Jahre 1848, Seuffert's Archiv, Bd. VIII, Nr. 346.

Das Gericht ging also offensichtlich davon aus, daß sehr wohl zulässige Immissionen denkbar seien und die Grenze der Duldungspflicht bei nachbarlichen Immissionen jedenfalls dann überschritten sei, wenn ein Schaden am betroffenen Grundstück entstand[493]. Das Urteil brachte allerdings keine konkrete Lösung des Problems, welches Maß der Einwirkung der Grundeigentümer zu dulden hatte und welches er nicht mehr zu dulden brauchte. Diese Rechtsprechung hätte im Ergebnis nämlich entgegen der vorangegangenen Entscheidung vom 22. Juni 1837 zur Folge gehabt, daß der von Immissionen betroffene Grundeigentümer verpflichtet worden wäre, ein hohes Maß an Einwirkung zu dulden. Denn nur, soweit es zu einem Schaden an seinem Grundstück kam, konnte er die Einwirkung untersagen. Obschon diese Rechtsauffassung, Unterlassungs- bzw. Schadenersatzansprüche bei Immissionen im Nachbarverhältnis nicht ohne weiteres zu gewähren, verständlich erscheint, war dieser weite Umfang der Duldungspflicht in den römischen Quellen, auf die sich das OAG Celle berief, nicht statuiert.

### b)
### Grenze der Duldungspflicht bei nachbarlichen Immissionsfällen unter Beteiligung zweier Gewerbebetriebe

Bei Immissionsfällen, in denen die Einwirkung eines Gewerbetreibenden den Gewerbebetrieb seines Nachbarn beeinträchtigte, versuchte das Appellationsgericht Celle in einem Urteil vom 25. Oktober 1867[494] die Grenze nachbarlicher Duldungspflichten näher zu bestimmen. Das Gericht griff wiederum auf Dig. 8.5.8.5. – 7. zurück und befand, daß zur Erhebung der Negatorienklage der Eintritt eines Schadens am betroffenen Grundstück nicht erforderlich sei, sondern daß jede Beeinträchtigung und „Verkümmerung des freien Gebrauchs der Sache" hierzu berechtige. Allerdings sei ein Einspruch gegen die Belästigung nur dann statthaft, wenn diese

> *„nach dem die gesammte Belegenheit des einzelnen Falles berücksichtigenden richterlichen Ermessens über dasjenige gewöhnliche Maß des Erträglichen hinausgeht, welches, wenn überhaupt benachbarte Grundstücke gleichzeitig nebeneinander benutzt werden sollen, kein einzelner mit Grund von sich abweisen kann. Dagegen kann es ... keinen Unterschied begründen, ob eine solche außergewöhnliche Belästigung die Folge eines auf dem beklagtischen Grundstücke betriebenen Gewerbes ist oder*

---

493 *Palmer*, S. 109.

494 AG Celle, Urteil vom 25. Oktober 1867, Seuffert's Archiv, Bd. XXI, Nr. 208, S. 350 ff.

*nicht. Denn der Gewerbetreibende hat als solcher kein größeres Maß an Privatrechten, als jeder Andere ...*"[495].

In der Einzelfallberücksichtigung sollten nach dem Appellationsgericht berücksichtigt werden, welche Teile des Grundstücks durch die Immission betroffen wurden, zu welchen Zeiten und in welcher Intensität die Belästigung regelmäßig vorkomme sowie ob und in welchem Maße die Grundstücksbewohner bzw. -benutzer in der Nutzung des Grundstücks beeinträchtigt wurden. Hier zeichnet sich also ab, daß das Appellationsgericht versuchte, mit der Herausarbeitung von Prüfungskriterien zu Art und Schwere der Einwirkung den mit der Entscheidung von nachbarlichen Immissionsfällen befaßten Gerichten eine flexible und gerechte Einzelfallentscheidung zu ermöglichen.

### c)
### Umfang der Duldungspflicht und Schadenersatzanspruch beim Betrieb von Dampfschiffen und Eisenbahnen

Um den Umfang der Duldungspflicht sowie um die Frage, ob die Genehmigung eines konzessionierten Gewerbetreibenden vor der privatrechtlichen Inanspruchnahme durch die immissionsgeschädigten Grundeigentümer schütze, ging es auch in einem Sachverhalt, den das OAG Celle am 28. November 1854[496] zu entscheiden hatte. Hier hatten Nachbarn wegen des ihnen an ihren Ufergrundstücken entstandenen Schadens durch den Betrieb eines konzessionierten Dampfschiffahrtsunternehmens auf Einstellung des Gewerbebetriebs und Schadenersatz geklagt. Das Gericht wies die Klage ab.

Es begründete diese Entscheidung mit der Auffassung, das beklagte Schifffahrtsunternehmen habe in nicht zu beanstandender Weise von dem ihm im Rahmen seiner Konzession zustehenden Recht Gebrauch gemacht, da eine den Betrieb von Dampfschiffen regulierende gesetzliche Vorschrift nicht existiere. Auch das OAG Celle ging also offensichtlich davon aus, daß die öffentlich-rechtliche Konzession eines immittierenden Betriebes vor privatrechtlichen Unterlassungs- und Schadenersatzansprüchen schütze.

Zudem konnte den Nachbarn nach Auffassung des Gerichts ein Schadenersatzanspruch nicht zugesprochen werden, weil es am hierfür erforderlichen „speziellen" Verschulden der Beklagten fehle, dessen Voraussetzungen aber nicht näher erläutert wurden. Damit ließ das Gericht erkennen, daß es auf dem Hintergrund der herrschenden Verschuldensdoktrin auch einen vom Verschul-

---

495 AG Celle, Urteil vom 25. Oktober 1867, a. a. O., S. 351 f.

496 OAG Celle, Urteil vom 28. November 1854, Seuffert's Archiv, Bd. IX, Nr. 35.

den unabhängigen Schadenersatzanspruch bei konzessionierten Anlagen nicht grundsätzlich zuzubilligen gedachte[497].

Diese Rechtsprechung wurde allerdings durch ein Urteil des Appellationsgerichts Celle vom 29. April 1879[498] teilweise wieder relativiert. Hier hielt das Gericht eine Haftung für gefahrbringende Handlungen, wie sie im zu entscheidenden Falle vom Betrieb einer Eisenbahn ausgingen, als Grundlage einer Schadenersatzklage durchaus für geeignet. Gerade beim Betrieb von Eisenbahnen seien aber den Nachbarn erhöhte Duldungspflichten bezüglich solcher Belästigungen aufzuerlegen, die entstehen, wenn „das Getöse der passirenden Eisenbahnzüge die Bewohner des klägerischen Hauses in widerwärtigster Weise afficirt und die fernere Fortsetzung gewisser zum Gewerbe des Klägers gehörigen Handlungen ... zeitweise erschwert oder gar verhindert.“ Auch handele es sich bei den mit dem Eisenbahnbetrieb einhergehenden Belästigungen durch Erschütterungen, Rauch, Staub und Funkenflug um solche, welche „jede Nachbarschaft einer Eisenbahn mit sich bringt, ohne daß man dieserhalb den dadurch Betroffenen, soll überhaupt der gewöhnliche und nothwendige Verkehr, den das Zusammenleben der Menschen mit sich bringt, fortbestehen, ein Recht zum Widerspruche beilegen kann“[499].

## II.
## Lübeck

Am 29. Oktober 1840 hatte das OAG Lübeck unter Zugrundelegung des gemeinen Rechts über einen Fall von Rauchimmissionen entscheiden[500]. Es betonte vor allem das weite richterliche Ermessen bei der Beurteilung von privaten nachbarlichen Immissionsfällen. Dieses leitete das Gericht zum einen aus der Tatsache ab, daß die Quellen nur rudimentäre Regelungen zu einzelnen Immissionssachverhalten enthielten. Zum anderen ergäbe sich das Erfordernis eines weiten Ermessensspielraums aber auch aus der Natur der Behandlung von Immissionsfällen selbst.

---

497 *Palmer*, S. 109 f.

498 AG Celle, Urteil vom 29. April 1879, Seuffert's Archiv, Bd. XXXV, Nr. 32, S. 53 ff.

499 AG Celle, Urteil vom 29. April 1879, a. a. O., S. 55.

500 OAG Lübeck, Urteil vom 29. Oktober 1840, Seuffert's Archiv, Bd. IX, Nr. 218, S. 292 ff. Die klagenden Grundeigentümer beschwerten sich über Dampf und Rauch, welcher aus einem auf dem Nachbargrundstück befindlichen Schornstein überströmte. Der Nachbar wandte ein, daß die Belästigung durch die Erhöhung des Schornsteins behoben oder doch wenigstens gemindert werden könne und beantragte hierüber eine Beweiserhebung. Das OAG Lübeck hielt die Beschäftigung mit der konkreten Beweisfrage nicht für erforderlich.

Das Gericht erkannte – ähnlich dem OAG Celle in seinem Urteil vom 22. Juni 1837[501] – bereits zu diesem frühen Zeitpunkt an, daß es nicht darauf ankommen könne, ob Belästigungen mittels einer besonderen Vorrichtung oder auf sonstige Weise mittelbar zugeführt würden. Unter Rückgriff auf Dig. 8.5.8.5. – 7. führte das Gericht aus, daß in den Quellen nur allgemeine Grundsätze zur Behandlung von Belästigungen durch Rauch für bestimmte Arten der Einwirkung aufgestellt würden, eine konkrete Aussage über die vom Nachbarn zu duldende Grenze der Einwirkung und über den Umfang des ihm hieraus zuzugestehenden Untersagungsrechts jedoch nicht getroffen werde. Die Grenzen der Einwirkung und die Rechtsfolge zu bestimmen, sei vielmehr die Aufgabe des erkennenden Richters im Einzelfalle. Für dessen richterliche Ermessenentscheidung ließen sich folgende leitenden Grundsätze aufstellen:

> *„1. das Quantum des dem Nachbarn zugeführten Rauchs, in welcher Rücksicht auch der Umstand, ob derselbe von gewöhnlichen Herden oder Oefen, oder von einem besonderen Gewerbe herrührt, erheblich werden kann;*
>
> *2. der Grad der dadurch verursachten Belästigung;*
>
> *3. die größere oder geringere Leichtigkeit der Abhülfe, ohne erheblichen Nachtheil für den zu beschränkenden Eigenthümer."*[502]

Es ist bemerkenswert, daß das OAG Lübeck als höchstes Gericht für die vier freien Städte Deutschlands (Lübeck, Bremen, Hamburg, Frankfurt) bereits zu diesem frühen Zeitpunkt die Tendenz erkennen läßt, durch die Aufstellung von für die richterliche Ermessensentscheidung maßgeblichen Grundsätzen einen Ausgleich der widerstreitenden Eigentümerinteressen herbeizuführen und Einzelfallgerechtigkeit walten zu lassen[503].

In einem weiteren Urteil vom 28. Juni 1853[504] versuchte das OAG Lübeck dann, die Duldungsgrenze für nachbarliche Immissionen näher zu bestimmen. Im zu entscheidenden Sachverhalt wandte sich der Eigentümer einer zum Bleichen von Wäsche genutzten Wiese dagegen, daß durch den von einer in der Nähe gelegenen Dampfmühle ausgehenden Rauch die Wäsche beschmutzt und beschädigt wurde. Das Gericht sah die Klage ausgehend von Dig. 8.5.8.5. – 7. als begründet an und führte aus, daß

---

501 Urteil des OAG Celle vom 22. Juni 1837, Seuffert's Archiv, Bd. XI, Nr. 18 – mittelbare Dampf- und Qualmimmission durch Seifen- und Lichterfabrik. Vgl. oben § 18 I. 1.

502 OAG Lübeck, Urteil vom 29. Oktober 1840, Seuffert's Archiv, Bd. IX, Nr. 218, S. 295.

503 *Palmer*, S. 115.

504 OAG Lübeck, Urteil vom 28. Juni 1853, Seuffert's Archiv, Bd. XI, Nr. 114, S. 166 f.

*„ ... Niemand verpflichtet ist, zu dulden, daß durch außergewöhnliche bleibende Vorrichtungen auf dem benachbarten Grundstücke ein Rauch erzeugt werde, dessen regelmäßig sich wiederholende Verbreitung über den Luftraum eines unmittelbar oder mittelbar benachbarten Grundstücks, einer gewöhnlichen Benutzungsweise des letzteren einen erheblichen Abbruch thut. Während also einerseits der durch einen gewöhnlichen Geschäftsbetrieb erzeugte Rauch, insofern er nicht dem unmittelbaren Nachbarn besonders zugeleitet wird, den Eignern benachbarter Grundstücke kein Recht zur Beschwerde gibt, und während andererseits nicht jede geringfügige, von Wind und Wetter abhängige Belästigung zum Einspruche berechtigt, kann darauf, ob die aus der Rauchverbreitung hervorgehende Gebrauchsbeeinträchtigung durch künstliche Vorrichtungen, oder durch regelmäßig wiederkehrende Naturereignisse, oder durch beides veranlaßt werde, nichts ankommen"*[505].

Bei der Ermittlung der Duldungsgrenze für nachbarliche Immissionen sollten also die Fragen der regelmäßigen Wiederholung, der gewöhnliche Benutzungsweise des betroffenen Grundstücks und der Intensität der Gebrauchsbeeinträchtigung berücksichtigt werden. Zwar sollte es auf das Merkmal der Unmittelbarkeit der Einwirkung nicht ankommen, jedoch sollten lediglich geringfügige Belästigungen geduldet werden müssen, auch wenn sie aus einer ungewöhnlichen Benutzung des Nachbargrundstücks herrührten.

Das OAG Lübeck bemühte sich also bei Immissionen im Nachbarverhältnis – ähnlich wie vor allem die preußische[506] Rechtsprechung – um einen einzelfallbezogenen Interessenausgleich nach Billigkeitsgesichtspunkten. Auch gegen mittelbare Immissionen wurde grundsätzlich ein Klagerecht eingeräumt, auf der anderen Seite sollte aber nicht jede Einwirkung unabhängig von ihrer Intensität untersagt werden können. Allerdings beziehen sich die Entscheidungen des OAG Lübeck nur auf Fälle körperlicher Immissionen und lassen die Anwendbarkeit der aufgestellten Grundsätze auf unkörperliche Immissionen wie Lärm und Erschütterungen offen. Es kann aber angenommen werden, daß die Handhabung des zu körperlichen Immissionen aufgestellten Prüfungsinstrumentariums zur Bestimmung der Duldungsgrenze ohne weiteres auch auf unkörperliche Einwirkungen hätte übertragen werden können.

Im Ergebnis stellte sich also die Rechtsprechung des OAG Lübeck im Vergleich zu den Gerichten anderer deutscher Partikularstaaten – wie beispielsweise Bayern – als fortschrittlich dar, weil sie eine flexible, einzelfallgerechte Lösung

---

505 OAG Lübeck, Urteil vom 28. Juni 1853, a. a. O., S. 167.
506 Vgl. insbesondere oben § 15 III. 3 b), § 15 III. 6. und § 15 IV.

nachbarlicher Immissionsstreitigkeiten ermöglichte und dem mit dem Einzelfall beschäftigten Richter mit der Anerkennung der entscheidungserheblichen Prüfungskriterien der Intensität der Einwirkung sowie der gewöhnlichen Benutzungsweise erste Entscheidungshilfen an die Hand gab.

## III.
## Wolfenbüttel und Braunschweig

Auch das OAG Wolfenbüttel und das OLG Braunschweig wandten zur Behandlung privater nachbarlicher Immissionsstreitigkeiten die Grundsätze des gemeinen Rechts an.

In seinem Urteil vom 16. November 1847[507], in dem das OAG Wolfenbüttel über einen Sachverhalt zu entscheiden hatte, bei dem infolge einer Regulierung eines Wassergrabens das Grundstück des klagenden Grundeigentümers überschwemmt worden war, griff es auf Dig. 8.5.8.5 zurück und billigte dem Kläger die Negatorienklage zu, um die Überschwemmungen abzustellen. Das Gericht vertrat die Auffassung, daß

> *„es nicht darauf, ob der Eigenthümer des schädlichen Werks irgend selbst eine Handlung, welche den Schaden veranlaßt, vorgenommen habe, sondern nur darauf ankommt, ob durch das Werk selbst das benachbarte Grundstück einem nachtheiligen, das freie Eigenthum beschränkenden Einflusse bloßgestellt werde"*[508].

Hierdurch statuierte das OAG Wolfenbüttel eine weite Verantwortlichkeit des schädigenden Grundeigentümers, da es allein auf die belästigende Wirkung einer auf seinem Grundstück belegenen Einrichtung abstellte.

Allerdings sollte die Verantwortlichkeit hinsichtlich negativer oder entziehender Einwirkungen regelmäßig nicht im Rahmen der Negatorienklage verfolgt werden können[509].

---

507 OAG Wolfenbüttel, Urteil vom 16. November 1847, Seuffert's Archiv, Bd. XXI, Nr. 16, S. 29 ff.

508 OAG Wolfenbüttel, Urteil vom 16. November 1847, a. a. O., S. 30.

509 In seinem Urteil vom 10. Februar 1871, Seuffert's Archiv, Bd. XXV, Nr. 219, lehnte es das OLG Wolfenbüttel ab, wegen einer Abgrabung des Nachbargrundstücks bis zur Grundstücksgrenze, infolge der es zum Einsturz einer auf dem klägerischen Grundstücke befindlichen Hecke kam, die Negatorienklage anzuwenden. Die Abgrabungen stellten nach Ansicht des Gerichts keine Einwirkungen auf das Grundstück des Klägers dar. Der Kläger sei deshalb auf den Rechtsbehelf der *cautio damni infecti* beschränkt. In diesem Urteil zeigen sich Parallelen zur Entscheidung des Preußischen Obertribunals vom 16. September 1873 (StrA, Bd. 89, S. 246 ff. (vgl. oben § 15 III. 4.)) bezüglich eines gleich gelagerten Sachverhalts. Es

Als Rechtsfolge der Negatorienklage des gemeinen Rechts bei nachbarlichen Immissionsstörungen erkannte das OLG Wolfenbüttel in einem Urteil vom 26. Mai 1876[510] neben dem Untersagungsrecht ausdrücklich auch einen Schadenersatzanspruch des geschädigten Grundeigentümers an. Es erweiterte die Haftung des Immittenten auch auf mittelbare flüssige Immissionen, welche dem geschädigten Grundstück nicht durch gesonderte Einrichtungen zugeführt wurden. Zudem sah das Gericht den Betrieb einer Fabrik als außergewöhnliche Benutzungsart eines Nachbargrundstücks mit der Folge an, daß der Grundeigentümer die hiervon ausgehenden Immissionen nicht zu dulden habe.

Im Ergebnis wurde hierdurch eine weite Haftung des Gewerbetreibenden begründet. Er war allein aufgrund des Betriebs eines Gewerbes, der als außergewöhnliche Grundstücksnutzung galt, verpflichtet, für die hieraus entstehenden Immissionsfolgen einzustehen. Der pauschale Verweis auf die Schadenersatzfolge führte zudem zu der weitreichenden Konsequenz eines verschuldensunabhängigen Schadenersatzanspruchs des immissionsgeschädigten Grundeigentümers.

Diesen Umfang der Haftung versuchte das OLG Wolfenbüttel in einem Urteil vom 28. Mai 1878[511] wieder einzuschränken. In diesem Urteil sprach das Gericht aus, daß

> „ ... *derartige nachbarliche Immissionen nur dann verboten werden können, wenn dafür ein nachweisbares und zwar nicht ganz unerhebliches Interesse besteht. ... Ohne Verkennung der Schwierigkeit der Ziehung einer Grenzlinie zwischen dem im vorliegenden Falle Erlaubten und Nichterlaubten – insofern z. B. erst durch längere Dauer der Immission der anfangs ganz unschädliche und nicht belästigende Niederschlag zu einer verbotswidrigen Verbreitung werden kann – ... muß daher anerkannt werden, ... daß das Verbot auf schadensbringende oder erheblich belästigende Immissionen der geklagten Art zu beschränken sei*"[512].

---

sollte dem geschädigten Grundeigentümer also nicht ein Restitutionsanspruch über die *actio negatoria* zugesprochen werden, wenn er es versäumt hatte, auf Kautionsleistung zu klagen. Wiederum findet sich hier hinsichtlich negativer Immissionen die allgemein vertretene, ablehnende Haltung der Rechtsprechung, diese dem Immissionsbegriff zu unterstellen.

510 OG Wolfenbüttel, Urteil vom 26. Mai 1876, Seuffert's Archiv, Bd. XXXII, Nrn. 17 und 18.

511 OG Wolfenbüttel, Urteil vom 28. Mai 1878, Seuffert's Archiv, Bd. XXXIV, Nr. 181, S. 269 ff.

512 OG Wolfenbüttel, Urteil vom 28. Mai 1878, a. a. O., S. 270 f.

Im Ergebnis wurde durch diese Argumentation versucht, einer ausufernden Haftung des Gewerbetreibenden für die seinem Betrieb entspringenden Immissionen entgegenzuwirken und die Untersagungs- bzw. Schadenersatzansprüche der belästigten Nachbarn auf gewichtige Beeinträchtigungen zu beschränken. Die Duldungsgrenze in privaten nachbarlichen Immissionsfällen wurde also im volkswirtschaftlichen Interesse wieder zulasten des von Gewerbeimmissionen betroffenen Grundeigentümers verschoben[513].

Ähnliche Tendenzen sind auch in der Rechtsprechung des OLG Braunschweig zu erkennen. In seinem Urteil vom 7. November 1892[514] wurde anerkannt, daß mittelbare Immissionen eines Gewerbebetriebs grundsätzlich nicht zu dulden seien, weil sich der Betrieb eines Gewerbes in der Regel nicht als gewöhnliche Benutzung eines Grundstücks darstelle. Einschränkend wies das OLG Braunschweig jedoch darauf hin, daß sich bei der Frage der Duldungspflicht von mittelbaren Immissionen der gewöhnliche Gebrauch des Grundeigentums nach dem Maßstab der örtlichen Verhältnisse bemesse. Hierdurch wurde es den Gerichten ermöglicht, den Rechtsschutz des Immissionsbetroffenen gerade in Gebieten mit hoher Gewerbedichte im Interesse der Gewerbetreibenden zu verringern.

Im Einklang mit dieser Betonung der örtlichen Verhältnisse als Maßstab für die Beurteilung der Duldungspflicht von mittelbaren Immissionen befanden sich auch zwei Entscheidungen des OLG Braunschweig in Bezug auf Lärmbelästigungen kurz vor Erlaß des Bürgerlichen Gesetzbuches für das Deutsche Reich. Gestand das Gericht in seinem Urteil vom 16. März 1888[515] dem von Wirtshauslärm belästigten Grundeigentümer noch einen Untersagungsanspruch zu, weil die Einwirkung das übliche Maß erheblich überschritten habe und durch eine Änderung des Gaststättenbetriebes leicht abgestellt werden könne, so versagte es in seinem Urteil vom 6. Juli 1888[516] einem von Fabriklärm belästigten Grundeigentümer den Rechtsschutz. Das OLG Braunschweig befand hier, daß „die strengeren Grundsätze bei billiger Rücksichtnahme auf die gewerblichen Interessen in eigentlichen Industrieorten nicht in voller Schärfe zur Anwendung kommen können“.

---

513 *Palmer*, S. 112.

514 OLG Braunschweig, Urteil vom 7. November 1892, Seuffert's Archiv, Bd. XLVIII, Nr. 247.

515 OLG Braunschweig, Urteil vom 16. März 1888, Seuffert's Archiv, Bd. XLIV, Nr. 6 I.

516 OLG Braunschweig, Urteil vom 6. Juli 1888, Seuffert's Archiv, Bd. XLIV, Nr. 6 II.

## IV.
## Jena

Auch das OAG Jena entschied nach den Grundsätzen des gemeinen Rechts[517]. In einem Urteil vom 6. Juni 1862[518] nahm es erstmals zu den allgemein zu beachtenden Grundsätzen in nachbarlichen Immissionsfällen Stellung. Es befand, daß

> „ ... *Jeder auf und mit seinem Eigenthume vornehmen kann, was er will, so lange er sich in seinen Grenzen hält, wenn auch dadurch einem Andern Schaden zugefügt oder Vortheile entzogen werden. ...Nur wenn man über seine Grenzen hinausgreift und direct auf das Eigenthum des Nachbarn einwirkt, hat dieser die actio negatoria zur Abwehr der Eingriffe in sein Eigenthum. Ein solches Einwirken auf das Eigenthum des Nachbarn kann geschehen entweder dadurch, daß man auf dem Grundstück des Andern unmittelbar etwas vornimmt oder dadurch, daß man bewegliche Gegenstände auf oder in das Grundstück des Nachbars hinüberleitet oder hinüberführt*“[519].

Das Gericht hielt offenbar noch zu diesem relativ späten Zeitpunkt nur unmittelbare Immissionen für rechtswidrig, da mittelbare Immissionen nur dann untersagt werden konnten, wenn sie auf das Nachbargrundstück hinübergeleitet oder hinübergeführt wurden. Zudem wurden vom OAG Jena wohl nur körperliche Immissionen als verbotene Einwirkung angesehen. Die jenenser Rechtsprechung argumentierte damit zunächst unbeeindruckt von den durch die preußische, sächsische und bayerische Rechtsprechung vollzogenen Erweiterungen des Immissionsbegriffs.

Im Jahre 1878 gewährte dann allerdings das OAG Jena mithilfe der Negatorienklage einem Grundeigentümer einen Untersagungsanspruch gegen Erschütterungen, die von einer auf dem Nachbargrundstück befindlichen Dampfmaschine ausgingen. Das Gericht erweiterte unter ausdrücklicher Berufung insbesondere auf die sächsische Rechtsprechung die Anwendung des Immissionsverbots aus Dig. 8.5.8.5. auch auf solche Einwirkungen, die nicht körperlich auf das Nachbargrundstück hinübergeführt wurden, sofern es sich bei ihnen um erhebliche Beeinträchtigungen handelte. Die Unterscheidung zwischen mittelbaren und unmittelbaren Einwirkungen gab das Gericht ausdrücklich auf.

Hier reagierte also die jenenser Rechtsprechung auf die zunehmenden Immissionsstreitigkeiten unter Beteiligung von Gewerbetreibenden und erweiterte den

---

517 *Palmer*, S. 116.
518 OAG Jena, Urteil vom 6. Juni 1862, Seuffert's Archiv, Bd. XXI, Nr. 211, S. 357 ff.
519 OAG Jena, Urteil vom 6. Juni 1862, a. a. O., S. 357 f.

Rechtsschutz der von Immissionen Betroffenen durch eine Anwendung der gemeinrechtlichen Negatorienklage auf analoge Immissionsfälle[520].

## V.
## Oldenburg

Das OAG Oldenburg entschied auf der Grundlage des gemeinen Rechts in drei privaten nachbarlichen Immissionsfällen. In seinem Urteil vom 2. November 1872[521] hatte das Gericht über die Klage eines Landwirtes zu entscheiden, dessen Grundstück von einer Bahnlinie durchschnitten wurde und dessen Viehbestand durch den Eisenbahnbetrieb geschädigt wurde, weil etliche Tiere von den Zügen erfaßt worden waren. Der Landwirt begehrte von der Eisenbahngesellschaft die Errichtung von Schutzzäunen. Das OAG Oldenburg wies die Klage ab. Zwar erkannte es grundsätzlich ein negatorisches Klagerecht des Grundeigentümers gegen „Thätigkeiten, welche in ungehöriger Weise vom Gebiete eines Eigenthums in die Sphäre eines Nachbareigenthums erstreckt würden", an. Hier stehe dem Kläger jedoch ein solches Klagerecht allein deshalb nicht zu, weil die Schädigungen der Tiere auf dem Bahnareal erfolgten und die Bahngesellschaft nur erlaubten Gebrauch von ihrem Eigentum gemacht habe.

In einem Urteil vom 14. März 1874[522] griff das OAG Oldenburg bei der Beurteilung eines Sachverhalts, in dem ein Grundstückseigentümer gegen seinen Nachbarn auf Unterlassung eines zufälligen Jauchezuflusses geklagt hatte, auf Dig. 8.5.8.5. – 7. zurück und gab der erhobenen Negatorienklage statt, weil der Kläger in seinem Eigentumsausübungsrecht beeinträchtigt sei. Es betonte das Erfordernis, daß es infolge der Immission zu einem Schaden am Nachbargrundstück gekommen sein müsse, auch wenn die Immission nicht mittels einer gesonderten Zuleitung erfolgt sei.

Mit dieser Argumentation gab es auch einer Klage eines Grundeigentümers statt, welcher sich von Rauch und Staub einer mobilen dampfgetriebenen

---

520 Allerdings betonte das OLG Jena in seinem Urteil vom 2. November 1882 (Seuffert's Archiv, Bd. XXXIX, Nr. 194) in einem Fall, der sich mit flüssigen Immissionen beschäftigte, daß bei mittelbaren Immissionen, die durch den erlaubten Gebrauch des Eigentums entstünden – im vorliegenden Falle war durch die Anbringung eines Ablaufrohres am Haus des Beklagten das gesammelte Regenwasser über das Grundstück des Beklagten auf die Straße in den dort befindlichen Graben geleitet worden –, aus Gründen des Gemeinwohls den Nachbarn gewisse Duldungspflichten aufzuerlegen seien, um die Dispositionsfreiheit der jeweiligen Grundeigentümer nicht außerordentlich zu beschränken. Auch in dieser Rechtsprechung zeigt sich deutlich die Tendenz, die ausufernden Rechtsfolgen der Gewährung der Negatorienklage bei nachbarlichen Immissionen zurückzudrängen, um dem Immittenten möglichst die volle Gebrauchsfähigkeit seines Grundeigentums zu erhalten.

521 OAG Oldenburg, Urteil vom 2. November 1872, Seuffert's Archiv, Bd. XXIX, Nr. 9.

522 OAG Oldenburg, Urteil vom 14. März 1874, Seuffert's Archiv, Bd. XXXIX, Nr. 218.

Dreschmaschine belästigt fühlte, die Landwirten von einer Gemeinde an wenigen Tagen im Jahr zur Verfügung gestellt wurde. In seinem Urteil vom 14. Oktober 1874[523] befand das Gericht, daß es unerheblich sei, ob die Einwirkung von einer statischen Einrichtung ausgehe oder nicht.

### VI.
### Darmstadt

Das OAG Darmstadt allerdings sah in seinem Urteil vom 15. März 1886[524], daß die von einer Dampfdreschmaschine ausgehende Staubbelästigung auf ein in einer landwirtschaftlich geprägten Gemeinde belegenes Grundstück nicht zu einem Untersagungsrecht berechtige. In dem Betrieb der Maschine sah das Gericht unter Berücksichtigung der örtlichen Verhältnisse keine außergewöhnliche Nutzung des Grundeigentums.

### VII.
### Kassel

Das OAG Kassel hatte zuvor noch in einem Urteil aus dem Jahre 1862[525] in einer durch eine dampfbetriebene Mühle verursachten Staubimmission eine nach Dig. 8.5.8.5. verboten Einwirkung auf das betroffene Grundstück gesehen. Das Gericht befand, daß der Gewerbebetrieb keine „dem regelmäßigen Haushaltsbedürfnisse entsprechende Benutzung" des Nachbargrundstücks darstelle.

Gerade bezüglich der beiden letztgenannten Entscheidungen läßt sich die Tendenz der Rechtsprechung erkennen, unter Einbeziehung der sich ändernden lokalen Verhältnisse die Begriffe der gewöhnlichen und außergewöhnlichen Grundstücksnutzung neu zu definieren.

### VIII.
### Rostock

Die einzige bedeutende frühe Entscheidung im Bereich nachbarlicher Immissionsfälle fällte das OAG Rostock am 16. Juli 1862[526]. Der Kläger hatte sich gegen die Qualmbelästigungen und Staub gewandt, die von einer Zementfabrik auf

---

523 OAG Oldenburg, Urteil vom 14. Oktober 1874, Seuffert's Archiv, Bd. XXXI, Nr. 312.

524 OAG Darmstadt, Urteil vom 15. März 1886, Seuffert's Archiv, Bd. XLII, Nr. 100.

525 OAG Kassel, Urteil aus dem Jahre 1862, Seuffert's Archiv, Bd. XVIII, Nr. 11.

526 OAG Rostock, Urteil vom 16. Juli 1862, in: *Hermann Buchka* und *Johann Friedrich Budde* (Hrsg.), Entscheidungen des Großherzoglich Mecklenburgischen Oberappellationsgerichts, Bd. 4 (1862), S. 108 ff.

dem Nachbargrundstück ausgingen. Das Gericht zog zur Beurteilung Dig. 8.5.8.5. – 7. heran und wies die Klage ab. Bemerkenswert an der Urteilsbegründung ist, daß es dem OAG Rostock ausdrücklich nicht daran gelegen war,

> *„ein allgemeines Princip aufzusuchen und aufzufinden, wodurch eine vermittelnde Lösung der aus den Consequenzen des starren Eigenthumsprincips sich ergebenden Conflicte der an sich gleichberechtigten Interessen benachbarter Grundeigenthümer nach Rücksicht der Billigkeit gewonnen werden könnte, als vielmehr darum, zu prüfen und festzustellen, ob und unter welchen Voraussetzungen die hier behauptete immissio fumi so geartet ist, daß Kläger mittels der von ihm angestellten negatorischen Eigenthumsklage ein richterliches Verbot derselben erwirken kann"*[527].

Der Negatorienklage könne nur stattgegeben werden, wenn es sich bei der Einwirkung um eine solche mit servitutsähnlichem Charakter handele, also bei einer solchen, bei der die Einwirkung die unmittelbare Folge des Eingriffs darstelle. Im vorliegenden Falle sei aber die Qualmimmission unter Vermittelung des Windes zustandegekommen, was zur Begründung der Negatorienklage nicht ausreiche. In diesem Urteil wurden also Elemente der alten Servitutenklage herangezogen, um die im vorliegenden Falle unerwünschte Rechtsfolge der Betriebseinstellung zu vermeiden.

## IX.
## Bewertung

Es fällt nicht leicht, Urteilen der kleineren deutschen Partikularstaaten ein generelles System des privaten nachbarlichen Immissionsschutzrechts zu entnehmen[528]. Allein die spärliche Anzahl der Urteile und die Verschiedenartigkeit der zu entscheidenden Sachverhaltskonstellationen lassen erkennen, daß anders als in den größeren Flächenstaaten ein abgestuftes System zur Beurteilung nachbarlicher Immissionsstreitigkeiten nicht entwickelt werden konnte[529].

Dennoch gelang es einigen Gerichten, sich schon früh von den dogmatischen Hindernissen der römisch-rechtlichen Rechtsgrundlagen zu lösen und in einen

---

527 OAG Rostock, Urteil vom 16. Juli 1862, a. a. O., S. 112.

528 Wenig aussagekräftig sind insbesondere die teilweise widersprüchlichen Urteile zu annähernd gleichen Sachverhaltskonstellationen aus Oldenburg, Darmstadt und Kassel hinsichtlich der von Dampfdreschmaschinen ausgehenden Beeinträchtigungen. Vgl. oben § 18 V. 1. bis 3.

529 Erschwert wurde den Gerichten die Rechtsfindung dadurch, daß es an eindeutigen gesetzlichen Vorgaben zur Behandlung privater nachbarlicher Immissionsfälle mangelte.

Prozeß pragmatischer Rechts- und Lösungsfindung einzutreten. Anzuführen ist hier in erster Linie das OAG Lübeck, welches bereits in seinen Urteilen vom 29. Oktober 1840[530] und vom 28. Juni 1853[531] andeutete, daß private nachbarliche Immissionsfälle nicht schematisch, sondern nur unter Berücksichtigung billiger Einzelfallgerechtigkeit zu lösen seien. Gleichzeitig versuchte es mit den Merkmalen der Wiederholungsgefahr, der Intensität der Gebrauchsbeeinträchtigung des betroffenen Grundstücks und seiner gewöhnlichen Benutzungsweise handhabbare Beurteilungskriterien zu entwerfen[532].

Auch in der Rechtsprechung des OAG Celle läßt sich schon früh die Tendenz ablesen, unabhängig von den in der Wissenschaft vorherrschenden Streitigkeiten um den Immissionsbegriff[533] auch mittelbare Immissionen in das Immissionsverbot einzubeziehen[534] und Einzelfallgerechtigkeit walten zu lassen[535], wenngleich sich das Gericht mit der Bestimmung der Grenze der Duldungspflicht und der Gewährung von Schadenersatzansprüchen in privaten nachbarlichen Immissionsfällen – insbesondere, wenn ein gewerblicher Immittent beteiligt war – deutlich schwerer als beispielsweise die preußische Rechtsprechung[536] tat.

530 OAG Lübeck, Urteil vom 29. Oktober 1840, Seuffert's Archiv, Bd. IX, Nr. 218, S. 292 ff.

531 OAG Lübeck, Urteil vom 28. Juni 1853, Seuffert's Archiv, Bd. XI, Nr. 114, S. 166 f.

532 Vgl. oben § 18 II.

533 Vgl. im einzelnen oben § 8 I.

534 Dies zeigte sich insbesondere an seinem Urteil vom 22. Juni 1837, Seuffert's Archiv, Bd. XI, Nr. 18. Vgl. oben § 18 I. 1.

535 Vgl. AG Celle, Urteil vom 25. Oktober 1867, Seuffert's Archiv, Bd. XXI, Nr. 208, S. 350 ff., sowie oben § 18 II. 2. b).

536 Vgl. nur die Plenarentscheidung des Preußischen Obertribunals vom 7. Juni 1852 (PrObTribunalE 23, S. 253 ff.; vgl. oben § 15 II. 1. c)), in der bereits zu einem relativ frühen Zeitpunkt ein verschuldensunabhängiger Schadenersatzanspruch bei Schäden durch gewerbliche Immissionen zugestanden wurde. Demgegenüber waren das AG und das OAG Celle, wie deren Urteile vom 28. November 1854 (OAG Celle, Urteil vom 28. November 1854, Seuffert's Archiv, Bd. IX, Nr. 35) sowie vom 29. April 1879 (AG Celle, Urteil vom 29. April 1879, Seuffert's Archiv, Bd. XXXV, Nr. 32, S. 53 ff.) zeigten, entweder in der Auffassung, daß der öffentlich-rechtliche Konzession privatrechtliche Gestaltungswirkung zukomme, oder aber in der römisch-rechtlich überkommenen Verschuldensdoktrin verhaftet. Vgl. oben § 18 I. 2. c).

## § 19
## *Die deutsche Rechtsprechung in den Partikularstaaten auf der Grundlage des französischen Rechts*

### I.
### Rechtslage

Der französische *code civil* (cc) enthielt keine ausdrücklichen Regelungen zur Behandlung privater nachbarlicher Immissionsstreitigkeiten[537]. Die Lösungen in diesem Problembereich wurden vielmehr den Regelungen des *code civil* zum Eigentumsbegriff sowie den allgemeinen Vorschriften des Deliktsrechts entnommen[538].

Während die französische Rechtsprechung hier vor allem auf die deliktsrechtlichen Vorschriften der Artt. 1382, 1383 cc[539] zurückgriff[540], stellte die Rechtsprechung in den deutschen Partikularstaaten, in denen das französische Recht zur Anwendung kam[541], in erster Linie auf die sich aus Art. 544 cc[542] ergebenden allgemeinen Eigentumsregeln ab[543].

---

[537] Vgl. *Murad Ferid/Hans Jürgen Sonnenberger*, Das Französische Zivilrecht, Bd. 2, 2. Auflage, Heidelberg 1986, Rn. 3 C 164. Gewerbegesetzliche Regelungen für bestimmte Arten von immittierenden, konzessionierten Betrieben ließen sich auch dem Dekret von 1810 nur teilweise entnehmen. Stellte sich nach Erteilung der Genehmigung heraus, daß ein nach diesem Dekret konzessionierter Gewerbebetrieb unerträgliche Belästigungen für die Nachbarschaft verursachte, konnten die Behörden zwar dessen Schließung anordnen. Eine dem § 26 RGewO angenäherte Schadensersatznorm war jedoch nicht vorhanden. Vgl. zu den Problemen und insbesondere der Frage, ob der immissionsbelästigte Nachbar zivilgerichtlich die Schließung eines konzessionierten Gewerbebetriebs erreichen konnte, im einzelnen *Palmer*, S. 186 ff. m. w. N.

[538] *Carl Salomon Zachariä von Lingenthal*, in: Sigismund Puchelt (Hrsg.), Handbuch des französischen Civilrechts, Bd. 1, 6. Auflage, Heidelberg 1875, S. 495 ff.

[539] Artt. 1382, 1383 cc lauten: „*Art. 1382: Tout fait quelconque de l'homme, qui cause à autrui un dommage, oblige celui par la faute duquel il est arrivé, à le réparer.*" („Jede Handlung eines Menschen, von welcher Art sie auch sei, verbindet, wenn sie einem andern Schaden verursacht, denjenigen, durch dessen Verschulden dies geschah, zur Entschädigung"); „*Art. 1383: Chacun est responsable du dommage qu'il a causé non seulement par son fait, mais encore par sa négligence ou par son prudence.*" („Ein Jeder ist für den, nicht bloß durch seine Handlung, sondern auch durch seine Nachlässigkeit oder Unvorsichtigkeit verursachten Schaden verantwortlich."). Übersetzung nach *Cretschmar*, Das Rheinische Civilrecht in seiner heutigen Fassung, Düsseldorf 1883, S. 304 f.

[540] Vgl. zu den sich hieraus ergebenden Schwierigkeiten vor allem im Hinblick auf den Schadenersatzanspruch *Ferid/Sonnenberger*, Bd. 2, Rn. 3 C 186 ff.

[541] U. a. Baden, Rheinpreußen, Rheinhessen. Vgl. im einzelnen *Murad Ferid/Hans Jürgen Sonnenberger*, Das Französische Zivilrecht, Bd. 1, 2. Auflage, Heidelberg 1994, Rn. 1 A 338.

[542] Art. 544 cc lautet: „*Art. 544: La proprieté est le droit de jouir et disposer ses choses de la manière la plus absolue, pourvu qu'on n'en fasse pas un usage prohibé par les lois ou par les réglements.*" („Eigentum ist das Recht, eine Sache auf die unbeschränkteste Weise zu benut-

Entscheidende Bedeutung kam deshalb bei der Behandlung privater nachbarlicher Immissionsfälle auf der Grundlage des französischen Rechts der Frage zu, ob zur Begründung der Rechtsfolge des Schadenersatzes das Merkmal der Rechtswidrigkeit vorlag. Denn nur eine Handlung, die rechtswidrig erfolgt war, konnte einen Eingriff in das Eigentum begründen. Für deutsche Juristen eine Selbstverständlichkeit, wurde dieses Merkmal in Frankreich nahezu vollständig vernachlässigt, da nach französischer Dogmatik nur Schuld, Schaden und Kausalität Tatbestandsmerkmale einer Schadenersatzverpflichtung darstellen[544].

## II.
## Die rheinpreußische Rechtsprechung zu privaten nachbarlichen Immissionsfällen

Da Art. 544 cc einen sehr weiten Eigentumsbegriff statuierte, ergab sich für die Rechtsprechung insbesondere die Schwierigkeit, die Grenzen des Eigentumsgebrauchs im nachbarlichen Verhältnis festzulegen.

### 1.
### Grundsätze des Eigentumsgebrauchs und Voraussetzungen eines Untersagungsanspruchs

Der Rheinische Kassationshof befand in seinem Urteil vom 21. April 1830[545], daß der ungehinderte Eigentumsgebrauch nach Art. 544 cc im Rahmen der Gesetze und Verordnungen nur statthaft sei, wenn hierdurch nicht zum Nachteil des Nachbarn auf dessen Grundstück eingewirkt werde. Bereits zu diesem frühen Zeitpunkt deutete sich das Problem kollidierender Eigentümerinteressen im Nachbarverhältnis an, wenngleich keine Grenzen der Dispositionsfreiheit aufgezeigt wurden.

In seinem Urteil vom 27. Januar 1836[546] nahm der Rheinische Appellationsgerichtshof dann erstmals zur Grenze des Eigentumsgebrauchs und zum Maß

---

zen und darüber zu verfügen, vorausgesetzt, daß man davon keinen durch die Gesetze oder Verordnungen untersagten Gebrauch mache."). Übersetzung nach *Cretschmar*, S. 109 f.

543 *Detlef Schumacher*, Das Rheinische Recht in der Gerichtspraxis des 19. Jahrhunderts, Stuttgart – Brüssel 1969, S. 71.

544 *Schumacher*, S. 67. Dabei schließt das Tatbestandsmerkmal der Schuld die Rechtswidrigkeit mit ein.

545 Rheinischer Appellationsgerichtshof, Urteil vom 21. April 1830, abgedruckt bei *Leopold Volkmar*, Die Jurisprudenz des Rheinischen Kassationshofs zu Berlin, 1819 – 1846, Berlin 1848, S. 226.

546 Rheinischer Appellationsgerichtshof, Urteil vom 27. Januar 1836, Rheinisches Archiv, Bd. 23, Abt. 1, S. 58 ff.

nachbarlicher Duldungspflichten bei Immissionsstreitigkeiten Stellung. Der Kläger fühlte sich durch den einer auf dem Nachbargrundstück belegenen Färberei entsteigenden Ruß „und sonstigen Unrath“ belästigt und verlangte Unterlassung. Der Klage wurde stattgegeben.

Das Gericht bejahte zunächst die Anwendbarkeit der allgemeinen Eigentumsregeln auch zur Lösung nachbarlicher Immissionsstreitigkeiten. Die weite Dispositionsfreiheit eines Eigentümers über sein Grundstück sei aber insofern beschränkt, als sich diese Dispositionen nicht über die Grenzen des Nachbargrundstückes erstrecken dürften. Das Gericht befand allerdings, daß geringfügige Nachteile und Unbequemlichkeiten im Nachbarschaftsverhältnis von den jeweiligen Grundeigentümern ertragen werden müßten, sofern sie sich als direkte Folge der gewöhnlichen Benutzung nachbarlicher Grundstücke darstellten. Dann betonte es, daß

> „ ... *der benachbarte Grundeigenthümer, vermöge des in seinem Eigenthum liegenden Rechtes von seinem Grundstücke jeden Dritten auszuschließen, nicht bloß die directen Einwirkungen des Dritten auf dieses Grundstück sammt dem darüber und darunter befindlichen Raume, sondern auch solche indirecte desselben zu untersagen befugt ist, welche als Folge einer ungewöhnlichen Benutzung des Eigenthums des Dritten das Eigenthum des untersagenden Nachbarn beschädigen*“[547].

Das Gericht machte bei der Behandlung nachbarlicher Einwirkungen also keinen Unterschied zwischen direkten und indirekten Immissionen, hielt aber offenbar einen Untersagungsanspruch nur für gegeben, wenn diese zu einer Eigentumsschädigung beim immissionsbetroffenen Nachbarn führten[548]. Interessanterweise findet sich auch in der Argumentation des Rheinischen Appellationsgerichtshofs auf der Grundlage des französischen Rechts die von den übrigen Gerichten vertretene Auffassung von der gewöhnlichen und ungewöhnlichen Benutzungsart des Grundeigentums. Geringfügige Einwirkungen, welche aus der gewöhnlichen Benutzung des Eigentums herrührten, sollten nach Meinung des Rheinischen Appellationsgerichtshofs also geduldet werden müssen, während die aus ungewöhnlicher Benutzung herrührenden untersagt werden konnten, und zwar unabhängig davon, ob es sich bei ihnen um mittelbare oder unmittelbare Immissionen handelte. Nähere Ausführung zur Grenze der Duldungspflicht bei Immissionen aufgrund gewöhnlicher Benutzung machte das Gericht allerdings nicht, so daß ihre Bestimmung der Einzelfallbetrachtung zugänglich blieb und

---

547 Rheinischer Appellationsgerichtshof, Urteil vom 27. Januar 1836, a. a. O., S. 59 f.
548 *Palmer*, S. 121.

der mit dem Fall befaßte Richter die teilweise schwierige Unterscheidung zwischen gewöhnlicher und ungewöhnlicher Nutzung treffen konnte[549].

## 2.
## Das Verhältnis zwischen eigentumsrechtlichem Untersagungsanspruch und deliktischem Schadenersatzanspruch bei nachbarlichen Immissionsfällen

Problematisch war bei der Behandlung nachbarlicher Immissionsfälle, ob eine Einwirkung auf ein Nachbargrundstück, die sich als im Rahmen von Art. 544 cc erlaubt darstellte, den Schadenersatzanspruch nach Artt. 1382, 1383 cc ausschloß. Es stellte sich also die Frage, ob trotz eines rechtmäßigen Gebrauchs des Grundeigentums im Rahmen der Dispositionsfreiheit des Art. 544 cc ein rechtswidriges Verhalten im Rahmen von Artt. 1382, 1383 cc angenommen werden konnte.

Der Rheinische Appellationsgerichtshof vertrat hierzu bereits in seinem Urteil vom 14. April 1836[550] eine restriktive Auffassung. Hier wurde, ein Urteil des Landgerichts Köln vom 27. Mai 1834 in der Vorinstanz bestätigend, entschieden, daß ein Grundeigentümer, welcher sein Untersagungsrecht nicht auf ein besonderes Recht oder einen Vertrag stützen konnte, weder aufgrund Art. 544 cc seinem Nachbarn die Immission verbieten könne, noch aufgrund der Artt. 1382, 1383 cc Anspruch auf Schadenersatz habe. Die Anwendbarkeit des Art. 544 cc wurde verneint, da sich der immittierende Nachbar im Rahmen der gültigen Gesetze und Verordnungen gehalten habe und der Kläger ein immissionsbeschränkendes Recht zu seinen Gunsten nicht nachweisen könne. Einen Schadenersatzanspruch aus Artt. 1382, 1383 cc lehnte das Gericht mit der Begründung ab, es fehle aus diesem Grunde an einem widerrechtlichen Verhalten des Immittenten.

Das Urteil verdeutlicht die Schwierigkeiten des gemeinrechtlich vorgebildeten deutschen Richters im Hinblick auf die Wertungen, die nach französischem Zivilrecht bei der Beurteilung der Rechtswidrigkeit eines Eingriffs in das Eigentum vorzunehmen waren. Solange sich ein Grundeigentümer im Rahmen seiner Dispositionsbefugnis über sein Grundstück hielt, ihm keine Gesetzesverletzung vorzuwerfen war und er in das Nachbargrundstück nicht körperlich eingriff, war ein Schadenersatzanspruch nach Artt. 1382, 1383 cc mangels Rechtswidrigkeit abzulehnen[551].

Ähnlich entschied der Königliche Revisions- und Kassationshof in Berlin in einem Urteil vom 10. Februar 1845[552], dem folgender Sachverhalt zugrundelag:

---

549 *Zachariä von Lingenthal*, S. 496 (Fn. 3).

550 LG Köln, Urteil vom 27. Mai 1834, Rheinisches Archiv, Bd. 23, Abt. 1, S. 107 ff.

551 *Palmer*, S. 122.

552 Kgl. Revisions- und Kassationshof, Urteil vom 10. Februar 1845, Rheinisches Archiv, Bd. 39, Abt. 2, S. 6 ff.

Infolge einer Abgrabung auf dem Nachbargrundstück war die auf dem Grundstück des Klägers zum Schutz seines Weinbergs erbaute Mauer eingestürzt. Das Gericht verneinte einen Schadenersatzanspruch. Ein Verstoß gegen Art. 544 cc sei nicht ersichtlich, da die Abgrabung nicht gegen Gesetze und Verordnungen oder sonstige vertraglichen Rechte des Klägers verstoßen habe. Deshalb komme auch ein auf Artt. 1382, 1383 cc gestützter Schadenersatzanspruch nicht in Betracht, weil aufgrund dieser rechtmäßigen Handlung dem Beklagten keine widerrechtliche Eigentumsverletzung vorzuwerfen sei.

Auch in der Rechtsprechung des Rheinischen Senats des Königlichen Obertribunals setzte sich diese Argumentation fort. In seinem Urteil vom 22. März 1853[553] betonte das Gericht die Befugnis des Eigentümers, sich im Rahmen des Art. 544 cc seines Eigentums in jeder nicht verbotswidrigen Weise zu bedienen. Die Ausübung dieses Rechts schließe Schadenersatzansprüche nach Artt. 1382, 1383 cc aus[554].

Damit blieb den rheinpreußischen Gerichten eine Lösung privater nachbarlicher Immissionsfälle über Artt. 1382, 1383 cc zunächst verschlossen. Daß dies zu widersinnigen Ergebnissen führen konnte, zeigen zwei Urteile des Rheinischen Appellationsgerichtshofs aus dem Jahre 1848 zu Einwirkungen auf Grundstücke, die jeweils von einem Steinbruch ausgegangen waren.

In dem dem Urteil vom 9. März 1848[555] zugrundeliegenden Sachverhalt waren Weinstöcke im Weinberg des Klägers beschädigt worden, weil aus einem benachbarten Steinbruch Steine auf das Grundstück des Klägers herabgefallen waren. Das Gericht gab dem Schadenersatzverlangen des Klägers statt. Es befand, daß einem Grundeigentümer das Dispositionsrecht über sein Grundstück im Rahmen der Gesetze nur so weit zustehe, als die Ausübung ohne Eingriff in das Grundeigentum seines Nachbarn möglich sei. Zwar könne dem Grundeigentümer die Anlage eines Steinbruchs auf seinem Grundstück nicht grundsätzlich untersagt werden. Führe jedoch die Ausbeutung des Steinbruchs zwangsweise dazu, daß durch einen Eingriff in das Grundstück des Nachbarn der Eigentumsgebrauch des Nachbarn an dessen Grundstück mittelbar oder unmittelbar beschränkt werde – etwa durch das Eindringen von Steinbrocken –, müsse der Betrieb des Steinbruchs – wie sich auch aus einem nicht näher begründeten Rückgriff auf Dig. 8.5.8.5. ergebe – unter Umständen eingestellt werden.

In einem vom gleichen Gericht am 16. März 1848[556] zu entscheidenden Sachverhalt waren durch den Betrieb eines benachbarten Steinbruchs nicht nur Steine

553 Preußisches Obertribunal, Urteil vom 22. März 1853, Rheinisches Archiv, Bd. 48, Abt. 2, S. 49 ff.

554 Preußisches Obertribunal, Urteil vom 22. März 1853, a. a. O., S. 52.

555 Rheinischer Appellationsgerichtshof, Urteil vom 9. März 1848, Rheinisches Archiv, Bd. 43, Abt. 1, S. 97.

556 Rheinischer Appellationsgerichtshof, Urteil vom 16. März 1848, Rheinisches Archiv, Bd. 43, Abt. 1, S. 81 ff.

auf das Grundstück des Klägers hinübergefallen, sondern es waren durch den in der Nähe der Grundstücksgrenze betriebenen Abbau auch Teile des Grundstükkes selbst abgesunken und eingestürzt. Für die Absenkung und den Einsturz des Grundstücks verlangte der Kläger Schadenersatz. Die hierauf gerichtete Klage lehnte das Gericht jedoch ab. Zwar müsse der Kläger nicht dulden, daß die Steine auf sein Grundstück geschleudert würden und habe insoweit grundsätzlich einen Schadenersatzanspruch. Das – hier allein geltend gemachte – Schadenersatzverlangen bezüglich der Einsturzschäden sei jedoch nicht begründet, weil durch den Betrieb des Steinbruchs bis kurz vor die Grundstücksgrenze das Grundstück des Klägers nicht berührt worden sei und deshalb kein verbotener Eigentumseingriff bzw. keine den Gesetzen und Verordnungen zuwiderlaufende Beschränkung der Dispositionsbefugnis des Klägers an dessen Grundstück vorliege. Es sei nämlich keine gesetzliche Regelung ersichtlich, welche die Ausbeutung eines Steinbruchs bis an die Grundstücksgrenze untersage.

Anhand der zitierten Entscheidungen wird deutlich, daß die rheinpreußische Rechtsprechung zur Beurteilung nachbarlicher Immissionsfälle nach gemeinrechtlicher Tradition nicht auf das schädigende Verhalten, sondern ausschließlich auf die Frage der Rechtswidrigkeit des Eingriffs abstellte[557]. Auf die Prüfung des Merkmals der Rechtswidrigkeit des Eingriffs wollte die rheinpreußische Rechtsprechung also im Unterschied zu den auf den gleichen gesetzlichen Grundlagen operierende französische Rechtsprechung unter keinen Umständen verzichten[558].

### 3.
### Erweiterungen des Schadenersatzanspruchs bei nachbarlichen Immissionsfällen aus Billigkeitsgesichtspunkten

Aus den zitierten Entscheidungen tritt klar hervor, daß die alleinige Betrachtung des Merkmals der Rechtswidrigkeit bei der Ausübung der Eigentümerbefugnisse eine sachgerechte Lösung in nachbarlichen Immissionsfällen nicht immer herbeiführen konnte. Deshalb wurde zunehmend versucht, aus Billigkeitsgesichtspunkten eine Schadenersatzhaftung des Immittenten für die infolge der Einwirkung entstandenen Schäden am Grundstück des Nachbarn zu konstruieren[559]. Erreicht wurde dies dadurch, daß Einwirkungen, die vom Grundstück des Immittenten auf das Nachbargrundstück hinüberwirkten, in zunehmendem Maße als rechtswidrig betrachtet wurden, um einen Schadenersatzanspruch nach Artt. 1382, 1383 cc gewähren zu können.

---

557 Vgl. *Schumacher*, S. 74.

558 *Palmer*, S. 122.

559 Eine dem § 26 RGewO ähnliche Vorschrift existierte im französichen Recht nicht. *Palmer*, S. 187.

In seinem Urteil vom 13. April 1862[560] hatte der Rheinische Appellationsgerichtshof über einen Sachverhalt zu entscheiden, in welchem infolge der Erschütterungen, welche vom Eisenbahnbetrieb der Beklagten ausgingen, Risse am Haus des Klägers entstanden waren. Das Gericht gab der Klage auf Schadenersatz statt. Es befand, daß ungeachtet der weiten Dispositionsbefugnis des Grundeigentümers mit seinem Eigentum keine Handlungen vorgenommen werden dürften, deren Wirkungen über das Grundstück hinausgingen und die Eigentümerbefugnisse des Nachbarn an seinem Nachbargrundstück beeinträchtigten. In den durch den Betrieb der Eisenbahn verursachten Erschütterungen erkannte das Gericht eine direkte nachteilige Einwirkung auf das Eigentum des Klägers, die durch Art. 544 cc nicht gestattet sei, und sprach dem Kläger Schadenersatz aufgrund der Artt. 1382, 1383 cc zu.

Diese Rechtsprechung wurde in zwei Urteilen des Rheinischen Appellationsgerichtshofs vom 25. Juni 1863[561] und vom 19. März 1872[562] zu mittelbar entstandenen Schäden durch flüssige Immissionen aufgrund zuvor errichteter baulicher Anlagen fortgesetzt[563]. In der letztgenannten Entscheidung erkannte der Rheinische Appellationsgerichtshof die Unzulänglichkeit der gesetzlichen Regelungen zur Behandlung nachbarlicher Immissionsfälle erstmals ausdrücklich an. Er forderte, daß die Dispositionsfreiheit des Grundeigentümers im gleichgearteten Recht des Nachbarn seine Begrenzung finden müsse und plädierte bei der Beurteilung, ob es sich jeweils um eine rechtmäßige oder rechtswidrige Ausübung der Dispositionsfreiheit im Rahmen des Art. 544 cc gehandelt habe, für eine Einzelfallrechtsprechung und ein weites richterliches Ermessen. Das Gericht befand,

> *„daß ... eine feste Gränze zwischen dem in dieser Beziehung Erlaubten und Unerlaubten im Gesetze nicht gezogen ist, und bei der Unmöglichkeit für alle in den verschiedensten Gestaltungen vorkommenden Fälle einer solchen Collision der nachbarlichen Interessen eine allgemeine gültige Bestimmung aufzustellen, nicht gezogen werden konnte, es vielmehr dem Richteramte überlassen ist, in den einzelnen Fällen nach Maßgabe der concreten Umstände und nach den Prinzipien der vom Gesetze in dieser Materie mehrfach anerkannten Billigkeit eine Gränzlinie zu zie-*

[560] Rheinischer Appellationsgerichtshof, Urteil vom 13. März 1862, Rheinisches Archiv, Bd. 56, Abt. 1, S. 220 f.

[561] Rheinischer Appellationsgerichtshof, Urteil vom 25. Juni 1863, Rheinisches Archiv, Bd. 58, Abt. 1, S. 14 ff.

[562] Rheinischer Appellationsgerichtshof, Urteil vom 19. März 1872, Rheinisches Archiv, Bd. 64, Abt. 1, S. 193 ff.

[563] Bereits die Errichtung der baulichen Anlage wurde als Einwirkung auf das klägerische Grundstück angesehen.

*hen, und die Vereinigung der collidierenden Eigenthumsrechte benachbarter Grundbesitzer in einer den lokalen Verhältnissen entsprechenden Weise zu vermitteln*"[564].

Die Formel, daß das Dispositionsrecht des einen Grundeigentümers durch das gleichgeartete Recht seines Nachbarn begrenzt werde, findet sich auch in einem Urteil des OLG Köln vom 30. September 1890[565], in welchem eine Klage in Bezug auf Lärmimmissionen zur Verhandlung gelangte. Anstelle der ausdrücklichen Anerkennung der Billigkeitsrechtsprechung machte das Gericht jedoch den Versuch einer Konkretisierung der Duldungsgrenze bei Lärmimmissionen und formulierte, es sei

> „*eine nothwendige Folge des Zusammenwohnens, daß der Nachbar sich diejenigen Belästigungen gefallen lassen muß, ohne welche die sach- und zweckgerichtete Ausnutzung des anliegenden Grundstücks nicht möglich ist. Dieser Widerstreit der gegenseitigen Interessen findet also darin seinen Ausgleich, daß der eine Nachbar solche Belästigungen nicht hinnehmen muß, welche im Verkehrsleben unvermeidlich sind, während der andere sich solcher Eingriffe enthalten muß, welche diese Grenze der nachbarlichen Duldung überschreiten*"[566].

Die vorgenannten Entscheidungen zeigen, daß der Rechtsprechung mit der Formel, daß jeder Eigentümer zwar berechtigt sei, sein Eigentum nach Belieben zu nutzen, jedoch in diesem Recht durch die gleichgelagerte Dispositionsbefugnis begrenzt werde, ein weiter Beurteilungsspielraum eröffnet wurde, um in den zu entscheidenden Fällen auch einen Schadenersatzanspruch aus Billigkeitserwägungen zu gewähren[567].

## III.
## Die badische Rechtsprechung zu privaten nachbarlichen Immissionsfällen

Seit dem 1. Januar 1810 galt in Baden das Badische Landrecht, eine im wesentlichen übersetzte Fassung des *code civil*[568]. Es ist daher nicht verwunderlich,

---

564 Rheinischer Appellationsgerichtshof, Urteil vom 19. März 1872, a. a. O., S. 195.

565 OLG Köln, Urteil vom 30. September 1890, Rheinisches Archiv, Bd. 82, Abt. 1, S. 12 ff.

566 OLG Köln, Urteil vom 30. September 1890, a. a. O., S. 13.

567 *Palmer*, S. 124 f.

568 *Ferid/Sonnenberger*, Bd. 1, Rn. 1 A 338; Die hier maßgeblichen Landrechtssätze (LRSS) lauteten: „LRS 544: Eigenthum ist die Befugnis, über Bestand und Wesen einer Sache, sowie über den Genuß derselben nach Belieben zu schalten und zu walten, solang man nur keine

wenn sich in der Rechtsprechung der badischen Gerichte gegenüber der der rheinpreußischen Gerichte keine wesentlichen Abweichungen ergeben.

So wies das Oberhofgericht Mannheim in einem Urteil aus dem Jahre 1842[569] in einem Sachverhalt, in dem es infolge einer auf dem Nachbargrundstück vorgenommenen Grabung zum teilweisen Einsturz des Grundstücks des Klägers gekommen war, die Klage auf Schadenersatz ab, weil sich der Nachbar bei der Grabung innerhalb der Grenzen der von LRS 544 gestatteten Eigentumsausübung gehalten habe. Hier zeigen sich deutliche Parallelen zu den vom Rheinischen Appellationsgerichtshof am 10. Februar 1845[570] bzw. am 16. März 1848[571] gefällten Entscheidungen in ähnlich gelagerten Sachverhalten[572].

Weniger restriktiv stellte sich die badische Rechtsprechung bei direkten Einwirkungen dar, welche sich aus dem Eisenbahnbetrieb ergaben. Am 20. Oktober 1857[573] hatte das Oberhofgericht Mannheim über einen Sachverhalt zu entscheiden, in welchem dem Kläger durch den Eisenbahnbetrieb auf dem Nachbargrundstück Schäden an seinem Haus entstanden. Er reklamierte Schadenersatz dafür, daß durch die von der Eisenbahn ausgehenden Erschütterungen Risse in seinem Haus entstanden seien sowie daß sein Haus durch den Ruß der Lokomotiven geschwärzt und er durch Rauch und Funkenflug belästigt werde. Das Gericht gab der Klage teilweise statt.

Das Gericht prüfte zunächst die Frage eines Eingriffs in das Eigentum des Klägers und bejahte diesen. Es führte aus:

> *„Ein Eingriff in fremdes Eigenthum ist aber vorhanden, sofern jemand durch Anlagen oder Einrichtungen auf seinem Eigenthum dem Nachbar positiven Schaden zugefügt, seine Befugnisse mit einer für das Nachbargut schädlichen oder gar zerstörerischen Wirkung gebraucht, und es sind hiervon nur solche Beschädigungen oder Belästigungen ausgenommen, welche gewöhnlich*

---

durch Gesetze oder Verordnungen des Staats untersagte Verfügung darüber trifft.“; „LRS 1382: Jede unrechte That eines Menschen, welche einen Andern beschädigt, verbindet den Thäter zur Entschädigung.“; „LRS 1383: Jedermann ist, außer dem Schaden, den er durch seine That zufügt, auch jenen zu ersetzen schuldig, der durch seine Nachlässigkeit oder Unverständigkeit für einen Andern entstehet.“

569 Oberhofgericht Mannheim, Urteil aus dem Jahre 1842, Annalen der Großherzoglich Badischen Gerichte, Bd. 10, S. 370 ff.

570 Kgl. Revisions- und Kassationshof, Urteil vom 10. Februar 1845, Rheinisches Archiv, Bd. 39, Abt. 2, S. 6 ff.

571 Rheinischer Appellationsgerichtshof, Urteil vom 9. März 1848, Rheinisches Archiv, Bd. 43, Abt. 1, S. 97.

572 Vgl. oben § 19 II. 2.

573 Oberhofgericht Mannheim, Urteil vom 20. Oktober 1857, Seuffert's Archiv, Bd. 12, Nr. 124, S. 166 ff.

*bei jeder Nachbarschaft vorkommen und bei einem Zusammenwohnen der Menschen unvermeidlich sind.*"[574]

Das Gericht befand, bei den Rissen im Hause des Klägers handele es sich um ersatzfähige Folgen eines solchen Eingriffs in fremdes Eigentum. Im übrigen lehnte das Gericht allerdings einen Schadenersatzanspruch des Klägers ab, da die Belästigungen zu unbedeutend, die Schwärzung des Hauses eine zu geringe Beschädigung und die vom Funkenflug ausgehende Gefahr zu entfernt seien, als „daß die Mißstände zu denjenigen zu rechnen sind, welche, als durch das Zusammenleben der Menschen und das Bedürfniß des Verkehrs bedingt, sich jeder Nachbar gefallen lassen muß"[575]. Hier zeigt sich deutlich eine Tendenz der badischen Rechtsprechung, ähnlich den Rechtsprechungen in den übrigen Partikularstaaten die nachbarlichen Duldungspflichten zugunsten des geordneten Eisenbahnverkehrs auszudehnen[576].

Die badische Rechtsprechung zur Widerrechtlichkeit der Immission und zu den heranzuziehenden Rechtsgrundlagen gestaltete sich jedoch nicht immer einheitlich.

In einem Urteil vom 20. Dezember 1869[577] hatte das Oberhofgericht Mannheim erneut über einen Immissionsfall aus dem Bereich des Eisenbahnverkehrs zu entscheiden. Ein Waldeigentümer verlangte Ersatz des Schadens, der ihm durch einen Waldbrand entstand, weil von einer auf dem Nachbargrundstück belegenen Bahnstrecke Funkenflug ausgegangen war. Das Gericht gab der Klage statt und stützte seine Argumentation nun auf LRSS 1382, 1383. Das Oberhofgericht befand, durch den Funkenflug habe der Betreiber der Eisenbahn in das Eigentum des Klägers eingegriffen und dieses beschädigt. Wenngleich es nach dem Stand der Technik nicht möglich sei, ein solches Schadensereignis zu verhindern, stelle allein der Gebrauch einer fremdes Eigentum beschädigenden Maschine eine zum Schadenersatz verpflichtende Handlung dar, unabhängig davon, ob diese behördlich genehmigt sei oder nicht. Letztlich stellte sich also für das Gericht allein der Betrieb einer gefährlichen Anlage mit vorhersehbaren Schädigungen der benachbarten Grundeigentümer als eine widerrechtliche Handlung dar. Hier zeigten sich also deutliche Parallelen zu dem Urteil des OAG München vom 16. April 1861[578].

---

574 Oberhofgericht Mannheim, Urteil vom 20. Oktober 1857, a. a. O., S. 167.

575 Oberhofgericht Mannheim, Urteil vom 20. Oktober 1857, a. a. O., S. 168.

576 Vgl. hierzu insbesondere oben § 15 II. 1., § 16 I. 2., § 16 II. 1. b) sowie § 18 I. 2. c).

577 Oberhofgericht Mannheim, Urteil vom 20. Dezember 1859, in: Seuffert's Archiv, Bd. 13, Nr. 235.

578 Vgl. das Urteil des OAG München vom 16. April 1861, Seuffert's Archiv, Bd. XIV, Nr. 208, S. 724 ff., sowie oben § 17 I. 2.

In seinem Urteil vom 10. Dezember 1860[579] dagegen versuchte das Oberhofgericht, einen rechtswidrigen Eingriff in das Eigentum des Klägers unter Rückgriff auf den LRS 544 zu begründen und verneinte die Anwendbarkeit der LRSS 1382, 1383. In dem der Entscheidung zugrundeliegenden Sachverhalt war der Bleichbetrieb des Klägers in der Nähe, aber nicht in unmittelbarer Nachbarschaft einer chemischen Fabrik durch Rauch und Ruß beeinträchtigt worden. Das Gericht betonte, daß die beklagten Betreiber der Fabrik gemäß LRS 544 erlaubten Gebrauch von ihrem Eigentum gemacht hätten und keine Privatrechte des Klägers verletzt worden seien. Eine unmittelbare Einwirkung auf das Grundstück des Klägers scheide bereits aus, weil dieses zum Grundstücke der Beklagten nicht benachbart anliege. Da hierin kein widerrechtlicher Eingriff in das Eigentum des Klägers liege und sich die Beklagten beim Betrieb der Fabrik innerhalb der behördlichen Anlagengenehmigung gehalten hätten – also keine Vorschriften im Sinne des LRS 544 verletzt hätten –, sei ein Schadenersatzanspruch nach LRSS 1382, 1383 abzulehnen.

Hier griff das Gericht also erneut auf LRS 544 zurück, um einen Schadenersatzanspruch zu verneinen. Bemerkenswert ist, daß das Oberhofgericht voraussetzte, daß einwirkendes und belästigtes Grundstück benachbart liegen müßten, eine Voraussetzung, die zu diesem Zeitpunkt allgemein nicht mehr vertreten wurde[580], weil sie im Zeitalter der fortgeschrittenen Industrialisierung dazu geführt hätte, daß einem Großteil von Immissionsgeschädigten jegliches Klagerecht abhanden gekommen wäre.

## IV.
## Bewertung

Zusammenfassend läßt sich zunächst feststellen, daß die deutsche Rechtsprechung zum französischen Recht die Rechtswidrigkeit als eigenes Tatbestandsmerkmal einer Schadenersatzverpflichtung bei nachbarlichen Immissionsstreitigkeiten eigenständig herausgearbeitet hat[581].

Allerdings stellte sich der von den deutschen Gerichten, die das französische Recht des *code civil* anzuwenden hatten, bevorzugte Rückgriff auf Art. 544 cc bzw. LRS 544 zur Behandlung nachbarlicher Immissionsstreitigkeiten nur bedingt als tauglich dar. Denn die Grenzen der Eigentumsausübungsfreiheit im Rahmen dieser Vorschriften waren letztlich nicht allgemeingültig zu bestim-

579 Oberhofgericht Mannheim, Urteil vom 10. Dezember 1860, Seuffert's Archiv, Bd. 14, Nr. 113.

580 Vgl. *Gruchot*, Gruchot's Beiträge, Bd. 6 (1862), S. 117 ff.; AG Dresden, Urteil vom 17. Dezember 1843 (Seuffert's Archiv, Bd. III, Nr. 7; bestätigt durch das OAG Dresden am 17. Mai 1844) sowie oben § 18 I. 1. a).

581 *Schumacher*, S. 67.

men[582], sondern waren von einer einzelfallbezogenen Billigkeitsrechtsprechung abhängig, was für den Immissionsbelästigten kein kalkulierbares Maß an Rechtssicherheit bereitstellte. Gerade im Bereich der Schadenersatzverpflichtung aus Artt. 1382, 1383 cc bzw. LRSS 1382, 1383 kam es sogar bisweilen zu unbilligen Ergebnissen, weil die deutsche Rechtsprechung im Gegensatz zur französischen zu starr am Erfordernis des Merkmals der Rechtswidrigkeit zur Begründung eines Schadenersatzanspruchs festhielt. Dies kann jedoch nicht verwundern, war doch die Begründung einer Schadenersatzverpflichtung aus diesen Vorschriften bei nachbarlichen Immissionsfällen, deren Grundproblem die dingliche Abgrenzung verschiedener Eigentumssphären darstellt, nicht ohne weiteres zu einem gerechten Ausgleich der betroffenen Interessen geeignet[583].

## *§ 20*
## *Zusammenfassung*

Bereits zu einem sehr frühen Zeitpunkt waren die deutschen Partikulargerichte gezwungen, sich mit dem durch die aufkommende Industrialisierung verstärkenden Immissionsproblem zu beschäftigen[584]. Mangels materieller Immissionsschutznormen[585], eindeutiger Zuweisung von bestimmten Rechtbehelfen[586] und sachgerechter Anleitung durch die Rechtswissenschaft[587] betraten sie zur sachgerechten Lösung der teilweise komplex gelagerten Fälle privater nachbarlicher Immissionsstreitigkeiten vielfach Neuland. Zur Beurteilung der materiellen Rechtslage erwiesen sich die in Dig. 8.5.8.5. – 7. niedergelegten Fragmente wenigstens im Ansatz als hilfreich, wenngleich schnell deutlich wurde, daß sich eine schematische Lösung allein unter Bezugnahme auf die römisch-rechtlichen Quellen verbot.

Als problematisch erwies sich zunächst die Bestimmung des Immissionsbegriffs. Legten die Quellen eine sachliche Ungleichbehandlung von mittelbaren und unmittelbaren Immissionen nahe, so erkannte die Rechtsprechung recht früh, daß eine derartige Differenzierung zu Gerechtigkeitslücken führen mußte. Aus diesem Grunde läßt sich insbesondere an den frühen Urteilen der preußi-

---

582 *Frantz*, S. 181 ff.

583 *Palmer*, S. 133.

584 Bereits in den Urteilen vom 22. Juni 1837 (OAG Celle, Urteil vom 22. Juni 1837, Seuffert's Archiv, Bd. XI, Nr. 18 – Qualm und Dampf aus einer Seifen- und Lichterfabrik; vgl. oben § 18 I. 1.) sowie vom 17. Dezember 1843 (AG Dresden, Urteil vom 17. Dezember 1843, Seuffert's Archiv, Bd. III, Nr. 7, S. 8 ff. – Dampf- und Rußimmissionen sowie Grundwasserverschmutzung aus Gasbereitungsanstalt; vgl. oben § 16 I. 1. a)) wurden gewerbliche Immissionsbelastungen durch das OAG Celle und das Appellationsgericht Dresden thematisiert.

585 Vgl. hierzu oben § 2 I. 2 und § 2 II.

586 Vgl. hierzu oben § 5.

587 Vgl. hierzu § 3 I.

schen[588], der sächsischen[589] und der Rechtsprechung der vier freien Städte[590] ablesen, daß von Beginn an[591] weniger nach der Art der Einwirkung, als vielmehr nach dem Grad oder der Intensität der Einwirkung unterschieden wurde[592]. Die in der Wissenschaft kontrovers diskutierte Unterscheidung zwischen mittelbaren und unmittelbaren Immissionen[593] spielte also schon früh aus Praktikabilitätsgründen keine bedeutende Rolle.

Ähnliches läßt sich in Bezug auf die Erweiterung der quellenmäßigen Immissionstatbestände beobachten. Schon früh lösten sich die partikulardeutschen Gerichte von dem in der Wissenschaft intensiv thematisierten[594] Erfordernis der Körperlichkeit der Einwirkung und erweiterten das Immissionsverbot auch auf unkörperliche Immissionen[595], wenngleich auch noch zu einem relativ späten

---

588 Bereits das Stadtgericht Berlin hatte in seinem Urteil des vom 12. Januar 1821 (Begründung bei *Gruchot*, Gruchot's Beiträge, Bd. 6 (1862), S. 121 f. – mittelbare Geruchsimmission durch Belüftungslöcher) allein auf die Wirkung der Immission abgestellt. Vgl. oben § 15 I.

589 Vgl. hierzu beispielsweise das Urteil des AG Dresden vom 17. Dezember 1843 (Seuffert's Archiv, Bd. III, Nr. 7. S. 8 ff. – mittelbare Dampf- und Rußimmission und Grundwasserverschmutzung durch Gasbereitungsanstalt; vgl. oben § 16 I. 1. a)), das bereits weit vor dem Erlaß des sächsischen BGB erging.

590 Vgl. die Urteile des OAG Lübeck vom 29. Oktober 1840 (Seuffert's Archiv, Bd. IX, Nr. 218, S. 292 ff. – mittelbare Dampf- und Rauchimmission durch Schornstein) und vom 28. Juni 1853 (Seuffert's Archiv, Bd. XI, Nr. 114, S. 166 f. – mittelbare Rauchimmission) sowie oben § 18 II.

591 Auch in den übrigen Partikularrechtsprechungen adaptierten, allerdings zu einem späteren Zeitpunkt, diese Auffassung. Vgl. beispielsweise das Urteil des Obersten Gerichtshofs von Bayern vom 2. November 1873, Seuffert's Archiv, Bd. XXXI, Nr. 334 – mittelbare Rauchimmission (vgl. oben § 17 II. 1.), sowie das Urteil des OG Wolfenbüttel vom 26. Mai 1876, Seuffert's Archiv, Bd. XXXII, Nrn. 17 und 18 – mittelbare flüssige Immission (vgl. oben § 18 III.).

592 Vgl. zur rheinpreußischen Rechtsprechung auf Grundlage des französischen Rechts das frühe Urteil des Rheinischen Appellationsgerichtshofs vom 27. Januar 1836, Rheinisches Archiv, Bd. 23, Abt. 1, S. 58 ff. – Ruß und Dreck aus einem Färbereibetrieb (vgl. oben § 19 II. 1.).

593 Vgl. oben § 8 I.

594 Vgl. oben § 8 I. 1. sowie § 8 I. 4.

595 Vgl. beispielsweise aus der preußischen Rechtsprechung das Urteil des Stadtgerichts Berlin vom 12. Januar 1821 (Begründung bei *Gruchot*, Gruchot's Beiträge, Bd. 6 (1862), S. 121 f. – Geruchsimmission (vgl. oben § 15 I.)), das Urteil des Preußischen Obertribunals vom 4. Januar 1859 (StrA, Bd. 32, S. 90 ff. – Hitzeimmission (vgl. oben § 15 III. 2.)), das Urteil des OAG Berlin vom 21. Dezember 1872 (Seuffert's Archiv, Bd. XXVII, Nr. 208, S. 332 ff. – Erschütterungen (vgl. oben § 15 III. 2.)) sowie auch das Urteil des Preußischen Obertribunals vom 4. Februar 1879 (Seuffert's Archiv, Bd. XXXV, Nr. 99 – Erschütterungen (vgl. oben § 15 III. 2.)). Hinsichtlich der sächsischen Gerichte ist das Urteil des OAG Dresden aus dem Jahre 1857 (Sächsisches Wochenblatt für merkwürdige Rechtsfälle, Jahrgang V, S. 265 ff., abgedruckt bei *Koch*, Anlage XXXIIb, S. 346 ff. – Erschütterungen (vgl. oben § 16 I. 1. b)) anzuführen. Vgl. auch das Urteil des Bayerischen Obersten Landesgerichts vom 2. Juni 1881 (Seuffert's Archiv, Bd. XXXVIII, Nr. 6, S. 8 ff. – Erschütterungen (vgl. oben

Zeitpunkt Urteile zu verzeichnen sind, die an dieser Unterscheidung festhielten[596]. Zunehmend wurden die in Dig. 8.5.8.5. – 7. festgelegten Quellenfragmente nicht als abgeschlossenes System der Beurteilung von privaten nachbarlichen Immissionsfällen gesehen, sondern, wie *Jhering* erkannt hatte[597], lediglich als Ausfluß eines das gesamte Nachbarschaftsverhältnis bestimmenden Grundsystems von gegenseitigen Grundeigentumsbeschränkungen.

Von daher war es konsequent, daß die partikulardeutschen Gerichte private nachbarliche Immissionsfälle, anstatt pauschal jede Einwirkung auf das Grundstück je nach der durch die römisch-rechtlichen Quellen nahegelegten Einwirkungsart zu beurteilen, zunehmend im Hinblick auf die Fragestellung beleuchteten, ob durch die zu beurteilende Immission das Eigentumsausübungsrecht des betroffenen Grundeigentümers über Gebühr eingeschränkt wurde oder nicht[598]. In der Rechtsprechung der deutschen Gerichte in den fünfziger und sechziger Jahren des 19. Jahrhunderts setzte sich deshalb als wichtigstes Instrument zur Abwehr nachbarlicher Immissionsstörungen die *actio negatoria* des römischen Rechts durch. Sie allein setzte die Gerichte in den Stand, die sich in Immissionsbeschwerden niederschlagenden negativen Auswirkungen des technischen Fortschritts auf dem zentralen Feld des Schutzes des Grundeigentums in den Griff zu bekommen, ohne daß fundamentale Änderungen im Bereich des pandektischen Rechtssystems vorgenommen werden mußten[599].

Zunehmend lag die Ausfüllung der unbestimmten Rechtsbegriffe der Intensität der Einwirkung[600], des gewöhnlichen Gebrauchs des Eigentums[601] sowie die

---

§ 18 IV. 2.)). Vgl. ferner zur Rechtsprechung auf Grundlage des französisch geprägten Rechts das Urteil des Oberhofgerichts Mannheim vom 20. Oktober 1857 (Seuffert's Archiv, Bd. 12, Nr. 124, S. 166 ff. – Erschütterungen durch Eisenbahnbetrieb (vgl. oben § 19 III.)).

596 Vgl. beispielsweise das Urteil des OAG Jena vom 6. Juni 1862 (Seuffert's Archiv, Bd. XXI, Nr. 211, S. 357 ff. (vgl. oben § 18 IV.)), ferner das Urteil des Obersten Gerichtshofs von Bayern vom 29. Mai 1873 (Seuffert's Archiv, Bd. XXXI, Nr. 334 – Rauchbelästigung (vgl. oben § 17 II. 1.)) sowie das Urteil des OAG Dresden vom 20. August 1857 (Seuffert's Archiv, Bd. XXII, Nr. 123 – Lärmimmission (vgl. oben § 16 I 1. b)).

597 Vgl. hierzu im einzelnen oben § 8 I. 5.

598 Vgl. zum französisch-rechtlich geprägten Rechtsprechung insbesondere oben § 19 II. 1. und 2. sowie § 19 III.

599 *Ogorek*, Actio negatoria, S. 40 f.

600 Vgl. hierzu insbesondere die Urteile des OAG Berlin vom 21. Dezember 1872 (Seuffert's Archiv, Bd. XXVII, Nr. 208, S. 332 ff. – Einsturzgefahr und Existenzgefährdung durch Erschütterungen (vgl. oben § 15 III. 2.)) und des Preußischen Obertribunals vom 4. Februar 1879 (Seuffert's Archiv, Bd. XXXV, Nr. 99 – Vibrationen durch Wasserpumpe (vgl. oben § 15 III. 2.)), das Urteil des OAG Celle aus dem Jahre 1848 (Seuffert's Archiv, Bd. XIII, Nr. 346 – Schädigung von Bäumen durch Dampfimmission (vgl. oben § 18 I. 2. a))), die Urteile des OAG Lübeck vom 29. Oktober 1840 (Seuffert's Archiv, Bd. IX, Nr. 218, S. 292 ff. – Dampf- und Rauchimmission (vgl. oben § 18 II.)) sowie vom 28. Juni 1853 (Seuffert's Archiv, Bd. XI, Nr. 114, S. 166 f. – Beschädigung von Wäsche durch Rauchimmission (vgl.

Bestimmung der Duldungsgrenze[602] bei Einwirkungen auf das Grundstück im Fokus des mit dem Einzelfall beschäftigten Richters. Ihm kam allerdings im Zuge der Industrialisierung immer häufiger die undankbare Aufgabe zu, einen gerechten Ausgleich zwischen den kollidierenden Interessen der freien gewerblichen Betätigung und der ungestörten Ausübung des Grundeigentumsrechts herbeizuführen, obwohl beiden eine geradezu überragende Wertigkeit zuzugestehen war. Hier waren die Gerichte vielfach gezwungen, wertende Entscheidungen zu treffen, obwohl ihnen dies sowohl durch die formalen Argumentationsschemata der vorherrschenden Methodenlehre als auch durch die zu beachtende strenge Beweistheorie verwehrt war[603].

Als Ausweg bot sich hier zunächst die von den Gerichten vollzogene Adaption der von der Wissenschaft vertretenen Lehre von der Negatorienklage als allgemeiner Eigentumsklage an, weil sie für den immissionsbetroffenen Grundeigentümer eine erhebliche Erweiterung des Rechtsschutzes durch eine Beweisverlagerung auf den Immittenten zur Folge hatte[604]. Allerdings wurde dem mit privaten nachbarlichen Immissionsfällen befaßten Richter im Bereich der Gewerbeimmissionen seine Aufgabe dadurch erschwert, daß sich der Gewerbetreibende, gegen dessen Immissionen mit der Berufung auf das Recht der Störungsabwehr vorgegangen wurde, regelmäßig auf eine behördliche Konzession beru-

---

oben § 18 II.)) und das Urteil des OG Wolfenbüttel vom 28. Mai 1878 (Seuffert's Archiv, Bd. XXXIV, Nr. 181, S. 269 ff. (vgl. oben § 18 III.)).

601 Vgl. hierzu insbesondere die Entscheidung des Preußischen Obertribunals vom 8. Oktober 1852 (StrA, Bd. 7, S. 263 ff. – Eisenbahnbetrieb (vgl. oben § 15 III. 1. a))), das Urteil des Preußischen Obertribunals vom 10. März 1853 (StrA, Bd. 8, S. 337 ff. – Eisenbahnbetrieb (vgl. oben § 15 III. 1. b))), die Entscheidungen des Preußischen Obertribunals vom 6. April 1865 (StrA, Bd. 59, S. 63 ff. – Sandflug (vgl. oben § 15 III. 5)) sowie vom 23. Juni 1874 (StrA, Bd. 95, S. 1 ff. – Pilzbefall (vgl. oben § 15 III. 5.)), das Urteil des Appellationsgerichts Celle vom 25. Oktober 1867 (Seuffert's Archiv, Bd. XXI, Nr. 208, S. 350 ff. – Immissionen durch zwei Gewerbetriebe (vgl. oben § 18 I. 2. b))) und das Urteil des OAG Jena vom 6. Juni 1862 (Seuffert's Archiv, Bd. XXI, Nr. 211, S. 357 ff. (vgl. oben § 18 IV.)).

602 Vgl. hierzu insbesondere die Entscheidung des Preußischen Obertribunals vom 30. November 1876 (StrA, Bd. 97, S. 66 ff. – Verunreinigung von Bleichwäsche durch Rauchimmission (vgl. oben § 15 III. 6.)), die Urteile des OAG Celle aus dem Jahre 1848 (Seuffert's Archiv, Bd. XIII, Nr. 346 – Schädigung von Bäumen durch Dampfimmission (vgl. oben § 18 I. 2. a))) und des Appellationsgerichts Celle vom 25. Oktober 1867 (Seuffert's Archiv, Bd. XXI, Nr. 208, S. 350 ff. – Immissionen durch zwei Gewerbetriebe (vgl. oben § 18 I. 2. b))), das Urteil des OAG Lübeck vom 28. Juni 1853 (Seuffert's Archiv, Bd. XI, Nr. 114, S. 166 f. – Beschädigung von Wäsche durch Rauchimmission (vgl. oben § 18 II.)) sowie das Urteil des OG Wolfenbüttel vom 28. Mai 1878 (Seuffert's Archiv, Bd. XXXIV, Nr. 181, S. 269 ff. (vgl. oben § 18 III.)).

603 *Ogorek*, Actio negatoria, S. 42.

604 Vgl. hierzu oben § 8 II. In dieser Grundtendenz stellte sich die Rechtsprechung also zunächst durchaus freundlich gegenüber den Interessen eines von nachbarlichen Immissionen betroffenen Grundeigentümers dar.

fen konnte. Zudem setzte er dem Abwehranspruch des geschädigten Grundstücksnachbarn einfach seinen eigenen Anspruch, mit seinem Eigentum nach Belieben verfahren zu dürfen, entgegen[605]. Zwar konnte der Gewährung negatorischer Untersagungsansprüche entgangen werden, indem man bereits vor den Normierungen im Bereich der Gewerbegesetzgebung die als Rechtsfolge der *actio negatoria* ebenfalls vorgesehene Schadenersatzfolge gegenüber den Unterlassungsansprüchen bevorzugte. Den Kläger bei der Behandlung privater nachbarlicher Immissionsfälle hier aber allein auf die Prinzipien des allgemeinen Schadenersatzrechts zu verweisen, hätte sich regelmäßig als stumpfes Schwert erwiesen. Dieses stand nämlich unter der uneingeschränkten Herrschaft des Schuldprinzips. Damit wäre gerade in den Immissionsfällen, die sich meist als tatsächliche, subjektiv nicht zurechenbare Folgen eines rechtmäßigen, oft sogar behördlich konzessionierten Gewerbebetriebs oder einer industriellen Anlage darstellten, ein Schadenersatzanspruch mangels Verschuldens regelmäßig abzulehnen gewesen[606].

Es war für unter Berücksichtigung der Interessen des von Gewerbeimmissionen betroffenen Grundeigentümers deshalb durchaus sachgerecht, wenn vor allem in der Rechtsprechung des Preußischen Obertribunals spätestens seit der Plenarentscheidung vom 7. Juni 1852[607] für den Bereich gewerblicher Immissionen schon weit vor dem Erlaß der Gewerbeordnung für den Norddeutschen Bund oder der Reichsgewerbeordnung die Gewährung eines verschuldensunabhängigen Schadenersatzanspruchs anerkannt wurde[608]. Zudem wurde in der Rechtsprechung der Partikulargerichte zunehmend deutlich, daß diese der behördlichen Anlagengenehmigung aus materiellen Gerechtigkeitsüberlegungen keineswegs eine „Schutzschildfunktion“ gegen die zivilrechtliche Inanspruchnahme auf Ersatz der durch die Immissionsbelästigungen entstandenen Schäden zuzubilligen gedachten[609].

---

[605] Vgl. oben § 8 III., § 9.

[606] *Ogorek*, Actio negatoria, S. 42.

[607] Vgl. hierzu oben 15 II. 1. c).

[608] Vgl. beispielsweise das Urteil des Appellationsgerichts Hamm vom 13. Februar 1868 (Gruchot's Beiträge, Bd. 12, S. 383 ff. – Schäden durch von Eisenbahnbetrieb ausgehenden Ascheimmissionen (vgl. oben § 15 III. 1. c))) sowie die Urteile des Preußischen Obertribunals vom 4. Januar 1859 (StrA, Bd. 32, S. 90 ff. – Schäden an Feldfrüchten durch Hitzeeinwirkung (vgl. oben § 15 III. 2.)) und vom 29. September 1867 (StrA, Bd. 68, S. 189 ff. – Hochofendämpfe (vgl. oben § 15 III. 2.)).

[609] Vgl. insofern beispielsweise die Änderung in der Rechtsprechung der sächsischen Gerichte. Hatte das Appellationsgericht Leipzig in seinem Urteil vom 27. Januar 1855 (abgedruckt bei *Hesse*, Rechtsverhältnisse, S. 641 ff.) eine privatrechtsgestaltende Wirkung der behördlichen Genehmigung auch gegenüber Schadenersatzansprüchen angenommen, wurde diese Rechtsprechung durch das OAG Dresden in seinem Urteil aus dem Jahre 1857 (Sächsisches Wochenblatt für merkwürdige Rechtsfälle, Jahrgang V, S. 272) ausdrücklich aufgegeben. Vgl. oben § 16 I. 2.

So wird denn auch in den Rechtsprechungen der deutschen Partikularstaaten vor allem im Bereich der Gewerbeimmissionen das Bemühen deutlich, im Hinblick auf die dem öffentlichen Wohl dienende wirtschaftliche Prosperität die Schadenersatzverpflichtung als Rechtfolge der Negatorienklage zu bevorzugen, weil der Untersagungsanspruch als zu weitgehend betrachtet wurde[610]. Die Gerichte lösten sich dabei schrittweise von den dogmatischen Grundlagen der *actio negatoria* als römisch-rechtlicher Servitutenklage, behielten aber einige Elemente wie die der Wiederholungsgefahr bei, um die Klage im Nachbarrecht zu einer allgemeinen Vermögensklage umzugestalten.

Hiervon ausgenommen waren allerdings zunehmend die gewerblich konzessionierten Anlagen, deren Betrieb höheren öffentlichen Interessen diente. Insbesondere im Bereich des dem öffentlichen Interesse des Verkehrsforschritts dienenden Eisenbahnbetriebs läßt sich deshalb die Tendenz der Rechtsprechung erkennen, selbst nach Erlaß entsprechender, die verschuldensunabhängige Schadenersatzverpflichtung normierender gewerbegesetzlicher Vorschriften die Schadenersatzansprüche durch die Betonung des Merkmals mangelnder Vorhersehbarkeit oder allgemeiner Duldungspflichten zurückzudrängen[611].

Den Gerichten, die auf der Grundlage des französisch beeinflußten Rechts entschieden, waren sachgerechte Entscheidungen dadurch erschwert, daß die Rechtslage im Bereich des Schadenersatzrechts durch das geltende Schuldprinzip und durch die Doktrin von der rechtmäßigen Eigentumsausübung, die mit einer weiten Dispositionsbefugnis des Eigentümers einherging, beherrscht wurde. Da ein Schadenersatzanspruch regelmäßig nur bei direkten nachteiligen Einwirkungen auf das Nachbargrundstück angenommen werden konnte, tendierten die auf Grundlage des französischen Rechts operierenden Partikulargerichte zunehmend dazu, in direkten nachteiligen Einwirkungen die Grenzen der Dispositionsbefugnis überschreitende Handlungen anzusehen und damit den durch Artt. 1382, 1383 cc gewährten Schadenersatzanspruch aus Billigkeitserwägungen zu erweitern[612].

Betrachtet man also zusammenfassend die Entwicklungen, die das private nachbarliche Immissionsschutzrecht in den ersten achtzig Jahren der Industrialisierung in Deutschland in Wissenschaft, Gesetzgebung und Rechtsprechung er-

---

610 *Ogorek*, Actio negatoria, S. 59.

611 Vgl. beispielsweise das Urteil des Appellationsgerichts Celle vom 29. April 1879 (Seuffert's Archiv, Bd. XXXV, Nr. 32, S. 53 ff. (vgl. oben § 18 I. 2. c))) sowie das Urteil des OAG Oldenburg vom 2. November 1872 (Seuffert's Archiv, Bd. XXIX, Nr. 9 (vgl. oben § 18 V. 1.)).

612 Vgl. hierzu beispielsweise das Urteil des Rheinischen Appellationsgerichtshofs vom 13. April 1862 (Rheinisches Archiv, Bd. 56, Abt. 1, S. 220 f. – Erschütterungen durch Eisenbahnbetrieb (vgl. oben § 19 II. 3.)) sowie die Urteile des Oberhofgerichts Mannheim vom 20. Oktober 1857 (Seuffert's Archiv, Bd. 12, Nr. 124, S. 166 ff. – Erschütterungen und Rußimmission aus Eisenbahnbetrieb (vgl. oben § 19 III.)) und vom 20. Dezember 1869 (Seuffert's Archiv, Bd. 13, Nr. 235 – Funkenflug durch Eisenbahnbetrieb (vgl. oben § 19 III.)).

fahren hat, so wird deutlich, daß es vor allem durch den Einfluß der Gerichte zur Ausbildung eines ausgewogenen Rechtsschutzsystems im Bereich nachbarlicher Immissionsfälle kam. Die partikulardeutsche Rechtsprechung funktionierte die überkommene römisch-rechtliche Negatorienklage unter dem Bedürfnis, zu sachgerechten Ergebnissen bei der Kollision nachbarlicher Interessen in Immissionsfällen zu gelangen, ohne zeitgemäße Unterstützung seitens der Wissenschaft oder der Gesetzgebung in einem dogmatisch geradezu revolutionären Wandel zu einem gleichermaßen leistungsfähigen wie für die beteiligten Parteien interessengerechten Instrument der Behandlung immissionsrechtlicher Nachbarkonflikte um. Geschah dies in der Praxis der Gerichte zunächst in der ersten Hälfte des 19. Jahrhunderts vornehmlich dadurch, daß die quellenmäßigen Immissionstatbestände zugunsten des immissionsgeschädigten Grundeigentümers ausgedehnt wurden, berücksichtigte man ab den sechziger Jahren des 19. Jahrhunderts die wirtschaftliche Entfaltungsfreiheit des Gewerbetreibenden vor allem dadurch, daß man den negatorischen Untersagungsanspruch zugunsten einer für den Gewerbetreibenden kalkulierbaren Schadenersatzfolge zurückdrängte[613].

[613] *Gerlach*, S. 24 f.

## 2. Unterabschnitt: Die Rechtsprechung des Reichsgerichts

Auch das Reichsgericht (RG) hatte sich häufig mit Klagen aus dem Bereich des privaten Immissionsschutzrechts auseinanderzusetzen. Das Reichsgericht stand vor dem Erlaß des Bürgerlichen Gesetzbuches für das Deutsche Reich hierbei auf dem Hintergrund der vielfältigen partikularen Verschiedenheiten im Zivilrecht vor allem vor dem Problem, das private Immissionsschutzrecht zu vereinheitlichen. Eine Zentralnorm zur Beurteilung privater nachbarlicher Immissionsfälle bei der Behandlung konzessionierter Gewerbebetriebe stellte § 26 RGewO dar, der die Rechtsschutzmöglichkeiten des immissionsbetroffenen Grundeigentümers zugunsten des konzessionierten Gewerbetreibenden beschnitt[614]. Das Reichsgericht sah sich vor der Aufgabe, trotz eindeutiger Rechtslage einen Ausgleich zwischen den beteiligten Interessen herbeizuführen, was in erster Linie faktisch durch eine Ausweitung der Rechtsfolge der vom immissionsbetroffenen Grundeigentümer erhobenen Negatorienklage hin zu einer weitgehenden Ersatzverpflichtung des Immittenten bewerkstelligt wurde[615].

### *§ 21*
### *Die Rechtsprechung des Reichsgerichts zum Unterlassungsanspruch*

#### I.
#### Unterlassungsansprüche im Rahmen des Anwendungsbereichs des § 26 RGewO

§ 26 RGewO hatte bezüglich eines Untersagungsrechts den Rechtsschutz des immissionsbetroffenen Grundeigentümers zugunsten der industriellen Entwicklung zurückgedrängt. Das Reichsgericht machte deshalb zunächst den Versuch, den ursprünglich durch die Negatorienklage gewährten wirksamen Schutz vor übermäßigen Einwirkungen, der durch § 26 RGewO lediglich in seiner Ausgestaltung modifiziert werden sollte, dadurch wieder aufleben zu lassen, daß Gewerbetreibenden die Privilegierungen der RGewO in Zweifelsfällen nur zurückhaltend gewährt wurden.

Gegen Immissionen eines mit behördlicher Genehmigung betriebenen Gewerbebetriebs konnte im Rahmen von § 26 RGewO ein Untersagungsanspruch grundsätzlich nur auf die Herstellung von Einrichtungen gerichtet werden, die die benachteiligende Einwirkung ausschlossen, niemals aber auf Einstellung des Gewerbebetriebes[616]. Hier stellte sich insbesondere das häufige tatsächliche Pro-

---

[614] Vgl. *Riehl*, Gruchot's Beiträge, Bd. 51 (1907), S. 152.
[615] *Ogorek*, Actio negatoria, S. 77 f.
[616] Vgl. oben § 13 III.

blem, daß die Herstellung immissionsverhindernder Einrichtungen gegen bestimmte Immissionsarten nach dem jeweiligen Stand der Technik gar nicht möglich war und so der Schutz, den § 26 RGewO dem immissionsbelasteten Grundeigentümer gewähren wollte, praktisch leer lief. Eine weitere Erschwernis ergab sich daraus, daß es das Reichsgericht in seinen Urteilen vom 28. Februar 1896[617] und vom 16. April 1896[618] ausdrücklich für unzulässig erklärt hatte, die Negatorienklage im Rahmen von § 26 RGewO auf die Herstellung konkreter Schutzeinrichtungen zu richten, um den Immittenten in der Auswahl der ihm zur Verfügung stehenden Mittel nicht zu beschränken und der Gewerbepolizei nicht vorzugreifen[619].

Das Reichsgericht versuchte deshalb zunächst, die Privilegierungen, welche die behördliche Genehmigung dem Gewerbetreibenden im Rahmen des § 26 RGewO gewährte, auf solche Betriebe zu beschränken, welche tatsächlich nach der RGewO genehmigungspflichtig waren und dann auch nur auf solche Betriebsteile, die der Genehmigung tatsächlich unterfielen.

So versagte das Reichsgericht in einem Urteil vom 4. Dezember 1894[620] in einem Fall, in dem eine behördlich genehmigte Dampfkesselanlage mit einer nicht genehmigten Dynamoanlage verbunden zur Stromerzeugung benutzt wurde, dem Betreiber der Anlage die Privilegierung des § 26 RGewO für die von seinem Betriebe insgesamt ausgehenden Immissionsbelästigungen. Von der behördlichen Genehmigung umfaßt und damit privilegiert seien nur solche Immissionen, welche durch den Betrieb der Dampfkesselanlage entstünden, denn der Schutz des § 26 RGewO könne nur so weit reichen, wie eine behördliche Prüfung und Genehmigung der Gesamtanlage stattgefunden habe.

Dieses Argumentationsmuster zeigte sich auch in insgesamt drei weiteren Urteilen, welche das Reichsgericht in Bezug auf Zuckerfabriken[621] fällte. Deren Betrieb verursachte sowohl Immissionen, die von genehmigten Betriebsteilen ausgingen, als auch solche, die durch von den Konzessionen nicht gedeckte Betriebsteilen verursacht wurden. In seinem Urteil vom 11. November 1882[622] befand das Gericht, daß „für einen der obrigkeitlichen Genehmigung widersprechenden Theil einer Fabrikanlage ... durch § 26 die Klage auf Beseitigung dieses Theils nicht ausgeschlossen“ werde.

---

617 RGZ 36, S. 178 ff.

618 RGZ 37, S. 172 ff.

619 Vgl. hierzu oben § 13 III.

620 RG, Urteil vom 4. Dezember 1894, Seuffert's Archiv, Bd. L, Nr. 200.

621 Zuckerfabriken in ihrer Gesamtheit waren nach § 16 RGewO nicht genehmigungsbedürftig. Sie unterfielen lediglich bezüglich einiger Teilproduktionsanlagen wie beispielsweise der Dampfkesselanlagen der Konzessionierungspflicht.

622 RG, Urteil vom 11. November 1882, Seuffert's Archiv, Bd. XXXVIII, Nr. 159.

Auch die Urteile des Reichsgerichts vom 20. Mai 1884[623] sowie vom 19. November 1897[624] festigten diese Rechtsprechung. Gerade im Falle der Zuckerfabriken nämlich gingen die eigentlichen Belastungen für die Nachbarschaft nicht von den einzelnen, genehmigten Produktionsanlagen, sondern von der Fabrik insgesamt aus[625].

In einem Urteil vom 26. Februar 1892[626] erweiterte das Reichsgericht zudem den Rechtsschutz des Immissionsbelasteten im Rahmen von § 26 RGewO über den Gesetzeswortlaut hinaus auch auf die Herstellung solcher Einrichtungen, welche die benachteiligenden Einwirkungen auf die Nachbarschaft lediglich verminderten und nicht gänzlich ausschlossen. Zweck des § 26 RGewO sei nämlich, dem Betroffenen zunächst die Abhilfe des immissionsverursachenden Zustandes zu ermöglichen. Deshalb sei aus dem Rechtsgedanken eines *a maiore ad minus* auch die Herstellung immissionsvermindernder Einrichtungen als wenigstens teilweise Abhilfe vom Schutzzweck des § 26 RGewO umfaßt.

Es läßt sich also festhalten, daß das Reichsgericht in seiner Rechtsprechung zum Unterlassungsanspruch im Rahmen des § 26 RGewO durchaus unternehmerfeindliche Urteile fällte, um eine Berücksichtigung auch der Belange des beeinträchtigten Grundeigentümers zu ermöglichen und so zu einem Ausgleich der widerstreitenden Interessen zu gelangen.

### II.
### Unterlassungsansprüche außerhalb des § 26 RGewO

Auch außerhalb des § 26 RGewO hatte das Reichsgericht mehrmals Gelegenheit, sich mit dem Untersagungsanspruch eines immissionsbelästigten Grundeigentümers zu befassen. Es griff meist auf das gemeine Recht – in erster Linie auf Dig. 8.5.8.5. – zurück, begründete das Klagerecht gegen nachbarliche Immissionen allerdings auch aus der Natur des Eigentums[627].

---

623 RGZ 11, S. 183 ff.

624 RG, Urteil vom 19. November 1897, Seuffert's Archiv, Bd. LIII, Nr. 180.

625 Vgl. zu den enormen Umweltbelastungen durch Ruß, Asche und Wasserverschmutzungen z.B. Jahresberichte der Königlich Preußischen Regierungs- und Gewerberäthe, S. 6, S. 52, S. 74, S. 88.

626 RG, Urteil vom 26. Februar 1892, Seuffert's Archiv, Bd. XLVII, Nr. 285.

627 So befand das Reichsgericht in seinem Urteil vom 20. Februar 1891, Seuffert's Archiv, Bd. XLVI, Nr.248: „Aus dem Eigentumsrecht des Klägers an seinem Grund und Boden folgt ohne Weiteres der Anspruch, daß die Beklagten Immissionen ... unterlassen."

### 1.
### Unkörperliche Immissionen durch Lärm und Gerüche

#### a)
#### Das Urteil des Reichsgerichts vom 29. März 1882

Das erste grundlegende Urteil des Reichsgerichts zu unkörperlichen Immissionen datiert vom 29. März 1882[628]. Hier fühlte sich der Beklagte durch die Erschütterungen und den Lärm, die von einem im Nebenhaus gelegenen, auch bei Nacht betriebenen Druckereibetrieb ausgingen, belästigt. Das Reichsgericht gab der Klage auf Herstellung von Einrichtungen, welche die Belästigungen auf ein erträgliches Maß herabmilderten, statt.

Das Reichsgericht befand zunächst, daß bei Lärmbelästigungen ein Verweis des Klägers allein auf polizeilichen Schutz nicht als ausreichend anzusehen sei, da die Behörden nur wegen öffentlicher Störungen des Publikums einzuschreiten hätten, nicht aber – wie im vorliegenden Falle – bei einer räumlich begrenzten Lärmbelästigung eines Privatmannes[629]. Sodann hieß es:

> „*Es ist aber anzuerkennen, daß das Grundeigentum nicht bloß durch körperliche Einwirkungen auf das Grundstück, Immissionen, verletzt wird; ... Das Recht an der Sache wird verletzt, ... wenn die Benutzbarkeit der Sache für Menschen aus einem Grunde verhindert oder erschwert wird, welcher sich gegen den Menschen selbst richtet, dessen Bedürfnis durch die an dieser Stelle befindliche Sache befriedigt werden soll. Wenn die Bewohnbarkeit eines Hauses dadurch verhindert oder erschwert wird, daß auf dem Nachbargrundstücke ein fortwährendes aussergewöhnliches Geräusch, namentlich zur Nachtzeit verursacht wird, so wird dadurch nicht weniger das Eigentum an dem zu bewohnenden Hause verletzt, wie wenn von dem Nachbargrundstücke Steinsplitter über die Grenze hinüberfliegen ... Die zum Schutze gegen unerlaubte Eingriffe in das Eigentum bestimmte Klage ist deshalb wegen Erregung unerlaubten Lärmes, welcher die bezeichnete Wirkung hat, für statthaft zu erachten, wennschon in den römischen Rechtsquellen die Zulässigkeit der Klage für diesen Fall nicht besonders bezeugt ist*“[630].

---

628 RGZ 6, S. 217 ff.

629 Hier findet sich ein deutlicher Verweis auf den damals vorherrschenden objektivrechtlichen Charakter des öffentlichen Rechts.

630 RGZ 6, S. 218.

Das Reichsgericht hielt also nicht die Art der Immission, sondern ausschließlich deren Wirkung und den Grad der Belästigung für das Nachbargrundstück für entscheidungserheblich, der über das allgemein Erträgliche und Ortsübliche hinausgehen müsse, um ein Immissionsverbot zu rechtfertigen[631]. Mit diesem höchstrichterlichen Urteil fand der immer wieder auch in der Rechtsprechung geführte Streit um die zivilrechtliche Rechtsnatur unkörperlicher Immissionen sein endgültiges Ende. Bemerkenswert ist in diesem Zusammenhang, wie selbstverständlich sich das Reichsgericht unter inhaltlicher Bezugnahme auf die in Dig. 8.5.8.5. – 7. enthaltenen römischen Immissionsfälle von der Vorstellung löste, die römisch-rechtlichen Regeln als ausschließliche Orientierung für die Zulässigkeit der vorliegenden Klage als allein maßgebend zu betrachten. Dieses Urteil des Reichsgerichts markiert also erstmals eine deutliche Emanzipierung von der dogmatischen Herleitung aus den römischen Quellen.

Allerdings ist anzumerken, daß das Reichsgericht mit der Einbeziehung von unkörperlichen Einwirkungen unter das Immissionsverbot kein Neuland mehr betrat. In diesem Bereich der Immissionen hatte die Judikatur in den deutschen Partikularstaaten in den vorangegangenen Jahren bereits umfassende Vorarbeiten geleistet und mittels gefestigter Rechtsprechung einen Abwehranspruch des Immissionsgeschädigten faktisch statuiert[632].

### b)
### Das Urteil des Reichsgerichts vom 15. Januar 1890

Allerdings gewährte das Reichsgericht keinen Abwehranspruch gegen Geräuschbelästigungen, sofern sie durch das eigene Zutun des beeinträchtigten Grundeigentümers über das gewöhnliche und erträgliche Maß hinausgingen. So wies es in seinem Urteil vom 15. Januar 1890[633] eine Klage ab, in welcher eine jüdische Gemeinde wegen Lärmbelästigungen durch eine auf dem Nachbargrundstücke belegene Böttcherei die Reduzierung des Lärms zu Zeiten des Gottesdienstes begehrte. Das Gericht vertrat die Auffassung, daß das Getöse des Böttchereibetriebes erst dadurch für den Gottesdienstbetrieb der Gemeinde habe belästigend werden können, weil diese im Zuge von Umbaumaßnahmen größere

---

631 Diese Grundsätze in Bezug auf Lärmimmissionen wandte das Reichsgericht in einem Urteil vom 16. April 1896 (RGZ 37, S. 172 f.) auch auf Geruchsbelästigungen an. Es führte unter Bezugnahme auf das Urteil vom 29. März 1882 aus, daß, wenn dort ein Abwehranspruch sogar gegen Lärm und Erschütterungen zugesprochen werde, dieser umso begründeter bei einer im weitesten Sinne körperlichen Einwirkung durch eine Geruchsbelästigung gegeben sein müsse.

632 Vgl. hierzu insbesondere oben § 15 III. 2. Auch die Rechtswissenschaft hatte diesen Schritt schließlich, vor allem unter dem Einfluß *Jherings*, vollzogen. Vgl. hierzu oben § 8 I. 5.

633 RG, Urteil vom 15. Januar 1890, Seuffert's Archiv, Bd. XLV, Nr. 240, S. 396 ff.

und schalldurchlässigere Fenster in ihre Synagoge habe einsetzen lassen. Es stellte auf den Mitverursachungsgedanken ab und befand:

> *„Der Verpflichtung zur Unterlassung außergewöhnlicher, mit den Anforderungen des Zusammenlebens der Menschen unverträglicher Benutzungsarten des Eigenthums steht auf der andern Seite die Verpflichtung gegenüber, den gemeinüblichen Gebrauch des benachbarten Eigenthums zu dulden und die eigenen Ansprüche nicht über das gemeinübliche Maß zu spannen.“*[634]

Auch in diesem Urteil kommt das Bestreben des Reichsgerichts zum Ausdruck, das allgemein Übliche als Maßstab für ein Immissionsverbot anzusehen und keine individuellen Befindlichkeiten zu berücksichtigen[635].

### c)
### Das Urteil des Reichsgerichts vom 15. Mai 1896

In seinem Urteil vom 15. Mai 1896[636] nahm das Reichsgericht zu der Frage Stellung, welches Maß an Geräuschen sich ein Nachbar gefallen lassen müsse. In dem der Klage zugrundeliegenden Sachverhalt war ein Grundstückseigentümer durch den von einer auf dem Nachbargrundstück betriebenen Schriftgießerei erzeugten Lärm belästigt worden. Beide Grundstücke waren in einer belebten Stadtgegend gelegen. Das Reichsgericht wies die Klage ab, weil die Lärmbelästigung sich für einen Durchschnittsmenschen nicht als übermäßig belästigend darstelle. Das Reichsgericht befand, bei der Beurteilung der Wirkung des Geräuschs sei kein individueller Maßstab anzusetzen und vertrat die Auffassung, daß

> *„insbesondere in Fabrikorten jeder Grundbesitzer das Maß von Belästigung durch Lärm und Rauch zu dulden hat, welches nach den örtlichen Verhältnissen ertragen zu werden pflegt und mit dem Fabrikbetriebe unvermeidlich verbunden ist“*[637].

In dieser Entscheidung des Reichsgerichts wird deutlich, daß die Rechtsprechung nunmehr zunehmend zugunsten des Merkmals der Ortsüblichkeit auf die Differenzierung zwischen gewöhnlicher und ungewöhnlicher Benutzungsweise

---

634 RG, Urteil vom 15. Januar 1890, a. a. O., S. 398.

635 Dieser Maßstab der Duldungspflicht geht im wesentlichen ebenfalls auf *Jhering* zurück. Vgl. hierzu insbesondere oben § 8 I. 5.

636 RG, Urteil vom 15. Mai 1896, Seuffert's Archiv, Bd. LII, Nr. 146, S. 269 f.

637 RG, Urteil vom 15. Mai 1896, a. a. O., S. 270.

eines Grundstücks verzichtete. Im Ergebnis lief diese Betrachtungsweise für Immissionsfälle in Industriegebieten vor allem im Hinblick auf die dort regelmäßig bedeutsame Vorbelastung darauf hinaus, daß Immissionen, solange sie nicht als gesundheitsschädlich und nicht als unerträglich zu charakterisieren waren, vom betroffenen Grundstückseigentümer geduldet werden mußten. Damit hatte das Reichsgericht den Standpunkt der Rechtsprechung in Bezug auf die Gleichberechtigung der Grundstücksnutzung, wie sie sich immer wieder, auch in den Urteilen des Reichsgerichts[638], ablesen ließ, faktisch aufgegeben.

### 2. Ortsüblichkeit und erhebliche körperliche Immissionen

#### a) Das Urteil des Reichsgerichts vom 23. Mai 1882

In seinem Urteil vom 23. Mai 1882[639] äußerte sich das Reichsgericht erstmals konkreter zum Merkmal der Ortsüblichkeit. Ansätze einer am Merkmal der Ortsüblichkeit orientierten Betrachtungsweise zur Beurteilung der gewöhnlichen bzw. ungewöhnlichen Benutzungsweise des Grundstücks hatten sich bereits in dem oben dargestellten Urteil des Reichsgerichts vom 29. März 1882[640] zu unkörperlichen Einwirkungen angedeutet. Im zu entscheidenden Sachverhalt waren dem Grundstück des Klägers infolge von in der betreffenden Gegend durchaus üblichen Ziegelfeldbränden Rauch und Gase von einem 400 Meter entfernten Grundstück in erheblich belästigender Weise zugeführt worden. Das Reichsgericht befand,

> *„daß der Grundeigenthümer sich von seinem Nachbar nur diejenigen Eingriffe und Einwirkungen gefallen zu lassen braucht, die das Maß der Belästigungen nicht überschreiten, welche der nach Zeit und Ort gewöhnliche Gebrauch des Nachbargrundstücks mit sich führt, und daß er die über dieses Maß hinausgehenden Eingriffe jedenfalls dann, wenn sie nicht augenblicklich vorübergehender Natur sind, mit der Eigenthumsklage (actio negatoria) zurückweisen kann".*[641]

---

638 So z.B. in seinem Urteil vom 20. September 1881 (RGZ 7, S. 265 ff.): „Nach den aus dem Begriffe des Eigentums folgenden Grundsätzen braucht kein Eigentümer eine solche Benutzung der nachbarlichen Grundstücke zu dulden, welche eine Immission in sein Grundstück ... verursacht."

639 RG, Urteil vom 23. Mai 1882, Seuffert's Archiv, Bd. XXXVIII, Nr. 8, S. 13 f.

640 RGZ 6, S. 217 ff. – Lärmimmission durch Druckereibetrieb. Vgl. oben § 21 II. 1. a).

641 RG, Urteil vom 23. Mai 1882, a. a. O., S. 13.

Das Reichsgericht gab der Klage statt. Im vorliegenden Falle gestattete das Reichsgericht also die erhebliche Immission nicht, obwohl es sich um eine durchaus ortsübliche Einwirkung gehandelt hatte.

### b)
### Das Urteil des Reichsgerichts vom 4. April 1888

In einem Urteil vom 4. April 1888[642] nahm das Reichsgericht erneut zu der Frage der Ortsüblichkeit einer erheblichen Immission Stellung. Der Kläger, Eigentümer mehrerer an der Emscher gelegener Grundstücke, klagte gegen die Eigentümer zweier Steinkohlenschächte, die ihre schmutzigen Abwässer in den Fluß leiteten, auf Unterlassung. Das Reichsgericht befand, die eingeleiteten Abwässer überstiegen das Maß des Regelmäßigen und Gemeinüblichen und stellten einen Eingriff in das „absolute Eigentum" des Klägers dar. Zwar sei es in der vergangenen Zeit zu einer Steigerung der Zechenabwässer in die Emscher gekommen und die Einleitung der Beklagten halte sich in den für Zechen üblichen Maßen. Zur Beurteilung der Ortsüblichkeit sei aber nicht auf die eingeleitete Quantität allein der Zechenabwässer abzustellen, sondern auf das Maß, welches sonst infolge des Zusammenlebens von Menschen üblich sei. Das Reichsgericht erkannte in seiner Urteilsbegründung allerdings an, daß durchaus Immissionsfälle denkbar seien, in denen sich aus einem kleiner gezogenen Kreis der Beteiligten und der abgrenzbareren besonderen Eigenart einer Gegend Duldungspflichten bezüglich der absoluten Eigentumsfreiheit der Betroffenen ergeben könnten, welche vom gewöhnlichen Maß des menschlichen Zusammenlebens unterschiedlich seien[643].

642 RGZ 21, S. 298 ff.

643 Letztlich trägt diese Überlegung dem Vorbelastungsgedanken Rechnung. Diese Problematik wurde auch im Urteil des Reichsgerichts vom 24. April 1894 (Seuffert's Archiv, Bd. XLIX, Nr. 236) thematisiert. Dort befand das Reichsgericht, daß Anwohnern einer Eisenbahnstrecke, die sich über die von der Eisenbahn ausgehenden Lärmimmissionen beschwerten, grundsätzlich erhöhte Duldungspflichten aufzuerlegen seien. Die Anwohner seien nicht nur verpflichtet, die mit dem Eisenbahnbetrieb gewöhnlich einhergehenden, sondern auch die durch eine allmähliche Vergrößerung des Bahnbetriebs entstehenden Immissionen zu ertragen. Gegen eine plötzliche Steigerung der Immissionen oder eine auch im Verhältnis zu anderen Eisenbahnanwohnern außergewöhnliche Lärmimmission könne jedoch gerichtlich eingeschritten werden.

### 3.
### Ideelle Immissionen

In seinem Urteil vom 8. Januar 1897[644] hatte sich das Reichsgericht mit sogenannten ideellen Immissionen[645] auseinanderzusetzen. Die Kläger, jeweils Eigentümer von Grundstücken in einem „besseren Stadttheile", hatten dagegen geklagt, daß in ihrer Nachbarschaft ein Bordell betrieben wurde und verlangten die Einstellung des Betriebs. Das Reichsgericht ließ die Entscheidung, ob hiergegen mit der Negatorienklage vorgegangen werden könne, offen, und befand, daß ungeachtet der Tatsache, daß ein Bordellbetrieb zwar geeignet sei, Nachbarn das Wohnen in unmittelbarer Nachbarschaft zu verleiden, durch den Betrieb jedenfalls nicht „direkt auf den Gebrauch des Eigentums erschwerend" eingewirkt werde.

## *§ 22*
## *Die Rechtsprechung zum Schadenersatzanspruch*

Das Reichsgericht stand bis zum Erlaß des Bürgerlichen Gesetzbuches für das Deutsche Reich bei der Behandlung privater Immissionsklagen, die auf Schadenersatz gerichtet waren, mangels einheitlicher privatrechtlicher Regelungen vor ähnlichen Problemen wie die deutschen Partikularrechtsprechungen.

### I.
### Schadenersatzansprüche im Rahmen des § 26 RGewO

§ 26 RGewO hatte einen verschuldensunabhängigen Schadenersatzanspruch des gewerbetreibenden Unternehmers im Rahmen nachbarlicher Immissionsfälle normiert[646]. Als Äquivalent für den weggefallenen Untersagungsanspruch hatte der Gesetzgeber dem immissionsbetroffenen Grundstückseigentümer im Falle der Unpraktikabilität der Herstellung von geeigneten Schutzeinrichtungen gegen die Immission einen finanziellen Schadenersatzanspruch gewährt[647]. Hier also

---

[644] RGZ 38, S. 379 ff.

[645] Also solchen Immissionen, die nicht körperlich auf die Sinnesorgane einwirken. In Betracht kommen beispielsweise optische Reize. Als Unterfall wurden die sogenannten moralischen Immissionen erfaßt, also solche Einwirkungen, die auf das moralische oder psychische Empfinden einwirken.

[646] Es gab allerdings auch Stimmen in der Wissenschaft, die den Schadenersatzanspruch im Rahmen des § 26 RGewO an das Verschuldenserfordernis koppeln wollten. So z.B. *Hörle*, Die Beeinträchtigungen des Eigenthums durch gewerbliche Anlagen nach dem Bürgerlichen Gesetzbuch und der Gewerbeordnung, VerwArch, Bd. 10 (1902), S. 366 ff., S. 378 ff.

[647] Vgl. oben § 13 I. und II.

war für den Bereich der konzessionierten Anlagen eine eindeutige gesetzliche Regelung vorhanden.

Unklarheit herrschte allerdings in diesem Zusammenhang bei der Frage, ob der vom Verschulden unabhängige Schadenersatzanspruch nur in die Zukunft wirkte, oder ob auch die bei Klageerhebung bereits entstandenen Schäden über § 26 RGewO verschuldensunabhängig ersetzt verlangt werden konnten[648]. Das Reichsgericht vertrat in ständiger Rechtsprechung zunächst den Standpunkt, die vor Klageerhebung entstandenen Schäden könnten nur nach allgemeinen deliktsrechtlichen Grundsätzen, also unter dem Nachweis eines Verschuldens, ersetzt verlangt werden. Damit wurde der Rechtsschutz des Immissionsbetroffenen entscheidend geschwächt, denn er war in der Regel nicht in der Lage, den Verschuldensnachweis gegen den gewerbetreibenden Nachbarn zu führen.

So wies denn das Reichsgericht noch seinen Urteilen vom 29. November 1900[649], vom 19. Mai 1920[650], vom 16. Februar 1922[651] und vom 4. Oktober 1922[652] – somit lange nach Erlaß des Bürgerlichen Gesetzbuches für das Deutsche Reich –, Klagen in privaten nachbarlichen Immissionsfällen, die auf die Gewährung verschuldensunabhängigen Schadenersatzes für die auch schon vor Klageerhebung entstandenen Schäden gerichtet waren, unter dem Hinweis auf § 26 RGewO ab. Diese Rechtsprechung gab das Reichsgericht erst in seinem bekanntgewordenen Urteil vom 26. November 1932[653] auf und billigte dem immissionsgeschädigten Grundeigentümer einen verschuldensunabhängigen Schadenersatzanspruch auch für die vor Klageerhebung entstandenen Schäden zu[654].

## II.
## Schadenersatzansprüche aufgrund privat- oder öffentlich-rechtlicher Spezialnormierungen

### 1.
### Grundsätzliches

Die Durchbrechung des Verschuldensgrundsatzes bei der Zusprechung des vor Klageerhebung entstandenen Schadens war in speziellen Immissionsfällen durch

---

648 Vgl. oben § 13 III. m. w. N.
649 RGZ 47, 98 ff.
650 RGZ 99, S. 172 ff.
651 RGZ 104, S. 81 ff.
652 RGZ 105, S. 213 ff.
653 RGZ 139, S. 29 ff. – „Erste Gutehoffnungshütte-Entscheidung". Vgl. hierzu ausführlich unten § 29 II 3. a).
654 Daß dies dem eigentlichen gesetzgeberischen Willen bei Schaffung des § 26 der GewO für den Norddeutschen Bund bzw. des § 26 RGewO entsprochen hatte, hatte allerdings *Riehl*, Gruchot's Beiträge, Bd. 51 (1907), S. 154 ff., schon Jahrzehnte vorher dargelegt.

§ 26 RGewO, durch Normierungen im Eisenbahnrecht sowie schließlich durch zahlreiche Urteile der deutschen Partikulargerichte eingeleitet worden. § 25 des Preußischen Eisenbahngesetzes vom 3. November 1838[655] sah beispielsweise anstelle des ausgeschlossenen dinglichen negatorischen Untersagungsanspruchs einen dem Gedanken der Gefährdungshaftung angenäherter verschuldensunabhängigen Entschädigungs- bzw. Schadenersatzanspruch vor[656].

Eine Vielzahl von privat- oder öffentlich-rechtlichen Spezialvorschriften schränkte den Eigentumsgebrauch dergestalt ein, daß der Untersagungsanspruch gegen Beschränkungen des Grundeigentums nicht geltend gemacht werden konnte. Teilweise betrafen diese Beschränkungen auch auch Einwirkungen durch Immissionen auf das Grundeigentum. Hier war es also dem betroffenen Grundeigentümer verwehrt, sein umfassendes Abwehrrecht durchsetzen[657]. Gleichzeitig eröffneten die spezialgesetzlichen Regelungen dem beeinträchtigten Grundeigentümer aber die Möglichkeit, wegen des ihm entzogenen Untersagungsanspruchs verschuldensunabhängigen Schadenersatz oder Entschädigung zu fordern[658].

Ausgangspunkt des Verzichts auf das Verschuldenserfordernis in den jeweiligen gesetzlichen Normierungen war in der Regel die Tatsache, daß der Entzug des Untersagungsanspruchs trotz objektiv widerrechtlichen Eingriffs in das Eigentumsausübungsrecht aus Gründen des öffentlichen Wohls – vor allem zum Zwecke der Verkehrs- und allgemeinen Wirtschaftsförderung – erfolgte[659]. Der

---

655 PrGS 1838, S. 505. § 25 des Preußischen Eisenbahngesetzes lautete: „Die Gesellschaft ist zum Ersatz verpflichtet für allen Schaden, welcher bei der Beförderung auf der Bahn an den auf derselben beförderten Personen und Gütern, oder auch an anderen Personen oder Sachen entsteht, und sie kann sich von dieser Verpflichtung nur durch den Beweis befreien, daß der Schaden entweder durch die eigene Schuld des Beschädigten, oder durch einen unabwendbaren äußeren Zufall bewirkt worden ist. Die gefährliche Natur der Unternehmung ist als ein solcher von dem Schadenersatze befreiender Zufall nicht zu betrachten".

656 *Christian Meisner/Heinrich Stern*, Das in Preußen geltende Nachbarrecht, München – Berlin – Leipzig 1927, S. 577.

657 Beispielsweise im preußischen Bergschadensrecht. Das Allgemeine Berggesetz für die Preußischen Staaten vom 24. Juni 1865 (ABG) (PrGS 1865, S. 705) hielt in §§ 137 ff. eigene Regelungen für den Fall bereit, daß es bei der Gewinnung von Bodenschätzen zum Entzug der Eigentumsnutzung des Nachbarn kam.

658 So sah § 148 ABG einen verschuldensunabhängigen Schadenersatzanspruch zugunsten des Eigentümers vor, dessen Eigentum durch nicht abwehrfähige Beeinträchtigungen beeeinträchtigt wurde. § 148 ABG lautete: „Der Bergwerksbesitzer ist verpflichtet, für allen Schaden, welcher dem Grundeigenthume oder dessen Zubehörungen durch den unterirdisch oder mittelst Tagebaues geführten Betrieb des Bergwerks zugefügt wird, vollständige Entschädigung zu leisten, ohne Unterschied, ob die Beschädigung von dem Bergwerksbesitzer verschuldet ist, und ob sie vorausgesehen werden konnte oder nicht".

659 Allerdings war die bergschadensrechtliche Problematik nicht unbedingt dem klassischen Enteignungsrecht zuzuordnen, weil die Entziehung des Eigentums nicht in öffentlichrechtlichem Interesse, sondern zum Vorteile des Bergwerksbesitzers erfolgte.

Grundeigentümer wurde stattdessen auf einen Entschädigungsanspruch verwiesen. Die Gewährung eines verschuldensunabhängigen Ersatzanspruchs auch für die bereits entstandenen Schäden stellte sich für den Immissionsbetroffenen im Nachbarrecht damit als notwendiger Ausgleich für den Verlust seines umfassenden Rechtsschutzes dar. Nach heutiger Dogmatik sind solche Ersatzansprüche nicht dem Bereich der Gefährdungshaftung, sondern eher dem Bereich der Aufopferungsansprüche zuzurechnen[660].

## 2.
## Das Merkmal der Vorhersehbarkeit als Ersatz des Verschuldenserfordernisses

Obwohl es die Problematik für den immissionsbetroffenen Grundeigentümer erkannte, wegen des vor Klageerhebung entstandenen Schadens praktisch rechtlos gestellt zu sein, sah sich das Reichsgericht auch in diesem Bereich zunächst primär von der herrschenden Verschuldensdoktrin gebunden[661]. Unter wechselnden dogmatischen Begründungen kam es allerdings bald zu sich widersprechenden Entscheidungen innerhalb kurzer Zeiträume, wodurch die Rechtsprechung des Reichsgerichts keine klare Linie mehr aufwies. So bemerkte der 1. Senat des Reichsgerichts in einem Urteil vom 2. Oktober 1886[662] noch lapidar, daß

> *„auch bei der Eigentumsstörung der Ersatz des durch die Störung verursachten Schadens nach der herrschenden Meinung ein Verschulden voraussetzt“*[663].

Zwei Monate später führte der 3. Senat des Reichsgerichts dagegen in seinem Urteil vom 7. Dezember 1886[664] aus:

> *„Von einer Verschuldung im technischen Sinne muß daher abgesehen werden, wenn durch die dem Betriebe eigenen besonderen Gefahren ein Schade entsteht, welchen der Unternehmer als mögliche Folge des Betriebes und jener Gefahr vorhersehen konnte.“*[665]

---

660 *Ogorek*, Gefährdungshaftung, S. 51.
661 RG, Urteil vom 13. Dezember 1883 (RGZ 11, S. 341 ff.); Das genannte Urteil bezieht sich allerdings auf einen Sachverhalt, welcher nach französischem Recht zu entscheiden war. Vgl. hierzu unten § 23 II.
662 RGZ 18, S. 28 ff.
663 RGZ 18, S. 37.
664 RGZ 17, S. 103 ff.
665 RGZ 17, S. 104.

Bereits in seinem Urteil vom 29. März 1882[666] hatte das Reichsgericht ausgesprochen, daß sich eine Schadenersatzverpflichtung nicht nur aus dem gemeinhin vorausgesetzten Verschulden, sondern bei dessen Fehlen auch aus weiteren Merkmalen ergeben könne:

> *„Die Negatoria ist auch da begründet, wo ein lediglich objektives Unrecht verletzt wird. Der Umstand aber, daß jemand durch seine Handlungen objektiv ein fremdes Recht verletzt, begründet wohl einen Anspruch auf Beseitigung des Fortbestandes dieses objektiv widerrechtlichen Verhaltens, es reicht aber nicht aus, um eine Verpflichtung des Urhebers jener Verletzung zum Schadenersatz zu begründen ..., es muß dazu ein weiterer Rechtsgrund hinzutreten, sei es eine subjektive Verschuldung des Schadensstifters, sei es ein Vertrag etwa des Inhaltes, daß die von ihm beabsichtigte Handlung auf seine Gefahr gehe, sei es ein anderer Grund, welcher diesen Übergang der Gefahr auf den Handelnden rechtfertigt und dergleichen."*[667]

Die hierdurch angedeutete Tendenz einer möglichen Aufweichung des reinen Verschuldensprinzips präzisierte das Reichsgericht in einem grundlegenden Urteil vom 7. Dezember 1886[668]:

> *„Denn wenn auch die actio negatoria, soweit sie auf Ersatz des vor Klageerhebung entstandenen Schadens gerichtet ist, nicht schon allein durch den objektiven Eingriff in ein fremdes Recht begründet wird, vielmehr noch ein weiterer Rechtsgrund hinzutreten muß, welcher die Haftung des Handelnden für den von ihm verursachten Schaden rechtfertigt, so ist doch culpa des Handelnden eben nur einer dieser Rechtsgründe, und es kann der Übergang der Gefahr auf den Handelnden auch noch aus anderen Gründen gerechtfertigt erscheinen ... Als ein solcher anderer Grund muß aber eine im Gewerbebetriebe erfolgte Betriebshandlung gelten, welche ihrer Natur nach das Eigentum Dritter gefährdet, während der Eigentümer auf Einstellung des mit obrigkeitlicher Genehmigung unternommenen Betriebs nicht klagen kann*[669]*. Der jedem Eigentümer nach gemeinem Rechte gebüh-*

---

[666] RGZ 6, S. 217 ff. – Lärmimmission durch Druckereibetrieb. Vgl. oben § 21 II. 1. a).

[667] RGZ 6, S. 221.

[668] RGZ 17, S. 103 ff.

[669] Interessanterweise wurde hier ohne weitere Begründung auf den Rechtsgedanken des § 26 RGewO zurückgegriffen, obwohl die Norm auf den hier in Frage stehenden Eisenbahnbetrieb wegen § 6 RGewO nicht anzuwenden war. Das Reichsgericht vertrat hier offensicht-

*rende Rechtsschutz fordert notwendig die Anerkennung der Verantwortung des Unternehmers eines solchen Betriebes als Korrelat seiner Befugnis zu den gefährdenden Handlungen; die Ablehnung der Verantwortung würde zu einer Beschränkung des Eigentumes führen, welche dem gemeinen Recht fremd ist. Andererseits reicht nun zwar die Verantwortlichkeit des Betriebsunternehmers nicht soweit, daß er auch haftbar gemacht werden könnte für einen Schaden, dessen Verursachung durch den gefahrvollen Betrieb sich nicht hat vorhersehen lassen.*"[670]

Das Gericht operierte also vor allem mit dem bereits in der Rechtsprechung des Preußischen Obertribunals[671] verwendeten Begriff der Vorhersehbarkeit, um das zur Begründung eines Schadenersatzanspruchs erforderliche subjektive Element begründen zu können. Je nach Sachlage konnte das Element der Vorhersehbarkeit dabei ausgedehnt oder eingeschränkt werden, um zu den gewünschten Ergebnissen zu gelangen. Allerdings zeigt sich in der Argumentation zum Umfang der Ersatzpflicht des Unternehmers, daß sich das Reichsgericht noch nicht vollständig von der Verschuldensdoktrin gelöst hatte.

Für den Bereich des Eisenbahnrechts bedeutete das Urteil vom 7. Dezember 1886[672] den Bruch mit der insbesondere durch das OAG München in seinem Urteil vom 16. April 1861[673] aufgestellten Doktrin, bei dem Betrieb von Eisenbahnen handele es sich notwendigerweise um eine culpose Handlung, da der Eisenbahnunternehmer fahrlässig eine potentiell schädigende Handlung vornehme. Mit dieser Begründung hatte das OAG München seinerzeit einen Schadenersatzanspruch bereits wegen des Vorliegens eines erforderlichen Verschuldens bejaht. Das Reichsgericht jedoch befand:

„*Eine besondere, durch den gewöhnlichen Betrieb der Eisenbahn bedingte Fahrlässigkeit, ist nicht festgestellt. Auch läßt sich nicht annehmen, daß der Betrieb einer Eisenbahn an sich notwendig eine kulpose Handlungsweise darstellt, weil der Unternehmer erkennt oder doch erkennen kann, daß die der Lokomotive entströmenden Funken einen Brand herbeizuführen vermögen; denn alle Verschuldung beruht ihrem letzten Grunde nach auf ei-*

---

lich noch zu einem sehr späten Zeitpunkt die Auffassung, daß bei einem Schadensereignis, welches von einer behördlich genehmigten Anlage ausging, nicht auf Untersagung der Anlage geklagt werden durfte.

670 RGZ 17, S. 104.

671 Vgl. oben § 15 III.

672 RGZ 17, S. 103 ff.

673 Vgl. OAG München, Urteil vom 16. April 1861, Seuffert's Archiv, Bd. XIV, Nr. 208 sowie oben § 17 I. 2.

*nem Willensfehler in der Richtung, daß der Thäter freiwillig eine schädigende Handlung vornimmt, obwohl er bei Anwendung der gewöhnlichen Sorgfalt und Vorsicht den eingetretenen Erfolg als eine mögliche Folge seiner Handlung hätte vorhersehen können; der Thäter muß daher in der Lage gewesen sein, die schädigende Handlung vorzunehmen oder zu unterlassen.*"[674]

Hätte man diesen Grundsatz im Bereich des Eisenbahnrechts angewandt, hätte man regelmäßig einen Schadenersatzanspruch ablehnen müssen, weil beim Betrieb der Eisenbahn die Annahme eines willensfehlerhaften Akts gerade fern liegt. Das Reichsgericht sprach den Schadenersatzanspruch aber aufgrund einer aus dem betrieblichen Verantwortungsbereich des Eisenbahnunternehmers rührenden Gefährdungshaftung zu. Über den Umweg der Vorhersehbarkeit wurde damit der Betrieb einer Eisenbahn wiederum als eine fahrlässige Handlung angesehen.

Einen Schlußpunkt in dieser Entwicklung im Hinblick auf das Eisenbahnrecht stellt das Urteil des Reichsgerichts vom 11. Mai 1904[675] dar. Auch hier wurde dem Kläger ein verschuldensunabhängiger Schadenersatzanspruch zugesprochen, allerdings unter strenger Betonung des verfassungsmäßigen, eigentumsrechtlichen Aufopferungsgedankens[676].

Das Reichsgericht machte auch außerhalb des Eisenbahnrechts den Versuch, seine Rechtsprechung zur Ersatzpflicht des Unternehmers bei vorhersehbaren Schäden auch für die vor Klageerhebung erlittenen Vermögenseinbußen in weiteren Urteilen auszudehnen[677]. Da sich allerdings diese Rechtsprechung schwankender dogmatischer Begründungen bediente und zudem nicht durchgängig war[678], stellte sie sich als wenig überzeugend dar. Erst die bereits erwähnte Entscheidung vom 26. November 1932[679] brachte auch in diesem Bereich nachbarlicher Immissionsfälle endgültige Klärung.

Diese Inkonsistenz in der Rechtsprechung des Reichsgerichts führte dazu, daß eine auf verschuldensunabhängigen Ersatz des auch vor Klageerhebung entstandenen Schadens gerichtete Klage des immissionsgeschädigten Grundeigentü-

---

674 RGZ 17, S. 103.

675 RGZ 58, S. 130 ff. – eine der „Funkenflugentscheidungen". Vgl. unten § 29 II. 2. a) aa).

676 Vgl. hierzu im einzelnen unten § 29 II. 2. a) aa).

677 RG, Urteil vom 11. Oktober 1892 (RGZ 30, S. 114 ff.); RG, Urteil vom 13. Januar 1894, Gruchot's Beiträge, Bd. 38 (1894), S. 712 ff.; RGZ 37, S. 269 ff.

678 Einen verschuldensunabhängigen Schadenersatzanspruch für vor Klageerhebung entstandene Schäden ablehnend z.B. RG, Urteil vom 17. Juni 1905, JW 1905, S. 503 f., Nr. 36; RG, Urteil vom 22. Mai 1912, JW 1912, S. 869 f., Nr. 28; RG, Urteil vom 26. Januar 1915, Warneyer 1915, S. 114 f. Nr. 81; RG, Urteil vom 10. April 1915, Warneyer 1915, S. 208 ff. Nr. 141; RG, Urteil vom 30. April 1919, Warneyer 1919, S. 269 ff. Nr. 172.

679 RGZ 139, S. 29 ff. – „Erste Gutehoffnungshütte-Entscheidung". Vgl. hierzu ausführlich unten § 29 II. 3. a).

mers bis weit in das 20. Jahrhundert hinein mit unkalkulierbaren Risiken verbunden war[680].

## *§ 23*
## *Die Rechtsprechung des Reichsgerichts zum französischen Recht*

### I.
### Negative Immissionen

In seinen ersten Entscheidungen zum französischen Recht beschäftige sich das Reichsgericht mit entziehenden Einwirkungen, sogenannten negativen Immissionen[681].

In dem Sachverhalt, welcher dem Urteil des Reichsgerichts vom 28. Mai 1880[682] zugrundelag, blieben die ansonsten regelmäßig stattfindenden und für die Landwirtschaft der Klägerin fruchtbaren Überschwemmungen des Rheins aus, weil die beklagte Eisenbahngesellschaft bauliche Anlagen errichtet hatte, durch die der Flußlauf reguliert wurde. Das Reichsgericht führte die bisherige Rechtsprechung zum französischen Recht fort und wies die Klage ab. Zur Begründung führte es aus, bei den fruchtbarkeitssteigernden Überschwemmungen habe es sich lediglich um zufällige, durch Naturereignisse verursachte Vorteile für die Klägerin gehandelt, welche sich nicht als Gegenstand ihres Eigentumsrechts darstellten. Ein rechtswidriger Eingriff in das ihr zustehende Eigentumsrecht sei somit abzulehnen. Aus diesem Grund schieden auch Schadenersatzansprüche gemäß Artt. 1382, 1383 cc aus.

Auch bezüglich eines weiteren Sachverhalts, in welchem durch eine Abgrabung auf dem Grundstück des Beklagten Quellwasser umgeleitet worden und der Wasserzufluß auf dem Grundstück der Klägerin versiegt war, urteilte das Reichsgericht am 9. November 1880[683] ähnlich. Es teilte die gemeinrechtliche Auffassung, daß eine solche Entziehung von zufälligen Gebrauchsvorteilen durch die Benutzung des Nachbargrundstücks für den Beklagten keine unerlaubte Einwirkung auf das Grundstück der Klägerin, sondern vielmehr eine zulässige Ausübung des Eigentumsrechts darstelle, weil sich der Beklagte innerhalb der Grenzen seines Grundstücks gehalten und nicht auf das Eigentum der Klägerin übergegriffen habe.

---

680 *Ogorek*, Actio negatoria, S. 71.

681 Vgl. hierzu beispielsweise oben § 15 III. 4.

682 RG, Urteil vom 28. Mai 1880, Zeitschrift für französisches Zivilrecht (ZfrzZR), Bd. 12, S. 505 ff.

683 RGZ 2, S. 368.

Diese Rechtsprechung gab das Reichsgericht in seinem Urteil vom 16. Juni 1896[684] auf. Hier wurde eine Schadenersatzklage angestrengt, weil sich infolge einer durch die Beklagte auf ihrem Grundstück vorgenommenen Grabung das benachbarte Grundstück der Klägerin abgesenkt hatte und hierdurch deren Haus beschädigt wurde. In diesem Urteil sah das Reichsgericht entgegen den zitierten vorhergegangenen Urteilen und der ständigen rheinpreußischen[685] und badischen[686] Rechtsprechung einen rechtswidrigen Eingriff in das Eigentum der Klägerin. Zwar habe die Beklagte durch die Grabung nur eine berechtigte Eigentumshandlung auf ihrem Grund vorgenommen. Dennoch sei hierdurch mittelbar in das Grundeigentum der Klägerin eingegriffen worden, weil die Anlage in außergewöhnlicher Tiefe trotz Kenntnis der ungünstigen Bodenbeschaffenheit vorgenommen worden sei.

In diesem Urteil wird erkennbar, daß das Reichsgericht auch die nach französischem Recht zu behandelnden nachbarlichen Immissionsfälle in Einklang mit seiner auf dem Merkmal der Vorhersehbarkeit basierenden Schadenersatzrechtsprechung zum deutschen Recht in Einklang zu bringen versuchte. Der im Rahmen eines Schadenersatzverlangens nach Artt. 544, 1382, 1383 cc bedeutsame erlaubte Eigentumsgebrauch wurde ohne nähere Begründung unter Hinweis auf die Vorhersehbarkeit eines Schadenseintritts dergestalt beschränkt, daß sich durch Handlungen auf dem Grundstück auch keine mittelbaren Eingriffe in das Nachbareigentum ergeben durften.

## II.
## Die Rechtsprechung des Reichsgerichts zum Einfluß des Nachbarrechts auf die Gewährung von Untersagungs- und Schadenersatzansprüchen nach französischem Recht sowie zum Maß der nachbarlichen Duldungspflichten

### 1.
### Der Einfluß des allgemeinen Nachbarrechts auf die französisch-rechtlichen Untersagungs- und Schadenersatzansprüche

In seinem Urteil vom 13. Dezember 1883[687] hatte das Reichsgericht Gelegenheit, grundsätzlich zur Bedeutung des Nachbarrechts innerhalb der Anwendung der Artt. 544, 1382, 1382 cc bzw. der entsprechenden Landrechtssätze (LRSS) des badischen Rechts Stellung zu nehmen. Das Gericht sah sich vor das Problem gestellt zu prüfen,

---

684 RG, Urteil vom 16 Juni 1896, ZfrzZR, Bd. 28, S. 35 ff.

685 Vgl. oben § 19 II. 2.

686 Vgl. oben § 19 III.

687 RGZ 11, S. 341 ff.

*„ob der in L.R.S. 544 aufgestellte absolute Eigentumsbegriff überhaupt eine andere Beschränkung als durch Gesetze und Verordnungen gestattet, ob insbesondere das s. g. Nachbarrecht vom französischen Recht anerkannt ist, d. h. ob die Rücksicht auf den Nachbar dem Eigentümer gewisse Beschränkungen bei der Ausübung seines Rechtes auferlegt"*[688].

Das Reichgericht bejahte diese Frage. Es wies zunächst darauf hin, daß auch das französische Recht Legalservituten kenne, und führte in diesem Zusammenhang die speziell nachbarschützende Vorschrift des Art. 674 cc[689] bzw. die Parallelnorm des LRS 674[690] an. Das Reichsgericht zog hieraus den Schluß, daß die allgemeine Lehre eines Nachbarrechts offensichtlich auch im französischen Recht anerkannt sei. Weil jedem Grundeigentümer das gleiche absolute Eigentumsrecht zustehe, müsse sich zwar jeder Nachbar aus Gründen der Rücksichtnahme das gefallen lassen, was erträglich sei. Der Grundeigentümer habe sich jedoch solcher Handlungen zu enthalten, welche in unstatthafter Weise auf das Grundeigentum seines Nachbarn einwirkten.

Hinsichtlich eines Schadenersatzanspruchs nach Artt. 1382, 1383 cc bzw. der LRSS 1382, 1383 befand das Reichsgericht, daß bereits jede übermäßige Immission einen rechtswidrigen Eingriff in das Nachbareigentum begründe. Das für den Schadenersatzanspruch erforderliche subjektives Verschulden des Immittenten erblickte das Reichsgericht erneut in dem Merkmal der Vorhersehbarkeit des Schadenseintritts. Ohne Vorhersehbarkeit gestalte sich der Eingriff in das Eigentum lediglich als nicht zum Schadenersatz verpflichtende Zufallshandlung.

Dieses Urteil stellte in der Entwicklung der deutschen Rechtsprechung zur Behandlung privater nachbarlicher Immissionsfälle nach französischem Recht einen deutlichen Bruch mit den bisher vertretenen Grundsätzen dar. Das Reichsgericht sah fortan bereits in jeder übermäßigen Immission einen rechtswidrigen

---

688 RGZ 11, S. 342.

689 Art. 674 cc lautete: „*Celui qui fait creuser un puits ou une fosse d'aisance près d'un mur mitoyen ou non; Celui qui veut y construire cheminée ou âtre, forge, four ou fourneau Y adosser une étable, Ou établir contre ce mur un magasin de sel ou amas de matières corrosives, Est obligé à laisser la distance prescrite par les règlements et usages particuliers sur ces objets, ou à faire les ouvrages prescrits par les mêmes règlements et usages, pour éviter de nuire au voisin.*"

690 LRS 674 lautete: „Wer einen Brunnen oder das Senkloch eines Abtritts neben einer gemeinschaftlichen Mauer graben läßt; Wer daran Rauchfänge, Feuerherde, Hammerwerke, Backoefen oder Oefen errichtet; Einen Viehstall daran lehnt; Ingleichen wer einen Salzvorrat oder einen Haufen äzender Waaren daran legen will; Der ist verbunden, jene Zwischenräume zu lassen, welche durch besondere Verordnungen und Gebräuche festgestellt sind, oder diejenigen Werke zu machen, welche eben gemäß solcher Verordnungen oder Gebräuche oder nach Angabe der Kunstverständigen nöthig sind, um dem Nachbarn nicht zu schaden."

Eingriff in das Nachbareigentum, während in den Jahrzehnten zuvor von den Gerichten auch eine übermäßige Immission, sofern sie nicht gegen Gesetze, Verordnungen oder privatrechtliche Titel verstieß, als rechtmäßige Ausübung des Eigentumsrechts am Grundstück betrachtet wurde und damit weder zur Unterlassung, noch zum Schadenersatz verpflichtete[691].

## 2.
## Das Maß der nachbarlichen Duldungspflicht bei privaten Immissionsfällen

Bezüglich des Maßes der Duldungspflicht in nachbarlichen Immissionsfällen äußerte sich das Reichsgericht in einem Urteil vom 15. Oktober 1886[692]. Infolge von Erschütterungen, welche von einer auf dem Nachbargrundstück gelegenen Stahlfabrik ausgingen, war es zu Schäden am Haus des Grundeigentümers gekommen, das aber erst nach der Errichtung der Fabrik gebaut worden war. Das Reichsgericht wies die auf Schadenersatz gerichtete Klage ab.

Das Reichsgericht urteilte, daß bei der Bestimmung der Duldungsgrenze in nachbarlichen Immissionsfällen stets eine Prüfung der individuellen Verhältnisse des Einzelfalls unter Berücksichtigung der örtlichen Verhältnisse nach Billigkeitsgesichtspunkten erfolgen müsse. Eine starre Grenze der Duldungspflicht lehnte das Reichsgericht damit ab und ermöglichte dadurch eine weite Billigkeitsrechtsprechung im Einzelfall. Bei der vorzunehmenden Prüfung sei vielmehr auf die jeweiligen örtlichen Verhältnisse und das ortsübliche Maß der Einwirkung abzustellen, wobei das Reichsgericht ausdrücklich anerkannte, daß den benachbarten Grundeigentümern in Industriestandorten erhöhte Duldungspflichten aufzuerlegen seien.

Das den Gerichten durch diese Rechtsprechung eingeräumte weite Ermessen ermöglichte es dem Reichsgericht in seinem Urteil vom 20. November 1886[693], in welchem der Eigentümer eines Hauses Schadenersatz wegen Rauch und Rußbelästigungen, welche von einer auf dem Nachbargrundstück belegenen, vor dem Hausbau errichteten Eisenbahnstrecke ausgingen, der Klage stattzugeben. Das Gericht befand, mit der Errichtung eines Hauses in unmittelbarer Nachbarschaft des bereits existenten Eisenbahnbetriebs hätte der Kläger nicht freiwillig und für allezeit die mit dem Verkehr einhergehenden Belästigungen in Kauf ge-

---

691 Vgl. beispielsweise das entsprechende Urteil des Kgl. Revisions- und Kassationshofs vom 10. Februar 1845 (Rheinisches Archiv, Bd. 39, Abt. 2, S. 6 ff. – Mauereinsturz infolge Abgrabung an Grundstücksgrenze (vgl. oben § 19 II. 2.)) sowie das Urteil des Oberhofgerichts Mannheim aus dem Jahre 1842 (Annalen der Großherzoglich Badischen Gerichte, Bd. 10, S. 370 ff. – Mauereinsturz infolge Grabung an Grundstücksgrenze (vgl. oben § 19 III.)).

692 RG, Urteil vom 15. Oktober 1886, ZfrzZR, Bd. 17, S. 609 f.

693 RG, Urteil vom 20. November 1886, ZfrzZR, Bd. 18, S. 279 ff.

nommen. Das zur Begründung des Schadenersatzanspruchs erforderliche Verschulden erblickte das Reichsgericht erneut in der Vornahme schädigender Handlungen trotz Vorhersehbarkeit eines Schadenseintritts.

## *§ 24*
## *Zusammenfassung*

Rückblickend läßt sich in der Zeit vor Erlaß des Bürgerlichen Gesetzbuches für das Deutsche Reich in der Rechtsprechung des Reichsgerichts die Tendenz erkennen, den Schutz des immissionsbelästigten Grundeigentümers wieder zu erweitern. Das Reichsgericht kehrte damit zu der bereits in der ersten Hälfte des 19. Jahrhunderts zu beobachtenden Rechtsprechungstradition zugunsten des immissionsgeschädigten Grundeigentümers, vor allem aber zulasten des benachbarten Gewerbetreibenden zurück.

Bezüglich des Untersagungsrechts im Hinblick auf konzessionierte Gewerbebetriebe waren die Möglichkeiten des Reichsgerichts durch § 26 RGewO dabei deutlich eingeschränkt. Dem Reichsgericht gelang jedoch eine Erweiterung der Negatorienklage insbesondere in den Fällen, in denen sich der konzessionierte Gewerbetreibende entweder nicht im Rahmen seiner Genehmigung hielt, oder sich lediglich im Besitz einer Teilgenehmigung befand, von seinem Gewerbebetrieb insgesamt aber Belästigungen für die Nachbarschaft ausgingen. Hier lehnte es das Reichsgericht beharrlich ab, den Gesamtbetrieben die Privilegierungen, welche die RGewO den jeweils einzeln konzessionierten Betriebsteilen gewährte, zugute kommen zu lassen[694].

Außerhalb des Anwendungsbereichs des § 26 RGewO ist eine deutliche Emanzipation des Reichsgerichts von den bis dahin für maßgeblich gehaltenen Regeln des Römischen Rechts erkennbar[695]. Der jahrzehntelange Streit um die Rechtsnatur unkörperlicher Einwirkungen wurde durch das Reichsgericht dahingehend entschieden, daß auch sie grundsätzlich dem Immissionsverbot unterfielen.

Bei der Bestimmung der Duldungsgrenze für nachbarliche Immissionen tendierte das Reichsgericht dazu, auf das überkommene Begriffspaar der gewöhnlichen bzw. ungewöhnlichen Grundstücksnutzung zugunsten des Merkmals der Ortsüblichkeit zu verzichten. Damit wurde die jahrzehntelange Betrachtungsweise der Rechtsprechung, welche zur Beurteilung nachbarlicher Immissionsfälle auf die Gleichberechtigung beider betroffener Grundstückseigentümer abstellte, aufgegeben[696]. Im Ergebnis wurde hierdurch eine Verschlechterung des Rechtsschutzes des Immissionsbetroffenen herbeigeführt, stellte die steigende

---

694 Vgl. oben § 21 I.
695 Vgl. oben § 21 II. 2.
696 Vgl. oben § 21 II. 2. c).

Immissionsbelastung doch mit zunehmender Industrialisierung eher die ortsübliche Regel dar, zu deren umfassenderer Duldung der Grundeigentümer nun gegenüber seinem immittierenden Nachbarn verpflichtet wurde. Die Betonung des Merkmals der Ortsüblichkeit mußte im Ergebnis zunehmend dazu führen, nur solche Einwirkungen unter das Immissionsverbot zu subsumieren, welche sich als unerträglich oder als schadensverursachend darstellten.

Bezüglich der Gewährung von Schadenersatzansprüchen war dem Reichsgericht im Bereich der konzessionierten Anlagen ebenfalls durch § 26 RGewO ein umfassender Handlungsspielraum genommen. Gerade bezüglich der umstrittenen Frage, ob ein im Rahmen des § 26 RGewO einklagbarer Schadenersatzanspruch auch den bereits vor Klageerhebung entstandenen Schaden umfaßte, konnte das Reichsgericht noch über Jahrzehnte keine einheitliche Rechtsprechungspraxis finden[697]. Erst im Jahre 1932 wurde dieses Problem in der Rechtsprechung des Reichsgerichts abschließend geklärt und umfassender Schadenersatz zugebilligt[698].

Für Schadenersatzklagen außerhalb des Anwendungsbereichs des § 26 RGewO in nachbarlichen Immissionsfällen läßt sich die Tendenz des Reichsgerichts ablesen, sich in Anlehnung an die Regelung des § 26 RGewO schrittweise der Gewährung eines verschuldensunabhängigen Schadenersatzanspruchs zu öffnen. So erkannte das Reichsgericht ausgehend vom Eisenbahnrecht in gefestigter Rechtsprechung einen grundsätzlichen, verschuldensunabhängigen Schadenersatzanspruch auch für die bereits vor Klageerhebung entstandenen Schäden durch vorhersehbar gefährliche Betriebe an. Mit dieser Anerkennung der Haftungsverbindlichkeit des Gewerbetreibenden für die seinem Betriebe entspringenden Gefahren als Korrelat zu der Befugnis zur Vornahme gefährdender Handlungen setzte sich das Reichsgericht mutig über die Entscheidung des Gewerbegesetzgebers hinweg, der einen solchen Ersatzanspruch nur gegenüber solchen Betrieben gewähren wollte, die nach § 26 RGewO konzessioniert waren[699].

Das hierbei vom Reichsgericht zur Umgehung einer Verschuldensprüfung herangezogene Merkmal der Vorhersehbarkeit war allerdings auf dem Hintergrund einer noch deutlich von der jahrzehntelang herrschenden Verschuldensdoktrin geprägten Auffassung zur Gewährung von Schadenersatz nur bedingt geeignet, als taugliches Abgrenzungskriterium zwischen rechtmäßigen und rechtswidrigen und damit schadenersatzauslösenden Eingriffen in das Grundeigentum zu dienen. Deshalb gestaltete sich die Rechtsprechung des Reichsgerichts in diesem Bereich nicht durchgängig und belastete den immissionsgeschädigten Grundei-

---

697 Vgl. oben § 22 I.

698 Und zwar in dem Grundsatzurteil des Reichsgerichts vom 26. November 1932 (RGZ 139, S. 29 ff. – „Erste Gutehoffnungshütte-Entscheidung“). Vgl. hierzu im einzelnen unten § 29 II. 3 a).

699 *Ogorek*, Actio negatoria, S. 72.

gentümer im Falle einer Schadenersatzklage bei nachbarlichen Einwirkungen auf sein Grundstück mit erheblicher Rechtsunsicherheit und unkalkulierbaren Prozeßrisiken[700].

In der Rechtsprechung des Reichsgerichts zum französischen Recht läßt sich die Tendenz beobachten, bei der Begründung eines Schadenersatzanspruchs in nachbarlichen Immissionsfällen im Rahmen der Verschuldensprüfung aus Gründen der Rechtsvereinheitlichung die inzwischen zum deutschen Recht entwickelten Grundsätze der Vorhersehbarkeit heranzuziehen, um den immissionsgeschädigten Grundeigentümer finanziell zu entschädigen. Bemerkenswert ist, daß das Reichsgericht im Rahmen der Prüfung von Artt. 544, 1382, 1383 cc bzw. den entsprechenden badischen Landrechtssätzen erstmals dazu überging, aus allgemeinen Grundsätzen des Nachbarrechts eine nach französischem Recht mangels Verstoß gegen gesetzliche Vorschriften an sich erlaubte Eigentumsausübung bei gleichzeitiger Einwirkung auf das Nachbargrundstück als rechtswidrig zu charakterisieren. Besonders deutlich wird diese Rechtsprechung im Bereich der sogenannten negativen Immissionen, wie sich im Urteil des Reichsgerichts vom 16. Juni 1896[701] zeigt. Damit wurde letztlich aus Billigkeitserwägungen das in der Rechtsprechung der deutschen Gerichte zum französischen Recht stets gesondert zu prüfende Merkmal der Rechtswidrigkeit mit den bereits im deutschen Nachbarrecht entwickelten Grundsätzen zur ortsüblichen Benutzung, zur Dauerhaftigkeit des Eingriffs sowie zu dessen Intensität ausgefüllt, um im Einzelfall eine abwägende Fallösung zu ermöglichen.

---

700 Vgl. oben § 22 II.

701 RG, Urteil vom 16. Juni 1896, ZfrzZR, Bd. 28, S. 35 ff. Vgl. oben § 23 I.

# 3. Kapitel:
# Der Einfluß der Rechtsprechung zum privaten nachbarlichen Immissionsschutzrecht auf die vorbereitenden Entwürfe eines Bürgerlichen Gesetzbuches für das Deutsche Reich

## *§ 25*
## *Die Entwürfe des § 906 BGB als zentraler materieller Immissionsschutzvorschrift im Bürgerlichen Gesetzbuch für das Deutsche Reich*

### I.
### Die verschiedenen Entwicklungsstadien des späteren § 906 BGB

Der Redaktor des Sachenrechts eines Bürgerlichen Gesetzbuches für das Deutsche Reich (BGB)[702], der preußische Obertribunalrat *Reinhold Johow*[703], präsentierte seinen ersten Entwurf im Jahre 1880 der Öffentlichkeit[704].

Beschränkungen des Eigenthums an Grundstücken im nachbarlichen Interesse (Grenz- und Nachbarrecht)" in §§ 105 –116 auch spezielle Immissionsschutzbestimmungen. Der vor allem wichtige § 105 lautete:

> „*Jeder Eigenthümer eines Grundstücks hat die nachbarliche Zuführung von Gasen, Dämpfen, Rauch, Staub, Gerüchen und dergl., sowie die Mittheilung von Geräuschen, Erschütterungen und Wärme insoweit zu ertragen, als solche Einwirkungen entweder unnachtheilig sind und die Annehmlichkeit der Benutzung seines Grundstücks nicht beeinträchtigen, oder die Grenzen, in denen dieselben nach örtlicher Uebung geduldet werden pflegen, nicht überschreiten.*"

Bereits in diesem Entwurf entschied *Johow* also den lange Zeit schwelenden Streit um unkörperliche Immissionen dahingehend, daß auch diese unter das Immissionsverbot subsumiert werden sollten. Weiterhin wird deutlich, daß das Immissionsverbot nicht absolut verstanden werden sollte, sondern daß die von der Rechtsprechung bisher zur Beurteilung der Immissionen herangezogenen und der flexiblen Entwicklung unterliegenden Kriterien der gewissen Intensität

---

702 RGBl. 1896, S. 195 ff.

703 Zur Person *Johows* vgl. *Werner Schubert* (Hrsg.), Die Vorlagen der Redaktoren für die erste Kommission zur Ausarbeitung des Entwurfs eines Bürgerlichen Gesetzbuches, Sachenrecht, Bd. 1, Berlin – New York 1982, Einleitung, S. XXI ff.

704 Zur Entwicklungsgeschichte der Entwürfe und zur Kommissionsarbeit umfassend *Vierhaus*, S. 59 ff.; zur Geschichte des ersten Entwurfes für das Sachenrecht vgl. *Schubert*, Einleitung, S. XII ff.

und der Ortsüblichkeit bei der Beurteilung der Erlaubtheit der Einwirkung Berücksichtigung finden sollten.

1888 legte die Erste Kommission[705] ihren Entwurf (E I) vor, welcher den Entwurfsvorschlag *Johows* aufgriff und mit § 850 E I ebenfalls eine immissionsschutzrechtliche Regelung aufwies. § 850 E I lautete:

> *"Der Eigenthümer eines Grundstückes hat die nicht durch unmittelbare Zuleitung erfolgende Zuführung oder Mittheilung von Gasen, Dämpfen, Rauch, Ruß, Gerüchen, Wärme, Erschütterungen und dergleichen insoweit zu dulden, als solche Einwirkungen entweder die regelmäßige Benutzung des Grundstücks nicht in erheblichem Maße beeinträchtigen oder die Grenzen der Ortsüblichkeit nicht überschreiten."*

Die Zweite Kommission[706] veröffentlichte den überarbeiteten Entwurf (E II) des Sachenrechts im Jahre 1894. Hier war das private nachbarliche Immissionsrecht vor allem in § 820 E II geregelt. § 820 E II lautete:

> *„Der Eigenthümer eines Grundstückes kann die Zuführung von Gasen, Dämpfen, Gerüchen, Rauch, Ruß, Wärme, Geräusch, Erschütterungen und ähnliche von einem anderen Grundstücke ausgehende Einwirkungen insoweit nicht verbieten, als er durch sie in der Benutzung seines Grundstückes nicht oder nur unwesentlich beeinträchtigt oder die Einwirkung durch eine Benutzung des anderen Grundstückes herbeigeführt wird, die nach den örtlichen Verhältnissen bei Grundstücken dieser Lage gewöhnlich ist. Die Zuführung durch eine besondere Leitung ist unzulässig."*

In die Reichstagsvorlage[707] wurde diese Vorschrift mit unwesentlichen redaktionellen Änderungen als § 890 E III, welcher dem späteren § 906 BGB entspricht[708], eingefügt[709].

---

[705] Eingesetzt durch Beschluß des Bundesrates vom 22. Juni 1874, vgl. Protokolle des Bundesrates 1874, § 328. Zur Arbeit der Ersten Kommission ausführlich *Vierhaus*, S. 71 ff.

[706] Eingesetzt durch Beschluß des Bundesrates vom 4. Dezember 1890, vgl. Protokolle des Bundesrates 1890, § 612. Zur Arbeit der Zweiten Kommission *Horst Heinrich Jakobs/Werner Schubert* (Hrsg.), Die Beratung des Bürgerlichen Gesetzbuchs in systematischer Zusammenstellung der unveröffentlichten Quellen, Einführung, Bibliographien, Materialien (Einführung), Berlin – New York 1978, S. 57 ff.

[707] Die erste Lesung im Reichstag erfolgte vom 3. bis 7. Februar 1896, die zweite Lesung vom 19. bis 27. Juni 1896, die dritte Lesung vom 30. Juni bis 1. Juli 1896. Die Schlußabstimmung fand am 1. Juli 1896 statt.

## II.
## Der Einfluß der Rechtsprechung auf die jeweiligen Entwurfsfassungen

### 1.
### Der Einfluß der Rechtsprechung auf die Frage der Normierung des Grundsatzes der Immissionsfreiheit oder des Immissionsverbots

Ausgehend von dem Entwurf *Johows* hatte die Erste Kommission darüber zu befinden, ob die Behandlung nachbarlicher Immissionen im Rahmen des § 850 E I vom Grundsatz der einer allgemeinen Immissionsfreiheit oder von dem eines allgemeinen Immissionsverbots bestimmt werden sollte[710]. Es ging also um die Frage, ob man unter der Zugrundelegung eines immissionsfreiheitlichen Begriffs sämtliche Immissionen als grundsätzlich erlaubt ansehen wollte und dem Nachbarn nur bei übermäßigen Einwirkungen ein Verbietungsrecht zugestand, oder ob man grundsätzlich alle Immissionen für verboten halten, aber aus praktischen Gründen bei unwesentlichen Einwirkungen das Verbietungsrecht entfallen lassen wollte[711].

Die vor allem im Hinblick auf das Beweisrecht im Rahmen der Negatorienklage erhebliche Frage[712] war in der Kommission umstritten[713]. Aus den Vorschriften des Entwurfs zum Eigentumsbegriff, wie er durch § 848 E I[714] statuiert wurde, war keine eindeutige Entscheidung zugunsten eines Prinzips zu entnehmen. Das hierin zugrundegelegte absolute Eigentumsverständnis sprach sowohl für das Recht, sämtliche Einwirkungen auszuschließen, wie für die Be-

---

708 § 890 E III bzw. § 906 BGB lauteten: „Der Eigenthümer eines Grundstücks kann die Zuführung von Gasen, Dämpfen, Gerüchen, Rauch, Ruß, Wärme, Geräusch, Erschütterungen und ähnliche von einem anderen Grundstücke ausgehenden Einwirkungen insoweit nicht verbieten, als die Einwirkung die Benutzung seines Grundstücks nicht oder nur unwesentlich beeinträchtigen oder durch eine Benutzung des anderen Grundstücks herbeigeführt wird, die nach den örtlichen Verhältnissen dieser Lage gewöhnlich ist. Die Zuführung durch eine besondere Leitung ist unzulässig.“

709 Vgl. *Horst Heinrich Jakobs/Werner Schubert* (Hrsg.), Die Beratung des Bürgerlichen Gesetzbuchs in systematischer Zusammenstellung der unveröffentlichten Quellen, Sachenrecht I (Sachenrecht I), Berlin – New York 1985, S. 458.

710 Als Oberbegriff für Immissionen wählte die Kommission den Begriff „Imponderabilien“, was allerdings insofern irreführend war, als beispielsweise in den Entwürfen mit Ruß auch wägbare Einwirkungen aufgezählt wurden.

711 Vgl. *Benno Mugdan*, Die gesammten Materialien zum Bürgerlichen Gesetzbuch für das Deutsche Reich, Bd. III, Sachenrecht, Berlin 1899, Motive, S. 146.

712 Im ersteren Falle hätte der Kläger das Vorliegen einer übermäßigen Immission beweisen müssen, während im zweiten Fall lediglich die Behauptung einer Einwirkung zur Begründung der Negatorienklage ausgereicht hätte.

713 *Mugdan*, Protokolle, S. 580.

714 § 848 E I lautete: „Der Eigenthümer einer Sache hat das Recht, mit Ausschließung Anderer nach Willkür mit der Sache zu verfahren und über dieselbe zu verfügen, soweit nicht Beschränkungen dieses Rechtes durch Gesetz oder durch Rechte begründet sind.“

fugnis, das Grundeigentum ohne Rücksichtnahme auf benachbartes Eigentum zu nutzen. Die Erste Kommission stellte sich jedoch entgegen der vorherrschenden Ansicht in der Wissenschaft und Rechtsprechung auf den Standpunkt des Grundsatzes der Immissionsfreiheit[715].

Zur Begründung dieser Auffassung nahm die Erste Kommission Bezug auf § 358 des sächsischen BGB[716] und Art. 193, III, 2 des bayerischen Entwurfes für ein BGB[717] und erklärte, daß diese Vorschriften ebenfalls vom Grundsatz der Immissionsfreiheit ausgingen[718]. Zudem befand die Kommission, daß der Grundsatz des Immissionsverbots „seine Undurchführbarkeit in sich trägt und somit unhaltbar erscheint“[719]. Als Folge befürchtete die Kommission eine Überspannung des Eigentumsbegriffs, welche sich in einer Lähmung der gewerblich-industriellen Entwicklung auswirken würde. Es solle vielmehr vom Grundsatz der Immissionsfreiheit ausgegangen werden. Es seien „gewisse Immissionen zugunsten des Eigenthümers durch privatrechtliche Normen zu verbieten, bei den sonstigen Immissionen aber die Bestimmung der Erlaubtheit oder Unerlaubtheit der Polizeigesetzgebung zu überlassen“[720].

Bei der Beurteilung nachbarlicher Immissionen trat also mit der Übernahme des Grundsatzes der allgemeinen Immissionsfreiheit eindeutig ein industriefreundlicher Standpunkt zutage. Unter dem Eindruck der Kommissionsberatungen wandte sich das Reichsgericht in mehreren Urteilen[721] unter besonderer Betonung, daß sich Duldungspflichten des immissionsbetroffenen Grundstücksnachbarn aufgrund seiner „absoluten Eigentumsfreiheit“ grundsätzlich nur in engen Grenzen ergeben könnten, gegen diese Position der allgemeinen Immissionsfreiheit und befürwortete den schon in der bisherigen Rechtsprechung vertretenen Grundsatz des grundsätzlichen Immissionsverbots.

Der einseitig industriefreundliche Standpunkt der Ersten Kommission wurde dann auch von der Zweiten Kommission in der Beratung des § 820 E II unter dem Hinweis auf die herrschende Rechtsprechungspraxis zum gemeinen

---

715 *Mugdan*, Motive, S. 147; *Wittgenstein*, S. 23; *Kurt Beuthien*, Der Rechtsschutz des Grundeigentümers gegenüber Einwirkungen auf sein Grundstück von Privatgrundstücken und öffentlichen Wegen aus, Göttingen 1926, S. 15.

716 Vgl. oben § 11 I.

717 Vgl. oben § 12 II.

718 Dieser Verweis war unzutreffend, weil sowohl die Motive für das sächsische BGB wie der bayerischen Entwurf gerade den von der Wissenschaft vertretenen Grundsatz des Immissionsverbots zugrundelegten. Vgl. hierzu oben § 11 I. sowie § 12 II.

719 *Mugdan*, Motive, S. 147.

720 *Mugdan*, Motive, S. 147.

721 RG, Urteil vom 13. Dezember 1883 (RGZ 11, S. 345 f.; vgl. hierzu oben § 23 II. 1); RG, Urteil vom 4. April 1888 (RGZ 21, S. 298 ff. – Abwasser aus Steinkohlenschacht; vgl. hierzu oben § 21 II. 2. b)); RG, Urteil vom 15. Januar 1890 (Seuffert's Archiv, Bd. XLV, Nr. 240, S. 396 ff).

Recht[722] aufgegeben, wenngleich aus den Protokollen der Beratungen ersichtlich wird, daß die Kommissionsmitglieder sich das Risiko, hierdurch die industriell-gewerbliche Entwicklung zu hemmen, deutlich vor Augen führten[723]. Deshalb entschied man, kein absolutes Immissionsverbot zu statuieren, sondern dem immissionsbetroffenen Nachbarn mit Rücksicht auf die „im volkswirtschaftlichen Interesse zu begünstigende freie und ungehinderte Entfaltung der Industrie" zumindest gewisse Duldungspflichten aufzuerlegen[724]. § 820 E II ging also grundsätzlich von der Unzulässigkeit von Immissionen jedweder Art aus, statuierte für den immissionsbeeinträchtigten Grundstückseigentümer aber im Interesse einer wirtschaftlichen Verwertbarkeit des Grundeigentums seines immittierenden Nachbarn eine Duldungspflicht in den Fällen der nur unerheblichen Beeinträchtigung und der Ortsüblichkeit der Einwirkung.

Vom Standpunkt des Grundsatzes eines allgemeinen Immissionsverbots aus betrachtet, beabsichtigte die Zweite Kommission deshalb konsequent, dem Immittenten die Beweislast dafür aufzuerlegen, daß er zur Einwirkung berechtigt sei, daß er sich mit ihr im Rahmen der Üblichkeit halte und daß er das Interesse des Nachbarn an dessen Grundstück nicht beeinträchtige[725].

## 2.
## Der Einfluß der Rechtsprechung auf den dem Bürgerlichen Gesetzbuch für das Deutsche Reich zugrundeliegenden Immissionsbegriff

Die Kommissionen legten sich zur Bestimmung verbotener Immissionen nicht auf die Beschreibung gemeinsamer Merkmale fest, sondern entschieden sich dafür, „die hauptsächlichen Beispiele festzulegen und die weitere Entwicklung des leitenden Gedankens der Praxis zu überlassen"[726]. Ausdrücklich ausgenommen werden sollten allerdings Flüssigkeiten, welche durch § 856 E I[727] einer gesonderten immissionsrechtlichen Behandlung zugeführt wurden. In diesem Zusammenhang zeigte sich also bei der Kommission grundsätzlich die Akzeptanz der in der Rechtsprechung zum gemeinen Recht allgemein vertretenen Auffas-

[722] RGZ 6, S. 217 ff. – Lärmbelästigung durch einen Druckereibetrieb (vgl. dazu oben § 21 II. 1. a)); RGZ 12, S. 173 ff.; *Wittgenstein*, S. 24; *Beuthien*, S. 15.

[723] *Mugdan*, Protokolle, S. 582.

[724] *Mugdan*, ebenda.

[725] *Mugdan*, Protokolle, S. 581.

[726] *Mugdan*, Motive, S. 146.

[727] § 856 E I lautete: „Der Eigenthümer eines Grundstücks hat den infolge der natürlichen Bodenverhältnisse stattfindenden Wasserabfluß von einem anderen Grundstücke zu dulden. Die abweichenden Vorschriften der Landesgesetze bleiben unberührt." § 856 E I wurde im Hinblick auf Art. 65 EGBGB, welcher in Fällen der Immissionen durch Wasser auf das zumeist gleichlautende Landesrecht verweist, wieder gestrichen.

sung, Einwirkungen durch Wasser wie gewöhnliche Immissionen zu behandeln[728].

### a)
### Unkörperliche Immissionen

Die Motive führen zur Bestimmung des Immissionsbegriffs lediglich an, daß § 850 E I die Einwirkungen erfassen solle, welche aufgrund der gewöhnlichen oder wirtschaftlich-gewerblichen Vorgänge „in das Luftmeer in Form einer Menge von gasförmigen und in der Luft suspendirten Körpern" ausgestoßen und sich dort aufgrund physikalischer Gesetzmäßigkeiten fortpflanzen würden[729]. Hier schien sich die Erste Kommission an den vor allem in der frühen Wissenschaft vertretenen engen Immissionsbegriff anzulehnen[730].

Daß § 850 E I Geräusche nicht als Einwirkungen aufzählte, erscheint überraschend, handelte es sich doch bei diesen Immissionen um solche, welche von der gemeinrechtlichen Praxis seit langem anerkannt waren und auch vom Reichsgericht in ständiger Rechtsprechung[731] unter das Immissionsverbot gefaßt wurden. Zudem wurden gewisse andere unkörperliche Einwirkungen wie Wärme und Erschütterungen von § 850 E I erfaßt.

Die Motive begründen diese Nichterwähnung von Geräuschen dahingehend, daß „auch die exzessive Immission von Geräuschen – von Licht wird dasselbe gelten – nicht als Eigenthumsverletzung zu gelten hat und die Schaffung der nothwendigen Abhülfe und des nothwendigen Schutzes der Polizeigesetzgebung überlassen ist". In dieser Formulierung klingen die Thesen *Hesses* an, der als einer der wenigen Vertreter der Wissenschaft Belästigungen, die nicht schädigend auf das Grundeigentum, sondern lediglich auf die Person des Grundeigentümers einwirkten, als rechtmäßig ansah[732]. Da sie keine Einwirkungen auf das Grundstück beinhalteten, wollte er sie auch nicht dem aus dem Grundeigentumsrecht fließenden privaten Immissionsschutzrecht unterstellen. Zudem war für *Hesse* ein objektiver Maßstab der Beurteilung des Ausmaßes der Belästigung nicht erkennbar, sondern nur ein relatives polizeiliches Ermessen[733].

---

728 Vgl. beispielsweise RG, Urteil vom 4. April 1888 (RGZ 21, S. 298 ff.) sowie oben § 21 II. 2 b).

729 *Mugdan*, Motive, S. 146.

730 Vgl. oben § 10 I.

731 Vgl. beispielsweise RG, Urteil vom 19. März 1882 (RGZ 6, S. 217 ff. – Lärmimmission durch Druckereibetrieb); RG, Urteil vom 15. Januar 1890 (Seuffert's Archiv, Bd. XLV, Nr. 240, S. 396 ff. – Lärmbelästigung eines Gottesdienstes durch Böttcherei); RG, Urteil vom 15. Mai 1896 (Seuffert's Archiv, Bd. LII, Nr. 146, S. 269 f. – Lärmimmission durch Schriftgießerei) sowie oben § 21 II. 1. a) bis c).

732 Vgl. oben § 8 I. 4.

733 Vgl. *Hesse*, Rechtsverhältnisse, S. 309 sowie oben § 8 I. 4.

Die Zweite Kommission gab diesen Standpunkt auf und unterstellte dem Immissionsverbot in § 820 E II auch Geräuschimmissionen. Sie empfand den alleinigen Verweis auf die Polizeigesetzgebung als für den Privatrechtsschutz des einzelnen nicht genügend, da die Behörden in der Regel nicht zum Schutze des Privatinteresses des einzelnen Grundeigentümers berufen seien. Zudem sah man keinen sachlichen Grund, „die Erschütterungen der Luft anders zu behandeln als die schon vom Entw. erwähnten Erschütterungen des Bodens“[734].

### b)
### Negative Immissionen

Wie bereits dargestellt[735], herrschte in Wissenschaft und Rechtsprechung die einhellige Auffassung vor, daß negative Immissionen nicht unter das Immissionsverbot zu subsumieren seien. Hierin wurde regelmäßig eine erlaubte Ausübung des absoluten Eigentumsrechts am Grundstück durch den schädigenden Grundeigentümer erblickt, weil entweder keine Zuführung einer Einwirkung im Sinne eines „*immittere*“ der römisch-rechtlichen Quellen vorlag oder dem betroffenen Grundstück nur zufällig genossene Vorteile entzogen wurden.

Dieser Standpunkt des absoluten Eigentumsbegriffs kam auch in der Fassung des § 848 E I zum Ausdruck[736], der dem Eigentümer das Recht gab, nach seiner Willkür mit der Sache zu verfahren. So konnte es nicht erstaunen, daß § 850 E I, § 820 E II und § 890 E III bzw. § 906 BGB das Erfordernis einer besonderen Zuführung gesondert betonten und eine solche Immission für unzulässig ansahen. Hierin sollte zum Ausdruck kommen, daß sich die Immissionen im Sinne des Gesetzes jeweils als Folge eines positiven Hineingreifens in das Eigentum des betroffenen Grundeigentümers darstellen mußten. Diese Interpretation schien den jeweiligen Kommissionsmitgliedern offenbar so selbstverständlich, daß sich weder in den Motiven, noch in den Protokollen oder der Denkschrift ein Hinweis darauf findet[737].

---

734 *Mugdan*, Protokolle, S. 581.

735 Vgl. beispielsweise oben § 15 III. 4., § 19 II. 2. sowie § 23 I.

736 Vgl. oben § 15 I. 2.

737 § 906 BGB wurde dementsprechend auch von der Rechtsprechung immer in diesem Sinne ausgelegt. Vgl. beispielsweise RG, Urteil vom 8. Januar 1908, JW 1908, S. 142, Nr. 1; RG, Urteil vom 20. Januar 1909, JW 1909, S. 161, Nr. 10; RG, Urteil vom 27. November 1913, JW 1914, S. 196, Nr. 12.

### c)
### Ideelle Immissionen

Ähnliches gilt auch für die sogenannten ideellen Immissionen, also für solche, die nicht körperlich auf die Sinnesorgane, sondern lediglich auf das psychische Empfinden des Menschen einwirken. Einen Unterfall bilden die sogenannten moralischen Immissionen, die das Ehr- oder Schamgefühl der Betroffenen verletzen. Zu diesem Problembereich entschied das Reichsgericht erstmalig in einem Urteil vom 8. Januar 1897[738] und befand unter Ausklammerung der Frage, ob gegen solche Störungen mit der Negatorienklage vorgegangen werden konnte, daß derartige, sinnlich nicht wahrnehmbare Einwirkungen auf das Grundeigentum keine Eigentumsverletzung darstellten. Diese Auffassung stellte jedoch bis dahin ohnehin die herrschende Auffassung in der Wissenschaft dar[739]. So wurden denn auch die Fälle ideeller Immissionen von den Kommissionen nicht als Problem des nachbarlichen Immissionsschutzrechts in den Vorarbeiten zum BGB begriffen und behandelt.

## 3.
## Der Einfluß der Rechtsprechung zur Bestimmung der Duldungsgrenze

Auch im gemeinen Recht war anerkannt, daß nicht jegliche Art der Einwirkung auf das Grundstück untersagt werden konnte, sondern daß der immissionsbetroffene Grundeigentümer ein gewisses Maß an Immissionen zu dulden hatte, um dem immittierenden Eigentümer des Nachbargrundstücks eine wirtschaftliche Verwertung seines Grundeigentums nicht völlig zu versagen[740]. Die Rechtsprechung der Gerichte in den Partikularstaaten wie auch des Reichsgerichts hatte sich deshalb wiederholt mit der Bestimmung der hierbei festzulegenden Duldungsgrenze beschäftigt, um einen Ausgleich zwischen den Interessen der beteiligten Grundeigentümer herbeizuführen.

Die frühe partikulardeutsche Rechtsprechung versuchte zunächst, die Duldungsgrenze im Interesse des Eigentümers des immissionsbetroffenen Grundstücks zu bestimmen. So hatte bereits das AG Dresden in seinem Urteil vom 17. Dezember 1843[741] entschieden, daß der immissionsbetroffene Grundeigen-

738 RGZ 38, S. 379 ff. – Bordellbetrieb. Vgl. oben § 21 II. 3.

739 Vgl. *Walther Mosich*, Das Grundeigen und seine Begrenzung nach §§ 905 und 906 BGB, JherJB, Bd. 80 (1930), S. 255 ff., S. 296 (Fn. 100 m. w. N).

740 Diesem Gedanken trug beispielsweise § 358 des sächsischen BGB mit der Formulierung „in ungewöhnlicher Weise" Rechnung. Vgl. oben § 11 I.

741 AG Dresden, Urteil vom 17. Dezember 1843, Seuffert's Archiv, Bd. III, Nr.7, S. 8 ff. – Dampf- und Rußimmissionen sowie Grundwasserverschmutzung durch Gasbereitungsanstalt. Das Urteil wurde vom OAG Dresden am 11. Mai 1844 bestätigt. Vgl. oben § 16 I. 1. a).

tümer eine Einwirkung nicht mehr zu dulden habe, durch welche die gewöhnliche Benutzung seines Grundstücks behindert werde.

In der Folgezeit wurde allerdings diese Duldungsgrenze in der Rechtsprechung immer mehr zugunsten des immittierenden Grundeigentümers verschoben. So legte beispielsweise das OAG Celle in einem Urteil aus dem Jahre 1848[742] dem immissionsbetroffenen Grundeigentümer die Duldung von Immissionen bis zu der Grenze auf, wo es infolge der Immission zu einem Schaden am Grundstück komme, womit Einwirkungen, welche bloße Belästigungen oder Unbequemlichkeiten darstellten, nicht mehr dem Immissionsverbot unterfielen. Auch das OG Wolfenbüttel hielt in seinem Urteil vom 28. Mai 1878[743] am Erfordernis einer schadensverursachenden oder zumindest erheblich belästigenden Immission fest. Immer wieder finden sich in den Urteilen der Partikularrechtsprechungen Formulierungen wie „Belästigungen ganz erheblicher und wiederkehrender Art"[744] sowie „über das Maß des Gewöhnlichen hinausgehende Einwirkungen"[745].

Diese Rechtsprechung zur Bestimmung der Duldungsgrenze setzte auch das Reichsgericht fort, welches das „Maß des Erträglichen" ausschlaggebend sein lassen wollte und „übermäßige" Immissionen untersagte, wobei zur Ermittlung der Duldungsgrenze auf einen objektiven Maßstab und nicht auf individuelle Befindlichkeiten abgestellt werden sollte[746].

Die gefestigte Rechtsprechung schlug sich in der Formulierung des § 820 E II und des § 890 E III bzw. § 906 BGB nieder, die bestimmten, daß eine Einwirkung zu dulden sei, sofern sie die regelmäßige Benutzung des Grundstücks nicht oder nur unwesentlich beeinträchtigte. Hierdurch sollte es dem mit dem jeweiligen nachbarlichen Immissionsfall befaßten Gericht ermöglicht werden, eine verobjektivierte Billigkeitsentscheidung unter Berücksichtigung der Umstände des Einzelfalls zu treffen[747].

---

742 OAG Celle, Urteil aus dem Jahre 1848, Seuffert's Archiv, Bd. XIII, Nr. 346 – Schäden an Bäumen durch Dampfimmission. Vgl. oben § 18 I. 2. a).

743 OG Wolfenbüttel, Urteil vom 28. Mai 1878, Seuffert's Archiv, Bd. XXXIV, Nr. 181, S. 269 ff. Vgl. hierzu oben § 18 III.

744 Preußisches Obertribunal, Entscheidung vom 30. November 1876, StrA, Bd. 97, S. 66 ff. – Schäden an Bleichwäsche durch Rauchimmissionen. Vgl. hierzu oben § 15 III. 6.

745 OAG Lübeck, Urteil vom 28. Juni 1853, Seuffert's Archiv, Bd. XI, Nr. 114, S. 166 f. – Schäden an Bleichwäsche durch Rauchimmissionen. Vgl. oben § 18 II.

746 Vgl. hierzu RG, Urteil vom 19. März 1882 (RGZ 6, S. 217 ff. – Lärmimmission durch Druckereibetrieb); RG, Urteil vom 15. Mai 1896 (Seuffert's Archiv, Bd. LII, Nr. 146, S. 269 f. – Lärmimmission durch Schriftgießerei) sowie oben § 21 II. 1. a) und c).

747 Vgl. *Mugdan*, Denkschrift, S. 972.

### 4.
### Der Einfluß der Rechtsprechung auf die Normierung des Grundsatzes der Ortsüblichkeit der Immission

Das von den Gerichten anzuwendende gemeine Recht knüpfte die Unterscheidung zwischen rechtmäßigen und rechtswidrigen Immissionen an die Merkmale der gewöhnlichen bzw. der ungewöhnlichen Benutzung des Nachbargrundstücks[748]. Hielt sich der immittierende Nachbar im Rahmen der gewöhnlichen Grundstücksnutzung und waren die Immissionen nicht unerträglich oder schadensverursachend, galten seine Einwirkungen auf die umliegenden Grundstücke als erlaubt. Stellte sein Eigentumsgebrauch eine ungewöhnliche Benutzungsweise des Grundstücks dar, waren die Immissionen ohne weitere Berücksichtigung der Intensität als unerlaubt anzusehen. Als problematisch konnten sich für den immittierenden Grundeigentümer deshalb insbesondere die Fälle erweisen, in denen zwar die Intensität der Einwirkung die dem Nachbarn auferlegte Duldungsgrenze nicht überschritt, dem Immittenten aber eine ungewöhnliche Benutzungsweise seines Grundstücks zur Last fiel. In diesen nachbarlichen Immissionsfällen war dem immittierenden Nachbarn eine unerlaubte Einwirkung vorzuwerfen und die Immission ohne Rücksicht auf deren Intensität untersagt.

Die Rechtsprechung, nicht zuletzt motiviert durch die Erkenntnis der Unflexibilität des starren Begriffspaars der gewöhnlichen und ungewöhnlichen Benutzung, war deshalb schon früh bestrebt, zur Bestimmung der gewöhnlichen Benutzung des Grundstücks auch auf örtliche Vergleichsverhältnisse abzustellen, um das Merkmal der ungewöhnlichen Benutzungsweise zugunsten des Immittenten aufzuweichen. So findet sich bereits in der Plenarentscheidung des Preußischen Obertribunals vom 7. Juni 1852[749] die Forderung, es sei die „tatsächliche Lage“ des Grundstücks zu berücksichtigen. Ähnliche Formulierungen finden sich auch in weiteren, allerdings vereinzelten Entscheidungen der partikulardeutschen Gerichte[750].

Das Reichsgericht griff diesen Gedanken auf, wie seine Urteile vom 23. Mai 1882[751] und vom 4. April 1888[752] zeigen. In beiden Urteilen gab das Reichsge-

---

[748] Vgl. oben § 2 II.

[749] PrObTribunalE 23, S. 252 ff.; deutlicher noch Preußisches Obertribunal, Entscheidung vom 27. Juni 1865, StrA, Bd. 60, S. 82 ff. – Wasserimmission unter Beteiligung zweier Gewerbebetriebe. Vgl. hierzu oben § 15 III. 3. b).

[750] Vgl. beispielsweise AG Celle, Urteil vom 25. Oktober 1867 (Seuffert's Archiv, Bd. XXI, Nr. 208, S. 350 ff. (vgl. oben § 18 I. 2. b))); OAG Darmstadt, Urteil vom 15. März 1886 (Seuffert's Archiv, Bd. XLII, Nr. 100 – Staubimmission durch Dampfdreschmaschine (vgl. oben § 18 V. 2.)); Rheinischer Appellationsgerichtshof, Urteil vom 19. März 1872 (Rheinisches Archiv, Bd. 65, Abt. 1, S. 193 ff. – Wasserimmission infolge Aufschüttung (vgl. oben § 19 II. 3.)).

[751] RG, Urteil vom 23. Mai 1882, Seuffert's Archiv, Bd. XXXVIII, Nr. 8, S. 13 f. – Ziegelfeldbrand. Vgl. oben § 21 II. 2. a).

richt allerdings den klägerischen Untersagungsverlangen statt, weil es sich jeweils um unerträgliche, die Duldungsgrenze in jedem Falle überschreitende Beeinträchtigungen gehandelt hatte. Dennoch betonte das Reichsgericht in beiden Urteilen, daß zur Bestimmung der Duldungsgrenze der „nach Zeit und Ort gewöhnliche Gebrauch des Nachbargrundstücks" zu berücksichtigen sei und erkannte damit indirekt an, daß sich in bestimmten Gegenden eine erlaubte gewöhnliche Benutzungsart von Grundstücken herausbilden könne, die sich bei isolierter Betrachtungsweise durchaus als ungewöhnlich und somit unerlaubt darstelle. Damit wurde von der Rechtsprechung eine Möglichkeit aufgezeigt, die Duldungsgrenze in nachbarlichen Immissionsfällen im Einzelfall unter Verweis auf die Ortsüblichkeit zulasten des immissionsbetroffenen Grundeigentümers dergestalt zu verschieben, daß vor allem die nicht unerheblichen Immissionen in Industriegebieten als rechtmäßig charakterisiert werden konnten[753].

Es kann angenommen werden, daß *Johow* zumindest die im Partikularrecht ergangenen Entscheidungen, die das Merkmal der Ortsüblichkeit zur Bestimmung des Merkmals der gewöhnlichen Benutzung heranzogen, bei der Erarbeitung seines Entwurfs des § 105 bekannt waren und der Ersten Kommission bei der Veröffentlichung des § 850 E I die oben zitierten Entscheidungen des Reichsgerichts bereits vorlagen. So erklärt sich, daß sowohl der von *Johow* entworfene § 105 als auch § 850 E I eine Duldungspflicht für übermäßige, aber ortsübliche Immissionen statuierten.

Maßgeblicher Gesichtspunkt für die Statuierung dieser erhöhten Duldungspflicht war sowohl für *Johow* wie für die Erste Kommission der Schutz der gewerblich-industriellen Produktion gegen Beeinträchtigungen aufgrund des privaten nachbarlichen Immissionsschutzrechts. *Johow* führte in seiner Entwurfsbegründung aus:

> „*Man muß in Fabrikdistrikten eine Belästigung dulden, welche auch aus einer nicht naturgemäßen Benutzung des Grundstücks entspringt und man muß Gefahren in den Kauf nehmen, welche die mittlere Empfänglichkeit treffen. Es wird aber, wie überall im Leben, das geringere Interesse dem höheren geopfert.*"[754]

Die Grenzen der Ortsüblichkeit waren nach Ansicht der Ersten Kommission „einigermaßen elastisch zu bestimmen", wobei zu berücksichtigen war, daß „das

---

752 RGZ 21, S. 298 ff. – Wasserimmissionen durch Steinkohlenschacht. Vgl. hierzu oben § 21 II. 2. b).

753 Vgl. in diesem Zusammenhang auch RG, Urteil vom 15. Mai 1896 (Seuffert's Archiv, Bd. LII, Nr. 146, S. 269 f. – Lärmimmission durch Schriftsetzerei) sowie oben § 21 II. 1. c).

754 Vgl. *Johow*, Entwurf eines Bürgerlichen Gesetzbuches für das Deutsche Reich, Sachenrecht, Begründung, Bd. 1, S. 584, abgedruckt bei *Schubert*, S. 708.

Immissionsbedürfniß in verschiedenen Gegenden verschieden ist und auch zeitlich nicht konstant bleibt, insbes. mit der Entwickelung der Industrie sich verändert"[755]. Das Merkmal der Ortsüblichkeit wurde als „einigermaßen beweglicher Regulator" bezeichnet[756].

Mit der Ausdehnung der Duldungspflichten in nachbarlichen Immissionsfällen unter Berücksichtigung des Merkmals der Ortsüblichkeit hielt die Kommission also nicht mehr allein das Interesse des immissionsbetroffenen Grundeigentümers für ausschlaggebend, sondern forderte die Einbeziehung volkswirtschaftlicher Überlegungen in die Betrachtung der Zulässigkeit von Immissionen. Die Motive führen hierzu aus:

> *„Aber auch das objektiv in der regelmäßigen Benutzung des Grundstückes sich gründende Interesse ist nicht schlechthin zu berücksichtigen. Die Zulassung der ortsüblichen Immissionen giebt nicht immer die den Bedürfnissen des Lebens entsprechende Erweiterung. Handelt es sich um die Einführung neuer Industriezweige oder um die Errichtung von baulichen oder gewerblichen Anlagen in Gegenden, wo dergleichen früher noch nicht vorhanden waren, so kommt den Immittenten eine bestehende Ortsübung nicht zu Gute; gleichwohl besteht das Bedürfnis, daß die weitere wirthschaftliche Entwickelung durch diesen Mangel nicht gehemmt werde. Aus diesem Grunde versteht der Entwurf unter einer exzessiven Immission eine solche, durch welche die regelmäßige Benutzung des Grundstückes und zwar in erheblicher Weise beeinträchtigt wird."*[757]

Der Begriff der „regelmäßigen Benutzung" des beeinträchtigten Grundstücks in § 850 E I wurde von der Zweiten Kommission zwar wegen Unbestimmtheit verworfen[758], das Merkmal der Ortsüblichkeit aber in den Gesetzestext von § 820 E II bzw. § 890 E III und § 906 BGB eingefügt.

## III.
## Bewertung

Die bemerkenswerteste Auswirkung der durch die Rechtsprechung vorangetriebenen Entwicklungen im materiellen privaten Immissionsschutzrecht war, daß das von ihr schrittweise und einzelfallbezogen herausgebildete Merkmal der

---

755 *Mugdan*, Motive, S. 147.
756 *Mugdan*, ebenda.
757 *Mugdan*, Motive, S. 148.
758 *Mugdan*, Protokolle, S. 581.

Ortsüblichkeit nicht nur übernommen, sondern als allgemeiner, das private Immissionsrecht regierender Grundsatz in die jeweiligen Entwürfe des späteren § 906 BGB rezipiert wurde.

Hierdurch wurde eine Verschiebung der Duldungsgrenze bei nachbarlichen Immissionen hin zu einer Opfergrenze vorgenommen, die im Ausnahmefall zur Existenzvernichtung führen konnte. Handelte es sich nämlich bei den in Frage stehenden Immissionen um eine im Rahmen des ortsüblichen Grundstücksgebrauchs verursachte und wies sie nicht unerträglich belastenden bzw. unmittelbar schädigenden Charakter auf, konnte sie der belästigte Nachbar selbst dann nicht untersagen, wenn er in seiner Eigentumsausübung massiv behindert wurde. Dieser Gedanke war dem bisher geltenden Recht in dieser Konsequenz fremd und es läßt sich vermuten, daß auch die Kommissionsmitglieder diese endgültige Rechtsfolge nicht übersahen. Die Übernahme der Ortsüblichkeit als ein das private Immissionsrecht regierender Grundsatz läßt sich aber durch die in den Motiven[759] zum Ausdruck kommende Auffassung erklären, die nach den Wirtschaftsdepressionen der 1870er und 1880er Jahren[760] aus Gründen einseitiger Industrie- und Wirtschaftsförderung bewußt eine Aufopferung privater Abwehrrechte in Kauf nahm.

Damit war der gängige Konflikt, mit dem sich die Gerichte bei der Anwendung des § 906 BGB in der Folgezeit häufig zu beschäftigten hatten, vorbestimmt. In der Behandlung von Immissionen, die sich als erheblich, aber trotzdem ortsüblich darstellten, bezog § 906 BGB einseitig zugunsten des – meist gewerbetreibenden – Immittenten Position. Hier einen billigen Ausgleich der beteiligten Interessen herbeizuführen, stellte die Rechtsprechung vor enorme Probleme. Erschwert wurde die Rechtsfindung durch die Tatsache, daß auch ein Schadenersatzanspruch nach § 26 RGewO gegen den gewerbetreibenden Immittenten in der Regel leer lief, wenn seine Immissionen sich als ortsüblich darstellten.

Erst mit der Anerkennung einer finanziellen Ausgleichspflicht bei wesentlichen, aber ortsüblichen Immissionen auf der Grundlage eines „nachbarlichen Gemeinschaftsverhältnisses" durch die Rechtsprechung[761], mit der die in § 906 BGB zum Ausdruck kommende Priorität der ortsüblichen Benutzung zugunsten eines Grundsatzes gegenseitiger Rücksichtnahme und einer entsprechenden Ausgleichspflicht abgemildert wurde, entschärften sich die Spannungen in privaten nachbarlichen Immissionsfällen, die der Gesetzgeber durch die einseitige Betonung der wirtschaftlichen Entwicklung in § 906 BGB angelegt hatte.

---

759 Vgl. *Mugdan*, Motive, S. 148.

760 Vgl. *Pohl*, S. 4; *Hans Rosenberg*, Machteliten und Wirtschaftskonjunkturen, in: Helmut Berding/Jürgen Kocka/Hans-Ulrich Wehler (Hrsg.), Kritische Studien zur Geschichtswissenschaft, Bd. 31, Göttingen 1978, S. 178 ff.

761 Vor allem durch das Urteil des RG vom 10. März 1937 (RGZ 154, S. 161 ff. – „Zweite Gutehoffnungshütte-Entscheidung"). Vgl. hierzu ausführlich unten § 30 II 1.

## *§ 26*
## *Die Gestalt der nachbarrechtliche Negatorienklage im BGB*

### I.
### Die nachbarrechtliche Negatorienklage im Verständnis *Johows*

Der Entwurf *Johows* enthielt unter dem Titel „Eigenthumsfreiheitsschutz" in §§ 205 bis 209 folgende wichtige Bestimmungen zum Inhalt der nachbarrechtlichen Negatorienklage:

> *„§ 205. Der Eigenthümer eines Grundstücks kann auf Feststellung der Unbeschränktheit des Eigenthums gegen denjenigen Klage erheben, welcher durch sein Verhalten dem Kläger genügenden Anlaß zu der Annahme giebt, daß er sich ein Recht an dem Grundstücke zuschreibe.*
>
> *§ 206. Der Eigenthümer eines Grundstücks kann auf Feststellung des nachbarlichen Rechtsverhältnisses gegen den Inhaber des benachbarten Grundstücks Klage erheben, wenn derselbe durch sein Verhalten dem Kläger genügenden Anlaß zu der Annahme giebt, daß er sich nachbarliche Befugnisse, die ihm nicht zustehen, anmaße oder derartigen Befugnissen des Klägers seine Anerkennung versage.*
>
> *Die Klage findet nicht statt, wenn kein verständiges Interesse an der Feststellung der Unerlaubtheit und der Zurückweisung des nachbarlichen Verhaltens ersichtlich ist.*
>
> *§ 207. Handlungen, welche nach der ergehenden Rechtsfeststellung wegen ihrer unmittelbaren oder wegen ihrer mittelbaren Folgen als rechtswidrig erscheinen, sind von dem Richter mit Strafandrohung zu verbieten, wenn das Verhalten eine Wiederholung besorgen läßt.*
>
> *Gegenüber einer mit obrigkeitlicher Genehmigung errichteten gewerblichen Anlage oder einem mit obrigkeitlicher Genehmigung betriebenen Eisenbahn- und Dampfschifffahrtsunternehmen kann die Klage niemals auf Einstellung des Gewerbebetriebs, sondern nur auf Herstellung von Einrichtungen, welche die benachtheiligende Einwirkung ausschließen, oder, wo solche Einrichtungen unthunlich oder mit einem gehörigen Betriebe des Gewerbes unvereinbar sind, auf Schadloshaltung gerichtet werden.*

*§ 208. Soweit Anlagen auf dem Grundstücke des Beklagten nach der ergehenden Rechtsfeststellung unzulässig sind, ist er verpflichtet, dieselben auf seine Kosten zu beseitigen.*"

Bereits auf den ersten Blick wird deutlich, daß das vor allem von der Rechtsprechung, aber auch der Wissenschaft in den vergangenen Jahrzehnten entwikkelte Verständnis der nachbarrechtlichen Negatorienklage von der *Johows* grundlegend differierte. Der materielle negatorische Anspruch auf Unterlassung und Schadenersatz bei nachbarlichen Immissionsfällen wurde von *Johow* mit leichter Hand zu einem reinen Feststellungsanspruch umfunktioniert. Hierin zeigt sich ein radikaler Bruch mit der bisherigen gemeinrechtlichen Tradition.

Diesen revolutionären dogmatischen Bruch rechtfertigte *Johow* in seiner Entwurfsbegründung[762] damit, daß es sich bei dem bisherigen Verständnis um das Ergebnis eines Mißverständnisses und einer Fehlinterpretation der römischen Quellen gehandelt habe, der dazu geführt habe, daß der dingliche Eigentumsanspruch in systemwidriger Weise mit den „selbständig nebeneinander herlaufenden persönlichen Ansprüchen" vermengt wurde. Diese Rechtsauffassung müsse allerdings revidiert werden, da das gemeine Recht „sich auch hier in einem Stadium unvollendeter Entwickelung" befinde[763].

*Johow* befand vielmehr, daß bei einem richtigen Verständnis der *actio negatoria* im Nachbarverhältnis zunächst mit Blick auf ihren Ursprung im römischen Recht von deren ausschließlichem Charakter als *actio in rem*, also einer rein dinglichen Klage, auszugehen sei. Im römischen Recht könnten bei einer Verurteilung aufgrund einer dinglichen Klage zwar auch persönliche Restitutionsansprüche des Klägers, wie beispielsweise die der Kautionsleistung oder der Schadenersatzleistung rechtlich festgestellt und damit verfolgbar gemacht werden[764]. In jedem Fall aber müßten diese persönlichen Folgeansprüche streng von jenen Ansprüchen getrennt bleiben, welche der Kläger gegen den Beklagten aufgrund der Mißachtung seines dinglichen Eigentumsrechts mittels der Negatorienklage durchsetzen könne[765]. Für die Negatorienklage im Verständnis *Johows* bedeutete dies, daß sie sich nur gegen ein gegenwärtiges rechtswidriges Verhalten des Beklagten richten könne, nicht aber die Abgeltung vergangener Rechtsverletzun-

---

762 *Johow*, Entwurf eines Bürgerlichen Gesetzbuches für das Deutsche Reich, Sachenrecht, Begründung, Bd. 2, S. 982 ff., abgedruckt bei *Schubert*, S. 1116 ff.

763 *Johow*, Entwurf eines Bürgerlichen Gesetzbuches für das Deutsche Reich, Sachenrecht, Begründung, Bd. 2, S. 982, abgedruckt bei *Schubert*, ebenda.

764 Vgl. oben § 5 III.

765 *Johow*, Entwurf eines Bürgerlichen Gesetzbuches für das Deutsche Reich, Sachenrecht, Begründung, Bd. 2, S. 982, abgedruckt bei *Schubert*, a. a. O.

gen zum Gegenstand habe[766]. Diese seien nur mittels deliktischer Klagen durchzusetzen[767].

Für *Johow* stellte sich nun die Frage, welches Rechtsschutzziel überhaupt noch mit der *actio negatoria* im Nachbarrecht verfolgbar sei, da bei Besitzentziehung mittels der Vindikationsklage und bei Besitzstörung mittels des possessorischen Besitzschutzes vorgegangen werden konnte. *Johow* erblickte den Sinn der Negatorienklage lediglich in ihrer präjudiziellen, also prozessualen Natur[768]. Durch die Negatorienklage sollte nach seinem Verständnis eventuellen Schadenersatzforderungen, denen sich der immissionsbeeinträchtigte Grundeigentümer ausgesetzt sehen könnte, sofern sich beispielsweise sein im Rahmen des possessorischen Besitzschutzes erhobener Unterlassungsanspruch in einem nachträglichen Rechtsstreit als unbegründet herausstellte, vorgebeugt werden. Die negatorische Nachbarklage diene also dem Zweck, daß aus nachbarlicher Gesinnung „thatsächliche Konflikte vermieden und unmittelbar, auch ohne vorhergegangene Rechtsverletzung, das Ziel der Rechtsgewißheit erstrebt wird"[769].

Zum erforderlichen Feststellungsinteresse des immissionsbeeinträchtigten Grundeigentümers heißt es in der Entwurfsbegründung: „Das an dieser Stelle zu konstatirende Rechtsbedürfnis geht mithin auf die Eröffnung eines Weges zur Rechtsfeststellung vor jeder Rechtsverletzung"[770]. Für das Rechtsschutzbedürfnis bei dieser negatorischen Feststellungsklage in nachbarlichen Immissionsfällen bedeutete dies, daß in § 206 des *Johow*'schen Entwurfs das zur Zulässigkeit der Klage erforderliche Rechtsschutzbedürfnis abweichend von § 231 CPO a. F. aufgrund des „verständigen Interesses" von vornherein präsumiert wurde.

---

766 Insofern bereicherte *Johow* die Diskussion um den mittels der *actio negatoria* gewährten Schadenersatz auch für bereits entstandene Schäden, wie sie im Anschluß an den Erlaß des § 26 RGewO stattfand, um eine weitere Begründung für die Verweigerung einer Entschädigung. Vgl. hierzu oben § 13 III.

767 *Johow*, Entwurf eines Bürgerlichen Gesetzbuches für das Deutsche Reich, Sachenrecht, Begründung, Bd. 2, S. 991, abgedruckt bei *Schubert*, S. 1125.

768 *Johow*, Entwurf eines Bürgerlichen Gesetzbuches für das Deutsche Reich, Sachenrecht, Begründung, Bd. 2, S. 992, abgedruckt bei *Schubert*, S. 1126.

769 *Johow*, Entwurf eines Bürgerlichen Gesetzbuches für das Deutsche Reich, Sachenrecht, Begründung, Bd. 2, S. 990, abgedruckt bei *Schubert*, S. 1124.

770 *Johow*, Entwurf eines Bürgerlichen Gesetzbuches für das Deutsche Reich, Sachenrecht, Begründung, Bd. 2, S. 990, abgedruckt bei *Schubert*, ebenda.

## II.
## Die Ausgestaltung der nachbarrechtlichen Negatorienklage im BGB durch die Anlehnung an den *Johow*'schen Entwurf

Auch die Kommissionen teilten den grundsätzlichen Standpunkt der Trennung von dinglichen und obligatorischen Ansprüchen bei der Negatorienklage, wie ihn *Johow* vertrat. Die Negatorienklage sollte sich demnach streng am gebotenen Rechtsschutz für Beeinträchtigungen dinglicher Rechte orientieren. Entsprechende Formulierungen wurden in § 943 E I sowie in § 916 E II und § 988 E III, welche dem späteren § 1004 BGB bis auf eine unbedeutende redaktionelle Änderung entsprachen, übernommen.

§ 943 E I lautete:

> *"Der Eigenthümer hat gegen denjenigen, von welchem sein Eigenthum in anderer Art als durch Entziehung oder Vorenthaltung des Besitzes oder der Inhabung beeinträchtigt wird, soweit die Beeinträchtigung noch fortbesteht, den Anspruch auf Wiederaufhebung derselben; er kann, auch wenn die Beeinträchtigung nicht mehr fortbesteht, die Verurtheilung desjenigen, welcher dieselbe bewirkt hat, zur Unterlassung weiterer Beeinträchtigungen verlangen, sofern solche nach den Umständen zu besorgen sind."*

§ 916 E II, § 988 E III und der spätere § 1004 BGB lauteten:

> *„Wird das Eigenthum in anderer Weise als durch Entziehung oder Vorenthaltung des Besitzes beeinträchtigt, so kann der Eigenthümer von dem Besitzer die Beseitigung der Störung verlangen. Sind weitere Beeinträchtigungen zu besorgen, so kann der Eigenthümer auf Unterlassung klagen.*
>
> *Der Anspruch ist ausgeschlossen, wenn der Eigenthümer zur Duldung verpflichtet ist."*

Die Erste Kommission lehnte sich mit ihrem Entwurf an die Auffassung *Johows* an, daß sich ein im Rahmen einer dinglichen Negatorienklage verfolgbarer Anspruch des immissionsbeeinträchtigten Grundeigentümers nur auf die zukünftige Aufhebung einer fortbestehenden Beeinträchtigung seines Grundeigentums richten könne. Rechtsgrund hierfür sollte nicht eine beeinträchtigende, in der Vergangenheit vorgenommene Handlung des Immittenten, sondern lediglich die tatsächliche Benachteiligung des Grundeigentümers zum Zeitpunkt der Klageerhebung sein. Deshalb wurde der Untersagungsanspruch auch unabhängig von einem Verschulden oder einem entsprechenden Vorsatz gewährt[771].

Anspruchsinhalt der nachbarrechtlichen Negatorienklage war für die Erste Kommission deshalb die Verpflichtung des Immittenten zur Unterlassung der Störung sowie die positive Verpflichtung, sich auch zukünftig jeglicher Eigentumsbeeinträchtigung zu enthalten[772]. Der dem Kläger hierdurch gewährte Restitutionsanspruch war also „von den in einem Delikte sich gründenden Restitutionsansprüchen zu unterscheiden“[773].

Der durch § 943 E I gewährte Restitutionsanspruch sollte also ausdrücklich nicht der Gewährung eines Schadenersatzanspruchs dienen, sondern es sollte eine Entschädigung in Geld nach den allgemeinen schadensrechtlichen Vorschriften nur ausnahmsweise stattfinden, sofern Naturalrestitution unmöglich oder mittels unmittelbaren Zwanges nicht durchsetzbar war. Eine Schadenersatzverpflichtung bei nachbarlichen Immissionsstörungen konnte sich somit wegen des Charakters der Negatorienklage, die lediglich an einer objektiven Rechtsverletzung anknüpfte, nur aus einem besonderen Verpflichtungsgrund im Rahmen des Deliktsrechts ergeben[774].

Neben unbedeutenden redaktionellen Änderungen fügte die Zweite Kommission durch § 916 E II dem grundsätzlich „sachlich nicht beanstandeten“[775] § 943 E I eine Neuerung nur insoweit hinzu, als in Absatz 2 der Vorschrift nun ausdrücklich auf die sich aus § 850 E I bzw. § 820 E II ergebende Duldungspflicht bei nachbarlichen Immissionen hingewiesen wurde. Bei Vorliegen einer solchen Duldungspflicht sollte dem immissionsbetroffenen Grundeigentümer der negatorische Rechtsschutz versagt bleiben, weil der Immittent zur Einwirkung berechtigt war.

## III.
## Bewertung

Im Ergebnis war mit dieser gesetzgeberischen Entscheidung eine radikale Abkehr von dem bisherigen Verständnis der gemeinrechtlichen Negatorienklage in Wissenschaft und Rechtsprechung vollzogen. Über die Motive, die *Johow* und die Kommissionen zu diesem Schritt bewogen haben, läßt sich keine klare Aussage treffen, da die Begründungen nur selten die rechtsdogmatische Ebene verlassen und als Rechtfertigung lediglich die Trennung von dinglichen Herstellungs- bzw. Unterlassungsansprüchen und persönlichen Folgerechten betonen.

---

771 *Mugdan*, Motive, S. 237.
772 *Mugdan*, Motive, S. 236.
773 *Mugdan*, Motive, S. 237.
774 *Mugdan*, Motive, S. 238.
775 *Mugdan*, Protokolle, S. 697.

In den Veränderungen, die das materielle private Immissionsschutzrecht und seine prozessuale Durchsetzungsfähigkeit insbesondere durch §§ 906, 1004 BGB erfahren hat, läßt sich jedoch deutlich das Bestreben des Gesetzgebers erkennen, die durch die RGewO vorgegebene Interessenbewertung zugunsten der Bevorzugung von Industrie und Gewerbe in die Zivilrechtsdogmatik zu übernehmen.

Für den immissionsbeeinträchtigten Grundeigentümer bedeutete diese Gesetzgebung einen herben Rückschlag für den ihm bisher durch die Rechtsprechung zugestandenen Rechtsschutz. So war ihm durch §§ 1004 Absatz 2, 906 Absatz 1 BGB ein Untersagungsanspruch gegen den immittierenden Nachbarn verwehrt, wenn sich dessen Immissionen als ortsüblich darstellten und die Grenze der Schädlichkeit bzw. der Unerträglichkeit nicht überschritten. Insbesondere dem Tatbestandsmerkmal der Ortsüblichkeit sollte somit regulative Bedeutung für die Ermittlung der Duldungsgrenze zukommen. Da mit zunehmender Zeit aber mit einer Ausdehnung bzw. Ansiedlung von Industrie und – bezogen auf die Ortsüblichkeit – einer Veränderung des Gepräges bestimmter Gegenden zu rechnen war, kann die Betonung der Duldungspflicht bei durch ortsüblichen Grundstücksgebrauch verursachten Einwirkungen nur als eine bewußt im Interesse der Wirtschaftsförderung motivierte Schlechterstellung des immissionsbelasteten Grundeigentümers verstanden werden. Ferner konnte sich ein Schadenersatzanspruch für ihn – abgesehen vom Spezialfall des § 26 RGewO – nur noch aus allgemeinen deliktsrechtlichen Grundsätzen, mithin unter dem Nachweis eines Verschuldens ergeben.

Es mutet deshalb seltsam an, daß sich gegen das im Gesetz zum Ausdruck gekommene Neuverständnis der nachbarrechtlichen Negatorienklage in Immissionsfällen wenig Widerstand regte. So wurde in den zahlreichen Stellungnahmen zu den Entwürfen des BGB kaum auf die Negatorienklage eingegangen. In einem „Gutachten aus dem Anwaltsstande“ zum Entwurf des Sachenrechts für das BGB findet sich lediglich die Bemerkung: „Die Bestimmungen über die negatorische Klage (§§ 943 und 944) bieten zu Bemerkungen wenig Anlaß.“[776]

So war es erneut an den Gerichten, in privaten nachbarlichen Immissionsfällen die vielfach zu ungerechten Lösungen führende, wortgetreue Anwendung des Gesetzes durch eine einzelfallbezogene Billigkeitsrechtsprechung zu dehnen, um zu sachgerechten Lösungen unter Berücksichtigung auch der Interessen des immissionsbetroffenen Grundeigentümers zu gelangen.

---

776 *Rieß*, Das Sachenrecht des Entwurfs, in: Adams/Wilke/Mecke/Hartmann/Erynthropel (Hrsg.), Gutachten aus dem Anwaltsstande über die Erste Lesung des Entwurfs eines Bürgerlichen Gesetzbuchs, herausgegeben im Auftrage des Deutschen Anwalt-Vereins, Berlin 1890, S. 689.

# 2. Teil:
# Privatrechtlicher Immissionsschutz nach Erlaß des Bürgerlichen Gesetzbuchs

# 1. Kapitel:
# Privatrechtlicher Immissionsschutz bis zur Novellierung des § 906 BGB im Jahre 1959

## 1. Abschnitt:
## Die Rechtsschutzmöglichkeiten gegen nachbarliche Immissionen nach den gesetzlichen Regelungen des BGB

### *§ 27*
### *Materielle Anspruchsgrundlagen*

Dem von Immissionen geschädigten Grundeigentümer standen nach dem Erlaß des BGB[777] im wesentlichen folgende materiellen Anspruchsgrundlagen zur Seite:

#### I.
#### Dinglicher Anspruch nach §§ 903, 906 BGB

Die Zentralnorm im Gefüge des privaten Immissionsschutzrechts nach dem BGB stellte § 906 BGB dar.

§ 906 BGB lautete:

> *„Der Eigenthümer eines Grundstücks kann die Zuführung von Gasen, Dämpfen, Gerüchen, Rauch, Ruß, Wärme, Erschütterungen und ähnliche von einem anderen Grundstücke ausgehenden Einwirkungen insoweit nicht verbieten, als die Einwirkung die Benutzung seines Grundstücks nicht oder nur unwesentlich beeinträchtigt oder durch eine Benutzung des anderen Grundstücks herbeigeführt wird, die nach den örtlichen Verhältnissen bei Grundstücken dieser Lage gewöhnlich ist. Die Zuführung durch eine besondere Leitung ist unzulässig."*

Durch § 906 BGB also wurde das immissionsbeeinträchtigte Grundstück beschränkt, während das immittierende Grundstück grundsätzlich unbeschränkt blieb[778]. Dies entsprach dem in § 903 BGB[779] sowie § 905 Satz 1 BGB[780] nie-

---

[777] Bei den in diesem Unterabschnitt nachfolgend zitierten Vorschriften des BGB handelt es um solche des BGB 1900.

[778] *Mosich*, JherJB, Bd. 80 (1930), S. 269 f.

[779] § 903 BGB lautete: „Der Eigenthümer einer Sache kann, soweit nicht das Gesetz oder Rechte Dritter entgegenstehen, mit der Sache nach Belieben verfahren und andere von jeder Einwirkung ausschließen."

dergelegten Grundsatz, daß ein jeder Grundeigentümer nach Belieben mit seinem Eigentum verfahren konnte, sofern er sich im Rahmen der Gesetze hielt[781] und nicht in fremde Recht eingriff. Die Beschränkung bestand darin, daß der Eigentümer des immissionsbetroffenen Grundstücks das Eindringen von Immissionen unter gewissen Umständen dulden mußte, sofern er sich nicht selbst durch die Schaffung gesonderter Einrichtungen schützen konnte bzw. wollte. Von § 906 BGB unberührt blieb also die Möglichkeit des betroffenen Grundeigentümers, die Einwirkungen auf sein Grundstück mit Hilfe des Selbstschutzes auszuschließen[782].

## 1.
## Allgemeine Tatbestandbestandsvoraussetzungen

Da § 906 BGB eine umfassendes Duldungspflicht statuierte, konnte der immissionsbelästigte Grundeigentümer die Einwirkung auf sein Grundstück nur unter der Voraussetzung untersagen, daß er durch die Einwirkung in der Benutzung seines Grundstückes wesentlich beeinträchtigt war oder die Immission durch eine nach den örtlichen Verhältnissen des immittierenden Grundstücks unübli-

---

[780] § 905 BGB lautete: „Das Recht des Eigenthümers eines Grundstückes erstreckt sich auf den Raum über der Oberfläche und auf den Erdkörper unter der Oberfläche. Der Eigenthümer kann jedoch Einwirkungen nicht verbieten, die in solcher Höhe oder Tiefe vorgenommen werden, daß er an der Ausschließung kein Interesse hat." § 905 BGB wurde dementsprechend als eigentliche Grundlage des § 906 BGB betrachtet, weil er ebenso ein umfassendes Herrschaftsrecht des Eigentümers anerkannte wie ein Verbietungsrecht bei unwesentlichen Einwirkungen mangels Rechtsschutzinteresses ausschloß, vgl. *Wittgenstein*, S. 22 ff. Gegen die Ausdehnung des Eigentumsrechts auf den darüber befindlichen Luftraum durch § 905 Satz 1 BGB wandte sich vor allem *Wilhelm Monich*, Der Umfang des Gegenstandes des Grundeigenthums und die befugte Einwirkung nach dem B.G.B., JherJB, Bd. 38 (1898), S. 156 f., der ein dingliches Recht daran unter Verweis auf § 90 BGB ablehnte, weil dem Luftraum im Gegensatz zum Grundstück keine Sachqualität zukomme. Hiergegen *Mosich*, JherJB, Bd. 80 (1930), S. 259 ff., der darauf verwies, daß Grundstücksbegriff und Grundeigentumsbegriff keineswegs synonym zu verstehen seien. Die Rechtsherrschaft, die das Grundeigentum gewähre, werde nämlich durch die Sachqualität des Grundstücks nicht begrenzt, sondern erst vermittelt.

[781] Der Verweis auf die gesetzlichen Regelungen betraf in erster Linie die ordnungsbehördlichen Bestimmungen der Polizei- und Landesgesetze. Artt. 109 bis 111 sowie 124 EGBGB regelten, inwieweit die landesgesetzlichen ordnungsbehördlichen Bestimmungen unberührt bleiben sollten. Vgl. *Hermann Ortloff*, Aus dem Nachbarrecht, ArchivBürgR, Bd. 26 (1905), S. 337.

[782] *G. v. Planck*, Bürgerliches Gesetzbuch nebst Einführungsgesetz, Dritter Band (Sachenrecht), 1. und 2. Auflage, Berlin 1902, Anm. 2 zu § 906; *Ortloff*, ArchivBürgR, Bd. 26 (1905), S. 327.

che Benutzung verursacht wurde[783]. Bei der Frage nach der Wesentlichkeit wurde also auf das immissionsbetroffene Grundstück abgestellt, während bei der Frage nach der Einwirkung aufgrund einer ortsüblichen Benutzungsart die Eigenschaften des immittierenden Grundstücks betrachtet wurden[784].

### a)
### Die Einwirkungen im Sinne des § 906 BGB

In § 906 BGB wurden nur einige Einwirkungen bzw. Imponderabilien[785], wie Immissionen unter Bezugnahme auf einen in den Motiven verwendeten Begriff auch bezeichnet wurden, ausdrücklich genannt. Im übrigen wurde der Rechtspraxis durch die Formulierung „ähnliche von einem anderen Grundstücke ausgehenden Einwirkungen" bewußt ein weiter Spielraum gelassen[786].

Vor allem in der Wissenschaft kam es daraufhin zu einer lebhaften Diskussion um den Inhalt und den Umfang der „ähnlichen Einwirkungen". Sie wurde primär von einem Rückgriff auf den legislativen Willen des Gesetzgebers bestimmt. Die Debatte entzündete sich vor allem an dem in den Motiven verwendeten Ausdruck der „Imponderabilien", der zur Charakterisierung der Einwirkungen im Sinne des § 906 BGB verwendet wurde und der unwägbare, feinstoffliche, durch natürliche Einflüsse verbreitete Materien meinte. Etliche Vertreter in der Wissenschaft lehnten daher aus dogmatischen Gründen zunächst die Anwendbarkeit des § 906 BGB auf feste und flüssige Körper nichtfeinstofflicher Art ab[787].

Dies erschien jedoch aus zweierlei Gründen wenig konsequent: Zum einen bedeutete diese formale Einschränkung einen Bruch mit der bisherigen Rechtsprechung[788], die von jeher auch gegen das Eindringen fester und flüssiger Kör-

---

[783] *Planck*, Anm. 3 b) zu § 906, bereicherte nach dem Erlaß des BGB die Rechtfertigungsbestrebungen für diese durch die Wirtschaftsförderung motivierte, weitgehende Duldungsverpflichtung gerade hinsichtlich der in Industrie- und Gewerbegebieten verstärkt auftretenden Immissionen durch den Hinweis, daß die Belästigungen in derartigen Gebieten durch „den günstigen Einfluß ausgeglichen [würden], den die Hebung des Gewerbfleißes auf den Werth der Grundstücke übt"; zustimmend *Wittgenstein*, S. 65.

[784] *Mosich*, JherJB, Bd. 80 (1930), S. 311.

[785] Der aus den Motiven zum Erlaß des BGB herrührende Ausdruck ist irreführend. Vgl. hierzu oben § 25 II. 1.

[786] *Wittgenstein*, S. 30.

[787] *Bartling*, S. 7 m. w. N.; *Georg Hoffmann/Brückner/Erler/Burlage u.a.*, BGB – Kommentar von Reichsgerichtsräten (RGRK), 1. Band (Allgemeiner Teil. Recht der Schuldverhältnisse. Sachenrecht), Nürnberg – Leipzig 1910, Anm. 5 zu § 906 BGB.

[788] Vgl. beispielsweise oben § 15 III. 3., § 16 I. 1. a) und II. 1. c) sowie § 17 III.

per nichtfeinstofflicher Art private Immissionsschutzrechte gewährt hatte[789]. Zum anderen sah § 906 BGB mit der Formulierung der „ähnlichen Einwirkungen“ vor, daß es sich bei den Einwirkungen durch Gase, Gerüche, Rauch etc. um eine lediglich exemplarische Aufzählung handelte, die auf die Interessenlage des belasteten Grundeigentümers abstellte, nicht aber die Merkmale der Einwirkungen nach dem objektiven Abgrenzungskriterium der Feinstofflichkeit einzugrenzen gedachte.

Wasser und sonstige flüssige Immissionen waren, sofern sie nicht dampfförmig auftraten, in den Regelungsgehalt des § 906 BGB nicht einbezogen[790]. Für diese Einwirkungen sah Art. 65 EGBGB einen Verweis auf die Landesgesetzgebungen vor.

§ 906 BGB befaßte sich grundsätzlich nur mit Einwirkungen, die durch die menschlichen Sinne wahrgenommen werden können[791]. Keine Einwirkungen im Sinne des Gesetzes waren somit immaterielle oder ideelle Immissionen[792].

---

789 So verwiesen *Meisner/Stern* darauf, daß bei konsequenter Durchführung der Argumentation der herrschenden Meinung auch Staub, Steinsplitter und Sand nicht unter die Einwirkungen § 906 BGB subsumiert werden dürften, weil sie jeweils aus einer Vielzahl sehr kleiner Einzelteile bestünden. Das Hinüberwirken solcher Kleinstteile auf ein Grundstück könnte also, da sie dem § 906 BGB nicht unterfielen und dementsprechend keine Duldungspflicht bestehe, von einem Eigentümer aufgrund des Ausschließungsprinzips des § 903 BGB untersagt werden. Ein solches weitgehendes Verbietungsrecht des Eindringens kleinster Mengen von hinübergetragenen festen Körpern wie z. B. Sand erweise sich jedoch als schlichtweg unpraktikabel. Es führe zu erheblichem volkswirtschaftlichen Schaden und praxisferner Betrachtungsweise. Ein solcher legislativer Wille könne jedoch dem Gesetzgeber nicht ohne weiteres unterstellt werden. Dem weitaus überwiegenden Teil der Wissenschaft erschien es deshalb in der Folge sachgerechter, diese Einwirkungen dem § 906 BGB zu unterstellen und in die dort normierte umfassende Duldungspflicht einzubeziehen. Hiervon ausgenommen waren allerdings von vornherein die sogenannten Grobimmissionen wie feste Körper größeren Umfangs, die der betroffene Grundeigentümer nach § 903 BGB ausschließen konnte.

790 Demnach war beispielsweise der natürliche Abfluß von Regen-, Fluß- oder Grundwasser grundsätzlich zu dulden. Ein Untersagungsrecht bestand im Rahmen des § 906 Satz 2 BGB nur für den Fall, daß durch eine menschlich geschaffene bauliche Anlage die Einwirkung auf dem konkreten Grundstück erst hervorgerufen oder verstärkt wurde. *Hörle*, VerwArch, Bd. 10 (1902), S. 368; *Meisner/Stern*, S. 185.

791 *Meisner/Stern*, S. 179, sowie *Mosich*, JherJB, Bd. 80 (1930), S. 282, verwiesen allerdings darauf, daß durchaus auch Einwirkungen existieren, die trotz fehlender menschlicher Wahrnehmungsmöglichkeit dem Immissionsverbot des § 906 BGB unterfielen. Als Beispiel wurden bestimmte Gase genannt, die im § 906 BGB ausdrücklich als Einwirkungen aufgezählt waren, aber durch die menschlichen Sinnesorgane nicht erspürt werden könnten.

792 Einwirkungen auf das Gefühls- oder Seelenleben wurden sowohl von der Wissenschaft als auch der Rechtsprechung von jeher als Immissionen im Rechtssinne abgelehnt, vgl. oben § 8 I. sowie § 21 II. 3. Diese Ablehnung gründet sich zumindest in Teilen der Wissenschaft auf das ursprünglich von *Spangenberg* und anderen geforderte Merkmal der Körperlichkeit der Immission, vgl. oben § 8 I. 1. Sie ist allerdings auch durch die Sorge nach einem objektivierbaren Maßstab geprägt, wie vor allem *Hesse* ihn forderte, vgl. oben § 8 I. 4. Vgl. zu im-

Ebenfalls nicht in den Regelungsgehalt einbezogen waren die sogenannten negativen Immissionen[793]. Sie stellten kein Hinübergreifen im Sinne des römisch-rechtlichen „*immittere*“ dar. Für den Bereich der negativen Immissionen sah lediglich die Spezialvorschrift des § 909 BGB einen Abwehranspruch vor, wenn der Boden des betroffenen Grundstücks infolge einer Vertiefung des Bodens auf dem Nachbargrundstück die erforderliche Stütze verlor.

Voraussetzung einer Einwirkung war stets, daß diese als Folge menschlicher Tätigkeit erschien[794]. Das bedeutete, daß Immissionen aufgrund von bloßen Naturereignissen nicht den Einwirkungen im Sinne des Gesetzes unterfielen[795].

### b)
### Die Lage der Grundstücke und die Art der Zuführung

Daß die beteiligten Grundstücke aneinander grenzten, wurde durch § 906 BGB nicht vorausgesetzt[796]. Bereits der Wortlaut der Vorschrift bestimmte, daß die Einwirkung lediglich von einem „anderen“ Grundstück ausgehen müsse. Ebenso unerheblich war es, daß der Immittent tatsächlich auch Eigentümer des einwirkenden Grundstücks war[797]. Der Anspruch des § 906 BGB konnte sich also gegen jeden Störer richten[798].

---

materiellen Immissionen insbesondere auch unten § 36 II. sowie umfassend *Inge Scherer*, Das Asylantenwohnheim in der Nachbarschaft – Zum Dauerthema „Ideelle Immissionen“ –, in: JZ 1997, S. 309 ff.

[793] Es handelte sich bei den in § 906 Satz 1 BGB aufgeführten also immer um positive Immissionen. Gegen negative Immissionen wurde dem Geschädigten sogar die Klagemöglichkeit nach § 1004 BGB verwehrt. Er war allein auf das Deliktsrecht verwiesen. *RGRK*, Anm. 1 zu § 906 BGB.

[794] Es war hierbei unerheblich, ob die Einwirkung auf einem positiven Tun oder einem Unterlassen beruhte. Vgl. *Planck*, a. a. O.; *Meisner/Stern*, S. 187.

[795] *Mosich*, JherJB, Bd. 80 (1930), S. 280.

[796] Ebenso sollte ein wie auch immer gearteter rechtlicher Bezug des Immittenten zum beeinträchtigten Grundstück nicht ausschlaggebend sein. Vgl. *Beuthien*, S. 18; *Karl Bartling*, Die Immissionen im Sinne des § 906 BGB und der gegen sie gegebene zivilrechtliche Schutz, Göttingen 1929, S. 9.

[797] *Eduard Goldmann/L. Lilienthal*, Das Bürgerliche Gesetzbuch systematisch dargestellt, Zweiter Band (Sachenrecht), Berlin 1912, S. 40 (Fn. 50).

[798] So ließ das Reichsgericht die Negatorienklage mehrmals auch gegen den nur besitzenden Störer zu, vgl. nur RG, Urteil vom 12. Februar 1894 (RGZ 32, S. 337 ff.). Meist war der Störer jedoch auch Eigentümer des immittierenden Grundstücks.

Auch das Erfordernis einer bestimmten Art der Zuführung der Einwirkung wurde nicht normiert[799]. Von § 906 BGB erfaßt wurden also sowohl mittelbare wie unmittelbare Immissionen.

Einen Sonderfall normierte § 906 Satz 2 BGB: Sofern die Einwirkung mittels einer gesonderten Leitung erfolgte, war sie ohne Rücksicht auf deren Wesentlichkeit oder Ortsüblichkeit unzulässig[800].

## 2.
## Besondere Tatbestandsvoraussetzungen

### a)
### Keine oder nur unwesentliche Beeinträchtigung des betroffenen Grundstücks

Nach § 906 Satz 1 BGB hatte der immissionsbetroffene Grundeigentümer die Einwirkung zu dulden, wenn sie ihn nicht oder nur unwesentlich beeinträchtigte.

§ 906 Satz 1 BGB mit seiner umfassenden Duldungsverpflichtung trug damit dem Gedanken Rechnung, daß ein gewisser Grad von Einwirkungen durch das menschliche Zusammenleben bedingt war und dementsprechend geringere, überdies meist gegenseitige Störungen, als notwendiges Übel hingenommen werden mußten[801].

Daß der Grad der zu ertragenden Belästigung nicht nach absoluten Grundsätzen zu bestimmen war, sondern einer mehr oder weniger flexiblen Betrachtung im Einzelfall unter Bezugnahme auf objektive Beurteilungskriterien unterlag, hatte bereits *Jhering* erkannt[802]. Deshalb normierte § 906 Satz 1 BGB das Merkmal der Wesentlichkeit der Beeinträchtigung auf das betroffene Grundstück als objektiven Bezugspunkt für den Grad der Belästigung durch Immissionen[803].

---

799 *Planck*, Anm. 3 a) zu § 906; *Goldmann/Lilienthal*, S. 36. Die Art der Zuführung hatte jedoch Einfluß auf die Beurteilung, gegen wen ein eventueller Untersagungsanspruch gerichtet werden mußte.

800 Hier fand das absolute Ausschließungsrecht des § 903 BGB seine besondere Ausgestaltung im Bereich der Immissionen. Die Leitung mußte nach ihrer Beschaffenheit darauf gerichtet sein, die auf dem immittierenden Grundstück entstehenden Einwirkungen auf das betroffene Grundstück hinüberzuführen. Nicht ausschlaggebend war jedoch, daß die Leitung auch durch menschliche Tätigkeit entstanden war, vgl. *Bartling*, S. 10.; a. A. *Wittgenstein*, S. 45 f. Das in Dig. 8.5.8.7. niedergelegte Verbot einer Immission mittels zweckgerichteter gesonderter Leitung – vgl. oben § 2. II. 2. – wurde also in § 906 Satz 2 BGB übernommen.

801 *Wittgenstein*, S. 49; *Mosich*, JherJB, Bd. 80 (1930), S. 303.

802 Vgl. oben § 8 I. 5.

803 Da das Merkmal der Wesentlichkeit aufgrund objektiver Kriterien zu bestimmen war, beurteilte es sich unabhängig von einer bisherigen Übung. Es war also belanglos, ob die Einwirkungen vom immissionsbetroffenen Grundeigentümer, der sich nun gegen die Einwirkungen wehrte, bisher geduldet worden waren, vgl. *Mosich*, JherJB, Bd. 80 (1930), S. 305. Aus

Beurteilt wurde die Wesentlichkeit der Beeinträchtigung unter Rückgriff auf die Empfindlichkeit eines betroffen Durchschnittsmenschen[804]. Damit waren bei der Beurteilung der Wesentlichkeit der Beeinträchtigung im Rahmen des § 906 Satz 1 BGB grundsätzlich keine individuellen Maßstäbe zu berücksichtigen[805].

Dennoch konnten im Ausnahmefall bei der Frage der Wesentlichkeit der Beeinträchtigung auch individuelle wirtschaftliche und persönliche Interessen des Eigentümers an der Benutzung des immissionsbetroffenen Grundstücks Bedeutung erlangen[806]. Denn der Eigentümer des immissionsbetroffenen Grundstücks konnte wegen seines umfassenden Eigentumsherrschaftsanspruchs die Benutzungsart seines Grundstücks beliebig wählen[807].

Die Grenze für die Wesentlichkeit der Belästigung war anhand des Maßes der Beeinträchtigung der vom Eigentümer des immissionsbelasteten Grundstücks gewählten Benutzung zu ermitteln[808]. Eine Einwirkung war dann wesentlich und demnach nicht duldungspflichtig, wenn sich das Maß der Einwirkungen für den Eigentümer des immissionsbelasteten Grundstücks, der die materiellen und gesellschaftlichen Vorteile seines Grundstücks in seiner konkreten Lage genoß, als wesentliche Beeinträchtigung der von ihm gewählten Grundstücksnutzung darstellte[809]. Sobald die vom immittierenden Grundstück ausgehende Einwirkung aber beim immissionsbetroffenen Eigentümer dazu führte, daß der Wert der gewählten Grundstücksnutzung infolge der Einwirkung für ihn herabgesetzt wurde oder sie hierdurch sogar ausgeschlossen wurde, war die Grenze der Unwesentlichkeit überschritten und die Duldungspflicht des Grundeigentümers fand ihr Ende[810].

Nicht erforderlich war, daß die Beeinträchtigung dauernden Charakter trug oder regelmäßig wiederkehrte. Bei lediglich einmaligen, nicht wiederkehrenden

---

diesem Grunde stellte das Reichsgericht in seiner „Thale-Entscheidung" vom 6. Juli 1910 (Gruchot's Beiträge, Bd. 55 (1911), S. 105 ff.) entgegen den Vorinstanzen nicht entscheidend auf die Tatsache ab, daß die Immissionsbetroffenen die in Frage stehenden Einwirkungen schon jahrelang geduldet hatten. Vgl. unten § 29 I. 2. a).

804 Dieses Kriterium wurde ebenfalls durch *Jhering* aufgestellt, vgl. oben § 8. I. 5. Es wurde durch das Reichsgericht erstmals in seinem Urteil vom 29. März 1882 (RGZ 6, S. 217 ff. – Lärm durch Druckereibetrieb) anerkannt. Vgl. oben § 21 II. 1. a).

805 *RGRK*, Anm. 10 zu § 906 BGB; *Beuthien*, S. 19.

806 *Wittgenstein*, S. 55.

807 Dieser Grundsatz wurde in § 903 BGB gesetzlich normiert, vgl. *Goldmann/Lilienthal*, S. 35; *Beuthien*, S. 19. Der Eigentümer eines immissionsbelästigten Grundstückes konnte eine wesentliche Einwirkung also selbst dann untersagen, wenn er hierdurch nur in einer außergewöhnlichen Benutzungsart seines Grundstücks belästigt wurde. Vgl. *Meisner/Stern*, S. 189.

808 *Goldmann/Lilienthal*, S. 35.

809 *Meisner/Stern*, S. 188 ff.

810 *Bartling*, S. 12.

Beeinträchtigungen lag jedoch im Regelfall eine wesentliche Einwirkung nicht vor[811].

Beim Zusammenwirken mehrerer, von verschiedenen Grundstücken ausgehender Immissionen, von denen jede für sich genommen sich als unwesentlich darstellte, aber alle kumulativ die Wesentlichkeitsgrenze überschritten, wurde dem betroffen Grundeigentümer gegen jede der einzelnen Einwirkungen ein Abwehrrecht zugestanden[812]. Denn jede der Immissionen wurde als kausal für das Überschreiten der Wesentlichkeitsgrenze angesehen[813]. Anderenfalls wäre eine Verkürzung des Rechtsschutzes des betroffenen Grundeigentümers die Folge gewesen[814].

Wirkten aber mehrere Einwirkungen zeitlich nachfolgend zusammen und überschritt bereits die erste der Einwirkungen die Wesentlichkeitsgrenze, während alle anderen für sich allein oder zusammengenommen unwesentlich waren oder den bestehenden Zustand nur verstärkten, hatte der betroffene Grundeigentümer ausschließlich gegen den Hauptimmittenten vorzugehen. Die zeitlich nachfolgenden Einwirkungen wurden dann als unwesentlich angesehen[815].

### b)
### Einwirkung durch ortsübliche Benutzung des immittierenden Grundstücks

§ 906 Satz 1 BGB erlegte dem immissionsbetroffenen Grundeigentümer ferner für den Fall eine Duldungspflicht auf, daß es sich bei den Einwirkungen um solche handelte, welche die ortsübliche Benutzung des immittierenden Grundstücks mit sich brachte.

Der tatsächlich zu bestimmende Begriff der Ortsüblichkeit unterlag hierbei letztendlich einer dynamischen Einzelfallbetrachtung[816], da sich mit der Entwicklung der Technik und der Ausdehnung der Industrie das Gepräge einer Gegend, deren Charakter zur Beurteilung der Ortsüblichkeit der Immission herangezogen wurde, verändern konnte[817].

---

811 *RGRK*, Anm. 10 zu § 906 BGB.

812 *Beuthien*, S. 19 f. Vgl. zur Behandlung dieser sogenannten „summierten Immissionen“ und den hierbei auftretenden Schwierigkeiten der Bemessung von Schadenersatz- und Ausgleichansprüchen nach heutiger Rechtslage unten § 36 III.

813 *Meisner/Stern*, S. 191.

814 *Beuthien*, S. 20.

815 *Beuthien*, ebenda.

816 *Bartling*, S. 13; Die dynamische Betrachtungsweise des Merkmals der Ortsüblichkeit setzte sich allerdings erst in der späteren Rechtsprechung des Reichsgerichts durch. Zunächst wurde das Merkmal der Ortsüblichkeit nach mehr oder weniger statischen Gesichtspunkten beurteilt. Vgl. dazu unten § 29 I. 2.

817 *Goldmann/Lilienthal*, S. 35 f.; Bei der Beurteilung der Ortsüblichkeit wurde der Grundsatz der Priorität außer Betracht gelassen. Ein Fabrikbesitzer konnte sich also beispielsweise

Bei der Prüfung der Ortsüblichkeit mußte ein örtlich möglichst abgrenzbarer Kreis von Grundstücken der nächsten Umgebung mit gleichen Benutzungseigenschaften als Vergleichsgröße hergezogen werden[818]. Die Vergleichsgrundstücke hatten also in Bebauungsart, Größe, Lage und Maß der jeweiligen Einwirkung dem jeweils immittierenden Grundstück zu entsprechen[819]. Der Kreis der Vergleichsgrundstücke ließ sich in der Regel durch die Grundstücke eines Gemeindeverbundes bilden, dennoch konnten auch abgrenzbare Teile des Gemeindeverbundes als Bezugsgröße dienen[820]. Auf die verwaltungsrechtliche Einheit eines Gemeindeverbundes kam es dabei weniger an als auf die wirtschaftliche und bauplanerische Zusammengehörigkeit[821].

Zur Begründung einer Duldungspflicht mußte sich die Benutzung des immittierenden Grundstücks unter Berücksichtigung der Vergleichsverhältnisse ohne Rücksicht auf die Wesentlichkeit der Einwirkung als ortstypisch darstellen[822]. Das hatte zur Folge, daß dem immissionsbetroffenen Grundeigentümer eine Duldungspflicht selbst für den Fall auferlegt wurde, daß auf den Vergleichsgrundstücken durch dieselbe Benutzungsart weniger Immissionen verursacht wurden als auf dem immittierenden Grundstück, sich dessen Einwirkungen aber noch im durchschnittlichen Rahmen hielten[823].

Stellte sich nach der Prüfung des Merkmals der Ortsüblichkeit heraus, daß sich der Eigentümer oder Besitzer des immittierenden Grundstücks bei seiner Benutzung des Grundstücks im Rahmen des Ortsüblichen hielt, hatte der Eigentümer des immissionsbelasteten Grundstücks die Einwirkung zu dulden, selbst wenn hierdurch seine eigene Grundstücksnutzung erheblich erschwert wurde[824]. Da nämlich bei der Bestimmung der Ortsüblichkeit allein auf das immittierende Grundstück abzustellen war und sich mit zunehmender Zeit unter dem Einfluß der Ausdehnung bzw. Erweiterung von Industrie und Gewerbe das Gepräge des Vergleichsbezirks ändern konnte, konnten dem Immissionsbetroffenen je nach

---

in dem Falle, daß ein Villenviertel um seine seit Jahren betriebene Fabrik herum gebaut wurde, nicht auf ältere Nutzungsrechte berufen. Maßgeblicher Zeitpunkt für die Beurteilung der Ortsüblichkeit war nämlich der Zeitpunkt der Klageerhebung. *Beuthien*, S. 22; *Hörle*, VerwArch Bd. 10 (1902), S. 370; *Wittgenstein*, S. 70 f.; *Meisner/Stern*, S. 197. Dieser Grundsatz der Außerachtlassung von Prioritätsgesichtspunkten ist bis heute in der Rechtsprechung bestimmend geblieben; Vgl. zuletzt BGH, Urteil vom 6. Juli 2001 (Entscheidungen des Bundesgerichtshofs in Zivilsachen (BGHZ) 148, S. 261 ff. – Industrielärm einer Hammerschmiede).

818 *Mosich*, JherJB, Bd. 80 (1930), S. 312 ff.; *Bartling*, S. 13. Es galten die Grundsätze freier richterlicher Beweiswürdigung, vgl. *Wittgenstein*, S. 68.

819 *Beuthien*, S. 21 f.

820 *RGRK*, Anm. 11 zu § 906 BGB; *Bartling*, S. 13.

821 *Schiffer*, Immissionen, ZAkadDR 1936, S. 1076 ff.; *RGRK*, Anm. 11 zu § 906 BGB m. w. N.

822 *RGRK*, ebenda.

823 *Mosich*, JherJB, Bd. 80 (1930), S. 315.

824 *Goldmann/Lilienthal*, S. 35; *Meisner/Stern*, S. 192.

Lage seines Grundstücks und Landschaftsgepräge unter Umständen erheblich erweiterte Duldungspflichten auferlegt sein.

## II.
## Dinglicher Anspruch nach § 907 BGB

Nach § 907 Absatz 1 Satz 1 BGB konnte der Eigentümer eines Grundstücks verlangen, daß auf den Nachbargrundstücken nicht Anlagen hergestellt oder gehalten wurden, von denen mit Sicherheit vorauszusehen war, daß ihr Bestand oder ihre bestimmungsgemäße Benutzung eine unzulässige Einwirkung[825] auf sein Grundstück zur Folge hatte.

§ 907 Absatz 1 Satz 1 erklärte also bereits die Errichtung und Unterhaltung solcher Anlagen für verboten, obwohl eine durch sie vermittelte unzulässige Einwirkung auf das Grundstück des Nachbarn tatsächlich noch gar nicht vorlag. Die Vorschrift diente somit vor allem präventivem Rechtsschutz[826], indem einer allmählichen und im Einzelfall kaum spürbaren, in der Gesamtheit der verursachten Immissionen jedoch für das Nachbargrundstück belastenden Einwirkung vorgebeugt werden sollte[827]. Der Eigentümer des gefährdeten Grundstücks konnte daher nach § 907 Absatz 1 Satz 1 BGB bereits gegen die geplante Herstellung der Anlage Klage erheben oder, wenn sie bereits angelegt war, der Fortsetzung ihrer Benutzung entgegentreten und die Wiederherstellung des vorherigen Zustandes, also die Beseitigung der Anlage, verlangen[828].

Die Vorschrift trug jedoch auch dem Interesse des Immittenten Rechnung: Hätte der Eigentümer des zukünftig belasteten Grundstücks in jedem Falle den Eintritt der Belästigung abwarten müssen, um danach vollständige Wiederherstellung des früheren Zustandes verlangen zu können[829], so wäre dies regelmäßig mit erheblichen finanziellen Einbußen für den immittierenden Anlagenbetreiber verbunden gewesen. Nach der Regelung des § 907 Absatz 1 Satz 1 BGB bestand somit für den Anlagenbetreiber bereits im Planungsstadium die

825 Gemeint sind hier Einwirkungen im Sinne der §§ 903, 905 und 906 BGB.

826 Ähnliche, auf präventiven Rechtsschutz gerichtete Immissionsschutzvorschriften enthielten §§ 908 und 909 BGB. So enthielt beispielsweise § 908 BGB eine dem Grundproblem der römisch-rechtlichen *actio damni infecti* Rechnung tragende Regelung für Grundstücke, die vom Einsturz eines baufälligen Nachbarhauses bedroht wurden. Vgl. zur römisch-rechtlichen *actio damni infecti* oben § 5 I.

827 *Hörle*, VerwArch, Bd. 10 (1902), S. 393.

828 Besondere Brisanz erhielten die Regelungen des § 907 BGB durch § 924 BGB, wonach die Ansprüche des betroffenen Grundeigentümers aus § 907 BGB nicht der Verjährung unterlagen; *Ortloff*, ArchivBürgR, Bd. 26 (1905), S. 343.

829 Beispielsweise aufgrund einer erfolgreichen, auf § 906 BGB gestützten Negatorienklage, die sich auf Einstellung des immittierenden Betriebs als einer nicht nach der RGewO genehmigten Anlage richtete.

Möglichkeit, aufgrund von hierauf gestützten Nachbarklagen das nachgelagerte wirtschaftliche Risiko einer kompletten Einstellung seiner immittierenden Anlage abzuschätzen und sich gegebenenfalls durch die Bestellung von entsprechenden Grunddienstbarkeiten an den potentiell betroffenen Grundstücken gegen weitere Immissionsschutzklagen abzusichern.

Voraussetzung des Untersagungs- und Wiederherstellungsanspruchs des potentiell betroffenen Grundstückseigentümers war allerdings stets, daß eine Beeinträchtigung seines Grundstücks mit Sicherheit vorauszusehen war. Nicht ausreichend war es also, daß nur eine bloße, wenn auch naheliegende Möglichkeit der unzulässigen Beeinträchtigung gegeben war[830].

Eine Besonderheit sah § 907 Absatz 1 Satz 2 BGB vor. Hiernach konnte der beeinträchtigte Grundeigentümer einen Beseitigungsanspruch gegen eine in Übereinstimmung mit Landesgesetzen errichteten Anlage[831] nur erheben, wenn die unzulässige Einwirkung tatsächlich hervortrat. Das bedeutete, daß als Voraussetzung wirksamen Nachbarrechtsschutzes bei einer Anlage, deren Errichtung den bau-, feuer- oder gesundheitspolizeilichen Vorschriften entsprach, eine Immission tatsächlich vorliegen mußte[832].

Im Rahmen des § 907 BGB wurde also die Rechtsposition des Anlagenbetreibers gestärkt, der sich zwar bei der Errichtung, nicht aber beim Betrieb seiner Anlage im Rahmen der gültigen Gesetze hielt, wenn hierdurch Immissionen hervorgerufen wurden. Er mußte lediglich für eine ordnungsgemäße Benutzung sorgen. Eine Beseitigung der Anlage hatte er jedoch nicht mehr zu fürchten[833].

---

830 *Hörle*, VerwArch, Bd. 10 (1902), a. a. O. Mit diesem Erfordernis wurde also ebenfalls dem Bedürfnis und Eigentumsrecht des Immittenten Rechnung getragen.

831 Keine Anlagen im Sinne des Gesetzes waren nach der Legaldefinition des § 907 Abs. 2 BGB Bäume und Sträucher. Der Begriff der Anlage wurde also technisch verstanden.

832 *Hermann Ortloff*, Das deutsche Nachbarrecht (Deutsches Nachbarrecht), Jena 1900, S. 234. Man ging also davon aus, daß im behördlichen Genehmigungsverfahren, in welchem der potentiell immissionsbelästigte Grundstücksnachbar unter Umständen sogar beteiligt wurde, die Auswirkungen der Immissionsbelastung auf die benachbarten Grundstücke zumindest Gegenstand der behördlichen Prüfung waren und Berücksichtigung fanden. Sofern eine öffentlich-rechtliche Genehmigung nach Landesrecht vorlag, wurden die durch § 907 Satz 1 BGB gewährten zivilrechtlichen Ansprüche also modifiziert und der präventive Rechtsschutz beschnitten. Auch hier kam also einer behördlichen Genehmigung privatrechtsgestaltende Wirkung zu. Vgl. zur heutigen Rechtslage und zur privatrechtsgestaltenden Wirkung der Anlagengenehmigung nach dem BImSchG unten § 35 IV. 2.

833 *Hörle*, VerwArch, Bd. 10 (1902), S. 393 f. Insofern war der Immittent gegen den auf § 907 BGB gestützten Anspruch des immissionsbetroffenen Grundeigentümers ähnlich wie nach § 26 RGewO geschützt.

## III.
## Dingliche negatorische Ansprüche nach § 1004 BGB

Eine materielle, dingliche[834] Anspruchsgrundlage hinsichtlich der Verbietung von Immissionen im Sinne des § 906 BGB sah insbesondere § 1004 BGB[835] vor. § 1004 Absatz 1 Satz 1 BGB eröffnete dem immissionsbeeinträchtigten Grundeigentümer hierbei ein Beseitigungsrecht hinsichtlich bereits eingetretener Beeinträchtigungen, während § 1004 Absatz 1 Satz 2 BGB einen Unterlassungsanspruch hinsichtlich zukünftiger Beeinträchtigungen normierte.

### 1.
### Negatorischer Beseitigungsanspruch nach § 1004 Absatz 1 Satz 1 BGB

§ 1004 Absatz 1 BGB gab dem immissionsbetroffenen Grundeigentümer einen dinglichen Anspruch auf Beseitigung, wenn sein Eigentum auch nur teilweise in anderer Weise als durch die Entziehung des Besitzes tatsächlich körperlich beeinträchtigt wurde[836]. Der negatorische Beseitigungsanspruch richtete sich gegen

---

[834] Der dingliche Anspruch auf Beseitigung steht einem lediglich obligatorischen Anspruch auf Schadenersatz gegenüber. Beide Ansprüche unterscheiden sich demnach nach Richtung und Inhalt. Während der dingliche Anspruch immer nur auf die Wiederherstellung eines dem dinglichen Recht entsprechenden Zustandes gerichtet ist, kann der obligatorische Schadenersatzanspruch nicht nur die Wiederherstellung des vorherigen Zustandes, sondern beispielsweise auch die Zahlung einer Entschädigung umfassen. Vgl. *Albrecht Adler*, Negatorischer Beseitigungsanspruch und Schadenersatzanspruch, Göttingen 1934, S. 12. Zum Konzept der Trennung von obligatorischen und dinglichen Ansprüchen bei Immissionen aufgrund des dem BGB zugrundeliegenden Verständnis *Johows* vgl. oben § 26 II.

[835] § 1004 Absatz 1 BGB lautete: „Wird das Eigenthum in anderer Weise als durch Entziehung oder Vorenthaltung des Besitzes beeinträchtigt, so kann der Eigenthümer von dem Störer die Beseitigung der Beeinträchtigung verlangen. Sind weitere Beeinträchtigungen zu besorgen, so kann der Eigenthümer auf Unterlassung klagen." § 1004 Absatz 2 BGB lautete: „Der Anspruch ist ausgeschlossen, wenn der Eigenthümer zur Duldung verpflichtet ist."

[836] *Bartling*, S. 16. Der Eintritt eines Schadens im Sinne eines Vermögensschadens war jedoch nicht erforderlich. Hier zeigt sich der Anknüpfungspunkt für die Unterscheidung zwischen dinglichen und obligatorischen immissionsrechtlichen Ansprüchen. Dingliche Ansprüche zielen auf die Aufhebung eines eigentumswidrigen, dauernden Zustandes, während obligatorische Ansprüche die Aufhebung einer aus einer unrechtmäßigen Handlung resultierenden Wirkung herbeiführen sollen. Obwohl hier durchaus Abgrenzungsschwierigkeiten entstehen konnten, war das Begriffspaar Zustand – Handlung sowohl für den Inhalt als auch die Richtung der materiellen Ansprüche gegen Immissionsbelästigungen bestimmend. Verpflichteter bei dinglichen Ansprüchen war bereits derjenige, mit dessen Willen der mit dem Inhalt des Eigentums in Widerspruch stehende Zustand aufrecht erhalten wurde, wobei dieser den eigentumswidrigen Zustand nicht verschuldet haben mußte. Verpflichteter bei obligatorischen Ansprüchen, insbesondere bei Schadenersatzansprüchen, war derjenige, der die Handlung

dingliche Beeinträchtigungen jeder Art, durch die ein eigentumswidriger Zustand aufrechterhalten wurde[837]. Voraussetzung eines Beseitigungsanspruchs nach § 1004 Absatz 1 Satz 1 BGB war nach seinem Wortlaut also stets, daß eine Beeinträchtigung des Grundeigentums bereits vorlag[838].

Eine schuldhafte Herbeiführung des eigentumswidrigen Zustandes war nicht erforderlich, so daß sich der Anspruch aus § 1004 Absatz 1 Satz 1 BGB auch gegen denjenigen Störer richten konnte, der ein Störungsrecht für sich gar nicht in Anspruch nahm oder sich in gutem Glauben über ein Störungsrecht befand[839].

Der Anspruch nach § 1004 Absatz 1 Satz 1 BGB richtete sich auf Beseitigung der Beeinträchtigung, also regelmäßig auf die Wiederherstellung des früheren Zustandes, und zwar auf Kosten des Störers[840]. Diese dingliche Wiederherstellungspflicht des Störers war jedoch nicht zu verwechseln mit der Naturalrestitutionspflicht aufgrund der §§ 249 ff. BGB[841], so daß sich der Störer beispielsweise seiner Wiederherstellungspflicht nicht von vornherein durch das Anbieten einer Geldentschädigung nach § 251 Absatz 2 BGB entziehen konnte. War die Wiederherstellung des ursprünglichen Zustandes unmöglich, wurde der Störer von seiner Wiederherstellungspflicht frei[842]. Schadenersatz auch für die während der Beeinträchtigung entstandenen Schäden konnte damit nur aus einem besonderen, eigenen Verpflichtungsgrund, etwa nach allgemeinem Deliktsrecht, verlangt werden[843].

### 2.
### Negatorischer Unterlassungsanspruch nach § 1004 Absatz 1 Satz 2 BGB

Waren weitere Beeinträchtigungen zu besorgen, hatte der immissionsbetroffene Grundeigentümer nach § 1004 Absatz 1 Satz 2 BGB einen negatorischen Unter-

---

– schuldhaft – vorgenommen hatte bzw. dem sie zugerechnet werden konnte. Vgl. *Adler*, S. 15 f.

837 *RGRK*, Anm. 2 zu § 1004.

838 Der Grundeigentümer konnte sich gegen zukünftige Beeinträchtigungen allerdings mittels einer Feststellungsklage wehren. Vgl. *Bartling*, S. 17 sowie oben § 26 I.

839 *RGRK*, Anm. 4 zu § 1004.

840 *RGRK*, Anm. 5 zu § 1004.

841 Die in den §§ 249 ff. BGB niedergelegten Rechtsfolgen fanden auf den Wiederherstellungsanspruch nach § 1004 Absatz 1 Satz 1 BGB wegen der Wesensverschiedenheit von dinglichen und obligatorischen Ansprüchen nach einhelliger Meinung keine Anwendung. Vgl. die Nachweise bei *Adler*, S. 20; *Franz Siller*, Die nachbarrechtliche Duldungspflicht von Immissionen, Düsseldorf 1940, S. 71 f.

842 *Adler*, S. 19. Allerdings konnte sich der Anspruch auf Naturalrestitution im Rahmen der Zwangsvollstreckung nach §§ 887, 888, 893 ZPO in Verbindung mit § 283 BGB durchaus in einen Anspruch auf Geldersatz umwandeln.

843 *Beuthien*, S. 36 f.; *Meisner/Stern*, S. 497.

lassungsanspruch gegen den Störer. Voraussetzung war wegen des Wortlauts des § 1004 Absatz 1 Satz 2 BGB und des Normkontextes zwar nicht das Vorliegen einer Beeinträchtigung zum Zeitpunkt der Geltendmachung des Anspruchs, wohl aber, daß eine tatsächliche Beeinträchtigung im Sinne des § 1004 Absatz 1 Satz 1 BGB vor Anspruchstellung bereits einmal vorgelegen hatte und weitere Beeinträchtigungen drohten[844].

Zu besorgen war eine weitere Beeinträchtigung, wenn nach Lage der Verhältnisse eine weitere Beeinträchtigung des Grundstücks möglich war. Erforderlich war also nicht die Gewißheit einer weiteren Beeinträchtigung[845], sondern das verringerte Maß einer – allerdings nicht lediglich abstrakten – Wiederholungsgefahr[846].

### 3.
### Ausschluß der negatorischen Ansprüche des § 1004 Absatz 1 BGB nach § 1004 Absatz 2 BGB

Ansprüche aus § 1004 Absatz 1 BGB waren nach § 1004 Absatz 2 BGB ausgeschlossen, wenn der Grundeigentümer zur Duldung der Beeinträchtigung verpflichtet war. Duldungspflichten konnten sich aufgrund eines dem Störer zustehenden dinglichen oder persönlichen Rechts, aber auch aus öffentlichen Pflichten ergeben[847].

Naturgemäß kam beim privaten nachbarlichen Immissionsschutzrecht im Rahmen des § 1004 Absatz 2 BGB jedoch den allgemeinen Eigentumsbeschränkungen nach §§ 903, 904 BGB sowie den nachbarrechtlichen Duldungspflichten nach § 906 Satz 1 BGB erhöhte Bedeutung zu[848]. Zu berücksichtigen war vor allem bei Immissionen im Rahmen des § 906 Satz 1 BGB, daß diese Duldungspflichten unter Berücksichtigung des Merkmals der Ortsüblichkeit einem gewissen dynamischen Einfluß unterstanden, so daß sich bei Änderung der örtlichen Verhältnisse gesteigerte, aber auch verringerte Duldungspflichten ergeben konnten[849].

---

844 *Meisner/Stern*, S. 492, S. 497; *Beuthien*, S. 24.

845 Unzulässige Einwirkungen im Sinne des § 906 BGB, deren Eintritt als sicher vorhersehbar war, konnte der potentiell beeinträchtigte Grundeigentümer bereits mit Hilfe des § 907 BGB verhindern.

846 *Meisner/Stern*, S. 497; *RGRK*, Anm. 6 zu § 1004; *Beuthien*, S. 24.

847 *RGRK*, Anm. 7 zu § 1004; *Beuthien*, S. 32 f.

848 *Bartling*, S. 25 ff.

849 *RGRK*, a. a. O.

## IV.
## Obligatorische Schadenersatzansprüche nach § 823 BGB

### 1.
### Schadenersatzanspruch nach § 823 Absatz 1 BGB

§ 823 Absatz 1 BGB gewährte dem immissionsgeschädigten Grundeigentümer einen deliktischen Schadenersatzanspruch für den Fall, daß ein immittierender Nachbar ihn vorsätzlich oder fahrlässig an Leben, Körper, Gesundheit, Eigentum oder an einem sonstigen Recht verletzte. In Immissionsfällen kam naturgemäß zunächst den Verletzungen des Eigentums und der Gesundheit besondere Relevanz zu[850].

Als Eigentumsverletzung wurde jegliche Beeinträchtigung des Eigentumsrechts verstanden, also auch der zumindest zeitweilige Entzug der Sache oder des Sachgenusses. Der Eintritt einer materiellen Substanzschädigung war also nicht unbedingt erforderlich[851]. Unter Gesundheitsverletzungen wurde eine Störung der inneren Funktionen zum Nachteil des Geschädigten verstanden, wobei es unerheblich sein sollte, ob diese Beeinträchtigung physischer oder psychischer Natur war[852]. Nicht ausreichend war jedoch eine bloße Gefährdung der Schutzgüter des § 823 Absatz 1 BGB[853].

Voraussetzung war jedoch stets, daß die schädigende Handlung schuldhaft herbeigeführt wurde[854] und zumindest vorhersehbar war[855]. Weiterhin mußte die schädigende Handlung widerrechtlich, das heißt nicht besonders gerechtfertigt[856], sein[857]. Die Widerrechtlichkeit ließ sich in aller Regel bereits dadurch

---

850 Ob dagegen auch eine durch Immissionen verursachte Besitzstörung oder die Verletzung obligatorischer Rechte unter die „sonstigen Rechte" des § 823 Absatz 1 BGB fiel und die Schadenersatzpflicht des Immittenten auslöste, blieb umstritten. Während dem Besitzer der Schadenersatzanspruch des § 823 Absatz 1 BGB zugebilligt wurde, wurde er den nur sonstig obligatorisch Berechtigten versagt, wobei besitzende obligatorisch Berechtigte wie Mieter und Pächter besser gestellt waren. Vgl. hierzu die Nachweise bei *Bartling*, S. 43 f.

851 *Planck*, Anm. 2 a) zu § 823.

852 *RGRK*, Anm. 5 zu § 823.

853 *RGRK*, Anm. 8 zu § 823.

854 *Bartling*, S. 37; *RGRK*, Anm. 2 f. zu § 823.

855 *Bartling*, S. 41. In dem zur Begründung des Fahrlässigkeitsvorwurfs erforderlichen Merkmal der Vorhersehbarkeit war das von der bisherigen Rechtsprechung geforderte subjektive Merkmal also erstmalig normiert. Vgl. zum Merkmal der Vorhersehbarkeit in der Rechtsprechung des Reichsgerichts bei Schadenersatzklagen in nachbarlichen Immissionsfällen oben § 22 II. 2. sowie § 24.

856 Rechtfertigungsgründe konnten sich z.B. aus Gesetz, Vertrag oder aufgrund Zustimmung des Geschädigten ergeben. Vgl. hierzu *Hörle*, VerwArchiv, Bd. 10 (1902), S. 380.

857 Für den Besitzer ergab sich die Widerrechtlichkeit beispielsweise aus der Vorschrift des § 858 BGB.

begründen, daß dem betroffenen Grundeigentümer eine Duldungspflicht nach § 906 BGB nicht auferlegt war[858].

Der Umfang des Schadenersatzanspruchs bestimmte sich nach den §§ 249 ff. BGB. Es galt der Grundsatz der Naturalrestitution, das heißt der einwirkende Grundeigentümer hatte den Zustand wiederherzustellen, der bestehen würde, wenn die zum Ersatz verpflichtende Einwirkung nicht eingetreten wäre[859]. Für den auf § 823 Absatz 1 BGB gestützten Schadenersatzanspruch bedeutete dies in der Regel entweder die Zahlung eines Schadenersatzbetrages in Geld nach § 249 Satz 2 BGB, die insbesondere bei einer materiellen Beschädigung des betroffenen Grundstücks in Betracht kam, oder einer Entschädigung nach § 251 BGB, sofern Naturalrestitution nicht möglich war oder als nicht genügend erschien[860].

Auf diese Schadenersatzansprüche war die Vorschrift des § 254 BGB anwendbar[861]. Das hatte zur Folge, daß sich der immissionsgeschädigte Grundeigentümer unter Umständen nach § 254 Absatz 2 Satz 1 BGB schadenersatzmindernd entgegenhalten lassen mußte, daß er es versäumt hatte, den Eintritt des Schadens an seinem Grundstück durch eigene Schutzmaßnahmen zumindest teilweise zu verhindern oder daß er es unterlassen hatte, den Immittenten durch einen gesonderten Hinweis auf die Gefahr eines ungewöhnlich hohen Schadenseintritts aufmerksam zu machen[862].

## 2.
## Schadenersatzanspruch nach § 823 Absatz 2 BGB

Nach § 823 Absatz 2 Satz 1 BGB[863] konnte der betroffene Grundeigentümer zudem Schadenersatz verlangen, wenn der Immittent durch die Einwirkung gegen ein dem Schutz des Grundeigentümers oder des Grundeigentums dienendes Gesetz verstieß. Gesetz im Sinne der Vorschrift war grundsätzlich jede Rechtsnorm[864]. Von der Rechtsprechung als Schutzgesetze anerkannt waren im Bereich des Immissionsschutzrechts insbesondere die Vorschriften der §§ 906, 907, 909,

---

858 *Bartling*, S. 42.
859 *Beuthien*, S. 39.
860 *Bartling*, S. 45.
861 *Hörle*, VerwArchiv, Bd. 10 (1902), S. 385.
862 *Wittgenstein*, S. 86.
863 § 823 Absatz 2 BGB lautete: „Die gleiche Verpflichtung trifft denjenigen, welcher gegen ein den Schutz des Anderen bezweckendes Gesetz verstößt. Ist nach dem Inhalte des Gesetzes ein Verstoß gegen dieses auch ohne ein Verschulden möglich, so tritt die Ersatzpflicht nur im Falle des Verschuldens ein."
864 *RGRK*, Anm. 14 zu § 823 BGB.

1004 BGB, § 16 RGewO[865], die Eisenbahnbetriebsvorschriften, die gemeinrechtlichen Flußinterdikte sowie einzelne Polizeiverordnungen[866].

Voraussetzung eines Schadenersatzanspruchs war auch im Rahmen des § 823 Absatz 2 Satz 1 BGB, daß dem Störer ein entsprechendes Verschulden zur Last fiel[867]. § 823 Absatz 2 Satz 2 BGB stellte hierzu nur eine scheinbare Ausnahme dar. Hier war für den Fall, daß das Schutzgesetz das Tatbestandsmerkmal des Verschuldens nicht beinhaltete, wie es bei einigen Vorschriften der Polizeigesetzgebungen vorkam, das Erfordernis der schuldhaften Verletzung des Schutzgesetzes durch den Störer normiert. Ein Verschulden bezüglich der Vorhersehbarkeit des rechtsverletzenden Erfolges seines Schutzgesetzverstoßes, wie es im § 823 Absatz 1 BGB vorausgesetzt wurde, mußte dem Störer indessen nicht zur Last fallen[868].

## V.
## Einschränkungen der dinglichen und obligatorischen Ansprüche

### 1.
### Einschränkung der dinglichen Untersagungsansprüche

Im Bereich konzessionierter Anlagen ergab sich eine Einschränkung der zivilrechtlichen Ansprüche des immissionsbetroffenen Grundeigentümers insbesondere[869] durch die Regelung des § 26 RGewO[870]. Diese Beschränkungen beim Rechtsschutz des immissionsgeschädigten Grundstücksnachbarn setzten voraus, daß es sich bei der immittierenden Anlage um einen nach §§ 16, 23 und 24 RGewO genehmigungsbedürftigen Betrieb handelte und die Genehmigung unter Beachtung des in §§ 17 ff., 25 RGewO niedergelegten Verfahrens erteilt war[871]. Wurde die erteilte Konzession überschritten, weil zumindest ein Teil der Anlage den Genehmigungsbedingungen widersprach oder gar nicht erfaßt wurde, stan-

---

865 Nicht aber § 26 RGewO, vgl. *Wittgenstein*, S. 92.

866 *RGRK*, a. a. O., m. w. N.; *Bartling*, S. 41.

867 Unter Umständen kam dem Geschädigten eine Beweislasterleichterung nach Anscheinsbeweisgrundsätzen zugute. Vgl. das Urteil des Reichsgerichts vom 13. Juli 1934 (RGZ 145, S. 115).

868 *RGRK*, Anm. 16 zu § 823 BGB.

869 Auf die sich zwischen 1933 und 1945 durch das Gesetz über die Beschränkung der Nachbarrechte gegenüber Betrieben, die für die Volksertüchtigung von Bedeutung waren (Gesetz vom 13. Dezember 1933, RGBl. 1933, S. 1058) sowie das Gesetz über die Beschränkung der Nachbarrechte gegenüber Betrieben, die für die Volksgesundheit von besonderer Bedeutung waren (Gesetz vom 17. Oktober 1935, RGBl. 1935, S. 1247), soll nicht gesondert eingegangen werden. Vgl. hierzu umfassend *Siller*, S. 87 ff.

870 Vgl. oben § 13 I. und II. sowie im einzelnen *Siller*, S. 77 ff.

871 *Hörle*, VerwArchiv, Bd. 10 (1902), S. 372. Vgl. zur Genehmigungsbedürftigkeit und zu den Genehmigungsvoraussetzungen im einzelnen umfassend *Rohde*, S. 55 ff., S. 87 ff.

den dem betroffenen Grundeigentümer gegen die von diesem Teil der Anlage ausgehenden Einwirkungen die Ansprüche aus § 906 BGB zu[872].

War eine immittierende Anlage nach der RGewO genehmigt, waren die auf § 1004 Absatz 1 in Verbindung mit §§ 906 ff. BGB gestützten privatrechtlichen Ansprüche des immissionsgeschädigten Grundeigentümers beschränkt[873]. Unangetastet blieben allerdings die auf besonderen privatrechtlichen Titeln beruhenden Untersagungsrechte des immissionsbetroffenen Grundeigentümers[874]. Insofern hatte der Erlaß privatrechtlicher Immissionsschutznormen die seit Erlaß der Reichsgewerbeordnung im Bereich immittierender konzessionierter Anlagen geltende Rechtslage nicht verändert[875].

Der betroffene Grundeigentümer konnte also lediglich auf die Herstellung von Einrichtungen, welche die benachteiligenden Einwirkungen ausschlossen[876], oder, wo die Herstellung mit einem gehörigen Betriebe des Gewerbes nicht vereinbar war[877], auf Schadloshaltung klagen. Die Einstellung des Gewerbebetriebes zur Unterbindung der Immissionen konnte er jedoch nicht mehr erreichen[878].

Hierbei setzte die Klage auf Herstellung praktikabler Einrichtungen, auch als „verkrüppelte Negatorienklage" bezeichnet, kein Verschulden des Immittenten voraus[879]. Sie war begründet, wenn durch die immittierende Anlage eine wesentliche Immission im Sinne des § 906 Satz 1 BGB herbeigeführt wurde und die Besorgnis der Wiederholung bestand[880].

Ähnliche Beschränkungen der dinglichen Abwehransprüche ergaben sich beispielsweise aufgrund des ABG sowie aufgrund der Eisenbahngesetzgebung[881].

---

872 Das Reichsgericht hatte sich bereits in seinen vor Erlaß des BGB gefällten Urteilen streng am Inhalt der Genehmigung orientiert. Vgl. RG, Urteil vom 11. November 1882 (Seuffert's Archiv Bd. XXXVIII, Nr. 159 – Zuckerfabrik); RG, Urteil vom 20. Mai 1884 (RGZ 11, S. 183 ff. – Zuckerfabrik); RG, Urteil vom 4. Dezember 1897 (Seuffert's Archiv Bd. L, Nr. 200); RG, Urteil vom 19. November 1897 (Seuffert's Archiv Bd. LIII, Nr. 180 – Zuckerfabrik) sowie im einzelnen oben § 21 I.

873 *Meisner/Stern*, S. 524.

874 Vgl. *Wittgenstein*, S. 88; *Rohde*, S. 116 ff.

875 § 26 RGewO blieb aufgrund der Verweisung des Art 36 EGBGB unverändert in Kraft; *Wittgenstein*, S. 87.

876 Vgl. *Hörle*, VerwArchiv, Bd. 10 (1902), S. 376 ff., auch zum Problem der Klage auf Herstellung bestimmter Einrichtungen sowie zu den Schwierigkeiten in der Zwangsvollstreckung. Vgl. hierzu auch oben § 13 III.

877 Die Vereinbarkeit richtete sich nach der wirtschaftlichen Zweckmäßigkeit aus dem Blickwinkel des immittierenden Gewerbebetriebs. Vgl. *Meisner/Stern*, S. 528.

878 *Meisner/Stern*, S. 528.

879 *Riehl*, Gruchot's Beiträge, Bd. 51 (1907), S. 142, S. 152.

880 *Riehl*, Gruchot's Beiträge, Bd. 51 (1907), S. 152; *Wittgenstein*, S. 93.

881 Vgl. oben § 22 II. 1.

## 2. Einschränkung der obligatorischen Schadenersatzansprüche

§ 26 RGewO normierte einen verschuldensunabhängigen Schadenersatzanspruch[882]. Aus dem Wortlaut der Vorschrift wurde gefolgert, daß sich dieser verschuldensunabhängige Schadenersatzanspruch aus § 26 RGewO vor allem in die Zukunft richtete und nicht bei Anspruchserhebung bereits entstandene Schäden abdeckte[883]. Denn der Anspruch auf Schadloshaltung des immissionsbetroffenen Grundeigentümers war rechtsdogmatisch als subsidiäres Äquivalent für den aus Gründen der Wirtschaftsförderung undurchsetzbaren, in die Zukunft gerichteten Herstellungsanspruch hinsichtlich der die Einwirkungen verhindernden, „unthunlichen" Schutzmaßnahmen gegen die Immissionen ausgestaltet[884].

Stützte der immissionsbetroffene Grundstückseigentümer sein Klagebegehren auf § 26 RGewO, konnte er den Anspruch auf Herstellung praktikabler Einrichtungen mit dem Anspruch auf Schadloshaltung verbinden[885].

Ähnliche Einschränkungen der obligatorischen Ansprüche wegen Immissionen wurden dem beeinträchtigten Grundeigentümer durch eine Vielzahl von das Eigentum beschränkenden Rechtsvorschriften, deren für das Immissionsschutzrecht bedeutsamsten die § 148 ABG[886] sowie § 25 Preußisches Eisenbahngesetz[887] waren, auferlegt.

---

[882] Vgl. hierzu umfassend oben § 13 III. Die Unabhängigkeit des auf § 26 RGewO gestützten Schadenersatzanspruchs vom Merkmal des Verschuldens wurde jedoch von einigen Stimmen in der Wissenschaft bestritten, vgl. *Hörle*, VerwArchiv, Bd. 10 (1902), S. 380. Hiergegen wandten sich insbesondere *RGRK*, Anm. 13 zu § 906 BGB; *Wittgenstein*, S. 92 f.; *Riehl*, Gruchot's Beiträge, Bd. 51 (1907), S. 152; *Bartling*, S. 39, die betonten, daß der Beseitigungsanspruch im Rahmen des § 26 RGewO, welcher durch den Anspruch auf Schadloshaltung lediglich ersetzt werden sollte, ein Verschulden des Immittenten ebenfalls nicht voraussetzte.

[883] Vgl. oben § 13 III. *Bartling*, S. 39; *Rocholl*, S. 379 ff.; *Wittgenstein*, S. 91. Erst die bereits angesprochene „Erste Gutehoffnungshütte-Entscheidung" des Reichsgerichts vom 26. November 1932 (RGZ 139, S. 29 ff.) brachte hier Rechtssicherheit dahingehend, daß auch die vor Klageerhebung bereits entstandenen Schäden im Rahmen der Anwendung des § 26 RGewO abgedeckt wurden. Vgl. hierzu unten § 29 II. 3. a).

[884] Ersatz in der Vergangenheit bereits entstandener Schäden ließ sich deshalb nur über die Vorschriften des Deliktsrechts unter Nachweis eines Verschuldens erlangen, vgl. *RGRK*, Anm. 13 zu § 906 BGB. Erleichtert wurde dem immissionsbetroffenen Grundeigentümer allerdings der Verschuldensnachweis im Rahmen des § 823 Absatz 2 BGB, der nur einen schuldhaften Verstoß gegen das den Interessen des Grundeigentümers dienende Schutzgesetz erforderte.

[885] *Bartling*, S. 40.

[886] PrGS 1865, S. 705.

[887] PrGS 1838, S. 505.

## § 28
## *Prozessuale Durchsetzung der immissionsschutzrechtlichen Ansprüche*

Dem immissionsbetroffenen Grundeigentümer standen vor allem zwei prozessuale Instrumente zur Durchsetzung seiner Untersagungs- bzw. Schadenersatzansprüche zur Seite: Die auf § 1004 BGB gestützte, sogenannte negatorische dingliche Eigentumsfreiheitsklage sowie die obligatorische Besitzstörungsklage nach § 862 BGB[888].

### I.
### Die auf § 1004 Absatz 1 BGB gestützte Eigentumsfreiheitsklage

§ 1004 Absatz 1 BGB normierte nicht nur einen dinglichen Anspruch auf Beseitigung bzw. Unterlassung der Immissionen, sondern beinhaltete wegen der ausdrücklich bestimmten Klagbarkeit des Anspruchs gleichzeitig auch das Mittel zu dessen prozessualer Geltendmachung. Die immissionsrechtliche Negatorien- bzw. Eigentumsfreiheitsklage war also unmittelbarer Ausfluß der negatorischen Ansprüche aus §§ 903 ff., 1004 Absatz 1 BGB[889].

Aktivlegitimiert waren sämtliche dinglich Berechtigten, also nicht nur der Grundeigentümer, sondern beispielsweise in analoger Anwendung des § 1004 Absatz 1 BGB auch Miteigentümer eines in Erbengemeinschaft stehenden Grundstücks, Dienstbarkeitsberechtigte, Nießbrauchberechtigte, Erbbauberechtigte sowie Pfandrechtsgläubiger am immissionsbeeinträchtigten Grundstück[890]. Nicht aktivlegitimiert waren alle nur obligatorisch Berechtigten[891], wie beispielsweise Mieter und Pächter. Sie waren auf die Besitzstörungsklage nach § 862 BGB verwiesen[892]. Passivlegitimiert war jeder Störer, durch dessen Tun oder Unterlassen die Beeinträchtigung des Nachbargrundstücks herbeigeführt wurde oder mit dessen Willen der beeinträchtigende Zustand aufrechterhalten

---

888 § 862 Absatz 1 BGB lautete: „Wird der Besitzer durch verbotene Eigenmacht im Besitze gestört, so kann er von dem Störer die Beseitigung der Störung verlangen. Sind weitere Störungen zu besorgen, so kann der Besitzer auf Unterlassung klagen.“ § 862 Absatz 2 BGB lautete: „Der Anspruch ist ausgeschlossen, wenn der Besitzer dem Störer oder dessen Rechtsvorgänger gegenüber fehlerhaft besitzt und der Besitz in dem letzten Jahre vor der Störung erlangt worden ist.“

889 *Meisner/Stern*, S. 485.

890 *Meisner/Stern*, S. 514 f.; *Hörle*, VerwArchiv, Bd. 10 (1902), S. 390. Weiterhin der Testamentsvollstrecker, Konkursverwalter sowie der Zwangsverwalter, vgl. *Siller*, S. 61.

891 Aus diesem Grund konnte der Vermieter, der nicht Eigentümer war, im Rahmen der Klage nach § 1004 Absatz 1 BGB keinen Anspruch gegen seinen immittierenden Mieter geltend machen.

892 *Siller*, S. 62.

wurde[893]. So waren beispielsweise sowohl der Mieter, als auch der Vermieter des immittierenden Grundstücks passivlegitimiert[894].

Lag eine Immission noch nicht vor und war lediglich die Gefahr zukünftiger Beeinträchtigungen gegeben, stand dem Grundeigentümer – mit Ausnahme eines auf die Vorschrift des § 907 BGB gestützten Klagebegehrens – die Negatorienklage nicht zu[895]. Der Grundeigentümer konnte sich gegen drohende Immissionen im Sinne des § 906 Absatz 1 BGB allerdings mit Hilfe einer negativen Feststellungsklage wehren. Das zu deren Begründung erforderliche Rechtsschutzinteresse ergab sich in der Regel daraus, daß dem Grundeigentümer ein Abwarten einer als sicher vorhersehbaren Immissionsbelästigung nicht zuzumuten war[896].

Unbenommen blieb es dem klagenden Grundeigentümer, nach § 260 ZPO mehrere Klagebegehren miteinander zu verbinden, also etwa neben seinem negatorischen Klagebegehren nach § 1004 Absatz 1 BGB Schadenersatzansprüche nach § 823 BGB zu verfolgen[897].

Die Negatorienklage war nach § 1004 Absatz 2 BGB ausgeschlossen, wenn der Anspruchsberechtigte zur Duldung der Beeinträchtigung verpflichtet war. Es handelte sich bei § 1004 Absatz 2 BGB nicht um eine Einrede, sondern um eine rechtshindernde Einwendung, mit der Folge, daß die Klage von Amts wegen abzuweisen war, wenn sich bereits nach dem eigenen Vortrag des Anspruchsberechtigten eine Duldungspflicht konstruieren ließ[898].

Als problematisch stellten sich Klagen gegenüber solchen Beeinträchtigungen dar, die nicht aus der Ausübung privatrechtlicher Eigentumsrechte, sondern öffentlich-rechtlicher Hoheitsrechte resultierten. Im Rahmen der Zulässigkeit der Negatorienklage mußte der Kläger nämlich darlegen, daß es sich um eine privatrechtliche Streitigkeit im Sinne des § 13 GVG handelte[899]. Eine privatrechtliche

---

[893] Wobei allerdings zwischen Willensbetätigung und Beeinträchtigung ein Kausalzusammenhang existieren mußte.

[894] RG, Urteil vom 27. Dezember 1900 (RGZ 47, S. 162 ff.). Der Mietvertrag sei nämlich nach Treu und Glauben dahingehend auszulegen, daß der Mieter Handlungen, welche nach den Regeln des allgemeinen Nachbarrechts als rechtswidrig erscheinen, nicht solle vornehmen dürfen. Immittiere der Mieter aber gleichwohl, stünden dem Vermieter die Rechte aus §§ 550, 553 BGB zu. Zu deren Geltendmachung sei er gegenüber dem immissionsbeeinträchtigten Nachbarn auch verpflichtet, weil es sich bei den in § 906 Absatz 1 BGB bestimmten Immissionen um rechtswidrige handele. Unterlasse es der Vermieter, die Immissionen zu unterbinden, stehe diese Unterlassung einer Verursachung gleich, weil der Vermieter einen rechtswidrigen Zustand dulde.

[895] Aus dem Wortlaut des § 1004 Absatz 1 BGB wurde gefolgert, daß ein Zustand der Beeinträchtigung zumindest einmal bereits eingetreten sein mußte.

[896] *Bartling*, S. 17.

[897] *Siller*, S. 59; *Wittgenstein*, S. 85.

[898] *Beuthien*, S. 33; *Mosich*, JherJB, Bd. 80 (1930), S. 322; *Planck*, Anm. 5 b) zu § 1004.

[899] *Wittgenstein*, S. 98.

Streitigkeit schied aus, wenn die Beeinträchtigung des Grundstücks durch eine Behörde im Rahmen der Ausübung ihrer hoheitlichen Befugnisse verursacht wurde[900].

## II.
## Die Besitzstörungsklage nach § 862 BGB

Auch der Besitzer konnte nach seinem in § 854 BGB bestimmten umfassenden Sachherrschaftsrecht andere von der Einwirkung auf seinen Besitz ausschließen, sofern nicht die Einwirkung durch das Gesetz gesondert gestattet wurde. Die lediglich obligatorisch Berechtigten konnten deshalb gegen eine Immissionsbelästigung die in § 862 BGB geregelte Besitzstörungsklage anstrengen[901]. Diese Besitzstörungsklage war auf Aufhebung einer noch existenten körperlichen Störung bzw. Unterlassung weiterer, zu besorgender Störungen gerichtet.

Voraussetzung für die Besitzstörungsklage nach § 862 BGB war, daß der Besitzer in anderer Weise als durch die Entziehung des Besitzes durch verbotene Eigenmacht im Besitz gestört war[902]. Da es sich bei dem Anspruch aus § 862 BGB allerdings um einen petitorischen Anspruch handelte, konnte der immittierende Störer die Einrede des Störungsrechts erheben[903].

Auch die Besitzstörungsklage setzte einen Zustand der objektiv rechtswidrigen Besitzbeeinträchtigung voraus, wobei dieser zum einen in einer noch andauernden körperlichen Störung, zum anderen in der Wiederholungsgefahr einer

---

900 *Meisner/Stern*, S. 522 ff. m. w. N.; *Bartling*, S. 50 ff. Der immissionsgeschädigte Grundeigentümer hatte demnach Schutz vor den Verwaltungsbehörden zu suchen. Entscheidend kam es also jeweils darauf an, ob die Beeinträchtigung durch einen Hoheitsträger im Rahmen der Ausübung der ihm eingeräumten hoheitlichen Befugnisse verursacht wurde oder ob die Beeinträchtigung im Rahmen einer privatrechtlichen Betätigung des Hoheitsträgers entstand. Das Reichsgericht entschied bereits in seinem Urteil vom 6. Juni 1899 (RGZ 44, S. 225 ff.), daß in Fällen, in welchen Immissionen durch hoheitliche Tätigkeit verursacht wurden, die Negatorienklage auf Unterlassung des Betriebs unzulässig sei, da sie sich auf Einstellung der hoheitlichen Befugnisse richte. Hingegen sei die Negatorienklage auf Herstellung praktikabler Einrichtungen, welche die Belästigungen ausschlössen, ebenso zulässig wie die verschuldensunabhängige Entschädigungsklage, weil bei den hier zu klärenden finanziellen Fragen kein klagehinderndes, entgegenstehendes öffentliches Interesse des Staates ersichtlich sei und der Dienstbetrieb an sich nicht beeinträchtigt werde. Ähnlich RG, Urteil vom 27. Mai 1903 (RGZ 55, S. 55 ff. – Militärische Schießübungen). Im Gegensatz hierzu allerdings kurze Zeit später RG, Urteil vom 19. November 1903 (RGZ 56, S. 25 ff. – Kirchenglocken); unklar RG, Urteil vom 12. Oktober 1904 (RGZ 59, S. 70 ff. – Kleinbahn).

901 Sie waren also berechtigt, aus eigenem Recht selbständig gegen den Immissionsstörer vorzugehen und nicht auf einen Anspruch gegen ihren dinglich berechtigten Grundeigentümer, etwa aus § 536 BGB, beschränkt.

902 *Mosich*, JherJB, Bd. 80 (1930), S. 326.

903 *Bartling*, S. 18.

bereits vorher zumindest einmal existenten Störung bestehen konnte[904]. Allerdings waren auch hier konkrete Anhaltspunkte einer Wiederholungsgefahr darzulegen[905]. Weiterhin mußte der immissionsbeeinträchtigte Besitzer seinen tatsächlichen Besitz nachweisen[906]. Ob dem Kläger im Rahmen der erhobenen Besitzstörungsklage auch ein materielles Besitzrecht zustand, war nicht entscheidungserheblich[907].

Auch die Besitzstörungsklage konnte gegenüber einer mit behördlicher Genehmigung errichteten Anlage niemals auf Einstellung gerichtet werden[908]. Für Immissionen aufgrund hoheitlichen Handelns galten die zur Eigentumsfreiheitsklage entwickelten Grundsätze.

---

904 *Meisner/Stern*, S. 542.
905 *RGRK*, Anm. 2 zu § 862.
906 *Beuthien*, S. 36.
907 *Meisner/Stern*, S. 544; *Beuthien*, S. 35.
908 *Beuthien*, S. 36; *Bartling*, S. 37. Dies bestimmte bereits der Wortlaut des § 26 RGewO.

# 2. Abschnitt: Die Rechtsprechung zum privaten Immissionsschutzrecht

## 1. Unterabschnitt: Die Rechtsprechung des Reichsgerichts zum privaten Immissionsschutzrecht

Das BGB brachte also erstmals eine im gesamten Deutschland gültige Normierung privater Immissionsabwehransprüche. Der bis dahin im wesentlichen auf die Fortentwicklung tradierter Rechtsgrundsätze verwiesenen Rechtsprechung waren damit zum ersten Male gesamtdeutsch geltende, kodifizierte Begriffsinstrumentarien und abgestufte Rechtsschutzmöglichkeiten zur Verfügung gestellt worden[909]. Weil aber in den Gesetzeswortlaut der materiellen Immissionsschutzvorschriften die in mühevoller Kleinarbeit erarbeiteten Rechtsgrundsätze und Beurteilungskriterien nur teilweise Eingang fanden, blieb es erneut den Gerichten überlassen, vor allem bei der Frage der Gewährung von Schadenersatz unter Berücksichtigung der bereits im Ansatz entwickelten Billigkeitsgesichtspunkte, unter Berufung auf die Grundsätze von Treu und Glauben und unter Rückgriff auf Rechtsgrundsätze von allgemeinem Verfassungsrang einen Ausgleich zwischen den Interessen der betroffenen Grundstückseigentümer herbeizuführen, damit in privaten Immissionsstreitigkeiten trotz einseitiger Bevorzugung des vor allem gewerblichen Immittenten durch den Gesetzgeber eine für beide Seiten interessengerechte Lösung erreicht werden konnte[910].

### *§ 29*
### *Der Rechtsschutz des immissionsbetroffenen Grundstückseigentümers in der Rechtsprechung des Reichsgerichts bis zur Ausbildung des Rechtsinstituts des nachbarlichen Gemeinschaftsverhältnisses*

#### I.
#### Begriffsbestimmung und Erweiterung der Tatbestandsmerkmale des § 906 BGB durch die Rechtsprechung des Reichsgerichts

Da der Rechtsprechung durch den Gesetzgeber bewußt ein Beurteilungsspielraum bei der Lösung nachbarlicher Immissionskonflikte zugestanden wurde[911] und die einschlägigen Normen unbestimmte Rechtsbegriffe aufwiesen, findet

---

909 Wenngleich sich das Reichsgericht noch einige Male mit der Frage der Fortgeltung der partikulardeutschen Immissionsschutzregeln beschäftigen mußte, z.B. in seinem Urteil vom 14. April 1917 (RGZ 90, S. 52 ff.).

910 *Ogorek*, Actio negatoria, S. 73.

911 Das Merkmal der Ortsüblichkeit wurde beispielsweise als „einigermaßen beweglicher Regulator" verstanden. Vgl. *Mugdan*, Motive, S. 147, sowie oben § 25 II. 4.

sich in der frühen Rechtsprechung des Reichsgerichts eine Vielzahl von Urteilen, die sich mit der Begriffsbestimmung und der Erweiterung der Tatbestandsmerkmale „andere Einwirkungen", „unwesentliche Beeinträchtigung" und „Gewöhnlichkeit der örtlichen Verhältnisse" befassen[912].

### 1.
### Begriffsbestimmung der einzelnen Immissionstatbestände und Ausfüllung des Tatbestandsmerkmals der „ähnlichen Einwirkung"

Besondere Bedeutung kam auf dem Hintergrund des der Rechtsprechung eingeräumten Beurteilungsspielraums verständlicherweise der Ausfüllung und Erweiterung des Tatbestandsmerkmals der „ähnlichen Einwirkung" im Sinne des § 906 Satz 1 BGB zu.

Bereits unmittelbar nach dem Erlaß des § 906 Satz 1 BGB waren die Gerichte in vielfacher Hinsicht mit der Frage der Begriffsbestimmung der Immissionstatbestände beschäftigt. Sie entschieden sich dafür, die materiellen Immissionsschutztatbestände und damit den Anwendungsbereich des § 906 Satz 1 BGB extensiv auszudehnen, anstatt die normierten Fallgruppen analog auf vergleichbare Situationen anzuwenden[913].

So wurden in der Rechtsprechung des Reichsgerichts im Wege richterlicher Rechtsfortbildung – teilweise unter Anknüpfung an die bisher ergangenen Urteile – Einwirkungen durch Steinsplitter[914], Staub[915], Asche[916], Sand[917], Funken[918], Feuerwerk[919], Pilzkeime[920], künstlich erzeugte Wärme bzw. Kälte[921] sowie

---

912 Vgl. auch die zahlreichen Hinweise auf die obergerichtliche Rechtsprechung bei *Ortloff*, ArchivBürgR, Bd. 26 (1905), S. 334 ff.

913 *Mosich*, JherJB, Bd. 80 (1930), S. 299 f.

914 RG, Urteil vom 18. April 1911 (RGZ 76, S. 130 ff.) unter Verweis auf die Motive; RG, Urteil vom 6. Februar 1918, Warneyer 1918, S. 84 ff. Nr. 55.

915 RG, Urteil vom 22. November 1900, JW 1900, S. 890; RG, Urteil vom 30. Oktober 1907, JW 1908, S. 11 f., Nr. 12; RG, Urteil vom 4. Mai 1910, JW 1910, S. 654, Nr. 12; RG, Urteil vom 25. Oktober 1911, JW 1912, S. 31 f., Nr. 15.

916 RG, Urteil vom 11. Mai 1904 (RGZ 58, S. 130 ff. – „Funkenflug"; vgl. unten § 29 II. 2. a) aa)); RG, Urteil vom 30. Oktober 1907, JW 1908, S. 11 f., Nr. 12; RG, Urteil vom 3. November 1909, JW 1910, S. 20, Nr. 29; RG, Urteil vom 25. Oktober 1911, JW 1912, S. 31 f., Nr. 15; RG, Urteil vom 30. April 1919, Warneyer 1919, S. 269 ff., Nr. 172.

917 RG, Urteil vom 9. Februar 1905 (RGZ 60, S. 138 ff.).

918 Urteil vom 11. Mai 1904 (RGZ 58, S. 130 ff. – „Funkenflug"; vgl. unten § 29 II. 2. a) aa)) unter Bezugnahme auf das Urteil des RG vom 20. September 1882 (RGZ 7, S. 265 ff.).

919 RG, Urteil vom 4. Oktober 1926, JW 1927, S. 45 f., Nr. 9.

920 RG, Urteil vom 10. Juli 1900, JW 1900, S. 369 ff.

921 *Otto Warneyer*, Kommentar zum Bürgerlichen Gesetzbuch, Tübingen 1927, § 906 Anm. III m. w. N.

Schall- und Lichtwellen[922] oder elektrische Ströme[923], obwohl keine Imponderabilien im Wortsinne, wegen vergleichbarer Interessenlage des betroffenen Grundeigentümers unter den Immissionsbegriff in § 906 Satz 1 BGB subsumiert, da sie entweder in sinnlich wahrnehmbarer Weise oder aber mittels Kraftwirkung auf das betroffene Grundstück hinüberwirkten[924]. Auch gewisse Tiere kleinerer Größe[925] wie z. B. Tauben, Bienen[926], Ratten, Kaninchen oder Mäuse wurden wegen ihres körperlichen Eindringens den Immissionen des § 906 Satz 1 BGB unterstellt[927].

In mehreren Urteilen[928] bestätigte das Reichsgericht zudem nochmals die bisherige einhellige Auffassung, daß immaterielle oder moralische Einwirkungen nicht dem Anwendungsbereich des § 906 Satz 1 BGB unterfielen. Begründet wurde dies damit, daß entweder eine Einwirkung in die Eigentumssphäre nicht vorliege, weil es sich lediglich um Auswirkungen auf das Seelenleben handele, oder aber daß es bereits an einem „Einwirken“ fehle, weil keine auf ein menschliches Verhalten zurückzuführende Kraft auf das Nachbargrundstück hinüberwirke[929].

---

922 RG, Urteil vom 8. April 1911, JW 1911, S. 587.

923 RG, Urteil vom 23. Juni 1902 (RGZ 52, S. 63 ff, S. 68 f.).; RG, Urteil vom 18. Januar 1913 (RGZ 81, S. 216 ff.).

924 *Wittgenstein*, S. 32 ff.; *Mosich*, JherJB, Bd. 80 (1930), S. 282 f.

925 Hier war in der Wissenschaft zunächst umstritten, ob diese wegen des ihnen eigenen Bewegungstriebs wie Einwirkungen von einem anderen Grundstück zu behandeln seien.

926 Ursprünglich zählte das Reichsgericht Bienen nicht zu den Imponderabilien, vgl. RG, Urteil vom 8. April 1911 (RGZ 76, S. 130 ff.). In seinem Urteil vom 20. September 1933 (RGZ 141, S. 406 ff., S. 408) vertrat es jedoch die entgegengesetzte Auffassung, vgl. unten § 30 II. 2. Der letzteren Rechtsprechung des Reichsgerichts folgte der Bundesgerichtshof in seinem Urteil vom 28. Februar 1955 (BGHZ 16, S. 366 ff.; vgl. unten § 32 I. 1.).

927 Vgl. *Meisner/Stern*, S. 182 (Fn. 7 ff. m. w. N.); *Mosich*, JherJB, Bd. 80 (1930), S. 288 f.

928 RG, Urteil vom 27. Februar 1902 (RGZ 50, 225 ff. – Feuer- und Explosionsgefahr); RG, Urteil vom 9. April 1904 (RGZ 57, 239 ff. – Bordellbetrieb) unter Rückgriff auf das Urteil des RG vom 8. Januar 1897 (RGZ 38, S. 379 ff. – Bordellbetrieb). Vgl. hierzu oben § 21 II. 3. Weiterhin RG, Urteil vom 8. April 1911, Recht 1911, Nr. 2346. Diese Rechtsauffassung blieb allerdings in der Wissenschaft nicht unwidersprochen, vgl. *Manfred Block*, Die Bedeutung des nachbarlichen Gemeinschaftsverhältnisses innerhalb der neueren nachbarrechtlichen Gesetzgebung, Göttingen 1969, S. 20 m. w. N. So erhob beispielsweise *Philipp Heck*, Grundriß des Sachenrechts, Tübingen 1930, S. 219, Einspruch dagegen, immaterielle Rechtsgüter für weniger schutzwürdig zu erachten als materielle.

929 Es gelange nämlich durch das – „anstößige“ – menschliche Verhalten nicht mehr auf das Nachbargrundstück, als ohnehin. Vgl. *Mosich*, JherJB, Bd. 80 (1930), S. 287 f.

### 2.
### Die Erweiterung des Tatbestandsmerkmals der „gewöhnlichen Benutzung nach den örtlichen Verhältnissen“ nach § 906 Satz 1 BGB

Wie bereits angesprochen[930], war in Zeiten des rasanten wirtschaftlichen Fortschritts und der Großindustrialisierung bereits im Wortlaut des § 906 Satz 1 BGB der Grundkonflikt der kollidierenden Interessen angelegt:

Da nämlich wesentliche Beeinträchtigungen vom Nachbargrundstück duldungspflichtig waren, wenn sie bei seiner ortsüblichen Benutzung entstanden, war das Abwehrrecht des immissionsbetroffenen Grundstückeigentümers unter gewissen Voraussetzungen sehr stark ausgestaltet. Er konnte die mit modernen Entwicklungen einhergehenden Immissionen, wie sie beispielsweise mit der Elektrifizierung der Eisenbahnen oder dem Bau von Autostraßen einhergingen, untersagen, sofern es sich bei der neuen Nutzung nicht um eine ortsübliche Benutzung der Nachbargrundstücke handelte. Auf der anderen Seite konnte in gewissen Fallgestaltungen die Duldungspflicht des immissionsbelästigten Grundeigentümers bis zur Existenzvernichtung führen, wenn es sich bei dem Immittenten um einen ortsüblichen Gewerbebetrieb mit steigendem Immissionsausstoß handelte, der dem betroffenen Grundeigentümer eine Nutzung seines Grundstücks – etwa zu landwirtschaftlichen Zwecken – nahezu unmöglich machte[931].

Bereits die Motive hatten deshalb bestimmt, daß das Tatbestandsmerkmal der Ortsüblichkeit als ein „einigermaßen beweglicher Regulator“ anzusehen sei[932]. Problematisch war allerdings für die Rechtsprechung, welcher Maßstab bei der Beurteilung der Ortsüblichkeit anzusetzen sei. Grundsätzlich kamen nach dem Wortlaut des § 906 Satz 1 BGB zwei Anknüpfungspunkte in Frage[933]:

Zum einen konnte die Ortsüblichkeit anhand einer Betrachtung der herrschenden regionalen Verhältnisse bestimmt werden. Hier wurde also ein Vergleich dahingehend angestellt, ob innerhalb eines begrenzten Ortsteils, eines Gemeindegebiets oder eines größeren, zusammenhängenden Bezirks gleiche oder ähnliche Belästigungen auf die benachbarten Grundstücke ausgingen und ob im Gegensatz zu den von den Vergleichsgrundstücken ausgehenden Einwirkungen die zu beurteilenden Immissionen aus dem allgemeinen, dort üblichen Rahmen herausfielen[934].

---

930 Vgl. oben § 27 I. 2. b).

931 Vgl. oben § 25 II. *Block*, S. 22.

932 Vgl. im einzelnen oben § 25 I.

933 Vgl. *Hans Pagenkopf*, Statische und dynamische Betrachtungsweise der Ortsüblichkeit im Sinne des § 906 BGB, LZ 1932, S. 742 f.

934 Vgl. oben § 27 I. 2. b).

Zum anderen bot sich eine am Grad der materiellen Belästigung orientierte Betrachtungsweise an[935]. Hier wurden Vorgänge gleicher Art und Güte zum Vergleich herangezogen, also beispielsweise Belästigungen, welche von Anlagen gleicher Betriebsgröße und Art ausgingen, selbst wenn sich die zu betrachtenden Immittenten an verschiedenen Orten befanden. Diese Betrachtungsweise barg jedoch das Problem in sich, daß ein Vergleich zweier ortsverschiedener Einwirkungen gleicher Art und Güte dem Wortlaut des § 906 Satz 1 BGB, welcher einen Vergleich „nach den örtlichen Verhältnissen bei Grundstücken *dieser* Lage" forderte, widersprach[936]. Abzustellen war nach dem Willen des Gesetzgebers demnach auf die konkreten Immissionsverhältnisse am Ort der streitgegenständlichen Immission. Dennoch hatte das Reichsgericht bereits in mehreren Entscheidungen angedeutet, daß es sich einer derartigen Betrachtungsweise des Merkmals der Ortsüblichkeit nicht von vornherein verschloß[937].

Beiden der oben genannten Betrachtungsweisen war zwangsläufig gemein, daß die tatsächlichen Verhältnisse, die zur Beurteilung der Ortsüblichkeit herangezogen wurden, einen relativ statischen Charakter aufwiesen[938]. Beurteilt wurde in zeitlicher Hinsicht nämlich immer nach den konkret herrschenden Verhältnissen. Das hieß, daß der Umfang der dem Immissionsgestörten auferlegten Duldungspflicht vor allem davon bestimmt wurde, was sich zum konkreten Beurteilungszeitpunkt als ortsüblich darstellte. Daß sich die tatsächlichen Verhältnisse vor allem durch die fortschreitende technische, aber auch die soziale Entwicklung ändern und unter Umständen bereits kurze Zeit nach der zu treffenden Entscheidung eine andere Beurteilung der Ortsüblichkeit rechtfertigen konnten, blieb außer Betracht[939].

In der Rechtsprechung des Reichsgerichts trat deshalb schon früh eine Entwicklung zutage, die sich – insbesondere was das Tatbestandsmerkmal der Ortsüblichkeit anging – von einer allzu strengen Verhaftung am Wortlaut des Gesetzes lossagte. Einen ersten deutlichen Vorgeschmack bot die „Thale-Entscheidung" des Reichsgerichts vom 6. Juli 1910.

---

935 *Schiffer*, Immissionen, ZAkadDR 1936, S. 1077.

936 Aus diesem Grunde forderten beispielsweise *Meisner/Stern*, S. 193 f., äußerste Zurückhaltung bei dieser Betrachtungsweise.

937 Beispielsweise in den Urteilen des RG vom 31. Januar 1906 (DJZ 1906, S. 485) sowie vom 21. Dezember 1908 (RGZ 70, S. 150 ff.).

938 *Pagenkopf*, LZ 1932, S. 742.

939 *Schiffer*, Immissionen, ZAkadDR 1936, S. 1081.

### a)
### Das Urteil des Reichsgerichts vom 6. Juli 1910

In dem dem Urteil des Reichsgerichts vom 6. Juli 1910[940] zugrundeliegenden Fall war die Beklagte, Inhaberin eines behördlich genehmigten Eisenhüttenwerkes im Ort Thale im Harz, auf Unterlassung der von ihrer Anlage ausgehenden Belästigungen sowie auf die Erstellung von Einrichtungen zur Verringerung der Rauch-, Ruß- und Geräuschimmissionen in Anspruch genommen worden. Probleme gab der Fall insbesondere dadurch auf, daß sich in Thale keine weitere, dem Betrieb der Beklagten ähnliche Anlage befand. Wäre deshalb allein auf den Wortlaut des § 906 Satz 1 BGB abgestellt worden, hätte das Tatbestandsmerkmal der Ortsüblichkeit verneint werden müssen. Ein der Klage stattgebendes Urteil mit der Folge der Einstellung der Produktion wäre die Folge gewesen. Dies hätte für die Stadt Thale bedeutet, daß die Arbeitsplätze von etwa 90 Prozent der Einwohner gefährdet gewesen wären. Das erstinstanzliche Landgericht hatte die Klage abgewiesen. Das Berufungsgericht hatte die Berufung mit der Begründung zurückgewiesen, daß die Bewohner von Thale in ihrer überwiegenden Mehrheit die vom Werk der Beklagten ausgehenden Einwirkungen ertrügen und diese deshalb nach den örtlichen Verhältnissen als gewöhnlich anzusehen seien.

Diese Rechtsauffassung erklärte das Reichsgericht für rechtsirrig. Das Reichsgericht betonte, daß das Tatbestandsmerkmal der Ortsüblichkeit in § 906 Satz 1 BGB nicht leichtfertig ausgedehnt werden dürfe[941]. Denn die sich aus dem Tatbestandsmerkmal der Ortsüblichkeit der Immission nach § 906 BGB ergebende Duldungspflicht stelle lediglich eine auf Billigkeitserwägungen beruhende Ausnahme von dem in § 903 BGB normierten Grundsatz dar, daß der Grundeigentümer jegliche Einwirkung auf sein Grundstück verbieten könne. Solchen Billigkeitserwägungen sei es inhärent, daß sie nicht übermäßig strapaziert werden dürften. Das Reichsgericht wandte sich deshalb gegen die Auffassung, eine Beeinträchtigung bereits dann als ortsüblich zu erklären, wenn sie von der Mehrheit der Betroffenen – insbesondere einer wirtschaftlich vom Immittenten abhängigen Mehrheit – ertragen werde. Es bedürfe vielmehr eines vom Gesetzeswortlaut geforderten, verobjektivierten Maßstabes, der sich an einem Vergleich der beteiligten Grundstücke zu orientieren hatte:

> „*Dem [Ausnahmecharakter] entspricht es aber ... nicht, wenn man für das, was der Grundstückseigentümer an Zuführungen der im § 906 bezeichneten Art zu dulden hat – und zwar auch dann, wenn damit eine nicht nur unwesentliche Beeinträchtigung des Grundstücks verbunden ist – schlechthin das maßgebend sein*

940 RG, Urteil vom 6. Juli 1910, Gruchot's Beiträge, Bd. 55 (1911), S. 105 ff.

941 RG, Urteil vom 6. Juli 1910, a. a. O. S. 107 f.

*läßt, was die unter Umständen, wie hier, noch dazu vom Einwirkenden mehr oder minder abhängige Mehrheit oder überwiegende Mehrheit der Einwohnerschaft des Ortes erträgt. Das, was an solchen Einwirkungen dem dadurch belästigten Eigentümer mit Rücksicht auf das Immissionsbedürfnis der Industrie billigerweise zugemutet werden kann, läßt sich dagegen auf Grund einer Vergleichung mit den von anderen ähnlichen Betrieben ausgehenden Einwirkungen feststellen ... .*"[942]

Hier stellte sich nun aber das schon angesprochene Problem, daß in Thale Betriebe, die dem Werk der Beklagten ähnelten, völlig fehlten. Das Reichsgericht behalf sich, indem es bei der Prüfung des § 906 Satz 1 BGB das Tatbestandsmerkmal der „Benutzung, die nach den örtlichen Verhältnissen bei Grundstükken dieser Lage gewöhnlich ist" ausnahmsweise extensiv auslegte. Es hatte hierbei durchaus die Interessen des betroffenen Gewerbetreibenden im Blick. Das Reichsgericht befand:

„*... Dem Berufungsgericht ist zuzugeben, daß der Umstand, daß es nach seinen Feststellungen an geeigneten Vergleichsobjekten in Thale fehlt, nicht dazu führen kann, dem Werke der Beklagten den sich aus der zweiten Alternative des § 906 ergebenden Schutz zu versagen. Mit Recht führt es ins Feld, daß sonst ein industrielles Unternehmen umso schlechter gestellt sein würde, je bedeutender und für den Ort bedeutsamer es ist ... . Der angegebene gesetzgeberische Grund und die gebotene Rücksichtnahme auf den insoweit klaren Wortlaut des Gesetzes lassen es vielmehr nur gerechtfertigt erscheinen, ... die Worte „dieser Lage" in einem weiteren Sinne aufzufassen, bei der Heranziehung von Vergleichsobjekten über den Ort des Unternehmens, von dem die bekämpften Einwirkungen herrühren, hinauszugehen und auf das Maß von Einwirkungen zu sehen, das von anderen Grundstücken auszugehen pflegt, die je nach der Eigenart und dem Umfange des Unternehmens in einem engeren oder weiteren Umkreise um seinen Sitz herum gelegen sind und in gleicher oder gleichartiger Weise benutzt werden.*"[943]

Sei es also bei der gebotenen Einzelfallbetrachtung im jeweiligen Ort oder Gemeindeteil nicht möglich, eine vergleichbare Grundstücksbenutzung zu finden, so seien notfalls Unternehmen aus dem engeren oder weiteren Umkreis um den

[942] RG, Urteil vom 6. Juli 1910, a. a. O., S. 108. Klammerzusatz durch Verfasser.
[943] RG, Urteil vom 6. Juli 1910, a. a. O., S. 108 f.

Sitz des immittierenden Betriebs heranzuziehen. Im Ergebnis löste sich das Reichsgericht mit dieser Begründung allerdings von dem im Wortlaut des § 906 Satz 1 BGB verankerten Tatbestandsmerkmal der Ortsüblichkeit und ersetzte dieses durch den Begriff der Betriebs- oder Werksüblichkeit[944].

Unabhängig von der vom Reichsgericht nicht beantworteten Frage, in welchem räumlichen Umkreis eine Vergleichbetrachtung noch statthaft sei, stellt dieser Austausch des vom Charakter der baulichen oder wirtschaftlichen Zusammengehörigkeit geprägten Begriffs der Ortsüblichkeit mit dem der Betriebs- oder Werksüblichkeit einen klaren Bruch mit der im Wortlaut des Gesetzes geforderten Betrachtungsweise dar. Offenbar diesen Bruch erkennend, kehrte das Reichsgericht in seiner Urteilsbegründung unvermittelt zum Begriff der Ortsüblichkeit zurück:

> *„Im übrigen kommt es darauf an, ob die Benutzung des Grundstücks der Beklagten und die darauf zurückzuführenden Einwirkungen nach den örtlichen Verhältnissen gewöhnlich, örtlich hergebracht oder ortsüblich sind. Und dies trifft hinsichtlich des Werkes der Beklagten, wie es ... schon seit Jahrzehnten besteht, ... zu. Den sich hiergegen richtenden Bedenken der Revision wird ... durch die im vorstehenden geforderte Vergleichung Rechnung getragen. Mit der sich hieraus ergebenden Maßgabe ist die Ortsüblichkeit der Benutzung und der Einwirkung in der Tat in dem gegeben, woran sich nach den Feststellungen des Berufungsgerichts die Einwohner und Grundstückseigentümer von Thale in ihrer überwiegenden Mehrheit gewöhnt haben, und das sie deshalb als etwas Hergebrachtes ertragen.“*[945]

In seiner „Thale-Entscheidung“ erteilte das Reichsgericht also einer am reinen Wortlaut des Gesetzes orientierten, statischen Betrachtungsweise des Tatbestandsmerkmals der Ortsüblichkeit eine erste deutliche Absage. Unabhängig davon, daß sich die Tendenz zur vorsichtigen Erweiterung der Tatbestandsmerkmale des § 906 Satz 1 BGB auch in der weiteren Reichsgerichtsrechtsprechung – insbesondere, was die einzelnen Immissionstatbestände angeht – wiederfindet[946], so ist doch bemerkenswert, wie das Reichsgericht hier mit leichter Hand unter Berufung auf das Billigkeitspostulat die an das gesetzlich normierte Merkmal der Ortsüblichkeit geknüpften Rechtsfolgen in ihr Gegenteil verkehrte.

---

[944] Der Begriff wurde zwar vom Reichsgericht nicht verwendet, jedoch erstmals von *Schiffer*, Immissionen, ZAkadDR 1937, S. 1078, geprägt.

[945] RG, Urteil vom 6. Juli 1910, a. a. O., S. 109.

[946] Vgl. oben § 29 I. 1. m. w. N. aus der Rechtsprechung zum Tatbestandsmerkmal der „ähnlichen Einwirkung“.

Denn wenn das Reichsgericht forderte, es müsse ein Vergleich zwischen Grundstücken stattfinden, die bei gleicher Benutzungsart in einem engeren oder weiteren Umkreise belegen seien, so entkernte es das im Wortlaut des § 906 Satz 1 BGB verankerte Begriffsmerkmal der Ortsüblichkeit und ersetzte es *contra legem* durch das Begriffspaar der Betriebsüblichkeit und der überwiegenden Duldung, um aus rein wirtschaftlichen Erwägungen zum gewünschten Ergebnis zu gelangen.

Dennoch vermochte es das Reichsgericht auch in der „Thale-Entscheidung" nicht, hinsichtlich des Merkmals der Ortsüblichkeit völlig neue Wege zu gehen. Es griff bei der Begründung seiner Entscheidung „im übrigen" auf die althergebrachten Begründungsmuster zur Ortsüblichkeit zurück. Es ist jedoch höchst verwunderlich, daß das Reichsgericht genau dieselben Überlegungen, die das Berufungsgericht dazu bewogen hatten, das Merkmal der Ortsüblichkeit zu bejahen – nämlich die überwiegende Duldung der Benutzung des Grundstücks durch die belästigte Mehrheit der Einwohner von Thale – zunächst als rechtsirrig verwarf, dann aber zur Begründung seiner Entscheidung „im übrigen" heranzog.

Festzuhalten bleibt aber bei allen Widersprüchen, daß sich das Reichsgericht in der „Thale-Entscheidung" zum ersten Mal bei der Prüfung des Tatbestandsmerkmals der Ortsüblichkeit von wirtschaftlichen Erwägungen hat leiten lassen, denen der Wortlaut der materiellen Immissionsschutznormen keine Stütze verlieh[947]. In der „Thale-Entscheidung" findet sich somit ein erster konkreter Hinweis auf die Tendenz der Rechtsprechung, die vielfältigen Immissionsstreitigkeiten nicht überall und in jedem Falle im Wege einer strengen Wortlautinterpretation des Gesetzestextes zu lösen, sondern in einen Prozeß vorsichtiger, freierer Rechtsfindung losgelöst von den einzelnen Tatbestandsmerkmalen des materiellen Immissionsschutzrechts einzutreten.

### b) Die Urteile des Reichsgerichts vom 8. Juli 1931 und vom 21. Oktober 1931

Wenngleich die in der „Thale-Entscheidung" vertretene Sichtweise des Merkmals der Ortsüblichkeit keineswegs stringent fortgesetzt wurde[948], setzte das Reichsgericht seine Rechtsprechung zur Auslegung dieses Tatbestandsmerkmals zugunsten einer dynamischeren Betrachtungsweise, die den technischen und sozialen Entwicklungen Rechnung trug, doch vor allem in zwei Entscheidungen aus dem Jahre 1931 fort.

---

[947] *Schiffer*, Immissionen, ZAkadDR 1936, S. 1078.

[948] *Schiffer*, Immissionen, ZAkadDR 1936, S. 1078 f., zu weiteren Beispielen hinsichtlich der wechselnden Argumentation in der Rechtsprechung des Reichsgerichts.

In seiner Entscheidung vom 8. Juli 1931[949] hatte sich das Reichsgericht mit der Klage eines Grundeigentümers auseinanderzusetzen, der von den beklagten Verkehrsbetrieben die Unterlassung des Einsatzes von zweistöckigen, vollgummibereiften Kraftomnibussen im Berliner Villenvorort Dahlem unter Verweis darauf begehrte, daß die durch den Verkehr verursachten Erschütterungen die Standfestigkeit seines Hauses sowie die Gesundheit der Hausbewohner beeinträchtigten. Das beklagte Verkehrsunternehmen berief sich demgegenüber auf die Ortsüblichkeit des Einsatzes von Omnibussen, die in Berlin massenhaft verkehrten. Das Kammergericht hatte die Klage abgewiesen, das Reichsgericht verwies die Sache mangels ausreichender Erörterung der tatsächlichen Verkehrs- und Ortsverhältnisse zur erneuten Verhandlung an das Kammergericht zurück.

Es führte aus, daß bei der Beurteilung der Ortsüblichkeit nicht lediglich auf die Verhältnisse am Wohnort des Klägers abzustellen sei, sondern daß die gesamten Orts- und Verkehrsverhältnisse der Stadtteile und Straßenzüge, in welcher die streitgegenständliche Omnibuslinie verkehre, einer Beurteilung bedürften. Eine gegenteilige Betrachtung dergestalt, daß nur der – offenbar besonders ruhige – Villenvorort, in welchem sich das Grundstück des Klägers befinde, für die Beurteilung der Ortsüblichkeit herangezogen werde, sei zwar unter Umständen angebracht, wenn im Rahmen der Prüfung des § 906 Satz 1 BGB eine eng auf diesen Bereich lokalisierte Einwirkung zu beurteilen sei. Im vorliegenden Falle handele es sich aber

> „...*um eine Einwirkung, die nicht von einer örtlich beschränkten (lokalisierten) Straßengrundstücksbenutzung ausgeht, sondern von einer solchen, die sämtliche von der Omnibuslinie umfaßte Straßen umfaßt. Weil die Straßenzüge dazu bestimmt sind, dem durchlaufenden Verkehr zu dienen, kann für die Frage, ob sich die Benutzung eines Straßengrundstücks durch eine Verkehrseinrichtung in der besonderen Art und dem Maß der stattfindenden Benutzung in den Grenzen des Ortsüblichen hält, nicht ein einzelner Teil der im Gesamtverlauf benutzten Straße herausgeschnitten und für sich behandelt werden. Vielmehr ist die Linienführung und das durch sie benutzte Gelände im ganzen anzusehen.*“[950]

Gerade im Hinblick auf die technische Entwicklung des Verkehrswesens, so das Reichsgericht, sei einer auf enge lokale Grenzen gerichteten Betrachtungsweise der Ortsüblichkeit eine Absage zu erteilen:

---

[949] RGZ 133, S. 152 ff.
[950] RGZ 133, S. 154.

*„Jedenfalls aber sind die Bedürfnisse des Verkehrs das vorwiegend Entscheidende. Ist ein bestimmter Stadtteil zunächst durch besondere Ruhe von anderen unterschieden, so kann er sich deswegen doch nicht dem sich aus seiner Lage in oder in der Nähe einer Großstadt ergebenden Schicksal entziehen, in den Allgemeinverkehr hineinzuwachsen. Es geht nicht an, daß sich bestimmte Gegenden oder einzelne Straßen, um sich die ursprüngliche Eigenart zu erhalten, als Hindernisse der notwendigen Verkehrsentwicklung einschieben."*[951]

Das Reichsgericht postulierte zudem in der weiteren Urteilsbegründung das Erfordernis einer selbständigen Prüfung der örtlichen Verhältnisse durch die mit dem Einzelfall befaßten Gerichte.

In seiner zweiten Entscheidung aus dem Jahre 1931[952], in welchem es sich mit der Klage eines Gewerbetreibenden zu beschäftigen hatte, welcher durch „vagabundierende Ströme" einer benachbarten, inzwischen auf Gleichstrombetrieb umgestellten und elektrifizierten Bahnanlage in der Ausübung seines Betriebs gestört wurde, betonte das Reichsgericht unter Rückgriff auf seine Entscheidung vom 18. Januar 1913[953], daß es sich bei den mit der Elektrifizierung einhergehenden Belästigungen um solche handele, die auf

*„... eine organische und notwendige Fortentwicklung des Betriebes ..."*[954]

zurückgingen. Die neuen Einwirkungen stellten sich auf dem Hintergrund, daß die Anlieger früher mit Rauch- und Rußzuführungen belastet gewesen seien, nicht als ortsunübliche Benutzung der Bahnanlage dar, da diese auch bei technisch einwandfreiem Betrieb der Bahn notwendigerweise entstünden.

---

951 RGZ 133, S. 155.

952 RG, Urteil vom 21. Oktober 1931 (RGZ 133, S. 342 ff.). Dieses Urteil hat auch Bedeutung für die Wandlung der Rechtsprechung des Reichsgerichts hinsichtlich der Erlangung von Schadenersatz bei Immissionen, die durch den Eisenbahnbetrieb verursacht werden. Vgl. hierzu unten § 29 II.

953 RG, Urteil vom 18. Januar 1913 (RGZ 81, S. 225). Ähnlich schon die Gründe des Urteils des Reichsgerichts vom 24. April 1894 (Seuffert's Archiv, Bd. XLIX, Nr. 236 – Vorbelastungsgedanke bei sukzessiver Steigerung der Immissionen durch Eisenbahnbetrieb). Vgl. oben § 21 II. 2. b).

954 RGZ 133, S. 346.

### 3.
### Bewertung

Im Ergebnis führte diese Rechtsprechung des Reichsgerichts dazu, daß bei weitgefaßtem Immissionsbegriff die Benutzung des immittierenden Grundstücks, die als „ortsüblich" galt, nicht mehr ausschließlich nach den örtlichen Verhältnissen, sondern auch nach dem jeweiligen Stand der Technik sowie der allgemein erreichten Entwicklung der Lebensverhältnisse beurteilt wurde[955].

Bemerkenswert ist in diesem Zusammenhang, daß die angesprochenen Entscheidungen vor allem von einer wirtschaftsfreundliche Tendenz durchdrungen sind. Hätte das Reichsgericht jeweils an der überkommenen, starren Definition des Tatbestandsmerkmals der Ortsüblichkeit festgehalten, wäre der Immittent mit einer erheblichen Umstellung seines Betriebes oder gar der Betriebseinstellung konfrontiert gewesen. Diese Rechtsfolge wurde vermieden, indem das Reichsgericht die Möglichkeit der dynamischen Entwicklung eines Gebietes und die wirtschaftlichen – und teilweise sozialen – Folgen negatorischer Untersagungsrechte betonte.

## II.
## Die Entwicklung in der Rechtsprechung des Reichsgerichts im Bereich des Schadenersatzanspruchs

### 1.
### Grundsätzliches

Wie bereits dargestellt[956], hatte sich der Gesetzgeber mit seiner Vorstellung von der negatorischen Abwehrklage im Bereich der Immissionen gegen einen generellen verschuldensunabhängigen Schadenersatzanspruch ausgesprochen. Genauer gesagt: Er hatte sich gegen einen Ersatzanspruch im Rahmen der negatorischen Klage überhaupt ausgesprochen[957]. Schadenersatz wegen Immissionen sollte nach den bürgerlich-rechtlichen Vorschriften nur noch aufgrund der Vorschriften der §§ 823 ff. BGB und somit unter der Voraussetzung des Verschuldens verlangt werden können.

Demnach war das Abwehrrecht des immissionsbeeinträchtigten Grundeigentümers insbesondere in den Fällen, in denen es sich bei der immittierenden Anlage um einen nach §§ 16 ff. RGewO behördlich genehmigten Gewerbebetrieb handelte, empfindlich eingeschränkt. Hier konnte der immissionsbeeinträchtigte

---

955 *Block*, S. 24.

956 Vgl. oben § 22 II. sowie § 27 V. Zur Entstehung und zum Normzweck des § 26 RGewO vgl. oben § 13 I. und III.

957 *Ogorek*, Actio negatoria, S. 73.

Grundeigentümer nie auf die Einstellung des Gewerbetriebs klagen, sondern lediglich auf die Herstellung von praktikablen Schutzeinrichtungen. War die Herstellung dieser Einrichtungen nicht möglich oder „unthunlich“, blieb ihm nur die Klage auf Schadloshaltung[958]. Sein Anspruch war auf den Ersatz des nach Klageerhebung entstandenen Schadens beschränkt[959].

Eine dem Regelungsgehalt des § 26 RGewO angenäherte Problematik ergab sich für den immissionsgeschädigten Grundeigentümer in den Bereichen, in denen die Immissionen von Grundstücken ausgingen, deren Benutzungsart der privat- oder öffentlich-rechtlichen Spezialgesetzgebung unterfielen und die bestimmten, daß das Eigentum zwecks Gewährleistung der besonderen Benutzungsart beschränkt werde[960]. Insbesondere die Artt. 67, 105, 106, 109, 111, 124, 125 EGBGB in Verbindung mit den Vorschriften der jeweiligen Spezialgesetze konnten dazu führen, daß im Bereich des privaten Immissionsrechts die Untersagungsansprüche des immissionsgeschädigten Grundeigentümers ausgeschlossen bzw. modifiziert waren und der Grundeigentümer auf vom BGB abweichende Schadenersatz- und Entschädigungsregelungen verwiesen war[961]. Hervorzuheben sind hier vor allem die Modifikationen der Ansprüche des privaten Immissionsschutzrechts durch das landesspezifische Eisenbahn- und Bergbaurecht, welche regelmäßig im Bereich der Immissionsstreitigkeiten Bedeutung erlangten. Vor allem mit den preußischen Kodifikationen war das Reichsgericht in mehreren Entscheidungen beschäftigt. Nach § 25 des Preußischen Eisenbahngesetzes vom 3. November 1838[962] bzw. § 148 des ABG vom 24. Juni 1865[963] trat beispielsweise anstelle des dinglichen negatorischen Untersagungsanspruchs ein dem Rechtsgedanken der Gefährdungshaftung angenäherter verschuldensunabhängiger Entschädigungs- bzw. Schadenersatzanspruch[964].

Dennoch ließ sich schon kurz nach dem Erlaß des Bürgerlichen Gesetzbuches nicht übersehen, daß das Reichsgericht vor allem im Bereich der Anlagen, bei denen der immissionsbeeinträchtigte Grundeigentümer eine Einstellung des Be-

---

958 Vgl. hierzu oben § 13 I. und III.

959 Vgl. insbesondere oben § 22 I.

960 *Heck*, S. 212. Bei den Spezialgesetzen konnte es sich um solche des Landesrechts sowie des Reiches handeln, vgl. *RGRK*, Anm. 1 sowie Anm. 13 zu § 906.

961 *RGRK*, Anm. 4 zu § 903.

962 PrGS 1838, S. 505. Art. 125 EGBGB bestimmte, daß die landesgesetzlichen Vorschriften, welche die Vorschrift des § 26 RGewO auf Eisenbahn- sonstige Verkehrsbetriebe erstreckten, unberührt blieben, was sich nach Art. 105 EGBGB auch auf den Umfang der abweichend vom BGB landesgesetzlich normierten Schadenersatzansprüche auswirkte. Im Gegensatz zu anderen Bundesländern hatte Preußen von der Möglichkeit, die Eisenbahnen dem Gewerberecht zu unterstellen, keinen Gebrauch gemacht. Vgl. oben § 22 II. 1.

963 PrGS 1865, S. 705. Nach Art. 67 in Verbindung mit Artt. 52, 53 EGBGB blieb das für die Preußischen Staaten einschlägige ABG unberührt. Vgl. im einzelnen *Planck*, Bd. 6, Anm. 3 zu Art. 109 EGBGB.

964 *Meisner/Stern*, S. 577.

triebes aufgrund der Wahrnehmung hoheitlicher Befugnisse nicht verlangen konnte, seine Rechtsprechung zum verschuldensunabhängigen Schadenersatzanspruch insgesamt in neue dogmatische Bahnen zu lenken gedachte[965].

Den Anfang machte das Reichsgericht in zwei Entscheidungen des Jahres 1904 im Bereich des Eisenbahnrechts, den sogenannten Funkenflugentscheidungen des Jahres 1904[966].

## 2.
## Die Änderung der Rechtsprechung des Reichsgerichts bei Schadenersatzansprüchen im Bereich konzessionierter Anlagen außerhalb von § 26 RGewO

### a)
### Die sogenannten Funkenflugentscheidungen des Reichsgerichts vom 11. Mai 1904 und vom 12. Oktober 1904

#### aa)
#### Die Entscheidung des Reichsgerichts vom 11. Mai 1904

In seiner Entscheidung vom 11. Mai 1904[967] hatte der 5. Zivilsenat des Reichsgerichts über die Klage eines Grundeigentümers zu entscheiden, der Schadenersatz von der beklagten Betreiberin einer behördlich konzessionierten Kleinbahn verlangte, weil infolge des vom Eisenbahnbetrieb ausgehenden übermäßigen Funkenflugs eine Scheune und weitere Baulichkeiten abgebrannt waren. Die Vorinstanzen hatten die Bahngesellschaft zur Zahlung verurteilt. Während das in erster Instanz mit dem Fall beschäftigte Landgericht Köln einen fahrlässigen Eingriff in das Eigentum des Klägers durch den Bahnbetrieb für gegeben gehalten und einen verschuldensabhängigen Schadenersatzanspruch aus § 823 Absatz 2 BGB bejaht hatte, hatte das Oberlandesgericht Köln eine Verschuldensfeststellung insbesondere deshalb nicht für notwendig gehalten, weil es sich bei dem Funkenflug um eine unerlaubte Einwirkung im Sinne des § 906 Satz 1 BGB gehandelt habe, die ein subjektives Verschulden nicht voraussetze. Das Reichsgericht urteilte, daß diese vom Oberlandesgerichts Köln vertretene Rechtsauffassung rechtsirrig sei.

Das Reichsgericht befand, daß, weil die gegen Eigentumsbeeinträchtigungen gerichtete Negatorienklage nach § 1004 BGB die Schadenersatzfrage nicht berühre, der vorliegende Fall nach den allgemeinen Vorschriften des Rechts über unerlaubte Handlungen nach § 823 ff. BGB zu behandeln sei. Dann aber sei die

---

965 *Ogorek*, Actio negatoria, S. 75.

966 Genau genommen behandelte jedoch nur die Entscheidung vom 11. Mai 1904 (RGZ 58, S. 130 ff.) einen Fall, in welchem Immissionen durch Funkenflug eine Rolle spielten.

967 RGZ 58, S. 130 ff.

Prüfung des Verschuldens erforderlich, um einen Schadenersatzanspruch wegen Eigentumsbeeinträchtigung zu gewähren. Dieser Grundsatz gelte auch im Rahmen des § 823 Abs. 2 BGB, der die §§ 906, 907, 1004 BGB als Gesetze zum Schutze des Grundeigentums anerkenne[968].

Das Reichsgericht verwarf sodann die vom Berufungsgericht ebenfalls zur Begründung des verschuldensunabhängigen Schadenersatzes angeführte analoge Anwendung des § 26 RGewO, weil § 6 Abs. 1 RGewO eindeutig bestimme, daß die Reichsgewerbeordnung auf Eisenbahnunternehmungen keine Anwendung finde und der im konkreten Falle normsetzungsbefugte preußische Gesetzgeber keinen Gebrauch von der ihm nach Art. 125 EGBGB eröffneten Befugnis gemacht habe, den § 26 RGewO auf den Eisenbahnbetrieb in den Preußischen Territorien für anwendbar zu erklären[969].

Das Reichsgericht erwog nun die Anwendung des § 25 des Preußischen Eisenbahngesetzes mit seinem der Gefährdungshaftung angenäherten, verschuldensunabhängigen Schadenersatzanspruch, erklärte diese Norm jedoch für unanwendbar, da die Beklagte im vorliegenden Falle eine Kleinbahn betrieb, die nicht dem Preußischen Eisenbahngesetz von 1838, sondern vielmehr dem Preußischen Gesetz über Kleinbahnen und Privatanschlußbahnen vom 28. Juli 1892[970] unterfalle, das eine dem § 25 Preußisches Eisenbahngesetz entsprechende Schadenersatznorm nicht aufwies[971].

Schließlich könne nicht auf die bereits ergangene rheinische Rechtsprechung zu Beschädigungen bei Anliegern von Bahnbetrieben zurückgegriffen werden, die – auf den in Art. 545 Rheinisches BGB normierten Aufopferungsgedanken des adaptierten französischen Rechts gestützt – einen verschuldensunabhängigen Entschädigungsanspruch bejaht hatte, weil Art. 545 Rheinisches BGB – entgegen Art. 75 ALR – durch Art. 89 Ziffer 2 des Preußischen Ausführungsgesetz zum BGB[972] aufgehoben wurde und der Funkenflug nach dem insoweit relevanten Zeitpunkt des 1. Januar 1900 auftrat[973].

Nachdem also das Reichsgericht sämtliche in Betracht kommenden verschuldensunabhängigen Schadenersatz- und Entschädigungsansprüche ausgeschlossen hatte und man hätte erwarten können, daß es einen Schadenersatzanspruch des Klägers verneinen würde, weil in dem konzessionierten Betrieb der Kleinbahn keine fahrlässige Eigentumsbeeinträchtigung zu erblicken sei, ist es umso erstaunlicher, daß das Reichsgericht sodann fortfuhr:

---

968 RGZ 58, S. 131 f.
969 RGZ 58, ebenda.
970 PrGS 1892, S. 225.
971 RGZ 58, S. 132 f.
972 PrGS 1899, S. 177.
973 RGZ 58, S. 133.

*„Versagen nach dem Ausgeführten bei der Beurteilung der Klage sowohl die vom Berufungsgericht gegebenen Gründe als die vorerwähnten, weiteren, denkbarerweise etwa heranzuziehenden Rechtsbehelfe, so ist gleichwohl die Schadenersatzpflicht der Beklagten nach anderen allgemeinen Rechtsgrundsätzen nicht zu bezweifeln, ohne daß der Nachweis eines vorsätzlichen oder fahrlässigen Verschuldens erforderlich ist."*[974]

Nach einigen allgemeinen Ausführungen zum Umfang des Untersagungsrechts des Eigentümers und der Beschränkung dieses Rechts im Bereich der konzessionierten Anlagen urteilte das Reichsgericht:

*„Ist aber einem Grundeigentümer im Einzelfalle das so wesentliche Recht, Eingriffe in sein Eigentum abzuwehren, entzogen, so muß ihm notwendig hierfür anderweitiger Ersatz gegeben sein, und ein solcher Ersatz kann nur in der Gewährung der durch Verschuldensnachweis nicht bedingten Klage auf Erstattung des angerichteten Schadens sein. Denn beim Fehlen der erwähnten, ihm vom Staat auferlegten Beschränkung könnte der Eigentümer ohne Verschuldensnachweis auf Beseitigung der Beeinträchtigung klagen; unbillig wäre es, wenn er, belastet mit der Beschränkung, ohne den oft schwierigen oder unmöglichen Verschuldensnachweis gänzlich schutzlos bliebe. Wenn dies im Bürgerlichen Gesetzbuche auch nicht ausdrücklich als allgemeiner Grundsatz ausgesprochen ist, so ergibt sich doch der hierauf gerichtete Wille des Gesetzgebers, wie für das Reich so auch für das Königreich Preußen, aus verschiedenen Gesetzesvorschriften. ... Die Unzulässigkeit der unmittelbaren Anwendung dieser Gesetzesstellen hindert nicht, ... aus der mehrfachen gesetzgeberischen Äußerung des gesetzgeberischen Willens auf das Bestehen eines allgemeinen Rechtssatzes zu schließen und diesen zur Ergänzung des Bürgerlichen Gesetzbuches zu verwenden. Ihre erheblichste Stütze findet diese Erwägung auch in Art. 9 der preußischen Verfassungsurkunde. Hiernach soll das Eigentum unverletzlich sein und nur aus Gründen des öffentlichen Wohls gegen Entschädigung beschränkt oder entzogen werden."*[975]

---

[974] RGZ 58, ebenda.
[975] RGZ 58, S. 134.

Unabhängig davon, so das Reichsgericht, daß die unmittelbare Anwendung der preußischen Verfassungsurkunde – insbesondere ihres Art. 9 – bei der Entscheidung über bürgerliche Rechtsstreitigkeiten zu verneinen sei,

> *„so steht all dies doch seiner Verwendung als Auslegungs- und Ergänzungsmittel für die preußische Gesetzgebung über nachbarrechtliche Beschränkungen des Eigentümers, insbesondere für Art. 89 preuß. Ausf.-Ges. in Verbindung mit Artt. 109. 125. 218 Einf.-Ges. zum B.G.B. nicht im Wege. Der Gesetzgeber hat von der in beiden letzten Artikeln erteilten Befugnis eben nicht Gebrauch gemacht, weil er das Bürgerliche Gesetzbuch im Zusammenhalt mit der Preußischen Gesetzgebung für ausreichend zum Schutze der Anlieger von Kleinbahnen gegen Schädigungen durch den Kleinbahnbetrieb erachtet hat.*
>
> *So gelangt denn der erkennende Senat nach jetzigem Stande der Gesetzgebung zu demselben Endergebnisse, das der III. Zivilsenat des Reichsgerichts nach früherer Gesetzgebung (gemeinem Rechte) in seinem in den Entsch. a.a.O. Bd. 17 S. 103*[976] *abgedruckten Urteile gefunden hat, nämlich daß in derartigen Fällen als Ersatz für die entzogene Klage auf Beseitigung der Eigentumsstörung unbedingter Schadenersatzanspruch gegeben sein muß."*[977]

Aus diesem Grunde verwarf es die Revision der Bahngesellschaft und erhielt das Urteil des Oberlandesgerichts Köln aufrecht.

Im Zusammenhang mit der altvertrauten Sachverhaltskonstellation der Schadenersatzklagen im Bereich des Eisenbahnrechts bereicherte das Reichsgericht die Lösung nachbarlicher Immissionsfälle außerhalb des Anwendungsbereichs des § 26 RGewO also erstmals explizit um einen weiteren, bislang eher unbeachtet gebliebenen Gesichtspunkt: den Gedanken der verschuldensunabhängigen Entschädigung wegen Enteignung[978]. Es griff hierbei einen Rechtsgedanken auf, den die auf dem Boden des Rheinischen BGB praktizierende rheinpreußische Rechtsprechung bereits in zwei Urteilen der Jahre 1891[979] und 1894[980] bei der Lösung nachbarlicher Immissionsfälle im Bereich des Eisenbahnrechts he-

---

976 RG, Urteil vom 7. Dezember 1886 (RGZ 17, S. 103 ff.). Vgl. im einzelnen oben § 22 II. 2.

977 RGZ 58, S. 135 f.

978 Wobei der Begriff „Enteignung" durch das Reichsgericht erst in der unmittelbar nachfolgenden Entscheidung vom 12. Oktober 1904 erstmals ausdrücklich fällt.

979 OLG Köln, Urteil vom 6. März 1891, Rheinisches Archiv, Bd. 83, Abt. 1, S. 24 ff.

980 OLG Köln, Urteil vom 22. Oktober 1894, Rheinisches Archiv, Bd. 88, Abt. 1, S. 23 ff.

rangezogen hatte und die dem 5. Zivilsenat, der für rheinische Sachen zuständig war, durchaus bekannt war[981].

Im Ergebnis führten die vom Reichsgericht vorgenommenen Wertungen dazu, daß sich dem immissionsgeschädigten Grundeigentümer auch außerhalb des Anwendungsbereichs des § 26 RGewO im Bereich konzessionierter Anlagen die Möglichkeit bot, einen verschuldensunabhängigen Entschädigungsanspruch gegenüber dem Immittenten geltend zu machen, sofern ihm aufgrund der beispielsweise im Eisenbahnrecht zum Ausdruck kommenden Präferenz des uneingeschränkten Betriebs einer Anlage – insbesondere aus Gründen des öffentlichen Wohls – ein wirksamer Untersagungsanspruch nicht zustand oder er ihn nicht durchzusetzen imstande war.

Bemerkenswert ist, daß das Reichsgericht mit dieser Entscheidung die vom bürgerlichen Gesetzgeber mit der Normierung des Verschuldenserfordernisses im Deliktsrecht aufgestellte Bevorzugung des Immittenten, zumindest für den Bereich der außerhalb der RGewO konzessionierten Anlagen, klar unterlief, wenngleich es sich hierbei auf Rechtsgrundsätze von Verfassungsrang berief. An dieser frühen Entscheidung des Reichsgerichts zum Schadenersatz- bzw. Entschädigungsrecht nach Erlaß des BGB läßt sich deshalb erkennen, daß das Reichsgericht in grundsätzlicher Hinsicht wenig Neigung verspürte, dem immissionsgeschädigten Grundeigentümer im Falle der Beschneidung seiner negatorischen dinglichen Ansprüche die Durchsetzung eines Schadenersatzanspruchs unter Verweis auf das Verschuldenserfordernis zu erschweren.

### bb)
### Die Entscheidung des Reichsgerichts vom 12. Oktober 1904

Die Forderung nach einem verschuldensunabhängigen Entschädigungsanspruch in den Fällen, in welchen dem immissionsbetroffenen Grundeigentümer aufgrund einer spezialgesetzlichen Konzessionierung die wirksame Untersagung der Beeinträchtigung verwehrt war, setzte das Reichsgericht für den Bereich des Eisenbahnrechts in seiner Entscheidung vom 12. Oktober 1904[982] fort.

Der Kläger verlangte von der Betreiberin einer Hochbahn, daß diese Einrichtungen treffe, um die mit dem Betrieb der Bahn einhergehenden Geräuschbelä-

---

981 Er hatte sogar selbst einmal in recht unkonventioneller Weise in seinem Urteil vom 20. September 1882 (RGZ 7, S. 265 ff.) einen Entschädigungsanspruch aufgrund des Preußischen Enteignungsgesetzes vom 11. Juni 1874 (PrGS 1874, S. 221) bejaht, als ein Kläger Wertminderung seines Grundstückes aufgrund eines benachbarten, behördlich konzessionierten Eisenbahnbetriebs mit nicht zu untersagenden nachteiligen Einwirkungen, die zum notwendigen Betrieb der Bahn gehörten, geltend machte. Das Reichsgericht befand seinerzeit: „Solche Konzessionierung hat daher den Charakter eines im öffentlichen Interesse seitens der Staatsgewalt bewirkten Eingriffes in das Privateigentum ... “.

982 RGZ 59, S. 70 ff.

stigungen auf ein erträgliches Maß herabzumildern, hilfsweise, daß dieser untersagt werde, übermäßige Einwirkungen auf das Grundstück des Klägers hinüberdringen zu lassen. Der Kläger war in den beiden Vorinstanzen erfolglos geblieben, weil diese die Zulässigkeit des ordentlichen Rechtsweges verneint hatten. Die Revision vor dem Reichsgericht blieb zwar ebenfalls erfolglos, das Reichsgericht sah sich aber zu einigen Ausführungen grundsätzlicher Art veranlaßt.

Das Reichsgericht fand, daß es sich bei der Hochbahn um ein dem allgemeinen öffentlichen Interesse in hohem Maße dienendes Verkehrsmittel handele, das dem Preußischen Gesetze über Kleinbahnen vom 28. Juli 1892 unterfalle. Da mit ihrem Betrieb allerdings auch Gefahren einhergingen, seien die staatlichen Behörden im Genehmigungsverfahren dazu berufen, den Schutz der jeweils widerstreitenden Interessen im Rahmen der Ausübung ihrer hoheitlichen Rechte zu gewährleisten. Nach § 18 des Preußischen Gesetzes über Kleinbahnen vom 28. Juli 1892 habe die Genehmigungsbehörde dem Bahnbetreiber diejenigen Auflagen zu machen, die sie zum Schutze der benachbarten Grundstücke gegen Gefahren und Nachteile für erforderlich erachte. Sie nehme also den Schutz der eventuell tangierten Interessen der beeinträchtigten Grundeigentümer gegenüber dem Anlagenbetreiber in die Hand, was zu einer Beschränkung beim Betriebe der Bahn führe, da der Betreiber vom einmal durch die Behörde genehmigten und festgesetzten Errichtungsplan nicht abweichen dürfe[983].

Aus diesem Wesen der Genehmigung von Kleinbahnanlagen folge allerdings im Umkehrschluß, daß ein eventuell beeinträchtigter Grundeigentümer gegen den Unternehmer keine Änderungen des Betriebs im ordentlichen Rechtswege erreichen könne, da dieses einem Abweichen von der einmal erteilten Genehmigung gleichkomme. Eine solche Änderung des Betriebes könnte der Grundeigentümer jedoch nur bei den zuständigen Genehmigungsbehörden oder, falls dies erfolglos bleibe, vor den Verwaltungsgerichten erreichen. Vor den ordentlichen Gerichten sei der beeinträchtigte Grundeigentümer auf die Geltendmachung von Entschädigungsansprüchen beschränkt, die der Kläger jedoch im vorliegenden Falle nicht begehrte[984].

Unter Verweis auf sein Urteil vom 11. Mai 1904[985] führte das Reichsgericht aus:

> *„Schadenersatz aber kann er, wie in dem Urteile ... [Verweis auf die erste Funkenflugentscheidung vom 11. Mai 1904] ausgeführt wird, mit Rücksicht darauf, daß die ihm durch die Genehmigung der Kleinbahn zugefügte Rechtsminderung der Enteig-*

983 RGZ 59, S. 71 f.

984 RGZ 59, S. 72.

985 RGZ 58, S. 130 ff. – „Funkenflug". Vgl. oben § 29 II. 2. a) aa).

*nung gleichsteht, ohne Rücksicht auf ein Verschulden der Beklagten fordern.*"[986]

Hier sprach das Reichsgericht also zum ersten Male explizit aus, daß der Entzug des negatorischen Beseitigungs- bzw. Untersagungsanspruchs bei nachbarlichen Immissionen einer Enteignung gleichstehe, für die nach den allgemeinen Regeln des im öffentlichen Recht wurzelnden Aufopferungsgedankens Entschädigung zu gewähren sei. Es festigte damit seine bereits in seinem Urteil vom 7. Dezember 1886[987] erstmals angedeutete Tendenz, dem immissionsgeschädigten Grundeigentümer in den Fällen, in welchen ihm ein wirksamer negatorischer Untersagungsanspruch nicht zur Seite stand, wenigstens einen vom Erfordernis des Verschuldens unabhängigen Schadenersatzanspruch zuzugestehen. Das Reichsgericht beschritt also auch im privaten Immissionsschutzrecht zunehmend den Weg hin zu einem „privatrechtlichen Aufopferungsanspruch" als Gegenstück zu dem bislang bekannten und vielfach normierten öffentlich-rechtlichen Aufopferungsanspruch[988].

### b) Weitere Entscheidungen

Seine in den beiden sogenannten Funkenflugentscheidungen entwickelten Grundsätze zum verschuldensunabhängigen privatrechtlichen Aufopferungsanspruch in privaten Immissionsfällen festigte das Reichsgericht auch in weiteren Entscheidungen außerhalb des Eisenbahnrechts.

In seiner Entscheidung vom 16. April 1910[989] verwies das Reichsgericht den durch den Reichspostbetrieb immissionsbeeinträchtigten Kläger, der Unterlas-

---

986 RGZ 59, S. 74 f. Klammerzusätze durch Verfasser.

987 RGZ 17, S. 103 ff. – Eisenbahnbetrieb. Vgl. oben § 22 II. 2.

988 *Ogorek*, Actio negatoria, S. 76. Allerdings war dieser "bürgerlich-rechtliche Aufopferungs-anspruch" dem öffentlich-rechtlichen Anspruch wegen Enteignung nur angelehnt, da dieser das Vorliegen völlig anderer Tatbestandsvoraussetzungen erforderte. Von einigen Autoren wurde zudem in den folgenden Jahren bezweifelt, daß es sich bei dem „privatrechtlichen", „zivilrechtlichen" oder „nachbarrechtlichen" Aufopferungsanspruch bei nachbarlichen Immissionen um einen gesonderten Aufopferungsanspruch *sui generis* oder nicht vielmehr um eine Ausprägung des allgemeinen Aufopferungsanspruchs handelte, vgl. *Hans Schulte*, Privatrechtliche Aufopferung und Enteignung (Hans Schulte), Münster 1964, S. 45 ff., S. 48. Die Behandlung als Unterfall des allgemeinen Aufopferungsanspruchs scheidet jedoch bereits deshalb aus, weil es sich um Immissionen handelt, die regelmäßig keine zweckgerichteten Eingriffe von hoher Hand in das Eigentumsrecht des Immissionsbetroffenen, also auch keine Enteignung, darstellen. Vgl. hierzu insbesondere *Friedrich Schack*, Zum Aufopferungsanspruch im Nachbarrecht, Juristische Rundschau (JR) 1958, S. 207 ff., S. 208.

989 RGZ 73, S. 270 ff.

sung des mit dem Betrieb einer Rohrpostanlage einhergehenden Lärms begehrte, auf den Entschädigungsanspruch nach Artt. 74, 75 ALR. Eine (Teil-)Einstellung des Betriebs, der „in erster Linie dem Gemeinwohl, dessen Pflege zu den obersten staatlichen Aufgaben gehört", diene, komme nicht in Betracht[990]. Der immissionsbeeinträchtigte Grundeigentümer müsse sich „mit einer Entschädigung für die ihm auferlegte Aufopferung seiner Rechte" begnügen[991].

Im Zuge der zunehmenden Beeinträchtigungen durch militärische Ausbildungsanlagen hatte sich das Reichsgericht in seinen Entscheidungen vom 28. Dezember 1904[992] und vom 1. Juli 1920[993] mit Einwirkungen auf Grundstücke zu beschäftigen, die mit dem aufkommenden Flugbetrieb einhergingen. Auch hier sprach das Reichsgericht dem geschädigten Grundeigentümer und sogar dem nach § 862 BGB berechtigten, geschädigten Grundstücksmieter „im Interesse eines gesetzlich tunlichst unbehinderten Höhenluftverkehrs" einen verschuldensunabhängigen Entschädigungsanspruch auf Ersatz des vollen Schadens zu[994].

Während der Zeit des Ersten Weltkriegs kam es zudem für Grundstückseigentümer zu einer Vielzahl von Beeinträchtigungen, die aufgrund der speziellen Kriegslage nicht untersagt werden konnten. Einen dieser Fälle hatte das Reichsgericht in seinem Urteil vom 15. Dezember 1920[995] zu behandeln.

In dem zu entscheidenden Fall fand unmittelbar vor Kriegsende in der von der Beklagten betriebenen, konzessionierten Dynamitfabrik eine schwere Explosion statt, die dazu führte, daß etliche wertvolle Spiegelscheiben in der Nachbarschaft zertrümmert wurden, für welche der Kläger nun Ersatz begehrte. Beide Vorinstanzen hatten der Klage stattgegeben. Das Berufungsgericht hatte einen verschuldensunabhängigen Schadenersatzanspruch insbesondere aus „dem vom Reichsgericht aufgestellten und jetzt allgemein anerkannten Rechtsgedanken" abgeleitet, „daß dem beeinträchtigten Eigentümer ein Anspruch auf Ersatz entstandenen Schadens auch ohne den Nachweis eines Verschuldens dann zustehe, wenn ihm der Anspruch auf Beseitigung oder Unterlassung einer Immission durch eine Sondervorschrift entzogen war und er deshalb der schädigenden Einwirkung gegenüber völlig machtlos war"[996].

Problematisch war aber im speziellen Falle, daß für die Gewährung eines verschuldensunabhängigen Schadenersatzanspruchs keine Rechtsgrundlage existierte. § 1004 BGB gewährte nur einen Anspruch auf Beseitigung von Beeinträchtigungen, nicht aber verschuldensunabhängigen Ersatz des Schadens, und

990 RGZ 73, S. 271.
991 RGZ 73, S. 272.
992 RGZ 59, S. 326 ff.
993 RGZ 100, S. 69 ff.
994 RGZ 100, S. 74 f.
995 RGZ 101, S. 102 ff.
996 RGZ 101, S. 103.

§ 26 RGewO ersetzte grundsätzlich nur den Schaden für zu erwartende, nicht aber bereits eingetretene Schäden. Das Berufungsgericht behalf sich damit, die Dynamitfabrik als eine besonders gefahrdrohende Anlage im Sinne von § 907 BGB anzusehen.

Zwar, so das Berufungsgericht, mochte die Fabrik noch vor Beginn des Krieges nicht zu einer Anlage gehört haben, bei der nach § 907 BGB mit an Sicherheit grenzender Wahrscheinlichkeit der Eintritt unzulässiger Einwirkungen auf die Nachbargrundstücke zu erwarten war, weil unter Berücksichtigung der in Friedenszeiten eingehaltenen Sicherheitsmaßnahmen die Sprengstoffherstellung „völlig gefahrlos" (!) gewesen sei. Der Krieg habe diese Zustände jedoch grundlegend verändert, weil „infolge der notwendig gewordenen äußersten Ausnutzung der Fabriken (Einstellung ungelernter Arbeiter, übermäßiger Anspannung der Arbeiter bei unzureichender Ernährung)" die Explosionsgefahr erheblich gesteigert und zu einer akuten und dauernden geworden sei[997]. Die übermäßige Lagerung von Explosivstoffen in den Fabriken an teilweise hierfür nicht bestimmten Orten habe dazu geführt, daß eine Explosion der Fabrik über kurz oder lang mit Sicherheit vorauszusehen gewesen sei[998].

Da aber die benachbarten Grundeigentümer eine Einstellung des Betriebes weder aufgrund von § 907 BGB, noch aufgrund von § 26 RGewO hätten erreichen können, „weil die Anforderungen der Kriegsführung die Fortsetzungen des Kriegsbetriebs der Sprengstoffabriken gebieterisch erfordert hätten und diese Anforderungen den privaten Interessen der benachbarten Grundstückseigentümern vorangegangen seien"[999], sei es den betroffenen Nachbarn aus Gründen des öffentlichen Wohls verwehrt gewesen, sich der negatorischen Rechtsbehelfe zu bedienen, weshalb ihnen „als Ersatz für die Entziehung eines so wesentlichen Rechts ... daher entsprechend dem vom Reichsgericht entwickelten allgemeinen Rechtsgedanken gegen die Folgen der Explosion, der sie schutzlos preisgegeben gewesen waren, eine durch den Verschuldensnachweis nicht bedingte Klage auf Ersatz der Explosionsschäden zugebilligt werden" müsse[1000].

Das Berufungsgericht rechtfertigte dieses Ergebnis zudem aus Billigkeitserwägungen mit den überaus großen Gewinnen, welche die Betreiber der Sprengstoffabriken durch die „schrankenlose und an sich übermäßige" Kriegsproduktion erzielt hätten.

Das Reichsgericht konnte eine fehlerhafte tatrichterliche Würdigung durch das Berufungsgericht nicht erkennen und wies die Revision der Betreiberin der Dynamitfabrik zurück. Es führte aus:

---

997 RGZ 101, ebenda.
998 RGZ 101, S. 104.
999 RGZ 101, ebenda.
1000 RGZ 101, ebenda.

*„Der VI. Zivilsenat hat in RGZ. Bd. 100 S 69. ausgesprochen, daß das dem Grundstückseigentümer ... an sich zustehende Recht, das Überfliegen seines Grundstücks zu verbieten, zurückstehen müsse zugunsten der Betätigungsmöglichkeit des wirtschaftlich für die Allgemeinheit wertvollen und sich bis zur Unentbehrlichkeit entwickelnden Verkehrsmittels der Luftschiffahrt, weil diese nicht in einer für die Allgemeinheit unerträglichen Weise beengt werden dürfe. In noch viel höherem Maße muß die Ausübung von Privatrechten hinter den Interessen der nationalen Verteidigung zurückstehen. Ist aber dadurch der Grundstückeigentümer rechtlich genötigt, ein ihm zustehendes Privatrecht aufzuopfern, so greift der oben entwickelte Rechtssatz Platz, durch den ihm an Stelle des entzogenen Rechts gegenüber demjenigen, der in sein Eigentum eingreift, ein Anspruch auf Schadloshaltung gewährt wird, der von dem Nachweise eines dem Schädiger zur Last zu legenden Verschuldens unabhängig ist."*[1001]

Interessant ist insbesondere, wie sich das Berufungsgericht mühte, die nach § 907 BGB mit an Sicherheit zu erwartende Einwirkung auf das Grundstück der Kläger zu begründen und der allgemeinen Explosionsgefahr, die mit dem Betrieb von Sprengstoffabriken einherging und die regelmäßig zur Begründung eines Untersagungsanspruchs nach § 907 BGB nicht ausreichte[1002], einen sicheren Grad hinsichtlich des Eintritts von Einwirkungen beizumessen. Bemerkenswert ist auch, daß das Reichsgericht den Verweis des Berufungsgerichts auf Billigkeitserwägungen ausdrücklich guthieß[1003].

In seinem Urteil vom 9. Dezember 1931[1004] erwog das Reichsgericht, dem Eigentümer eines Bauernguts umfassenden Schadenersatz auch für den vor Klage-

---

1001 RGZ 101, S. 106 f.

1002 Weil § 907 BGB eine als sicher vorhersehbare Einwirkung forderte und die bloße Angst vor Explosionsgefahr sich allenfalls als nicht anerkannte ideelle Immission darstellte. Vgl. hierzu RGZ 50, S. 225 ff. sowie RGZ 134, S. 255 ff..

1003 Mit gleichem Ergebnis, allerdings mit anderer Begründung entschied das Reichsgericht in seinem Urteil vom 16. Februar 1922 (RGZ 104, S. 81 ff.) in einem vergleichbar gelagerten Fall. Das Reichsgericht zog sich hier auf den Standpunkt zurück, daß Schadenersatz nicht aus dem allgemeinen und in der Rechtsprechung anerkannten Rechtsgedanken der privatrechtlichen Aufopferung, sondern nur aufgrund des § 26 RGewO verlangt werden könne. Dieser Anspruch sei zwar entgegen des Entschädigungsanspruchs aus privatrechtlicher Aufopferung auf den Ersatz des nach Klageerhebung entstandenen Schadens beschränkt. Da allerdings die Kläger im speziellen Falle von vornherein wegen § 907 BGB, § 26 RGewO von der negatorischen Unterlassungsklage ausgeschlossen gewesen seien, sei ihnen aus Billigkeitsgesichtspunkten auch Schadenersatz für die vor Klageerhebung entstandenen Schäden zuzugestehen.

1004 RGZ 134, S. 254 ff.

erhebung entstandenen Schaden zu gewähren, weil sein Grundstück infolge eines auf dem Nachbargrundstück belegenen staatlichen Munitionslagers mit den damit einhergehenden Gefahren erheblich an Wert verloren habe. Wenngleich das Reichsgericht zwar im konkreten Falle einen auf Artt. 74, 75 ALR gestützten Schadenersatzanspruch verneinte, weil sich der Reichsfiskus bei dem Betrieb der Anlage im Rahmen seiner auch ihm aufgrund § 903 BGB zustehenden Eigentümerbefugnisse gehalten hatte und der Kläger den Betrieb mangels Vorliegens der Voraussetzungen des § 907 BGB nicht untersagen konnte, so wies das Reichsgericht noch einmal explizit auf die Möglichkeit eines verschuldensunabhängigen Entschädigungsanspruchs auch für die vor Klageerhebung entstandenen Schäden hin, die dem immissionsbetroffenen Grundeigentümer offenstand, wenn er nach § 907 BGB eine Einwirkung allein deswegen nicht verhindern konnte, weil sie von einer zu Zwecken des Gemeinwohls errichteten Anlage ausging[1005].

In seinen Urteilen vom 15. Dezember 1919[1006] sowie vom 26. April 1920[1007] machte das Reichsgericht am Beispiel der Ersterrichtung bzw. Erweiterung von Bahnbetrieben zudem deutlich, daß der verschuldensabhängige Schadenersatz- bzw. Entschädigungsanspruch dem immissionsbeeinträchtigten Grundeigentümer bereits dann zustand, wenn sich die gemeinwichtige oder behördlich konzessionierte Anlage noch im Bau befand und er einen Schaden durch Immissionen während der Bauzeit erlitt. Mit der vor negatorischen Ansprüchen schützenden Konzession zum Betrieb der Anlage, so das Reichsgericht, gehe nämlich auch die Befugnis zur erstmaligen Errichtung der Anlage einher. Weil die Beklagten nicht als Betreiber, aber als zur Errichtung der konzessionierten Anlage zuständige Bauunternehmer bereits während des Baus davon profitierten, daß der immissionsbeeinträchtigte Grundstücksnachbar die von der in der Errichtung befindlichen Anlage ausgehenden Einwirkungen nicht verbieten konnte, müßten sie, so das Reichsgericht, als gewinnorientierte Unternehmer auch für den beim Bau der Anlage entstehenden Schaden haften[1008].

Ausgeschlossen werden sollten aber Schadenersatz- und Entschädigungsansprüche wegen solcher Schadensfälle, die lediglich aus Zufall von aus Zwecken des Allgemeinwohls errichteten Anlagen verursacht wurden, selbst wenn aufgrund deren potentieller Gefährlichkeit ein erheblicher Schaden eingetreten war[1009]. Sofern sich nämlich die Immissionen aus behördlich konzessionierten Anlagen, auch wenn sie dem Gemeinwohl dienten, grundsätzlich im rechtmäßigen Rahmen hielten und der Eintritt eines Schadens nur durch weitere, mit dem

[1005] RGZ 134, S. 257.
[1006] RGZ 97, S. 290 ff.
[1007] RGZ 98, S. 347 ff.
[1008] RGZ 97, S. 291 f.
[1009] RG, Urteil vom 13. Juni 1906 (RGZ 63, S. 380 – Gasexplosion infolge defekter städtischer Gasleitung).

Betrieb der Anlage nicht in Zusammenhang stehende Ursachenketten herbeigeführt wurde, war der beeinträchtigte Grundeigentümer auf den allgemeinen deliktischen Schadenersatzanspruch unter dem Nachweis des Verschuldens verwiesen, wobei ihm unter Umständen Erleichterungen beim Verschuldensnachweis aus dem Rechtsgedanken der Gefährdungshaftung zugute kommen konnten[1010]. Keinesfalls dürfe der verschuldensunabhängige Entschädigungsanspruch zu einer Haftung für sämtliche zufälligen Schäden aus unzulässigen Immissionen führen. Dies führe zu einer mit dem Schadenersatzrecht nicht vereinbaren Erfolgshaftung[1011].

Eine weitere Einschränkung der vermögensrechtlichen Ansprüche konnte sich für den immissionsgeschädigten Eigentümer daraus ergeben, daß er es unterließ, durch geeignete Vorkehrungen den Schaden an seinem Eigentum gering zu halten oder aber wenn ihm bei der Verursachung des Schadens zumindest eine Mitverantwortlichkeit vorzuwerfen war[1012]. Hatte das Reichsgericht in seinem Urteil vom 19. Dezember 1929[1013] zunächst die Möglichkeit einer Kürzung des Schadenersatz- bzw. Entschädigungsbetrages nur grundsätzlich angedeutet, so erkannte es in seinem Urteil vom 17. November 1932[1014] schließlich ausdrücklich an, daß sich der Immissionsgeschädigte auch im Rahmen eines verschuldensunabhängigen Schadenersatz- bzw. Entschädigungsanspruchs eine eventuelle Mitverursachung der Schädigung nach § 254 BGB anspruchsmindernd entgegenhalten lassen müsse[1015].

### c)
### Bewertung

Unter wechselnden Begründungen begann also im Anschluß an die sogenannten Funkenflugentscheidungen in der höchstrichterlichen Rechtsprechung die

---

1010 RG, Urteil vom 23. November 1943 (RGZ 172, S. 158 – Gasexplosion infolge defekter städtischer Gasleitung).

1011 RG, Urteil vom 15. Dezember 1938 (RGZ 159, S. 74).

1012 *Siller*, S. 83.

1013 RGZ 127, S. 33.

1014 RGZ 138, S. 330.

1015 Diese unter Umständen in Betracht kommende Kürzung des Schadenersatz- bzw. Entschädigungsanspruchs konnte sich insbesondere in der Folgezeit auf dem Hintergrund der Anerkennung von aus dem nachbarlichen Gemeinschaftsverhältnis entspringenden aktiven Mitwirkungs- und Umstellungspflichten als problematisch darstellen. Sofern es der Immissionsgeschädigte nämlich im Vertrauen auf den ihm zustehenden Ersatz- bzw. Entschädigungsanspruch unterließ, geeignete Schadensminderungsmaßnahmen vorzunehmen, riskierte er zumindest eine prozentual zu bemessende Kürzung seines Anspruchs. Vgl. das Urteil des Reichsgerichts vom 10. März 1937 (RGZ 154, S. 167 – „Zweite Gutehoffnungshütte-Entscheidung") sowie unten § 30 I. 2.

grundsätzliche Überlegung wiederzukehren, daß dem Eigentümer eines Grundstücks im Bereich des Immissionsschutzrechts auch außerhalb der gesetzlich normierten Entschädigungsansprüche voller Schadensausgleich zu gewähren sei, wenn ihm aufgrund von spezialgesetzlichen Sondervorschriften – von denen § 26 RGewO sicherlich die bedeutsamste war – oder mit Rücksicht auf das öffentliche Wohl die Befugnis entzogen war, widerrechtliche Einwirkungen auf sein Grundstück wirksam abzuwehren.

Zu unterscheiden waren also grundsätzlich zwei Fallgruppen[1016]: Zum einen die Fälle, in denen es dem immissionsbeeinträchtigten Grundeigentümer zwar grundsätzlich offengestanden hätte, die schädliche Einwirkung auf sein Grundstück abzuwehren, wenn ihm nicht aufgrund einer spezialgesetzlicher Regelung – Hauptanwendungsfälle: § 907 BGB in Verbindung mit § 26 RGewO, § 148 ABG sowie § 25 Preußisches Eisenbahngesetz – das Abwehrrecht entzogen gewesen wäre. Bei diesem Ersatzanspruch handelte es sich also primär um einen Anspruch auf Schadloshaltung[1017].

Zum anderen fand das neu entwickelte Rechtsinstitut Anwendung, wenn dem immissionsbetroffenen Grundeigentümer bereits zur Zeit der schädigenden Einwirkung nach ordentlichem Recht überhaupt kein Abwehranspruch gegen die Einwirkung zustand, weil die Immission aus Gründen des öffentlichen Wohls und aus höherstehenden volkswirtschaftlichen Gründen ohnehin als duldungspflichtig anzusehen war. Es handelte sich hier um einen aus dem Aufopferungsgedanken entspringenden, nicht der allgemeinen Verjährungsfrist nach § 852 BGB unterliegenden Entschädigungsanspruch[1018]. Die Besonderheit an diesem privatrechtlichen Aufopferungsanspruch war, daß er dem immissionsgeschädigten Grundeigentümer unter Umständen die volle Entschädigungsleistung auch für die vor Klageerhebung bereits entstandenen Schäden gewährte[1019].

Die durch richterliche Rechtfortbildung des Reichsgerichts anerkannten neuen Rechtsgrundsätze blieben in der Wissenschaft, vor allem aufgrund ihrer wechselnden und teilweise dogmatisch widersprüchlichen Begründungen, nicht unwidersprochen[1020]. Dennoch verstummten die Kritiker bald wegen des wirtschaftlich vernünftigen Ergebnisses der sich zunehmend festigenden reichsgerichtlichen Rechtsprechung.

---

[1016] Vgl. *Meisner/Stern*, S. 583.

[1017] RG, Urteil vom 20. September 1933 (RGZ 141, S. 406 ff. – Bienen); RG, Urteil vom 21. April 1941 (RGZ 167, S. 26 – Untergrundbahn; vgl. dazu unten § 30 II. 2.).

[1018] RG, Urteil vom 20. September 1933 (RGZ 141, a. a. O. – Bienen); RG, Urteil vom 21. April 1941 (RGZ 167, a. a. O. – Untergrundbahn; vgl. dazu unten § 30 II. 2.).

[1019] *Meisner/Stern*, S. 577; RG, Urteil vom 21. April 1941 (RGZ 167, S. 27 – Untergrundbahn; vgl. dazu unten § 30 II. 2.).

[1020] *Meisner/Stern*, S. 582 ff. m. w. N.

### 3.
### Die Änderung der Rechtsprechung des Reichsgerichts im Hinblick auf den Umfang des ersatzfähigen Schadens innerhalb des Anwendungsbereichs des § 26 RGewO

Innerhalb des Anwendungsbereichs des § 26 RGewO herrschte vor allem in der Literatur die Auffassung vor, daß grundsätzlich nur der Schaden zu ersetzen war, der nach Klageerhebung entstanden war. Nach § 26 RGewO, so die weit überwiegende Auffassung, sei der immissionsbeeinträchtigte Grundeigentümer zunächst auf die Herstellung praktikabler Einrichtungen gegen die zukünftig zu erwartenden Einwirkungen verwiesen. Nur in den Fällen, in welchen deren Herstellung „unthunlich" war, fungierte der verschuldensunabhängige Schadenersatzanspruch des § 26 RGewO als Äquivalent für den dem Grundeigentümer entzogenen Anspruch auf Herstellung praktikabler Einrichtungen gegen *zukünftige* weitere Beeinträchtigungen. Schadenersatz für den vor Klageerhebung entstandenen Schaden konnte damit nur nach den allgemeinen Regeln des Deliktsrechts unter der Voraussetzung des Verschuldens erlangt werden[1021].

Diese Auffassung wurde allerdings vor allem von *Riehl*[1022] bereits kurz nach Erlaß des BGB mit beachtlichen Argumenten bekämpft. Dennoch sprach sich das Reichsgericht trotz einer von Billigkeitserwägungen motivierten Tendenz zur Besserstellung des immissionsgeschädigten Grundeigentümers[1023] noch in seinen Urteilen vom 29. November 1900[1024], vom 19. Mai 1920[1025], vom 16. Februar 1922[1026], vom 4. Oktober 1922[1027] und vom 19. Dezember 1929[1028] dagegen aus, in privaten nachbarlichen Immissionsfällen Schadenersatz auch für vor der Klageerhebung entstandene Schäden innerhalb des Anwendungsbereichs des § 26 RGewO zuzusprechen[1029]. Diese Unentschlossenheit in der Rechtsprechung führte über Jahrzehnte dazu, daß der immissionsgeschädigte Grundeigentümer,

1021 Vgl. im einzelnen oben § 13 III. sowie § 27 V. 2.

1022 *Riehl*, Gruchot's Beiträge, Bd. 51 (1907), S. 142 ff.

1023 Insbesondere, wenn es sich um immittierende Anlagen handelte, deren Betrieb der Grundeigentümer aufgrund von § 907 BGB in Verbindung mit § 26 RGewO oder aufgrund von § 148 ABG nicht untersagen konnte. Vgl. die soeben dargestellten Urteile des Reichsgerichts vom 15. Dezember 1920 (RGZ 101, S. 102 ff. – kriegswichtige Dynamitfabrik) sowie vom 9. Dezember 1931 (RGZ 134, S. 254 ff. – staatliches Munitionslager).

1024 RGZ 47, 98 ff.

1025 RGZ 99, S. 172 ff.

1026 RGZ 104, S. 81 ff., wenngleich hier das Reichsgericht dem Kläger aus Billigkeitsgesichtspunkten Schadenersatz auch für die vor Klageerhebung entstandenen Schäden zusprach.

1027 RGZ 105, S. 213 ff.

1028 RGZ 122, S. 29 ff.

1029 Vgl. auch RG, Urteil vom 17. Juni 1905, JW 1905, S. 503 f., Nr. 36; RG, Urteil vom 22. Mai 1912, JW 1912, S. 869 f., Nr. 28; RG, Urteil vom 26. Januar 1915, Warneyer 1915, S. 114 f., Nr. 81; RG, Urteil vom 10. April 1915, Warneyer 1915, S. 208 ff., Nr. 141; RG, Urteil vom 30. April 1919, Warneyer 1919, S. 269 ff., Nr. 172.

sofern er umfassenden Schadenersatz von einem Betreiber einer nach § 16 ff. RGewO genehmigten Anlage zu erlangen suchte, mit erheblichen Prozeßrisiken belastet war[1030].

Einen eindeutigen Wendepunkt und ein klares Bekenntnis zu einer Abkehr von den bisherigen in der Wissenschaft und teilweise auch in der Rechtsprechung vertretenen Grundsätzen zum Schadenersatzrecht in privaten nachbarlichen Immissionsfällen innerhalb des Anwendungsbereichs des § 26 RGewO hin zum Ersatz auch des vor Klageerhebung entstandenen Schadens markierte das Reichsgericht jedoch mit seinem Urteil vom 26. November 1932, der „Ersten Gutehoffnungshütte-Entscheidung".

### a)
### Das Urteil des Reichsgerichts vom 26. November 1932 – die „Erste Gutehoffnungshütte-Entscheidung"

Dem Urteil des Reichsgerichts vom 26. November 1932[1031] lag folgender Sachverhalt zugrunde:

Die Grundstücke der Kläger, Eigentümer landwirtschaftlicher Betriebe im eingemeindeten Ortsteil Osterfeld der Stadt Oberhausen, waren von den behördlich genehmigten Industrieanlagen der Beklagten, die dort die „Gutehoffnungshütte" betrieb, vollständig umgeben. Im Süden der Grundstücke der Kläger befanden sich Eisenhütten mit Hochöfen, ein Walzwerk sowie eine Zeche mit einer Brikettfabrik. Im Norden, Nordwesten und Osten befanden sich jeweils Zechen mit angeschlossenen Kokereien. Die Kläger verlangten von der Beklagten Schadenersatz bzw. Schadloshaltung für die vor Klageerhebung wegen übermäßiger Immissionen eingetretenen Schäden an ihren landwirtschaftlichen Erzeugnissen. Das Landgericht hatte der Klage stattgegeben. Das Urteil wurde in der Berufungsinstanz bestätigt.

Das Berufungsgericht hatte sich auf den Standpunkt gestellt, die Beklagte sei für die Schäden aus den Bergwerksbetrieben nach § 148 ABG ohne Nachweis eines Verschuldens voll schadenersatzpflichtig. Haftungsbeschränkungen hinsichtlich der Höhe des Ersatzanspruches seien aufgrund der Duldungspflicht aus § 906 Satz 1 BGB nicht vorzunehmen, da diese Vorschrift neben § 148 ABG keine Anwendung finde. Für die Schäden, die durch Immissionen aus anderen als den Bergwerksbetrieben entstanden, hielt das Berufungsgericht die Beklagte wegen fahrlässiger Verletzung des Eigentums der Kläger aus §§ 903, 906, 823 BGB in Höhe von 90 % der geltend gemachten Schäden für ersatzpflichtig. 10 % der Gesamtschäden seien aber zu den in einem Industriegebiet allgemein üblichen Rauchschäden zu rechnen. § 26 RGewO könne keine Anwendung fin-

[1030] *Ogorek*, Actio negatoria, S. 71.
[1031] RGZ 139, S. 29 ff.

den, da die Kläger Ersatz von Schäden begehrten, die bereits vor Klageerhebung entstanden seien.

Bei der Prüfung der Ortsüblichkeit hatte sich das Berufungsgericht auf den Standpunkt gestellt, daß eine derartige Zusammenballung von Hütten- und Bergwerksbetrieben sich keineswegs als überwiegend üblich darstelle. Für den engeren Bezirk von Osterfeld, wo die landwirtschaftlichen Grundstücke der Kläger belegen waren, sei unabhängig von der Möglichkeit, daß „unter Umständen ein einziger Fabrikbetrieb einer Gegend den Stempel als Industriegegend aufdrücken" könne[1032], der Betrieb der Beklagten nicht allein als charakteristisch anzusehen. Vielmehr sei Osterfeld überwiegend ländlich geprägt, was die Einwirkungen von Fabrikbetrieben ungewöhnlich und die Nutzung der Grundstücke der Beklagten als nicht ortsüblich erscheinen lasse.

Die vom Beklagten gegen das Urteil des Berufungsgerichts eingelegte Revision führte zur Aufhebung des Berufungsurteils und zur Zurückverweisung. Das Reichsgericht beanstandete, daß das Berufungsgericht bei der Prüfung des Tatbestandsmerkmals der Ortsüblichkeit von unzutreffenden rechtlichen Gesichtspunkten ausgegangen sei. Abzustellen sei nach dem klaren Wortlaut des Gesetzes nicht auf die Benutzungsart des immissionsbetroffenen Grundstücks, sondern auf die des immittierenden Grundstücks[1033]. Nach Ansicht des Reichsgerichts könne kein Zweifel daran bestehen, daß in Gebieten wie dem eingemeindeten Bezirk Osterfeld, in welchem sich seit langem Industriebetriebe neben landwirtschaftlich genutzten Flächen befänden, auch die industrielle Grundstücksnutzung als ortsüblich darstellte[1034]. Ob die landwirtschaftliche Nutzung überwiege, sei nicht ausschlaggebend. Das Reichsgericht fand, daß allein diese rechtsirrige Auffassung des Berufungsgerichts eine Aufhebung des Berufungsurteils und eine Zurückverweisung zwecks erneuter tatsächlicher Prüfung und Verhandlung rechtfertige[1035].

Im Ergebnis mußte die Auffassung des Reichsgerichts in Fällen wie dem vorliegenden natürlich dazu führen, daß in Gebieten wie dem der Gemeinde Osterfeld, in welchem sich Industriebetriebe neben landwirtschaftlich genutzten Flächen befanden, den immissionsbetroffenen Grundeigentümern bei der Prüfung des § 906 BGB umfangreiche Duldungspflichten auferlegt wurden, selbst wenn

---

[1032] Dies entsprach ständiger Rechtsprechung des Reichsgerichts, vgl. nur RG, Urteil vom 8. Juli 1932 (RGZ 133, S. 154 – Omnibusbetrieb; vgl. oben § 29 I. 2. b)).

[1033] Insoweit wiederholte das Reichsgericht nur die ohnehin in der Rechtsprechung und Wissenschaft einhellig vertretene Rechtsauffassung. Vgl. statt aller anderen *Mosich*, JherJB, Bd. 80 (1930), S. 311.

[1034] RGZ 139, S. 32.

[1035] RGZ 139, S. 31 f.

es sich bei den vom immittierenden Grundstück ausgehenden Belastungen um solche ganz erheblicher Art handelte[1036].

Nun aber wandte sich das Reichsgericht in einem *obiter dictum* direkt an das Berufungsgericht und legte den Maßstab, an welchem sich die erneute rechtliche Prüfung zu orientieren habe, fest:

> *„Die Ersatzforderungen der Kläger, soweit sie auf Einwirkungen aus den Kokereien und der Brikettfabrik beruhen, sind aus § 148 ABG. herzuleiten. Hiernach ist der Bergwerksbesitzer auch ohne Nachweis eines Verschuldens verpflichtet, für allen dem Grundeigentum durch den Betrieb des Bergwerks zugefügten Schaden Ersatz zu leisten. Die Kokereien und die Brikettfabrik sind Aufbereitungsanlagen für die Bergwerkserzeugnisse und fallen als solche unter den „Betrieb des Bergwerks" im Sinne von § 148 ABG (vgl. RGZ. Bd. 98 S. 80). Nicht zu billigen ist aber die Rechtsauffassung, daß in diesem Zusammenhange nicht der § 906 BGB. zu berücksichtigen sei und daß sich die Haftung aus § 148 ABG. auch auf die Folgen solcher Einwirkungen erstrecke, welche der Grundeigentümer, wenn sie aus anderer Quelle herrührten, als im Rahmen des § 906 BGB. zulässig dulden müsse. Allerdings hat der erkennende Senat bei Immissionen aus Eisenbahnbetrieb im Gebiet des gemeinen Rechts ausgesprochen, es könne, wenn überhaupt eine Haftung bestehe, weil die Zuführungen sich nicht in den nach § 906 BGB. zulässigen Grenzen hielten, dann Ersatz des durch die gesamten Einwirkungen verursachten Schadens gefordert werden und nicht etwa nur der Ersatz des Schadens, der durch den über die Grenzen des § 906 BGB. hinausgehenden Teil der Einwirkungen verursacht werde (Urteil vom 17. Juni 1911 V 25/11, abgedr. in WarnRspr. 1911 Nr. 404). Diese Meinung wird jedoch nicht aufrechterhalten. In solchem Falle, wie auch im Falle des § 148 ABG., tritt der Schadenersatzanspruch an die Stelle des dem Eigentümer aus besonderen Gründen versagten Abwehranspruchs. Wie sich dieser nur gegen den Teil der Einwirkungen richten könnte, der rechtswidrig, also nicht nach § 906 BGB. zu dulden ist, so kann der Schadenersatzanspruch auch nur diesen übermäßigen Teil erfassen. ... [Es] besteht kein Grund, ihm [dem immissionsbelasteten Grundeigentümer] einen Schadenersatzanspruch für das zu ge-*

[1036] Ein evtl. in Betracht zu ziehender Ersatz- bzw. Entschädigungsanspruch konnte im Zuge dieser gesteigerten Duldungspflicht also erheblich geschmälert werden. Vgl. *Hans Schulte*, S. 57.

*ben, was er sich nicht nur nach Sonderrecht, sondern schon aus allgemeinen Rechtsgründen (§ 906 BGB.) gefallen lassen muß. ... In § 906 BGB. ist ein allgemeiner Rechtsgedanke enthalten, der für alle Arten von Immissionen gilt, mögen sie im Einzelfalle nach den Grundsätzen des gemeinen Rechts oder nach § 26 GewO. oder nach § 75 Einl. zum Preuß. ALR. oder schließlich nach § 148 ABG. zu beurteilen sein. ... Es besteht kein stichhaltiger Grund, Immissionen verschieden zu behandeln, ob sie nun aus dem Eisenbahnbetriebe, oder aus einer unter § 26 GewO. fallenden Fabrik oder aus Nebenbetrieben des Bergbaus stammen.*"[1037]

Grundsätzlich, so das Reichsgericht, seien also Schadenersatzansprüche bzw. Entschädigungsansprüche wegen privater nachbarlicher Immissionen unabhängig davon, ob jeweilige Spezialgesetze die Entschädigungspflicht gesondert regelten, nach gleichen Grundsätzen zu behandeln. Unter Berücksichtigung des allgemeinen, in § 906 Satz 1 BGB niedergelegten Grundsatzes könne allerdings Schadenersatz auch im Rahmen des § 26 RGewO lediglich für die nicht allgemein duldungspflichtigen Immissionen verlangt werden. Nur für den nicht duldungspflichtigen, „überschießenden", rechtswidrigen Teil der Einwirkungen bestehe also eine Schadenersatzverpflichtung. Die bisherige, entgegenstehende Rechtsprechung des Reichsgerichts wurde ausdrücklich aufgegeben.

Nun aber nahm das Reichsgericht zum Umfang des Schadenersatzanspruchs innerhalb des § 26 RGewO Stellung und beschritt hinsichtlich der Ersatzfähigkeit von bereits vor Klageerhebung entstandenen Schäden grundsätzlich neue Wege:

*„Dem Berufungsgericht kann weiter nicht darin beigetreten werden, daß im vorliegenden Falle § 26 GewO. keine Grundlage für die Ansprüche wegen der Immissionen aus den unter diese Vorschrift fallenden Walzwerk- und Hochofenanlagen gebe, weil die Kläger Ersatz von Schäden verlangen, die bereits vor der Klageerhebung entstanden sind. Allerdings hatte sich der erkennende Senat für den Schadenersatzanspruch aus § 26 GewO. wegen benachteiligender, nicht nach § 906 BGB. zulässiger Einwirkungen bisher auf den Standpunkt gestellt, daß der vom Nachweis eines Verschuldens befreite Ersatzanspruch aus § 26 GewO. nur für die n a c h Klagerhebung liegende Schäden zu gewähren sei, daß dagegen Ersatz für frühere Schäden nur nach der allgemeinen Vorschrift des § 823 BGB. bei Nachweis eines Verschul-*

[1037] RGZ 139, S. 33 f. Klammerzusätze durch Verfasser.

*dens gefordert werden könne. ... Dieser Auffassung ist vielfach widersprochen worden. ... Bei erneuter Prüfung erscheinen dem erkennenden Senat die Gründe der Gegenmeinung überzeugend: § 26 GewO. gibt unter den dort bestimmten Voraussetzungen ... einen Schadenersatzanspruch. Dieser Anspruch ist keiner anderen Einschränkung unterworfen als sie sich aus § 26 GewO. selbst ergibt. Insbesondere besteht kein ausreichender Grund, aus der der Abwehrklage ihrer Natur nach innewohnenden Wirkungsbeschränkung auf die Zukunft eine gleiche Beschränkung für den Schadenersatzanspruch des § 26 GewO. zu entnehmen, der eine solche nicht wesensnotwendig in sich trägt. Aus der von Riehl in Gruch. Bd. 51 S. 154 flg. behandelten Entstehungsgeschichte ergibt sich nichts für eine solche Einschränkung. Hinzuweisen ist auch auf die Bergschadensklage aus § 148 ABG, die ebenfalls an Stelle der Abwehrklage steht, bei der aber nie der Gedanke aufgetaucht ist, sie nur für Schäden n a c h der Klage zuzulassen. Der behördlich genehmigte Betrieb hat die Vergünstigung, daß ihm gegenüber ein Abwehranspruch versagt ist. Dafür ist ihm in § 26 GewO. allgemein der Nachteil der vom Verschuldensnachweis unabhängigen Schadenersatzpflicht auferlegt worden. Die Rechtsprechung hat keine Veranlassung, durch Heranziehung des anders gearteten Abwehranspruchs eine Beschränkung in diese Gesetzesvorschrift hineinzutragen, die ihr weder der Entstehungsgeschichte noch dem Wortlaut noch ihrem Wesen innewohnt.*

*Aus diesen ihn überzeugenden Gründen gibt der erkennende Senat die in seiner bisherigen Rechtsprechung enthaltene Beschränkung des Ersatzanspruchs aus § 26 GewO. auf die nach der Klageerhebung liegenden Schadenszufügungen auf. Der frühere VI. Zivilsenat hatte in der Entscheidung RGZ. Bd. 104 S. 85 die gegen die alte Rechtsprechung des V. Zivilsenats bestehenden Bedenken hervorgehoben. Der jetzige VI. Zivilsenat hat sich aber im Urteil RGZ. Bd. 127 S. 29 der früheren Meinung des V. Zivilsenats angeschlossen; jedoch hat er auf Anfrage erklärt, auch seinerseits an dieser Rechtsauffassung nicht festhalten zu wollen und die jetzige Meinung des V. Zivilsenats zu teilen. Das Reichsgericht steht also nunmehr auf dem Standpunkt, daß auch für die zur Zeit der Klagerhebung in der Vergangenheit liegenden, aus einem unter § 16 GewO. fallenden Betriebe herrührenden Immissionen, welche das in § 906 BGB. gesetzte Maß überschritten haben, nach § 26 GewO. Schadenersatz gefordert werden kann, und daß es für solche Schadenersatzforderungen aus der Ver-*

*gangenheit nicht der Heranziehung des § 823 BGB. und seines Verschuldensnachweises bedarf.*“[1038]

In seinem „Ersten Gutehoffnungshütte-Urteil“ gab das Reichsgericht also die bisherige unklare Linie zum Ersatz des vor Klageerhebung entstandenen Schadens ausdrücklich auf und schloß sich der insbesondere von *Riehl*[1039] bereits im Jahre 1907 vertretenen Gegenauffassung an. Damit folgten also erstmals alle Schadenersatz- und Entschädigungsansprüche wegen nachbarlicher Immissionen den gleichen allgemeinen Regeln. Interessanterweise setzte sich das Reichsgericht jedoch mit den seinerzeit zur Begründung der Einschränkung des Schadenersatzanspruchs nach § 26 RGewO vorgebrachten Argumenten überhaupt nicht auseinander. Das Reichsgericht stellte lediglich auf die Entstehungsgeschichte, den Wortlaut und das Wesen des Gesetzes ab und befand, daß diese eine Beschränkung des Schadenersatzanspruchs nicht rechtfertigten. Aus dem Verweis auf die spezialgesetzlichen Regelungen und die Vorteile einer nach §§ 16 ff. RGewO erteilten Genehmigung für den Immittenten läßt sich aber das eigentliche Motiv für die in der „Ersten Gutehoffnungshütte-Entscheidung“ erfolgte Besserstellung des immissionsgeschädigten Grundeigentümers entnehmen. Wiederum waren es Billigkeitserwägungen, die das Reichsgericht zu einem Ausbau des Rechtsschutzes des beeinträchtigten Grundeigentümers bewogen. Diese Billigkeitserwägungen hatte bereits *Riehl* bei der Begründung des von ihm vertretenen umfassenden Schadenersatzanspruchs auch für die vor Klageerhebung entstandenen Schäden herausgestellt, indem er auf den enteignungsrechtlichen Charakter der Klage auf Schadloshaltung nach § 26 RGewO verwies[1040].

### b)
### Bewertung

Mit der „Ersten Gutehoffnungshütte-Entscheidung“ des Reichsgerichts war der jahrzehntelange Streit um die Ersatzfähigkeit des auch vor Klageerhebung entstandenen Schadens innerhalb des Anwendungsbereichs des § 26 RGewO endgültig beendet. Die widersprüchliche Rechtsprechung zum Umfang der im Rahmen des § 26 RGewO zu gewährenden Schadloshaltung mit den teilweise innerhalb der einzelnen Zivilsenate widerstreitenden Begründungen und die daraus für den immissionsgeschädigten Grundeigentümer folgende Rechtsunsicherheit waren damit endgültig zu seinen Gunsten beseitigt[1041].

---

[1038] RGZ 139, S. 34 ff.
[1039] *Riehl*, Gruchot's Beiträge, Bd. 51 (1907), S. 142 ff.
[1040] *Riehl*, a. a. O., S. 154, S. 156.
[1041] *Ogorek*, Actio negatoria, S. 71.

Wenngleich sich das Reichsgericht nur recht pauschal der Meinung von *Riehl* anschloß und eine klare Begründung für die Aufgabe der bisherigen Rechtsprechung nicht erfolgte, so läßt sich doch erkennen, daß das Reichsgericht von dem Bemühen geleitet war, dem Schadloshaltungsanspruch innerhalb des Anwendungsbereichs des § 26 RGewO mittels der Erstreckung der Ersatzpflicht auch auf die in der Vergangenheit liegenden Schäden zu seiner eigentlichen Funktion eines gerechten Interessenausgleichs zu verhelfen[1042].

Allerdings konnte der Immissionsgeschädigte unabhängig von der Tatsache, daß auch die vor Klageerhebung entstandenen Schäden im Rahmen des § 26 RGewO grundsätzlich ersatzfähig waren, nur den Entschädigungsbetrag verlangen, der sich aus der übermäßigen, nicht allgemein duldungspflichtigen Immission ergab[1043]. Dies folgte aus dem nunmehr zu beachtenden Grundsatz, daß alle nachbarlichen Immissionskonflikte nach gleichen Grundsätzen zu behandeln seien. Der Immissionsbetroffene mußte sich nunmehr zumindest auf die allgemein in § 906 Satz 1 BGB statuierte Duldungspflicht verweisen lassen. Erschwerend kam für den Immissionsbetroffenen hinzu, daß in nachbarlichen Immissionsfällen, in welchen die betroffenen Grundstücke sowohl landwirtschaftlich, wie auch industriell genutzt wurden, vom Reichsgericht zunehmend auch die industrielle Nutzung als ortsüblich anerkannt wurde. Damit ging in einschlägigen Fällen natürlich eine erhebliche Rechtsschutzeinbuße für den immissionsbeeinträchtigten Grundeigentümer einher. Indem das Reichsgericht nämlich betonte, daß sich auch die industrielle Nutzung als ortsüblich darstellte, wurde dem landwirtschaftlich tätigen Immissionsgestörten nicht nur die Untersagung der Immission, sondern vor allem die Erlangung eines vermögensrechtlichen Äquivalents zu den teilweise erheblichen, an die Existenzvernichtung grenzenden Schäden erschwert.

Wegen dieser entschädigungsfeindlichen Tendenz wurde die sogenannte „Erste Gutehoffnungshütte-Entscheidung" in der Rechtswissenschaft kritisiert[1044].

---

1042 *Siller*, S. 82.

1043 *Siller*, S. 84.

1044 Vgl. beispielsweise *Schiffer*, Immissionen, ZAkadDR 1936, S. 1079, der beanstandete, daß „alle Folgen, die die Immissionen auf dem geschädigten Grundstück auslösen, bei der Prüfung der Ortsüblichkeit außer Betracht zu bleiben haben. Also auch die sich aus den Prozeßakten, den Gutachten und den Feststellungen des Berufungsurteils ohne weiteres ergebende Tatsache, daß die entschädigungslose Zuführung der Immissionen den vollkommenden Ruin der Kläger zur Folge hat ...". *Schiffer* beklagte, daß eine allein am Merkmal der Ortsüblichkeit orientierte Betrachtungsweise von privaten nachbarlichen Immissionsfällen aufgrund des im BGB normierten individualistischen Eigentumsbegriffs in unbilliger Weise dazu führen könne, daß dem Immittenten ein unbeschränktes, durch keinerlei Gegenpflichten eingeengtes Immissionsrecht zukomme, dem auf der Seite des Immissionsbetroffenen eine weitreichende Duldungspflicht gegenüberstehe, die in ihrer wirtschaftlichen Konsequenz völlig unübersichtlich sei. Eine solche Betrachtungsweise sei jedoch mit der Anwendung der materiellen privaten Immissionsschutznormen, die zwischen den widerstreitenden Interessen ausglei-

Letztlich führte jedoch nicht zuletzt die aus der „Ersten Gutehoffnungshütte-Entscheidung" gewonnene Erkenntnis, daß allein die wortgetreue Auslegung der Tatbestandsmerkmale des § 906 BGB einen gerechten Ausgleich der beteiligten Interessen nicht bewirken konnte, hin zur Anerkennung der Grundsätze des nachbarlichen Gemeinschaftsverhältnisses als Auslegungshilfe auch in nachbarlichen Immissionsfällen und zu einer wertenden Korrektur in der Rechtsprechung des Reichsgerichts[1045].

## *§ 30*
## *Die Anerkennung des nachbarlichen[1046] Gemeinschaftsverhältnisses als ein in privaten nachbarlichen Immissionsstreitigkeiten zu beachtender Auslegungsgrundsatz des materiellen Immissionsschutzrechts*

### I.
### Tendenzen zur Betonung der Gemeinschaftsgebundenheit des Grundeigentums in der Wissenschaft bis zur Entscheidung des Reichsgerichts vom 10. März 1937

Schon früh begann sich in der Wissenschaft vereinzelt der Ruf nach einer grundsätzlich neuen, an dynamischen Kriterien orientierten Behandlung nachbarlicher Immissionsstreitigkeiten zu regen[1047]. In weit überwiegender Mehrheit wurde je-

---

chend vermitteln sollten, nicht zu vereinbaren. Zumindest müsse den Immissionsbetroffenen ein anderweitiger Ausgleich mittels Geldentschädigung gewährt werden, wenn, wie es insbesondere bei immissionsgeschädigten landwirtschaftlichen Grundstücken der Fall sein konnte, dem in seinem Eigentumsausübungsrecht Gestörten keinerlei materielle Vorteile hinsichtlich der Immission oder hinsichtlich des verursachenden Betriebes gegenüberstanden. *Schiffer* plädierte daher für einen direkten Entschädigungsanspruch, der in den gegenseitigen Rücksichtnahmepflichten eines „nachbarlichen Gemeinschaftsverhältnisses" wurzelte. Ähnlich *Starck*, Der § 906 BGB. und seine Auswirkung auf landwirtschaftliche Grundstücke, ZAkadDR 1936, S. 741 f. unter Verweis auf die Pflicht zur Erhaltung des Bauernstandes als eines „unerschöpflichen Borns, aus dem das Volk seine stete Auffrischung und Erneuerung [erfährt]".

1045 *Hans Schulte*, S. 57.

1046 Die Begrifflichkeit wechselte mehrfach von „nachbarliches Gemeinschaftsverhältnis" (RGZ 154, S. 165 – „Zweite Gutehoffnungshütte-Entscheidung"; vgl. unten § 30 II. 1.) über „nachbarschaftliches Gemeinschaftsverhältnis" (Obergerichtshof für die britische Zone (OGH), Urteil vom 27. Mai 1949, NJW 1949, S. 713 f. – Immissionen durch Gase und Gerüche; vgl. unten § 32 I. 1.) und „nachbarrechtliches Gemeinschaftsverhältnis" (BGH, Urteil vom 10. April 1953, in: *Fritz Lindenmeier/Philipp Möhring*, Nachschlagewerk des Bundesgerichtshofs (LM), München, Nr. 2 zu § 903 BGB – „zweites Lichtschutzurteil"; vgl. unten § 32 III. 1.) zurück zu „nachbarliches Gemeinschaftsverhältnis" (BGHZ 38, S. 61 ff. – Lärmimmission durch Schule (Leitsatz)).

1047 Vgl. *Siller*, S. 8 ff. m. w. N. Vereinzelt wurde sogar die Forderung nach einer Schaffung eines einheitlichen Bodenrechts erhoben. Vgl. *Franz Wieacker*, Bodenrecht, Hamburg 1938, S. 49, S. 53.

doch eine Änderung des bestehenden materiellen privaten Immissionsrechts abgelehnt[1048]. Man ging vielmehr allgemein davon aus, daß der gewünschte dynamische Ausgleich der widerstreitenden Interessen primär im Wege richterlicher Rechtsfortbildung zu erreichen sein würde[1049], indem man das Element der sozialen Gebundenheit des Grundeigentums betonte[1050].

Der Grundgedanke und die Begriffsschöpfung eines vom Grundgedanken der sozialen Gebundenheit des Eigentums durchdrungenen, „nachbarlichen Gemeinschaftsverhältnisses" geht zu wesentlichen Teilen auf *Otto v. Gierke*[1051] zurück.

*Gierke* sah vor allem in der räumlichen Nähe der einander in Nachbarschaft verbundenen Grundeigentümer den Grund für eine besondere Behandlung der in dieser Gemeinschaft entstehenden und zu lösenden Konflikte[1052]. Weil das Nachbarrecht den jeweils Beteiligten gesetzliche Belastungen zugunsten ihrer Nachbargrundstücke auferlege, unterschieden sich die Beschränkungen kraft Nachbarrechts von anderen gesetzlichen Grundeigentumsschranken dadurch, daß sie den Inhalt des Eigentums nicht an sich reduzierten, sondern nachbarlich verteilten:

> *„... sie [die Beschränkungen] verlegen den Eigentumsinhalt unter dem Gesichtspunkte einer nachbarrechtlichen Gemeinschaft teilweise in die nachbarlichen Herrschaftsbereiche und sind somit in demselben Umfange, in dem sie das Grundeigentum des Einen einschränken, zugleich Erweiterungen des Grundeigentums des anderen."*[1053]

Bezogen auf Grenzstreitigkeiten führte *Gierke* aus:

> *„Für die nachbarrechtliche Gemeinschaft gelten besondere Rechtssätze, die das gewöhnliche Gemeinschaftsrecht im Sinne eines auf immerwährende Dauer angelegten Verhältnisses umwandeln."*[1054]

---

1048 *Klausing*, Immissionsrecht und Industrialisierung, JW 1937, S. 68; *ders.*, Richterspruch und Immissionsrecht, JW 1938, S. 211 ff.

1049 *Schiffer*, Immissionen, ZAkadDR 1936, S. 1084; *ders.*, Zum Verfahren in Immissionssachen, ZAkadDR 1937, S. 276, bezeichnete dieses Vorgehen gemeinsam mit *Klausing*, Immissionsrecht und Industrialisierung, JW 1937, S. 72, gegenüber einer Stärkung der Befugnisse der Verwaltungsbehörden „angesichts der Besonderheit der Fälle als das kleinere Übel".

1050 *Mosich*, JherJB, Bd. 80 (1930), S. 319; *Siller*, S. 10 ff. m. w. N.

1051 *Otto v. Gierke*, Deutsches Privatrecht, Bd. 2 (Sachenrecht), Leipzig 1905, S. 442 ff.

1052 Ähnlich *Siller*, S. 15 f. sowie *Wieacker*, Bodenrecht, S. 70.

1053 *Gierke*, S. 418. Klammerzusätze durch Verfasser.

1054 *Gierke*, S. 443 f.

Ähnlich äußerte sich auch *Heck*[1055].

Allerdings blieben der genaue Inhalt des nachbarlichen Gemeinschaftsverhältnisses und seine dogmatische Einordnung lange Zeit unklar[1056]. Immerhin war man sich im wesentlichen einig, daß sich das nachbarliche Gemeinschaftsverhältnis als spezieller Ausdruck des Grundsatzes von Treu und Glauben im Sachenrecht darstellte[1057]. Für den Bereich des nachbarlichen Immissionsschutzrechts bedeutete dies, daß negatorische Verbietungsrechte ebenso wie überzogene Duldungspflichten zumindest dann scheitern mußten, wenn sie mit elementaren Bedürfnissen der menschlichen Gemeinschaft kollidierten oder zu einer Existenzvernichtung eines der Betroffenen führten[1058].

Die im Rahmen des nachbarlichen Gemeinschaftsverhältnisses aufgrund seines Charakters als Ausfluß des Grundsatzes von Treu und Glauben zu berücksichtigenden beiderseitigen Interessen waren vielfältig und unterlagen naturgemäß einem ständigen Wandel[1059]. Für den Bereich des privaten Immissionsschutzrechts bedeutete dies, daß in nachbarlichen Immissionsstreitigkeiten vor allem die nach und nach in den Vordergrund tretende Planung des Bodenraums nach gesamtwirtschaftlichen und sozialen Gesichtpunkten relevant wurde[1060]. Insbesondere im Zuge der nationalsozialistischen Idee begann zudem der Gedanke der den einzelnen verpflichtenden und in seiner privatrechtlichen Gestaltungsfreiheit einschränkenden „Volksgemeinschaft" Einzug in die Beurteilung nachbarlicher Immissionsstreitigkeiten zu finden[1061].

---

[1055] *Heck*, S. 215: „Es besteht eine „Interessenverbindung", eine Gemeinschaft, die anderer Normen bedarf".

[1056] Vgl. unten § 30 III.

[1057] Das Reichsgericht selbst führte in seinem Urteil vom 21. April 1941 (RGZ 167, S. 24 – Untergrundbahn; vgl. dazu unten § 30 II. 2.) die Wurzeln des nachbarlichen Gemeinschaftsverhältnisses auf den Grundsatz von Treu und Glauben und somit auf § 242 BGB zurück. Allerdings blieb unklar, ob im Rahmen der Anwendung des Rechtsinstituts des nachbarlichen Gemeinschaftsverhältnisses lediglich auf die im Rahmen des § 242 BGB entwickelten Grundsätze zurückgegriffen werden sollte oder ob es sich um ein aus dem § 242 BGB entsprungenes Rechtsinstitut *sui generis* handelte. Von *Mühl*, Treu und Glauben im Sachenrecht, NJW 1956, S. 1660, wurde sogar behauptet, die das private nachbarliche Immissionsrecht regelnden §§ 903, 906, 909, 1004 seien als gesetzlich geregelte Spezialfälle der Generalklausel des § 242 BGB aufzufassen. Vgl. zu den im einzelnen vertretenen Rechtauffassungen *Bernhard Kleindienst*, Der nachbarliche Immissionsschutz nach § 906 BGB, Tübingen 1964, S. 19 ff., S. 23 f. sowie unten § 30 III.

[1058] *Gierke*, S. 421.

[1059] *Hans-Joachim Schött*, Grundlagen und Probleme des modernen Immissionsrechts, Hamburg 1961, S. 98.

[1060] *Franz Wieacker*, Industriegesellschaft und Privatrechtsordnung, Kronberg/Ts. 1975, S. 28.

[1061] Eine Einschränkung privater Eigentümerbefugnisse zugunsten der Volksgemeinschaft fand insbesondere durch das Reichsgesetz über die Beschränkung der Nachbarrechte gegenüber Betrieben, die für die Volksertüchtigung von Bedeutung waren (Gesetz vom

*Schiffer* erklärte es nach der neuen politischen Lage für wünschenswert, nachbarliche Immissionsfälle nicht mehr ausschließlich nach dem in § 903 BGB Ausdruck findenden individualistischen Eigentumsbegriff zu beurteilen[1062], sondern vielmehr nach dem nationalsozialistisch verstandenen Begriff eines zum Zwecke des Volkswohls pflichtgebundenen Eigentums[1063]. *Klausing* betonte, daß in nachbarlichen Immissionsfällen „Passivität und dickfelliges Pochen auf wohlerworbene Rechte ... auch rechtlich und nicht nur sozialethisch zu mißbilligen" seien[1064].

Vor allem letzterer plädierte deshalb dafür, die Behandlung nachbarlicher Immissionsfälle einer völlig neuen Betrachtungsweise zu unterziehen. Das zwischen den Beteiligten herrschende nachbarliche Gemeinschaftsverhältnis, so *Klausing*, verlange allen Beteiligten außer Duldungspflichten unter Umständen auch aktive Mitwirkungspflichten und Umstellungserfordernisse ab[1065]. Er befand:

> *„Wer in einer Gegend ansässig ist, die durch Industrialisierung, Schaffung von Einrichtungen für den Großverkehr usw. sein altes Gepräge verliert, gleichviel ob wir es mit einem früher rein landwirtschaftlichen oder bereits in gewissem Umfange mit gewerblichen Betrieben durchsetzten Gebiet zu tun haben, muß sich dem standortmäßigen Wandel der Erzeugungs- und Absatzbedingungen anpassen."*[1066]

---

13. Dezember 1933, RGBl. 1933, S. 1058) sowie durch das Reichsgesetz über die Beschränkung der Nachbarrechte gegenüber Betrieben, die für die Volksgesundheit von besonderer Bedeutung waren (Gesetz vom 17. Oktober 1935, RGBl. 1935, S. 1247), statt. Vgl. zu den Einflüssen des Nationalsozialismus auf das Verständnis vom Inhalt des Grundeigentums und seiner Beschränkungen *Siller*, S. 12 ff. m. w. N.

1062 Insbesondere kritisierte *Schiffer*, Immissionen, ZAkadDR 1936, S. 1081, die einseitige Bevorzugung der immittierenden Großbetriebe, wie sie unter Bezugnahme auf das Tatbestandsmerkmal der Ortsüblichkeit vor allem in der „Thale-Entscheidung" des Reichsgerichts vom 6. Juli 1910 (Gruchot's Beiträge, Bd. 55 (1911), S. 108 f.; Vgl. oben § 29 I. 2. a)) sowie in der „Ersten Gutehoffnungshütte-Entscheidung" vom 26. November 1932 (RGZ 139, S. 29 ff.; Vgl. oben § 29 II. 3. a)) zum Ausdruck kam.

1063 *Schiffer*, Immissionen, ZAkadDR 1936, S. 1083, wörtlich: „Die Raumnot des deutschen Volkes und die verantwortungsvolle Aufgabe, mit diesem Raumproblem fertig zu werden, erträgt weder nach der einen noch nach der anderen Seite eine derartige Einseitigkeit. Sie verlangt gebieterisch, das Problem von dem Gesichtspunkt der Gemeinschaft anzupacken. Soweit es der einzelne Fall zuläßt, müssen beide Teile Rücksichten nehmen und Opfer bringen. Soweit ein Zusammenleben infolge der Natur der Sache nicht möglich ist, haben ausschließlich die Rücksichten auf das Wohl und das Gedeihen des gesamten deutschen Volkes darüber zu entscheiden, wer zu weichen hat und unter welchen Bedingungen sein Rückzug erfolgt."

1064 *Klausing*, Immissionsrecht und Industrialisierung, ZAkadDR 1937, S. 69.

1065 *Klausing*, Richterspruch und Immissionsrecht, ZAkadDR 1938, S. 1682.

1066 *Klausing*, Immissionsrecht und Industrialisierung, ZAkadDR 1937, a. a. O.

Dieser Gedanke eines das Nachbarrecht durchdringenden Grundsatzes der gegenseitigen Rücksichtnahme war in seinem Prinzip auch dem Reichsgericht nicht neu[1067].

Besonders in seinen Urteilen vom 18. Dezember 1883[1068] und vom 20. September 1881[1069] hatte es in privaten nachbarlichen Immissionsfällen gesondert erwähnt, daß die benachbarten Parteien gegenseitig aufeinander Rücksicht zu nehmen hätten. Dennoch hatte das Reichsgericht sich mit der Anerkennung eines konkreten, diesen Grundsatz statuierenden Rechtsinstituts in seiner Rechtsprechung zunächst zurückgehalten und wertende Korrekturen auf der Rechtsfolgenseite primär auf Grundsätze der Billigkeit zurückgeführt[1070].

Dies änderte sich jedoch mit der sogenannten „Zweiten Gutehoffnungshütte-Entscheidung“ vom 10. März 1937[1071], in welcher das Rechtsinstitut des nachbarlichen Gemeinschaftsverhältnisses auch in privaten nachbarlichen Immissionsstreitigkeiten erstmals ausdrückliche Anerkennung fand. Interessanterweise korrigierte das Reichsgericht hier aufgrund der Kritik[1072], welche die „Erste Gutehoffnungshütte-Entscheidung“ in Bezug auf das Maß der sich bei der Betrachtung des Merkmals der Ortsüblichkeit ergebenden Unbilligkeiten hervorgerufen hatte, schon wenige Jahre nach diesem Urteil seine Rechtsprechung deutlich zugunsten des immissionsbeeinträchtigten Grundeigentümers.

1067 *Siller*, S. 13 m. w. N. Allerdings erfolgte die Anerkennung bestimmter Pflichtenstellungen aufgrund allgemeiner Rechtsgrundsätze primär im Bereich der unerlaubten Handlungen.
1068 RGZ 11, S. 341 ff. Vgl. oben § 23 II. 1.
1069 RGZ 7, S. 265 ff.
1070 Wobei der Grundsatz von Treu und Glauben selbstverständlich die jeweils herangezogenen Billigkeitserwägungen stützten. § 242 BGB fungierte hier, um ein Wort von *Franz Wieacker*, Zur rechtstheoretischen Bedeutung des § 242 BGB, Tübingen 1956, S. 43, zu gebrauchen, als „eine Eselsbrücke der richterlichen Rechtsschöpfung“.
1071 RGZ 154, S. 161 ff. Vgl. hierzu ausführlich sogleich unten § 30 II. 1.
1072 Vgl. oben § 29 II. 3 b).

## II.
## Das Urteil des Reichsgerichts vom 10. März 1937 und die Anerkennung des Rechtsinstituts des nachbarlichen Gemeinschaftsverhältnisses in der Rechtsprechung des Reichsgerichts zu privaten nachbarlichen Immissionsfällen

### 1.
### Das Urteil des Reichsgerichts vom 10. März 1937 – die „Zweite Gutehoffnungshütte-Entscheidung“

Dem Urteil des Reichsgerichts vom 10. März 1937[1073] lag folgender, auch schon in der „Ersten Gutehoffnungshütte-Entscheidung“ relevanter Sachverhalt zugrunde:

Der Kläger, Eigentümer eines Stücks Ackerland sowie Pächter weiterer benachbarter, vom Betriebe der Beklagten, der Gutehoffnungshütte, umfaßten landwirtschaftlichen Grundstücke in dem der Stadt Oberhausen eingemeindeten Bezirk Osterfeld, klagte auf Ersatz der Schäden, die ihm durch die übermäßige Immissionszufuhr aus dem Betriebe der Beklagten entstanden waren. Die klägerischen Grundstücke wurden in nördlicher und westlicher Richtung von den Industrieanlagen der Beklagten begrenzt. Die Beklagte betrieb dort Hochöfen, Stahl- und Walzwerke sowie Zechen mit Kokereien. In nördlicher Richtung stießen die klägerischen Grundstücke an den Rhein-Herne-Kanal, in südlicher Richtung an die Bahnanlagen eines Sammelbahnhofs.

Die Beklagte wandte ein, daß sich die Immissionen innerhalb der in einem großen Industrieort üblichen Grenzen hielten und die klägerischen Grundstücke auch durch andere Immissionsquellen wie dem Verkehr auf dem Kanal sowie auf dem Sammelbahnhof belastet seien. Weiterhin machte sie geltend, der Kläger habe es bei seiner Wirtschaftsführung versäumt, den seinen Grundstücken und deren landwirtschaftlichen Erzeugnissen drohenden Schaden einzuschränken.

Das Landgericht hatte der Klage stattgegeben, das Oberlandesgericht jedoch auf die Berufung der Beklagten die Klage abgewiesen. Die Revision des Klägers führte zur Aufhebung des Berufungsurteils und zur Zurückverweisung.

Das Reichsgericht nahm als Grundlage für einen Schadenersatzanspruch, der sich hinsichtlich der Immissionen aus den Stahl- und Walzwerken ergeben könne, § 26 RGewO an. Hinsichtlich der Immissionen, die den Kokereien entsprangen, hielt es § 148 ABG für einschlägig. Beide verschuldensunabhängigen Schadenersatzansprüche folgten aus dem Umstand, daß es dem Kläger jeweils nach

---

[1073] RGZ 154, S. 161 ff. Die in immissionsrechtlicher Hinsicht konfliktträchtige tatsächliche Beschaffenheit der Grundstücke rund um die Gutehoffnungshütte war bereits in der „Ersten Gutehoffnungshütte-Entscheidung“ des Reichsgerichts vom 26. November 1932 (RGZ 139, S. 29 ff.) thematisiert worden. Vgl. oben § 29 II. 3. a).

§ 26 RGewO bzw. § 58 ABG verwehrt war, die Immissionen nach § 862 BGB oder § 1004 BGB zu untersagen[1074].

Zunächst betonte das Reichsgericht, daß der Betrachtung des Merkmals der Ortsüblichkeit je nach dem Fortschritt der Technik, des Verkehrs und überhaupt der Denkweise der Betroffenen ein gewisses dynamisches Element innewohne. In nicht zu beanstandender Weise habe sich aber das Berufungsgericht auf den Standpunkt gestellt, daß unter Berücksichtigung der bereits in der Entscheidung vom 26. November 1932[1075] – der „Ersten Gutehoffnungshütte-Entscheidung" – zugrundezulegenden tatsächlichen Verhältnisse die Einwirkungen auf das Grundstück des Klägers seitens des Industriebetriebs der Beklagten im Bezirk Oberhausen-Osterfeld als ortsüblich anzusehen seien. Allerdings sei im vorliegenden Falle zu beachten, daß sich ungeachtet der Ortsüblichkeit von großen Industrieanlagen im Industriebezirk Oberhausen-Mülheim-Duisburg auch bedeutende landwirtschaftliche Betriebe befänden, welche die rechtliche Behandlung des vorliegenden Falles beeinflußten[1076]. Das Reichsgericht führte hinsichtlich dieser landwirtschaftlichen Betriebe aus:

> *„Aber dem Gedanken der Volksgemeinschaft würde es widersprechen, wenn der Industrie gestattet sein sollte, durch zwar planvoll angelegte und in natürlicher Entwicklung entstandene, aber doch stark gehäufte Werksanlagen ohne Entschädigungspflicht mit ihr zusammenliegende landwirtschaftliche Betriebe, die nicht fehl am Orte sind, sondern an jener Stelle ihre natürlichen Lebensbedingungen finden, in einer Weise zu beeinträchtigen, daß die Landwirtschaft dadurch schließlich zum Erliegen kommen muß. Zutreffend wird von einem „n a c h b a r l i c h e n G e m e i n s c h a f t s v e r h ä l t n i s" gesprochen, in dem die Nachbarn aufeinander Rücksicht zu nehmen haben ... [Verweis auf RG, Urteil vom 13. Dezember 1883 (RGZ 11, S. 341 ff., S. 343[1077]; RG, Urteil vom 19. Februar 1931 (RGZ 132, S. 51, S. 56); Klausing, JW 1937, S. 68; Schiffer, ZAkadDR 1936, S. 1076]. Es kommt darauf an, im Einzelfall den gerechten Aus-*

[1074] RGZ 154, S. 162.

[1075] RGZ 139, S. 29 ff. Vgl. oben § 29 II. 3. a).

[1076] RGZ 154, S. 164 f. Die besondere Berücksichtigung des Vorhandenseins landwirtschaftlicher Betriebe erfolgte jedoch nicht aufgrund des Grundsatzes der Prävention, weil diese in zeitlicher Hinsicht bereits vor der Ansiedlung der Industrieanlagen bestanden hatten. Die Berücksichtigung von Präventionsgesichtspunkten, so das Reichsgericht, hemme nämlich in unerträglicher Weise den Fortschritt und finde keine Stütze im Gesetz. Dieses stelle nur auf den gegenwärtigen Zustand, nicht aber auf die geschichtliche Entwicklung der betroffenen Grundstücke ab.

[1077] Vgl. oben § 23 II 1.

*gleich der widerstreitenden Belange, das für dieses Lebensverhältnis richtige Recht zu finden. Schon in der Entscheidung RGZ. Bd. 139 S. 32 wurde darauf hingewiesen, daß im Industriegebiet nach den engeren örtlichen Verhältnissen Unterschiede zu machen sind und daß auch dort eine für den Nachbarn besonders schädliche Werksanlage rechtswidrig sein kann. Die Beachtung dieser Grundanschauung der Volksverbundenheit führt zu einer Auslegung des § 906 BGB., die eine gerechte Lösung der in solchen Fällen des Zusammenlebens auftretenden Spannung ermöglicht.*

*In dem hier in erster Reihe maßgebenden engeren Vergleichskreise von Oberhausen, insbesondere in der Nachbarschaft der Beklagten, ist nicht n u r die Benutzung von Grundstücken zu Industrieanlagen gewöhnlich, sondern a u c h die zur Landwirtschaft. Dort hat b e i d e s seine Daseinsberechtigung. Dann muß die Rechtsordnung auch b e i d e n die Daseinsbedingungen gewährleisten. Mit dieser Überlegung wird nicht auf die Art der Benutzung des einzelnen betroffenen Grundstücks abgestellt, sondern auf die im Vergleichsraum allgemein bestehenden örtlichen Verhältnisse, deren Berücksichtigung in § 906 BGB. vorgeschrieben ist. Ist dort das eine u n d das andere „gewöhnlich", d. h. ortsüblich, so können mit Rücksicht auf diese besonderen Verhältnisse Einwirkungen eines Industriewerks von solcher Art und solchem Maß, daß sie die Lebensbedingungen der Landwirtschaft zerstören müssen, nicht als rechtmäßig im Sinne des § 906 BGB. angesehen werden. Ein Abwehranspruch des Landwirts ist durch § 26 GewO., § 58 ABG. ausgeschlossen. Aber die Rechtswidrigkeit der Einwirkung muß ihren Ausdruck in einer Ersatzpflicht für die Schadensfolgen finden. Auf seiten der Landwirtschaft bringt die Tatsache des Zusammenlebens mit sich, daß ein erheblicher Teil der Einwirkungen als durch die örtliche Lage bedingt und daher rechtmäßig zu dulden ist, dies in so höherem Maße, je stärker die Industrialisierung der Gegend fortgeschritten ist und weiter fortschreitet. Gerade in den gegenwärtigen Zeitverhältnissen muß Bedacht darauf genommen werden, die Entwicklung der Industrie nicht unbillig zu hemmen. Keinesfalls können da, wo Grundstücksbenutzung zu Industrieanlagen ortsüblich ist, Belästigungen und Schäden von geringerer Bedeutung zur Grundlage von Ersatzansprüchen gemacht werden."*[1078]

[1078] RGZ 154, S. 165 f. Klammerzusätze durch Verfasser.

Ausgehend vom Tatbestandsmerkmal der Ortsüblichkeit stellte das Reichsgericht also fest, daß sich sowohl die klägerische Nutzung des Grundstücks, als auch die der Beklagten als ortsüblich und somit nach der örtlichen Lage der Grundstücke gewöhnlich im Sinne des Gesetzes darstellten. In diesem Falle habe die Rechtsprechung die Aufgabe, beide Interessen zum Ausgleich zu bringen, ohne daß die Existenzvernichtung des einen oder anderen Grundstückseigentümers herbeigeführt werde. Dieser Ausgleich sei durch eine Auslegung der Tatbestandsmerkmale des § 906 BGB und des ihm innewohnenden Rechtsgedankens der Sozialgebundenheit des Grundeigentums vorzunehmen, wie ihn insbesondere *Klausing* und *Schiffer* unter Verweis auf das sogenannte nachbarliche Gemeinschaftsverhältnis hervorhoben. Denn keinesfalls dürften auf dem Hintergrund der fortschreitenden technologischen und wirtschaftlichen Entwicklung auch bei billiger Berücksichtigung der Interessen des Immissionsbetroffenen statische Anforderungen an das Merkmal der Ortsüblichkeit gestellt und damit die industrielle Entwicklung gehemmt werden.

Im Klartext bedeutete dies zwar, daß demjenigen Immissionsbetroffenen, dessen Grundstück in einer besonders immissionsträchtigen Gegend belegen war, erhöhte Duldungspflichten auferlegt waren, weil das Gesetz eben die Betrachtung der in der Vergleichsgegend bestehenden örtlichen Verhältnisse forderte und nicht auf die Immissionsbetroffenheit des einzelnen Grundstücks abstellte. Dennoch müsse dem immissionsgeschädigten Grundeigentümer zumindest ein entschädigungsrechtlicher Ausgleichsanspruch für die Folgen der duldungspflichtigen Immission zugesprochen werden. Im Vergleich zur „Ersten Gutehoffnungshütte-Entscheidung" nahm das Reichsgericht hier also im Hinblick auf die Rechtsfolge der erhöhten Duldungspflichten eine völlig andere Wertung vor.

Geradezu revolutionär ist in diesem Zusammenhang, daß das Reichsgericht dem Immissionsgeschädigten, obwohl die direkte Anwendung des § 906 BGB hierfür keinen Anhaltspunkt bot, ohne nähere Begründung einen Ausgleichsanspruch zusprach, wenn die Einwirkungen das duldungspflichtige Maß überschritten[1079]. Zumindest in seinen zuvor ergangenen Entscheidungen hatte das Reichsgericht für einen Entschädigungs- oder Ausgleichsanspruch einen besonderen Rechtsgrund, etwa den privatrechtlichen Aufopferungsanspruch, für erörterungswürdig gehalten[1080].

Hinsichtlich der Ermittlung des Umfangs des Ausgleichsanspruchs appellierte das Reichsgericht vor allem an den mit dem Einzelfall befaßten Tatrichter:

> *„Ein Ausgleich der beiderseitigen Belange ist namentlich da geboten, wo ein landwirtschaftlicher Betrieb, der an sich noch wirtschaftlich zu arbeiten imstande ist, durch die vom Werk aus-*

---

[1079] *Block*, S. 30.

[1080] Vgl. zu den entsprechenden Entscheidungen oben § 29 II. 2.

*gehenden Einwirkungen in einer sein Dasein gefährdenden Weise angegriffen wird. Dieser Ausgleich wird praktisch nur so möglich sein, daß ein prozentualer Anteil an den durch Zuführung entstandenen Schäden vom Schädiger zu tragen, der Rest aber ohne Entschädigung zu dulden ist. Die Abmessung stellt den Richter zwar vor eine schwierige, aber doch an Hand pflichtgemessen Ermessens nicht unlösbare Aufgabe. Er hat die örtlichen Verhältnisse sorgfältig und für jeden Raum besonders zu prüfen."*[1081]

Keinesfalls könne sich, so das Reichsgericht, der Immissionsbetroffene darauf verlassen, daß er bei der wirtschaftlichen Nutzung seines Grundstückes völlig frei sei und bei der Bewirtschaftungsart im Vertrauen auf den ihm unter Umständen zustehenden Ausgleichsanspruch nach Belieben verfahren könne. Insbesondere gebiete die Sozialgebundenheit des Eigentums und die Tatsache, daß die Intensität und Art der Einwirkungen ebenso dem Wandel unterlägen wie die Anschauung der Ortsüblichkeit im speziellen Falle, daß beiden in nachbarlichen Immissionsfällen Betroffenen jeweils aus Gründen der Verbundenheit im nachbarlichen Gemeinschaftsverhältnis bestimmte dynamische Duldungs- und Mitwirkungspflichten oblägen. Für den Wirtschaftsbereich der Landwirtschaft, in dem sich Immissionsbeeinträchtigungen regelmäßig besonders schwerwiegend auswirken könnten, könne dies für den immissionsbetroffenen Landwirt unter Umständen die Pflicht zur Umstellung der Produktion auf Erzeugnisse bedeuten, die von den Einwirkungen möglichst gering betroffen würden. Das Gericht befand:

*„Im Zusammenleben von Industrie und Landwirtschaft hat jene die bestmöglichen technischen Einrichtungen zur Schonung des Nachbarn zu treffen und deren einwandfreies Arbeiten sorgfältig zu überwachen. Aber auch dem Landwirt liegt die Pflicht ob, seinen Betrieb den Ortsverhältnissen entsprechend einzurichten und eine Art der Bewirtschaftung zu wählen, die gegenüber den schädlichen Einwirkungen möglichst wenig empfindlich ist. Eine Vernachlässigung hierin mag die Anwendung des § 254 BGB. gegen ihn rechtfertigen (vgl. RGZ. Bd. 127 S. 29*[1082]*, Bd. 138 S. 328*[1083]*)."*[1084]

---

[1081] RGZ 154, S. 167.
[1082] RG, Urteil vom 19. Dezember 1929. Vgl. oben § 29 II. 2. b).
[1083] RG, Urteil vom 17. November 1932. Vgl. oben § 29 II. 2. b).
[1084] RGZ 154, a. a. O.

Nach Ansicht des Reichsgerichts hatte es das Berufungsgericht im vorliegenden Falle versäumt, unter Berücksichtigung dieser rechtlichen Gesichtspunkte und unter genügender Aufklärung der tatsächlichen Verhältnisse festzustellen, ob und in welchem Anteil die Rauch- Ruß- und Staubimmissionen, welche vom Betrieb der Beklagten auf die klägerischen Grundstücke hinüberwirkten, unter Berücksichtigung einer vom Gedanken des nachbarlichen Gemeinschaftsverhältnisses getragenen Auslegung das Maß des nach § 906 BGB Rechtmäßigen überstiegen. Dieses Versäumnis rechtfertigte nach der Auffassung des Reichsgerichts die Aufhebung des Berufungsurteils und die Zurückverweisung zur erneuten mündlichen Verhandlung[1085].

Dieses Urteil des Reichsgerichts macht deutlich, daß der Ausgleich der widerstreitenden Interessen der Betroffenen in Immissionsfällen sich von nun an vor allem an einer aus dem Rechtsgedanken der nachbarlichen Verbundenheit und der Sozialgebundenheit des Grundeigentums entspringenden Billigkeitsbetrachtung orientieren sollte[1086].

Damit erteilte das Reichsgericht erneut einer statischen, die Interessen des einen oder anderen Betroffenen bevorzugenden Betrachtungsweise von nachbarlichen Immissionsfällen eine Absage. Ausdrücklich nahm das Reichsgericht Bezug auf *Klausing* und *Schiffer* als Verfechter einer dynamischen Betrachtungsweise des privaten nachbarlichen Immissionsschutzrechts, welche die den Parteien obliegenden Rücksichtnahmepflichten flexibel und unter Berücksichtigung des Einzelfalls nach den jeweils aufgrund des nachbarlichen Gemeinschaftsverhältnisses geltenden Grundsätzen bestimmen wollten.

Ausdrücklich verwies das Reichsgericht beide Parteien auf ihre ständige Pflicht zur Anpassung an sich ändernde tatsächliche Verhältnisse. Beachtete der Immissionsbetroffene also die ihm aufgrund des nachbarlichen Gemeinschaftsverhältnisses obliegenden Pflichten zur Abwendung der Schäden an seinem Eigentum nicht, riskierte er unter Umständen eine Kürzung seines Ausgleichsanspruchs. Umgekehrt konnte sich der Ausgleichsanspruch des immissionsbetroffenen Grundeigentümers erhöhen, sofern der Immittent, insbesondere im Vertrauen auf eine ihm erteilte Konzession, notwendige Anpassungen seines Betriebes an geänderte technische Möglichkeiten zur Verringerung der Immissionen unterließ[1087]. Der in der Rechtsprechung des Reichsgerichts anerkannte Grundsatz der Anspruchskürzung wegen Mitverantwortlichkeit beim Schadensein-

---

1085 RGZ 154, ebenda.

1086 Wobei der Schwerpunkt der Begründung der Ausgleichsansprüche in der „Zweiten Gutehoffnungshütte-Entscheidung" unter Rückgriff auf *Klausing* und *Schiffer* zunächst primär auf den Gemeinschaftsgedanken und weniger auf die spezielle nachbarliche Situation der Beteiligten gelegt wurde. Die Betonung lag also auf dem Gemeinschaftsverhältnis, nicht dem Nachbarverhältnis. Vgl. *Block*, S. 29 f.

1087 Es handelt sich hier nicht um eine rechtliche Verpflichtung, aber um eine Obliegenheit.

tritt[1088] war demnach geeignet, die Betroffenen in Immissionsfällen wirksam in eine fortwährende Entwicklung der tatsächlichen Immissionsverhältnisse zu zwingen und präventiv jeglichem statischen Anspruchsdenken vorzubeugen.

Damit hatte endgültig die erstmals von *Jhering*[1089] im Ansatz erkannte und von *Gierke*[1090] in ihren Eckpunkten umrissene Rechtskonstruktion des nachbarlichen Gemeinschaftsverhältnisses als ein auch die Behandlung nachbarlicher Immissionsfälle durchdringender Grundsatz Eingang in die Rechtsprechung des Reichsgerichts gefunden. Das Reichsgericht begann sich also in seiner Rechtsprechung zu nachbarlichen Immissionsfällen deutlich von einer allzu streng am Begriff des individualistisch orientierten Eigentumsbegriffs orientierten Betrachtungsweise abzuwenden[1091].

Bemerkenswert ist jedoch, daß das Reichsgericht ohne weitere Erörterung einen Verstoß gegen die aus dem Rechtsinstitut des nachbarlichen Gemeinschaftsverhältnisses entspringenden Rücksichtnahmepflichten als eine zur Entschädigung bzw. zum Ausgleich verpflichtendende Handlung ansah[1092].

Zumindest für den Bereich der Behandlung privater nachbarlicher Immissionsfälle war damit eine neue Rechtsgrundlage für die Begründung von Ersatzansprüchen durch das Reichsgericht anerkannt[1093]. Dem nachbarlichen Gemeinschaftsverhältnis kam somit neben der Statuierung von Anpassungspflichten der Betroffenen eine bedeutende weitere, eigenständige Funktion in der zukünftigen höchstrichterlichen Rechtsprechung in privaten nachbarlichen Immissionsfällen zu[1094].

### 2.
### Die weitere Rechtsprechung des Reichsgerichts zum nachbarlichen Gemeinschaftsverhältnis nach der „Zweiten Gutehoffnungshütte-Entscheidung“

Die Verknüpfung zwischen dem Hinweis auf die Belange der Allgemeinheit und den sich aus dem nachbarlichen Gemeinschaftsverhältnis ergebenden dynami-

---

1088 RG, Urteil vom 19. Dezember 1929 (RGZ 127, S. 29 ff.); RG, Urteil vom 17. November 1932 (RGZ 138, S. 327 ff.). Vgl. oben § 29 II. 2 b).

1089 *Jhering*, Beschränkungen, S. 101, S. 114. Vgl. oben § 8 I. 5. sowie § 8 III.

1090 *Gierke*, S. 418. Vgl. oben § 30 I.

1091 Vgl. *Siller*, S. 14 ff.

1092 *Schött*, S. 101 ff., weist zutreffend auf die dogmatischen Bedenken hin, die mit der Anerkennung einer selbständigen Anspruchsgrundlage ohne vorherige dogmatisch korrekte Rückführung auf eine sichere Rechtsgrundlage einhergehen.

1093 Die Anerkennung stellte sich als so erfolgreich dar, daß sie bei der Novellierung des § 906 BGB durch das Gesetz zur Änderung der Gewerbeordnung und Ergänzung des BGB vom 22. Dezember 1959 Berücksichtigung fand. Vgl. unten § 34 II.

1094 *Block*, S. 30. Vgl. zur weiteren Rechtsprechung des Reichsgerichts sogleich unten § 30 II. 2.

schen Pflichten der beteiligten Parteien setzte sich auch in der weiteren Rechtsprechung des Reichsgerichts fort.

In seinem Urteil vom 9. Januar 1939[1095] hatte sich das Reichsgericht mit der Entschädigungsklage eines Grundeigentümers zu beschäftigen, der sich durch die Einwirkungen einer in nur 4,80 Meter Entfernung zu seinem Hause verlaufenden Reichsautobahn, die durch ein dichtbesiedeltes Gebiet führte, belästigt fühlte. Der Kläger behauptete, durch verkehrsbedingte Erschütterungen seien einzelne Risse an seinem Hause entstanden. Ferner würden die Bewohner des Hauses durch Geräusch, Staub, Lichtschein und Störung der Aussicht belästigt. Des weiteren sei die Vermietbarkeit der Räume eingeschränkt.

Das Reichsgericht bekräftigte zunächst seine in der „Zweiten Gutehoffnungshütte-Entscheidung" vertretene Rechtauffassung, daß in Anlehnung an den Gedanken der Volksgemeinschaft und insbesondere aufgrund des Rechtsinstituts des nachbarlichen Gemeinschaftsverhältnisses bei der Prüfung des § 906 BGB eine erweiterte Auslegung des Tatbestandsmerkmals der Ortsüblichkeit stattfinden müsse[1096]. Bereits im Genehmigungsverfahren vor dem Bau der Autobahn habe deshalb eine Prüfung der Auswirkungen auf die Nachbarn stattzufinden, da auch die Errichtung von Reichsautobahnen nur unter Beachtung nachbarlicher Rücksichtnahmepflichten erfolgen dürfe. Die Trassenführung habe so zu erfolgen, daß sie gleichermaßen den Verkehrsbedürfnissen, wie auch einer möglichst weitestgehenden Schonung der Anlieger entspreche[1097].

Dennoch müsse eine in einer dicht bebauten Gegend belegene Autobahn notwendigerweise unmittelbar an bereits bestehenden Grundstücken vorbeigeführt werden. Es könne deshalb naturgemäß nicht auf jedes dort vorhandene Haus Rücksicht genommen werden[1098]. Das Reichsgericht führte grundsätzlich aus:

> *„Alsdann könnte die Daseinsberechtigung beider Teile dazu führen, daß die von der Autobahn ausgehenden Einwirkungen, auch wenn sie durch den regelmäßigen Verkehr entstanden sind, doch wegen ihrer ausnahmsweise starken Wirkung im Verhältnis zu den einzelnen davon betroffenen Nachbarn nicht mehr als vollberechtigt anzusehen wären und daß ein gewisser Teil des Schadens dem Autobahnunternehmen in Gestalt einer nach Billigkeit zu bemessenden Entschädigung zur Last fiele. Dieser Gedanke stellt aber eine erweiterte Auslegung des § 906 BGB. dar und kann nur in Ausnahmefällen Platz greifen. Er ist keinesfalls berechtigt in einem Falle, wo ein Wohnhaus nicht in dem oben beschriebenen Rahmen beeinträchtigt ist. Dann handelt es sich*

[1095] RGZ 159, S. 129 ff. – Reichsautobahn.
[1096] RGZ 159, S. 139.
[1097] RGZ 159, ebenda.
[1098] RGZ 159, S. 140.

*um ein ungünstiges Ereignis, mit dem jeder Hauseigentümer für den Fall der Entwicklung oder Umlenkung des Verkehrs zu rechnen hat, und es muß dabei bleiben, daß Einwirkungen, die von der Reichsautobahn als Folgen regelmäßigen, laufenden Verkehrs ausgehen, von den Anliegern ohne Entschädigung hinzunehmen sind. Es würde eine unerträgliche Hemmung für die Verkehrsentwicklung bedeuten, wenn man eine solche fortschrittliche Neuerung, die für das Volksganze geboten ist, mit von vornherein unabsehbaren Schadenersatzansprüchen belasten wollte. Die Zubilligung solcher muß eine seltene Ausnahme bleiben.*"[1099]

Da eine unerträgliche Belastung des immissionsbetroffenen Grundstücks und der Bewohner des Wohnhauses für das Reichsgericht im vorliegenden Falle nicht erkennbar waren, hielt es die von der Autobahn ausgehenden Einwirkungen für ortsüblich. Es lehnte einen Entschädigungsanspruch ab, wies jedoch nochmals auf die Möglichkeit eines aus dem nachbarlichen Gemeinschaftsverhältnis entspringenden Ausgleichsanspruchs hin.

In seiner Entscheidung vom 22. Juni 1939[1100] war das Reichsgericht mit einer Unterlassungsklage von mehreren Grundeigentümern beschäftigt, die sich durch die von einer auf dem Nachbargrundstück des Beklagten betriebenen Schafzucht in der Nutzung ihrer in einer Villengegend belegenen Wohnhäuser belästigt fühlten. Der Beklagte hatte zuvor die Grundstücke zwecks Bebauung an die Kläger verkauft und erst nach dem Verkauf seine Schafzucht eröffnet. Die Kläger behaupteten, durch eine mit dem Betrieb der Schafzucht einhergehende Fliegenplage in ihrer Ruhe gestört zu sein. Zudem verschmutzten die Fliegen die Möbel und Speisen und übertrügen Krankheiten. Der Beklagte hingegen wandte ein, mit der Schafzucht sein Grundstück in ortsüblicher Weise zu benutzen.

Das Reichsgericht hielt auf die Revision der Kläger hin das klageabweisende Urteil des Berufungsgerichts aufrecht. Es subsumierte im Anschluß an seine Entscheidung vom 20. September 1933[1101] Fliegen unter den Immissionsbegriff des § 906 BGB. Die tatsächlichen Feststellungen des Berufungsgerichts, nach denen sich die Schafzucht des Beklagten im konkreten Falle als ortsübliche Benutzung seines Grundstückes darstellte, weil sich die Grundstücke weit außerhalb der nächsten Stadt befänden und überwiegend landwirtschaftlich genutzt würden, erkannte das Reichsgericht als rechtsfehlerfrei an[1102].

---

[1099] RGZ 159, S. 140 f.

[1100] RGZ 160, S. 381 ff.

[1101] RGZ 141, S. 406 ff. In dieser Entscheidung änderte das Reichsgericht seine ursprünglich in der Entscheidung vom 8. April 1911 (RGZ 76, S. 130 ff.) vertretene Rechtauffassung und unterstellte Bienen dem Immissionsbegriff der „anderen Einwirkung" i.S.d. § 906 BGB. Vgl. zum Problem von Tieren als Einwirkungen im Sinne des § 906 BGB oben § 29 I. 1.

[1102] RGZ 160, S. 382 f.

Insbesondere sei auf Grundlage des nachbarlichen Gemeinschaftsverhältnisses keine andere Sachbehandlung geboten. Der Beklagte sei im Zuge der wirtschaftlichen Entwicklung nicht daran gehindert gewesen, eine Schafzucht zu eröffnen, sofern sich diese – wie hier vorliegend – im Bereich des Ortsüblichen hielt. Dem Beklagten sei es auch aufgrund des nachbarlichen Gemeinschaftsverhältnisses nicht zuzumuten, von dem Betrieb der Schafzucht, welche auf seinem Grundstück besonders günstige örtliche Verhältnisse vorfinde, abzusehen. Zudem habe der Beklagte bereits Vorkehrungen getroffen, die Folgen der Fliegenplage so weit wie möglich herabzumildern und damit die ihm aufgrund des nachbarlichen Gemeinschaftsverhältnisses gegenüber den Klägern obliegenden Pflichten erfüllt. Nun sei es an den Klägern, die mit dem Zuzug in eine ländliche Gegend einhergehenden Belästigungen hinzunehmen[1103].

Am 16. Juni 1937[1104] hatte das Reichsgericht einen Fall zu entscheiden, in welchem der Kläger behauptete, durch eine von der Beklagten vorgenommene Deichaufschüttung Schaden an seinem Haus erlitten zu haben. Der Grundwasserspiegel war gestiegen. Durch das Gewicht des Deiches war der bisherige Abflußweg des Wassers versperrt und die natürliche Abflußmöglichkeit entzogen. Die Deichaufschüttung durch die Beklagte erfolgte im hoheitlichen Interesse.

Das Reichsgericht verneinte einen privatrechtlichen Aufopferungsanspruch. Dieser könne nur bestehen, wenn die Beklagte in unzulässiger Weise auf das Grundstück des Klägers übergegriffen hätte und diesem die nachbarrechtliche Negatorienklage aufgrund des hoheitlichen Zwecks der Baumaßnahme entzogen gewesen sei. Das Reichsgericht befand jedoch, daß es bereits am Erfordernis der Einwirkung auf das Eigentum des Klägers fehle[1105]. Es liege nämlich keine Zuführung von Grundwasser vor, vielmehr sei dem Kläger nur die bisher bestehende Abflußmöglichkeit genommen[1106]. Auch § 907 BGB sei nicht einschlägig, weil es an einer unmittelbaren Zuführung des Grundwassers durch die Baumaßnahme der Beklagten fehle[1107]. Es habe also mangels Einwirkung bereits an der Möglichkeit für den Kläger gefehlt, die Baumaßnahme der Beklagten zu verhindern. Schließlich habe dem Kläger auch bei Anwendung der Grundsätze des nachbarlichen Gemeinschaftsverhältnisses kein Abwehranspruch zugestanden. Das Reichsgericht befand:

> *„Ein Abwehrverlangen kann da ebenso eigensüchtig sein, wie rücksichtlose Ausnutzung des Eigentums. Solche mittelbaren*

---

[1103] RGZ 160, S. 384.

[1104] RGZ 155, S. 154 ff.

[1105] RGZ 155, S. 157.

[1106] Hier klingt die allgemeine Meinung an, negative oder entziehende Einwirkungen nicht dem privatrechtlichen Immissionsschutzrecht zu unterstellen, weil es an einem *„immittere"* fehle. Vgl. oben § 27 I. 1. a).

[1107] RGZ 155, S. 158.

*Wirkungen sind kaum vorhersehbar und abwendbar. Wollte man um der Möglichkeit ihres Eintritts willen den Eigentümer an einer Verbesserung seines Grundstückes hindern oder sie ihm erschweren, so könnte sich das leicht als den allgemeinen Belangen nachteilig auswirken; denn für sie ist die beste Bodenausnutzung wesentlich. ... Etwaige mittelbare Wirkungen muß der Nachbar hinnehmen. Das entspricht dem geltenden Recht. Seine Auslegung ist auch von den Grundsätzen des Vorrangs des Volksganzen vor dem einzelnen und des nachbarlichen Gemeinschaftsverhältnisses aus nicht anders vorzunehmen.*"[1108]

Zumindest für den Bereich der negativen Einwirkungen – die dem materiellen privaten Immissionsschutzrecht des BGB nicht unterfielen, jedoch häufig zu Nachbarstreitigkeiten führten – läßt sich aus dieser Entscheidung das Bemühen entnehmen, einen aus dem nachbarlichen Gemeinschaftsverhältnis entspringenden Abwehranspruch einzuschränken und Ausgleichs- bzw. Entschädigungsansprüche zu versagen[1109].

In seiner Entscheidung vom 4. Januar 1940[1110] war das Reichsgericht erneut mit einer Immissionsstreitigkeit zwischen Privatpersonen beschäftigt. Die Klägerin, Eigentümerin eines Hanggrundstücks, auf welchem sie Fremdenbeherbergung betrieb, klagte auf Unterlassung und Schadenersatz für die Erschütterungen, Lärm, Staub und Dämpfe, die von einem unterhalb ihres Grundstücks belegenen Steinbruch ausgingen. Der Steinbruch bestand seit über 100 Jahren, wurde jedoch erst wenige Jahre vor Klageerhebung erheblich erweitert und mit modernen, immittierenden Maschinen ausgestattet.

Die Klägerin behauptete, durch die Betriebserweiterung des Steinbruchs einen erheblichen Schaden erlitten zu haben. Der Beherbergungsbetrieb sei empfindlich eingeschränkt, weil die Gäste ausblieben. Ihr Haus sei in seiner Standfestigkeit erschüttert. Sie selbst habe durch die ständigen Sprengungen eine Gesundheitsbeeinträchtigung erlitten. Die Klägerin begehrte neben Schadenersatz für die erlittenen Umsatzeinbußen eine gewisse Einschränkung des Maschinenbetriebs und der Sprengungen, ein Schmerzensgeld sowie die Feststellung, daß die Betreiberin und die Eigentümerin des Steinbruchs zum Ersatz des weiteren entstehenden Schadens verpflichtet seien. Das Berufungsgericht wies das Schmerzensgeldbegehren mangels unerlaubter Handlung ab und gab der restlichen Klage im wesentlichen statt. Die Revision beider Parteien führte zur Aufhebung des Berufungsurteils und zur Zurückverweisung.

---

1108 RGZ 155, S. 159.

1109 *Block*, S. 38. Wie noch zu zeigen sein wird, beschritt der Bundesgerichtshof hier einen anderen Weg, indem er insbesondere das Erfordernis der drohenden Existenzvernichtung bei der Zubilligung von Ausgleichsansprüchen aufweichte. Vgl. unten § 32 III. 2.

1110 RGZ 162, S. 349 ff.

Das Reichsgericht setzte sich in seiner Urteilsbegründung insbesondere mit der Feststellung des Berufungsgerichts auseinander, der Steinbruch stelle in dem ansonsten ruhigen und durch den Fremdenverkehr mitgeprägten fraglichen Ortsteil einen Fremdkörper dar. Entgegen der Auffassung des Berufungsgerichts erkannte es die Nutzung des Steinbruchs – welcher seit geraumer Zeit betrieben wurde – grundsätzlich als ortsüblich im Sinne des § 906 BGB an. Fraglich sei jedoch ob nicht die besonders intensive Art der Benutzung mit Hilfe moderner Maschinen, also die Betriebsweise in ihrer konkreten Form, ein anderes Ergebnis rechtfertige[1111]. Das Reichsgericht bejahte dies und fand, in einer Gegend, die sich durch ländliche Ruhe auszeichne, sei ein Steinbruch entgegen dem Betriebe der Beklagten nur in der eingeschränkten Art und Weise ortsüblich, wie er die zum Aufenthalt von Erholungsbedürftigen bestimmte anderweitige Grundstücksnutzung, auf die Rücksicht zu nehmen sei, gewährleiste[1112]. Eine andere Sichtweise würde zu einer Enteignung der Klägerin zugunsten des Steinbruchbetriebes führen, der „in keiner ersichtlichen Beziehung zum Nutzen der Allgemeinheit oder sogar ein hierfür unentbehrlicher“ Betrieb sei[1113]. Die Klägerin sei deshalb gegenüber dem Betrieb des Steinbruchs aus nachbarlicher Rücksichtnahme nur in dem Umfange duldungspflichtig, wie er ihren Fremdenverkehrsbetrieb und die ungefährdete Benutzbarkeit ihres Grundstückes nicht unbillig beeinträchtige[1114]. Unter anderem, um das Ausmaß eines noch zumutbaren Betriebs des Steinbruchs zu bestimmen, verwies das Reichsgericht die Sache zur weiteren tatsächlichen Aufklärung an das Berufungsgericht zurück.

In seiner Entscheidung vom 21. April 1941[1115], in welcher der Kläger Entschädigung begehrte, weil Arbeiten an einer Untergrundbahn sein Hausgrundstück beschädigte hatten[1116], sprach das Reichsgericht sich ausdrücklich dafür aus, den aus dem nachbarlichen Gemeinschaftsverhältnis entspringenden Rechtsgedanken der gegenseitigen Rücksichtnahme auch bei der Auslegung der

---

[1111] Hier klang die in der „Thale-Entscheidung“ des Reichsgerichts vom 6. Juli 1910 (Gruchot's Beiträge, Bd. 55 (1911), S. 108 f.) erstmals thematisierte Betriebs- oder Werksüblichkeit an. Vgl. oben § 29 I. 2. a).

[1112] RGZ 162, S. 357.

[1113] RGZ 162, S. 359.

[1114] RGZ 162, S. 357.

[1115] RGZ 167, S. 14 ff.

[1116] Und zwar vor allem durch eine Absenkung des Grundwasserspiegels infolge der Ausschachtungsarbeiten. Der Entzug der Standfestigkeit eines Gebäudes durch die Absenkung des Grundwasserspiegels, den das Reichsgericht im vorliegenden Falle unter § 909 BGB subsumierte, unterfällt zwar nicht dem hier zu behandelnden privaten Immissionsschutzrecht im strengeren Sinne, weil es sich hier allenfalls um eine nach ständiger Rechtsprechung des Reichsgerichts unbeachtliche negative, entziehende Immission handelt, die hier nur ausnahmsweise dem Regelungsgehalt des § 909 BGB unterfiel. Dennoch thematisierte das Reichsgericht in der zitierten Entscheidung noch einmal gesondert die den Nachbarn aufgrund des nachbarlichen Gemeinschaftsverhältnisses auferlegten Rechte und Pflichten.

in anderen Rechtsbereichen relevanten nachbarrechtlichen Vorschriften heranzuziehen[1117]. Für den hier einschlägigen § 909 BGB hielt es die Anwendbarkeit des nachbarlichen Gemeinschaftsverhältnisses als Auslegungsregel ausdrücklich für beachtlich[1118].

Im vorliegenden Falle war aber zweifelhaft, ob sich das klägerische Grundstück überhaupt noch in Nachbarschaft der Grundstücke befand, auf welchen die in Frage stehende Ursachenkette in Gang gesetzt worden war. Das Reichsgericht urteilte jedoch, daß die Anwendung des Rechtsinstituts des nachbarlichen Gemeinschaftsverhältnisses in räumlicher Hinsicht soweit auszudehnen sei, wie die schädigenden Einwirkungen reichten:

> „*Die Gemeinschaft ergibt sich daraus, daß die Beteiligten räumlich nebeneinander stehen. Dabei können sich ihre Belange im Raume stoßen. Daraus folgt dann die Notwendigkeit, den so entstehenden Widerstreit zu lösen. Das muß geschehen unter Beachtung der gesetzlichen Bestimmungen des Nachbarrechts und auf Grundlage einer Prüfung, wie jeder Teil sich möglichst schonend für den anderen verhalten kann und wie ein gerechter Ausgleich trotzdem nicht vermeidbarer Zusammenstöße zu geben ist … . Das ist im Grund nur die Anwendung der Regeln von Treu und Glauben auf den besonderen Fall des nachbarlichen Zusammenlebens. Dabei kommt es nicht so sehr auf den Ausdruck an als vielmehr darauf, nach welchen Regeln und Gesichtspunkten die nachbarlichen Beziehungen einzurichten und Streitigkeiten hieraus zu lösen sind.*“[1119]

Im vorliegenden Falle, in welchem dem Kläger ein Untersagungsanspruch gegen die Bauarbeiten aus Gründen des öffentlichen Wohls der Verkehrsförderung entzogen war, bejahte das Reichsgericht dem Grunde nach einen privatrechtlichen Aufopferungsanspruch, verwies jedoch die Sache zur weiteren Sachverhaltsaufklärung an das Berufungsgericht zurück.

Am 8. Juni 1942[1120] entschied das Reichsgericht in einem Fall, in dem es sich mit der Ausübung eines privaten Wegerechts gegenüber einer Anlage, deren Betrieb aus Gründen der Kriegswirtschaft geheim gehalten werden sollte, zu beschäftigen hatte, daß das Berufungsgericht erneut zu prüfen habe, ob der Kläger

---

1117 RGZ 167, S. 23.

1118 RGZ 167, ebenda. Bereits in seinem Urteil vom 7. Dezember 1939 (RGZ 162, S. 216) hatte das Reichsgericht die Anwendbarkeit der Grundsätze des nachbarlichen Gemeinschaftsverhältnisses auf das private nachbarliche Fenster- und Lichtrecht im Rahmen der Fortgeltung des französisch-rechtlich geprägten Art. 675 Rheinisches BGB bejaht.

1119 RGZ 167, S. 24.

1120 RGZ 169, S. 180 ff.

aufgrund des nachbarlichen Gemeinschaftsverhältnisses nicht zeitweilig auf die Ausübung verzichten müsse. Das Gericht fand:

> *„Im Rahmen des ... bestehenden Gemeinschaftsverhältnisses erheischen derartige aus einem allgemeinen Notstand erwachsende Erschwerungen besonders weitgehende Rücksicht. ... Auch die Rechte an fremder Sache sind nichts Starres und Unveränderliches, sondern müssen sich der wirtschaftlichen Entwicklung anpassen und höheren Anforderungen des Gemeinwohls weichen."*[1121]

Die zitierten Urteile zeigen, daß auf dem Boden des nachbarlichen Gemeinschaftsverhältnisses durch das Reichsgericht durchaus im Hinblick auf das jeweils rechtspolitisch erwünschte Ziel zweckgerichtet argumentiert wurde. Dies kann jedoch nicht verwundern, wies das Reichsgericht doch in seinen Entscheidungen vom 21. April 1941[1122] und vom 8. Juni 1942[1123] ausdrücklich darauf hin, daß es das nachbarliche Gemeinschaftsverhältnis als Ausfluß des allgemeinen Grundsatzes von Treu und Glauben ansah und die hieraus entspringenden umfangreichen Rücksichtnahmepflichten die Berücksichtigung einer Vielzahl von einzelnen Wertungsgesichtspunkten erlaubten. Damit konnten je nach rechtspolitischer Gewichtung aus dem nachbarlichen Gemeinschaftsverhältnis sowohl erhöhte Duldungspflichten, wie auch erweiterte Abwehrrechte abgeleitet werden[1124].

Ein Vergleich der zitierten Entscheidungen läßt hierbei die Tendenz des Reichsgerichts erkennen, die aus dem nachbarlichen Gemeinschaftsverhältnis entspringenden Rücksichtnahmepflichten des Immissionsbetroffenen zu betonen und Ausgleichsansprüche entweder ganz zu versagen oder zumindest teilweise zu kürzen, wenn es sich bei dem Immittenten um einen Träger öffentlicher Interessen handelte[1125]. Waren jedoch an der nachbarlichen Immissionsstreitigkeit nur Privatpersonen beteiligt und spielte ein die Einwirkung rechtfertigendes öffentliches Interesse keine Rolle, wandte das Reichsgericht die Grundsätze des nachbarlichen Gemeinschaftsverhältnisses weniger zurückhaltend an[1126].

---

1121 RGZ 189, S. 185.
1122 RGZ 167, S. 24. – Untergrundbahn.
1123 RGZ 169, S. 184 – kriegswichtige Anlage.
1124 *Block*, S. 36.
1125 *Block*, S. 31.
1126 *Block*, S. 32.

## III.
## Bewertung

Bei nachbarlichen Immissionsfällen konnte der immissionsbeeinträchtigte Grundeigentümer also unter Umständen allein aufgrund der Grundsätze des nachbarlichen Gemeinschaftsverhältnisses gegen seinen immittierenden Nachbarn einen Ausgleichsanspruch geltend machen. Das Reichsgericht erkannte damit im Wege der richterlichen Rechtsfortbildung einen vermögensrechtlichen Ausgleichsanspruch an, der allein im nachbarlichen Gemeinschaftsverhältnis und im Erfordernis eines nachbarlichen Interessenausgleichs und nicht im allgemeinen Schadenersatz- und Entschädigungsrecht wurzelte[1127]. Wenngleich dieser Ausgleichsanspruch nach dem Willen des Reichsgerichts ausdrücklich nur in Ausnahmefällen und subsidiär Platz greifen sollte[1128], stellte sich diese Zubilligung eines in den Tatbeständen des materiellen Immissionsschutz-, Schadenersatz- und Entschädigungsvorschriften nicht normierten Vermögensanspruchs als so einzigartig und erfolgreich dar, daß dessen Idee nicht nur von der weiteren Rechtsprechung des Bundesgerichtshofs fortgeführt[1129], sondern auch vom Gesetzgeber in den neu kodifizierten § 906 Absatz 2 Satz 2 BGB n. F. aufgenommen wurde[1130].

Anknüpfungspunkt war hier vor allem die Erkenntnis, daß es in Einzelfällen einem immissionsbeeinträchtigten Grundeigentümer aufgrund des in § 906 BGB normierten Tatbestandsmerkmals der Ortsüblichkeit selbst in Fällen schwerstschädigender, jedoch ortsüblicher Einwirkungen versagt sein konnte, sich erfolgversprechend gegen die Immissionen zu wehren[1131]. So hatte das Reichsgericht noch in der „Ersten Gutehoffnungshütte-Entscheidung" vom 26. November 1932[1132] die Schadenersatzklage des beeinträchtigten Landwirts für unbegründet

---

[1127] *Hans-Wolfgang Schulte*, Die gesetzliche Lösung von Interessenkonflikten im Nachbarraum durch Ausgleich, Begünstigung und Entschädigung (Hans-Wolfgang Schulte), Münster 1968, S. 43 ff.; *Harry Westermann*, Sachenrecht, Karlsruhe 1951, S. 287; a. A. *Kleindienst*, S. 31 ff., der in der Anerkennung des nachbarlichen Gemeinschaftsverhältnisses lediglich den Versuch des Reichsgerichts sah, durch eine restriktive Interpretation der Tatbestandsmerkmale des § 906 BGB den materiellen Schadenersatz- und Entschädigungsnormen Geltung zu verschaffen. Hiergegen insbesondere *Hans-Wolfgang Schulte*, S. 48.

[1128] RG, Urteil vom 10. März 1937 (RGZ 154, S. 165 f. – „Zweite Gutehoffnungshütte-Entscheidung"; vgl. oben § 30 II 1.) sowie RG, Urteil vom 9. Januar 1939 (RGZ 159, S. 140 f. – Reichsautobahnen; vgl. oben § 30 II 2.).

[1129] Vgl. unten § 32 III. 2.

[1130] Vgl. hierzu unten § 34 II. 2. c).

[1131] Eine diesem Problemkreis angenäherte Situation ergab sich im Bereich des sogenannten privatrechtlichen Aufopferungsanspruchs, wenn dem Immissionsgeschädigten aufgrund höherstehenden öffentlichen Zwecken eine Untersagung der Immissionen untersagt war. Vgl. oben § 29 II.

[1132] RGZ 139, S. 29. Vgl. oben § 29 II. 3 a).

gehalten, weil es sich bei der industriellen Nutzung der immittierenden Grundstücke um einen ortsüblichen Grundstücksgebrauch gehandelt hatte.

Es war deshalb ein Gebot der materiellen Gerechtigkeit, daß das Reichsgericht wirtschaftliche Härten, welche sich infolge der zunehmenden Industrialisierung in Einzelfällen insbesondere im Bereich der Landwirtschaft durch massive Existenzgefährdungen zeigten, durch die Schaffung eines eigenen, von weiteren Tatbestandsmerkmalen unabhängigen, vermögensrechtlichen Ausgleichsanspruchs abzumildern suchte. Es war also nicht das Bestreben des Reichsgerichts, die Annahme einer ortsüblichen Benutzung zu erschweren, sondern es kam vielmehr das Bemühen zum Ausdruck, die Daseinsberechtigung aller beteiligten Nutzungsarten nebeneinander zu sichern und einen allen Beteiligten gerecht werdenden Interessenausgleich herbeizuführen[1133].

Die Anerkennung des Rechtsinstituts des nachbarlichen Gemeinschaftsverhältnisses zeigt jedoch auch deutlich, daß sich die Rechtsprechung von einer allzu wortgetreuen Anwendung der materiellen Immissionsschutznormen abzuwenden begann und den in privaten nachbarlichen Immissionsfällen zu Tage tretenden Interessenkonflikt mittels eines relativ diffusen Pflichten-, Rücksichtnahme- und Mitwirkungspostulats im Wege einer Einzelfallbetrachtung aufzulösen versuchte. Die Grundsätze des nachbarlichen Gemeinschaftsverhältnisses wurden immer dann herangezogen, wenn materielle Ungerechtigkeiten mithilfe einer Auslegung der materiellen Immissionstatbestände – deren Anwendbarkeit grundsätzlich unangetastet blieb und deren Prüfung Vorrang genoß – im Wege einer die richterliche Entscheidungsfreiheit nutzenden Billigkeitsentscheidung überwunden werden sollten[1134].

Gerade weil aber die Wertungen des nachbarlichen Gemeinschaftsverhältnisses erst im Zusammenhang mit der zu treffenden richterlichen Einzelfallentscheidung äußerst vielfältigen Inhalt annehmen konnten und die dogmatische Einordnung dieses Rechtsinstituts unklar blieb, war es in der Folgezeit Gegenstand vielfältiger rechtswissenschaftlicher Erörterungen[1135].

Von einigen Vertretern in der Wissenschaft wurde im Hinblick auf die rechtliche Funktion des nachbarlichen Gemeinschaftsverhältnisses der Standpunkt vertreten, es diene lediglich einer Kontrolle der jeweiligen Eigentümerbefugnisse nach Billigkeitsgesichtspunkten[1136]. Diese Auffassung erfaßte jedoch nur ei-

---

1133 *Hans-Wolfgang Schulte*, S. 41.

1134 *Schött*, S. 99 f.

1135 Vgl. im einzelnen insbesondere *Block*, S. 67 m. w. N.; *Hans Schulte*, S. 57 (Fn. 5 m. w. N.); *Hans-Wolfgang Schulte*, S. 45 ff.; *Schött*, S. 99 ff.; *Schött* weist zutreffend darauf hin, daß das „nachbarliche Gemeinschaftsverhältnis ... als Niederschlag der Rechtsprechung mit den bekannten Methoden der rechtslogischen Einordnung kaum erfaßt werden" kann.

1136 *Bernhard Danckelmann*, in: Otto Palandt (Hrsg.), Bürgerliches Gesetzbuch, 15. Auflage 1953, § 242 Anm. 3; *Martin Wolff/Ludwig Raiser*, Sachenrecht, 10. Auflage, Tübingen 1957, S. 7; *Christian Meisner/Heinrich Stern/Fritz Hodes*, Nachbarrecht im Bundesgebiet (ohne

nen geringen Teil der vielfältigen Funktionen des nachbarlichen Gemeinschaftsverhältnisses. Das nachbarliche Gemeinschaftsverhältnis fungierte nämlich im Nachbarrecht auch als Verteilungsschlüssel der materiellen Gerechtigkeit, die es dem mit dem Einzelfall befaßten Richter ermöglichte, im Wege richterlicher Rechtsfortbildung die kollidierenden Nachbarinteressen durch eine korrigierende Vermögensverschiebung zum Ausgleich zu bringen[1137]. Der mit dem Immissionsfall befaßte Richter nahm somit einen „rechtsethischen Durchbruch durch das Gesetzesrecht"[1138] und nicht bloß eine Kontrolle der Anwendung der materiellen Immissionsschutzvorschriften auf den Einzelfall nach Billigkeitsgesichtspunkten vor, indem er diese, ausgehend von einer Auslegung der Tatbestandsmerkmale der Immissionsnormen, auf ihren materiellen Gerechtigkeitsgehalt überprüfte und gegebenenfalls kraft richterlicher Entscheidungshoheit wertend korrigierte[1139].

Andere Stimmen in der Wissenschaft erkannten, nach einer eindeutigen rechtstheoretischen und dogmatischen Einordnung des Rechtsinstituts ringend[1140], im nachbarlichen Gemeinschaftsverhältnis einen Sonderfall der Grundsätze von Treu und Glauben[1141]. Diese Auffassung wurde allerdings von den Vertretern bekämpft, welche die Grundsätze des § 242 BGB nur auf schuldrechtliche Leistungsverhältnisse, nicht aber auf sachen- oder eigentumsrechtliche Zuordnungsverhältnisse anwenden wollten[1142]. Gewichtige Stimmen lehnten gar eine Bezugnahme auf die Grundsätze von Treu und Glauben ab und verstanden das nachbarliche Gemeinschaftsverhältnis als „ideologisch übersteigerte Annahme"[1143] rein rechtstheoretischer Natur. Die mittels der Anerkennung des Rechtsinstituts des nachbarlichen Gemeinschaftsverhältnisses in nachbarlichen Immissionsfällen konstruierten Ergebnisse ließen sich nach diesen Vertretern der Wissenschaft genau so gut durch eine Analogie zu § 904 Absatz 2 BGB, § 26 RGewO herbeiführen[1144].

Wiederum andere stritten sich über die Rechtsnatur des durch das Reichsgericht in seinen Urteilen aufgrund der Grundsätze des nachbarlichen Gemein-

---

Bayern) und in Westberlin, 3. Auflage, Berlin 1956, S. 515 ff., ordnen das nachbarliche Gemeinschaftsverhältnis unter dem Begriff „soziale Ausübung des Eigentums" ein.

1137 *Schött*, S. 99; *Mühl*, Treu und Glauben im Sachenrecht, NJW 1956, S. 1659.

1138 *Wieacker*, Zur rechtstheoretischen Bedeutung des § 242 BGB, S. 36.

1139 *Schött*, S. 100; a. A. *Kleindienst*, S. 32.

1140 Vgl. zu den einzelnen dogmatischen Einordnungen *Block*, S. 70 f. m. w. N.

1141 *Mühl*, Treu und Glauben im Sachenrecht, NJW 1956, S. 1660; *Meisner/Stern/Hodes*, S. 517; *Staudinger-Weber*, Kommentar zum Bürgerlichen Gesetzbuch, 11. Auflage, Bd. I (Recht der Schuldverhältnisse), Berlin 1961, § 242 Anm. 32.

1142 Vgl. *Westermann*, Sachenrecht, S. 11; *Kleindienst*, S. 21 f.; *Hans-Wolfgang Schulte*, S. 47.

1143 *Wolff/Raiser*, S. 188 (Fn. 1).

1144 *Fritz Baur*, Lehrbuch des Sachenrechts, München – Berlin 1960, S. 209. Zur Analogiefähigkeit vgl. *Schött*, S. 122 ff.

schaftsverhältnisses zugesprochenen Ausgleichsanspruchs. Während einige Verfechter in der Wissenschaft meinten, daß dessen Wesen im Gedanken der Vorteilsausgleichung wurzele[1145], meinten andere Stimmen, der Ausgleichsanspruch sei dem bürgerlichrechtlichen Aufopferungsanspruch angenähert[1146].

Diese Differenzen hinderten jedoch weder das Reichsgericht, noch ihm folgend den Bundesgerichtshof, dem Rechtsinstitut des nachbarlichen Gemeinschaftsverhältnisses auch ohne dogmatische Erläuterung als Auslegungshilfe und subsidiäre Anspruchsgrundlage in privaten nachbarlichen Immissionsfällen gefestigte Geltung zu verschaffen[1147].

## *§ 31*
## *Zusammenfassung*

Das Reichsgericht löste nach dem Erlaß des BGB die ihm zur Entscheidung übertragenen nachbarlichen Immissionsfälle also relativ flexibel nach den oben dargestellten Grundsätzen[1148]. Vor das Problem der rechtlichen Behandlung einer durch neue Fertigungstechniken bedingten, durch enorme soziale Umwälzungen geförderten Großindustrialisierung und Großwirtschaft mit völlig neuen Formen und Intensitäten von Immissionsbelastungen gestellt, waren es primär die mit dem vorhandenen gesetzlichen Instrumentarium nur unvollständig ausgestatteten Gerichte, denen der schwierige und in wirtschaftlicher Hinsicht bedeutsame Interessenausgleich in nachbarlichen Immissionsfällen oblag[1149]. Verschärft wurden die Konflikte zudem durch die Tatsache, daß aufgrund der Raumnot Gemengelagen verschiedener Grundstücksnutzungsarten auf engem Raum mit damit einhergehenden höheren Immissionsbelastungen auftraten[1150].

Es zeigte sich deshalb bereits kurz nach Erlaß des BGB, daß das Reichsgericht von der ihm eingeräumten Befugnis der Erweiterung und Auslegung der unbestimmten Rechtsbegriffe, die sich in den Tatbestandsmerkmalen der materiellen Immissionsschutznormen des BGB fanden, Gebrauch machte und zu sei-

---

1145 *Heinrich Hubmann*, Der bürgerlichrechtliche Aufopferungsanspruch, JZ 1958, S. 490, der die Anwendbarkeit der Grundsätze von Treu und Glauben nach § 242 BGB auf nachbarliche Immissionsfälle ablehnte. Kritisch hierzu *Otto Mühl*, Grundlage und Grenzen des nachbarlichen Gemeinschaftsverhältnisses, NJW 1960, S. 1134 f.; *ders.*, Nochmals: Grundlage und Grenzen des nachbarlichen Gemeinschaftsverhältnisses, insbesondere des Ausgleichsanspruchs, NJW 1960, S. 2324 f.

1146 *Wolff/Raiser*, S. 191 (Fn. 21); *Staudinger-Seufert*, Kommentar zum Bürgerlichen Gesetzbuch, 11. Auflage, Bd. III (Sachenrecht), Berlin 1956, § 906 Anm. 49.

1147 Vgl. oben § 30 II. sowie unten § 32 III.

1148 Vgl. oben § 29 I. 1. und 2. sowie § 29 II..

1149 *Schiffer*, Immissionen, ZAkadDR 1936, S. 1080 f.; *Klausing*, Immissionsrecht und Industrialisierung, JW 1937, S. 68.

1150 *Kleindienst*, S. 27.

ner alten Linie einer an Billigkeitsgesichtspunkten orientierten Einzelfallrechtsprechung zurückfand. Immissionsrechtliche Nachbarkonflikte wurden nicht schematisch gelöst, sondern unter Abwägung der jeweils beeinträchtigten Interessen einer Lösung zugeführt.

Zeigte sich im Rahmen der Auslegung der Tatbestandsmerkmale des materiellen Immissionsschutzrechts zum einen die Tendenz, verschiedenste Belästigungen dem Tatbestandsmerkmal der „ähnlichen Einwirkungen" des § 906 Satz 1 BGB zu unterwerfen und damit den Rechtsschutz des belästigten Grundeigentümers zu erweitern, so markierte das „Thale-Urteil" des Reichsgerichts den Beginn des Versuchs, im Rahmen des Tatbestandsmerkmals der Ortsüblichkeit den Rechtsschutz des immissionsbelasteten Grundeigentümers wieder einzuschränken, um das Immissionsschutzrecht aus rechtspolitischen Motiven zugunsten der wirtschaftlichen, technischen und sozialen Entwicklung nicht zur Blockade immittierender Gewerbebetriebe auszugestalten.

Diese grundsätzliche Entwicklung einer Orientierung der Rechtsprechung hin zu einer dynamischeren Betrachtung des materiellen Immissionsschutzrechts wurde allgemein begrüßt[1151]. Sie ebnete letztlich auch den Weg hin zur Anerkennung der Grundsätze eines nachbarlichen Gemeinschaftsverhältnisses als Auslegungshilfe auch in nachbarlichen Immissionsfällen, in denen der Schutz vor Immissionen flexibel und unter Abwägung der Interessen der Prozeßbeteiligten mittels einer Statuierung von Duldungs-, Mitwirkungs- und Umstellungspflichten erreicht werden konnte[1152]. Es verwundert daher nicht, daß diese Entwicklung, die letztendlich zu einer Anerkennung eines vermögensrechtlichen Ausgleichsanspruchs aufgrund des sowohl verpflichtenden wie auch berechtigenden Verhältnisses zwischen immissionsberührten Grundstücksnachbarn führte, mit der Auslegung der relativ dehnbaren Tatbestandsmerkmale des § 906 BGB im Bereich der Immissionen durch Imponderabilien begann, welche bereits nach den Motiven einer Fortbildung durch Richterrecht unterfallen sollten.

Der Einschränkung der negatorischen Ansprüche des immissionsbeeinträchtigten Grundeigentümers stand auf der anderen Seite das Bemühen des Reichsgerichts gegenüber, die durch die Einwirkungen entstandenen Schäden möglichst umfassend auszugleichen. Wenn es schon dem immissionsbeeinträchtigten Grundeigentümer verwehrt sein sollte, die Einwirkungen auf sein Grundstück zu unterbinden, so gewährte ihm das Reichsgericht doch zumindest einen Aus-

---

[1151] *Schiffer*, Immissionen, ZAkadDR 1936, S. 1081 f.; *Pagenkopf*, S. 743 f.; *Klausing*, Immissionsrecht und Industrialisierung, JW 1937, S. 68 f., formulierte: „Wer in einer Gegend ansässig ist, die durch Industrialisierung, Schaffung von Einrichtungen für den Großverkehr usw. ihr altes Gepräge verliert, gleichviel ob wir es mit einem früher rein landwirtschaftlichen oder bereits in gewissem Umfange mit gewerblichen Betrieben durchsetzten Gebiet zu tun haben, muß sich dem standortmäßigen Wandel der Erzeugungs- und Absatzbedingungen anpassen".

[1152] Vgl. hierzu oben § 30.

gleich für den erlittenen Schaden. Im Bereich der nach §§ 16 ff. RGewO konzessionierten Anlagen geschah dies durch das längst überfällige Bekenntnis in der „Ersten Gutehoffnungshütte-Entscheidung“ vom 26. November 1932[1153], daß ein sachlicher Grund zur Beschränkung des nach § 26 RGewO gewährten Anspruchs auf Schadloshaltung auf den nach Klageerhebung entstandenen Schaden nicht vorhanden war.

Als geradezu revolutionär muß jedoch die Herausbildung des später allgemein anerkannten Rechtsinstituts des privatrechtlichen Aufopferungsanspruches in nachbarlichen Immissionsfällen bezeichnet werden. Aus allgemeinen Grundsätzen von Verfassungsrang entwickelte das Reichsgericht auch in nachbarlichen Immissionsfällen einen umfassenden Entschädigungsanspruch, wenn auf ein Grundstück eingewirkt wurde, der betroffene Grundeigentümer aber die Immission aufgrund eines sein Privatrecht beschränkenden, höherstehenden öffentlichen Zweckes nicht oder überwiegend nicht verhindern konnte[1154].

In zunehmender Weise setzte sich in der Rechtsprechung des Reichsgerichts auch eine Abkehr von dem streng individualistisch geprägten Eigentumsbegriff durch, den der Gesetzgeber bei der Schaffung des BGB zugrundegelegt hatte. Die Lösung nachbarlicher Immissionsfälle wurde nun nicht mehr primär unter Rückgriff auf die in § 903 BGB zum Ausdruck kommende Ausschließungsfunktion des Eigentums herbeigeführt, sondern es wurde das Postulat eines billigen Ausgleichs der im Nachbarrecht betroffenen Interessen in den Vordergrund gestellt. Die Sozialbindung des Eigentums trat auch bei der Beurteilung von nachbarlichen Immissionskonflikten immer mehr hervor.

In der Konsequenz führte dies dazu, daß das Reichsgericht im Wege richterlicher Rechtsfortbildung einen im sogenannten nachbarlichen Gemeinschaftsverhältnis wurzelnden vermögensrechtlichen Ausgleichsanspruch anerkannte. Wenngleich dessen dogmatische Einordnung unklar blieb, fanden die praktischen Ergebnisse dieser Rechtsprechung jedoch allgemein einhellige Zustimmung[1155]. Aus diesem Grunde erkannte auch der Bundesgerichtshof den sogenannten nachbarlichen Ausgleichsanspruch an und erweiterte dessen Anwendungsbereich sogar noch[1156]. Seine Entwicklung stellte sich als so sinnvoll dar, daß er in der Novellierung des § 906 BGB im Jahre 1959 Berücksichtigung fand[1157].

---

[1153] RGZ 139, S. 29 ff.

[1154] *Hans-Wolfgang Schulte*, S. 63 f. m. w. N. zu den Schwierigkeiten einer dogmatischen Einordnung dieses privatrechtlichen oder „nachbarrechtlichen“ Aufopferungsanspruchs.

[1155] *Hans-Wolfgang Schulte*, S. 45.

[1156] Vgl. unten § 32 III.

[1157] Vgl. unten § 34 II. 2. c).

## 2. Unterabschnitt: Die Rechtsprechung des Bundesgerichtshofs zum privaten Immissionsschutzrecht

### *§ 32*
### *Fortführung der durch das Reichsgericht entwickelten Grundsätze*

Das Reichsgericht hatte also von den der Rechtsprechung durch den Gesetzgeber eingeräumten Ermessensspielräumen Gebrauch gemacht und dem unbestimmten Umfang der materiellen Rechtsvorschriften des privaten Immissionsschutzrechts im Wege richterlicher Rechtsfortbildung abgrenzbare Konturen gegeben. Mit der Schaffung neuer Rechtsinstitute wie dem bürgerlich-rechtlichen Aufopferungsanspruch sowie der Anerkennung des nachbarlichen Gemeinschaftsverhältnisses als Auslegungshilfe bei privatrechtlichen Immissionsstreitigkeiten verhalf es dem privaten Immissionsschutzrecht zu dem im nachbarlichen Verhältnis der beteiligten Grundeigentümer unabdingbaren und auch gesetzgeberisch bezweckten Ausgleichscharakter. Harmonisierungen wie die in der „Ersten Gutehoffnungshütte-Entscheidung" statuierte Gleichbehandlung aller Immissionen und die Vereinheitlichung der Grundsätze des Schadenersatzrechts hinsichtlich des Umfangs der Ersatzpflicht führten zu Rechtssicherheit nicht nur beim immissionsbetroffenen Grundeigentümer, sondern auch beim Immittenten. Dieses ausdifferenzierte System zur Behandlung von nachbarlichen Immissionsstreitigkeiten wurde nicht zuletzt wegen seiner Praktikabilität und seiner im Ergebnis einhelligen Anerkennung auch in der Rechtswissenschaft vom Bundesgerichtshof (BGH) fortgesetzt.

### I.
### Die Rechtsprechung des Bundesgerichtshofs zu den einzelnen Tatbestandsmerkmalen des § 906 BGB

#### 1.
#### Die einzelnen Immissionen des § 906 BGB und „ähnliche Einwirkungen"

Bereits der Vorläufer des Bundesgerichtshofs, der Obergerichtshof für die britische Zone (OGH), nahm in seinem Urteil vom 27. Mai 1949[1158] im Hinblick auf Immissionen durch Zuführung von Gasen und Gerüchen Rückgriff auf die schon vom Reichsgericht entwickelten Grundsätze zum Schutz des betroffenen Grundstücksnachbarn. Er erklärte ausdrücklich die Fortgeltung der zum Tatbestandsmerkmal der Erheblichkeit der Immission seitens des Reichsgerichts aufgestellten Bewertungsmaßstäbe und wandte sich gegen die Rechtsauffassung, eine

[1158] OGH, NJW 1949, S. 713 f.

Einwirkung durch Gase und Gerüche sei nur dann erheblich, wenn sie geeignet sei, zu einer Gesundheitsbeschädigung zu führen[1159].

Auch in seinem Urteil vom 14. April 1954[1160] wurde durch den Bundesgerichtshof in Bezug auf vermeidbare Lärmbelästigungen noch einmal ausdrücklich auf die insoweit einschlägige Rechtsprechung des Reichsgerichts verwiesen[1161]. In seinen Urteilen zu § 906 BGB vom 30. April 1958[1162] sowie vom 18. Juni 1958[1163] wies der Bundesgerichtshof zudem noch einmal in aller Deutlichkeit darauf hin, daß bei der Beurteilung der Wesentlichkeit einer Einwirkung nicht auf subjektive Befindlichkeiten, sondern auf den verobjektivierten Maßstab einer Durchschnittsperson abzustellen sei. Die Beurteilung der Intensität einer Beeinträchtigung unterlag also auch in der Rechtsprechung des Bundesgerichtshofs – der Rechtsprechung des Reichsgerichts folgend – einer differenziert objektiven Betrachtungsweise.

Ähnliches gilt im Hinblick auf die in § 906 BGB erwähnten „ähnlichen Einwirkungen". Auch bei der Beurteilung der in diesem Problembereich angesiedelten Fälle setzte der Bundesgerichtshof die Rechtsprechung des Reichsgerichts fort. Dies zeigt sich insbesondere an seinem bekanntgewordenen „Bienenurteil" vom 28. Februar 1955[1164] sowie an seinem „Steinschlagurteil" vom 8. Oktober 1958[1165].

In seinem „Bienenurteil" vom 28. Februar 1955[1166] klagte ein Imkerverein auf Ersatz von Schäden, die dadurch entstanden waren, daß Grundstückseigentümer aufgrund behördlicher Anordnung einer Gemeinde Schädlingsbekämpfungsmittel eingesetzt hatten und Bienenvölker durch die verspritzten Giftstoffe Schaden genommen hatten. Die Vorinstanzen hatten einen Anspruch auf Entschädigung aus Gründen der Aufopferung zugesprochen. Die Revision führte zur Aufhebung und Zurückverweisung. Der Bundesgerichtshof hatte sich insbesondere mit der Frage auseinanderzusetzen, ob die Tatbestandsvoraussetzungen eines privatrechtlichen Aufopferungsanspruchs vorlagen oder nicht. Er verneinte dies mit dem Hinweis, den betroffenen Imkern habe von vornherein kein Anspruch auf Unterlassung der Schädlingsbekämpfungsmaßnahmen nach § 1004 BGB zugestanden, der hier durch behördliches Handeln im höheren öffentlichen Interesse

---

1159 OGH, a. a. O., S. 713.

1160 BGH, LM, Nr. 1 zu § 906 BGB.

1161 Insbesondere, sofern sich Rücksichtnahmepflichten aus dem nachbarlichen Gemeinschaftsverhältnis ergeben. Der Bundesgerichtshof nahm bei der Prüfung des Merkmals der Ortsüblichkeit zudem noch einmal ausdrücklich Bezug auf das Urteil des Reichsgerichts vom 26. November 1932 (RGZ 139, S. 31 – „Erste Gutehoffnungshütte-Entscheidung"). Vgl. hierzu oben § 29 I. 3 a).

1162 BGH, LM, Nr. 5 zu § 906 BGB – Kugelfabrik.

1163 BGH, LM, Nr. 6 zu § 906 BGB – Eisen- und Materiallager.

1164 BGHZ 16, S. 366 ff.

1165 BGHZ 28, S. 225 ff.

1166 BGHZ 16, S. 366 ff.

ausgeschlossen gewesen sei[1167]. Zwar sei bereits durch das Reichsgericht in seinem Urteil vom 20. September 1933[1168] entschieden worden, daß Grundstückseigentümer Bienenflug in ortsüblichen Maßen grundsätzlich zu dulden hätten, weil hierin keine unzulässige Einwirkung im Rahmen des § 906 Satz 1 BGB zu erblicken sei[1169]. Insofern sei also das Eigentumsrecht der vom Bienenflug betroffenen Grundeigentümer beschränkt. Allerdings stehe umgekehrt den Eigentümern der Bienen kein weitergehender Anspruch zu, daß sich ein vom Bienenflug betroffener Grundeigentümer jeglicher Einwirkung enthalte, die sich zufällig auch nachteilig auf die Bienen auswirke. Denn grundsätzlich könnten Eigentümer eines Grundstücks mit diesem nach Belieben verfahren. Imker seien durch die Vorschriften des allgemeinen Deliktsrechts vor Schäden an ihren Bienenvölkern ausreichend geschützt[1170].

Am 8. Oktober 1958[1171] hatte sich der Bundesgerichtshof in seinem „Steinschlagurteil" mit einem Fall zu befassen, in welchem der Kläger durch einen konzessionierten, Gips produzierenden und -verarbeitenden Betrieb in der Ausübung seines eigenen Gewerbebetriebes gestört wurde. Durch Sprengungen zur Gipsgewinnung wurden größere Steine auf das klägerische Grundstück geschleudert, was zu Sach- und Personenschäden sowie fortlaufenden Arbeitsausfällen führte. Der Kläger begehrte primär Unterlassung der sein Grundstück gefährdenden Sprengungen, hilfsweise Schutzmaßnahmen gegen den Steinschlag. Zudem verlangte er Schadenersatz und die Feststellung, daß der Beklagte zum Ersatz des zukünftigen Schadens verpflichtet sei. Das Landgericht hatte die Klage abgewiesen, das Berufungsgericht ihr teilweise stattgegeben. Es untersagte die Sprengungen, soweit nicht bestimmte Schutzmaßnahmen eingehalten wurden und gab der Klage hinsichtlich eines Teilschadensbetrages und des Feststellungsantrags für zukünftige Schäden im Falle des Verstoßes gegen die Schutzauflagen statt. Die Revision und Anschlußrevision führte zur Aufhebung und Zurückverweisung hinsichtlich der Zahlungs- und Feststellungsklage.

Der Bundesgerichtshof führte aus, daß es sich bei dem Steinschlag nicht um Einwirkungen im Sinne des § 906 BGB handele. Feste Körper nicht unerheblichen Umfangs unterfielen nämlich als sogenannte Grobimmissionen nicht den „ähnlichen Einwirkungen", was bereits das Reichsgericht in seinem Urteil vom

---

[1167] BGHZ 16, S. 370.

[1168] RGZ 141, S. 406 ff. – Bienen. Vgl. oben § 29 I. 1. sowie § 30 II. 2.

[1169] BGHZ 16, S. 370 f.

[1170] BGHZ 16, S. 371. Allgemein zur Einwirkung von Bienen und den sich daraus ergebenden Ansprüchen *Hugo Glaser/Wilhelm Dröschel*, Das Nachbarrecht in der Praxis, 3. Auflage, Herne – Berlin 1971, S. 133 f.

[1171] BGHZ 28, S. 225 ff.

29. Juni 1939[1172] zutreffend ausgesprochen habe. Auf die Frage, ob der Steinschlag ortsüblich sei oder nicht, komme es deshalb nicht an[1173].

Allerdings wandte sich der Bundesgerichtshof gegen die vom Berufungsgericht vertretene Auffassung, dem Kläger stehe lediglich einen Anspruch aus Billigkeitsgesichtspunkten auf Ersatz des Teilschadens zu, der durch Arbeitsausfälle und notwendige Erhaltungsmaßnahmen entstanden sei. Er hielt vielmehr unter Rückgriff auf die gefestigte höchstrichterliche Rechtsprechung[1174] einen Anspruch auf Ersatz des gesamten Schadens für gegeben, weil dem Kläger – soweit die Schutzmaßnahmen eingehalten wurden – hinsichtlich der Sprengungen der Untersagungsanspruch nach § 1004 BGB entzogen war[1175]. Hier müsse das Berufungsgericht weitere tatrichterliche Feststellungen zur Höhe des Ersatzanspruchs treffen, was eine Zurückverweisung rechtfertige[1176].

---

[1172] RGZ 161, S. 65 ff. In diesem Urteil verwies das Reichsgericht noch einmal auf die Motive zum BGB sowie die einhellige Auffassung in der Rechtswissenschaft, nach welcher allenfalls Imponderabilien, also kleinste Mengen feinstofflicher, durch natürliche Zuführung verbreiteter Einwirkungen, dem § 906 BGB unterfielen, vgl. oben § 27 I. 1. a) sowie § 29 I. 1. Die „ähnlichen Einwirkungen" des § 906 BGB umfaßten jedoch nicht die Zuführung fester Körper größerer Art. Der betroffene Grundstückseigentümer konnte diese stets nach § 903 BGB in Verbindung mit § 1004 BGB untersagen.

[1173] BGHZ 28, S. 227.

[1174] Er verwies auf das Urteil des Reichsgerichts vom 26. November 1932 (RGZ 139, S. 29 ff. – „Erste Gutehoffnungshütte-Entscheidung"; vgl. oben § 29 I. 3. a)) und das Urteil des BGH vom 29. Oktober 1954 (RGZ 15, S. 150 – schädigende Gaszufuhr; vgl. hierzu sogleich unten § 32. I. 2.).

[1175] BGHZ 28, S. 232.

[1176] Interessanterweise erkannte der Bundesgerichtshof in seinem „Steinschlagurteil" darauf, daß der immissionsbetroffene Grundeigentümer zumindest den Teil der Einwirkungen, welche auch durch Schutzmaßnahmen nicht zu verhindern waren, duldungspflichtig war, obwohl er das Eindringen fester Körper größeren Umfangs nach §§ 903, 1004 BGB hätte untersagen können. Zu diesem Ergebnis kam er letztlich durch eine Gegenüberstellung der jeweiligen Vor- und Nachteile einer kompletten Betriebsuntersagung. Der Bundesgerichtshof urteilte, daß zwar nicht sämtliche Sprengungen untersagt werden könnten, daß aber dem Geschädigten ein gewisser „Anspruch auf Schadloshaltung" für die ihm auferlegten Duldungspflichten zustand. Es stellte hierbei insbesondere auf eine Abwägung der beteiligten Interessen ab. Die Zusprechung eines Unterlassungsanspruchs hätte beim Besitzer des Steinbruchs unmittelbar zur Betriebsstillegung und zur Entlassung der Mitarbeiter geführt. Umgekehrt hatte der Betrieb des immissionsbetroffenen Klägers trotz der Einwirkungen durch den Steinschlag über mehrere Jahre lang prosperiert, weshalb sich die angegriffenen Sprengungen für den betroffenen Kläger in den Augen des Gerichts als wirtschaftlich nicht allzu gravierend darstellten. Allein aus dieser Gegenüberstellung folgerte der Bundesgerichtshof, daß der immissionsbeeinträchtigte Grundeigentümer verpflichtet war, seinen Abwehranspruch nicht auszuüben. Als Ausgleich sprach er ihm jedoch den Anspruch auf Schadloshaltung zu, der sämtliche Schadenspositionen umfaßte. Vgl. BGHZ 28, S. 230 f. Obwohl diese Argumentation anfechtbar war, herrschte in der Rechtswissenschaft überwiegend Zustimmung. Vgl. *Hans Schulte*, S. 58 f.

An diesen beiden Urteilen zeigt sich also, daß der Bundesgerichtshof die Rechtsprechung des Reichsgerichts zu den „ähnlichen Einwirkungen“ im Rahmen des § 906 BGB weiterzuführen gedachte, indem er auf die entsprechenden Grundsatzentscheidungen des Reichsgerichts zu einzelnen Einwirkungsarten zurückgriff. In seinem Urteil vom 15. Juni 1951[1177] billigte der Bundesgerichtshof zudem noch einmal ausdrücklich den allgemein anerkannten[1178], auch im Urteil des Reichsgerichts vom 8. Januar 1920[1179] bekräftigten Grundsatz, nach welchem entziehende oder negative Immissionen nicht unter § 906 BGB zu subsumieren seien.

## 2.
## Ortsüblichkeit

Auch in der Rechtsprechung des Bundesgerichtshofs zum Tatbestandsmerkmal der Ortsüblichkeit läßt sich – insbesondere an den Entscheidungen zu den Belästigungen durch Industrieimmissionen – eine Kontinuität zu den bereits vom Reichsgericht aufgestellten Grundsätzen ablesen.

In seinem Urteil vom 29. Oktober 1954[1180] hatte sich der Bundesgerichtshof mit einem Sachverhalt zu beschäftigen, in welchem ein Gärtnereibetrieb durch eine benachbarte, seit langem bestehende Schmelzhütte belästigt wurde. Die den in der Schmelzhütte befindlichen Kupolöfen entweichenden, schwefeldioxydhaltigen Rauchschwaden und Abgase schädigten in erheblichem Maße die angebauten Blumen und Kulturpflanzen. In der Nähe des Gärtnereibetriebs befanden sich noch weitere Industrieanlagen, die jedoch keine ähnlich schädigenden Abgase produzierten.

Der Bundesgerichtshof hielt die bereits in den Vorinstanzen erfolgreiche Schadenersatzklage des Gärtnereibesitzers aufrecht und sprach ihm im Rahmen des Ersatzanspruchs nach § 26 RGewO unter Rückgriff auf die „Erste Gutehoffnungshütte-Entscheidung“ des Reichsgerichts vom 26. November 1932[1181] den vollen, verschuldensunabhängigen, auch schon vor Klageerhebung entstandenen Schaden zu[1182].

Der Bundesgerichtshof hatte sich bei der Prüfung des § 906 BGB insbesondere mit dem Tatbestandsmerkmal der Ortsüblichkeit auseinanderzusetzen. Er wandte sich nochmals gegen die von der beklagten Betreibern der Schmelzhütte

---

[1177] BGH, LM, Nr. 2 zu § 903 BGB – „zweites Lichtschutzurteil“. Vgl. hierzu unten § 32 III. 1.
[1178] Vgl. oben § 27 I. 1. a).
[1179] RGZ 98, S. 15 ff.
[1180] BGHZ 15, S. 147 ff. – schädigende Gaszufuhr.
[1181] RGZ 139, S. 29 ff. Vgl. oben § 29 I. 3. a).
[1182] BGHZ 15, S. 150 f.

ins Feld geführte Anerkennung von Prioritätsgesichtspunkten[1183], weil sich bereits das Reichsgericht in seinen Urteilen vom 10. März 1937[1184] und vom 4. Januar 1940[1185] gegen eine Beachtlichkeit ausgesprochen hatte.

Unter Rückgriff auf die Urteile des Reichsgerichts vom 6. Juli 1910[1186] sowie vom 26. November 1932[1187] fand der Bundesgerichtshof, daß bei der Prüfung des Tatbestandsmerkmals der Ortsüblichkeit im Rahmen der Vergleichsbetrachtung nur ausnahmsweise über den Standort des immittierenden Unternehmens hinauszugehen sei. Im vorliegenden Falle sei eine Ausnahme jedoch nicht geboten. Der Betrieb der Schmelzhütte und die hierdurch verursachten Immissionen stellten sich trotz des Vorhandenseins von anderen Industrieanlagen in der fraglichen Gegend als so einzigartig und belästigend dar, daß die Einwirkungen als ungewöhnlich und damit rechtswidrig zu charakterisieren seien[1188].

Ebenfalls mit einer dezidierten Prüfung des Tatbestandsmerkmals der Ortsüblichkeit hatte sich der Bundesgerichtshof in seinem Urteil vom 15. April 1959[1189] zu beschäftigen. Der Entscheidung lag folgender Sachverhalt zugrunde:

Eine Erzgrube mit angeschlossenen, behördlich genehmigten Verarbeitungsbetrieben schädigte durch die beim Produktions- und Verarbeitungsprozeß entweichenden Abgase das Miteigentum des Klägers an einem Wohnhaus, einem Ladenbetrieb und einer Landwirtschaft. Sämtliche Grundstücke befanden sich in einem Ort, in welchem die Erzgrube und die angeschlossenen Betriebe den einzigen Industriebetrieb darstellten. Allerdings lagen in der weiteren Umgebung ähnlich geartete Gruben und Verarbeitungsbetriebe. Der Kläger verlangte Ersatz für eine Reihe von Einzelschäden.

Das Landgericht hatte die Klage abgewiesen. Das Oberlandesgericht hatte den überwiegenden Teil der Zahlungsansprüche aus dem Gesichtspunkt der Billigkeitsentschädigung zugesprochen. Es hielt die Immissionen überwiegend für ortsüblich, weil auch der umliegende Wirtschaftsraum zu berücksichtigen sei. In der betreffenden Gegend seien sowohl Erzgruben, wie auch die speziellen Verarbeitungsanlagen charakteristisch. Auch die Intensität der auftretenden Belästigungen sei ungeachtet der technisch teilweise weniger ausgereiften Parallelbetriebe im Vergleichsbezirk ortsüblich.

Der Kläger richtete seine Revision unter anderem gegen die Feststellung des Berufungsgerichts, die Belästigungen im Betriebe der Beklagten seien ortsüblich. Die Revision führte zur Aufhebung des zweitinstanzlichen Urteils und zur

---

[1183] BGHZ 15, S. 148.

[1184] RGZ 154, S. 161 ff. – „Zweite Gutehoffnungshütte-Entscheidung". Vgl. oben § 30 II. 1.

[1185] RGZ 162, S. 349 ff. – Steinbruch. Vgl. oben § 30 II. 2.

[1186] RG, Urteil vom 6. Juli 1910 (Gruchot's Beiträge, Bd. 55 (1911), S. 105 ff. – „Thale-Entscheidung"). Vgl. oben § 29 I. 2. a).

[1187] RGZ 139, S. 29 ff. – „Erste Gutehoffnungshütte-Entscheidung". Vgl. oben § 29 I. 3. a).

[1188] BGHZ 15, S. 149 f.

[1189] BGHZ 30, S. 273 ff.

Zurückverweisung. Der Bundesgerichtshof erklärte in diesem Zusammenhang zwar erneut unter Rückgriff auf das Urteil des Reichsgerichts vom 6. Juli 1910[1190] und sein Urteil vom 29. Oktober 1954[1191] die Vorgehensweise des Berufungsgerichts, das zur Beurteilung des Merkmals der Ortsüblichkeit auch ausnahmsweise auf Vergleichsbetriebe in der weiteren Umgebung abgestellt hatte, für rechtmäßig[1192]. Allerdings hatte das Berufungsgericht nach Ansicht des Bundesgerichtshofs bei der Untersuchung der Ortsüblichkeit fehlerhaft nicht danach unterschieden, ob die Immissionen in den herangezogenen Vergleichsbetrieben ebenfalls auf zu Wohn- oder Berufszwecken genutzte Grundstücke einwirkten oder nicht. Es genüge nämlich nicht, daß bei der angestellten Vergleichsbetrachtung der betroffenen Grundstücke ebenfalls nur irgendein betriebsfremdes Grundstück mit der gleichen Art von Immissionen belästigt werde. Denn je nach Benutzungsart der betroffenen Grundstücke könne sich die Beeinträchtigung durch die gleiche Art von Industrieimmission mehr oder weniger schwer beeinträchtigend darstellen[1193]. So sei es durchaus denkbar, daß einer Industrieimmission gerade deshalb besonders schädigende und daher ungewöhnliche Qualität zukomme, weil auf zu Wohnzwecken genutzte Grundstücke eingewirkt werde[1194], was das Berufungsgericht im vorliegenden Falle durch erneute tatrichterliche Feststellungen zu überprüfen habe. Der Bundesgerichtshof wörtlich:

> *„Unter diesem Gesichtspunkt kann die besonders massierte Einwirkung auf ein Grundstück ungewöhnlich sein, wenn sie sich nicht anderwärts in ähnlicher Weise findet, während die von demselben Betrieb ausgehenden Einwirkungen auf entfernter liegende Grundstücke derselben Ansiedlung noch als gewöhnlich im Sinne des § 906 BGB erscheinen. In diesem Sinn können Zonen der Einwirkung mit verschiedener rechtlicher Beurteilung bestehen.“*[1195]

Auch in diesem Urteil deutete der Bundesgerichtshof also an, daß er – ähnlich wie das Reichsgericht[1196] – auch der Intensität der Einwirkung bei der Prüfung

---

1190 RG, Urteil vom 6. Juli 1910, Gruchot's Beiträge, Bd. 55 (1911), S. 105 ff. – „Thale-Entscheidung“. Vgl. oben § 29 I. 2. a).

1191 BGHZ 15, S. 147 ff. – schädigende Gaszufuhr.

1192 BGHZ 30, S. 277 f.

1193 BGHZ 30, S. 278 f.

1194 BGHZ 30, S. 279, unter Verweis auf die Urteile des Reichsgerichts vom 26. November 1932 (RGZ 139, S. 32 – „Erste Gutehoffnungshütte-Entscheidung“; vgl. oben § 29 I. 3. a)), vom 10. März 1937 (RGZ 154, S. 169 – „Zweite Gutehoffnungshütte-Entscheidung“; vgl. oben § 30 II. 1.) sowie das Urteil des Bundesgerichtshofes vom 29. Oktober 1954 (BGHZ 15, S. 149 – schädigende Gaszufuhr).

1195 BGHZ 30, a. a. O.

1196 Vgl. hierzu im einzelnen oben § 29 I. 2.

des Merkmals der Ortsüblichkeit innerhalb des § 906 BGB besondere Bedeutung zumaß, dessen Beurteilung jedoch nicht im Rahmen einer statischen Betrachtungsweise vorzunehmen gedachte[1197].

Weitere Bezugnahmen auf die Rechtsprechung des Reichsgerichts bei der Prüfung des Tatbestandsmerkmals der Ortsüblichkeit finden sich auch in den Urteilen des Bundesgerichtshofs vom 30. April 1958[1198] sowie vom 18. Juni 1958[1199].

## II.
## Die Rechtsprechung des Bundesgerichtshofs zum privatrechtlichen Aufopferungsanspruch

In der Zeit vor der Novellierung des § 906 BGB durch das Gesetz zur Änderung der GewO und des BGB vom 22. Dezember 1959[1200] beschäftigt sich lediglich ein Urteil des Bundesgerichtshofs eingehender mit dem Entschädigungsanspruch eines immissionsgeschädigten Grundstückseigentümers aus dem Rechtsgedanken des bürgerlich-rechtlichen Aufopferungsanspruchs. In seinem bekannt gewordenen „Bienenurteil" vom 28. Februar 1955[1201] hatte der Bundesgerichtshof auch grundsätzlich zu dem Problem Stellung zu nehmen, ob und unter welchen Voraussetzungen einem durch Immissionen geschädigten Grundeigentümer, der die Einwirkungen nicht untersagen konnte, aus dem Aufopferungsgedanken Ansprüche auf Entschädigung zustanden.

Nach einigen generellen Ausführungen zum öffentlich-rechtlichen Aufopferungsanspruch – der im vorliegenden Falle mangels Vorliegens eines hoheitlichen Eingriffs ausgeschlossen war[1202] – bekannte sich der Bundesgerichtshof zu den durch das Reichsgericht bereits in seiner Entscheidung vom 21. April

---

1197 Interessanterweise bekannte sich der Bundesgerichtshof in dieser Entscheidung bei der Thematisierung des Tatbestandsmerkmals der Ortsüblichkeit auch mittelbar zu einer raumordnenden Funktion des § 906 BGB. Durch das Bekenntnis, daß dort, wo Immissionen bereits ortsüblich waren, unter Umständen weitere Einwirkungen zulässig sind, deutete er einen Weg zu einer Konzentration von Immissionen in bestimmten Industriezonen zugunsten bislang einwirkungsärmerer Gebiete an. Vgl. hierzu *Thomas Pfeiffer*, Die Bedeutung des privatrechtlichen Immissionsschutzes – Eine Untersuchung zu §§ 1004, 906 BGB, Frankfurt am Main – Bern – New York 1987, S. 37 f.

1198 BGH, LM, Nr. 5 zu § 906 BGB – Kugelfabrik.

1199 BGH, LM, Nr. 6 zu § 906 BGB – Eisen- und Materiallager.

1200 BGBl. I, S. 781.

1201 BGHZ 28, S. 366 ff.; Vgl. oben § 32 I. 1.

1202 Die Maßnahme stellte sich vorliegend nicht als Sonderopfer dar. Die Schädlingsbekämpfungsmaßnahmen hätten, so der Bundesgerichtshof, in gleicher Weise und mit derselben Wirkung auch von Privatpersonen rechtmäßig vorgenommen werden können. Diese Maßnahmen hätten die betroffenen Imker weder untersagen, noch eine Entschädigung verlangen können; vgl. BGHZ 16, S. 366, S. 374.

1941[1203] aufgestellten Grundsätzen zum bürgerlich-rechtlichen Aufopferungsanspruch. Der Bundesgerichtshof machte deutlich, daß sich ein entsprechender Entschädigungsanspruch nicht nur gegen den jeweiligen „Störer" im Sinne des § 1004 BGB, sondern auch gegen den jeweiligen durch die Maßnahme Begünstigten, der durch den Verlust des Abwehranspruchs profitiere, richten könne[1204]. Fehle es aber an einem Abwehranspruch des Imkers nach § 1004 hinsichtlich der vom Grundstückseigentümer verursachten Einwirkungen, könne ihm ein privatrechtlicher Aufopferungsanspruch wegen Entzugs dieses Abwehrrechts von vornherein nicht zustehen[1205].

Auch in seiner Steinschlag-Entscheidung vom 8. Oktober 1958[1206] thematisierte der Bundesgerichtshof ansatzweise den bürgerlich-rechtlichen Aufopferungsanspruch. Er nahm allerdings nur am Rande der Entscheidung Stellung zur Frage des Umfangs eines Entschädigungsanspruchs. Unter Bezugnahme auf die Rechtsprechung des Reichsgerichts hielt er den entstandenen Schaden in vollem Umfange für ersatzfähig. Allerdings zitierte der Bundesgerichtshof die Rechtsprechung des Reichsgerichts nur unvollständig[1207], weshalb nicht angenommen werden kann, daß er sich abschließend über den Umfang des Entschädigungsanspruchs äußern wollte[1208]. Hinsichtlich der Gewährung des vollen Entschädigungsanspruchs blieb die sogenannte Steinschlag-Entscheidung deshalb vereinzelt[1209].

---

1203 RGZ 167, S. 29 – Untergrundbahn. Vgl. oben § 30 II. 2.

1204 BGHZ 16, S. 366, S. 375.

1205 BGHZ 16, S. 372.

1206 BGHZ 28, S. 225 ff. Vgl. hierzu oben § 32 I. 2.

1207 Der Bundesgerichtshof stellte auf die im Rahmen des Anwendungsbereichs des § 26 RGewO ergangene, ältere Rechtsprechung des Reichsgerichts zum bürgerlich-rechtlichen Aufopferungsanspruch ab und übertrug die in diesen Entscheidungen enthaltenen Wertungen unmittelbar auf den im Rechtsinstitut des nachbarlichen Gemeinschaftsverhältnisses wurzelnden Ausgleichsanspruch. Vgl. *Horst Hagen*, Der nachbarrechtliche Ausgleichsanspruch nach § 906 Abs. 2 Satz 2 BGB als Musterlösung und Lösungsmuster – Rechtsfortbildung in mehreren Etappen (Nachbarrechtlicher Ausgleichsanspruch), in: Dieter Medicus/Hans-Joachim Mertens/Knut Wolfgang Nörr/Wolfgang Zöllner (Hrsg.), Festschrift für Hermann Lange, Stuttgart – Berlin – Köln 1992, S. 483 ff., S. 492.

1208 *Hans-Wolfgang Schulte*, S. 143.

1209 *Hagen*, Nachbarrechtlicher Ausgleichsanspruch, a. a. O.

## III.
## Die Rechtsprechung des Bundesgerichtshofs zur Anwendung der Grundsätze des nachbarlichen Gemeinschaftsverhältnisses in privaten nachbarlichen Immissionsstreitigkeiten

Den weitaus größten Teil der Rechtsprechung des Bundesgerichtshofs bei der Lösung privater nachbarlicher Immissionsstreitigkeiten nehmen die Entscheidungen zum Einfluß des nachbarlichen Gemeinschaftsverhältnisses ein. Während er sich hinsichtlich der generellen Voraussetzungen der Anwendbarkeit des Rechtsinstituts des nachbarlichen Gemeinschaftsverhältnisses in privaten nachbarlichen Immissionsfällen durchaus auf der Linie der bisherigen Reichsgerichtsrechtsprechung hielt, begann er, im Hinblick auf den aus dem Gemeinschaftsverhältnis entspringenden Ausgleichsanspruch neue Wege zu gehen.

### 1.
### Die Anerkennung des Rechtsinstituts des nachbarlichen Gemeinschaftsverhältnisses als Auslegungshilfe in nachbarlichen Immissionsstreitigkeiten auch durch den Bundesgerichtshof

Schon in seinem Urteil vom 27. Mai 1949[1210] deutete der Obergerichtshof für die britische Zone als Vorläufer des Bundesgerichtshofs unter Rückgriff auf die „Zweite Gutehoffnungshütte-Entscheidung" vom 10. März 1937[1211] an, daß er die Fortgeltung der durch das Reichsgericht in Bezug auf das nachbarliche Gemeinschaftsverhältnis entwickelten Grundsätze anerkenne, soweit diese zu einem Ausgleich der in privaten nachbarlichen Immissionsfällen betroffenen Interessen führten. Die im Hinblick auf Industrieimmissionen entwickelte Rechtsprechung sei nicht nur zum Ausgleich erwerbswirtschaftlicher Interessen, sondern auch zur Gewährleistung des Schutzes von Wohnbedürfnissen heranzuziehen[1212]. Allerdings erfolgte der Rückgriff auf die Rechtsprechung des Reichsgerichts recht vage und undifferenziert.

In seinem Urteil vom 15. Juni 1951[1213], dem sogenannten „ersten Lichtschutzurteil", nahm der Bundesgerichtshof dann erstmals grundsätzlich Stellung zum Einfluß des Rechtsinstituts des nachbarlichen Gemeinschaftsverhältnisses auf die Lösung privater nachbarlicher Immissionsstreitigkeiten. Der Kläger begehrte Unterlassung und Beseitigung einer Störung, die sich dadurch ergab, daß den an seinem Hausgiebel befindlichen Fenstern durch einen auf dem Nachbargrundstück errichteten Anbau an ein Haus das Licht entzogen wurde. Die Revision

[1210] OGH, Urteil vom 27. Mai 1949, NJW 1949, S. 713 f.
[1211] RGZ 154, S. 161 ff. Vgl. oben § 30 II. 1.
[1212] OGH, Urteil vom 27. Mai 1949, NJW 1949, S. 714.
[1213] BGH, LM, Nr. 1 zu § 903 BGB.

gegen die vorinstanzlichen, klageabweisenden Urteile blieb erfolglos. Der Bundesgerichtshof bekräftigte zunächst noch einmal die bisherige, einhellige Meinung in Rechtsprechung und Literatur, daß sogenannte negative Einwirkungen wie der Entzug von natürlichen Vorteilen durch Licht, Aussicht etc. nicht dem materiellen Immissionsschutzrecht der §§ 903, 906, 907 in Verbindung mit § 1004 BGB unterfielen. Auch aus dem Rechtsinstitut des nachbarlichen Gemeinschaftsverhältnisses ergebe sich nichts anderes. Zwar sei der Revision zuzugeben, daß

> *„nach der reichsgerichtlichen Rechtsprechung, von der abzugehen kein Anlaß besteht, aus dem nachbarlichen Gemeinschaftsverhältnis eine Rechtspflicht zur gegenseitigen Rücksichtnahme zum Ausgleich der widerstreitenden Interessen entspringt, die u.U. die Ausübung eines bestehenden Rechts des Grundstückseigentümers als unzulässig erscheinen lassen, und in RGZ 167, 14 (24)[1214] nur als Anwendung von Treu und Glauben auf den besonderen Fall des nachbarlichen Zusammenlebens bezeichnet wird (RGZ 132, 51[1215]; 154, 161[1216]; 159, 129[1217]; 162, 209[1218] ...). Immerhin ist der Ausgleich der Interessen in erster Linie durch die nachbarlichen Bestimmungen des BGB und des vorbehaltenen entsprechenden Landesrechts (Art. 124 EGBGB) erfolgt, und der Gedanke des nachbarlichen Gemeinschaftsverhältnisses darf, wie in RGZ 167, 14 (23) ausgeführt wird, nicht dazu führen, die bestehende gesetzliche Regelung außer acht zu lassen, die immer Grundlage der Entscheidung bleiben muß. Es muß daher die Beschränkung an sich bestehender Eigentümerrechte aus dem nachbarlichen Gemeinschaftsverhältnis immer eine durch zwingende Gründe erforderte Ausnahme sein ... .“*[1219]

Einen solchen Ausnahmefall sah der Bundesgerichtshof vorliegend als nicht gegeben an. Er folgte also der Rechtsprechung des Reichsgerichts dahingehend, daß die aus dem Rechtsinstitut des nachbarlichen Gemeinschaftsverhältnisses

---

[1214] RG, Urteil vom Urteil vom 21. April 1941 (RGZ 167, S. 14 ff. – Untergrundbahn). Vgl. oben § 30 II. 2.

[1215] RG, Urteil vom 19. Februar 1931 (RGZ 132, S. 51 ff.).

[1216] RG, Urteil vom 10. März 1937 (RGZ 154, S. 161 ff. – „Zweite Gutehoffnungshütte-Entscheidung“). Vgl. oben § 30 II. 1.

[1217] RG, Urteil vom 9. Januar 1939 (RGZ 159, S. 129 ff. – Reichsautobahnen). Vgl. oben § 30 II. 2.

[1218] RG, Urteil vom 4. Januar 1940 (RGZ 162, S. 349 ff. – Steinbruch in Naherholungsgebiet). Vgl. oben § 30 II. 2.

[1219] BGH, LM, Nr. 1 zu § 903 BGB.

entspringenden Rücksichtnahmepflichten nur ausnahmsweise dann Bedeutung gewinnen konnten, wenn sich die Ausübung der Eigentümerbefugnisse im konkreten Einzelfall als unzulässig darstellte[1220]. Wie auch das Reichsgericht[1221] zog der Bundesgerichtshof damit das nachbarliche Gemeinschaftsverhältnis nicht als eigene, losgelöste Rechtsgrundlage, sondern lediglich als subsidiäre Auslegungshilfe und Anspruchsgrundlage der materiellen Immissionsschutztatbestände heran, sofern sich deren konsequente Anwendung als unbillige Härte darstellte. Gleichzeitig machte er deutlich, daß sich aus diesem Billigkeitspostulat unter Umständen eine eigene Rechtspflicht zur gegenseitigen Rücksichtnahme zwecks Ausgleichs der widerstreitenden Interessen ergeben könne[1222].

Diese Rechtspflicht thematisierte der Bundesgerichtshof auch in seinem zweiten sogenannten „Lichtschutzurteil" vom 10. April 1953[1223]. Hier beabsichtigte ein Grundeigentümer ein Gebäude dergestalt unmittelbar an der Grundstücksgrenze zu errichten, daß zahlreichen Fenstern des Nachbarhauses das Licht völlig entzogen worden wäre und diese quasi eingemauert worden wären. Der Bundesgerichtshof stellte zwar fest, daß der zukünftig beeinträchtigte Nachbar einen entsprechenden Bau nicht nach §§ 903, 906, 907 BGB in Verbindung mit § 1004 BGB untersagen könne, weil durch die Bauausführung lediglich die natürliche Lichteinwirkung entzogen werden würde und diese sogenannte negative Immission nicht dem privaten Immissionsschutzrecht unterfiel. Dennoch könne sich hier aus dem Rechtsinstitut des nachbarlichen Gemeinschaftsverhältnisses ausnahmsweise ein anderes Ergebnis ergeben, da der zukünftig betroffene Nachbar behauptete, der Bauherr könne sein Bauvorhaben mit gleichem Erfolg verwirklichen, wenn er einen gewissen Abstand zur Grundstücksgrenze einhalte[1224]. Da das Berufungsgericht diesen Punkt nicht erörtert hatte, wurde die Sache zur erneuten Verhandlung und Entscheidung zurückverwiesen.

Der Bundesgerichtshof hielt es im vorliegenden Falle nicht für unwahrscheinlich, daß der Nachbar durch die beabsichtigte Baumaßnahme ungewöhnlich schwer und hart getroffen werden würde, was durch eine in tatsächlicher Hinsicht andere Bebauungsart vermieden werden könne. Die erforderlichen tatsächlichen Feststellungen müsse das Berufungsgericht allerdings erörtern. Der Bundesgerichtshof lehnte es jedoch ausdrücklich ab, einen allgemeinen Rechtssatz aufzustellen, wonach bei mehreren möglichen Bebauungsarten stets die dem betroffenen Nachbarn günstigste zu wählen sei[1225]:

---

[1220] *Mühl*, NJW 1960, S. 1133.

[1221] Vgl. hierzu insbesondere oben § 30 III.

[1222] Dies entsprach der bereits von *Klausing* und *Schiffer* vertretenen Rechtsauffassung. Vgl. hierzu in einzelnen oben § 30 I.

[1223] BGH, LM, Nr. 2 zu § 903 BGB.

[1224] BGH, LM, Nr. 2 zu § 903 BGB.

[1225] *Mühl*, NJW 1960, S. 1133.

*„Ein allgemeiner Satz, daß ein Grundstückseigentümer beim Bestehen verschiedener gleichwertiger Möglichkeiten der Nutzung seines Grundstückes stets diejenige zu wählen verpflichtet wäre, die seinen Nachbarn nicht schädigt, will hier, wie zur Vermeidung von Mißverständnissen ausgesprochen werden mag, nicht aufgestellt werden. Ob eine Einschränkung des an sich bestehenden Rechts des Eigentümers, sein Grundstück nach seinem Ermessen auszunutzen, ausnahmsweise mit Rücksicht auf die sonst den Nachbarn treffenden ungewöhnlich schweren Nachteile bejaht werden muß, ist vielmehr nach den Umständen des einzelnen Falles zu entscheiden und läßt sich im vorl. Rechtsstreit nach dem gegenwärtigen Sachstand noch nicht beurteilen.“*[1226]

Seine Rechtsprechung zu den aus dem Rechtsinstitut des nachbarlichen Gemeinschaftsverhältnisses entspringenden wechselseitigen Rücksichtnahmepflichten erweiterte und vertiefte der Bundesgerichtshof in seinen Urteilen vom 14. April 1954[1227] sowie vom 11. Februar 1955[1228]. In der letztgenannten Entscheidung, die sich mit Lärm aus einer geplanten Badeanstalt beschäftigte, wies der Bundesgerichtshof noch einmal explizit darauf hin, daß eine Rechtspflicht zur schonenderen Benutzungsart eines Grundstücks lediglich in besonderen Ausnahmefällen Platz greife und auch nur dann, wenn sich die bezweckte andere Nutzungsart für den Grundeigentümer – nicht zuletzt in wirtschaftlicher Hinsicht – in vollem Umfange ohne ins Gewicht fallende Beeinträchtigungen erreichen lasse[1229].

Die vorgenannten Entscheidungen zeigen deutlich, daß der Bundesgerichtshof – teilweise unter Berufung auf das Reichsgericht – die von diesem entwickelten Grundsätze zu den allgemeinen Voraussetzungen der Anwendbarkeit des Rechtsinstituts des nachbarlichen Gemeinschaftsverhältnisses und zum Umfang der gegenseitigen Rücksichtnahmepflichten unverändert übernahm. Ähnlich wie auch das Reichsgericht sah der Bundesgerichtshof keine Veranlassung, die dem Rechtsinstitut des nachbarlichen Gemeinschaftsverhältnisses entspringenden Rücksichtnahmepflichten zu einer allgemein in jedem nachbarlichen Immissionsstreit zu berücksichtigenden Anspruchsgrundlage umzustilisieren. Die Korrektur eines als unbillige Härte empfundenen Ergebnisses sollte vielmehr nur in begründeten Ausnahmefällen erfolgen, die einer strengen Einzelfallbetrachtung

---

1226 BGH, LM, Nr. 2 zu § 903 BGB.
1227 BGH, LM, Nr. 1 zu § 906 BGB – Baustellenlärm.
1228 BGH, LM, Nr. 8 zu § 559 ZPO.
1229 Im vorliegenden Falle lehnte der Bundesgerichtshof eine Rücksichtnahmepflicht ab, da bereits das Berufungsgericht eine wesentliche Beeinträchtigung der nießbrauchsberechtigten Kläger am benachbarten Grundstück durch die Badeanstalt nicht zu erkennen vermochte.

unterlagen. Insoweit läßt sich also keine wesentliche Abweichung der Rechtsprechung des Bundesgerichtshofs zu der des Reichsgerichts feststellen.

## 2. Die Rechtsprechung des Bundesgerichtshofs zum aus dem Rechtsinstitut des nachbarlichen Gemeinschaftsverhältnisses abgeleiteten nachbarlichen Ausgleichsanspruch

Anders jedoch stellt sich die Situation hinsichtlich des im Rechtsinstitut des nachbarlichen Gemeinschaftsverhältnisses wurzelnden Ausgleichsanspruchs dar[1230].

In seiner „Zweiten Gutehoffnungshütte-Entscheidung" vom 10. März 1937[1231] hatte das Reichsgericht erstmals unter Rückgriff auf das Rechtsinstitut des nachbarlichen Gemeinschaftsverhältnisses einen vermögensrechtlichen Ausgleichsanspruch zuerkannt und erste Grundsätze für dessen Zuerkennung aufgestellt. In mehreren weiteren Urteilen[1232] festigte das Reichsgericht seine Rechtsprechung dahingehend, daß der Ausgleichsanspruch nur in solchen seltenen Ausnahmefällen Platz greifen könne, in denen dem immissionsgeschädigten Grundeigentümer konkret die Existenzvernichtung drohe[1233]. Seine aus dem nachbarlichen Gemeinschaftsverhältnis entspringenden Rücksichtnahme- und Anpassungspflichten gegenüber dem immittierenden Nachbarn blieben jedoch nach wie vor aufrecht erhalten.

In seinem Urteil vom 9. Juli 1958[1234] – dem sogenannten „Mauerwölbungsfall" – äußerte sich der Bundesgerichtshof im Gegensatz zum Reichsgericht jedoch erweiternd hinsichtlich des nachbarlichen Ausgleichsanspruchs[1235]. Der Entscheidung lag folgender Sachverhalt zugrunde:

Durch Kriegseinwirkungen war eine Wölbung in einer Mauer entstanden, die das Grundstück des Klägers von dem der Beklagten trennte. Da die Beklagte deren Rückbau verweigerte, errichtete der Kläger auf seinem Grundstück in einigem Abstand zur Mauer der Beklagten eine Grenzmauer. Aus Furcht vor Einwirkungen durch Feuchtigkeit und Ungeziefer verfüllte er den zwischen den Mauern befindlichen Hohlraum und verlangte nun von der Beklagten Ersatz für die entsprechenden Aufwendungen. Der Kläger vertrat die Auffassung, durch

---

[1230] *Mühl*, NJW 1960, S. 1134.

[1231] RGZ 154, S. 161 ff. Vgl. hierzu eingehend oben § 30 II. 1.

[1232] Vgl. hierzu oben § 30 II. 2.

[1233] Vgl. oben § 30 III.

[1234] BGHZ 28, S. 110 ff.

[1235] Zwar erging diese Entscheidung nicht auf dem Gebiet des Immissionsrechts. Sie zeigt jedoch anschaulich, wie der Bundesgerichtshof begann, seine Rechtsprechung zum aus dem nachbarlichen Gemeinschaftsverhältnis entspringenden Ausgleichsanspruch in neue Wege zu lenken.

die Mauer der Beklagten werde unzulässig auf sein Grundstück eingewirkt. Zumindest, weil sie den rechtswidrigen Zustand dulde, sei die Beklagte nach § 1004 BGB als Störer anzusehen und zum Ersatz der Aufwendungen verpflichtet. Das Berufungsgericht hatte seiner Klage stattgegeben, weil es den Aufwendungsersatzanspruch als ein „Weniger" zum Beseitigungsanspruch des § 1004 BGB ansah.

Der Bundesgerichtshof teilte diese Ansicht nicht. Zwar könne eine Störung im Sinne des § 1004 BGB auch durch Unterlassen herbeigeführt werden. Jedoch erfordere eine entsprechende Verantwortlichkeit, daß dem Störer eine Rechtspflicht zur Beseitigung des rechtswidrigen Zustandes auferlegt sei. Diese Verantwortlichkeit ergebe sich im vorliegenden Falle aber nicht ohne weiteres, wie vom Kläger behauptet, aus dem allgemeinen Satz der Sozialstaatsbindung des Eigentums nach Art. 14 Absatz 2 GG. Dieser beinhalte keinen allgemeinen Rechtssatz des Inhalts, daß der Eigentümer aus dem Gesichtspunkt der verkehrsüblichen Rücksichtnahme kraft seines Eigentums wegen schädigender Einwirkungen hafte. Auch den materiellen Vorschriften des BGB, die den allgemeinen Inhalt des Eigentums näher bestimmten, sei eine entsprechende Rechtspflicht im Sinne des § 1004 BGB nicht zu entnehmen[1236]. Erscheine mithin bereits die Störereigenschaft der Beklagten zweifelhaft, so sei § 1004 BGB jedenfalls aber deshalb nicht anzuwenden, weil dessen Rechtsfolge – Beseitigung der Beeinträchtigung – wesensverschieden zum Begehren des Klägers – Aufwendungsersatz – sei. Dieser vom Kläger begehrte Aufwendungsersatz sei nämlich nicht über § 1004 BGB, sondern lediglich über die allgemeinen deliktsrechtlichen Vorschriften, also unter Nachweis des Verschuldens, zu erlangen. § 1004 BGB umfasse nur einen zukünftigen Anspruch auf Beseitigung, nicht aber einen in der Vergangenheit liegenden Anspruch auf Beseitigung der Einwirkungsfolgen[1237].

Nachdem man eigentlich hätte erwarten können, daß der Bundesgerichtshof das Begehren des Klägers als unbegründet abweisen werde, ist es umso erstaunlicher, daß er den Aufwendungsersatzanspruch des Klägers unter Rückgriff auf das nachbarliche Gemeinschaftsverhältnis zusprach. Unter Bezugnahme auf die durch das Reichsgericht entwickelten Grundsätze zur Bedeutung des nachbarlichen Gemeinschaftsverhältnisses in privaten nachbarlichen Immissionsstreitigkeiten und unter Betonung seiner anerkennenden und fortführenden höchstrichterlichen Rechtsprechung führte der Bundesgerichtshof aus:

> *„Geht es auch bei den Pflichten aus dem nachbarlichen Gemeinschaftsverhältnis in erster Linie um Geldfragen, so sind es doch, wie der Senat in seinem – nicht veröffentlichten – Urteil*

---

[1236] BGHZ 28, S. 112.
[1237] BGHZ 28, S. 113.

*vom 25. April 1956, V ZR 164/55, ausgeführt hat, nicht selten die vermögensrechtlichen Interessen der Beteiligten, die einander entgegenstehen, so daß auch in dieser Hinsicht ein Ausgleich gesucht und gefunden werden muß.*

*Im vorliegenden Fall besteht dieser Ausgleich darin, daß die Beklagte die Kosten, die durch die Ausfüllung der Mauerlücke zwischen den beiden Häusern entstanden sind, zu tragen hat. ... Der Kläger hat die Kosten dieser Maßnahme nur aufwenden müssen, weil er durch die Ausbauchung in der Brandmauer des Nachbargrundstücks daran gehindert wurde, sein Bauwerk, wie er dies ursprünglich vorhatte, unmittelbar an der Grenze zu errichten. Hierzu wäre er an und für sich auf Grund seines Eigentums berechtigt gewesen (§§ 903, 905 Satz 1 BGB). ... Wurde ihm die Verwirklichung seiner gesetzlich ... zustehenden Rechte durch den Zustand des Nachbarhauses unmöglich gemacht und er gezwungen, sein Bauwerk in 24 cm Abstand von der Grenze zu errichten, so wäre es unbillig und mit der aus dem nachbarlichen Gemeinschaftsverhältnis entspringenden Pflicht zur gegenseitigen Rücksichtnahme nicht vereinbar, wenn die Beklagte nun auch noch von ihm verlangen könnte, daß er die Ausfüllung des Zwischenraumes – die übrigens im Ergebnis zugleich ihrem eigenen Gebäude zugute kommt, indem sie dieses ebenfalls vor Feuchtigkeit und Ungeziefer bewahrt – mit eigenen Mitteln durchführe. Die besonderen Umstände des Falles gebieten vielmehr eine Freistellung des Klägers von diesen Aufwendungen zu Lasten der Beklagten.*

*Die Zulässigkeit einer solchen Abwälzung ergibt sich aus dem nachbarlichen Gemeinschaftsverhältnis.*

*Ob der Anspruch aus diesem Verhältnis unmittelbar und von Anfang an auf Bezahlung der Kosten gerichtet war oder ob der Kläger zunächst nur von der Beklagten hätte verlangen können, daß sie ihrerseits den Gebäudezwischenraum ausfüllte, kann dahingestellt bleiben. Wäre die Beklagte in erster Linie bloß zu einer Tätigkeit verpflichtet gewesen, so müßte sie gleichwohl auf jeden Fall jetzt dem Kläger, nachdem er sie vergeblich dazu aufgefordert und dann die Ausfüllung selber vorgenommen hat, gemäß §§ 812 ff. BGB die aufgewendeten Kosten erstatten ...*"[1238].

Erstaunlich ist, daß der Bundesgerichtshof zwar grundsätzlich anerkannte, daß das nachbarliche Gemeinschaftsverhältnis und der hierin wurzelnde Ausgleichs-

---

[1238] BGHZ 28, S. 114 f., S. 116 f.

anspruch nur in sehr seltenen und engen Ausnahmefällen Platz greifen könne, sich aber dennoch über das bislang in den Urteilen des Reichsgerichts[1239] geforderte ungeschriebene Tatbestandsmerkmal der konkret drohenden Existenzvernichtung zur Begründung eines Zahlungsanspruchs ohne weitere vertiefte Diskussion hinwegsetzte. Dieses bisher in der Rechtsprechung des Reichsgerichts und auch des Bundesgerichtshofs[1240] zwingend für erforderlich erachtete Tatbestandsmerkmal wurde also dahin aufgeweicht, daß dem Kläger nunmehr allein aus dem Gesichtspunkt der gegenseitigen nachbarlichen Rücksichtnahme ein Ausgleichsanspruch zustand. Diese wenig differenzierte Auseinandersetzung mit den Voraussetzungen des nachbarlichen Ausgleichsanspruchs war der höchstrichterlichen Rechtsprechung bis dahin unbekannt. Im vorliegenden Falle läßt es sich zwar im wesentlichen aus dem Bemühen des Bundesgerichtshofs erklären, eine Billigkeitsentscheidung zugunsten des Klägers zu rechtfertigen. Dennoch deutete sich in der vorliegenden Entscheidung bereits an, daß der Bundesgerichtshof seine Rechtsprechung zum nachbarlichen Ausgleichsanspruch insgesamt in neue Bahnen zu lenken beabsichtigte.

Seine neue Auffassung in Bezug auf die generellen Voraussetzungen des im Rechtsinstitut des nachbarlichen Gemeinschaftsverhältnisses wurzelnden Ausgleichsanspruchs stellte der Bundesgerichtshof dann in der bereits zitierten Entscheidung vom 15. April 1959[1241] dar.

Nachdem der Bundesgerichtshof im zu entscheidenden Fall die durch die Schwefeldioxydimmissionen bedingten Einwirkungen als nicht ortsüblich charakterisiert hatte, setzte er sich mit der Frage auseinander, ob dem betroffenen Grundeigentümer ein aus dem nachbarlichen Gemeinschaftsverhältnis entspringender Ausgleichsanspruch zustehe oder nicht. Der Bundesgerichtshof bestätigte insoweit das der Klage stattgebende Urteil des Berufungsgerichts, das dem betroffenen Kläger einen Anspruch auf Ersatz seiner durch die Immissionen verursachten Schäden am Grundstück aus Billigkeitserwägungen zugesprochen hatte. Unter Rückgriff auf die „Zweite Gutehoffnungshütte-Entscheidung" des Reichsgerichts vom 10. März 1937[1242] führte er aus:

> „*Der Ausgleichsanspruch ist in der Entscheidung RGZ 154, 161 zumindest äußerlich auch mit nationalsozialistischen Gedankengängen begründet. Er beruht aber nicht auf typisch nationalsozialistischem Denken, sondern auf allgemeinen Erwägungen, insbesondere insofern, als er aus den dem Nachbarschafts-*

[1239] Vgl. hierzu oben § 30 II. und III.

[1240] Vgl. noch das Urteil des Bundesgerichtshofs vom 28. Februar 1955 (BGHZ 16, S. 366 ff. – Bienen) sowie oben § 32 II.

[1241] BGHZ 30, S. 273 ff – schädigende Gase. Vgl. zum Sachverhalt oben § 32 I. 2.

[1242] RGZ 154, S. 161 ff. Vgl. hierzu insbesondere oben § 30 II 1.

*verhältnis entspringenden Pflichten zur Rücksichtnahme abgeleitet wird.*

*Es ist nicht anzuerkennen, daß nur Schäden, die die Gefahr einer Existenzvernichtung herbeiführen, einen Anspruch auf Teilentschädigung aus Billigkeitsgründen rechtfertigen können ... . Auch eine schwere Beeinträchtigung des wirtschaftlichen Fortkommens kann ausreichen. Solche schwere Beeinträchtigung kann durch erhöhte notwendige Ausgaben, auch für den Lebensbedarf, die mit dem beeinträchtigten Erwerbsunternehmen unmittelbar nichts zu tun haben, mit herbeigeführt werden. Es kann aber auch sogar das Fortbestehen eines Betriebes durch derartige Ausgaben dann in Frage gestellt werden, wenn ihm hierdurch notwendige Mittel entzogen werden. Daher ist es entgegen der Revision aus Rechtsgründen nicht zu beanstanden, wenn das Berufungsgericht auch solche Ausgaben für die Zuerkennung des Ausgleichsanspruchs dem Grunde nach angeführt hat.*"[1243]

In dieser Entscheidung brach der Bundesgerichtshof nun deutlich mit dem durch das Reichsgericht zur Begründung des aus dem nachbarlichen Gemeinschaftsverhältnis entspringenden Ausgleichsanspruchs bislang immer für erforderlich gehaltenen Tatbestandsmerkmal der drohenden Existenzvernichtung. Nunmehr sollte bereits allein eine schwere Beeinträchtigung des wirtschaftlichen Fortkommens zur Begründung des aus dem Rechtsinstitut des nachbarlichen Gemeinschaftsverhältnisses entspringenden nachbarlichen Ausgleichsanspruchs ausreichen.

## VI.
## Zusammenfassung

An den zitierten Urteilen läßt sich ablesen, daß der Bundesgerichtshof bemüht war, sich bei der Lösung von nachbarlichen Immissionsfällen an der Rechtsprechung des Reichsgerichts zu orientieren. In vielen Urteilen findet sich der Verweis auf die bereits durch das Reichsgericht entwickelten Grundsätze zur Lösung von Immissionsstreitigkeiten, häufig allein durch den Hinweis auf die „insofern gefestigte höchstrichterliche Rechtsprechung".

Vor allem im Hinblick auf den Einfluß des nachbarlichen Gemeinschaftsverhältnisses auf die Lösung privater nachbarlicher Immissionsfälle wird jedoch sichtbar, daß der Bundesgerichtshof die vom Reichsgericht aufgestellten Grundsätze nicht nur anerkannte, sondern in erheblichem Maße weiterentwickelte, in-

[1243] BGHZ 30, S. 280 f.

dem er die Voraussetzungen für den Ausgleichsanspruch bereits bei Entstehen einer schweren Beeinträchtigung des wirtschaftlichen Fortkommens durch die störende Einwirkung bejahte[1244].

Der Grund mag hier vor allem darin zu sehen sein, daß der Bundesgerichtshof in der auch vom Reichsgericht erkannten, vom Gesetzgeber allerdings bei der Schaffung des § 906 BGB nicht berücksichtigten Situation einer ortsüblichen, aber existenzgefährdenden Immission einen Ausgleich dafür finden mußte, daß einer einseitig benachteiligenden Einwirkung auf das Grundstück ein geldwerter Vorteil nicht entgegenstand[1245]. Hier war nicht ohne weiteres einzusehen, weshalb nur eine existenzgefährdende, nicht aber auch eine die eigene ortsübliche Nutzung des Grundstücks unzumutbar erschwerende Immission nicht zu einem vermögensrechtlichen Ausgleichsanspruch berechtigen sollte[1246]. Denn schließlich standen sich nach der in § 903 BGB niedergelegten Eigentumsgarantie beide Nutzungsarten grundsätzlich gleichberechtigt gegenüber. Insofern war es konsequent, dem betroffenen Grundeigentümer aufgrund der im nachbarlichen Gemeinschaftsverhältnis wurzelnden gegenseitigen Rücksichtnahmepflichten, die sich zugunsten des immittierenden Grundstückseigentümers dahingehend auswirkten, daß die von seinem Grundstück ausgehenden Einwirkungen nicht untersagt werden konnten, zumindest einen finanziellen Ausgleich auch für seine unzumutbar erschwerte, wenn auch nicht existenzgefährdende Beeinträchtigung seiner Nutzung zu gewähren[1247].

---

[1244] *Mühl*, NJW 1960, S. 1134; *Hagen*, Nachbarrechtlicher Ausgleichsanspruch, S. 492.

[1245] *Hans-Wolfgang Schulte*, S. 30 f.

[1246] Vgl. *Westermann*, Sachenrecht, S. 287.

[1247] *Harry Westermann*, Welche Maßnahmen zur Luftreinhaltung und zur Verbesserung des Nachbarrechts sind erforderlich? (Luftreinhaltung), Köln – Opladen 1958, S. 55.

# 2. Kapitel: Privatrechtlicher Immissionsschutz nach der Novellierung des § 906 BGB im Jahre 1959 und dem Erlaß des Bundes-Immissionsschutzgesetzes von 1974

## 1. Abschnitt: Der Einfluß des Gesetzes zur Änderung der Gewerbeordnung und Ergänzung des BGB vom 22. Dezember 1959[1248] sowie des Bundes-Immissionsschutzgesetzes (BImSchG) vom 15. März 1974[1249] auf die materiellen Grundlagen des privatrechtlichen Immissionsschutzes

### 1. Unterabschnitt: Das Gesetz zur Änderung der Gewerbeordnung und Ergänzung des BGB vom 22. Dezember 1959 und die materiellen Grundlagen des privatrechtlichen Immissionsschutzes bis zum Erlaß des Bundes-Immissionsschutzgesetzes im Jahre 1974

#### *§ 33*
#### *Die Ursachen für das Gesetz zur Änderung der Gewerbeordnung und Ergänzung des BGB*

Die Gründung der Bundesrepublik Deutschland und der Wiederaufbau des im Zweiten Weltkrieg zerstörten Deutschlands gingen in wirtschaftlicher Hinsicht mit einem starken wirtschaftlichen Aufschwung einher, der allenthalben als das sogenannte „Wirtschaftswunder" bezeichnet wurde. Der Aufbau und die Erweiterung der im Krieg zerstörten Industrie, aber auch ein genereller industrieller Fortschritt mit den dazugehörigen gesellschaftlichen Veränderungen hin zu einer modernen Industriegesellschaft mit sich ausdehnenden Großstädten führte zu einer verstärkten Zunahme von Umweltbelastungen[1250].

Als besonders sichtbare Folge des „Wirtschaftswunders" zeigte sich vor allem eine Zunahme von Luftverunreinigungen[1251]. Zunehmend schwand das bis dahin vielfach vorhandene Vertrauen, Schadstoffe würden in den Weiten der Lüfte oder in den Tiefen der Meere einfach verschwinden. Gerade die Luftverunreinigungen blieben nämlich sehr bald nicht mehr auf einige industriell geprägte Stadtteile oder Regionen wie das Ruhrgebiet konzentriert, sondern weiteten sich

---

[1248] BGBl. I, S. 781.

[1249] Gesetz zum Schutz vor schädlichen Umwelteinwirkungen durch Luftverunreinigungen, Geräusche, Erschütterungen und ähnliche Vorgänge (Bundes-Immissionsschutzgesetz – BImSchG), BGBl. I, S. 721.

[1250] *Schött*, S. 1; *Gerlach*, S. 34.

[1251] Zu den einzelnen Auswirkungen anschaulich *Hans Stephany*, Zum Problem der Reinhaltung der Luft, Der Betriebsberater (BB) 1960, S. 529 ff.

zu regionalen oder gar nationalen Umweltplagen aus, die dadurch in steigender Anzahl den Unmut der betroffenen Bevölkerung heraufbeschworen[1252], wenngleich vordergründig der Wirtschaftsaufschwung und der damit verbundene materielle Wohlstand das Bewußtsein der Gesamtbevölkerung bestimmten[1253].

Schon früh begann sich deshalb der Ruf zu regen, die virulenten Auswirkungen der Luftverschmutzung zu kontrollieren und möglichst zu minimieren. Techniker, Naturwissenschaftler, Juristen, Wirtschaftswissenschaftler und Raumplaner wurden aufgerufen, ein System des umfassenden Immissionsschutzes zu schaffen, um die nachteiligen gesundheitlichen, wirtschaftlichen und ökologischen Folgen der steigenden Umweltbelastungen zu untersuchen und weitestgehend zu verhindern[1254].

So wurden beispielsweise seitens des Siedlungsverbandes Ruhrkohlenbezirk[1255], der VDI-Kommission Reinhaltung der Luft[1256] und des Nordrhein-Westfälischen Städtetages[1257] verschiedene Vorschläge zur Reduzierung der Schadstoffe in der Luft erörtert. Dies führte letztlich dazu, daß sich der Zweite Deutsche Bundestag im Jahre 1957 mit dem Thema der industriellen Luftverschmutzung beschäftigte. In dem Bericht der Bundesregierung vom 31. Juli 1957[1258] über Umfang und Folgen der Luftverschmutzung wurden gesetzliche Maßnahmen vorgeschlagen, um dem Problem Einhalt zu gebieten.

Auf Initiative mehrerer Abgeordneter verschiedener Fraktionen des Bundestages – nicht der Bundesregierung[1259] – wurde der Initiativgesetzentwurf zur Änderung der Gewerbeordnung und des Bürgerlichen Gesetzbuches vom

---

[1252] *Franz Josef Brüggemeier*, Natur, Gesundheit, Eigentum. Zur Entwicklung des Umweltbewußtseins in Deutschland im 19. und 20. Jahrhundert (Natur, Gesundheit, Eigentum), in: Michael Kloepfer (Hrsg.), Schübe des Umweltbewußtseins und der Umweltrechtsentwicklung, Bonn 1995, S. 15 f.

[1253] *Michael Kloepfer*, Umweltrechtsentwicklungen in Deutschland nach 1945 (Umweltrechtsentwicklungen), in: Michael Kloepfer (Hrsg.), Schübe des Umweltbewußtseins und der Umweltrechtsentwicklung, Bonn 1995, S. 94.

[1254] *Alfons Schmidt-Tophoff*, Luftreinhaltung und Luftreinhalterecht, BB 1959, S. 569 ff.

[1255] Vgl. zur Entstehung und Entwicklung des Siedlungsverbandes Ruhrkohlenbezirk *Heinz Neufang*, Der Siedlungsverband Ruhrkohlenbezirk (1920-1963), Die öffentliche Verwaltung (DÖV) 1963, S. 812 ff.

[1256] *H. Althaus/C. A. Primavesi/J. Wüstenberg*, Umwelthygiene, eine Gegenwarts- und Zukunftsaufgabe zur Erhaltung des menschlichen Lebens, in: Umwelthygiene. Bauwesen. Raumordnung, Schriftenreihe des Bundesministers für wissenschaftliche Forschung, Heft 5, München 1968, S. 5 ff., S. 8. Vgl. zu dieser Kommission auch *Schmidt-Tophoff*, BB 1959, S. 569.

[1257] Vgl. insbesondere *Hans Otto Hettche*, Bericht über die 2. Fachtagung des Städtetages Nordrhein-Westfalen über Maßnahmen zur Reinhaltung der Luft in Städten am 8. Januar 1958 in Wuppertal, Städtehygiene, 10. Jahrgang (1959), S. 57 ff.

[1258] BT-Drucksache II, S. 3757.

[1259] *Fritz Baur*, Zur Entstehung des Umweltschutzrechts aus dem Sachenrecht des BGB (Entstehung des Umweltschutzrechts), JZ 1987, S. 318.

15. April 1958[1260] eingebracht, der anschließend in den Ausschuß für Gesundheitsfragen sowie in den Wirtschaftsausschuß zur Beratung überwiesen wurde. Der federführende Gesundheitsausschuß hörte zum Problemkreis etliche Kommunalvertreter und Sachverständige an. Er verschaffte sich aber auch durch Besuche zahlreicher Großbetriebe und verschiedener Industriestädte des Ruhrgebiets einen eigenen Eindruck über die Auswirkungen der Luftverschmutzung auf Umwelt und Bevölkerung. Der Abgeordnete *Even* als zuständiger Berichterstatter des Gesundheitsausschusses faßte die Ergebnisse dahingehend zusammen, daß zur Überzeugung der Ausschußmitglieder die Luftverunreinigung – als deren primärer Verursacher die Schwerindustrie angesehen wurde – ein Ausmaß erreicht habe, welches der Bevölkerung im Hinblick auf die Schädlichkeit für die Gesundheit schlechterdings nicht mehr zugemutet werden könne[1261]. Die existierenden gesetzlichen Regelungen wurden einhellig als unzureichend empfunden und die Verabschiedung verschärfender gesetzlicher Bestimmungen gefordert[1262].

Diesem Postulat wurde durch den Bundestag am 11. November 1959 entsprochen, als er in dritter Lesung das Gesetz zur Änderung der Gewerbeordnung und Ergänzung des Bürgerlichen Gesetzbuches beschloß, das am 22. Dezember 1959 verkündet wurde und am 1. Juni 1960 in Kraft trat[1263].

## *§ 34*
## *Die materiellen Grundlagen des privatrechtlichen Immissionsschutzes nach der Novellierung im Jahre 1959*

Das Gesetz zur Änderung der Gewerbeordnung und Ergänzung des Bürgerlichen Gesetzbuches vom 22. Dezember 1959 führte tiefgreifende Änderungen im Bereich der Gewerbeordnung[1264] und eine Novellierung des § 906 BGB[1265] herbei.

---

1260 BT-Drucksache III/301, S. 1. Vgl. hierzu *Schmidt-Tophoff*, BB 1959, S. 570 ff.

1261 *Even* als zuständiger Berichterstatter des Gesundheitsausschusses in der 89. Sitzung des Deutschen Bundestages vom 11. November 1958, in: Stenographische Berichte der 89. Sitzung (Sten.Ber. 89. Sitzung), S. 4853.

1262 *Even*, ebenda. Insbesondere *Westermann*, Luftreinhaltung, S. 16 f., S. 27 ff., wies darauf hin, daß dies nicht im Rahmen eines zu schaffenden einheitlichen Luftreinhalterechts, sondern nur mittels vorzunehmender Änderungen bzw. Ergänzungen der bereits bestehenden spezialgesetzlichen Regelungen erfolgen könne. So auch die Begründung des Gesetzentwurfs,

1263 Mit Ausnahme des neugefaßten § 16 Absatz 3 GewO n. F. Er trat bereits am Tage nach Verkündung des Änderungs- und Ergänzungsgesetzes in Kraft, vgl. Artikel 4 des Änderungs- und Ergänzungsgesetzes, BGBl. I, S. 781.

1264 Vgl. hierzu umfassend und detailliert *Rohde*, S. 131 ff. m. w. N.

1265 Bei den in diesem Kapitel zitierten Vorschriften des BGB handelt es sich um solche des BGB nach der Novellierung des § 906 BGB im Jahre 1959.

## I.
## Die Änderungen im Bereich der Gewerbeordnung

§ 16 Absatz 2 GewO[1266] wurde dahingehend geändert und ergänzt, daß auch Anlagen des Bergwesens sowie solche, die nicht unmittelbar gewerblichen Zwekken dienten, aber im Rahmen wirtschaftlicher Unternehmungen Verwendung fanden, der Genehmigungspflicht unterfielen. Zudem ermächtigte § 16 Absatz 3 Satz 1 GewO die Bundesregierung, mit Zustimmung des Bundesrates einen neuen Katalog der genehmigungsbedürftigen Anlagen zu erlassen. Hierdurch sollte vor allem eine an Zweckmäßigkeitsüberlegungen orientierte, flexible und schnelle Anpassung des Katalogs an die fortschreitende technische Entwicklung ermöglicht werden[1267].

Das Herzstück der neuen Gewerbegesetzgebung stellte der novellierte § 25 Absatz 3 Satz 1 GewO dar[1268]. Diese Soll-Vorschrift[1269] führte im Hinblick auf die von konzessionierten[1270] Gewerbebetriebe ausgehenden Immissionen dazu, daß den belästigten Nachbarn zwar kein Anspruch auf behördliches Einschrei-

---

1266 Nunmehr insgesamt nicht mehr „Reichsgewerbeordnung", sondern „Gewerbeordnung" (GewO).

1267 Begründung des Gesetzentwurfs, BT-Drucksache III/301, S. 3. Bis 1959 erfolgte die Bestimmung der technischen Voraussetzungen an die Genehmigungsfähigkeit einer technischen Anlage primär auf Länderebene, was zu Ungleichbehandlungen führen konnte. Die neue Rechtslage ermöglichte es der Bundesregierung, mittels sogenannter Technischer Anleitungen (TA) die Rechtslage bundeseinheitlich zu vereinheitlichen. So sollten die Technische Anleitung zur Reinhaltung der Luft (sogenannte TA-Luft) am 8. September 1964 (GMBl Nr. 26/1964 vom 14. September 1964, S. 433 bis 468) und die Technische Anleitung zum Schutz gegen Lärm am 16. Juli 1968 (sogenannte TA-Lärm vom 16. Juli 1968, veröffentlicht in der Beilage zum Bundesanzeiger Nr. 137 vom 26. Juli 1968) einen erheblichen Einfluß auf die Ausgestaltung vor allem des öffentlich-rechtlichen Genehmigungs- und Immissionsschutzrechts nehmen. Vgl. zum Inhalt dieser Technischen Anleitungen und den Auswirkungen vor allem auf das öffentlich-rechtliche Genehmigungsverfahren *Rohde*, S. 133 ff.

1268 § 25 Absatz 3 Satz 1 GewO n. F. lautete: „Ergibt sich nach der Genehmigung einer unter § 16 Abs. 1 bis 3 fallenden Anlage, daß die Besitzer oder Bewohner der benachbarten Grundstücke oder das Publikum überhaupt vor Gefahren, Nachteilen oder Belästigungen nicht ausreichend geschützt sind, so sollen von der zuständigen Behörde nachträgliche Anordnungen über Anforderungen an die technische Einrichtung und den Betrieb der Anlage getroffen werden."

1269 Im Gesetzentwurf war die Norm noch als sogenannte Kann-Vorschrift ausgestaltet, vgl. BT-Drucksache III/301, S. 2. Sie wurde erst im Gesetzgebungsverfahren in eine Soll-Vorschrift umgewandelt.

1270 *Robert von Landmann/Gustav Rohmer/Erich Eyermann/Ludwig Fröhler*, Kommentar zur Gewerbeordnung, Bd. 1, 12. Auflage, München – Berlin 1970 (Landmann/Rohmer, Gewerbeordnung Stand 1970), § 25 Rn. 32, wiesen jedoch darauf hin, daß die Vorschrift analog auf sämtliche Anlagen und Betriebe – also auch solche, die nicht der Genehmigungspflicht nach § 16 GewO unterfielen – anzuwenden sei. A. A. *Hans Peter Adler*, Nachträgliche Anforderungen an Gewerbebetriebe (Nachträgliche Anforderungen), Berlin 1970, S. 45 (Fn. 1).

ten, wohl aber ein solcher auf fehlerfreie behördliche Ermessensausübung zustand[1271]. Durch die Formulierung als Soll-Vorschrift war gewährleistet, daß die Behörde bei Vorliegen der gesetzlichen Voraussetzungen in der Regel zum Erlaß einer nachträglichen Anordnung verpflichtet sein sollte, was den Ermessensspielraum der Behörde stark einschränkte[1272].

Als Belästigung galt allgemein jede Einwirkung auf das körperliche Wohlbefinden und als Nachteil jegliche wirtschaftliche oder ideelle Einbuße[1273]. Allerdings sollten nur erhebliche Gefahren, Nachteile und Belästigungen zum Erlaß nachträglicher Anordnungen berechtigen, was eine differenzierte, an objektiven Maßstäben orientierte Einzelfallbetrachtung ermöglichte[1274]. Auch nachträgliche Veränderungen in der Umgebung des Gewerbebetriebes, die nicht in den Verantwortungsbereich des Unternehmers fielen, konnten den Erlaß nachträglicher Anordnungen rechtfertigen[1275].

Dem sich andeutenden Konfliktpotential – wirtschaftliche Ausnutzung der behördlichen Konzession durch den Gewerbetreibenden einerseits und möglichst weitgehender Schutz der benachbarten Grundstücke und Personen vor Belästigungen andererseits – versuchte der Gesetzgeber dadurch zu begegnen, daß er in § 25 Absatz 3 Satz 3 die nachträglichen Anordnungen auf das Maß beschränkte, das „nach dem jeweiligen Stand der Technik erfüllbar und für Anlagen dieser Art wirtschaftlich vertretbar“ war. *Ratio legis* für die entsprechende Normierung war insbesondere die Überlegung, daß der Nachbar eines Gewerbebetriebes solche Einwirkungen nicht sollte hinnehmen müssen, die durch technisch erfüllbare und wirtschaftlich vertretbare Maßnahmen verhindert werden konnten[1276]. Aber mit der Regelung wurde auch der weitgehenden Absicherung des immittierenden Gewerbetreibenden Rechnung getragen[1277].

Der Maßstab der Erfüllbarkeit nach dem jeweiligen Stand der Technik entsprach der Gesamtheit der im Zeitpunkt der Anordnung gewonnenen technischen Erkenntnisse, die teilweise durch die im Rahmen der nach § 16 Absatz 3 Satz 2 GewO erlassenen Technischen Anleitungen konkretisiert wurden[1278].

Problematischer stellte sich demgegenüber das Merkmal der wirtschaftlichen Vertretbarkeit bei „Anlagen dieser Art“ dar. Zwar hatte der Gesetzgeber bewußt den Aspekt der finanziellen Folgen nachträglicher Anordnungen berücksich-

---

[1271] *Landmann/Rohmer*, Gewerbeordnung Stand 1970, § 25 Rn. 34.

[1272] *Rohde*, S. 139. *Landmann/Rohmer*, Gewerbeordnung Stand 1970, ebenda.

[1273] *Adler*, Nachträgliche Anforderungen, S. 46.

[1274] *Eberhard Fuhr*, Kommentar zur Gewerbeordnung, Wiesbaden, Stand 1960, § 25 Anm. 7.

[1275] Vgl. insoweit *Rohde*, S. 140 f. m. w. N.; OVG Münster, Urteil vom 10. November 1965, BB 1966, S. 1371 f.

[1276] Vgl. die Gesetzesbegründung, BT-Drucksache III/301, S. 4

[1277] Vgl. die Gesetzesbegründung, BT-Drucksache III/301, S. 3.

[1278] *Fuhr*, a. a. O.

tigt[1279], allerdings mit der Formulierung „für Anlagen dieser Art“ einen objektiven und nicht an der Finanzkraft des betroffenen Unternehmens orientierten Maßstab angelegt[1280]. Dies konnte unter Umständen weitreichende Folgen für den betroffenen Betrieb mit sich bringen, weshalb sich in der behördlichen Praxis durchaus Schwierigkeiten bei der sachgemäßen Anwendung des Merkmals der wirtschaftlichen Vertretbarkeit zeigten[1281].

Insgesamt läßt sich festhalten, daß insbesondere durch die Änderung des § 25 Absatz 3 GewO n. F. der Rechtsschutz des immissionsbetroffenen Nachbarn auf dem Gebiet des öffentlichen Rechts in zweierlei Hinsicht verbesserte[1282]: Zum einen war ihm als potentiell immissionsbelästigten Nachbarn schon im Genehmigungsverfahren die Möglichkeit der Beteiligung eröffnet, weil die Auswirkungen der Genehmigung auf seine Interessen bereits im Konzessionierungsverfahren zu berücksichtigen waren. Zum anderen konnte er bei durch den Betrieb von konzessionierten Betrieben verursachten Einwirkungen, die erst nach der Erteilung der behördlichen Genehmigung auftraten, gegebenenfalls durch ein erneutes behördliches Prüfungsverfahren erreichen, daß die Belästigungen mittels nachträglicher Anordnungen auf das technisch erreichbare und wirtschaftlich zumutbare Maß zurückgeführt wurden.

## II.
## Die Änderung des § 906 BGB

### 1.
### Gründe für das Erfordernis der Novellierung des § 906 BGB a. F.

Wie bereits ausgeführt[1283], hatte der immissionsbetroffene Grundeigentümer im Rahmen des § 906 BGB a. F. selbst wesentlichste Beeinträchtigungen zu dulden,

---

1279 Der Abgeordnete *Even*, Sten.Ber. 89. Sitzung, S. 4855, als zuständiger Berichterstatter des Gesundheitsausschusses des Bundestages wies darauf hin, daß bei Außerachtlassung dieses Kriteriums zahlreichen Betrieben der Ruin und damit eine massive Vernichtung von Arbeitsplätzen drohe.

1280 *Landmann/Rohmer*, Gewerbeordnung Stand 1970, § 25 Rn. 33. Abzustellen war also auf ein gesundes Durchschnittsunternehmen der jeweils gleichen Betriebsart.

1281 *Rohde*, S. 145 f. m. w. N., weist zutreffend darauf hin, daß durchaus Fälle denkbar waren, in welchen sich nachträgliche Anordnungen für den konkreten Betrieb, nicht aber für Betreiber von Anlagen vergleichbarer Art – insbesondere wenn es sich um Großunternehmen mit mehreren Betriebssparten handelte – als wirtschaftlich nicht vertretbar erwiesen. Im Interesse einer aus Gründen des nachhaltigen Immissionsschutzes eingefügten Gesetzesformulierung erschien es wenig sachgerecht, diese Fälle von der Erteilung nachträglicher Anordnungen allein deshalb auszunehmen, weil die gleichen Maßnahmen bei anderen Anlagen dieser Art aus wirtschaftlichen Gründen nicht in Betracht kamen.

1282 Vgl. *Baur*, Entstehung des Umweltschutzrechts, JZ 1987, S. 319.

1283 Vgl. oben § 27 I. 2. b).

wenn sich die Einwirkungen als ortsüblich darstellten. Dies galt selbst für den Fall, daß der immittierende Nachbar Maßnahmen ergreifen konnte, welche die Beeinträchtigung – zumindest teilweise – verhinderten. Denn bei der Beurteilung der Duldungspflichten war nach dem Willen des Gesetzgebers allein auf eine Betrachtung der Ortsüblichkeit abzustellen[1284].

Dieser Zustand wurde allgemein als unbefriedigend empfunden[1285], was sich insbesondere in der höchstrichterlichen Rechtsprechung durch Aufweichungen des Tatbestandsmerkmals der Ortsüblichkeit[1286], durch die Ausbildung der Grundsätze des nachbarlichen Gemeinschaftsverhältnisses[1287] sowie durch die Versuche einer angemessenen vermögensrechtlichen Kompensation[1288] zeigte. Deshalb erachtete man neben den Änderungen der Gewerbeordnung auch eine Neufassung des § 906 BGB für erforderlich[1289].

Das Bürgerliche Gesetzbuch sollte ursprünglich nur mit dem Ziel ergänzt werden, die Duldungspflicht des immissionsbelästigten Grundeigentümers zu begrenzen. Dies sollte geschehen, indem man die Duldungspflicht gegenüber ortsüblichen Immissionen – auch hinsichtlich solcher nichtgewerblicher Art – auf die Einwirkungen beschränkte, die auch durch wirtschaftlich zumutbare Maßnahmen nicht zu verhindern waren[1290]. Ergriff der Immittent also nicht alle ihm technisch sowie organisatorisch möglichen und auch wirtschaftlich zumutbaren Maßnahmen, sollte er nicht darauf vertrauen dürfen, daß er vor Untersagungs- und Schadenersatzansprüchen des betroffenen Nachbarn geschützt sei.

Der in der Neufassung des § 906 Absatz 2 Satz 2 BGB n. F. normierte Ausgleichsanspruch für duldungspflichtige Einwirkungen wurde erst im Gesetzgebungsverfahren festgeschrieben[1291]. Er sollte „unter Fortentwicklung der höchst-

---

1284 Vgl. *Hagen*, Nachbarrechtlicher Ausgleichsanspruch, S. 494. Die Verfasser des Bürgerlichen Gesetzbuches gingen davon aus, daß sich auch unter den Bedingungen industrieller und verkehrstechnischer Entwicklung die Vor- und Nachteile wechselseitiger ortsüblicher Immissionen auf die Dauer ausgleichen würden, etwa indem mit der steigenden Immissionsbelastung eines sich entwickelnden Industriebetriebs zumindest eine Wertsteigerung des belästigten Grundstücks, beispielsweise aufgrund verstärkter Nachfrage nach Wohn- oder Nutzraum, einherging.

1285 Begründung zum Gesetzentwurf, BT-Drucksache III/301, S. 4.

1286 Vgl. oben § 29 I. 2.

1287 Vgl. oben § 30 II.

1288 Vgl. oben § 30 II. sowie oben § 32 III 2.

1289 Begründung zum Gesetzentwurf, BT-Drucksache III/301, S. 4.

1290 *Even* als zuständiger Berichterstatter des Gesundheitsausschusses in der 89. Sitzung des Deutschen Bundestages vom 11. November 1958, Sten.Ber. 89. Sitzung, S. 4852.

1291 *Hagen*, Nachbarrechtlicher Ausgleichsanspruch, S. 493; *Block*, S. 53. Es handelte sich also um eine Verdichtung von Richterrecht zur Gesetzesnorm, vgl. *Block*, S. 53. *Otto Mühl*, Die Ausgestaltung des Nachbarrechtsverhältnisses in privatrechtlicher und öffentlich-rechtlicher Hinsicht – Ein Beitrag zur Methode des Richterrechts und zum institutionellen Rechtsdenken (Ausgestaltung des Nachbarrechtsverhältnisses), in: Fritz Baur/Josef Esser/Friedrich

richterlichen Rechtsprechung" geschaffen werden, um, so der Abgeordnete *Even* als zuständiger Berichterstatter des Gesundheitsausschusses, „in äußersten Härtefällen, nämlich bei drohender Existenzvernichtung, dem betroffenen Eigentümer auf der Grundlage des nachbarlichen Gemeinschaftsverhältnisses" einen Ausgleich für die ihm auferlegte Duldungspflicht zuzubilligen[1292].

Insgesamt zeigt sich, daß der Bundestag – da man sich schon einmal mit § 906 BGB befaßte – die Chance verstreichen ließ, das ganze System des nachbarlichen Immissionsschutzes neu zu überdenken[1293].

Immerhin hatte der Bundesgerichtshof nämlich bereits vor den Beratungen zum Änderungsgesetz insbesondere in seinem sogenannten zweiten „Lichtschutzurteil"[1294] zur Frage des privatrechtlichen Immissionsschutzes gegen Lichtentzug Stellung genommen und noch während der Beratungen in seinem Urteil vom 8. Oktober 1958[1295] die Probleme bei der Ausfüllung des Tatbestandsmerkmals der „ähnlichen Einwirkungen" aufgezeigt[1296]. Aber nicht nur der Problemkreis der sich wandelnden Einwirkungen, sondern auch das Problem der sogenannten summierten Immission, also der Fälle, in denen die Beeinträchtigung gerade durch das Zusammenwirken mehrerer Immittenten verursacht wurde[1297], blieb weitgehend unbeachtet. Der Grund ist wohl teilweise darin zu sehen, daß man einer Gesamtnormierung des privaten Nachbarrechts mit entsprechenden immissionsschutzrechtlichen Regelungen grundsätzlich zurückhaltend begegnete, weil in der Zeit bis zur Dritten Lesung des Änderungsgesetzes immer noch der Vierte Entwurf des Bundesbaugesetzes debattiert wurde, der einen eigenen Abschnitt über das Nachbarrecht vorsah[1298].

---

Kübler/Ernst Steindorf (Hrsg.), Funktionswandel der Privatrechtsinstitutionen, Tübingen 1974, S. 163 f.

1292 *Even*, a. a. O., S. 4855. In der vom Gesundheitsausschuß zunächst beschlossenen Fassung wurde hinsichtlich der Frage der Zumutbarkeit also ausdrücklich auf das nachbarliche Gemeinschaftsverhältnis Bezug genommen. In der Zweiten Lesung fiel dieser Verweis weg, wodurch allerdings der Sinnzusammenhang keine Änderung erfahren sollte. Interessanterweise wies *Even* auch auf die drohende Existenzvernichtung als Voraussetzung des zu normierenden Ausgleichsanspruchs hin, obwohl der BGH bereits in seinem Urteil vom 9. Juli 1958 (BGHZ 28, S. 110 ff. – Mauerwölbung; vgl. oben § 32 III. 2.) angedeutet hatte, daß er an diesem Tatbestandsmerkmal nicht weiter festzuhalten gedachte.

1293 *Block*, S. 54.

1294 BGH, Urteil vom 10. April 1953, LM, Nr. 2 zu § 903 BGB. Vgl. oben § 32 II. 1.

1295 BGHZ 28, S. 225 ff. – Steinschlag. Vgl. hierzu oben § 32 I. 1.

1296 Der Problematik des Schutzes gegen Lichteinwirkungen kam man beispielsweise nahe, als im Bundestag argumentiert wurde, durch die über den Ballungsräumen schwebende Dunstglocke werde der Bevölkerung ein großer Teil des Sonnenlichts und der Frischluftzufuhr abgeschnitten. Vgl. Sten.Ber. 89. Sitzung, S. 4853, S. 4857.

1297 Vgl. *Westermann*, Luftreinhaltung, S. 62 ff. sowie unten § 36 III.

1298 *Block*, S. 54 f.

## 2.
## Die Neufassung des § 906 BGB

§ 906 BGB n. F erhielt durch das Gesetz zur Änderung der Gewerbeordnung und Ergänzung des Bürgerlichen Gesetzbuches vom 22. Dezember 1959 folgenden Wortlaut:

> *„Der Eigentümer eines Grundstücks kann die Zuführung von Gasen, Dämpfen, Gerüchen, Rauch, Ruß Wärme, Geräusch, Erschütterungen und ähnliche von einem anderen Grundstück ausgehende Einwirkungen insoweit nicht verbieten, als die Einwirkung die Benutzung seines Grundstücks nicht oder nur unwesentlich beeinträchtigt.*
> *Das gleiche gilt insoweit, als eine wesentliche Beeinträchtigung durch eine ortsübliche Benutzung des anderen Grundstücks herbeigeführt wird und nicht durch Maßnahmen verhindert werden kann, die Benutzern dieser Art wirtschaftlich zumutbar sind. Hat der Eigentümer hiernach eine Einwirkung zu dulden, so kann er von dem Benutzer des anderen Grundstückes einen angemessenen Ausgleich in Geld verlangen, wenn die Einwirkung eine ortsübliche Benutzung seines Grundstücks oder dessen Ertrag über das zumutbare Maß hinaus beeinträchtigt.*
> *Die Zuführung durch eine besondere Leitung ist unzulässig."*

### a)
### Die Immissionstatbestände

Hinsichtlich der einzelnen Immissionstatbestände wurde durch die Novellierung die bislang geltende, von der Rechtsprechung maßgeblich beeinflußte Rechtslage beibehalten[1299]. Wesentliche Erweiterungen der Immissionstatbestände wurden nicht normiert. Auch nach der neuen Gesetzeslage unterfielen sogenannte ideelle und negative Einwirkungen nicht den Immissionstatbeständen des § 906 Absatz 1 BGB n. F.[1300].

---

1299 *Jürgen F. Baur*, in: Theodor Soergel/Wolfgang Siebert/Jürgen F. Baur/Hans-Jürgen Abraham (Hrsg.), Bürgerliches Gesetzbuch (Soergel-Baur, 10. Auflage), Bd. 4 (Sachenrecht), 10. Auflage, Stuttgart – Berlin – Köln – Mainz 1968, § 906 Rn. 25 ff.; *Helmut Engler*, Welche Möglichkeiten des Schutzes vor schädlichen Umwelteinflüssen bietet das Zivilrecht?, Agrarrecht 1972, S. 374.

1300 *Franz-Jürgen Säcker* in: Kurt Rebmann/Franz-Jürgen Säcker (Hrsg.), Münchener Kommentar zum Bürgerlichen Gesetzbuch (MüKo-Säcker), Bd. 4, 1. Auflage, München 1981, § 906, Rn. 20 f. A. A. *Soergel-Baur*, 10. Auflage, § 906 Rn. 19, der ohne nähere Begründung

## b) Die Neufassung des § 906 Absatz 2 Satz 1 BGB

Im Rahmen des neugefaßten § 906 Absatz 2 Satz 1 BGB sollte die Duldungspflicht für nachbarliche Immissionen nach wie vor grundsätzlich an den Merkmalen der Wesentlichkeit und der Ortsüblichkeit gemessen werden. Unwesentliche Beeinträchtigungen sollten ebenso geduldet werden wie solche, die sich völlig im sozialadäquaten Rahmen der ortsüblichen Übung hielten[1301].

Die bislang geltenden Grundsätze bei der Betrachtung dieser jeweiligen Tatbestandsmerkmale blieben unverändert[1302]. Die Wesentlichkeit einer Beeinträchtigung wurde nach wie vor nach einem differenziert objektiven Maßstab der Empfindsamkeit eines normalen Durchschnittsmenschen bestimmt[1303]. Zur Ermittlung der Ortsüblichkeit der Immission wurde die Nutzung des immittierenden Grundstücks im konkreten Falle mit der anderer Grundstücke in einem relevanten Bezirk verglichen[1304].

Der neugefaßte § 906 Absatz 2 Satz 1 BGB sah jedoch vor, daß eine Duldungspflicht hinsichtlich ortsüblicher Beeinträchtigungen nur insoweit bestehen sollte, wie diese nicht durch Maßnahmen verhindert werden konnten, die Grundstücksbenutzern dieser Art wirtschaftlich zumutbar waren. Damit wurden die Duldungspflichten der immissionsbetroffenen Grundeigentümer deutlich eingeengt und ihr Rechtsschutz erweitert[1305].

Der Immittent konnte also nunmehr nicht mehr ohne weiteres darauf vertrauen, daß der von den Einwirkungen betroffene Grundstückseigentümer die wesentlichen und ortsüblichen – auch nicht-gewerblichen – Immissionen, die nach dem jeweiligen Stand der Technik vermeidbar waren, hinnehmen mußte[1306]. Für den Bereich industrieller Immissionen bedeutete dies, daß der immittierende Benutzer des störenden Grundstücks fortan auch zivilrechtlich gezwungen war, alles für einen gesunden Durchschnittsbetrieb seines Erwerbszweiges Zumutbare zu tun, um Einwirkungen auf benachbarte Grundstücke zu vermeiden, damit er sich nicht negatorischen oder vermögensrechtlichen Ansprüchen der Nachbarn aussetzte[1307].

Als Maßnahmen kamen in erster Linie die Errichtung technischer Anlagen wie Entstaubungsanlagen, Filter oder schallschützende Maßnahmen in Be-

---

auch ideelle Einwirkungen dem Immissionsbegriff des § 906 Absatz 1 BGB n. F. unterstellte, soweit die Einwirkungen „Personen körperlich beeinträchtigen".

1301 *Engler*, a. a. O.

1302 *Soergel-Baur*, 10. Auflage, § 908 Rn. 38 ff.

1303 *MüKo-Säcker*, 1. Auflage, § 906 Rn. 26. *Engler*, Agrarrecht 1972, S. 374 f.

1304 *Kleindienst*, S. 27 f.

1305 *Baur*, Entstehung des Umweltschutzrechts, JZ 1987, S. 318.

1306 *Soergel-Baur*, 10. Auflage, § 906 Rn. 48 ff.

1307 So das erklärte Ziel der Novellierung, vgl. *Even*, Sten.Ber. 89. Sitzung, S. 4855.

tracht[1308]. Allerdings konnten den Immittenten auch organisatorische Umstellungspflichten wie beispielsweise die Anordnung von Weisungen an sein Betriebspersonal zu schonendem Verhalten oder die Pflicht zur Änderung der Betriebszeiten treffen[1309].

Die Grenzen des zumutbaren Aufwandes zur Verhinderung der Einwirkungen auf benachbarte Grundstücke waren anhand eines differenziert objektiven Maßstabs zu ermitteln[1310]: Zumutbar waren Schutzmaßnahmen, die technisch durchführbar, effizient und mit der finanziellen Leistungsfähigkeit eines durchschnittlichen Benutzers gerade dieses bestimmten, störenden Grundstücks in Einklang zu bringen waren[1311]. Es kam demnach also nicht darauf an, daß die Maßnahmen dem konkreten Eigentümer des immittierenden Grundstücks wirtschaftlich zumutbar waren, sondern daß die finanziellen Belastungen einem durchschnittlichen Betrieb der betreffenden Branche zugemutet werden konnten – unabhängig davon, ob die erforderlichen Investitionen aus dem konkreten Betrieb erwirtschaftet wurden oder nicht[1312]. Diese elastische Lösung erlaubte eine Differenzierung zwischen Klein-, Mittel- und Großbetrieben und ermöglichte eine Berücksichtigung der Besonderheiten des konkreten Einzelfalls[1313]. Zudem sollte sich ein unrentabel arbeitender Betrieb nicht unter Berufung auf wirtschaftliche Schwierigkeiten der Verpflichtung zur Vornahme immissionsschützender Maßnahmen entziehen können[1314]. Damit hatte das altbekannte Tatbestandsmerkmal der Ortsüblichkeit trotz seines nach den Motiven zum Bürgerlichen Gesetzbuch intendierten Charakters als eines „einigermaßen beweglichen Regulators“[1315] seine vorrangige Funktion als Prüfungsmerkmal zur Bestimmung der Duldungspflichten in nachbarlichen Immissionsfällen weitgehend verloren[1316].

---

1308 *Staudinger-Roth*, 13. Auflage, § 906 Rn. 209. *Baur*, Entstehung des Umweltschutzrechts, JZ 1987, S. 318, verwies zu Recht auf einen Investitionsschub und einen gesteigerten Innovationsdrang im technischen Bereich als positiven Nebeneffekt der neuen Rechtslage.

1309 *Kleindienst*, S. 35.

1310 *Kleindienst*, S. 36.

1311 *MüKo-Säcker*, 1. Auflage, § 906 Rn. 109.

1312 *Soergel-Baur*, 10. Auflage, § 906 Rn. 51; *Glaser/Dröschel*, S. 181. Ähnlich wie bei § 25 Absatz 3 GewO hatte der Gesetzgeber also auch im Rahmen des § 906 Absatz 2 Satz 1 BGB Wert auf einen objektiven Maßstab bei der Prüfung des Tatbestandsmerkmals der wirtschaftlichen Zumutbarkeit gelegt, wie sich aus der Formulierung „Benutzern dieser Art“ entnehmen läßt.

1313 *Hans-Wolfgang Schulte*, S. 52 f.

1314 *Soergel-Baur*, 10. Auflage, § 906 Rn. 51.

1315 Vgl. oben § 25 II. 4.

1316 *Baur*, Entstehung des Umweltschutzrechts, JZ 1987, S. 318, spricht davon, daß angesichts der Novellierung für eine weitere „Feigenblattfunktion der Ortsüblichkeit für schädliche Emissionen“ kein Raum mehr bestehe.

### c) Die Normierung des nachbarlichen Ausgleichsanspruchs für wesentliche, aber nur mit unzumutbarem wirtschaftlichen Aufwand zu verhindernde Immissionen in § 906 Absatz 2 Satz 2 BGB n. F.

Die wichtigste Neuerung bei der Novellierung des § 906 BGB stellte der in § 906 Absatz 2 Satz 2 BGB n. F. normierte Anspruch auf angemessenen Ausgleich in Geld für die Duldungspflicht hinsichtlich unzumutbarer, von einem anderen, ortsüblich genutzten Grundstück ausgehender Beeinträchtigungen dar[1317]. In der Neuregelung kodifizierte der Gesetzgeber erstmals grundsätzlich den nachbarrechtlichen Ausgleichsanspruch, der durch das Reichsgericht entwickelt und vom Bundesgerichtshof anerkannt worden war[1318]. In der konkreten Rechtsanwendung bedeutete dies, daß zur Zusprechung des Ausgleichsanspruchs nicht mehr auf das nachbarliche Gemeinschaftsverhältnis zurückgegriffen werden mußte[1319], sondern dieses im Nachbarverhältnis lediglich bei der Lösung von anderen als den durch Immissionen verursachten Konflikten Anwendung fand[1320].

Allerdings stellte die neugeschaffene gesetzliche Regelung eine deutliche Erweiterung der bisherigen Rechtsprechung zum nachbarlichen Ausgleichsanspruch dar[1321]. Die strengen Voraussetzungen der „drohenden Existenzvernichtung“ oder des „schweren wirtschaftlichen Nachteils“, die noch als Tatbestandsvoraussetzungen in den höchstrichterlichen Urteilen zur Begründung des Ausgleichsanspruchs und auch in der anfänglichen Gesetzesberatung gefordert wurden, waren in § 906 Absatz 2 Satz 2 BGB sichtbar herabgemildert[1322]. Ausgleichspflichtig war nunmehr potentiell jede nicht mehr geringfügige Störung des Gleichgewichts der nachbarlichen Beziehungen, die auf der Seite des immissionsbetroffenen Nachbarn ein besonderes Opfer hervorrief, indem es ihm eine unzumutbare Belästigung auferlegte[1323]. Abzustellen war nämlich nunmehr allein auf die Frage, ob sich die Störung nach einem objektiven Maßstab eines durchschnittlichen Eigentümers eines Grundstückes derselben Art und Lage als unzumutbar oder unerträglich darstellte[1324].

Wie die Formulierung des „hiernach“ in § 906 Absatz 2 Satz 2 BGB n. F. zeigte, war Voraussetzung des Ausgleichsanspruchs, daß dem betroffenen Grundeigentümer zunächst einmal eine Duldungspflicht nach § 906 Absatz 2 Satz 1 BGB hinsichtlich solcher ortsüblicher, unzumutbarer, allerdings durch

---

1317 *Kleindienst*, S. 42.

1318 *Mühl*, Ausgestaltung des Nachbarrechtsverhältnisses, S. 170; *ders.*, NJW 1960, S. 1136; *Glaser/Dröschel*, S. 173.

1319 *Schött*, S. 112.

1320 *Hans Schulte*, S. 58.

1321 *Hans-Wolfgang Schulte*, S. 56.

1322 *Soergel-Baur*, 10. Auflage, § 906 Rn. 72.

1323 *Hans-Wolfgang Schulte*, a. a. O.

1324 *Kleindienst*, S. 49.

wirtschaftlich zumutbare Maßnahmen nicht verhinderbarer Einwirkungen oblag[1325]. Im Unterschied zu dem nach § 26 GewO eröffneten Anspruch auf Schadloshaltung, bei dem ein negatorischer Anspruch nach § 1004 BGB zwar grundsätzlich existierte, aber aus Gründen der Gewährleistung der Betriebsfähigkeit eines konzessionierten Gewerbebetriebs ausgeschlossen war, war dem immissionsbeeinträchtigten Grundeigentümer also beim Ausgleichsanspruch des § 906 Absatz 2 Satz 2 BGB ein Abwehranspruch gegen die Einwirkung wegen der dort normierten Duldungspflicht gar nicht erst eröffnet[1326].

Der Anspruch nach § 906 Absatz 2 Satz 2 BGB n. F. gewährte einen Anspruch auf „angemessenen Ausgleich in Geld ... , wenn die Einwirkung eine ortsübliche Benutzung seines Grundstücks oder dessen Ertrag über das zumutbare Maß hinaus" beeinträchtigte. Der genaue Inhalt des Ausgleichsanspruchs blieb vor allem in der Literatur streitig[1327]. Einigkeit herrschte aber darüber, daß dem mit dem Einzelfall befaßten Richter eine freiere Gestaltungsmöglichkeit als bei der Zumessung von Schadenersatzansprüchen eröffnet war[1328], weil sich der Ausgleichsanspruch nicht nach den Grundsätzen des allgemeinen Schadensrechts, sondern eher nach dem Umfang des Anspruchs auf Enteignungsentschädigung bemaß[1329]. Sein Umfang ging nach dem Wortlaut des Gesetzes auf einen „angemessenen Ausgleich in Geld". Das bedeutete zunächst, daß der Immissionsbetroffene den durch die Einwirkung an seinem Grundstück entstehenden Substanz- und Ertragsverlust ersetzt verlangen konnte[1330]. Ersatzfähig war der Schaden, der durch eine Differenzbetrachtung zwischen dem tatsächlichen Benutzungswert bei tatsächlicher Beeinträchtigung des Grundstücks durch die duldungspflichtigen Einwirkungen einerseits und dem Benutzungswert des Grundstücks, der hypothetisch ohne die die Duldungspflicht nach § 906 Absatz 2 Satz 1 BGB überschreitende Einwirkung erreicht werden würde, ermittelt wurde[1331]. Vermögens- und Nutzungsvorteile hatte sich der ausgleichsberechtigte

[1325] *Glaser/Dröschel*, S. 173

[1326] *Kleindienst*, S. 43; *Glaser/Dröschel*, S. 183.

[1327] Die Diskussion war im wesentlichen auch von Streitigkeiten um die dogmatische Einordnung des nachbarlichen Gemeinschaftsverhältnisses sowie des daraus von der höchstrichterlichen Rechtsprechung abgeleiteten Ausgleichsanspruchs bestimmt und entzündete sich unter anderem an der Frage, ob § 906 BGB eine Begrenzung des Eigentums oder lediglich eine Inhaltsbestimmung des Eigentums statuiere. Vgl. zur Diskussion und zu den Lösungsansätzen beispielsweise *Hans Schulte*, S. 53 ff.; *Kleindienst*, S. 44 ff.; *Schött*, S. 91 ff.; *Soergel-Baur*, 10. Auflage, § 906 Rn. 73 ff.; *Glaser/Dröschel*, S. 185.

[1328] *Soergel-Baur*, 10. Auflage, § 906 Rn. 74.

[1329] Er stellte sich nämlich als Ausgleich für den erlittenen Entzug der Nutzungsmöglichkeiten am Grundstück dar. *Kleindienst*, S. 51; *Glaser/Dröschel*, S. 185; *MüKo-Säcker*, 1. Auflage, § 906 BGB Rn. 123.

[1330] *Glaser/Dröschel*, ebenda.

[1331] *MüKo-Säcker*, 1. Auflage, § 906 BGB Rn. 124; *Gläser/Dröschel*, ebenda; *Kleindienst*, S. 53.

Immissionsbeeinträchtigte anrechnen zu lassen[1332]. Auch hinsichtlich des Umfangs des im Einzelfall zu gewährenden Ausgleichsanspruchs war damit dem Tatrichter ein Beurteilungsspielraum eröffnet[1333].

Zusammenfassend läßt sich festhalten, daß der Rechtsschutz des immissionsbeeinträchtigten Grundeigentümers durch den in § 906 Absatz 2 Satz 2 BGB n. F. kodifizierten Ausgleichsanspruch deutlich verbessert wurde. Ein Klagebegehren auf angemessenen Geldausgleich konnte er nunmehr direkt auf einen gesetzlich normierten, materiellen Anspruch stützen. Der Druck auf den immittierenden Nachbarn, die Einwirkung von vornherein durch zumutbare wirtschaftliche Maßnahmen zu unterbinden, wurde wegen des eindeutig normierten vermögensrechtlichen Anspruchs damit deutlich erhöht.

## III.
## Zusammenfassung

Nach dem Erlaß des Gesetzes zur Änderung der Gewerbeordnung und Ergänzung des BGB vom 22. Dezember 1959 standen also dem immissionsgeschädigten Grundeigentümer im wesentlichen folgende Rechtsschutzmöglichkeiten zur Verfügung:

Für den Bereich der nicht-gewerblichen Einwirkungen blieb es hinsichtlich des Immissionsbegriffs grundsätzlich bei der bisherigen Rechtslage. Negative und sogenannte immaterielle Einwirkungen waren von den materiellen Immissionsschutznormen des BGB ebensowenig erfaßt[1334] wie unwesentliche Immissionen[1335] oder solche durch Wasser[1336]. Ein Abwehranspruch nach §§ 1004, 906 Absatz 1 BGB war dem immissionsbelästigten Eigentümer aber eröffnet, wenn es sich entweder um nicht ortsübliche Immissionen handelte oder aber um ortsübliche, die vom Immittenten trotz wirtschaftlich zumutbarer Maßnahmen nicht verhindert wurden[1337]. Im Bereich des materiellen privaten Immissionsschutzrechts wegen nicht-gewerblicher Einwirkungen waren die Duldungspflichten des immissionsbeeinträchtigten Grundeigentümers durch die Novellierung des § 906 Absatz 2 Satz 1 BGB n. F. damit deutlich eingeschränkt, weil er nur noch solche Immissionen zu ertragen hatte, die auch durch wirtschaftlich zumutbare

---

1332 *Mühl*, NJW 1960, S. 2324 f.; *Heinrich Clasen*, Nochmals: Grundlage und Grenzen des nachbarlichen Gemeinschaftsverhältnisses, insbesondere des Ausgleichsanspruchs, NJW 1960, S. 2323 f.

1333 *Soergel-Baur*, 10. Auflage, § 906 BGB Rn. 74.

1334 *MüKo-Säcker*, 1. Auflage, § 906 BGB Rn. 20 f.; *Glaser/Dröschel*, S. 161 f. A. A. hinsichtlich immaterieller Einwirkungen *Soergel-Baur*, 10. Auflage, § 906 Rn. 20.

1335 *Soergel-Baur*, 10. Auflage, § 906 Rn. 58.

1336 *MüKo-Säcker*, 1. Auflage, § 906 BGB Rn. 83; *Soergel-Baur*, 10. Auflage, § 906 Rn. 36.

1337 *Glaser/Dröschel*, S. 186.

Maßnahmen des Immittenten nicht verhindert werden konnten[1338]. Scheiterte die Duldungspflicht an dieser Hürde, stand dem Immissionsbetroffenen zumindest ein verschuldensunabhängiger Anspruch auf eine angemessene Ausgleichzahlung aufgrund des kodifizierten nachbarlichen Ausgleichsanspruchs zu[1339].

Im Bereich der gewerblichen Immissionen war der negatorische, auf Unterlassung der Einwirkung gerichtete Rechtsschutz nach §§ 1004, 906 BGB wie auch bisher für den Immissionsbetroffenen eingeschränkt, weil § 26 GewO den immittierenden konzessionierten Gewerbebetrieb aus volkswirtschaftlichen Gründen privilegierte[1340]. Der beeinträchtigte Grundeigentümer blieb vielmehr auf den Anspruch auf Herstellung schützender Einrichtungen sowie den Anspruch auf Schadloshaltung nach § 26 GewO verwiesen[1341]. Im Rahmen des Schadloshaltungsanspruchs konnte der Immissionsgeschädigte zwar den vollen, auch vor Klageerhebung entstandenen Schaden verlangen, allerdings nur, soweit ihm nach den bürgerlich-rechtlichen Immissionsschutzvorschriften ein Abwehrrecht zugestanden hätte[1342]. Die Interessen des immissionsbetroffenen Nachbarn fanden jedoch bereits im behördlichen Genehmigungsverfahren Beachtung[1343]. Gegebenenfalls konnte er mittels seines Anspruchs auf fehlerfreie Ermessensausübung den Erlaß nachträglicher Anordnungen erreichen, welche die Einwirkungen verminderten[1344].

In Bezug auf Einwirkungen durch im öffentlichen Interesse unterhaltene Betriebe waren zwei Fallgestaltungen zu unterscheiden[1345]: Handelte es sich um Einwirkungen, die im Rahmen eines privatwirtschaftlich organisierten Betriebs einschließlich des nicht hoheitlichen Handelns der öffentlichen Hand verursacht wurden, konnten diese Immissionen mittels des Abwehranspruchs nach § 1004 BGB nicht untersagt werden[1346]. Dem Immissionsbetroffenen war aber unter

---

1338 *Baur*, Entstehung des Umweltschutzrechts, JZ 1987, S. 318.

1339 Vgl. oben § 34 II. 2. c). Eine Besonderheit konnte sich ergeben, wenn eine unzumutbare, nicht ortsübliche Immissionsbeeinträchtigung des Grundstücks vorlag, die aus rechtlichen oder faktischen Gründen duldungspflichtig war. Hier wurde wegen des Fehlens einer gesetzlichen Bestimmung im Hinblick auf die vergleichbare Interessenlage ein subsidiärer Ausgleichsanspruch aus analoger Anwendung des § 906 Absatz 2 Satz 2 BGB herangezogen. Vgl. *Hagen*, Nachbarrechtlicher Ausgleichsanspruch, S. 498 ff.; *Peter Salje*, Die Ersatzpflicht des Betreibers für Immissionsschäden in der Nachbarschaft der Anlage, DAR 1988, S. 302 ff.

1340 *Engler*, Agrarrecht 1972, S. 375.

1341 *Soergel-Mühl*, 10. Auflage, § 1004 Rn. 74 f.

1342 *Glaser/Dröschel*, S. 196. Also nur, falls die Einwirkungen nicht im Rahmen von § 906 Absatz 1 BGB duldungspflichtig waren.

1343 *Baur*, Entstehung des Umweltschutzrechts, S. 319.

1344 *Rohde*, S. 138.

1345 Vgl. *Soergel-Baur*, 10. Auflage, § 906 Rn. 66; *MüKo-Säcker*, 1. Auflage, § 906 Rn. 113 ff.

1346 *Friedrich Schack*, Bürgerlich-rechtlicher und öffentlich-rechtlicher Entschädigungsanspruch bei Immissionen (Entschädigungsanspruch bei Immissionen), NJW 1968, S. 1914, S. 1915; *Hans-Wolfgang Schulte*, S. 63.

Rückgriff auf den ursprünglich im öffentlichen Recht wurzelnden Aufopferungsgedanken ein Anspruch auf Entschädigung eröffnet, dessen Umfang sich nach den für die Enteignungsentschädigung geltenden Grundsätzen bemaß[1347]. Da dieser Entschädigungsanspruch bürgerlich-rechtlicher Natur war, wurde er auch als „bürgerlich-rechtlicher Aufopferungsanspruch" bezeichnet[1348]. Im Gegensatz hierzu war dem Immissionsgeschädigten der „öffentlich-rechtliche Aufopferungsanspruch" eröffnet, wenn nicht zu untersagende Einwirkungen durch die hohe Hand bei zielgerichtetem, rein hoheitlichem Handeln verursacht wurden[1349]. Dieser aus Enteignung oder enteignungsgleichem Eingriff resultierende öffentlich-rechtliche Aufopferungsanspruch wurde nach Erlaß des Grundgesetzes auf Art. 14 Absatz 3 Satz 2 GG gestützt[1350].

Dem Immissionsgeschädigten blieb es nach wie vor unbenommen, den durch die Immissionen an seinem Eigentum oder an seinen sonstigen, durch das Gesetz für schutzwürdig erachteten Rechtsgütern angerichteten Schaden nach den bürgerlich-rechtlichen Deliktsvorschriften ersetzt zu verlangen[1351], nicht zuletzt aufgrund der Tatsache, daß es sich bei der Vorschrift des § 906 BGB um ein Schutzgesetz im Sinne des § 823 Absatz 2 BGB handelte[1352]. Voraussetzung war jedoch regelmäßig, daß dem Immittenten ein entsprechendes Verschulden nachgewiesen werden konnte[1353]. Durch die in § 25 Absatz 3 GewO statuierte Ermächtigung zum Erlaß sogenannter Technischer Anleitungen war dem Immissi-

---

1347 *Glaser/Dröschel*, S. 127 f.

1348 Vgl. zur Rechtsnatur des nachbarrechtlichen Aufopferungsanspruchs *Hans-Wolfgang Schulte*, S. 66 ff.

1349 Vgl. *Schack*, Entschädigungsanspruch bei Immissionen, a. a. O. *Othmar Jauernig*, Zivilrechtlicher Schutz des Grundeigentums in der neueren Rechtsentwicklung (Schutz des Grundeigentums), JZ 1986, S. 611. Von einigen Vertretern in der Rechtswissenschaft wurde gar ein systematischer Unterschied zwischen bürgerlich-rechtlichem und öffentlich-rechtlichem Aufopferungsanspruch geleugnet, vgl. insoweit beispielsweise mit ausführlicher Begründung *Schött*, S. 112 ff. Diese Auffassung hat sich allerdings nicht durchgesetzt.

1350 Beide Ansprüche unterschieden sich im wesentlichen nur durch ihre unterschiedlichen Anspruchsgegner und den Rechtsgrund für die Einstandspflicht, nicht aber den Umfang der zu gewährenden Entschädigung. Im Rahmen des öffentlich-rechtlichen Aufopferungsanspruchs war Entschädigung dafür zu leisten, daß eine Beeinträchtigung durch nicht zu untersagenden, unmittelbaren Eingriff der hohen Hand aus höherem Interesse verursacht wurde. Hier war der Staat zum billigen Ausgleich für die Beeinträchtigung des Eigentums verpflichtet. Im Gegensatz hierzu lag der bürgerlich-rechtliche oder nachbarrechtliche Aufopferungsanspruch darin begründet, daß die aus einer privatwirtschaftlichen Betätigung der öffentlichen Hand resultierende Einwirkung aus Gründen des damit verfolgten höheren öffentlichen Zwecks nicht untersagt worden konnte. Hier war nur der konkrete Immittent zur Entschädigung verpflichtet. Vgl. *Jauernig*, Schutz des Grundeigentums, NJW 1986, S. 611 f.; *Hans Schulte*, S. 49 ff.; *Hans-Wolfgang Schulte*, S. 63 ff.

1351 *Kleindienst*, S. 61 f.

1352 *Glaser/Dröschel*, S. 184; *Baur*, Entstehung des Umweltschutzrechts, S. 320.

1353 *Soergel-Baur*, 10. Auflage, § 906 Rn. 59.

onsgeschädigten die Durchsetzung von Schadenersatzansprüchen im Bereich des allgemeinen Deliktsrechts aber insofern erleichtert, als deren Grenzwerten regelmäßig indizielle Wirkung zur Beurteilung des Tatbestandsmerkmals der Rechtswidrigkeit zukommen konnte[1354].

[1354] *Schött*, S. 75; *Günter Hager*, Umweltschäden – ein Prüfstein für die Wandlungs- und Leistungsfähigkeit des Deliktsrechts (Umweltschäden), NJW 1986, S. 1961, S. 1965 f.

## 2. Unterabschnitt: Der Einfluß des Bundes-Immissionsschutzgesetzes vom 15. März 1974[1355] auf die Ausgestaltung des privatrechtlichen Immissionsschutzes

### *§ 35*
### *Das Bundes-Immissionsschutzgesetz vom 15. März 1974*

### I.
### Die Entstehungsgeschichte des Bundes-Immissionsschutzgesetzes

Das sogenannte „Wirtschaftswunder" mit seinem rapiden industriellen Aufschwung ging mit einer erheblichen Erhöhung der Emissionsquellen und einer zunehmenden Anzahl von neu hinzukommenden Emissionsarten einher, die dazu führte, daß die Endlichkeit des Verbrauchs und der Belastung der natürlichen Ressourcen alsbald deutlich sichtbar wurden[1356]. Der zunehmende Energie- und Rohstoffverbrauch, ungeordnete Verstädterung und Industrialisierung sowie die zu beobachtende Versiegelung landwirtschaftlicher Flächen wurden als „ernste, weltweite Gefahr" und „Überforderung der natürlichen Lebensgrundlagen" begriffen[1357].

Die Politik entdeckte deshalb den Umweltschutz als bedeutendes Tätigkeitsfeld zur Sicherung der natürlichen Lebensgrundlagen. Dabei wurde in den 1960er Jahren immer offensichtlicher, daß den ins Auge gefaßten wirksamen Verbesserungen im Bereich des Umweltschutzes – etwa im Bereich des der Ländergesetzgebung unterstehenden Gewässerschutzes – unübersichtliche und uneinheitliche gesetzliche Regelungen entgegenstanden[1358].

Ein erster Impuls zur Neuschaffung und zur Vereinheitlichung immissionsschützender gesetzlicher Regelungen ging in diesem Zusammenhang von einer Entschließung des Ministerausschusses des Europarats vom 8. März 1968 aus[1359]. In diesem postulierte der Ministerausschuß Grundsätze, die er den Mitgliedsstaaten beim Entwurf von Rechtsvorschriften und Verwaltungsmaßnah-

---

[1355] Gesetz zum Schutz vor schädlichen Umwelteinwirkungen durch Luftverunreinigungen, Geräusche, Erschütterungen und ähnliche Vorgänge (Bundes-Immissionsschutzgesetz – BImSchG), BGBl. I, S. 721.

[1356] *Kloepfer/Franzius/Reinert*, Umweltrechtsgeschichte, S. 81 f.

[1357] Vgl. die Beschreibung ihres Umweltprogramms von 1971 durch die sozial-liberale Bundesregierung, BT-Drucksache VI/2710, S. 7.

[1358] *Kloepfer/Franzius/Reinert*, Umweltrechtsgeschichte, S. 82 f. Abweichend von diesen Spezialgesetzen wurde im Bereich des öffentlichen Rechts die Immissionsabwehr vor allem auf die polizeiliche Generalklausel gestützt. Vgl. *Werner Hoppe/Martin Beckmann/Petra Kauch*, Umweltrecht, 2. Auflage, München 2000, § 21 Rn. 1 m. w. N. Allerdings hatten einige Bundesländer in den 1960er Jahren bereits eigene Immissionsschutzgesetze erlassen. Vgl. hierzu *Rohde*, S. 162 (Fn. 521).

[1359] Auszugsweise abgedruckt in der amtlichen Begründung der Bundesregierung zum Entwurf eines Bundes-Immissionsschutzgesetzes, BT-Drucksache 7/179, S. 26 f.

men auf dem Gebiet der Luftreinhaltung empfahl. Diese Grundsätze beinhalteten eine Abkehr von dem bisherigen, anlagenbezogenen, gefahrabwendenden Immissionsschutz hin zur Einführung vorsorge-, produkt-, gebiets-, verursacher- und planungsbezogener Regelungen, um den technischen Entwicklungen und fortschreitenden wissenschaftlichen Erkenntnissen ausreichend Rechnung zu tragen[1360]. Insgesamt wurde das Immissionsschutzrecht zunehmend als ein die Belastungen verteilendes, beschränkendes Planungs- und Wirtschaftslenkungsrecht verstanden, welches einem verstärkten Vorsorgecharakter Rechnung zu tragen hatte[1361].

Die in der Entschließung des Ministerausschusses abgegebenen Empfehlungen griff die Bundesregierung im Jahre 1971 im Zuge ihres neu vorgestellten Umweltprogramms auf[1362]. Sie betonte die Bedeutung umweltpolitischer Lenkungsmaßnahmen und verstand Umweltpolitik als Summe von Maßnahmen, die zur Sicherung der Umwelt, zum Schutz der Natur und ihrer Bestandteile vor menschlichen Eingriffen sowie zur Beseitigung der von menschlichen Eingriffen herrührenden Schäden und Nachteile erforderlich waren[1363]. In diesem Zusammenhang wurde auch eine „grundlegende Normierung des Immissionsschutzrechtes" für notwendig gehalten, um die Bevölkerung vor Belastungen durch Luftverunreinigungen und Lärm zu schützen[1364].

Diese grundlegende Normierung des Immissionsschutzrechts nahm die Bundesregierung mit dem am 18. August 1971 verabschiedeten und dem Bundestag am 30. November 1971 vorgelegten Gesetzentwurf eines Bundes-Immissionsschutzgesetzes (BImSchG) in Angriff. Es sollte das zersplitterte Immissionsschutzrecht vereinheitlichen und fortentwickeln, Regelungslücken schließen, den Vorsorgegrundsatz normieren sowie eine Schaffung der gesetzlichen Rechtsgrundlagen ermöglichen, um künftiges Recht der Europäischen Gemeinschaft in nationales Recht transformieren zu können[1365].

Zu einer Verabschiedung des Gesetzes noch in der 6. Legislaturperiode kam es jedoch nicht, da dem Bundesgesetzgeber die verfassungsrechtliche Regelungskompetenz fehlte. Sie wurde erst mit dem Gesetz zur Änderung des Grundgesetzes vom 12. April 1972[1366] geschaffen, mit welchem dem Bund in Art. 74 Nr. 24 GG eine neue legislative Zuständigkeit für die Abfallbeseitigung, Luftreinhaltung und Lärmbekämpfung eingeräumt wurde. Das BImSchG wurde am 22. März 1973 erneut und unverändert im Deutschen Bundestag einge-

---

1360 *Rohde*, S. 160 m w. N.

1361 *Kloepfer/Franzius/Reinert*, Umweltrechtsgeschichte, S. 111.

1362 Vgl. BT-Drucksache VI/2710, S. 7.

1363 Vgl. BT-Drucksache VI/2710, S. 6.

1364 Vgl. BT-Drucksache VI/2710, S. 41.

1365 Vgl. im einzelnen die amtliche Begründung zum Gesetzentwurf, BT-Drucksache 7/179, S. 21, S. 27.

1366 BGBl. 1972 I, S. 593.

bracht[1367]. Dieser nahm das Gesetz in Zweiter und Dritter Lesung am 18. Januar 1974 an. Der Bundesrat stimmte dem Gesetz am 15. Februar 1974 zu. Das „Gesetz zum Schutz vor schädlichen Umweltauswirkungen durch Luftverunreinigungen, Geräusche, Erschütterungen und ähnliche Vorgänge (Bundesimmissionsschutzgesetz – BImSchG)" wurde am 15. März 1974 verkündet und trat am 1. April 1974 in Kraft.

## II.
## Zweck des Bundes-Immissionsschutzgesetzes

Zweck des Gesetzes war nach § 1 BImSchG[1368], Menschen, Tiere und Pflanzen sowie sonstige Sachgüter vor schädlichen Umwelteinwirkungen und, soweit es sich um genehmigungsbedürftige Anlagen handelte, auch vor Gefahren, erheblichen Nachteilen und erheblichen Belästigungen, die auf andere Art herbeigeführt werden, zu schützen und dem Entstehen schädlicher Einwirkungen vorzubeugen[1369]. Insbesondere mit dem in § 1 BImSchG zum Leitgedanken des Gesetzes erhobenen Vorsorgeprinzip[1370] in Bezug auf die genannten Schutzgüter erschöpfte sich das öffentliche Immissionsschutzrecht nunmehr nicht mehr allein in einer präventiven Abwehr der den Menschen drohenden Gefahren, sondern fungierte fortan auch als Gefahrenvorbeugerecht[1371].

---

1367 *Dieter Sellner*, Immissionsschutzrecht und Industrieanlagen (Immissionsschutzrecht), 2. Auflage, München 1988, S. 2.

1368 § 1 BImSchG lautete: „Zweck des Gesetzes ist es, Menschen, sowie Tiere und Pflanzen und andere Sachen vor schädlichen Umwelteinwirkungen und, soweit es sich um genehmigungsbedürftige Anlagen handelt, auch vor Gefahren, erheblichen Nachteilen und erheblichen Belästigungen die auf andere Art herbeigeführt werden, zu schützen und dem Entstehen schädlicher Umwelteinwirkungen vorzubeugen". Im Rahmen des 3. Gesetzes zur Änderung des BImSchG vom 11. Mai 1990 (BGBl. I, S. 880) wurden die Schutzgüter des § 1 BImSchG um den Boden, das Wasser, die Atmosphäre und die Kulturgüter erweitert, womit verdeutlicht wurde, daß „der Schutz des Menschen und seiner gesamten Umwelt Zweck des Bundes-Immissionsschutzgesetzes ist". Vgl. die Gesetzesbegründung in BT-Drucksache 11/6633, S. 43.

1369 *Hoppe/Beckmann/Kauch*, § 21 Rn. 6.

1370 Vgl. zu den Einzelheiten *Gerhard Feldhaus*, Der Vorsorgegrundsatz des Bundes-Immissionsschutzgesetzes (Vorsorgegrundsatz), Deutsches Verwaltungsblatt (DVBl.) 1980, S. 133 ff. sowie *Dieter Sellner*, Zum Vorsorgegrundsatz im Bundes-Immissionsschutzgesetz (Vorsorgegrundsatz), NJW 1980, S. 1255 ff. Zur immissionsschutzrechtlichen Vorsorge als Voraussetzung der Genehmigungsfähigkeit nach dem BImSchG *Hans-Werner Rengeling*, Die immissionsschutzrechtliche Vorsorge als Genehmigungsvoraussetzung, DVBl. 1982, S. 622 ff.

1371 *Rohde*, S. 165; *Klaus Hansmann* (Hrsg.), Landmann/Rohmer, Umweltrecht, Bd. 1 – Bundes-Immissionsschutzgesetz (Landmann/Rohmer, BImSchG), München, Stand März 2002, § 1 Rn. 6; *Gerhard Feldhaus*, Konturen eines modernen Umweltschutzrechts (Konturen), DÖV 1974, S. 616 f.

Die Vorschrift des § 1 BImSchG spielte vor allem bei der Auslegung der unbestimmten Rechtsbegriffe des BImSchG eine erhebliche Rolle, weil sich deren Interpretation nunmehr primär an dem dort definierten Gesetzeszweck auszurichten hatte[1372]. Da diese Norm jedoch keinen weiteren eigenen Regelungstatbestand enthielt, war dem immissionsbetroffenen Einzelnen unter Berufung auf § 1 BImSchG keineswegs die Möglichkeit eröffnet – notfalls im Klagewege – allgemein die Verwirklichung des Gesetzeszwecks durchzusetzen. Seine Rechtsschutzmöglichkeiten hatten sich vielmehr am konkreten Schutzzweck der einzelnen Vorschriften des BImSchG zu orientieren[1373].

§ 68 Absatz 1 Nr. 1 BImSchG sah als eine der Schlußvorschriften vor, daß nunmehr §§ 4 ff. BImSchG anstelle der §§ 16 bis 28 GewO traten[1374]. Damit wurde durch das BImSchG das Recht der genehmigungsbedürftigen Anlagen aus der GewO herausgelöst[1375].

## III.
## Die den privatrechtlichen Immissionsschutz beeinflussenden Regelungen des Bundes-Immissionsschutzgesetzes

### 1.
### Der Geltungsbereich des BImSchG

§ 2 Absatz 1 BImSchG normiert den Geltungsbereich des Gesetzes. Erfaßt werden sollen die Errichtung und der Betrieb von Anlagen (Nr. 1), das Herstellen, Inverkehrbringen und Einführen von Anlagen, Brennstoffen und Treibstoffen, Stoffen und Erzeugnissen nach Maßgabe der §§ 32 bis 37 BImSchG (Nr. 2), die Beschaffenheit, die Ausrüstung, der Betrieb und die Prüfung der den §§ 38 bis 40 BImSchG unterfallenden Fahrzeuge und Anlagen (Nr. 3) sowie den Bau öffentlicher Straßen sowie der Verkehrsmittel nach §§ 41 bis 43 BImSchG.

Kernstück des BImSchG war und ist damit der Schutz vor von Anlagen ausgehenden Beeinträchtigungen[1376]. Anhand der in § 3 Absatz 5 BImSchG vorhandenen Legaldefinition des Begriffs der Anlage im Sinne des BImSchG läßt

---

[1372] *Hoppe/Beckmann/Kauch*, § 21 Rn. 8.

[1373] Aus dem geschützten Rechtsgut der „Menschen" in § 1 BImSchG folgte also nicht unmittelbar eine Anspruchsberechtigung des Einzelnen hinsichtlich der Einhaltung der immissionsschützenden Vorschriften. Vgl. *Landmann/Rohmer*, BImSchG, § 1 Rn. 8.

[1374] Allerdings waren hiervon die §§ 24 bis 24 d GewO ausgenommen, die zunächst in Kraft blieben.

[1375] Vgl. hierzu *Feldhaus*, Konturen, DÖV 1974, S. 614 f.

[1376] *Hoppe/Beckmann/Kauch*, § 21 Rn. 36. *Dieter Sellner*, Die Grundpflichten im Bundes-Immissionsschutz-gesetz (Grundpflichten), in: Otto Bachof/Ludwig Heigl/Konrad Redeker (Hrsg.), Verwaltungsrecht zwischen Freiheit, Teilhabe und Bindung, Festgabe aus Anlaß des 25-jährigen Bestehens des Bundesverwaltungsgerichts, München 1978, S. 603 ff.

sich ablesen, daß der Gesetzgeber vor allem von einem technisch geprägten Anlagenbegriff ausgeht, der eine gewisse Organisation voraussetzt, durch ein Zeitmoment geprägt ist und einen bestimmten Zweck verfolgt[1377].

## 2.
## Der dem BImSchG zugrundeliegende Immissionsbegriff

§ 3 Absätze 1 bis 3 BImSchG sehen Legaldefinitionen der Begriffe schädliche Umwelteinwirkungen, Immissionen sowie Emissionen vor.

Schädliche Umwelteinwirkungen sind nach dem Gesetzeswortlaut Immissionen, die nach Art, Ausmaß oder Dauer geeignet sind, Gefahren[1378], erhebliche Nachteile oder erhebliche Belästigungen für die Allgemeinheit oder die Nachbarschaft[1379] herbeizuführen[1380]. Der Begriff der schädlichen Umwelteinwirkung ist also von den drei Teilelementen der Immission, der gewissen Schädlichkeit sowie des bestimmten Personenkreises geprägt[1381].

Unter Immissionen werden nach der Legaldefinition des § 3 Absatz 2 BImSchG auf Menschen, Tiere und Pflanzen, den Boden sowie Sachgüter einwirkende Luftverunreinigungen, Geräusche, Erschütterungen, Licht, Wärme, Strahlen und ähnliche Umwelteinwirkungen gefaßt[1382].

---

1377 *Landmann/Rohmer*, BImSchG, § 3 Rn. 23 b. Umstritten war in der Rechtswissenschaft und Rechtsprechung allerdings von Beginn an, ob von einem weiten oder einem engen Anlagenbegriff auszugehen sei. Während die Literatur einen weiten Anlagenbegriff bevorzugte, begegnete die Rechtsprechung einer extensiven Auslegung mit Zurückhaltung. Vgl. *Hoppe/Beckmann/Kauch*, § 21 Rn. 40 m. w. N. Diese Unterscheidung konnte Bedeutung vor allem im Hinblick auf größere Betriebsstätten mit unterschiedlichen Betriebsteilen gewinnen. Bei Zugrundlegung eines engen Anlagenbegriffs hatten unter Umständen einige Betriebsteile an der Konzentrationswirkung des § 13 BImSchG keinen Anteil. Vgl. *Hans D. Jarass*, Die Kontrolle gefährlicher Anlagen nach dem Bundesimmissionsschutzgesetz, JuS 1984, S. 351 ff.

1378 Vgl. zum Gefahrbegriff des BImSchG *Sellner*, Grundpflichten, S. 607 f.

1379 Der Begriff der Nachbarschaft ist weit gefaßt. Unter Nachbarschaft ist der gesamte Einwirkungsbereich der Anlage zu verstehen, nicht nur die unmittelbar angrenzenden Grundstükke. Vgl. die amtliche Gesetzesbegründung, BT-Drucksache 7/179, S. 29.

1380 Der Inhalt der jeweiligen Begriffe der Gefahr, der erheblichen Belästigung und des erheblichen Nachteils ist verschieden von den Wertungskategorien des privaten Nachbarrechts. Insbesondere erfolgt im Bereich des öffentlichen Immissionsschutzrechts die Bestimmung der Erheblichkeit, die an den Begriff der Üblichkeit anschließt, primär im Wege einer Betrachtung der jeweils geltenden öffentlich-rechtlichen Normen wie beispielsweise der aufgrund von Bebauungsplänen erfolgten Gebietsausweisungen, für welche jeweils besondere Immissionsgrenzen aufgrund spezieller Verwaltungsanordnungen existieren. Vgl. zu diesem Problemkreis *MüKo-Säcker*, 1. Auflage, § 906 Rn. 11 ff.

1381 *Hoppe/Beckmann/Kauch*, § 21 Rn. 14.

1382 Vgl. zu den einzelnen Immissionsarten *Hoppe/Beckmann/Kauch*, § 21 Rn. 16 ff. sowie *Landmann/Rohmer*, BImSchG, § 3 Rn. 20 ff. Vorausgesetzt wird jeweils eine physische Ein-

Emissionen sind schließlich nach § 3 Absatz 3 BImSchG die von einer Anlage ausgehenden Immissionen[1383].

Voraussetzung ist weiter, daß die Einwirkung die Grenze einer gewissen Schädlichkeit erreicht. Nicht jede Immission ist damit schädliche Umwelteinwirkung im Sinne des BImSchG, sondern nur die, die nach objektiven Kriterien geeignet ist, Gefahren, erhebliche Nachteile oder erhebliche Belästigungen hervorzurufen[1384]. Zur Ermittlung der Grenzen wurde zunächst auf die auf der Grundlage des § 40 BImSchG – später des § 48 BImSchG – erlassenen Verwaltungsvorschriften zurückgegriffen, die sowohl die Emissions- und Immissionswerte wie auch die Verfahren zur Ermittlung der Belästigungen regelten[1385].

## 3.
## Das Genehmigungsverfahren

Das BImSchG sieht verschiedene Arten der Anlagengenehmigungen vor[1386]: Die Errichtungs- und Betriebsgenehmigung nach § 4 BImSchG, die Änderungsgenehmigung nach § 15 BImSchG sowie die Teilgenehmigung und den Vorbescheid nach §§ 8 und 9 BImSchG. Wie bereits der Wortlaut des § 4 Absatz 1 Satz 2 BImSchG zeigt, ist allerdings nicht jede Anlage genehmigungsbedürftig[1387]. Die Bundesregierung kann hinsichtlich genehmigungsbedürftiger Anla-

---

wirkung. Aus diesem Grund sind negative Immissionen nicht erfaßt. Vgl. *Landmann/Rohmer*, BImSchG, § 3 Rn. 20 o.

1383 Vgl. die amtliche Gesetzesbegründung, BT-Drucksache 7/179, S. 29.

1384 Wegen der Verwendung unbestimmter Rechtsbegriffe wurde und wird durch den Gesetzgeber der mit dem Einzelfall befaßten Verwaltung und Rechtsprechung bewußt ein Beurteilungsspielraum gelassen. Vgl. *Landmann/Rohmer*, BImSchG, § 3 Rn. 8 b; *Sellner*, Immissionsschutzrecht, S. 28. Da im Mittelpunkt des BImSchG die Abwehr vor immissionsbedingten Gefahren steht, kann je nach gefährdetem Rechtsgut die Gefahrschwelle aufgrund der sogenannten Relativität des Gefahrbegriffs unterschiedlich zu beurteilen sein. Vgl. *Peter Marburger*, Ausbau des Individualschutzes gegen Umweltbelastungen als Aufgabe des bürgerlichen und öffentlichen Rechts, Gutachten C für den 56. Deutschen Juristentag, in: Verhandlungen des sechsundfünfzigsten Deutschen Juristentags, Band I (Gutachten), Teil C, München 1986, S. C 55.

1385 So beispielsweise die „Technische Anleitung zur Reinhaltung der Luft – TA Luft" (GMBl. 433), die mit Wirkung vom 4. September 1974 die bis dahin geltende TA Luft vom 8. September 1964, die noch unter der Geltung der GewO erlassen wurde, ablöste.

1386 Vgl. hierzu umfassend *Rohde*, S. 166 ff. sowie *Dieter Sellner*, Die Genehmigung nach dem Bundes-Immissionsschutzgesetz (Genehmigung), NJW 1975, S. 801 ff.

1387 § 4 Absatz 1 Satz 3 BImSchG weist der Bundesregierung die Kompetenz zu, den Kreis der genehmigungsbedürftigen Anlagen durch zustimmungsbedürftige Rechtsverordnung zu bestimmen. Ein Katalog der genehmigungsbedürftigen Anlagen wurde bereits in der Vierten Verordnung zur Durchführung des Bundes-Immissionsschutzgesetzes vom 14. Februar 1975 (BGBl. 1975 I, S. 499 ff.) festgelegt.

gen nach § 7 BImSchG durch zustimmungsbedürftige Rechtsverordnung besondere Vorschriften über die Errichtung, die Beschaffenheit, den Betrieb, den Zustand nach Betriebseinstellung sowie über bestimmte Betreiberpflichten erlassen[1388].

Im Rahmen des Genehmigungsverfahrens wird nach § 4 Absatz 1 Satz 1 BImSchG behördlich überprüft, ob die Errichtung oder der Betrieb der Anlage in besonderem Maße geeignet ist, schädliche Umwelteinwirkungen nach § 3 Absatz 1 BImSchG hervorzurufen. Im Gegensatz zu dem nach der GewO vorgesehenen Prüfungsumfang erstreckt sich der Genehmigungsumfang allerdings wegen § 5 Absatz 1 Nr. 2 BImSchG auch auf die Vorsorge gegen schädliche Umwelteinwirkungen[1389], insbesondere auch im Hinblick auf ihre Verhinderung noch unterhalb der Gefahren- und Erheblichkeitsgrenze[1390].

Nach § 10 Absatz 3 Satz 2, Absatz 4 Nr. 1 BImSchG findet im Genehmigungsverfahren eine Beteiligung der potentiell von der Errichtung und dem Betrieb der Anlage Betroffenen statt[1391]. Diese können Einwendungen[1392] innerhalb einer bestimmten Frist vorbringen. Vor Erlaß der Genehmigung sind nach § 10 Absatz 6 Satz 1 BImSchG die Einwendungen von der Genehmigungsbehörde mit den Beteiligten zu erörtern[1393]. Einwendungen gegen die Genehmigung[1394], die auf besonderen privatrechtlichen Titeln beruhen, werden nach § 10 Absatz 6 Satz 2 BImSchG auf den Rechtsweg zu den ordentlichen Gerichten verwiesen. Die nicht rechtzeitig erhobenen Einwendungen sind nach § 10 Absatz 3 Satz 3

---

1388 Eine Parallelvorschrift zu § 7 BImSchG sieht § 23 BImSchG für die nicht genehmigungsbedürftigen Anlagen vor. Vgl. zu nicht genehmigungsbedürftigen Anlagen insbesondere *Marburger*, Gutachten, S. C 68 ff.

1389 *Landmann/Rohmer*, BImSchG, § 6 Rn. 40; *Rengeling*, DVBl. 1982, S. 623 ff. Vgl. auch die amtliche Gesetzesbegründung, BT-Drucksache 7/179, S. 32.

1390 *Sellner*, Immissionsschutzrecht, S. 58; *Hoppe/Beckmann/Kauch*, § 21 Rn. 61; *Rengeling*, DVBl. 1982, S. 625 ff. Der Zweck des in § 5 Absatz 1 Nr. 2 BImSchG niedergelegten Vorsorgegrundsatzes ist umstritten. Vgl. hierzu eingehend *Rohde*, S. 190 ff.

1391 Die Betroffenheit in einem rechtlichen Interesse ist nicht erforderlich. Einwendungsbefugt ist also grundsätzlich jedermann. Allerdings steht im Gegensatz zum sogenannten drittbetroffenen Einwender, der eine Verletzung eigener subjektiver Rechte geltend macht, dem Jedermann-Einwender ein Recht auf Anfechtung der Genehmigung nicht zu. Vgl. *Hoppe/Beckmann/Kauch*, § 21 Rn. 104. sowie *Sellner*, Immissionsschutzrecht, S. 125 f.

1392 Vgl. zu Begriff und Charakter der Einwendungen im Verwaltungsverfahren grundlegend *Hans-Jürgen Papier*, Einwendungen Dritter im Verwaltungsverfahren, NJW 1980, S. 313 ff.

1393 *Sellner*, Genehmigung, NJW 1975, S. 805 f., auch zum Problem der wiederholten Bekanntmachung, Auslegung und Erörterung.

1394 Grundsätzlich kommen alle öffentlich-rechtlichen Aspekte der Anlage, aber auch sich aus §§ 823, 858, 906 ff., 1004 BGB ergebenden privatrechtlichen Bedenken in Betracht. *Jarass*, JuS 1984, S. 353.

BImSchG sowohl im Erörterungsverfahren, als auch in einem eventuellen Klageverfahren gegen die Erteilung der Genehmigung präkludiert[1395].

Ist sichergestellt, daß die Anlage die Voraussetzungen des § 5 BImSchG erfüllt[1396], und stehen andere öffentlich-rechtliche Vorschriften sowie Belange des Arbeitsschutzes der Errichtung der Anlage nicht entgegen, so hat der Anlagenbetreiber nach § 6 Absatz 1 BImSchG, wie der Wortlaut „ist zu erteilen" deutlich macht, einen gebundenen Rechtsanspruch auf Erteilung der Anlagengenehmigung[1397]. Die Genehmigungserteilung berechtigt den Anlagenbetreiber zur Errichtung und dem Betrieb der Anlage, verpflichtet ihn allerdings ebenso, die Anlage nur im Umfange der Genehmigung zu betreiben und die ihm auferlegten allgemeinen und besonderen Betreiberpflichten zu beachten[1398].

## IV.
## Die Rechtswirkungen der Genehmigung

### 1.
### Die öffentlich-rechtlichen Rechtswirkungen der Genehmigung

Durch die Erteilung der Anlagengenehmigung wird verbindlich festgestellt, daß der Errichtung und dem Betrieb der Anlage öffentlich-rechtliche Vorschriften nicht entgegenstehen und daß von dem Vorhaben keine Gefahren, erheblichen Nachteile und erheblichen Belästigungen ausgehen[1399]. Die Genehmigungsertei-

---

1395 *Sellner*, Immissionsschutzrecht, S. 127; *Baur*, Privatrechtliche Auswirkungen, JZ 1974, S. 657 ff.; *Jarass*, JuS 1984, S. 354.

1396 Es ist also insbesondere erforderlich, daß auch Vorsorge gegen schädliche Maßnahmen durch die dem Stand der Technik entsprechenden Maßnahmen zur Emissionsbegrenzung getroffen wurden, wie § 5 Absatz 1 Nr. 2 BImSchG bestimmt. Vgl. hierzu *Hans-Werner Rengeling*, Die immissionsschutzrechtliche Vorsorge als Genehmigungsvoraussetzung, DVBl. 1982, S. 622 ff.

1397 Vgl. die amtliche Gesetzesbegründung, BT-Drucksache 7/179, S. 31. *Landmann/Rohmer*, BImSchG, § 6 Rn. 21. Dies ergibt sich letztlich aus Art. 12 und 14 GG. Vgl. *Rohde*, S. 180.

1398 *Jarass*, JuS 1984, S. 352 f. Besondere Pflichten können sich dabei beispielsweise aus § 5 Absatz 1 Nr. 1 BImSchG ergeben. Der Anlagenbetreiber hat also im Hinblick auf die Anlagensicherheit und den Immissionsschutz dafür Sorge zu tragen, daß von der Anlage keine schädlichen Umwelteinwirkungen oder sonstigen Nachteile, Gefährdungen oder Belästigungen hervorgerufen wurden. Weiterhin hat er nach § 5 Absatz 1 Nr. 2 BImSchG Vorsorge gegen schädliche Umwelteinwirkungen zu treffen, also seine Anlage jeweils auf dem gültigen Stand der Technik zu halten. Ferner können sich aufgrund der nach § 7 BImSchG erlassenen Rechtsverordnungen besondere Anforderungen an die Anlage ergeben. Vgl. zu den Betreiberpflichten auch nach Erteilung der Genehmigung *Marburger*, Gutachten, S. C 58 ff., sowie umfassend *Sellner*, Grundpflichten, S. 612 ff.

1399 Vgl. die amtliche Gesetzesbegründung, BT-Drucksache 7/179, S. 31.

lung bewirkt zudem eine formelle Gestattung der Errichtung und des Betriebs der Anlage[1400].

Weiterhin wird dem Anlagenbetreiber nach § 13 BImSchG bescheinigt, daß seine Genehmigung auch andere anlagenbezogene behördliche Entscheidungen mit einschließt[1401]. Die Genehmigung nach dem BImSchG ist also durch eine umfassende, anlagenbezogene Konzentrationswirkung gekennzeichnet[1402].

Ferner wird durch die Genehmigung die einmal genehmigte Anlage und die damit verbundenen Rechtsposition des Betreibers grundsätzlich in ihrem Bestand geschützt[1403]. Der Bestandsschutz ist allerdings in gewissem Maße eingeschränkt, wie bereits die dynamischen Betreiberpflichten in § 5 BImSchG, die in § 17 BImSchG enthaltene Möglichkeit des Erlasses nachträglicher Anordnungen[1404] sowie die in § 21 BImSchG enthaltene Möglichkeit des Widerrufs der Genehmigung zeigen[1405]. Insbesondere durch die dynamischen Betreiberpflichten des § 5 BImSchG ist der Anlagenbetreiber trotz erteilter Genehmigung verpflichtet, den Betrieb ständig an die sich ändernden tatsächlichen Verhältnisse, die fortschreitende technische Entwicklung sowie die wissenschaftlichen Erkenntnisse anzupassen[1406].

Schließlich kommt der einmal erteilten Genehmigung Legalisierungswirkung zu, was bedeutet, daß der Anlagenbetreiber vor solchem behördlichen Handeln

---

1400 *Landmann/Rohmer*, BImSchG, § 4 Rn. 31.

1401 *Jarass*, JuS 1984, S. 355.

1402 *Landmann/Rohmer*, BImSchG, § 13 Rn. 67. Vgl. zum Umfang auch die Gesetzesbegründung, BT-Drucksache 7/179, S. 35 ff. Diese Anlagenbezogenheit kann unter Umständen dazu führen, daß für ein Großprojekt parallel mehrere Genehmigungsverfahren betrieben werden müssen, da der Anlagenbegriff rein nach der in § 3 Absatz 5 BImSchG enthaltenen Legaldefinition bestimmt wird.

1403 Vgl. ausführlich *Rohde*, S. 214 ff.

1404 Vgl. hierzu *Marburger*, Gutachten, S. C 67. Diese Möglichkeit kann sich gegenüber der durch § 25 Absatz 3 GewO bestimmten Rechtslage für den konzessionierten Anlagenbetreiber durchaus als Verschlechterung darstellen. Gegenüber der nach der GewO geltenden Gesetzeslage wird nun nämlich bei der Prüfung ein individueller Maßstab bei der Beurteilung der wirtschaftlichen Vertretbarkeit angelegt. Vgl. *Sellner*, Grundpflichten, S. 612 f. Dieser individuelle Maßstab wurde bei der Novellierung des § 17 BImSchG durch das Zweite Gesetz zur Änderung des BImSchG vom 4. Oktober 1985 (BGBl. I, S. 1950) modifiziert. Vgl. hierzu *Landmann/Rohmer*, BImSchG, § 17 Rn. 12.

1405 Vgl. *Horst Sendler*, Rechtssicherheit bei Investitionen und normative Anforderungen des modernen Umweltschutzrechts, Umwelt- und Planungsrecht (UPR) 1990, S. 41 ff.; *Gerhard Feldhaus*, Bestandsschutz immissionsschutzrechtlich genehmigter Anlagen im Wandel (Bestandsschutz), Wirtschaft und Verwaltung (WiVerw.) 1986, S. 71 ff. Vgl. zu den verfassungsrechtlichen Problemen des Bestandsschutzes genehmigter Anlagen *Wolf-Rüdiger Schenke*, Verfassungsrechtliche Probleme eines Einschreitens gegen Immissionen verursachende Anlagen nach dem BImSchG, DVBl. 1976, S. 740 ff.

1406 Vgl. die amtliche Gesetzesbegründung, BT-Drucksache 7/179, S. 32. *Jarass*, JuS 1984, S. 352 f.

geschützt ist, das auf andere als die nach dem BImSchG einschlägigen Rechtsvorschriften gestützt wird und auf den Regelungsgehalt der Genehmigung einwirkt[1407].

## 2.
## Die privatrechtlichen Rechtswirkungen der Genehmigung

Der nach dem BImSchG erteilten Anlagengenehmigung kommt erhebliche Rechtswirkung hinsichtlich der Untersagungs- und Schadenersatzansprüche des immissionsbetroffenen Nachbarn zu. Der Erlaß des BImSchG führte und führt zu vielfältigen Überschneidungen des Anlagengenehmigungsrechts mit dem privaten Nachbarrecht[1408].

### a)
### Privatrechtliche Abwehransprüche

Zentralnorm hinsichtlich der Abwehransprüche des §§ 906, 1004 BGB ist § 14 BImSchG, der als Nachfolgenorm[1409] des § 26 GewO bestimmt:

> „*Aufgrund privatrechtlicher, nicht auf besonderen Titeln beruhender Ansprüche zur Abwehr benachteiligender Einwirkungen von einem Grundstück auf ein benachbartes Grundstück kann nicht die Einstellung des Betriebs einer Anlage verlangt werden, deren Genehmigung unanfechtbar ist; es können nur Vorkehrungen verlangt werden, die die benachteiligende Wirkung ausschließen. Soweit solche Vorkehrungen nach dem Stand der Technik nicht durchführbar oder wirtschaftlich nicht vertretbar sind, kann lediglich Schadenersatz verlangt werden.*“

Ist also die Anlagengenehmigung unanfechtbar[1410], kann der immissionsbetroffene Nachbar insbesondere[1411] aufgrund der §§ 906, 1004 BGB[1412] nicht mehr

---

[1407] Vgl. hierzu eingehend *Franz-Joseph Peine*, Die Legalisierungswirkung (Legalisierungswirkung), JZ 1990, S. 201 ff.; *Rohde*, S. 227 ff.
[1408] *Baur*, Privatrechtliche Auswirkungen, JZ 1974, S. 657.
[1409] Vgl. *Peine*, Privatrechtsgestaltung, NJW 1990, S. 2443 f., auch zu verfassungsrechtlichen Problemen des § 14 BImSchG. *Baur*, Privatrechtliche Auswirkungen, JZ 1974, S. 658.
[1410] Vgl. hierzu *Landmann/Rohmer*, § 14 Rn. 16 ff., insbesondere auch zum Problemkreis der rechtswidrigen, aber unanfechtbaren Genehmigung.
[1411] Erfaßt sind auch die auf § 823 BGB gestützten Ansprüche, mit denen im Hinblick auf Naturalrestitution die Unterlassung des Betriebs verlangt werden kann. *Landmann/Rohmer*, § 14 Rn. 29.

die Einstellung des Anlagenbetriebs, sondern nur noch die Errichtung immissionsschützender Vorkehrungen verlangen[1413]. Der Anspruch auf die Errichtung von Schutzmaßnahmen stellt sich damit als Äquivalent für den Ausschluß der Untersagungsansprüche dar[1414]. Sind Schutzmaßnahmen nach dem Stand der Technik nicht herstellbar oder nur mit nicht vertretbarem Aufwand zu bewirken, ist dem Grundeigentümer die Möglichkeit der Geltendmachung von Schadenersatz eröffnet. Beide Rechtsbegehren sind vor den Zivilgerichten durchzusetzen[1415].

Durch die Anlagengenehmigung wird dem immissionsbetroffenen Grundstücksnachbarn also eine erhöhte Duldungspflicht hinsichtlich solcher Einwirkungen auferlegt, die von einer konzessionierten Anlage ausgehen und die entweder technisch nicht verhinderbar oder nur mit wirtschaftlich nicht zumutbarem Aufwand zu unterbinden sind[1416]. Die Ansprüche auf Schutzmaßnahmen und auf Schadenersatz stellen sich dementsprechend als Kompensation und Surrogat der ausgeschlossenen zivilrechtlichen Untersagungsansprüche dar[1417].

Die Rechtsnatur des durch § 14 Satz 2 BImSchG gewährten subsidiären Schadenersatzanspruchs ist einem vom Nachweis der Rechtswidrigkeit und des Verschuldens unabhängigen bürgerlich-rechtlichen Aufopferungsanspruch ähnlich[1418]. Hierfür sprechen zum einen seine Entstehungsgeschichte – § 14 Satz 2 BImSchG ist als Nachfolgenorm des § 26 GewO ausgestaltet[1419] –, zum anderen,

[1412] Ausgenommen ist allerdings nach § 14 Satz 1, 1. Alt. BImSchG sein auf besonderen privatrechtlichen Titeln beruhendes Klagerecht. *Jarass*, JuS 1984, S. 355 f. Der konzessionierte Anlagenbetreiber ist also durch die bestandskräftige Genehmigung nur vorläufig vor einer Untersagung der Errichtung und des Betriebs der Anlage geschützt. Unter Umständen kann auch nach Bestandskraft der Anlagengenehmigung deren Errichtung und Betrieb aufgrund vertraglicher oder dinglicher Rechte des Nachbarn im Zivilverfahren untersagt werden. Vgl. *Baur*, Privatrechtliche Auswirkungen, JZ 1974, S. 659, der im Hinblick auf die nicht unerheblichen Risiken für den Anlagenbetreiber die Übernahme der entsprechenden Regelung aus der GewO kritisiert.

[1413] Der Anspruch auf Herstellung von Schutzmaßnahmen kann allerdings nur auf Verminderung der Belästigungen auf das nach § 906 BGB zulässige Maß und nicht darüber hinaus gerichtet werden. Vgl. *Landmann/Rohmer*, BImSchG, § 14 Rn. 35; *Staudinger-Roth*, 13. Auflage, § 906 Rn. 22.

[1414] *Peine*, Privatrechtsgestaltung, NJW 1990, S. 2443.

[1415] *Baur*, Privatrechtliche Auswirkungen, JZ 1974, a. a. O.; *Staudinger-Roth*, 13. Auflage, § 906 Rn. 24.

[1416] *Staudinger-Roth*, 13. Auflage, § 906 Rn. 20.

[1417] *MüKo-Säcker*, 1. Auflage, § 906 Rn. 11. *Fritz Ossenbühl*, Verwaltungsrecht als Vorgabe für Zivil- und Strafrecht, DVBl. 1990, S. 965.

[1418] *Landmann/Rohmer*, BImSchG, § 14 Rn. 54; *Peine*, Privatrechtsgestaltung, NJW 1990, S. 2445; *Pfeiffer*, S. 101.

[1419] Vgl. hierzu oben § 29 II. 2. sowie § 32 II.

daß es sich um einen Ersatzanspruch aufgrund eines Entzugs eines bestehenden-den Abwehrrechts handelt[1420].

Der sich aus § 14 BImSchG ergebenden Beschränkung der privaten Abwehrrechte des immissionsgeschädigten Grundeigentümers gegenüber einer bestandskräftig nach dem BImSchG genehmigten Anlage steht auf der anderen Seite seine Befugnis gegenüber, Einwendungen bereits im Vorfeld der Genehmigungserteilung im Rahmen des Genehmigungsverfahrens geltend zu machen[1421]. Diese dem immissionsbetroffenen Nachbarn nach § 10 Absatz 3 Satz 2 eingeräumte materielle Einwendungsbefugnis korrespondiert in prozessualer Hinsicht mit seiner Möglichkeit, auf dem Verwaltungsrechtsweg auf Grundlage der geltend gemachten Einwendungen gegen die erteilte Genehmigung vorzugehen[1422].

### b) Privatrechtliche Schadenersatzansprüche

Probleme wirft die immissionsrechtliche Anlagengenehmigung nach dem BImSchG im Bereich der privatrechtlichen Schadenersatzansprüche nach § 823 BGB auf. Fraglich ist insbesondere, ob sich der konzessionierte Anlagenbetreiber gegenüber den deliktischen Schadenersatzansprüchen allein aufgrund seiner behördlichen Genehmigung auf den Ausschluß der Haftung berufen kann, wenn er sich beim Betrieb der Anlage im Rahmen der Genehmigung hält und dennoch

[1420] *Peine*, Privatrechtsgestaltung, NJW 1990, ebenda; *Hoppe/Beckmann/Kauch*, § 12 Rn. 72; *Gerhard Wagner*, Öffentlich-rechtliche Genehmigung und zivilrechtliche Rechtswidrigkeit, Köln – Berlin – Bonn – München 1989, S. 20.

[1421] *Baur*, Privatrechtliche Auswirkungen, JZ 1974, a. a. O.; *Staudinger-Roth*, 13. Auflage, § 906 Rn. 20; *Pfeiffer*, a. a. O. Letztlich handelt es sich hierbei um eine Ausprägung des Grundrechtsschutzes durch das Zugeständnis differenzierter Beteiligungsrechte in Verfahren, die eine Präklusion der Rechte und Einwendungen des Betroffenen vorsehen.

[1422] Voraussetzung im Rahmen der Klagebefugnis ist allerdings, daß der betroffene Nachbar ein eigenes subjektives Recht geltend machen kann. Insbesondere der Erfüllung der Betreiberpflichten nach § 5 Absatz 1 Nr. 1 BImSchG – nicht aber der Pflichten des § 5 Absatz 1 Nr. 2 BImSchG – wird nachbarschützende Wirkung zuerkannt, sofern sie durch die Genehmigung bzw. durch die Rechtsverordnungen nach §§ 7, 48 BImSchG hinreichend konkretisiert werden. Vgl. *Sellner*, Immissionsschutzrecht, S. 53 f., S. 59; *Landmann/Rohmer*, BImSchG, § 5 Rn. 29; *Marburger*, Gutachten, S. C 57. Der betroffene Grundeigentümer, dessen immittierender benachbarter Anlagenbetreiber sich nicht an die ihm nach § 5 Absatz 1 Nr. 1 BImSchG obliegenden besonderen Betreiberpflichten zum Schutz der Nachbarschaft hält, kann zudem über die Genehmigungsbehörden mittels des dem Nachbarn zustehenden Anspruchs auf ermessensfehlerfreie Entscheidung zur Einhaltung der Vorschrift gezwungen werden, etwa indem nachträgliche Anordnungen zum besseren Immissionsschutz getroffen werden. Vgl. *Jarass*, JuS 1984, S. 356; *Baur*, Privatrechtliche Auswirkungen, JZ 1974, S. 659.

Schäden an oder auf den Nachbargrundstücken verursacht werden[1423]. Die in der Rechtswissenschaft nach Erlaß des BImSchG vertretenen Auffassungen hierüber gingen weit auseinander[1424].

So wurde beispielsweise[1425] die Auffassung vertreten, daß bei völlig genehmigungskonformem Betrieb der Anlage deliktische Schadenersatzansprüche von vornherein leerliefen. Zur Begründung wurde darauf verwiesen, daß das BImSchG – insbesondere in den in § 5 Absatz 1 BImSchG geregelten Betreiberpflichten – die Pflichten des Anlagenbetreibers ausschließlich und abschließend regele. Verstoße der Anlagenbetreiber gegen die ihm auferlegten Betreiberpflichten, so habe er zwar nach § 17 Absatz 1 Satz 1 BImSchG den Erlaß nachträglicher Anordnungen durch die Genehmigungsbehörde zu befürchten. Halte er sich aber im Rahmen seiner Konzession, könne er umgekehrt auf den Schutz vor deliktischen Schadenersatzansprüchen vertrauen[1426]. Im Ergebnis wurden also die Regelungen des BImSchG hinsichtlich des Umfangs der zivilrechtlichen Schadenersatzansprüche als umfassende spezialgesetzliche Normierung verstanden, so daß auch der nicht genehmigungskonforme Betrieb der Anlage vor zivilrechtlichen Schadenersatzansprüchen schützte.

Andere[1427] ordneten im Gegensatz hierzu die staatliche Anlagengenehmigung als Rechtfertigungsgrund im Rahmen der deliktischen Schadenersatzansprüche ein. Sofern sich der Anlagenbetreiber also beim Betrieb der Anlage genehmigungskonform verhalte, sei sein Handeln auch deliktsrechtlich generell als rechtmäßig zu beurteilen[1428]. Deliktische Schadenersatzansprüche seien bei genehmigungskonformem Betrieb der Anlage ausgeschlossen. Begründet wurde diese Auffassung insbesondere mit dem Hinweis, durch die Anlagengenehmigung des BImSchG, bei deren Erlaß auch die Interessen der durch die Auswirkungen der Anlage potentiell betroffenen Nachbarn Berücksichtigung fänden, handele es sich um einen zugunsten des öffentlichen Rechts entschiedene Verlagerung der Entscheidung des in nachbarlichen Immissionsfällen auftretenden Interessenkonflikts[1429]. Wenn der konzessionierte Immittent sich im Rahmen der Genehmigung halte und hiermit die ihm behördlich auferlegten Schutzmechanismen zum Schutz der Nachbarn einhalte, könnten die von seiner Anlage ausgehenden Immissionen niemals als rechtswidrig im Sinne des zivilrechtlichen Deliktrechts

---

1423 Das Parallelproblem stellt sich natürlich auch im Bereich der nicht genehmigungsbedürftigen Anlagen, wenn der Betreiber seinen Pflichten nach § 22 BImSchG genügt.

1424 Vgl. zum Streitstand *Wagner*, S. 8 ff.

1425 *Sellner*, Grundpflichten, S. 616 f.

1426 *Sellner*, Grundpflichten, S. 617.

1427 *Wagner*, S. 20, S. 101, S. 234 ff. m. w. N; *Peine*, Privatrechtsgestaltung, NJW 1990, S. 2446 ff.

1428 *Wagner*, S. 237.

1429 Ähnlich *Franz-Joseph Peine*, Öffentliches und Privates Nachbarrecht, JuS 1987, S. 172 f. m. w. N. für den Fall der öffentlich-rechtlichen Bauvorschriften, der eine Schutzwirkung der Baugenehmigung befürwortete.

betrachtet werden[1430]. Voraussetzung sei aber, so die Vertreter, daß eine Regelung im BImSchG existiere, aus welcher sich entsprechende Duldungspflichten des immissionsbetroffenen Grundeigentümers ableiten ließen und die als Äquivalent einen Schadensausgleich bestimme. Als eine solche Norm wurde § 14 Satz 2 BImSchG angesehen, weil dieser zum einen von seinem Grundzweck immobiliarbezogen sei, zum anderen einen umfassenden Schadensausgleich gewähre[1431].

Allerdings könne die Präklusionsnorm des § 14 Satz 2 BImSchG funktionell begrenzt nur die schadensrelevanten Sachverhalte erfassen, in welchen ein konzessionierter Betrieb Schäden am Grundstück des betroffenen Nachbarn durch Einwirkungen verursachte, deren Gefahren Gegenstand des behördlichen Prüfungs- und Abwägungsverfahrens gewesen seien. Hielt sich also der Anlagenbetreiber im Rahmen der erteilten Genehmigung und wurden durch die anlagentypischen Gefahren, deren potentielle Auswirkungen Gegenstand des behördlichen Genehmigungsverfahrens gewesen waren, Schäden am Grundstück des Nachbarn verursacht, entfielen nach dieser Auffassung deliktische Schadenersatzansprüche mangels Rechtswidrigkeit[1432].

Damit würden aber der Präklusionsnorm des § 14 Satz 2 BImSchG zumindest zum einen deliktische Ersatzansprüche hinsichtlich der Schäden an weiteren, nicht immobiliarbezogenen, von § 823 BGB geschützten Rechtsgütern[1433], zum anderen deliktische Ersatzansprüche hinsichtlich der Schäden, die durch Einwirkungen verursacht wurden, deren Gefahren nicht Gegenstand des behördlichen Prüfungs- und Abwägungsvorgangs im Rahmen des Genehmigungsverfahrens nach dem BImSchG waren[1434], nicht unterfallen[1435]. Im Ergebnis könnte deshalb je nach Lage des Falles zwischen dem Aufopferungsanspruch des § 14 Satz 2 BImSchG und den deliktischen Schadenersatzansprüchen des § 823 BGB Anspruchskonkurrenz selbst in den Fällen herrschen, in denen sich der Anlagenbetreiber völlig im Rahmen seiner Genehmigung hielte[1436].

---

[1430] Kritisch *Johann W. Gerlach*, Die Grundstrukturen des privaten Umweltrechts im Spannungsverhältnis zum öffentlichen Recht (Grundstrukturen), JZ 1988, 161 ff., S. 172, der darauf verwies, daß der Gesetzgeber dem öffentlichen Recht gerade keinen allgemeinen Vorrang gegeben habe, sondern es vielmehr bei der Anerkennung der eigenständigen Rolle des Zivilrechts geblieben sei.

[1431] *Peine*, Privatrechtsgestaltung, NJW 1990, S. 2446 f. Deliktische Schadenersatzansprüche seien also zugunsten der spezialgesetzlichen Ansprüche aus § 14 Satz 2 BImSchG verdrängt.

[1432] *Gerlach*, S. 232; *Hoppe/Beckmann/Kauch*, § 12 Rn. 63.

[1433] § 14 Satz 2 BImSchG regele nämlich nur die Behandlung der Schadenersatzfolgen hinsichtlich „benachteiligender Einwirkungen von einem Grundstück auf ein anderes Grundstück". Vgl. *Peine*, Privatrechtsgestaltung, NJW 1990, S. 2448.

[1434] *Peine*, Privatrechtsgestaltung, NJW 1990, ebenda.

[1435] Vgl. *Ossenbühl*, DVBl. 1990, S. 968.

[1436] *Hager*, Umweltschäden, NJW 1986, S. 1965.

Eine dritte Rechtsauffassung, die sich aus Praktikabilitätserwägungen letztlich durchsetzte, nimmt echte Anspruchskonkurrenz zwischen § 14 Satz 2 BImSchG und den deliktischen Schadenersatzansprüchen an[1437]. Begründet wird dies damit, daß § 14 Satz 2 BImSchG keineswegs ausschließlich immobiliarbezogenen Charakter trage, sondern das BImSchG auch den Schutz des Publikums bezwekke. Der Entschädigungsschutz des § 14 Satz 2 BImSchG beziehe sich deshalb nicht ausschließlich auf die betroffenen Grundstücke und Grundstücksrechte, sondern habe als Anknüpfungspunkt vielmehr die tatsächliche Dauerbeziehung zu einem Grundstück und damit zur Störungsquelle in der Nachbarschaft dieses Standorts[1438]. Deshalb sei eine Präklusionswirkung weder auf rein immobilarbezogene Rechte zu beschränken, noch sei aufgrund der allgemein anerkannten Höherrangigkeit der nach § 823 BGB geschützten Personenrechte eine Ausschlußwirkung durch § 14 Satz 2 BImSchG gerechtfertigt[1439]. Das Zivilrecht könne nämlich gegenüber der behördlichen Genehmigung nach dem BImSchG durchaus strengere Maßstäbe bei der Frage der Verantwortlichkeit für Schädigungen durch Immissionen anlegen[1440]. Insbesondere, wenn sich durch besondere örtliche Verhältnisse oder durch einen inzwischen deutlich weiter fortgeschrittenen Stand der Technik strengere Anforderungen stellten, wahre auch die Beachtung der Genehmigungsbedingungen oder sonstigen behördlichen Anordnung die objektive Verkehrspflicht nicht[1441].

Festzuhalten bleibt demnach, daß die Anlagengenehmigung nach dem BImSchG den konzessionierten Anlagenbetreiber nicht von vornherein gegen die Geltendmachung von zivilrechtlichen Schadenersatzansprüchen durch seine immissionsbetroffenen Nachbarn schützt. Der immissionsgeschädigte Grundeigentümer kann also durchaus neben den Ersatzansprüchen des § 14 Satz 2 BImSchG auch deliktische Schadenersatzansprüche geltend machen, selbst wenn Schäden an den durch das Deliktsrecht geschützten Rechtsgütern durch anlagenkonformen Betrieb der Anlage entstehen[1442].

---

1437 *Gerlach*, S. 236 ff.; *Landmann/Rohmer*, BImSchG, § 14 Rn. 68 m. w. N.

1438 *Gerlach*, S. 236 f.; *Günter Gaentzsch*, Ausbau des Individualschutzes gegen Umweltbelastungen als Aufgabe des bürgerlichen und des öffentlichen Rechts, Neue Zeitschrift für Verwaltungsrecht (NVwZ) 1986, S. 603.

1439 *Gerlach*, S. 237.

1440 *Gerlach*, Grundstrukturen, JZ 1988, S. 172, S. 174. *Uwe Diederichsen*, Umweltschutz durch Privatrecht, Referat für den 56. Deutschen Juristentag (Referat), in: Verhandlungen des Sechsundfünfzigsten Deutschen Juristentages, München 1986, S. L 58.

1441 *Marburger*, Gutachten, S. C 121. Erforderlich ist jedoch für das Verschuldenserfordernis, daß dem Anlagenbetreiber die Verkehrspflichtverletzung erkennbar war.

1442 Vgl. *Gerlach*, Grundstrukturen, JZ 1988, S. 173 f.

## 3.
## Der Einfluß in öffentlich-rechtlichen Vorschriften niedergelegter Emissions- und Immissionsgrenzwerte nach dem BImSchG auf den privatrechtlichen Immissionsschutz

Rechtswidrig im Sinne des Deliktsrechts kann eine von einer konzessionierten Anlage ausgehende Einwirkung auf ein Grundstück allerdings nur sein, wenn der Anlagenbetreiber eine Verkehrspflicht verletzt[1443]. Die Grenzwerte der nach dem BImSchG erlassenen Rechtsverordnungen und Technischen Anleitungen wurden und werden in diesem Zusammenhang lediglich als Anhaltspunkte dafür angesehen, ob eine Verkehrspflichtverletzung vorliegt[1444]. Sie binden zwar primär die genehmigende Verwaltungsbehörde im Rahmen des behördlichen Prüfungs- und Genehmigungsverfahrens, bieten aber keine Garantie dafür, daß trotz Einhaltung der Emissionswerte schädliche Umwelteinwirkungen im Einzelfall nicht auftreten[1445].

Im Bereich der deliktischen Schadenersatzansprüche, aber auch bei der Beurteilung der zivilrechtlichen Duldungspflichten im Rahmen des § 906 Absatz 1 BGB – hier vor allem bei der Prüfung der Wesentlichkeit und Zumutbarkeit[1446] – entfalten die Emissions- und Immissionswerte der nach dem BImSchG erlassenen Rechtsverordnungen und Verwaltungsvorschriften also zumindest indizielle Wirkung hinsichtlich der Beurteilung der Rechtswidrigkeit und Duldungspflicht[1447]. Gegebenenfalls können sie die Beweislastfragen zugunsten des Immissionsbetroffenen verschieben[1448]. Ihnen ist jedoch kein abschließendes Urteil

---

[1443] *Hager*, Umweltschäden, NJW 1986, S. 1966; *Gaentzsch*, NVwZ 1986, S. 606.

[1444] *Nick*, AgrarR 1985, S. 347. Das Parallelproblem stellt sich im Rahmen des § 906 Absatz 1 BGB bei der Beurteilung der Frage, ob und wann eine Einwirkung als wesentlich bzw. duldungspflichtig zu beurteilen ist oder nicht. Die Novellierung des § 906 BGB im Jahre 1994 klärte die Frage nur teilweise abschließend positiv und bestimmte mit der Neufassung des § 906 Absatz 1 BGB, daß jedenfalls eine unwesentliche Beeinträchtigung in der Regel dann vorliege, wenn die in Gesetzen, Rechtsverordnungen oder Verwaltungsvorschriften niedergelegten Grenzwerte, die den Stand der Technik definieren, nicht überschritten werden. Vgl. hierzu *Landmann/Rohmer*, BImSchG, § 5 Rn. 31; *Hoppe/Beckmann/Kauch*, § 12 Rn. 24 ff. sowie zur Rechtsprechung des Bundesgerichtshofs unten § 37 II. und zur Novellierung des § 906 BGB durch Artikel 2 § 4 des Sachenrechtsänderungsgesetzes vom 21. September 1994 (BGBl. I, S. 2457 ff.) unten § 38.

[1445] *Hager*, Umweltschäden, NJW 1986, a. a. O. Die öffentlich-rechtlichen Sicherheitsanforderungen sollen einen zusätzlichen Schutz vor schädlichen Immissionen bewirken, nicht aber die Verantwortlichkeit des Immittenten berühren.

[1446] *Landmann/Rohmer*, BImSchG, § 5 Rn. 31; *Marburger*, Gutachten, S. C 107 ff.

[1447] *MüKo-Säcker*, 1. Auflage, § 906 Rn. 18; *Staudinger-Roth*, 13. Auflage, § 906 Rn. 37.

[1448] *Marburger*, Gutachten, S. C 107 m. w. N., weist zutreffend darauf hin, daß die Überschreitungen öffentlich-rechtlicher Emissions- und Immissionswerte zur Anwendung von Anscheinsbeweisgrundsätzen bis hin zur Beweislastumkehr führen können. Zudem können

über die Rechtswidrigkeit bzw. Duldungspflichtigkeit von Immissionen zu entnehmen[1449].

Ein Sonderproblem stellt sich bei der Frage, ob die Grundpflichten des § 5 Absatz 1 und Absatz 3 BImSchG als Schutzgesetze im Sinne des § 823 Absatz 2 BGB anzusehen sind oder nicht[1450]. Begründet wird der Schutzpflichtcharakter teilweise mit dem Verweis auf den individual- und somit drittschützenden Zweck insbesondere der Vorschriften des § 5 Absatz 1 Nr. 1 und des § 5 Absatz 3 Nr. 1 BImSchG[1451].

Richtigerweise ist jedoch zu differenzieren. Die in § 5 Absatz 1 Nr. 1 und Absatz 3 Nr. 1 BImSchG niedergelegten Grundpflichten sind keineswegs selbstvollziehend, sondern bedürfen in hohem Maße einer Konkretisierung, die in der Regel durch eine auf eigener, besonderer Rechtsgrundlage beruhenden Genehmigung oder Verordnung herbeigeführt werden[1452]. Diese gesetzlichen Rechtsgrundlagen, die zur Konkretisierung der nachbarschaftsschützenden Regelungen des § 5 BImSchG ermächtigen, nicht aber § 5 BImSchG selbst sind demnach als Schutzgesetz im Sinne des § 823 Absatz 2 BGB anzusehen[1453].

Dem immissionsbetroffenen Grundstückseigentümer ist demnach im Rahmen der deliktischen Schadenersatzklage die Möglichkeit eröffnet, die Einhaltung der Verordnungen und Einzelanordnungen, die den Schutzgesetzcharakter der aus § 5 BImSchG entspringenden Betreiberpflichten konkretisieren, gerichtlich durchzusetzen[1454].

---

sie Anhaltspunkte für das Vorliegen der Tatbestandsmerkmale „wesentlich", „ortsüblich" oder „unzumutbar" bieten.

1449 *Johannes Hager*, in: Julius von Staudinger (Hrsg.), Kommentar zum Bürgerlichen Gesetzbuch, Bd. II (Recht der Schuldverhältnisse), 13. Auflage, Berlin 1999 (Staudinger-Hager, 13. Auflage), § 823 Rn. E 34; *Baur*, Privatrechtliche Auswirkungen, JZ 1974, S. 660; *Medicus*, Zivilrecht und Umweltschutz, JZ 1986, S. 783. *Diederichsen*, Referat, S. L 59 ff., weist zutreffend darauf hin, daß die öffentlich-rechtlichen Umweltstandards lückenhaft, zu unbestimmt sowie nicht koordiniert sind und wissenschaftlich noch nicht einmal fundiert sein müssen.

1450 Vgl. *Hoppe/Beckmann/Kauch*, § 12 Rn. 57 f. m. w. N. Hiervon zu unterscheiden ist die Frage, ob die nach dem BImSchG erlassenen Verwaltungsvorschriften drittschützenden Charakter besitzen. Dies wird zutreffend mit dem Verweis abgelehnt, die Verwaltungsvorschriften zielten nicht auf eine Außenwirkung. Vgl. hierzu insbesondere *Medicus*, JZ 1986, ebenda; *MüKo-Mertens*, 1. Auflage, § 823 Rn. 158.

1451 Vgl. *Landmann/Rohmer*, BImSchG, § 5 Rn. 29 m. w. N; *Baur*, Privatrechtliche Auswirkungen, JZ 1974, ebenda.

1452 *Landmann/Rohmer*, BImSchG, § 5 Rn. 11; *Medicus*, JZ 1986, a. a. O.

1453 Der Schutzgesetzcharakter des § 5 BImSchG wird also erst durch die Normen, die zur Konkretisierung seiner Betreiberpflichten ermächtigten, vermittelt. *Landmann/Rohmer*, BImSchG, § 5 Rn. 29. A. A. *Marburger*, Gutachten, S. C 122.

1454 *Landmann/Rohmer*, BImSchG, § 5 Rn. 30, Rn. 32.

## V.
## Zusammenfassung

Die nach dem BImSchG erteilte Genehmigung privilegiert den konzessionierten Anlagenbetreiber – ähnlich wie § 26 GewO – mehrfach: Der erteilten Genehmigung kommt eine öffentlich-rechtliche Gestattungs-, Legalisierungs- sowie Konzentrationswirkung zu[1455], wenngleich der Anlagenbetreiber aufgrund der gesetzlich vorgesehenen Möglichkeit des Erlasses nachträglicher Anordnungen und den ihm auferlegten dynamischen Betreiberpflichten des § 5 BImSchG keinen absoluten Bestandsschutz genießt[1456].

Der negatorische Rechtsschutz des immissionsbetroffenen Grundstückeigentümers ist im Bereich der Einwirkungen durch die nach dem BImSchG konzessionierten Anlagen – ähnlich wie schon aufgrund der alten, durch § 26 GewO bestimmten Rechtslage – erheblich eingeschränkt[1457]. Er ist gehalten, seine nicht auf eigenen privatrechtlichen Titeln beruhenden Einwendungen bereits im Genehmigungsverfahren geltend zu machen, um der in § 10 Absatz 3 Satz 3 BImSchG niedergelegten Präklusionswirkung zu entgehen[1458].

Vor allem wegen der Präklusionsvorschriften kommt der Anlagengenehmigung nach dem BImSchG erhebliche privatrechtsgestaltende Wirkung zu[1459]. Insbesondere kann der immissionsbeeinträchtigte Nachbar nach § 14 Satz 1 BImSchG nicht mehr den Betrieb einer nach dem BImSchG konzessionierten Anlage untersagen, sondern nur noch die Errichtung von Vorrichtungen verlangen, welche die benachteiligenden Einwirkungen ausschließen. Sind diese technisch nicht durchführbar oder wirtschaftlich nicht vertretbar, ist der immissionsbetroffene Grundeigentümer gar nach § 14 Satz 2 BImSchG von vornherein auf Ersatzansprüche verwiesen[1460].

Dennoch bleibt die Möglichkeit der Geltendmachung von deliktischen Schadenersatzansprüchen gegenüber dem konzessionierten Anlagenbetreiber grundsätzlich unberührt, wenn durch den Betrieb der Anlage Schäden am Grundstück oder weiteren Rechtsgütern des immissionsbetroffenen Nachbarn verursacht werden[1461]. Die immissionsschutzrechtliche Anlagengenehmigung schützt also nicht *per se* vor der zivilrechtlichen Inanspruchnahme auf Schadenersatz[1462], weil auch die Einhaltung der öffentlich-rechtlichen Emissions- und Immissions-

[1455] *Rohde*, S. 207 ff.

[1456] Vgl. oben § 35 VI. 1.

[1457] Vgl. oben § 35 III. 3. und IV. 1.

[1458] *Landmann/Rohmer*, BImSchG, § 10 Rn. 148 ff.

[1459] *Ossenbühl*, DVBl. 1990, S. 965; *Baur*, Privatrechtliche Auswirkungen, JZ 1974, S. 658; *Peine*, Privatrechtsgestaltung, NJW 1990, S. 2443.

[1460] Vgl. oben § 35 IV. 2. a).

[1461] Vgl. oben § 35 IV. 2. b).

[1462] Vgl. oben § 35 IV. 2. b).

grenzwerte die Verhinderung von Schäden an den durch das Deliktsrecht geschützten Rechtsgütern des Nachbarn nicht absolut garantieren[1463].

Der Nichteinhaltung der einschlägigen öffentlich-rechtlichen Emissions- und Immissionsgrenzwerte kommt im Bereich der deliktischen Schadenersatzansprüche zwar nur indizielle Beweiswirkung dahingehend zu, daß sich die Einwirkungen auf das Nachbargrundstück wegen Verletzung einer Verkehrspflicht als rechtswidrig darstellen[1464]. Gegebenenfalls kann die Nichteinhaltung der Grenzwerte jedoch sogar die Beweislast auf den Immittenten verlagern[1465]. Hält sich der konzessionierte Anlagenbetreiber schuldhaft nicht an die durch die Genehmigung, durch sonstige behördliche Anordnung oder durch öffentlich-rechtliche Rechtsverordnungen konkretisierten, besonderen, dynamischen Betreiberpflichten, kann er im Rahmen des § 823 Absatz 2 BGB zudem zur Einhaltung seiner Pflichten gezwungen werden, wenn die jeweilige gesetzliche Grundlage drittschützenden Charakter aufweist und diesen Drittschutz über § 5 Absatz 1 Nr. 1, Absatz 3 Nr. 1 BImSchG vermittelt[1466].

Durch das BImSchG wird der Schutz des immissionsbetroffenen Nachbarn gegenüber einer nach dem BImSchG genehmigten Anlage damit auch erweitert. Den Anlagenbetreiber treffen insbesondere nach § 5 Absatz 1 Nr. 1 BImSchG ständige dynamische Betreiberpflichten, um schädliche Beeinträchtigungen der Umwelt und der Nachbarschaft zu unterbinden[1467]. Zur Einhaltung dieser Betreiberpflichten kann er auch mit Mitteln des Deliktsrechts gezwungen werden, was insbesondere durch die auf Geldleistung gerichtete Sanktion den Anpassungsdruck des Anlagenbetreibers erhöht[1468]. Weiterhin ist der immissionsbetroffene Nachbar grundsätzlich bereits im Genehmigungsverfahren beteiligt und kann seine Einwendungen gegen die Errichtung und den Betrieb der Anlage vorbringen[1469].

Es läßt sich also festhalten, daß der Gesetzgeber mit dem Erlaß des BImSchG im Hinblick auf die Verhinderung der Immissionsbelastung erneut das öffentliche Recht an die Spitze des Immissionsschutzrechts gesetzt hat[1470]. Die in den Vorschriften des BImSchG zum Ausdruck kommende Verwirklichung des Vorsorgegrundsatzes, ein dezidiertes Genehmigungsverfahren sowie der weitgehende Schutz vor negatorischen Ansprüchen Dritter bei konzessioniertem Anlagenbetrieb verlagern den in der Praxis höchst bedeutsamen Schutz vor gewerblichen Immissionen vor allem in den Bereich des öffentlichen Rechts. Das private Im-

---

1463 *Hager*, Umweltschäden, NJW 1986, S. 1966.
1464 *Hager*, Umweltschäden, NJW 1986, ebenda.
1465 *Marburger*, Gutachten, S. C 106 ff.
1466 *Landmann/Rohmer*, BImSchG, § 5 Rn. 30, Rn. 32.
1467 Vgl. oben § 35 III. 3. und IV. 1.
1468 *Baur*, Entstehung des Umweltschutzrechts, JZ 1987, S. 320.
1469 *Baur*, Entstehung des Umweltschutzrechts, JZ 1987, S. 319.
1470 *Pfeiffer*, S. 166.

missionsschutzrecht fungiert demgegenüber in erster Linie nicht als Instrument zur Verhinderung der Einwirkungen, sondern als Mittel zum Ausgleich des durch Immissionen entstandenen Schadens[1471]. Der Grund hierfür liegt vor allen Dingen darin, daß nach Erlaß des BImSchG das Immissionsschutzrecht „zweispurig" ausgestaltet ist[1472]. Die für die Immissionsproblematik regelmäßig bedeutsamsten Immittenten durchlaufen vor ihrer Betriebsaufnahme zunächst das Genehmigungsverfahren des BImSchG, weshalb der Erfüllung der öffentlich-rechtlichen Umweltstandards und -normen primäre Bedeutung zukommt. Im Bereich des BImSchG und der weiteren öffentlich-rechtlichen Immissionsschutzvorschriften steht jedoch nach dem Gesetzeszweck bei der Verhinderung der Immissionsbelastung nicht so sehr der grundsätzlich durch die Regeln des Zivilrechts garantierte Individualschutz des Nachbarn, sondern vielmehr die Beurteilung eines abstrakten Gefährdungspotentials der zu konzessionierenden Anlage im Vordergrund[1473]. Ist die Genehmigung erteilt, kommen negatorische Untersagungsansprüche nur sehr eingeschränkt in Betracht. Das negatorische private immissionsschutzrechtliche Instrumentarium ist seiner Bedeutung weitgehend entkleidet, weil es durch das öffentlich-rechtliche Immissionsschutzrecht „überlagert" wird[1474]. Dabei gewährleisten öffentlich-rechtliche und privatrechtliche Vorschriften aber eine unterschiedliche Intensität des Schutzes vor Immissionen und bedienen sich unterschiedlicher Eingriffs- und Intensitätsschwellen[1475]. Während im Genehmigungsverfahren des öffentlichen Rechts vor allem eine abstrakte präventive Gefahrprognose im Vordergrund steht, greift der repressiv ausgestaltete zivilrechtliche Immissionsschutz erst nachrangig bei einer qualifizierten und individuellen Rechtsgutsverletzung der zivilrechtlich geschützten Rechtsgüter ein[1476]. Wegen der einseitigen Bevorzugung des Bestandes der nach dem BImSchG genehmigten Anlagen liegt dessen Bedeutung in erster Linie beim Ausgleich des immissionsbedingten Schadens.

[1471] *Pfeiffer*, S. 32, S. 166 f., weist jedoch zutreffend darauf hin, daß auch die §§ 1004, 906 BGB sowie die deliktischen Schadenersatzansprüche zum vorbeugenden Immissionsschutz beitragen können.
[1472] *Baur*, Entstehung des Umweltschutzrechts, JZ 1987, S. 320.
[1473] Vgl. oben § 35 II.
[1474] Vgl. oben § 35 IV. 2.
[1475] *Gerlach*, Grundstrukturen, JZ 1988, S. 163 ff.
[1476] *Baur*, Entstehung des Umweltschutzrechts, JZ 1987, S. 317, S. 320.

## 3. Abschnitt: Die Reaktionen der Wissenschaft auf die Herausforderungen der modernen Immissionsbelastungen

### *§ 36*
### *Verletzung des Persönlichkeitsrechts als Einwirkung im Sinne der bürgerlichrechtlichen Immissionsschutzvorschriften, ideelle Immissionen, summierte Immissionen*

#### I.
#### Verletzungen des Persönlichkeitsrechts als Einwirkung im Sinne der bürgerlichrechtlichen Immissionsschutzvorschriften

Bei einigen Vertretern in der Wissenschaft begann sich ausgehend von der Überlegung, daß gegenüber Beeinträchtigungen absolut geschützter Rechtsgüter wie Leben, Gesundheit und allgemeines Persönlichkeitsrecht bereits vorbeugende Unterlassungsansprüche geltend gemacht werden können müssen, die Auffassung zu regen, daß auch im Bereich der Einwirkungen durch Immissionen der Rechtsschutz des Betroffenen erweitert werden müsse[1477]. Besondere Bedeutung[1478] kam hierbei der Diskussion zu, die sich mit der Anerkennung von Immissionen als Verletzung des allgemeinen Persönlichkeitsrechts beschäftigte.

Im Anschluß an die Herausbildung des allgemeinen Persönlichkeitsrechts als „sonstiges Rechtsgut" des § 823 Absatz 1 BGB durch die Rechtsprechung[1479] wurde zunehmend anerkannt, daß die in § 906 BGB aufgezählten Immissionen, auch wenn sie das Ausmaß einer Körper- und Gesundheitsverletzung nicht erreichen, das Seelenleben massiv beeinträchtigen können[1480]. Sie greifen somit

---

[1477] *Hans Forkel*, Immissionsschutz und Persönlichkeitsrecht, Köln – Berlin – Bonn – München 1968, S. 24 ff.; *Günter H. Roth*, Materiellrechtliche und prozessuale Aspekte eines privatrechtlichen Umweltschutzes, NJW 1972, S. 922 ff. Vgl. zum Problemkreis auch *Pfeiffer*, S. 182 ff.; *Staudinger-Hager*, 13. Auflage, § 823 Rn. B 186 ff.

[1478] Auf die Diskussion hinsichtlich des Schutzes des Fahrniseigentums vor Immissionen und die hierbei auftretenden Abgrenzungsschwierigkeiten soll hier nicht gesondert eingegangen werden. Vgl. hierzu ausführlich *Forkel*, S. 19 ff.; *Pfeiffer*, S. 174 ff. Auch die Diskussion um die Anerkennung der Umweltgüter „saubere Luft", „sauberes Wasser" und „Lärmfreiheit" als „sonstige Rechte" im Rahmen des § 823 Absatz 1 BGB in Anlehnung an den Tatbestand der *public nuisance* des anglo-amerikanischen Rechts soll unberücksichtigt bleiben. Vgl. hierzu *Johannes Köndgen*, Überlegungen zur Fortbildung des Umwelthaftpflichtrechts, UPR 1983, S. 348 ff. Zur Kritik vgl. *Marburger*, Gutachten, S. C 120 ff.; *Pfeiffer*, S. 187 ff.; *Diederichsen*, Referat, S. L 72 ff.; *Medicus*, JZ 1986, S. 779 sowie *Staudinger-Hager*, 13. Auflage, § 823 Rn. B 186, B 188.

[1479] Vgl. z. B. BGHZ 26, S. 349 ff. – „Herrenreiter"; BVerfGE 30, S. 173 ff. – „Mephisto"; BVerfGE 34, S. 269 ff. – „Soraya".

[1480] *Forkel*, S. 24.

unter Umständen in den Schutzbereich des allgemeinen Persönlichkeitsrechts hinein[1481].

Deshalb wurde von einigen Vertretern in der Literatur der Versuch unternommen, Umweltbeeinträchtigungen als Verletzungen des allgemeinen Persönlichkeitsrechts zu werten und sowohl die Immissionsschutztatbestände, wie auch die deliktischen Schadenersatzansprüche entsprechend auszudehnen[1482]. Zur Begründung führte insbesondere *Forkel* an, daß die Immobiliarbezogenheit der zivilrechtlichen Immissionstatbestände den nicht dinglich Berechtigten keinen ausreichenden Rechtsschutz gegenüber Immissionen gewähre. Stünden nicht dinglich berechtigte Immissionsbetroffene zum immissionsbeeinträchtigten Grundstück in ständiger tatsächlicher Beziehung – etwa, weil sich dort ihr Arbeitsplatz befinde –, könne gegen eine Immissionsbelastung nur dann aus eigenem Recht vorgegangen werden, wenn die Grenze der Körper- oder Gesundheitsverletzung überschritten werde[1483]. Dieses Ergebnis wurde im Hinblick auf die steigende Immissionsbelastung, die Schwierigkeiten bei der Durchsetzung der deliktischen Ersatzansprüche und die grundgesetzlichen Wertentscheidungen als unbillig empfunden[1484].

Aus diesem Grunde plädierten einige Stimmen in der Wissenschaft dafür, den privatrechtlich gewährten Immissionsschutz sowohl personell[1485], wie auch sachlich[1486] gegenüber Einwirkungen, die das allgemeine Persönlichkeitsrecht beeinträchtigen, zu erweitern.

Hinsichtlich der personellen Erweiterung des privatrechtlichen Immissionsschutzes wurde die allgemeine Anerkennung eines negatorischen, auf § 1004 BGB gestützten Abwehranspruchs für Einwirkungen auf das allgemeine Persönlichkeitsrecht befürwortet[1487]. Im Ergebnis wandte man sich also gegen die in § 906 BGB niedergelegte Immobiliarbezogenheit der privatrechtlichen Immissionsvorschriften und gestand jedem von Immissionen Betroffenen negatorischen Rechtsschutz zu, da jede Immission gleichzeitig einer Verletzung seines allgemeinen Persönlichkeitsrechts gleichkomme[1488]. Die Grenzen dieses Rechts-

---

[1481] *Forkel*, S. 33 f.

[1482] Bereits *Heck*, S. 219, hatte sich allerdings 1930 dafür ausgesprochen, immaterielle Rechtsgüter ähnlich den materiellen Rechtsgütern verstärkte Geltung im Bereich des privaten Immissionsschutzrechts zu verschaffen.

[1483] *Forkel*, S. 47.

[1484] *Roth*, NJW 1972, S. 923. *Forkel*, S. 48, wörtlich: „Die eigentumsrechtliche Basis ist damit für den Schutz der Persönlichkeit gegenüber Immissionen zu schmal."

[1485] *Forkel*, S. 47 ff.

[1486] *Forkel*, S. 56 ff.

[1487] *Roth*, NJW 1972, a. a. O.

[1488] *Forkel*, S. 49: „So hat dann jeder, der vom übermäßigen Geräusch seelisch, körperlich oder in beiden Hinsichten zugleich betroffen ist, ein privates Abwehrrecht ohne Rücksicht darauf, ob daneben noch ein anderer aus einem Liegenschaftsrecht heraus einen eigenen Immissionsanspruch erheben kann."

schutzes wollte man anhand einer an den Schranken der materiellen Immissionsschutznormen orientierten[1489], differenziert objektiv-subjektiven Betrachtung unter Berücksichtigung der Umstände des Einzelfalls ermitteln, wobei auch der Mitverursachungsgedanke einzubeziehen sei[1490].

Sachlich strebte man eine Verstärkung des privatrechtlichen Immissionsschutzes an, indem man die unbestimmten Rechtsbegriffe der „unwesentlichen Beeinträchtigung", der „Belästigung" und der „wirtschaftlich zumutbaren Maßnahmen" in der materiellen Immissionsschutzvorschrift des § 906 BGB zugunsten einer individualschützenden Auslegung unter Berücksichtigung des allgemeinen Persönlichkeitsrechts verschärfen wollte[1491], etwa indem man das Tatbestandsmerkmal der Belästigung nicht mehr ausschließlich mit dem Bereiten körperlichen Unbehagens gleichsetzte, sondern auch das seelische Befinden mit einbezog[1492]. Zudem plädierte man dafür, die Vorschrift des § 906 BGB trotz ihres sachenrechtlichen Charakters zumindest bei schweren Verletzungen fundamentaler Persönlichkeitsgüter analog anzuwenden, weil eine ausschließlich eigentumsrechtlich verstandene Komponente des privaten Immissionsschutzrechts der Situation bei Beeinträchtigungen fundamentaler Persönlichkeitsrechte in unbilliger Weise nicht gerecht werde[1493]. Für den Bereich der gewerblichen Immissionen und im Bereich des § 906 Absatz 2 Satz 2 BGB bedeutete dies in der Konsequenz, daß der Betroffene auch verschuldensunabhängige vermögensrechtliche Ersatzansprüche geltend machen konnte[1494].

Diese Tendenz der Verschärfung und Erweiterung des privaten Immissionsrechtsschutzes wegen angenommener Verletzungen des allgemeinen Persönlichkeitsrechts wurde jedoch überwiegend in der Literatur kritisiert[1495] und auch

---

1489 *Roth*, NJW 1972, a. a. O.

1490 *Forkel*, S. 75 f.

1491 *Roth*, NJW 1972, S. 925.

1492 *Forkel*, S. 57 ff.

1493 *Forkel*, S. 62 ff. Auch hier seien die Grenzen des Rechtsschutzes unter Berücksichtigung sämtlicher objektiver und subjektiver Umstände des Einzelfalls zu bestimmen, wobei allerdings besonderes Augenmerk auf die Natur und Eigenart des verletzten Persönlichkeitsguts und die „Erfordernisse des Gemeinschaftslebens" zu richten sei.

1494 Wobei durch *Forkel*, S. 66, jedoch darauf hingewiesen wurde, daß sich ein finanzieller Ausgleich für die Verletzung von Persönlichkeitsgütern gerade wegen ihrer Höchstpersönlichkeit, Unersetzlichkeit und Einmaligkeit nur schwerlich oder gar nicht finden lassen dürfte *Roth*, NJW 1972, S. 923 f., hielt dem jedoch entgegen, daß der Immissionsbetroffene zumindest in die finanzielle Lage versetzt werde, der Beeinträchtigung auszuweichen. Zudem werde im Bereich der gewerblichen Anlagen durch den „in ihrer ganzen Tiefe" auszuschöpfenden „Prohibitiveffekt von Ausgleichsansprüchen" der Immissionsbelastung unter Umständen sogar vorgebeugt.

1495 Vgl. beispielsweise *Marburger*, Gutachten, S. C 177; *Diederichsen*, Referat, S. L 72 ff.; *Pfeiffer*, S. 185 f.; *Dirk Olzen*, Zivilrechtlicher Schutz gegen Belastungen aus der Umwelt, Juristische Ausbildung (Jura) 1991, S. 283 f.; *Scherer*, JZ 1997, S. 313.

vom Bundesgerichtshof abgelehnt[1496]. Zur Begründung wurde darauf verwiesen, daß die Gewährung eines immissionsrechtlichen, negatorischen Rechtsschutzes nach § 906 BGB gegenüber allgemeinen Persönlichkeitsrechtsverletzungen zu einer Ausuferung der Immissionsklagen führen und Popularklagen ermöglichen würde[1497]. Dieser Rechtsschutzumfang sei dem auf Interessenausgleich ausgerichteten Privatrecht jedoch fremd. Zudem sei das allgemeine Persönlichkeitsrecht als Grundlage für die Lösung des Interessenkonflikts in Immissionsfällen ungeeignet, weil seine Konturen unklar blieben und die Bestimmung der in § 906 BGB normierten Duldungspflichten ohne zumindest einigermaßen dauerhaften Bezug zum betroffenen Grundstück nicht sinnvoll vorgenommen werden könne[1498]. Es bestehe auch kein Anlaß, den durch § 823 Absatz 1 BGB gewährten quasinegatorischen Rechtsschutz über Gebühr auszudehnen und den nicht dinglich Berechtigten aufgrund analoger Anwendung des § 906 BGB weitere negatorische Beseitigungsansprüche zuzugestehen, da § 906 BGB eindeutig auf eine Grundstücksnutzung abstelle und nicht jegliche zufällige Nähe zur Immissionsquelle für die Gewährung negatorischer Ansprüche ausreichen lasse[1499]. Zudem ergäben sich Hindernisse bei der Realisierung effektiven Rechtsschutzes[1500].

Im Ergebnis läßt sich damit festhalten, daß einer durch die Stärkung der Persönlichkeitsrechte motivierten, auf Verletzungen des allgemeinen Persönlichkeitsrechts gestützten Erweiterung des privatrechtlichen Immissionsschutzes von der weit überwiegenden Mehrheit der Rechtswissenschaft und der Rechtsprechung wegen unüberbrückbarer Schwierigkeiten rechtssystematischer Art und

---

[1496] Vgl. beispielsweise BGH, Urteil vom 7. März 1969 (BGHZ 51, S. 396 ff. – Lagerplatz für Baumaterialien und Baugeräte in einer Wohngegend); BGH, Urteil vom 15. Juli 1970 (BGHZ 54, S. 56 ff. – Anblick von Schrottfahrzeugen und Gebrauchtwagenhalle); BGH, Urteil vom 15. November 1974 (NJW 1975, S. 170 ff. – Wand aus Eisenstangen und Blechen im Grenzbereich eines Grundstücks); BGH, Urteil vom 12. Juli 1985 (BGHZ 95, S. 307 ff. – vom Nachbargrundstück aus optisch nicht wahrnehmbarer Bordellbetrieb) sowie unten § 37 I. 1.

[1497] *Diederichsen*, Referat, S. L 73; *Olzen*, Jura 1991, S. 283.

[1498] *Marburger*, Gutachten, S. C 117; *Diederichsen*, Referat, S. L 54 f.

[1499] *Marburger*, Gutachten, S. C 118, wies darauf hin, daß der Grund für die Immobiliarbezogenheit der negatorischen Ansprüche gerade die das „qualifizierte", dauernde Betroffensein und die Unentrinnbarkeit gegenüber den Beeinträchtigungen sei und wandte sich gegen eine Abkehr von dieser Immobiliarbezogenheit der immissionsschutzrechtlichen Rechtsbehelfe. Der durch § 823 Absatz 1 und 2 BGB in Verbindung mit drittschützenden öffentlichen Normen gewährte quasinegatorische Rechtsschutz, der zur Begründung der Anerkennung von Rechtsschutz gegen Immissionen als Verletzungen des allgemeinen Persönlichkeitsrechts ins Feld geführt werde, knüpfe aber demgegenüber an der Abwehr einer drohenden Verletzung bestimmter absoluter Rechte bzw. an einem nach öffentlichem Recht ohnehin gewährten Rechtsschutz an.

[1500] Hierzu *Diederichsen*, Referat, S. L 76.

Ungeeignetheit des vorhandenen zivilrechtlichen Regelungsinstrumentariums eine Absage erteilt wurde[1501].

## II. Ideelle Immissionen

Im Rahmen eines „verfeinerten und veränderten Umweltbewußtseins“[1502] wurde auch die Frage der Abwehrmöglichkeit gegen ideelle Immissionen erneut diskutiert[1503]. Ideelle Immissionen werden gemeinhin in sittliche oder moralische Immissionen sowie ästhetische Immissionen unterteilt[1504]. Die Ansichten über die Behandlung dieser Einwirkungen waren gespalten[1505].

Einige Vertreter in der Rechtswissenschaft forderten – teilweise unter Rückgriff auf die in der Literatur diskutierte Problematik von Immissionen als Verletzungen des allgemeinen Persönlichkeitsrechts[1506] –, daß auch diese Einwirkungen in den Bereich der „ähnlichen Einwirkungen“ des § 906 BGB einzubeziehen seien[1507]. Sie wollten negatorischen Rechtsschutz nach § 1004 BGB auch gegen Beeinträchtigungen durch ideelle Immissionen gewähren[1508]. Begründet wurde dies mit der Auffassung, daß anderenfalls das Zivilrecht den betroffenen Grundeigentümer weitestgehend rechtlos gegenüber einer sukzessiven Änderung des Charakters der Ortsüblichkeit der benachbarten Grundstücke beispielsweise durch allmähliche Ansiedelung von Bordellbetrieben und verwahrlosender anderer Grundstücksbenutzung stellen würde[1509]. Zudem wurde darauf verwiesen, daß sittliche und ästhetische Immissionen durchaus zu einer Wertminderung der betroffenen Grundstücke führen könnten, was als mit dem durch das Sachen-

---

1501 *Olzen*, Jura 1991, S. 284; *Staudinger-Hager*, 13. Auflage, § 823 Rn. B 183.

1502 Begriffsbildend insofern AG Münster, NJW 1983, S. 2887. Hierzu *Reinhard Künzl*, Zur Abwehr ideeller Immissionen, NJW 1984, S. 775 f.

1503 *Olzen*, Jura 1991, S. 285. Vgl. hierzu bereits oben § 21 II. 3. sowie § 27 I. 1. a).

1504 *Jauernig*, Schutz des Grundeigentums, JZ 1986, S. 606 ff.

1505 Vgl. zu den verschiedenen Auffassungen *Scherer*, JZ 1997, S. 311 ff.

1506 Vgl. soeben oben § 36 I.

1507 *Forkel*, S. 45 f.; *Jauernig*, Schutz des Grundeigentums, JZ 1986, a. a. O., der unter Hinweis auf die höchstrichterliche Rechtsprechung deutlich machte, daß eine widerspruchsfreie Definition der „ähnlichen Einwirkungen“ im Sinne des § 906 BGB nicht existiere.

1508 *Staudinger-Roth*, 13. Auflage, § 906 Rn. 127.

1509 *Jauernig*, Schutz des Grundeigentums, JZ 1986, a. a. O., der auch darauf hinwies, daß sich hierdurch der Charakter der Wesentlichkeit einer Immission grundlegend ändern könne. Könne ein benachbarter, vereinzelter Bordellbetrieb in einem Wohngebiet eine wesentliche Beeinträchtigung darstellen, so führten mehrere Bordellbetriebe dazu, daß das betreffende Vergleichsgebiet seinen Charakter als reines Wohngebiet verliere und die von den Betrieben ausgehenden Belästigungen nunmehr auch nach dem geforderten differenziert objektiven Maßstab nicht als in einem Gebiet mit gemischter Nutzung wesentlich gelten könnten.

recht gewährleisteten Schutz des Grundeigentums nicht vereinbar angesehen wurde[1510].

Diese Auffassung wurde jedoch in der Rechtswissenschaft kritisiert[1511] und insbesondere vom Bundesgerichtshof in mehreren Urteilen[1512] abgelehnt. Zur Begründung wurde – ähnlich wie im Bereich der Immissionen als Verletzungen des Persönlichkeitsrechts[1513] – angeführt, das sachenrechtliche Instrumentarium des § 906 BGB zur Anwendung auf einen grundsätzlich persönlichkeitsbezogenen Maßstab, der von der Anerkennung von ideellen Immissionen als „ähnliche Einwirkungen" geprägt sei, nicht ohne weiteres geeignet sei[1514]. Was sich im konkreten Falle als moralisch verwerflich bzw. unästhetisch darstelle und als „ähnliche Einwirkung" im Sinne des § 906 BGB untersagt werden könne, sei wesentlich weniger objektivierbar als eine immobiliarbezogene Ausfüllung der unbestimmten Rechtsbegriffe der Wesentlichkeit, Unwesentlichkeit und Ortsüblichkeit[1515], da zumindest eine subjektsbezogene Vermittlung der Einwirkung über eine Person stattfinden müsse und der Bestimmung des Charakters der Wesentlichkeit dementsprechend ein subjektiver Charakter anhafte[1516]. Aus diesem Grunde wurden – nicht zuletzt im Hinblick auf die Gefahr der Ausuferung von immissionsschutzrechtlichen Klagen – der bei Anerkennung des allgemeinen Persönlichkeitsrechts vorhandene quasinegatorische Rechtsschutz über §§ 823, 249 BGB in Verbindung mit einer analogen Anwendung des § 1004 BGB, das

---

1510 *Jauernig*, Schutz des Grundeigentums, JZ 1986, S. 607; *Staudinger-Roth*, 13. Auflage, § 906, a. a. O., der zumindest eine festgestellte Wertminderung des Grundstücks als Indiz für die Abwehrfähigkeit der ideellen Immission ansah, weil hier eine Ausuferung des Rechtsschutzes nicht zu befürchten sei. Hingegen ließ der Bundesgerichtshof in seinem Urteil vom 12. Juli 1985 (BGHZ 95, S. 307 - Bordellbetrieb; vgl. unten § 37 I. 1.) die Wertminderung des Grundstücks durch Vorgänge auf dem Nachbargrundstück allein nicht ausschlaggebend sein. Kritisch auch *Scherer*, JZ 1997, S. 313, die darauf hinweist, daß dem bürgerlichen Recht eine „Wertsicherungsklausel" fremd ist.

1511 *Künzl*, NJW 1984, S. 775 f.; *Olzen*, Jura 1991, S. 285 f.; *Marburger*, Gutachten, S. C 102; *Scherer*, JZ 1997, S. 310.

1512 Vgl. hierzu die Nachweise bei *Bernd Borrmann/Jörg Greck*, Zeitschrift für Miet- und Raumrecht (ZMR) 1989, S. 130 f. sowie im einzelnen unten § 37 I. 1.

1513 Vgl. dazu oben § 36 I.

1514 *Künzl*, NJW 1984, S. 775.

1515 *Olzen*, Jura 1991, S. 286. Letztlich tritt hier erneut die bereits Mitte des 19. Jahrhunderts von *Hesse*, Nachbarliche Verhältnisse der Grundeigentümer, S. 388 f., S. 434, problematisierte objektivierbare Grenzziehung zwischen rechtmäßigen Belästigungen und widerrechtlichen Beeinträchtigungen hervor. Vgl. oben § 8 I. 4.

1516 *Scherer*, JZ 1997, S. 311. Vgl. *Künzl*, NJW 1984, a. a. O.: „Auf dem Grundstück befindliche Sachen werden von einem unerfreulichen Anblick – im Gegensatz zu den meisten der genannten Immissionen des § 906 I – nicht berührt. Eine Einwirkung auf Menschen im Sinne einer Gesundheitsgefahr ist ebenso ausgeschlossen; inwieweit sich der einzelne in seinem Empfinden beeinträchtigt fühlt, hängt sehr von seinem subjektiven Empfinden von Ästhetik ab."

Nachbarrecht der Länder und die öffentlich-rechtlichen Schutznormen als ausreichend angesehen[1517]. In besonders schwerwiegenden Fällen wurde auf den möglichen Rechtsschutz nach § 826 BGB hingewiesen[1518].

## III.
## Summierte Immissionen

Aufgrund der zunehmenden Immissionsbelastung und der großflächigen Verteilung der Einwirkungen kann es in den Fällen, in welchen verschiedene Verursacher entweder gleichartige oder aber verschiedene Einwirkungen hervorrufen, in steigendem Maße zu Wechselwirkungen zwischen verschiedenen Immissionen und Immissionsarten kommen[1519]. Dies wirft Schwierigkeiten vor allem im Bereich der Zurechnung auf[1520]. In der Wissenschaft wird diese Problematik unter dem Begriff der „summierten" oder „kumulierten Immissionen" behandelt[1521]. Es lassen sich grundsätzlich folgende zivilrechtlich relevanten Fallkonstellationen unterscheiden[1522]:

### 1.
### Kumulative Immissionen

Unter dem Oberbegriff der kumulativen Immissionen werden die Fälle diskutiert, in denen mehrere Einwirkungen erst in ihrem Zusammenspiel Schäden am betroffenen Grundstück verursachen. Jede Einwirkung für sich stellt aber eine duldungspflichtige Immission dar. Kumulative Immissionen können sogenannte progressive oder lineare Schadenssteigerungen herbeiführen. Progressive Schadenssteigerungen werden hervorgerufen, wenn sich die schädliche Wirkung verschiedener Immissionen durch ihre spezielle synergetische Wirkungsweise ver-

---

1517 *Künzl*, NJW 1984, S. 775 f.; *Olzen*, Jura 1991, S. 286; *Borrmann/Greck*, ZMR 1989, S. 131 f.; *MüKo-Säcker*, 1. Auflage, § 906 Rn. 21; *Marburger*, Gutachten, S. C 102.

1518 *Medicus*, JZ 1986, S. 778; *Borrmann/Greck*, ZMR 1989, S. 132.

1519 *Kleindienst*, S. 56; *Uwe Diederichsen/Andreas Scholz*, Kausalitäts- und Beweisprobleme im zivilrechtlichen Umweltschutz, WiVerw 1984, S. 23 ff., S. 36 f.

1520 *Jürgen F. Baur*, in: Theodor Soergel/Wolfgang Siebert/Jürgen F. Baur/Hans-Jürgen Abraham (Hrsg.), Bürgerliches Gesetzbuch (Soergel-Baur, 12. Auflage), Bd. 4 (Sachenrecht), 12. Auflage, Stuttgart – Berlin – Köln 1990, § 906 Rn. 119; *Medicus*, JZ 1986, S. 781.

1521 Vgl. zu den antagonistischen, additiven, synergistischen sowie potenzierenden Effekten von summierten Immissionen *Uwe Diederichsen*, Zivilrechtliche Probleme des Umweltschutzes (Zivilrechtliche Probleme), in: Fritz Reichert-Facilides/Fritz Rittner/Jürgen Sasse (Hrsg.), Festschrift für Reimer Schmidt, Karlsruhe 1976, S. 1 ff., S. 15 f.

1522 Vgl. *Soergel-Baur*, 12. Auflage, § 906 Rn. 121 ff.; *Thomas Nick*, Die Beweislastverteilung im zivilrechtlichen Umweltschutz, AgrarR 1985, S. 345.

stärken und erst hierdurch die nach § 906 BGB duldungspflichtige Grenze überschreiten[1523]. Die lineare Schadenssteigerung ist hingegen dadurch gekennzeichnet, daß sich verschiedene Einwirkungen zwar addieren, aber jeweils keine wechselseitigen Verstärkungen hervorrufen[1524].

### a)
### Progressive Schadenssteigerung

Die Probleme bei progressiver Schadenssteigerung sind weniger rechtlicher, denn tatsächlicher Natur[1525]. Jede der Einwirkungen für sich genommen stellt eine adäquat kausale Ursache für die letztendlich eingetretene Beeinträchtigung dar[1526]. Die Verursachungsbeiträge der jeweiligen Immittenten können gegebenenfalls nach § 287 ZPO geschätzt werden, und es kann, wo das nicht gelingt, unter Rückgriff auf die Vorschrift des § 830 Absatz 1 Satz 2 BGB in Verbindung mit § 840 Absatz 1 BGB eine gesamtschuldnerische Haftung allein deshalb bejaht werden, weil gerade durch das Zusammenwirken der Beeinträchtigungen der Ursachenverlauf unaufklärbar wird[1527].

Schwierigkeiten ergeben sich aber vor allem bei der Ermittlung der jeweiligen Immittenten. Häufig ist es dem Immissionsbetroffenen nämlich erschwert, den genauen Verursacher der einzelnen Einwirkung ausfindig zu machen und ihm den konkreten Verursachungsanteil nachzuweisen[1528]. Voraussetzung für eine erweiterte oder gar analoge Anwendung des § 830 Absatz 1 Satz 2 BGB ist aber stets, daß der betroffene Grundeigentümer zumindest die generelle Möglichkeit der Teilkausalität der jeweiligen Einwirkung für den entstandenen Schaden nachweist[1529]. Für die Fälle, in denen zwar eine nicht duldungspflichtige Beeinträchtigung vorliegt, diese jedoch erst durch eine Vielzahl von miteinander vermengten Einwirkungen verschiedenster, auch Kleinstimmittenten verursacht

---

[1523] *Kleindienst*, S. 66 f.
[1524] *Kleindienst*, S. 64.
[1525] *Nick*, AgrarR 1985, S. 346.
[1526] *Kleindienst*, S. 63 f.
[1527] *Diederichsen-Scholz*, WiVerw 1984, S. 37; *Medicus*, JZ 1986, S. 782, weist allerdings auf die Unbilligkeiten hin, die diese Lösung bei der Inanspruchnahme eines Kleinemittenten verursacht. Diesen gegenüber dem geschädigten Grundeigentümer im Außenverhältnis voll haften zu lassen, erscheint unter Berücksichtigung der Tatsache, daß sich der Innenregreß gerade aufgrund der Schwierigkeiten bei der Bestimmung des Haftungsmaßstabs als kompliziert herausstellen kann, als ungerecht.
[1528] *Pfeiffer*, S. 147.
[1529] *Hager*, Umweltschäden, NJW 1986, S. 1968.

wird, wird eine gesamtschuldnerische Haftung wegen Fehlens einer individuellen haftungsrechtlichen Zuordnung deshalb abgelehnt[1530].

### b)
### Lineare Schadenssteigerung

Die Fälle der linearen Schadenssteigerung sind dadurch gekennzeichnet, daß jeder beliebige Bruchteil der Gesamtimmission den gleichen Bruchteil der Gesamtbeeinträchtigung bzw. des Gesamtschadens verursacht[1531]. Über die Behandlung dieser Art von Immissionen herrscht Streit[1532].

Teilweise wird vertreten, von jedem Immittenten könne die Unterlassung seines Tatbeitrags verlangt werden[1533]. Dies scheitert allerdings regelmäßig daran, daß sich die einzelne Einwirkung als rechtmäßig und damit duldungspflichtig darstellt, so daß allenfalls eine Ersatzverpflichtung für den angerichteten Schaden zu diskutieren ist[1534].

Hier wird teilweise eine gesamtschuldnerische Haftung der einzelnen Immittenten befürwortet[1535]. Dagegen wird argumentiert, daß ermittelbare Verursachungsanteile vorlägen, so daß es eines Rückgriffs auf die Gesamtschuldnerschaft nicht bedürfe, sondern nur eine Haftungsverteilung nach Verursachungsbeiträgen in Betracht komme[1536].

Da eine generelle Lösung nicht zu erreichen ist[1537], sind die Fälle der linearen Schadenssteigerung sachgerecht am besten einer Lösung zuzuführen, wenn man im Bereich der Ersatzpflicht zunächst die jeweiligen Verursachungsbeiträge nach § 287 ZPO schätzt und sodann hinsichtlich der nicht eindeutig zuzuord-

---

1530 Bedeutung erlangte diese Fallkonstellation vor allem bei den seit der Mitte der 1980er Jahre erneut auftretenden Schädigungen durch das sogenannte „Waldsterben". Hier vermischen sich verschiedenartigste Einwirkungen in- und ausländischer gewerblicher Immittenten mit den Einwirkungen von anderen Kleinstimmittenten, deren Kraftfahrzeuge oder Feuerungsanlagen das Immissionsproblem verschärfen. Es wird als unbillig angesehen, einige zufälligerweise namentlich bekannte inländische Großimmittenten herauszugreifen und für den gesamten entstandenen Schaden haftbar zu machen. Vgl. *Soergel-Baur*, 12. Auflage, § 906 Rn. 129; *Diederichsen-Scholz*, WiVerw 1984, S. 38; *Hager*, Umweltschäden, NJW 1986, S. 1969. Aus diesem Grunde hatte bereits *Westermann*, Luftreinhaltung, S. 67 ff., S. 70 ff. für die Einrichtung eines allgemeinen Haftungsverbandes durch die konzessionierten, immittierenden Gewerbebetriebe plädiert.

1531 *Kleindienst*, S. 64 f.

1532 Vgl. *Nick*, AgrarR 1985, S. 345 f. m. w. N.

1533 *Soergel-Baur*, 12. Auflage, § 906 Rn. 126.

1534 *Nick*, AgrarR 1985, S. 346.

1535 *MüKo-Säcker*, 1. Auflage, § 906 Rn. 127; *Marburger*, Gutachten, S. C 124.

1536 *Soergel-Baur*, 12. Auflage, § 906 Rn. 126.

1537 *Marburger*, Gutachten, S. C 124 f. *Diederichsen-Scholz*, WiVerw 1984, S. 37, halten die Problematik für „mit den Mitteln des Zivilrechts unlösbar".

nenden Verursachungsbeiträge in Anwendung der Grundsätze des § 830 Absatz 1 Satz 2 BGB Gesamtschuldnerschaft bejaht[1538].

### 2. Alternative Immissionen

Als alternative Immissionen werden die Fälle bezeichnet, in welchen mehrere Einwirkungen auf ein Grundstück vorliegen, jede einzelne von ihnen aber zu einer nach § 906 BGB nicht mehr duldungspflichtigen Beeinträchtigung des betroffenen Grundstücks führt. Das bedeutet, daß jeder der Verursacher für sämtliche Beeinträchtigungen am betroffenen Grundstück verantwortlich ist[1539]. Dem immissionsbetroffenen Grundeigentümer steht also im Bereich der nichtgewerblichen Immissionen[1540] gegen jeden einzelnen Verursacher ein negatorischer Untersagungsanspruch nach §§ 1004, 906 Absatz 1 Satz 1 BGB zu, denn jeder der Verursacher ist für seine nicht duldungspflichtige Beeinträchtigung des Grundstücks verantwortlich[1541].

In den Fällen, in welchen die Beeinträchtigungen ausnahmsweise nach § 906 Absatz 2 Satz 1 BGB duldungspflichtig sind, kann der immissionsbetroffene Grundeigentümer damit gegen jeden Immittenten den Ausgleichsanspruch nach § 906 Absatz 2 Satz 2 BGB geltend machen. Weiterhin bleibt ihm die Geltendmachung deliktischer Schadenersatzansprüche unbenommen[1542]. Umstritten ist jedoch, ob im Rahmen des § 906 Absatz 2 Satz 2 oder im Bereich der deliktischen Schadenersatzansprüche alle Immittenten dem betroffenen Grundeigentümer auf den vollen Schaden haften.

Einige Stimmen in der Literatur[1543] gehen davon aus, daß sämtliche Immittenten im Außenverhältnis als Gesamtschuldner auf den vollen Schaden haften und eine Haftungsverteilung nach Verursachungsanteilen erst im Rahmen des internen Gesamtschuldnerausgleichs nach § 426 Absatz 1 BGB stattfinde. Zur Begründung wird auf § 830 Absatz 1 Satz 2 BGB verwiesen. Dieser stelle für Schadensfälle, in welchen sich die konkreten Verursachungsbeiträge nicht ermitteln ließen, eine – widerlegbare – Kausalitätsvermutung auf und ordne in Verbindung mit § 840 Absatz 1 BGB Gesamtschuldnerschaft der Immittenten an. Im Zuge eines *argumentum a maiore ad minus* wird vertreten, der Rechtsge-

---

1538 *Nick*, AgrarR 1984, S. 346 m. w. N.
1539 *Soergel-Baur*, 12. Auflage, § 906 Rn. 122.
1540 Ausgenommen sind selbstverständlich die durch konzessionierte Anlagen verursachten Immissionen. Hier bleibt es nach § 14 BImSchG beim Ausschluß des Untersagungsrechts und dem Verweis auf den Schadenersatzanspruch.
1541 *Soergel-Baur*, 12. Auflage, § 906 Rn. 122.
1542 *Diederichsen*, Zivilrechtliche Probleme, S. 16.
1543 *Diederichsen*, Zivilrechtliche Probleme, S. 18. *Soergel-Baur*, 12. Auflage 1990, § 906 Rn. 123.

danke des § 830 Absatz 1 Satz 2 BGB müsse umso mehr Anwendung finden, wenn jeder der Verursachungsbeiträge geeignet gewesen sei, durch eine nicht mehr duldungspflichtige Einwirkung einen Schaden am Grundstück herbeizuführen[1544].

Andere Vertreter schließen sich mit dem Bundesgerichtshof[1545] einer differenzierten Auffassung an. Nach dieser Ansicht haften die jeweiligen Verursacher für diejenigen Schäden, die ihnen jeweils eindeutig zuzuordnen sind, nach Verursachungsteilen und nur hinsichtlich der nach Verursachungsanteilen nicht zuordnungsfähigen Schäden als Gesamtschuldner[1546].

## IV.
## Zusammenfassung

In zunehmendem Maße wurde deutlich, daß auch unter Berücksichtigung des verbesserten öffentlichen Immissionsschutzrechts manche Teilbereiche des Schutzes vor Immissionen mit dem vorhandenen Regelungsinstrumentarium nicht zu lösen waren.

Von einigen Vertretern in der Wissenschaft wurde beispielsweise auf dem Hintergrund der grundgesetzlich garantierten persönlichen Freiheitsrechte versucht, auch das private Immissionsschutzrecht neuen Beurteilungsmaßstäben zuzuführen und den Rechtsschutz des Betroffenen oder gar den Kreis der Betroffenen zu erweitern. In erster Linie geschah dies durch die in der Wissenschaft geführte Diskussion um die Anerkennung von Immissionen als Verletzungen des allgemeinen Persönlichkeitsrechts und die Gewährung negatorischer Ansprüche auch für nicht dinglich berechtigte Personen[1547]. So verständlich das in der Diskussion zu Tage tretende Interesse nach einem verstärkten Schutz vor Immissionen auch war und ist, letztlich entspricht ein in erster Linie auf Verletzungen des allgemeinen Persönlichkeitsrechts gestütztes privates Immissionsschutzrecht weder den systematischen, noch den materiellen Anforderungen des vorhandenen Regelungsinstrumentariums[1548]. Die Grenzen des Rechtsschutzes sind nur schwer zu bestimmen und die Abkehr von der Immobiliarbezogenheit des privaten Immissionsschutzrechts stellt sich, unter anderem unter Berücksichtigung des Gesetzeszwecks und der Entstehungsgeschichte der privatrechtlichen

---

1544 *Diederichsen*, Zivilrechtliche Probleme, ebenda; *Hager*, Umweltschäden, NJW 1986, S. 1968

1545 BGH, Urteil vom 13. Februar 1976 (BGHZ 66, S. 75 ff. – Steinbruchbetriebe) sowie BGH, Urteil vom 26. Oktober 1978 (BGHZ 72, S. 297 f. – Immissionen durch Bau einer Fernstraße). Vgl. hierzu unten § 37 III.

1546 *Kleindienst*, S. 62 f.; *Nick*, AgrarR 1985, S. 345.

1547 Vgl. oben § 36 I.

1548 *Olzen*, Jura 1991, S. 284.

Immissionsschutzvorschriften, als systemwidrig dar[1549]. Nicht zuletzt aus diesen Gründen war der Anerkennung von Immissionen als Verletzungen des allgemeinen Persönlichkeitsrechts und einer hierauf gestützten Erweiterung des negatorischen Rechtsschutzes kein Erfolg beschieden.

Auch ideellen Immissionen war und ist bis heute die Einbeziehung in das private Immissionsschutzrecht aus diesem Grunde weitgehend versagt[1550].

Im Zuge der sich zuspitzenden generellen Immissionsbelastung zeigten sich allerdings schon bald deutlich die Grenzen des vorhandenen privaten immissionsschutzrechtlichen Instrumentariums. Obwohl sich die Belastungen und Schäden durch das Zusammenwirken von verschiedenen Störungsquellen und Immissionsarten nur schwerlich übersehen lassen, ist die Problematik der summierten Immissionen bis heute einer sachgerechten Bewältigung mit den vorhandenen Regelungsinstrumenten nur schwer zugänglich. Da der negatorische Rechtsschutz weitgehend leerläuft, behilft man sich in erster Linie auf der Rechtsfolgenseite beim Ersatz des entstandenen Schadens mit einer Ausdehnung der gesamtschuldnerischen Haftung, um dem Immissionsbetroffenen die Durchsetzung seiner Ersatzansprüche zu erleichtern[1551]. Auch diese Lösung gestaltet sich allerdings insbesondere im Bereich der kumulativen Immissionen mit linearer Schadenssteigerung schwierig[1552].

Es ließ und läßt sich bis zum heutigen Tage deshalb nicht übersehen, daß das private Immissionsschutzrecht in bestimmten Teilbereichen an seine Grenzen stößt. Bestimmte Umweltbelastungen sind mit dem vorhandenen zivilrechtlichen Regelungsinstrumentarium entweder nicht zu verhindern oder nicht sachgerecht zu lösen[1553].

Die Gründe liegen vor allem im Charakter des privaten Immissionsschutzrechts als Regelungsmaterie individueller Verhältnisse mit dem Ziel, individuell verursachte und individuell erlittene Schäden zu verhindern bzw. auszugleichen, weshalb es allenfalls individualbezogenen Rechtsgüterschutz gewährleisten kann und Schäden an Allgemeingütern dem öffentlichen Recht mit seinem primär planungsrechtlichen Charakter überlassen muß[1554].

Das private Immissionsschutzrecht schützt also primär gegen Belastungen „aus der Umwelt" und allenfalls reflexartig gegen Belastungen „der Umwelt"[1555], wenngleich der Rechtsschutz – wie die Beispiele der negativen und ideellen Immissionen zeigen – aus persönlichen oder sachlich-dogmatischen

---

[1549] *Olzen*, Jura 1991, ebenda.

[1550] Vgl. oben § 36 II.

[1551] Vgl. oben § 36 III.

[1552] Vgl. oben § 36 II. 1. b) und *Pfeiffer*, S. 145 f.

[1553] *Diederichsen*, Referat, S. L 48 ff.

[1554] *Diederichsen*, Referat, S. L 48 f. Insbesondere, weil das private Immissionsschutzrecht vom Charakter des immobiliarbezogenen Nachbarrechts geprägt ist. Vgl. *Pfeiffer*, S. 143 f.

[1555] *Medicus*, JZ 1986, S. 785.

Gründen empfindlich verkürzt sein kann, weil primär an das materielle Sachenrecht und das hierfür einschlägige Rechtsschutzinstrumentarium angeknüpft wird[1556] und zudem vielfältige Überschneidungen mit den öffentlich-rechtlichen Regelungen existieren[1557].

[1556] Vgl. *Diederichsen*, Referat, S. L 52 ff. sowie die oben unter § 36 I. und II. dargestellten Probleme bei der Behandlung von ideellen Immissionen und Immissionen als Verletzungen des allgemeinen Persönlichkeitsrechts.

[1557] Vgl. zu den Überschneidungen durch das öffentlich-rechtliche Anlagenkonzessionierungsrechts nach Erlaß des BImSchG oben § 35 IV. 2. sowie *Pfeiffer*, S. 146 f.

# 4. Abschnitt: Die Reaktionen der Rechtsprechung auf die modernen Immissionsbelastungen

## *§ 37*
## *Die Rechtsprechung des Bundesgerichtshofs zum privaten Immissionsschutzrecht nach der Novellierung des § 906 BGB im Jahre 1959 und dem Erlaß des Bundes-Immissionsschutzgesetzes im Jahre 1974*

### I.
### Die Rechtsprechung zum Immissionsbegriff

#### 1.
#### Ideelle Immissionen

Wie bereits dargestellt[1558], wurde in der Rechtswissenschaft im Zuge der Thematisierung eines verbesserten, individualschützenden privaten Immissionsschutzrechts die Erweiterung der Immissionsschutztatbestände auf ideelle Immissionen diskutiert.

Das Reichsgericht hatte jedoch in ständiger Rechtsprechung die Subsumtion von ideellen Immissionen unter das Tatbestandsmerkmal der „ähnlichen Einwirkung" im Rahmen des § 906 Absatz 1 Satz 1 BGB abgelehnt. Auch der Bundesgerichtshof stand einer solchen Einbeziehung von ideellen Immissionen skeptisch gegenüber und lehnte sie in mehreren Entscheidungen ab[1559].

In seiner Entscheidung vom 7. März 1969[1560] vermochte der Bundesgerichtshof den Anblick eines das ästhetische Empfinden des Klägers beeinträchtigenden Lagerplatzes für Baumaterialien und Geräte in einer Wohngegend nicht unter das Tatbestandsmerkmal der „ähnlichen Einwirkungen" des § 906 Absatz 1 Satz 1 BGB zu subsumieren. Es fehlte nach Meinung des Gerichts an einer Einwirkung, die sinnlich wahrnehmbar und schädigend auf das Nachbargrundstück hinüberwirkte oder die dort lebenden Personen in ihrem gesundheitlichen Wohlbefinden in Form der Bereitung körperlichen Unbehagens beeinträchtigte[1561]. Der Bundesgerichtshof nahm zudem Bezug auf die ständige ablehnende Recht-

---

[1558] Vgl. oben § 36 II.

[1559] Vgl. BGH, Urteil vom 7. März 1969 (BGHZ 51, S. 396 ff. – Lagerplatz für Baumaterialien und Baugeräte in einer Wohngegend); BGH, Urteil vom 15. Juli 1970 (BGHZ 54, S. 56 ff. – Anblick von Schrottfahrzeugen und Gebrauchtwagenhalle); BGH, Urteil vom 15. November 1974 (NJW 1975, S. 170 ff. – Wand aus Eisenstangen und Blechen im Grenzbereich eines Grundstücks); BGH, Urteil vom 12. Juli 1985 (BGHZ 95, S. 307 ff. – vom Nachbargrundstück aus optisch nicht wahrnehmbarer Bordellbetrieb).

[1560] BGHZ 51, S. 396 ff.

[1561] BGHZ 51, S. 397 f.

sprechung des Reichsgerichts[1562] und befürchtete, eine Einbeziehung von ideellen Einwirkungen in den Regelungsgehalt des § 906 Absatz 1 Satz 1 BGB „würde zu einer uferlosen und damit unvertretbaren Ausweitung führen"[1563].

Auch den „trostlosen" Anblick einer Gebrauchtwagenhalle mit ringsumher abgestellten Schrottfahrzeugen sah der Bundesgerichtshof in seinem Urteil vom 15. Mai 1970[1564] nicht als „ähnliche Einwirkung" auf das Grundstück der ein Hotel betreibenden Klägerin. Insbesondere lehnte der Bundesgerichtshof auch eine Wertungskorrektur aufgrund seiner Rechtsprechung zum allgemeinen Persönlichkeitsrecht ab. Zum einen werde der das ästhetische Empfinden verletzende Anblick nicht gezielt vorgenommen, zum anderen rechtfertigten auch die Grundsätze zur Verletzung des allgemeinen Persönlichkeitsrechts nicht eine Erweiterung der gesetzlich normierten Immissionstatbestände[1565]. Zu einer möglichst schonenden Grundstücksnutzung, die den finanziellen Interessen der Klägerin an einer gewinnorientierten Ausnutzung ihres Hotelbetriebs Rechnung trage, sei der Beklagte nicht zuletzt wegen seiner eigenen gewerblichen Interessen und seines Eigentumsausübungsrechts nicht verpflichtet[1566].

Diese Wertungen übertrug der Bundesgerichtshof in seinem Urteil vom 12. Juli 1985[1567] auch auf Fälle sittlicher Immissionen, die durch einen vom Nachbargrundstück optisch nicht wahrnehmbaren Bordellbetrieb ausgingen. Unter Rückgriff auf seine Urteile vom 7. März 1969[1568], vom 15. Mai 1970[1569] und vom 15. November 1974[1570] forderte er zunächst die Möglichkeit der Wahrnehmbarkeit der sittlich verletzenden Vorgänge als Voraussetzung einer Einwirkung. Bloße Kenntniserlangung des Betroffenen von den Vorgängen reiche ebensowenig aus wie eine durch die Benutzung des Nachbargrundstücks herbeigeführte Wertminderung des betroffenen Grundstücks[1571]. Mangels zweckge-

[1562] RG, Urteil vom 27. Februar 1902 (RGZ 50, 225 ff. – Feuer- und Explosionsgefahr; vgl. oben § 29 I. 2.); RG, Urteil vom 9. April 1904 (RGZ 57, 239 ff. – Bordellbetrieb; vgl. oben § 29 I. 2.) unter Rückgriff auf das Urteil des RG vom 8. Januar 1897 (RGZ 38, S. 379 ff. – Bordellbetrieb; vgl. hierzu oben § 21. II. 3.).

[1563] BGHZ 51, S. 398. Im übrigen lehnte das Gericht auch eine Anwendung von § 823 BGB ab, weil es an einem Eingriff in ein absolut geschütztes Rechtsgut fehle.

[1564] BGHZ 54, S. 56 ff.

[1565] BGHZ 54, S. 61.

[1566] BGHZ 54, ebenda. Dies entsprach ohnehin der gefestigten Rechtsprechung des Bundesgerichtshofs. Vgl. das Urteil des BGH vom 10. April 1953 (LM, Nr. 2 zu § 903 BGB – „zweites Lichtschutzurteil") sowie oben § 32 III. 1.

[1567] BGHZ 95, S. 307 ff.

[1568] BGHZ 51, S. 396 ff. – Lagerplatz für Baumaterialien.

[1569] BGHZ 54, S. 56 ff. – Schrottfahrzeuge.

[1570] BGH, Urteil vom 15. November 1974, NJW 1975, S. 170 ff. – Wand aus Eisenstangen und Blechen an Grundstücksgrenze.

[1571] BGHZ 95, S. 310.

richteten Handelns schieden auch deliktische Abwehransprüche wegen Verletzung des allgemeinen Persönlichkeitsrechts aus[1572].

In seinem Urteil vom 15. November 1974[1573] ließ der Bundesgerichtshof jedoch ausdrücklich offen, ob er an dieser gefestigten Rechtsprechung „auch in besonders krassen Fällen“ festzuhalten gedenke.

Bei aller Zurückhaltung in der Rechtsprechung des Bundesgerichtshofs bleibt deshalb darauf hinzuweisen, daß negatorische Ansprüche gegen ideelle Einwirkungen unter Umständen in Betracht kommen können, wenn es sich im Rahmen von §§ 1004, 906 BGB um einen „besonders krassen Fall handelt“ oder die Einwirkung einen zielgerichteten, schikanösen Eingriff in das durch § 823 Absatz 1 BGB geschützte allgemeine Persönlichkeitsrecht darstellt[1574].

### 2.
### Negative Immissionen

Auch im Bereich der negativen Immissionen hielt der Bundesgerichtshof an seiner bisherigen, bereits durch das Reichsgericht vorgezeichneten Rechtsprechungstradition fest. Eine Einbeziehung von negativen Immissionen in den Regelungsbereich des § 906 Absatz 1 Satz 1 BGB lehnte der Bundesgerichtshof weiter ab.

In seinem Urteil vom 21. Oktober 1983[1575], in welchem der Kläger den Anschluß an eine Gemeinschaftsantenne und hilfsweise Zahlung eines angemessenen Ausgleichs verlangte, weil ein benachbartes Hochhaus den Empfang von Funk- und Radiowellen abschirmte, bestätigte der Bundesgerichtshof die bisherige ablehnende Haltung des Reichsgerichts[1576], die auch in einigen seiner eigenen Urteile[1577] bereits zum Ausdruck gekommen war, weil Gesetzeswortlaut und -systematik eine „Zuführung“ im Sinne einer positiven Grenzüberschreitung

---

[1572] BGHZ 95, ebenda.

[1573] BGH, Urteil vom 15. November 1974, NJW 1975, S. 170 ff. – Wand aus Eisenstangen und Blechen an Grundstücksgrenze.

[1574] *Borrmann/Greck*, ZMR 1989, S. 131. Hier ist allerdings auch ein Anspruch aus § 826 BGB denkbar.

[1575] BGHZ 88, S. 344 ff.

[1576] Vgl. beispielsweise RG, Urteil vom 8. Januar 1920 (RGZ 98, S. 15 ff.) sowie RG, Urteil vom 16. Juni 1937 (RGZ 155, S. 154 ff. – Grundwasserentzug infolge Deichaufschüttung; vgl. oben § 30 II. 2.)

[1577] BGH, Urteil vom 15. Juni 1951 (LM, Nr. 1 zu § 903 BGB – „erstes Lichtschutzurteil“) sowie BGH, Urteil vom 10. April 1953 (LM, Nr. 2 zu § 903 – „zweites Lichtschutzurteil“) Vgl. oben § 32 III. 1.

voraussetzten, woran es hier fehle[1578]. Nicht zuletzt aus Gründen der Rechtssicherheit und des Vertrauensschutzes sei eine Erweiterung der Immissionsschutztatbestände und ein Abgehen von der gefestigten Rechtsauslegung nicht geboten[1579]. Eine analoge Anwendung der §§ 1004, 906 BGB auf den vorliegenden Fall wurde wegen Fehlens einer Regelungslücke und aus rechtssystematischen Bedenken abgelehnt[1580].

Der Bundesgerichtshof verneinte auch einen Anspruch auf Anschluß an eine Gemeinschaftsantenne aus dem Rechtsinstitut des nachbarlichen Gemeinschaftsverhältnisses[1581]. Er fand, daß das nachbarliche Gemeinschaftsverhältnis grundsätzlich keine eigenen Ansprüche begründe, sondern lediglich als Schranke der Rechtsausübung fungiere. Seine Anwendung sei deshalb auf die Ausnahmefälle beschränkt, deren Besonderheit einen über die gesetzlichen Regelungen hinausgehenden billigen Interessenausgleich zwingend geboten erscheinen ließe[1582]. Gerade im vorliegenden Fall sah der Bundesgerichtshof jedoch keinen Anlaß, die bewußte Entscheidung des Gesetzgebers, negative Immissionen nicht dem privaten Immissionsschutzrecht zu unterstellen, mithilfe des Rechtsinstituts des nachbarlichen Gemeinschaftsverhältnisses in ihr Gegenteil zu verkehren[1583]. Vermögensrechtliche Ausgleichsansprüche im Hinblick auf § 906 Absatz 2 Satz 2 BGB schieden nach Ansicht des Bundesgerichtshofs allein deshalb aus, weil es an einer nicht duldungspflichtigen Einwirkung fehle[1584].

---

1578 Der Begriff des „*immittere*", an welchen bereits die römisch-rechtlichen Quellen anknüpften, bestimmte also nach wie vor den Umfang des privatrechtlichen Immissionsschutzes.

1579 BGHZ 88, S. 347.

1580 BGHZ 88, S. 348 ff.

1581 BGHZ 88, S. 351.

1582 Der in diesem Zusammenhang getroffene Verweis des Bundesgerichtshofs auf sein Urteil vom 9. Juli 1958 (BGHZ 28, S. 110 ff. – „Mauerwölbungsfall") im Hinblick auf den seltenen Ausnahmefall, in welchem das Rechtsinstitut des nachbarlichen Gemeinschaftsverhältnisses als Grundlage selbständiger Ansprüche überhaupt noch in Betracht kommen konnte, wirkte allerdings wenig überzeugend, hatte er sich doch in dieser Entscheidung maßgeblich von dem bislang in der reichsgerichtlichen Rechtsprechung für erforderlich gehaltenen ungeschriebenen Tatbestandsmerkmal der drohenden Existenzvernichtung distanziert und erst deshalb einen Ausgleichsanspruch gewährt. Vgl. oben § 32 III. 2. und IV.

1583 BGHZ 88, S. 352.

1584 BGHZ 88, S. 352 f.

## II.
## Die Rechtsprechung des Bundesgerichtshofs zum Einfluß öffentlich-rechtlicher Emissions- und Immissionsgrenzwerte auf den privatrechtlichen Immissionsschutz

Wie bereits angedeutet, war der öffentlich-rechtliche Immissionsschutz zunehmend durch besondere spezialgesetzliche Regelungen gekennzeichnet. Insbesondere im Bereich des Gewerbekonzessionierungsrechts bestimmten nach Erlaß des BImSchG und der auf seiner Grundlage erlassenen Verordnungen, Rechtsvorschriften und Technischen Anleitungen zahlreiche öffentlich-rechtliche Spezialvorschriften Grenz- und Richtwerte für verschiedene Immissions- und Emissionsarten[1585]. Mit ihrer Hilfe wurden die Beurteilung der Schädlichkeit von Umwelteinwirkungen vorgenommen, die öffentlich-rechtlichen Genehmigungsvoraussetzungen festgelegt und der Stand der Technik und Wissenschaft im Immissionsschutzrecht definiert.

Fraglich war in Bezug auf das private Immissionsschutzrecht, welche Qualität den öffentlich-rechtlichen Immissionsschutzvorschriften zukam, insbesondere ob ihnen ein auch für das Zivilrecht gültiger Maßstab für die Beurteilung etwa der Tatbestandsmerkmale der Ortsüblichkeit, der Wesentlichkeit oder der Zumutbarkeit von nachbarlichen Immissionen entnommen werden konnte[1586].

In seinem Urteil vom 29. Juni 1966[1587] äußerte sich der Bundesgerichtshof erstmals eingehender zu der vorgenannten Problematik. Er befand hinsichtlich der Frage, ob bei der Prüfung der Wesentlichkeit bzw. Ortsüblichkeit eines Geräuschs im Hinblick auf die privatrechtlichen Immissionsschutzvorschriften die VDI-Richtlinie 2058 („Beurteilung und Abwehr von Arbeitslärm") vom Juli 1960 und die einschlägigen DIN-Vorschriften als Beurteilungsfaktoren tauglich seien, daß die bei der Messung nach den einschlägigen Verfahren zu berücksichtigenden Faktoren lediglich einen gewissen Anhaltspunkt für die tatrichterlich vorzunehmende Beurteilung der Lästigkeit eines Geräusches darstellen könnten[1588]. Der Tatrichter sei wegen der Grenzen der Meßtechnik und der Relativität der Meßergebnisse im Hinblick auf den zu beurteilenden Einzelfall aber einer eigenen Wertung nicht enthoben[1589].

---

1585 Vgl. oben § 35 III. 2. und 3.

1586 Vgl. hierzu auch oben § 35 IV. 3.

1587 BGHZ 46, S. 35 ff. – Arbeitslärm.

1588 BGHZ 46, S. 37 f., S. 40. – Arbeitslärm.

1589 BGHZ 46, S. 38 – Arbeitslärm. Unter Umständen könne bei dieser Beurteilung ein Sachverständiger hinzugezogen werden. Den Einwand, „das Tatrichterkollegium sei wegen der erhöhten Geräuschempfindlichkeit eines Kopfarbeiters nicht fähig, die Wesentlichkeit der Störung für die handwerklich tätigen Kläger und ihre Familien festzustellen", ließ der Bundesgerichtshof nicht gelten (BGHZ 46, S. 42 f.).

Diese Rechtsprechung setzte der Bundesgerichtshof auch im Hinblick auf Fluglärm fort. In seinem Urteil vom 15. Juni 1977[1590] wies er darauf hin, daß die nach bestimmten öffentlich-rechtlichen Spezialgesetzen in Bezug auf die bei der Raumplanung zum Schutz der Allgemeinheit zu beachtenden Lärmgrenzwerte – in Frage standen hier die Grenz- und Richtwerte nach dem Fluglärmschutzgesetz[1591] – keine verbindliche Aussage für die Beurteilung der Zumutbarkeit der Lärmbelastung im Rahmen der tatrichterlichen Würdigung aller Gesamtumstände träfen[1592]. Die Grenz- und Richtwerte könnten zwar Anhaltspunkte für die Beurteilung der nachbarrechtlichen Zumutbarkeit sein, enthöben den Tatrichter allerdings nicht einer eigenverantwortlichen Feststellung des Ausmaßes der mit der Langzeitbelastung verbundenen Belästigung[1593].

Sei eine solche Belästigung aber sowohl nach einer eigenen Wertung des Tatgerichts festgestellt und werde diese Feststellung zudem durch objektive Meßergebnisse und wissenschaftliche Erfahrungssätze gestützt, stehe, so der Bundesgerichtshof in seinem Urteil vom 26. November 1980[1594], die Verwirklichung der Tatbestandsmerkmale der privaten Immissionsschutzvorschriften trotz des sich einer letzten Überprüfung entziehenden Beurteilungsspielraums des Gerichts fest[1595].

In seinem Urteil vom 16. Dezember 1977[1596] machte der Bundesgerichtshof aber deutlich, daß, wenn eine Überschreitung der öffentlich-rechtlichen Grenzwerte als Anhaltspunkt für die Prüfung der Tatbestandsmerkmale der privaten Immissionsschutznormen herangezogen werde, zumindest das nach den einschlägigen Vorschriften vorgeschriebene Meßverfahren eingehalten sein müsse[1597]. Hier sei es dem Tatrichter verwehrt, bei Nichtverwirklichung der öffent-

---

1590 BGHZ 69, 105 ff.

1591 Gesetz zum Schutz gegen Fluglärm vom 30. März 1971 (BGBl. I, S. 282).

1592 BGHZ 69, S. 116 – Fluglärm. Ebenso BGH, Urteil vom 10. Juni 1977 (BGHZ 69, S. 126 f. – Fluglärm).

1593 BGHZ 69, S. 117 – Fluglärm. Ähnlich auch BGH, Urteil vom 17. April 1986 (BGHZ 97, S. 361 ff. – Lärm einer Fernstraße). Hier beanstandete der Bundesgerichtshof zwar nicht, daß das Tatgericht bei der Beurteilung der Zumutbarkeitsgrenze auf die Grenzwerte des letztlich nicht zustandegekommenen Verkehrslärmschutzgesetzes abgestellt hatte (BGHZ 97, S. 365, S. 367). Im vorliegenden Falle fehlte es jedoch an eigenverantwortlichen Feststellungen des Tatgerichts zur Verwirklichung auch der – regelmäßig höher anzusetzenden – Schwelle, an welcher Verkehrslärm einer nicht mehr zumutbaren Enteignung gleichkomme (BGHZ 97, S. 367 f.).

1594 BGHZ 79, S. 45 ff. – Fluglärm (in Ergänzung zu seinem Urteil vom 15. Juni 1977 (BGHZ 69, S. 115 ff.)).

1595 BGHZ 79, S. 51 f. – Fluglärm.

1596 BGHZ 70, S. 102 ff. – Schädigung von Bäumen in Baumschule durch Fluorabgase einer Ziegelei.

1597 BGHZ 70, S. 105. Sonst seien die Bezugswerte für die Würdigung der Immissionsbelastung untauglich. Problematisch war im konkreten Fall, daß zum einen die Meßzeiträume, die den vom Tatgericht bei seiner Entscheidung berücksichtigten Immissionswerten zugrundelalich-rechtlichen Höchstgrenzwerte die Beurteilung eines bestimmten, durch die Immission anteilig verursachten Schadenseintritts ohne substantiierte, wissenschaftlich abgesicherte Feststellungen zu den einzelnen Kausalverläufen zu treffen[1598].

Insgesamt äußerte sich der Bundesgerichtshof also zunächst zurückhaltend hinsichtlich der Bedeutung der in den öffentlich-rechtlichen Spezialvorschriften enthaltenen Immissions- und Emissionsgrenzwerte für den Umfang des privatrechtlichen Immissionsschutzes. Er maß den öffentlich-rechtlichen Grenz- und Richtwerten nur indizielle Wirkung im Hinblick auf die Verwirklichung der Tatbestandsmerkmale des § 906 BGB zu. Zwar erkannte er die in den einschlägigen technischen Vorschriften niedergelegten Meß- und Prüfverfahren ausdrücklich als zulässige Ermittlungsverfahren zur Beurteilung des objektiven Belästigungsgehaltes einer Immission an[1599]. Wegen des nicht zuletzt in der höchstrichterlichen Rechtsprechung[1600] geforderten differenziert objektiven Maßstabes bei der Beurteilung beispielsweise des Tatbestandsmerkmals der Wesentlichkeit war es aber erforderlich, das mutmaßliche Empfinden eines Durchschnittsbewohners gerade des betroffenen Gebietes zu ermitteln[1601]. Im Zuge einer umfassenden eigenen tatrichterlichen Würdigung der Einzelumstände mußte deshalb grundsätzlich eine Differenzierung nach den im Einflußbereich der Immissions-

---

gen, zu kurz bemessen und deshalb nicht aussagekräftig waren, zum anderen, daß zwar die Emissionswerte der in Frage stehenden Ziegelei gemessen wurden, aber mangels konkreter Feststellungen zu den Betriebsbedingungen keine Beziehung zu den Immissionsrichtwerten nach der TA-Luft hergestellt werden konnte.

1598 BGHZ 70, S. 107 ff. Die öffentlich-rechtlichen Höchstgrenzwerte, so der Bundesgerichtshof, bildeten lediglich allgemeine Grenzen der Immissionsbelastung. Zur Feststellung der konkreten Immissionsbelastung oder der Errechnung eines bestimmten Kausalanteils an den verursachten Schäden bedürfe es aber – notfalls mithilfe eines Sachverständigen – eigener tatrichterlicher Würdigungen. Zum einen böten die öffentlich-rechtlichen Immissionsgrenzwerte keine Gewähr dafür, daß auch bei Unterschreitung der Werte nicht bestimmte Schäden auf besonders empfindliche Sachgüter – etwa bestimmte Pflanzenarten – verursacht werden könnten, zum anderen stellten die Immissionsgrenzwerte lediglich allgemeine Anhaltspunkte für die Schädlichkeit von Einwirkungen dar, deren prozentuale Umrechnung zumindest eine eingehende Begründung und Auseinandersetzung mit den Umständen des Einzelfalls erforderten.

1599 BGH, Urteil vom 29. Juni 1966 (BGHZ 45, S. 35 ff. – Arbeitslärm) sowie BGH, Urteil vom 16. Dezember 1978 (BGHZ 70, S. 102 ff. – Schädigung von Bäumen in Baumschule durch Fluorabgase), in welchem der Bundesgerichtshof ausdrücklich die Nichteinhaltung der einschlägigen Meßverfahren bemängelte und eine freie Bemessung von Wesentlichkeit und Schadenszurechnung ohne gesicherte technische Erkenntnisse ablehnte.

1600 RG, Urteil vom 21. April 1941 (RGZ 167, S. 14 ff. – Untergrundbahn; vgl. oben § 30 II. 2.); BGH, Urteil vom 18. Juni 1958 (LM, Nr. 6 zu § 906 BGB – Eisen- und Materiallager).

1601 *Staudinger-Roth*, 13. Auflage, § 906 Rn. 218.

quelle belegenen Grundstücken vorgenommen werden[1602]. Allein die Heranziehung der lediglich auf den allgemeinen Immissionsschutz gerichteten öffentlichrechtlichen Immissionsgrenz- und Immissionsrichtwerte boten hier nach Auffassung des Bundesgerichtshofs für den konkreten Einzelfall keinen tauglichen Beurteilungsmaßstab[1603].

Eine Ausnahme wurde allerdings nach Geltung des BImSchG zunehmend für Verkehrslärm gemacht. In seinem Urteil vom 30. Oktober 1970[1604] sah sich der Bundesgerichtshof bei der Prüfung der Frage, ob sich die durch den Verkehr verursachten Immissionen im Bereich der nach § 906 BGB duldungspflichtigen und ortsüblichen Einwirkungen hielten, noch nicht in der Lage, das Tatbestandsmerkmal der Ortsüblichkeit zu verneinen. Unter Rückgriff auf die entsprechenden Urteile des Reichsgerichts vom 8. Juli 1931[1605] sowie vom 9. Januar 1939[1606] hielt er die Verkehrsimmissionen nach einer Überprüfung der eingehenden tatrichterlichen Wertung des Berufungsgerichts für ortsüblich und duldungspflichtig[1607]. Entgegengesetzt entschied der Bundesgerichtshof allerdings bereits kurze Zeit später. In seinem Urteil vom 20. März 1975[1608], dessen Sachverhaltsgestaltung bereits im Hinblick auf das in Kraft getretene BImSchG zu beurteilen war, verstand er abweichend zu seinem Urteil vom 30. Oktober 1970[1609] die in gesonderten Rechtsverordnungen aufgrund § 43 Absatz 1 Satz 1 Nr. 1 BImSchG niedergelegten Emissionsgrenzwerte als allgemeine Grenze des Zumutbaren, weshalb es auf eine richterliche Einzelfallbetrachtung nicht mehr ankomme[1610].

Auch in seiner bekanntgewordenen sogenannten Festplatzentscheidung vom 23. März 1990[1611] weichte der Bundesgerichtshof seine Rechtsprechung in Be-

1602 *MüKo-Säcker*, 1. Auflage, § 906 Rn. 26.

1603 BGH, Urteil vom 15. Juni 1977 (BGHZ 69, S. 116 – Fluglärm). Ebenso BGH, Urteil vom 10. Juni 1977 (BGHZ 69, S. 126 f. – Fluglärm).

1604 BGHZ 54, S. 384 ff. – Verkehrsimmissionen durch Bau und Betrieb einer Fernstraße.

1605 RGZ 133, S. 154 – Omnibusverkehr. Vgl. oben § 29 I. 2. b).

1606 RGZ 159, S. 137 – Reichsautobahnen. Vgl. dazu oben § 30 II. 2.

1607 Der Bundesgerichtshof befand, daß Verkehrsimmissionen bei der Prüfung ihrer Ortsüblichkeit im Hinblick auf die notwendige Planung bestimmten eigenen Gesetzmäßigkeiten unterlägen, die eine umfassende eigene tatrichterliche Würdigung erforderten. Es sei insbesondere nicht lediglich auf einen einzelnen Teil der Straße abzustellen, sondern es bedürfe einer Betrachtung des verkehrsmäßig zu erschließenden Raumes insgesamt. Unter Berücksichtigung der Tatsache, daß Fernstraßen generell unter Schonung der Landschaftsgebiete nur an Außenbezirken von Wohngebieten vorbeigeführt würden und eine Belästigung der Ballungsgebiete ihrem Zweck nach weitgehend vermieden werde, hielt der Bundesgerichtshof nach eingehender Würdigung die Immissionen auch unter Berücksichtigung der Lage des klägerischen Grundstückes für ortsüblich (BGHZ 54, S. 390 f.).

1608 BGHZ 64, S. 222 – Verkehrslärm durch eine dem Schwerverkehr umgewidmete Straße.

1609 BGHZ 54, S. 384 ff. – Verkehrsimmissionen durch Bau und Betrieb einer Fernstraße.

1610 BGHZ 64, S. 227 f.

1611 BGHZ 111, S. 63 ff. – Lärmimmissionen durch Volksfest.

zug auf Lärmimmissionen auf, indem er im Anschluß an die höchstrichterliche Verwaltungsrechtsprechung[1612] die in §§ 3 Absatz 1, 22 BImSchG niedergelegten schädlichen Umwelteinwirkungen mit wesentlichen Einwirkungen im Sinne des § 906 Absatz 1 BGB grundsätzlich gleichsetzte. Die Besonderheit lag allerdings darin, daß das Berufungsgericht erst nach einer umfassenden eigenen tatrichterlichen Würdigung aller Gesamtumstände zum Schluß der Wesentlichkeit gekommen war und eine schematische Anwendung der einschlägigen TA-Lärm ablehnte. Bei der Beurteilung aller Einzelumstände hatte es sich auch der vom Länderausschuß für Immissionsschutz herausgegebenen „Hinweise zur Beurteilung der durch Freizeitanlagen verursachten Geräusche“ und der in der einschlägigen Landeslärmschutzverordnung niedergelegten gesetzlichen Wertungen bedient.

Es läßt sich deshalb in der höchstrichterlichen Rechtsprechung zumindest für den Bereich der Immissionen durch Lärm die Tendenz erkennen, zumindest der Überschreitung der in einschlägigen öffentlich-rechtlichen Rechtsvorschriften niedergelegten Grenz- und Richtwerte eine erhöhte Beweiswirkung auch für das Vorliegen des Tatbestandsmerkmals der Wesentlichkeit im Rahmen des § 906 Absatz 1 BGB zuzumessen und somit den privatrechtlichen Immissionsschutz dem öffentlich-rechtlichen Immissionsschutz anzunähern[1613]. Da aber die in öffentlich-rechtlichen Vorschriften niedergelegten Grenz- und Richtwerte vor allem an die Lautstärke anknüpfen und diese nur eine Komponente bei der Beurteilung der Lästigkeit von Lärm im Sinne der Wesentlichkeitsbeurteilung im Rahmen von § 906 BGB darstellt[1614], sind die Zivilgerichte grundsätzlich zu einer Einzelfallbetrachtung und Würdigung aller Umstände angehalten[1615].

## III.
## Die Behandlung summierter Immissionen in der Rechtsprechung des Bundesgerichtshofs

Die Behandlung summierter Immissionen wirft insbesondere im Bereich der Feststellung des Zurechnungszusammenhangs und der Darlegungs- und Beweisfragen Probleme auf[1616]. Fraglich ist insbesondere, wie im Bereich der alternati-

[1612] Bundesverwaltungsgericht, Urteil vom 29. April 1988, Entscheidungen des Bundesverwaltungsgerichts (BVerwGE) 79, S. 254 ff. – Feuerwehrsirene.
[1613] *MüKo-Säcker*, 3. Auflage, § 906 Rn. 11.
[1614] Bedeutsam sind vor allem auch die Lärmfrequenzen und die spektrale Zusammensetzung. Vgl. auch BGH, Urteil vom 20. November 1992 (BGHZ 120, S. 258 – Froschlärm) und BGH, Urteil vom 5. Februar 1993 (BGHZ 121, S. 251 – Lärmimmissionen von Zeltplatz).
[1615] *Staudinger-Roth*, 13. Auflage, § 906 Rn. 167.
[1616] Vgl. oben § 36 III.

ven Immissionen die Verteilung der Schadenersatzverantwortlichkeit erfolgen soll[1617].

In seinem Urteil vom 13. Februar 1976[1618] war der Bundesgerichtshof mit einem Fall beschäftigt, in welchem sich die Kläger gegen unzumutbare Belästigungen aus einem benachbarten Steinbruch wandten. Sie verlangten Schadenersatz aus unerlaubter Handlung, hilfsweise Ausgleich nach § 906 Absatz 2 Satz 2 BGB, weil Sprengungen zu Rissen an ihren Häusern geführt hatten. In der Nachbarschaft befand sich allerdings noch ein weiterer Steinbruchbetrieb. Der Bundesgerichtshof hielt den Steinbruchbetrieb zunächst insgesamt für ortsüblich, obwohl festgestellt werden konnte, daß sich wenige einzelne Sprengungen nicht im ortsüblichen Rahmen gehalten hatten[1619].

Im vorliegenden Falle war jedoch problematisch, daß das Berufungsgericht eine dezidierte Auseinandersetzung mit der Frage, welche Immissionen dem einen oder dem anderen Steinbruchbetrieb zuzurechnen seien, vermissen ließ. Es unterstellte hinsichtlich der die ortsübliche Benutzung der immittierenden Grundstücke übersteigenden Einwirkungen, daß beide Steinbruchbetriebe gleichermaßen in unzulässiger Weise auf die betroffenen Grundstücke einwirkten und fand, daß es auf eine konkrete Feststellung des jeweiligen Verursachungsanteils nicht ankomme. Da den Grundstückseigentümern gegen jeden der beiden Störer „derselbe Unterlassungsanspruch" zugestanden hätte, hafteten beide gesamtschuldnerisch auf Ausgleich nach § 906 Absatz 2 Satz 2 BGB, was sich überdies auch aus einer entsprechenden Anwendung des § 830 Absatz 1 Satz 2 BGB ergebe[1620].

Diese Rechtsauffassung erklärte der Bundesgerichtshof für rechtsirrig. Er hielt dem Berufungsgericht vor, die Beweisergebnisse im Hinblick auf die Verursachung der Beeinträchtigungen nicht hinreichend gewürdigt und von der ihm eingeräumten Möglichkeit der freieren Beweiswürdigung nach § 287 ZPO keinen Gebrauch gemacht zu haben[1621]. Der Bundesgerichtshof führte aus:

> „ ... *Offen geblieben ist, in welchem Umfang die Schäden durch diese Erschütterungen allein oder im Zusammenwirken mit Erschütterungen des Nachbarsteinbruchs einerseits oder allein durch Erschütterungen des Nachbarsteinbruchs andererseits verursacht worden sind. Ist ein bestimmter Teil des Schadens nur durch das Zusammenwirken beider Ursachen herbeigeführt, so*

---

[1617] Vgl. hierzu oben § 36 III. 2.

[1618] BGHZ 66, S. 70 ff.

[1619] BGHZ 66, S. 74. Der Bundesgerichtshof stellte ausdrücklich auf das Gesamtbild der Einwirkungen ab, nach welchem der Steinbruchbetrieb insgesamt in der fraglichen Gegend als ortsüblich gelten konnte.

[1620] BGHZ 66, S. 74 f. – Steinbruchbetriebe.

[1621] BGHZ 66, S. 75 – Steinbruchbetriebe.

*ist es gerechtfertigt, für diesen Teil beide Störer gesamtschuldnerisch in Anspruch zu nehmen, weil insoweit keine der beiden Ursachenreihen hinweggedacht werden kann, ohne daß dieser Teil des Schadens entfiele*[1622] *... [Verweis auf Kleindienst, S. 66 ff., zur progressiven Schadenssteigerung*[1623]*] ... Keiner der beiden Immittenten kann aber auf Unterlassung derjenigen Erschütterungen belangt werden, die allein vom anderen verursacht werden. Das gleiche gilt im Duldungsfalle für den angemessenen Ausgleich in Geld. ....*

*Darüber, wieweit der Schaden durch Emissionen des einen oder anderen Nachbarn für sich (,lineare Schadenssteigerung'*[1624]*) oder im Zusammenhang beider verursacht worden ist, entscheidet das Gericht nach § 287 ZPO unter Würdigung aller Umstände des Einzelfalls. Durch die Anwendung dieser Verfahrensvorschrift kann auch in solchen Fällen, in denen gleichartige Immissionen zusammentreffen und damit Feststellungen über die Anteile der einzelnen Ursachen für den gesamten Schaden auf Schwierigkeiten stoßen können, den Beweisschwierigkeiten des beeinträchtigten Eigentümers Rechnung getragen werden. ...*

*Das bisherige ... Beweisergebnis ... gibt Anlaß, den Fall zu erörtern, daß die Verursachung der Schäden für einen bestimmten Teil der Schäden möglicherweise auch durch Anwendung des § 287 ZPO auf die eine oder andere Weise nicht feststellbar ist. Da in einem solchen nach Anwendung des § 287 ZPO außergewöhnlichen Fall beide Immittenten durch das Zusammenwirken ihrer Immissionen die Unaufklärbarkeit des Ursachenverlaufs und damit die Schwierigkeiten der Beweisführung des Klägers herbeiführen, ... ist es gerechtfertigt, im Verhältnis zwischen den immittierenden Eigentümern und den beeinträchtigten Eigentümern die Folge der Unaufklärbarkeit eines bestimmten Teils des Ursachenverlaufs nicht diesen, sondern jenen beiden aufzuerlegen. ...* "[1625]

Der Bundesgerichtshof wandte sich also gegen eine vorschnelle Annahme eines Gesamtschuldverhältnisses bei summierten Immissionen. Zunächst einmal seien die jeweiligen Verursachungsbeiträge – notfalls im Wege der freien richterlichen Beweiswürdigung nach § 287 ZPO – zu ermitteln und die jeweiligen Scha-

---

1622 Ähnlich auch später BGH, Urteil vom 26. Oktober 1978 (BHGZ 72, S. 297 f. – Immissionen durch Bau einer Fernstraße).
1623 Vgl. zur progressiven Schadenssteigerung oben § 36 III. 1 a).
1624 Vgl. zur linearen Schadenssteigerung oben § 36 III. 1. b).
1625 BGHZ 66, S. 75 ff. – Steinbruchbetriebe. Klammerzusätze durch Verfasser.

denspositionen nach den konkret zuzuordnenden Beiträgen zu differenzieren. Erst wenn diese Methode versage, könne eine gesamtschuldnerische Haftung der Immittenten auf den verbliebenen Restschaden angenommen werden, weil das Zusammenwirken ihrer Immissionen die Aufklärbarkeit des Ursachenverlaufs und eine eindeutige Zuordnung der Kausalbeiträge erschwere[1626].

Der Bundesgerichtshof grenzte sich also hier deutlich gegen die in der Literatur teilweise vertretene, pauschale Gesamtschuldlösung bei summierten Immissionen mit linearer Schadenssteigerung ab[1627].

## IV. Die Rechtsprechung des Bundesgerichtshofs zur Abgrenzung zwischen öffentlich-rechtlich und privatrechtlich zu beurteilenden Immissionen, zu den im hoheitlichen Interesse betriebenen Anlagen und zum bürgerlich-rechtlichen Aufopferungsanspruch

### 1. Grundsätzliches

Wie bereits dargestellt[1628], hatte das Reichsgericht bei Immissionen, die von einer im hoheitlichen Interesse betriebenen Anlage ausgingen, schon früh negatorische Untersagungsansprüche ausgeschlossen und den betroffenen Grundeigentümer auf die Geltendmachung von privatrechtlichen Aufopferungsentschädigungsansprüchen verwiesen[1629]. Problematisch war im Bereich der negatorischen Untersagungsansprüche im Zuge der vielfältigen Betätigungen der öffentlichen Hand – nicht zuletzt im Bereich der öffentlichen Daseinvorsorge – allerdings zunehmend, ob überhaupt der zivilrechtliche Rechtsweg gegeben war, weil es sich möglicherweise eine öffentlich-rechtliche Streitigkeit handelte. Dies hing im wesentlichen davon ab, ob die in Frage stehende Immission als öffentlich-rechtlich oder privatrechtlich zu charakterisieren war. Handelte es sich um

[1626] In seinem Urteil vom 27. Mai 1987 (BGHZ 101, S. 111 f. – Erschütterungen durch Bodenvertiefungen auf mehreren Grundstücken) sprach der Bundesgerichtshof zudem deutlich aus, daß es für die Annahme einer gesamtschuldnerischen Haftung unerheblich sei, daß die jeweiligen Beteiligten bei festgestellter Unaufklärbarkeit der jeweiligen Verursachungsbeiträge aus verschiedenem Rechtsgrund – im vorliegenden Falle standen Schadenersatzverpflichtungen aus unerlaubter Handlung und nachbarliche Ausgleichsansprüche nach § 906 Absatz 2 Satz 2 BGB in Frage – hafteten.

[1627] Vgl. oben § 36 III. 1. b) m. w. N.

[1628] Vgl. hierzu eingehend oben § 29 II. 2.

[1629] Vgl. RG, Urteil vom 11. Mai 1904 (RGZ 58, S. 130 ff. – „Funkenflug"); RG, Urteil vom 12. Oktober 1904 (RGZ 59, S. 70 ff. – „Funkenflug"); RG, Urteil vom 16. April 1910 (RGZ 73, S. 270 ff. – Rohrpostanlage); RG, Urteil vom 15. Dezember 1920 (RGZ 101, S. 102 ff. – Dynamitfabrik) sowie eingehend oben § 29 II. 2. a) und b).

eine privatrechtlich zu beurteilende Immission, blieb es beim bekannten Anspruchssystem der §§ 906, 1004 BGB. Handelte es sich um eine nach öffentlichem Recht zu beurteilende Immission, war § 906 BGB zumindest nicht direkt anwendbar und Rechtsschutz vor den Verwaltungsgerichten zu suchen[1630].

Im Bereich der nicht duldungspflichtigen Immissionen war zusätzlich zu klären, wann und unter welchen Voraussetzungen ein bürgerlich-rechtlicher Aufopferungsanspruch – nunmehr vom Bundesgerichtshof als nachbarrechtlicher Ausgleichsanspruch[1631] bezeichnet – und wann ein öffentlich-rechtlicher Anspruch auf Enteignungsentschädigung – bzw. nach neuer Terminologie aus rechtmäßigem oder rechtswidrigem enteignendem bzw. enteignungsgleichem Eingriff – in Betracht kam[1632]. Die Unterscheidung war zum einen im Hinblick auf die unterschiedlichen Anspruchsvoraussetzungen, zum anderen hinsichtlich des Anspruchsinhalts von Belang[1633].

### 2.
### Die Unterscheidung zwischen den öffentlich-rechtlich und privatrechtlich zu charakterisierenden Immissionen beim Untersagungsanspruch

Der Immissionsbetroffene konnte im Rahmen seines negatorischen Rechtsschutzes – abgesehen von den gesetzlich vorgesehenen Ausnahmen[1634] beispielsweise des § 14 Satz 2 BImSchG – auch einer juristischen Person des öffentlichen Rechts die Belästigung durch Immissionen nur untersagen, wenn diese privatrechtlich zu beurteilen waren. Anderenfalls hatten die ordentlichen Gerichte nach § 17 a Absatz 2 GVG den Rechtsstreit von Amts wegen an die Verwaltungsgerichte zu verweisen[1635].

---

1630 *Pfeiffer*, S. 104 f.

1631 BGH, Urteil vom 15. Juni 1967 (BGHZ 48, S. 98 ff. – Staubimmissionen durch Autobahnbau; vgl. unten § 37 IV. 2.). Der nachbarrechtliche Ausgleichsanspruch ist begrifflich nicht zu verwechseln mit dem nachbarlichen Ausgleichsanspruch nach § 906 Absatz 2 Satz 2 BGB.

1632 *Schack*, NJW 1968, S. 1914.

1633 Vgl. hierzu unten § 37 IV. 4 sowie umfassend *Peter Schlechtriem*, Nachbarrechtliche Ausgleichsansprüche und Schadenersatzhaftung, in: Hermann Lange/Knut Wolfgang Nörr/Harm Peter Westermann (Hrsg.), Festschrift für Joachim Gernhuber, Tübingen 1993, S. 410 ff.

1634 Vgl. zum Sonderproblem der Einschränkung des Abwehranspruchs bei einer durch einen Privaten betriebenen gemeinwichtigen Anlage unten § 37 IV. 3.

1635 *Staudinger-Roth*, 13. Auflage, § 906 Rn. 58.

Hier konnten unter Umständen Abgrenzungsschwierigkeiten auftreten. Nach dem Urteil des Bundesgerichtshof vom 30. Oktober 1970[1636] war zwar anerkannt, daß

> *„auch juristische Personen des öffentlichen Rechts mit ihrem Grundbesitz im Bereich des privatrechtlichen Eigentums stehen und mit diesem den Regeln des bürgerlichen Rechts, insbesondere denen des Nachbarrechts, unterworfen sind, soweit das nicht ihren öffentlichen Aufgaben widerstreitet und soweit keine Sonderbestimmungen eingreifen."*[1637]

Dennoch war im jeweiligen Einzelfall konkret zu prüfen, in welchem Rechtsverhältnis die Parteien zueinander standen und auf welcher Grundlage und zu welchem Zweck immittiert wurde. Denn nach dem Bundesgerichtshof kam Rechtsschutz vor den ordentlichen Gerichten grundsätzlich nur in Betracht, wenn die Immissionen aufgrund der Natur des zugrundeliegenden Rechtsverhältnisses durch einen Privaten im Rahmen seiner privatwirtschaftlichen Tätigkeit verursacht wurden[1638].

In diesem Zusammenhang sah es der Bundesgerichtshof in seinen Urteilen vom 28. September 1962[1639] und vom 11. November 1983[1640] als unproblematisch an, daß ein immittierender privater Störer Aufgaben der öffentlichen Daseinsvorsorge wahrnahm, solange der in Frage stehende Betrieb als privatrechtlich organisiert oder als dem Privatrecht unterfallend zu beurteilen war. In seinem Urteil vom 16. Juni 1959[1641] erstreckte der BGH diese Rechtsprechung konsequenterweise auch auf juristische Personen des öffentlichen Rechts, soweit diese fiskalisch handelten.

Schwierigkeiten bei der Abgrenzung konnten sich jedoch ergeben, wenn Immissionen durch eine juristische Person des öffentlichen Rechts in Erfüllung öffentlicher Aufgaben verursacht wurden[1642].

---

[1636] BGHZ 54, S. 384 ff. – Verkehrsimmissionen durch Bau und Betrieb einer Fernstraße.

[1637] BGHZ 54, S. 387 – Verkehrsimmissionen durch Bau und Betrieb einer Fernstraße. Im vorliegenden Falle erfolgte die Einwirkung aufgrund eines das Rechtsverhältnis der Beteiligten rechtsgestaltenden Planfeststellungsbeschlusses nach dem Bundesfernstraßengesetz sowie der sich anschließenden Widmung als Straße für den Fernverkehr.

[1638] *Staudinger-Roth*, 13. Auflage, § 906 Rn. 50.

[1639] BGHZ 38, S. 61 ff. – Lärmimmissionen durch eine Privatschule.

[1640] BGH, Urteil vom 11. November 1983, NJW 1984, S. 1242 ff. – Verlegung einer durch einen privatwirtschaftlich organisierten Omnibusbetrieb genutzten Haltestelle.

[1641] BGH, Urteil vom 16. Juni 1959, LM, Nr. 11 zu § 906 BGB – Immissionen aufgrund durch Landkreis errichteter Garagen und Einstellplätze für Mitarbeiter.

[1642] *Staudinger-Roth*, 13. Auflage, § 906 Rn. 53.

In seinem Urteil vom 18. März 1964[1643] sprach der Bundesgerichtshof in einem Fall, in welchem der Kläger die Unterlassung der von einer auf einem nicht gesondert gewidmeten Gemeindegrundstück betriebenen Kirmesveranstaltung ausgehenden Immissionen begehrte, aus, daß die Frage nach dem Rechtsweg primär danach zu entscheiden sei, ob die Betätigung einer öffentlich-rechtlichen Körperschaft auch in der Form öffentlichen Rechts erfolge, also ob sich der Träger der öffentlichen Gewalt der besonderen Rechtssätze des öffentlichen Rechts oder aber der allgemein verbindlichen Rechtssätze der Privatrechtsordnung bediente. Zudem sei zu berücksichtigen, ob eine Verurteilung den Träger öffentlicher Gewalt zu einem öffentlich-rechtlich zu charakterisierenden Handeln zwingen würde[1644].

So verneinte der Bundesgerichtshof in seinem Urteil vom 12. Dezember 1975[1645] beispielsweise den ordentlichen Rechtsweg hinsichtlich solcher Lärmimmissionen, die von einem gemeindlichen Kinderspielplatz ausgingen, weil dieser im Bebauungsplan vorgesehene Platz von der Gemeinde eingerichtet sowie gesondert gewidmet worden war und eine öffentlich-rechtliche Benutzungsordnung existierte[1646].

Demgegenüber bejahte der Bundesgerichtshof beispielsweise in seinem Urteil vom 6. Juni 1969[1647] einen privatrechtlichen negatorischen Untersagungsanspruch gegenüber Lärmimmissionen, die von einer Freilichtbühne ausgingen, und in seinem Urteil vom 17. November 1967[1648] gegenüber Lärmbelästigungen einer in einem öffentlichen Park aufgestellten Fontänenanlage, weil die Grundstücksbenutzung im Verhältnis zu Dritten trotz vorliegender öffentlich-rechtlicher Widmung jeweils nach allgemeinen Regeln des Privatrechts ausgestaltet war[1649].

---

1643 BGHZ 41, 264 ff. – Immissionen durch Kirmes auf städtischem Grundstück.

1644 BGHZ 41, S. 266 ff. Für den vorliegenden Fall bejahte er den Rechtsweg vor den Zivilgerichten. Es war weder ein besonderes, öffentlich-rechtlich zu charakterisierendes Rechtsverhältnis zwischen den Parteien ersichtlich, noch handelte die Gemeinde kraft besonderer öffentlich-rechtlicher Normen. Der Kirmesplatz war nicht zu rein öffentlich-rechtlichen Zwecken gewidmet und eine Benutzungssatzung existierte nicht (vgl. BGHZ 41, S. 269 ff.). Ähnlich auch BGH, Urteil vom 23. März 1990 (BGHZ 110, S. 63 ff. – Volksfestlärm von einem im Eigentum einer Kirchengemeine stehenden Parkplatz).

1645 BGH, Urteil vom 12. Dezember 1975, NJW 1976, S. 570 ff.

1646 Vgl. im Hinblick auf die Bejahung des öffentlich-rechtlichen Rechtsweges in der verwaltungsgerichtlichen Rechtsprechung die umfangreichen Nachweise bei *Staudinger-Roth*, 13. Auflage, § 906 Rn. 59. Vgl. zur unter- und obergerichtlichen Zivilrechtsprechung insbesondere die Nachweise bei *Glaser/Dröschel*, S. 140 ff.

1647 BGH, Urteil vom 6. Juni 1969, LM, Nr. 32 zu § 906 – Lärmbelästigung durch Operettenaufführung auf gemeindlicher Freilichtbühne.

1648 BGH, Urteil vom 11. November 1967, LM, Nr. 25 zu § 906 – Lärmbelästigung durch Fontänenanlage in Stadtpark.

1649 Vgl. BGH, Urteil vom 6. Juni 1969, LM, Nr. 32 zu § 906 – Lärmbelästigung durch Operettenaufführung auf gemeindlicher Freilichtbühne. Hier konnte der Bundesgerichtshof einen

Festzuhalten bleibt, daß der Bundesgerichtshof privatrechtlich durchsetzbare negatorische Untersagungsansprüche gegenüber Trägern öffentlicher Gewalt restriktiv auf die Fälle beschränkte, in denen entweder nach dem zwischen den Parteien zugrundezulegenden Rechtsverhältnis oder dem Charakter der Immission von einer Anwendbarkeit der privaten nachbarlichen Immissionsschutzregeln auszugehen war.

### 3.
### Der Ausschluß von Untersagungsansprüchen bei Immissionen durch im hoheitlichen Interesse betriebene Anlagen und lebenswichtige Betriebe

Ein Sonderproblem konnte sich im Bereich der privaten negatorischen Untersagungsansprüche ergeben, wenn die – privatrechtlich zu charakterisierenden – Immissionen von einem Privaten oder einem Träger öffentlicher Gewalt ausgingen und im unmittelbaren Zusammenhang mit lebenswichtigen oder dem allgemeinen Gemeingebrauch dienenden Anlagen verursacht wurden. Hier hatte bereits das Reichsgericht in ständiger Rechtsprechung[1650] entschieden, daß – unabhängig von Sonderbestimmungen, die sich seinerzeit beispielsweise aus § 26 RGewO ergeben konnten – wegen des höherstehenden öffentlichen Interesses negatorische Untersagungsrechte scheiterten und der Immissionsbetroffene auf einen Aufopferungsentschädigungsanspruch verwiesen war. Der Bundesge-

---

öffentlich-rechtlichen Charakter der Aufführungen nicht erkennen, weil die Gemeinde ihr Handeln im vorliegenden Falle privatrechtlich ausgestaltet hatte. Er verneinte zudem aufgrund des reinen Unterhaltungscharakters der Aufführungen eine Privilegierung der Immissionen im Hinblick auf besondere öffentlich-rechtliche Normen (in Frage stand hier das „Gesetz über die Beschränkung der Nachbarrechte gegenüber Betrieben, die für die Volksgesundheit von besonderer Bedeutung sind“ vom 13. Dezember 1933, welches zunächst nach Art. 125 GG Bundesrecht geblieben war und erst durch Art. 38 Absatz 2 des Zweiten Rechtsbereinigungsgesetzes vom 16. Dezember 1986 (BGBl. I, S. 2441 ff.) aufgehoben wurde) sowie seine Rechtsprechung zu gemeinwichtigen Betrieben (vgl. hierzu sogleich unten § 37 IV. 3.), weil besonders hochstehende kulturelle Zwecke durch das Bedürfnis der Allgemeinheit an musikalischen Vergnügungen nicht ersichtlich sei. Zudem orientierte er sich an seiner eigenen (BGH, Urteil vom 29. Oktober 1954 (BGHZ 15, S. 148 – Schmelzhütte; vgl. oben § 32 I. 2.)) und der bisherigen Rechtsprechung des Reichsgerichts (vgl. beispielsweise RG, Urteil vom 10. März 1937 (RGZ 154, S. 129 ff. – „Zweite Gutehoffnungshütte-Entscheidung“; vgl. oben § 30 II. 1.) und RG, Urteil vom 4. Januar 1940 (RGZ 162, S. 349 ff. – Steinbruch; vgl. oben § 30 II. 2.)) zum Grundsatz der Außerachtlassung von Prioritätsgesichtspunkten, weil die Freilichtbühne bereits vor dem Zuzug der Kläger bestanden hatte.

[1650] Vgl. beispielsweise RG, Urteil vom 11. Mai 1904 (RGZ 58, S. 130 ff. – „Funkenflug“); RG, Urteil vom 12. Oktober 1904 (RGZ 59, S. 70 ff. – „Funkenflug“); RG, Urteil vom 16. April 1910 (RGZ 73, S. 270 ff. – Reichspostanlage); RG, Urteil vom 18. Dezember 1904 (RGZ 59, S. 326 ff. – Flugbetrieb); RG, Urteil vom 15. Dezember 1920 (RGZ 101, S. 102 ff. – Dynamitfabrik) sowie oben § 29 II. 2. a) und b).

richtshof führte die insoweit einschlägige Rechtsprechung des Reichsgerichts in ständiger Rechtsprechung fort[1651].

### a)
### Immissionen Privater

In seinem Urteil vom 13. Februar 1970[1652] machte der Bundesgerichtshof deutlich, daß in den Fällen, in welchen negatorische Untersagungsansprüche bei wesentlichen und nicht ortsüblichen Immissionen zu einer Einstellung oder wesentlichen Änderung des als gemeinwichtig verstandenen Anlagenbetriebs führen würden, Ansprüche nach §§ 1004, 906 BGB nicht gewährt werden konnten.

In seinen Urteilen vom 19. Dezember 1975[1653] und vom 11. November 1983[1654] äußerte sich der Bundesgerichtshof jedoch zurückhaltend hinsichtlich des Falls, daß eine Verhinderung der durch den gemeinwichtigen Betrieb verursachten Immissionen in zumutbarer Weise nach § 906 Absatz 2 Satz 1 BGB erfolgen könne. Er sprach aus, daß eine allgemeine Duldungspflicht aus dem höherrangigem öffentlichen Interesse jedenfalls dann nicht in Betracht komme, wenn die Immissionen mit zumutbaren wirtschaftlichen Maßnahmen unterbunden werden könnten[1655].

---

[1651] Diese Rechtsprechung des Bundesgerichtshofs hat in der Rechtswissenschaft zunehmend Kritik erfahren. Zur Begründung wurde darauf verwiesen, daß in einer Vielzahl der Urteile des Bundesgerichtshofs – insbesondere wenn es sich um Immissionen durch Verkehrslärm beim Bau und Betrieb von Bundesfernstraßen handelte – bereits aufgrund des einschlägigen Planfeststellungsrechts nach § 75 Absatz 2 Satz 1 Verwaltungsverfahrensgesetz Beseitigungs- und Unterlassungsansprüche ausgeschlossen seien, weshalb es einer Berufung auf ein höherstehendes öffentliches Interesse nicht bedürfe. Zudem seien die Entscheidungen zu einem überwiegenden Teil im Bereich der Ansprüche aus enteignendem und enteignungsgleichem Eingriff ergangen, bei welchen der negatorische Abwehranspruch aber bereits häufig aus tatsächlichen Gründen ausgeschlossen sei. Überdies wandte man sich dagegen, daß ohne konkrete gesetzliche Ermächtigungsgrundlage in das gesetzlich geregelte immissionsschutzrechtliche Instrumentarium eingegriffen wurde, was dem rechtsstaatlichen Vorbehaltsprinzip widerspreche. Vgl. zur Kritik beispielsweise *Staudinger-Roth*, 13. Auflage, § 906 Rn. 46; *MüKo-Säcker*, 3. Auflage, § 906 Rn. 125 ff.; *Olzen*, Jura 1991, S. 288 f., jeweils m. w. N.

[1652] BGH, Urteil vom 13. Februar 1970, NJW 1970, S. 856 ff. – Geräuschimmissionen von einer privatrechtlich betriebenen Transformatorenanlage.

[1653] BGHZ 66, S. 37 ff. – Immissionen durch Niederspannungsstromleitungen.

[1654] BGH, Urteil vom 11. November 1983, NJW 1984, S. 1242 ff. – Verlegung einer durch einen privatwirtschaftlich organisierten Omnibusbetrieb befahrenen Buslinie.

[1655] Vgl. BGHZ 66, S. 42 – Immissionen durch Niederspannungsstromleitungen. Weil in dem seinem Urteil vom 11. November 1983 (NJW 1984, S. 1242 ff. – Verlegung einer durch einen privatwirtschaftlich organisierten Omnibusbetrieb befahrenen Buslinie) zugrundeliegenden Sachverhalt das Unterlassungsbegehren ersichtlich nicht darauf gerichtet war, den Omnibuslinienbetrieb ganz einzustellen oder wesentlich einzuschränken, gab der Bundesgerichtshof dem Rechtsschutzbegehren auf Verlegung des Linienbetriebs statt.

## b)
## Immissionen von Trägern öffentlicher Gewalt

Auch bei Immissionen, die durch die Träger öffentlicher Gewalt hervorgerufen wurden, schloß der Bundesgerichtshof in ständiger Rechtsprechung negatorische Untersagungsrechte aus und verwies den Betroffenen auf Aufopferungsentschädigungsansprüche.

So versagte er in seinen Urteilen vom 10. November 1972[1656], vom 16. März 1978[1657] sowie vom 11. Juli 1963[1658] bezüglich Immissionen, die von militärischen Anlagen ausgingen, negatorische Unterlassungsansprüche weil die Anlagen dem höheren öffentlichen Zweck der Landesverteidigung dienten.

Doch auch gegenüber schlichthoheitlich betriebenen Anlagen der Daseinsvorsorge, von denen Immissionen ausgingen, waren, wie der Bundesgerichtshofs beispielsweise in seinen Urteilen vom 28. April 1967[1659], vom 15. Juni 1967[1660], vom 30. Oktober 1970[1661], vom 20. März 1975[1662], vom 13. Januar 1977[1663], vom 14. Juli 1977[1664], vom 29. März 1984[1665] und vom 6. Februar 1986[1666] befand, negatorische Beseitigungsansprüche ausgeschlossen, wenn diese zu einer Betriebseinstellung führen mußten.

Nach der Rechtsprechung des Bundesgerichtshofs kam es im Rahmen des Ausschlusses von negatorischen Untersagungsansprüchen bei Trägern öffentli-

---

1656 BGHZ 59, S. 378 ff. – Lärmimmissionen von Militärflugplatz.

1657 BGH, Urteil vom 16. März 1978, LM, Nr. 61 zu § 906 BGB – Manöverlärm.

1658 BGH, Urteil vom 11. Juli 1963, LM, Nr. 17 zu § 906 BGB – Lärmbelästigung durch Club der Stationierungsstreitkräfte.

1659 BGH, Urteil vom 28. April 1967, LM, Nr. 22 zu § 906 BGB – Immissionen bei Ausbau einer Moselstaustufe.

1660 BGHZ 48, S. 104 – Staubimmissionen durch Autobahnbau.

1661 BGHZ 54, S. 384 ff. – Bau und Betrieb einer Fernverkehrsstraße. Im vorliegenden Falle erfolgte die Einwirkung aufgrund eines das Rechtsverhältnis der Beteiligten rechtsgestaltenden Planfeststellungsbeschlusses nach dem Bundesfernstraßengesetz, weshalb bereits aus diesem Grunde negatorische Untersagungsrechte ausschieden.

1662 BGHZ 64, S. 222 – Verkehrslärm durch eine dem Schwerverkehr umgewidmete Straße.

1663 BGH, Urteil vom 13. Januar 1977, NJW 1977, S. 894 ff. – Immissionen bei Bau einer Bundesautobahn.

1664 BGH, Urteil vom 14. Juli 1977, NJW 1978, S. 318 – Immissionen beim Bau einer Bundesstraße.

1665 BGHZ 91, S. 23 – Geruchsimmissionen einer schlichthoheitlich betriebenen gemeindlichen Kläranlage. So bereits schon BGH, Urteil vom 19. Februar 1976 (NJW 1976, S. 1204 ff. – Geruchsimmissionen einer schlichthoheitlich betriebenen gemeindlichen Kläranlage) sowie BGH, Urteil vom 13. Dezember 1979 (NJW 1980, S. 770 ff. – Anlocken von Saatkrähen durch schlichthoheitlich betriebene gemeindliche Mülldeponie).

1666 BGHZ 97, S. 114 ff., S. 125 – Lärmimmissionen durch Bau und Betrieb einer Autobahn.

cher Gewalt also auf die Art ihrer Tätigkeit – genuin hoheitliche Tätigkeit oder schlichthoheitliche Daseinsverwaltung – nicht an[1667].

## 4. Die Unterscheidung zwischen öffentlich-rechtlichen und privatrechtlichen Entschädigungsansprüchen

### a) Grundsätzliches

In zunehmendem Maße rückte auch die Frage, ob und unter welchen Voraussetzungen der immissionsbetroffene Grundeigentümer Entschädigungsansprüche gegen den Immittenten geltend machen konnte, in den Blickpunkt der Gerichte. Hier war regelmäßig die Frage zu klären, ob der Immissionsbetroffene Entschädigungsansprüche aufgrund öffentlich-rechtlicher Enteignungsentschädigung oder aufgrund bürgerlich-rechtlicher Aufopferung geltend machen konnte.

Die Unterscheidung war zum einen hinsichtlich der Anspruchsvoraussetzungen, vor allem aber im Hinblick auf den Anspruchsumfang von Belang[1668]. Bezüglich der Anspruchsvoraussetzungen war zunächst unklar, ob zusätzlich zum Vorliegen einer wesentlichen und ortsüblichen Immission auch eine unzumutbare Beeinträchtigung des Immissionsbetroffenen im Sinne von § 906 Absatz 2 Satz 2 BGB vorliegen mußte[1669]. Im Hinblick auf den Anspruchsumfang herrschte Uneinigkeit, ob im Rahmen des bürgerlich-rechtlichen Aufopferungs-

[1667] Vgl. *Staudinger-Roth*, 13. Auflage, § 906 Rn. 43. Sie war allerdings für die Frage der Art der Entschädigungsansprüche entscheidend. Vgl. BGH, Urteil vom 15. Juni 1967 (BGHZ 48, S. 102 – Staubimmissionen durch Autobahnbau; vgl. sogleich unten § 37 IV. 4.).

[1668] Der von der reichsgerichtlichen Rechtsprechung auf § 26 RGewO und §§ 74, 75 der Einleitung des preußischen ALR zurückgeführte bürgerlich-rechtliche Aufopferungsanspruch war einem verschuldensunabhängigen Schadenersatzanspruch angenähert und gewährte dementsprechend unter Umständen den vollen Ersatz des entstandenen Schadens. Demgegenüber ging der Anspruch aus öffentlich-rechtlicher Enteignungsentschädigung nur auf einen angemessenen Augleich in Geld. Vgl. hierzu umfassend *Staudinger-Roth*, 13. Auflage, § 906 Rn. 239 ff.

[1669] Hier fällte der Bundesgerichtshof widersprüchliche Urteile. Während er in seinem Urteil vom 11. Juli 1967 (LM, Nr. 17 zu § 906 BGB – Immissionen durch einen Club der Stationierungsstreitkräfte) lediglich das Vorliegen einer wesentlichen und nicht ortsüblichen Immission voraussetzte, die wegen Entzugs des Abwehrrechts nicht unterbunden werden könne, forderte er in seinem Urteil vom 2. März 1984 (BGHZ 90, S. 255 ff. – Zuführung chemischer Unkrautvernichtungsmittel) zusätzlich, daß dem Immissionsbetroffenen auch eine unzumutbare Beeinträchtigung im Sinne von § 906 Absatz 2 Satz 2 BGB auferlegt sein müsse. Vgl. zur Änderung der Rechtsprechung des Bundesgerichtshofs im Hinblick auf die Rechtsgrundlagen des bürgerlich-rechtlichen Aufopferungsanspruchs sogleich unten § 37 IV. 4. b).

anspruchs voller Schadenersatz oder wie bei § 906 Absatz 2 Satz 2 BGB nur angemessener Ausgleich in Geld verlangt werden konnte[1670].

In seinem Urteil vom 15. Juni 1967[1671] äußerte sich der Bundesgerichtshof eingehender zu den grundsätzlichen Unterschieden zwischen öffentlich-rechtlichen und privatrechtlichen Entschädigungsansprüchen. Hier verlangte der Kläger aus „Enteignung oder Aufopferung" Ersatz der Schäden, die durch die beim Bau einer Autobahn verursachten Staubimmissionen verursacht wurden. Der Bundesgerichtshof nahm zunächst einmal zu den in Frage kommenden Ansprüchen Stellung. Einen privatrechtlichen Aufopferungsanspruch – der „zutreffender wohl als nachbarrechtlicher Ausgleichsanspruch" zu bezeichnen sei[1672] – hielt der Bundesgerichtshof für einschlägig, wenn

> *„von einem Grundstück im Rahmen privatrechtlicher Benutzung desselben Einwirkungen auf ein anderes Grundstück ausgehen, die – weil sie nicht nur unwesentlich und nicht auf ortsüblicher Benutzung des störenden Grundstücks beruhend – über das Maß hinausgehen, was ein Grundstückseigentümer nach der Bestimmung des § 906 BGB ... entschädigungslos hinzunehmen hat, gegen die gemäß § 1004 BGB vorzugehen dem betroffenen Eigentümer jedoch aus besonderen Gründen versagt ist."*[1673]

Ein Anspruch auf Enteignungsentschädigung komme in Betracht,

> *„wenn durch – rechtmäßige oder rechtswidrige – Eingriffe von hoher Hand Eigentum beeinträchtigt und dem Berechtigten dadurch ein besonderes, anderen nicht zugemutetes Opfer für die Allgemeinheit abverlangt wird. Damit hat auch dieser Anspruch zur Voraussetzung, daß die Immissionen nach Art und Ausmaß über das hinausgehen, was dem Eigentümer nach § 906 BGB entschädigungslos zugemutet wird. ..."*[1674]

Voraussetzung beider Ansprüche, so der Bundesgerichtshof, sei damit, daß die Immissionen das nach § 906 BGB zu duldende Maß überschritten, die Einwirkungen also die Benutzung des betroffenen Grundstücks nicht nur unwesentlich beeinträchtigten und nicht durch eine Benutzung des anderen Grundstücks herbeigeführt wurden, die nach den örtlichen Verhältnissen von Grundstücken die-

---

[1670] Vgl. hierzu sogleich unten § 37 IV. 4. c).
[1671] BGHZ 48, S. 98 ff. – Staubimmissionen durch Autobahnbau.
[1672] BGHZ 48, S. 100.
[1673] BGHZ 48, S. 101.
[1674] BGHZ 48, ebenda.

ser Lage gewöhnlich, mithin ortsüblich sei[1675]. Umgekehrt komme hinsichtlich des im Rahmen von § 906 BGB duldungspflichtigen Teils der Immissionen ein Anspruch auf Entschädigung unabhängig vom Anspruchsgrund nicht in Betracht[1676]. Der Bundesgerichtshof wandte sich gegen die vom Berufungsgericht vertretene Auffassung, beim bürgerlich-rechtlichen Aufopferungsanspruch – nunmehr als nachbarrechtlicher Ausgleichsanspruch bezeichnet – handele es sich um einen Unterfall des allgemeinen Enteignungsentschädigungsanspruchs. Er sprach aus, daß im jeweiligen Einzelfall nur der eine oder der andere Anspruch gegeben sein kann:

> *„Der wesentliche – und insoweit den jeweils anderen Anspruch ausschließende – Unterschied beider Ansprüche liegt darin, daß von dem nachbarrechtlichen Ausgleichsanspruch (bürgerlichrechtlichen Aufopferungsanspruch) nur da gesprochen werden kann, wo die Einwirkungen durch privatwirtschaftliche Benutzung (einschließlich nicht hoheitlicher Tätigkeit der öffentlichen Hand) des Grundstücks verursacht sind, während dieser Anspruch bei auf Eingriffen von hoher Hand beruhenden Einwirkungen nicht gegeben ist, vielmehr in diesen Fällen nur der Anspruch auf Entschädigung wegen enteignenden oder enteignungsgleichen Eingriffs in der Mitte liegen kann.“*[1677]

In seinem soeben zitierten Urteil vom 15. Juni 1967[1678] sprach der Bundesgerichtshof also aus, daß der bürgerlich-rechtliche Aufopferungsanspruch voraussetze, daß eine nach § 906 BGB nicht entschädigungslos hinzunehmende Immission vorliege, „gegen die gemäß § 1004 BGB vorzugehen dem Eigentümer jedoch aus besonderen Gründen versagt ist“[1679].

Diese Formulierung warf Fragen im Hinblick auf zwei Problemkreise auf. Zum einen war, da im vorliegenden Falle der Eigentümer des immissionsbetroffenen Grundstücks bereits aus rechtlichen Gründen den Abwehranspruch nach §§ 1004, 906 BGB nicht geltend machen konnte, unklar, ob der bürgerlichrechtliche Aufopferungsanspruch auch geltend gemacht werden konnte, wenn der Immissionsbetroffene die Einwirkungen schon aus tatsächlichen Gründen, etwa weil er seinen Abwehranspruch nicht rechtzeitig genug geltend machen

---

1675 BGHZ 48, S. 102.
1676 Dies hatte allerdings bereits das Reichsgericht in seinem Urteil vom 26. November 1932 (RGZ 139, S. 34 – „Erste Gutehoffnungshütte-Entscheidung“; vgl. oben § 29 II. 3. a)) eindeutig ausgesprochen.
1677 BGHZ 48, a. a. O. Im vorliegenden Falle bedurfte die Frage, welche der Anspruchsgrundlagen in Betracht kam, keiner Entscheidung (BGHZ 48, S. 104).
1678 BGHZ 48, S. 98 ff. – Staubimmissionen durch Autobahnbau.
1679 BGHZ 48, S. 101 – Staubimmissionen durch Autobahnbau.

konnte, eingreifen sollte[1680]. Zum anderen war, wie bereits angedeutet, die Frage zu klären, ob die Geltendmachung des bürgerlich-rechtlichen Abwehranspruchs nach der Novellierung des § 906 BGB im Jahre 1959 das zusätzliche Tatbestandsmerkmal einer nach § 906 Absatz 2 Satz 2 BGB n. F. „über das zumutbare Maß hinaus beeinträchtigenden Einwirkungen des Grundstücks oder dessen Ertrags" erforderte, weil der Bundesgerichtshof ausgesprochen hatte, daß § 906 BGB den Umfang der entschädigungslos duldungspflichtigen Immissionen bestimmte[1681].

### b) Die Rechtsprechung des Bundesgerichtshofs zum Anspruchsgrund des bürgerlich-rechtlichen Aufopferungsanspruchs

#### aa) Gleichstellung zwischen den Fällen des Entzugs des Abwehrrechts aus rechtlichen und aus tatsächlichen Gründen

Mit der Problematik, daß einem Eigentümer hinsichtlich der auf sein Grundstück einwirkenden Immissionen zwar ein Abwehranspruch zugestanden hatte, er diesen jedoch nicht geltend machte und daraufhin Schäden an seinem Grundstück erlitt, hatte sich der Bundesgerichtshof beispielsweise in seinem Urteil vom 26. Oktober 1978[1682] zu beschäftigen. Aufgrund von im wesentlichen privatrechtlich organisierten Ausschachtungsarbeiten im Zuge von Ausbauarbeiten an einer öffentlichen Straße war es am Hause des Klägers durch Erschütterungen und Vertiefungen zu Schäden gekommen.

Hinsichtlich des privatrechtrechtlich organisierten Teils der Arbeiten erwog der Bundesgerichtshof einen bürgerlich-rechtlichen Aufopferungsanspruch. Hier

---

[1680] Vgl. *Staudinger-Roth*, 13. Auflage, § 906 BGB Rn. 68, Rn. 239; *Schlechtriem*, S. 413 ff.; *Hans Brox*, Zur Lösung nachbarlicher Interessenkollisionen, Juristische Arbeitsblätter (JA) 1988, S. 188. Hier kam ein Anspruch nach § 14 Satz 2 BImSchG nicht in Betracht, wenn es sich nicht um Immissionen aus einer konzessionierten Anlage handelte. Ansprüche nach § 906 Absatz 2 Satz 2 BGB schieden aus, weil es am Erfordernis einer duldungspflichtigen Einwirkung fehlte.

[1681] Das Urteil des Bundesgerichtshofs vom 15. Juni 1967 (BGHZ 48, S. 98 ff. – Staubimmissionen durch Autobahnbau) war noch zu § 906 BGB a. F. ergangen. Aus diesem Grunde hatte der Bundesgerichtshof lediglich auf die Wesentlichkeit und die Nichtortsüblichkeit der Beeinträchtigung abgestellt (vgl. BGHZ 48, S. 103 f.).

[1682] BGHZ 72, S. 289 ff. – Gebäudeschäden durch im wesentlichen privatrechtlich organisierte Ausschachtungsarbeiten an öffentlicher Straße. Das Urteil erging zwar nicht ausschließlich zum engeren materiellen Immissionsschutzrecht nach § 906 BGB. Es markiert aber die grundsätzliche Haltung des Bundesgerichtshofs zum privatrechtlichen Aufopferungsanspruch in Fällen, in welchen dem Betroffenen bereits aus tatsächlichen Gründen sein Abwehrrecht entzogen war.

war nun allerdings problematisch, daß zum einen nicht festgestellt werden konnte, auf welche Arbeiten genau die Schäden zurückgeführt werden konnten[1683], zum anderen, daß der Eigentümer von dem ihm zustehenden Abwehranspruch keinen Gebrauch gemacht hatte, weil sich die Schäden an seinem Grundstück erst im Verlauf der Bauarbeiten zeigten[1684].

Der Bundesgerichtshof befand, der Kläger sei wegen des Verlaufs der Arbeiten, bei denen sich die Schäden erst sukzessive zeigten, verhindert gewesen, seinen Störungsabwehranspruch geltend zu machen, weil dem besondere tatsächliche Schwierigkeiten entgegenstanden hätten[1685]. Dies hindere jedoch nicht die Annahme, der Kläger sei zur Geltendmachung von privatrechtlichen Aufopferungsansprüchen berechtigt[1686].

Gleichermaßen entschied der Bundesgerichtshof in seinem Urteil vom 26. November 1982[1687] zu einem ähnlich gelagerten Sachverhalt, in welchem es der geschädigte Grundstückseigentümer im Vertrauen auf die Vornahme der erforderlichen Sicherheitsvorkehrungen versäumt hatte, seinen Abwehranspruch gegen die Vertiefungsarbeiten und Erschütterungen rechtzeitig geltend zu machen. Dies hielt das Gericht für unerheblich[1688]. Auch bei Ausschluß des privatrechtlichen Abwehranspruchs durch „triftige tatsächliche Gründe" greife ein bürgerlich-rechtlicher Aufopferungsanspruch ein[1689].

Diese Rechtsprechung bekräftigte Bundesgerichtshof auch in seinem Urteil vom 2. März 1984[1690]. Die Formulierung der Gleichstellung des Entzugs des Abwehrrechts aus rechtlichen Gründen mit den Fällen, in welchen ein Abwehrrecht zwar ursprünglich bestanden hatte, allerdings „aus triftigen tatsächlichen

---

1683 In Frage standen die durch die privatrechtlich organisierten Arbeiten verursachten Erschütterungen als Einwirkungen im Sinne von § 906 Absatz 1 BGB oder die durch die öffentlich-rechtliche Körperschaft in Eigenregie durchgeführten Ausschachtungsarbeiten als Vertiefung im Sinne von § 909 BGB. Vgl. BGHZ 72, S. 292.

1684 BGHZ 72, S. 294.

1685 BGHZ 72, S. 294 f. Der Kläger hätte nicht nur zu klären gehabt, auf welche konkreten Arbeiten die jeweiligen Schäden zurückzuführen seien, sondern zur Ermittlung der Rechtswegfrage auch, ob und in welchem Maße die am Ausbau Beteiligten öffentlich-rechtlich und privatrechtlich tätig gewesen seien. Der Bundesgerichtshof hielt es für unwahrscheinlich, daß der immissionsbetroffene Eigentümer im Hinblick auf diese Sonderumstände auch durch einstweiligen Rechtsschutz einen Teil der eingetretenen Schäden noch wirksam hätte verhindern können.

1686 BGHZ 72, S. 295.

1687 BGHZ 85, S. 375 ff. – Grundstückschäden durch Vertiefung und Erschütterungen.

1688 BGHZ 85, S. 385 f.

1689 BGHZ 85, S. 385 unter Rückgriff auf das Urteil des BGH vom 26. Oktober 1978 (BGHZ 72, S. 289 ff. – Gebäudeschäden durch im wesentlichen privatrechtlich organisierte Ausschachtungsarbeiten an öffentlicher Straße).

1690 BGHZ 90, S. 255 ff. – Immissionen durch ausgeschwemmte Herbizide.

Gründen" nicht geltend gemacht worden war, hatte von nun an als gefestigter Grundsatz Eingang in der Rechtsprechung des Bundesgerichtshofs gefunden[1691].

Festzuhalten bleibt also, daß der Bundesgerichtshof den Anwendungsbereich des bürgerlich-rechtlichen Aufopferungsanspruchs keineswegs auf die Fallkonstellationen beschränkte, in welchen dem Immissionsbetroffenen – wie dies regelmäßig im Bereich der gemeinwichtigen oder im hoheitlichen Interesse betriebenen Anlagen der Fall war – aus rechtlichen Gründen die Abwehrmöglichkeit gegen die Einwirkung genommen war. Wegen vergleichbarer Interessenlage eröffnete er dem Immissionsbetroffenen den bürgerlich-rechtlichen Aufopferungsanspruch auch in den Fällen, in denen die Abwehrmöglichkeit gegen die Immission aus tatsächlichen Gründen scheiterte[1692].

Erstaunlicherweise hielt sich der Bundesgerichtshof bei der Begründung des bürgerlich-rechtlichen Aufopferungsanspruchs aber weder terminologisch, noch dogmatisch an seine bisherige, in Anlehnung an die Urteile des Reichsgerichts entwickelte Rechtsprechung. Er führte nämlich den bürgerlich-rechtlichen Aufopferungsanspruch erstmals auf die analoge Anwendung des § 906 Absatz 2 Satz 2 BGB zurück[1693]. Bislang war der bürgerlich-rechtliche Aufopferungsanspruch – vom Bundesgerichtshof seit seinem Urteil vom 15. Juni 1967[1694] „zutreffenderweise als nachbarrechtlicher Ausgleichsanspruch bezeichnet" – jedoch immer auf eine analoge Anwendung des § 26 RGewO und des § 148 ABG und den öffentlich-rechtlichen Aufopferungsgedanken und nicht auf eine analoge Anwendung des hiervon scharf zu trennenden nachbarlichen Ausgleichsanspruchs nach § 906 Absatz 2 Satz 2 BGB zurückgeführt worden.

Hieran wollte der Bundesgerichtshof nun nicht mehr festhalten. Wie beispielsweise an seinen Urteilen vom 20. April 1990[1695] und vom 20. November 1992[1696] deutlich wird, stützte er von nun an in ständiger Rechtsprechung den bürgerlich-rechtlichen Aufopferungsanspruch auf eine analoge Anwendung des § 906 Absatz 2 Satz 2 BGB. Der Grund lag hier vor allem in der Erkenntnis, daß die nachbarrechtlichen Vorschriften auch in nachbarlichen Immissionskonflikten

---

1691 *Gerlach*, S. 228.

1692 *Staudinger-Roth*, 13. Auflage, § 906 Rn. 239.

1693 BGHZ 90, S. 262. Der BGH unter Verweis auf seine soeben zitierten Urteile vom 26. Oktober 1978 (BGHZ 72, S. 291 ff.) und 26. November 1982 (BGHZ 85, S. 384) wörtlich: „Denn nach der Rechtsprechung des Bundesgerichtshofs besteht ein nachbarrechtlicher Ausgleichsanspruch analog § 906 Absatz 2 Satz 2 BGB auch dann, wenn die von einem Grundstück auf das benachbarte Grundstück ausgehende Einwirkung zwar rechtswidrig ist und deshalb nicht geduldet zu werden braucht, der betroffene Eigentümer aber aus besonderen Gründen gehindert ist, diese Einwirkung gemäß §§ 1004, 862 Abs. 1 BGB zu unterbinden, und wenn er dadurch Nachteile erleidet, die das zumutbare Maß einer entschädigungslos hinzunehmenden Beeinträchtigung übersteigen."

1694 BGHZ 48, S. 100 – Staubimmissionen durch Autobahnbau.

1695 BGH, Urteil vom 20. April 1990, NJW 1990, S. 1910 ff. – Immissionen durch Schrotblei.

1696 BGHZ 120, S. 249 – Froschlärm.

das Verhältnis der Beteiligten untereinander abschließend regelten[1697]. Er sah deshalb in § 906 Absatz 2 Satz 2 BGB einen verschuldensunabhängigen Auffangtatbestand für den in besonderen Fällen vorzunehmenden vermögensrechtlichen Ausgleich bei Entzug des Abwehrrechts gegen Immissionsbelästigungen[1698]. Dem lag das Verständnis zugrunde, daß es sich bei den – rechtlich oder faktisch duldungspflichtigen – Immissionen immer um einen Fall des Eingriffs in das Eigentum des beeinträchtigten Grundstücksnachbarn handele, für den das Nachbarrecht in § 906 Absatz 2 Satz 2 BGB einen aus dem Rechtsinstitut des nachbarlichen Gemeinschaftsverhältnis entwickelten, inzwischen normierten, verschuldensunabhängigen Ausgleichsanspruch bereithalte[1699]. Zudem war der Bundesgerichtshof bemüht, nunmehr sämtliche Aufopferungsansprüche – also auch die öffentlich-rechtlichen aus enteignendem oder enteignungsgleichem Eingriff, die er von jeher auf Grundlage einer analogen Anwendung des § 906 Absatz 2 Satz 2 BGB beurteilte[1700] – nach gleichen Rechtsgrundsätzen zu behandeln[1701].

Diese Rechtsprechung des Bundesgerichtshofs, die er auch auf andere nachbarrechtliche Konflikte außerhalb des privaten Immissionsschutzrechts ausweitete[1702], hat in der Literatur vielfach Kritik erfahren[1703]. Dennoch hielt der Bundesgerichtshof in ständiger Rechtsprechung daran fest.

---

1697 Vgl. beispielsweise BGH, Urteil vom 22. Februar 1991 (BGHZ 113, S. 389 – „Kaltluftsee- Entscheidung").

1698 *Hagen*, Nachbarrechtlicher Ausgleichsanspruch, S. 498 ff.; *ders.*, Die neuere Rechtsprechung des Bundesgerichtshofs zum Nachbarrecht 1984 (Rechtsprechung 1984), Wertpapiermitteilungen (WM) 1984, S. 678. Vgl. zur Annäherung des bürgerlich-rechtlichen Aufopferungsanspruchs an die Gefährdungshaftung auch *Gerlach*, S. 229 ff. sowie *Schlechtriem*, S. 417 ff.

1699 *Gerlach*, S. 227 f., der zutreffend darauf hinweist, daß der Bundesgerichtshof zwar eine eindeutige Begründung für den Wandel seiner Rechtsprechung schuldig geblieben sei, der Rechtsfortschritt jedoch nicht zuletzt dem Gesetzeszweck entspreche.

1700 Hier hatte der Bundesgerichtshof den öffentlich-rechtlichen Aufopferungsanspruch aus enteignendem oder enteignungsgleichem Eingriff in ständiger Rechtsprechung auf die analoge Anwendung des § 906 Absatz 2 Satz 2 BGB zurückgeführt. Vgl. beispielsweise die Urteile des Bundesgerichtshofs vom 22. Dezember 1967 (BGHZ 49, S. 150 – „Bergnase"), vom 10. November 1972 (BGHZ 59, S. 379, S. 386 – Immissionen durch Flugplatz), vom 29. März 1984 (BGHZ 91, S. 22 – Geruchsbelästigung durch Kläranlage) und vom 6. Februar 1984 (BGHZ 97, S. 116 – Immissionen durch Fernstraße).

1701 *Gerlach*, S. 22 f. *Hagen*, Nachbarrechtlicher Ausgleichsanspruch, S. 506 f.

1702 *Schlechtriem*, S. 412 ff.; *Hagen*, Rechtsprechung 1984, WM 1984, a. a. O. Vgl. beispielsweise auch die Urteile des Bundesgerichtshofs vom 8. Februar 1972 (BGHZ 58, S. 159 f. – „Marinedamm") und vom 31. Mai 1974 (BGHZ 62, S. 366 f. – Entzug des Grundstückszugangs).

1703 Vgl. beispielweise *Staudinger-Roth*, 13. Auflage, § 906 Rn. 240; *Jauernig*, Schutz des Grundeigentums, JZ 1986, S. 610 ff.; *Gerlach*, Grundstrukturen, S. 173 ff. Bemängelt wurde insbesondere, daß der bürgerlich-rechtliche Aufopferungsanspruch als Ersatz für den dem Immissionsbetroffenen nach §§ 1004, 906 aus besonderen Gründen entzogenen, primären

bb)
Die Rechtsprechung des Bundesgerichtshofs zum Tatbestandsmerkmal der nach § 906 Absatz 2 Satz 2 BGB unzumutbaren Beeinträchtigung im Rahmen des bürgerlich-rechtlichen Aufopferungsanspruchs

Wie bereits angedeutet[1704], war die Rechtsprechung des Bundesgerichtshofs im Hinblick auf die Tatbestandsvoraussetzungen des bürgerlich-rechtlichen Aufopferungsanspruchs zunächst nicht einheitlich. Der bürgerlich-rechtliche Aufopferungsanspruch kam zwar grundsätzlich für die Fälle in Betracht, in welchen entweder die nicht abwehrfähige beeinträchtigende Immission wesentlich und nicht ortsüblich oder aber wesentlich und ortsüblich war, aber dem Immissionsbetroffenen zustehende Abhilfemaßnahmen aus tatsächlichen oder „triftigen" Gründen unterblieben. Fraglich war aber im Zuge der Rückführung des bürgerlich-rechtlichen Aufopferungsanspruchs auf eine analoge Anwendung des § 906 Absatz 2 Satz 2 BGB, ob als zusätzliches Tatbestandsmerkmal für die Gewährung des Aufopferungsanspruchs eine die ortsübliche Benutzung des Grund-

---

Abwehranspruch fungiere, während im Gegensatz hierzu der nachbarliche Ausgleichsanspruch nach § 906 Absatz 2 Satz 2 BGB – nicht wesensgleich – Ausgleich für eine nicht abwehrfähige, aber unzumutbare Beeinträchtigung gewähre. Eine Analogie zu dem aus dem nachbarlichen Gemeinschaftsverhältnis erwachsenen nachbarlichen Ausgleichsanspruch nach § 906 Absatz 2 Satz 2 BGB sei deshalb unangebracht, weil es sich hierbei nicht um ein vermögensrechtliches Äquivalent eines an sich entzogenen Abwehranspruchs handele, sondern um einen dogmatisch unterschiedlichen, aus Billigkeitserwägungen im Hinblick auf den nachbarlichen Interessenausgleich gewährten, vermögensrechtlichen Anspruch, der auch die Interessen des Immittenten berücksichtige. Der Ausgleichsanspruch nach § 906 Absatz 2 Satz 2 BGB statuiere zudem weitere Anspruchsvoraussetzungen als der bürgerlich-rechtliche Aufopferungsanspruch. Weil es sich also beim bürgerlich-rechtlichen Aufopferungsanspruch – ähnlich wie bei der Regelung des § 14 Satz 2 BImSchG – um einen Rechtsfortsetzungsanspruch handele, könnten dessen Voraussetzungen nicht über die des ursprünglichen, aber entzogenen Abwehranspruchs hinaus ausgedehnt werden. Zudem gewähre der bürgerlich-rechtliche Aufopferungsanspruch einen Anspruch auf Schadloshaltung, während der nachbarliche Ausgleichsanspruch lediglich einen angemessenen Ausgleich in Geld vorsehe. Vgl. auch das Urteil des BGH vom 13. Februar 1970 (NJW 1970, S. 857 f. – Geräuschimmissionen aus einer privatrechtlich betriebenen Transformatorenanlage). Hier knüpfte der Bundesgerichtshof noch einmal ausdrücklich an § 26 GewO und §§ 74 und 75 der Einleitung des ALR an und sprach aus, daß sich der bürgerlich-rechtliche Aufopferungsanspruch auf Schadloshaltung richte. Er bezwecke nicht – anders als die immissionsschutzrechtlichen Duldungspflichten, die nach der Novellierung des § 906 BGB letztlich den Ausgleichanspruch nach § 906 Absatz 2 Satz BGB begründeten – die Herbeiführung eines nachbarlichen Interessenausgleichs. Aus diesem Grunde verwarf der Bundesgreichtshof im konkreten Fall einen Anspruch des Schädigers auf Eintragung einer Grunddienstbarkeit als sachfremd, weil dessen Interessen im Rahmen des bürgerlich-rechtlichen Aufopferungsanspruchs keine Berücksichtigung verdienten.

[1704] Vgl. oben § 37 IV. 4. a) und b).

stücks oder dessen Ertrag über das zumutbare Maß hinaus beeinträchtigende Einwirkung nach dem Wortlaut dieser Vorschrift erforderlich war[1705].

In seinem Urteil vom 15. Juni 1967[1706], welches die Rechtslage des § 906 BGB a. F. berücksichtigte, nannte der Bundesgerichtshof als Voraussetzungen lediglich

> *„Einwirkungen ... , die – weil sie nicht nur unwesentlich und nicht auf ortsüblicher Benutzung des störenden Grundstücks beruhend – über das Maß hinausgehen, was ein Grundstückseigentümer nach der Bestimmung des § 906 BGB ... entschädigungslos hinzunehmen hat ... .“*[1707]

Bereits in seinem Urteil vom 11. Juli 1963[1708] hatte der Bundesgerichtshof aber schon unter Berücksichtigung der Novellierung des Jahres 1959 hinsichtlich der Voraussetzungen des bürgerlich-rechtlichen Aufopferungsanspruches eindeutig ausgeführt:

> *„Er setzt lediglich Immissionen, die das ortsübliche Maß überschreiten und zu einer wesentlichen Beeinträchtigung führen, und nicht, wie der von der Rechtsprechung entwickelte und in der Neufassung des § 906 Abs. 2 BGB geregelte Ausgleichsanspruch für ortsübliche Immissionen, eine schwere Beeinträchtigung [Verweis auf das Urteil des BGH vom 15. April 1959[1709]] voraus.“*[1710]

Hier wandte er sich also eindeutig gegen die Berücksichtigung von einzelnen Tatbestandsmerkmalen des § 906 Absatz 2 Satz 2 BGB als Voraussetzung des bürgerlich-rechtlichen Aufopferungsanspruchs.

Diese Rechtsprechung gab der Bundesgerichtshofs jedoch in seinen Urteilen vom 22. Dezember 1967[1711] und vom 2. März 1984[1712] faktisch auf. In letzterem Urteil befand er unter eindeutiger Bezugnahme auf das Tatbestandsmerkmal der

---

1705 Vgl. *Staudinger-Roth*, 13. Auflage, § 906 Rn. 240.

1706 BGHZ 48, S. 98 ff. – Staubimmissionen durch Autobahnbau.

1707 BGHZ 48, S. 101.

1708 BGH, Urteil vom 11. Juli 1963, LM, Nr. 17 zu § 906 BGB – Immissionen durch einen Club der Stationierungsstreitkräfte.

1709 BGHZ 30, S. 273 ff. – Immissionen durch eine Erzgrube; vgl. oben § 32 I. 2.

1710 BGH, Urteil vom 11. Juli 1963, LM, Nr. 17 zu § 906 BGB. Klammerzusätze durch Verfasser.

1711 BGHZ 49, S. 150 – „Bergnase“.

1712 BGHZ 90, S. 255 ff. – Immissionen durch ausgeschwemmte Herbizide.

unzumutbaren Beeinträchtigung, daß der bürgerlich-rechtliche Aufopferungsanspruch

> *„analog § 906 Absatz 2 Satz 2 BGB ... [in Betracht kommt], wenn die von einem Grundstück auf das benachbarte Grundstück ausgehende Einwirkung zwar rechtswidrig ist und deshalb nicht geduldet zu werden braucht, der betroffene Eigentümer aber aus besonderen Gründen gehindert ist, diese Einwirkung gemäß §§ 1004, 862 Abs. 1 BGB zu unterbinden, und wenn er dadurch Nachteile erleidet, die das zumutbare Maß einer entschädigungslos hinzunehmenden Beeinträchtigung übersteigen.“*[1713]

Nun wurde also hinsichtlich der in Frage stehenden Einwirkung zusätzlich gefordert, daß diese das dem Immissionsbetroffenen zumutbare Maß, wie es sich auch in § 906 Absatz 2 Satz 2 BGB wiederfand, übersteigen mußte. Auch hier läßt sich also beobachten, daß der Bundesgerichtshof die Regelung des § 906 BGB für die Beurteilung nachbarlicher Immissionsfälle als eindeutig und abschließend beurteilte. Was im Bereich nachbarlicher Immissionen rechtmäßig und damit duldungspflichtig war, beurteilte sich demnach materiellrechtlich allein aufgrund der gesetzlich abschließenden Regelung des § 906 BGB[1714].

### c) Die Rechtsprechung des Bundesgerichtshofs zur Anspruchshöhe des bürgerlich-rechtlichen Aufopferungsanspruchs

Nach ständiger Rechtsprechung des Bundesgerichtshofs kam der bürgerlich-rechtliche Aufopferungsanspruch nur subsidiär zu anderen Ersatzansprüchen in Betracht[1715]. Als Grund ist vor allem das in ständiger Rechtsprechung betonte Erfordernis des Vorliegens einer über das Maß einer nach gewöhnlichem Nachbarrecht entschädigungslos zu duldenden Einwirkung als Voraussetzung des bürgerlich-rechtlichen Aufopferungsanspruchs anzuführen[1716]. War dem Immissionsbetroffenen aber eine anderweitige Ersatzmöglichkeit eröffnet, fehlte es gerade an der entschädigungslosen Duldungspflicht.

---

[1713] BGHZ 90, S. 262. Klammerzusätze durch Verfasser.
[1714] *Hagen*, Nachbarrechtlicher Ausgleichsanspruch, S. 506 f.
[1715] BGH, Urteil vom 26. Oktober 1978 (BGHZ 72, S. 295 – Gebäudeschäden durch im wesentlichen privatrechtlich organisierte Ausschachtungsarbeiten an öffentlicher Straße); BGH, Urteil vom 26. November 1982 (BGHZ 85, S. 384 – Grundstückschäden durch Vertiefung und Erschütterungen); BGH, Urteil vom 20. November 1992 (BGHZ 120, S. 249 – Froschlärm).
[1716] Vgl. beispielsweise BGH, Urteil vom 26. Oktober 1978 (BGHZ 72, S. 292).

Fraglich war aber nicht zuletzt auf dem Hintergrund der zur Herleitung des bürgerlich-rechtlichen Aufopferungsanspruchs vertretenen neueren Rechtsprechung des Bundesgerichtshofs[1717], ob der Anspruch auf vollen Ersatz des entstandenen Schadens oder lediglich, wie im Rahmen des § 906 Absatz 2 Satz 2 BGB, auf einen billigen Ausgleich in Geld ging[1718]. Auch hier war die Rechtsprechung des Bundesgerichtshofs einem Wandel unterworfen[1719].

In seinem bereits angesprochenen Urteil vom Urteil vom 13. Februar 1970[1720] hatte der Bundesgerichtshof im Hinblick auf die dogmatischen Wurzeln und die geschichtliche Entwicklung darauf hingewiesen, daß im Rahmen des bürgerlich-rechtlichen Aufopferungsanspruchs der volle Schaden auszugleichen sei, indem die „nach Inhalt und Umfang genau umrissene Vermögenseinbuße von der Beklagten durch Geldzahlung abgegolten werden" solle. Bereits in früheren Urteilen hatte die höchstrichterliche Rechtsprechung[1721] zum Umfang des bürgerlich-rechtlichen Aufopferungsanspruchs entschieden, daß der volle entstandene und entstehende Schaden auszugleichen sei, weil es sich beim bürgerlich-rechtlichen Aufopferungsanspruch in Anlehnung an den Rechtsgedanken der § 26 RGewO, §§ 74, 75 der Einleitung des ALR um einen verschuldensunabhängigen Schadenersatzanspruch handele[1722].

Wie bereits dargelegt[1723], stützte der Bundesgerichtshof aber in seiner neueren Rechtsprechung den bürgerlich-rechtlichen Aufopferungsanspruch auf eine ana-

[1717] Vgl. soeben § 37 IV. 4. b) bb).

[1718] *Staudinger-Roth*, 13. Auflage, § 906 Rn. 241.

[1719] Sofern möglich, versuchte der Bundesgerichtshof die Frage nicht zu entscheiden. Vgl. beispielsweise sein bereits angesprochenes Urteil vom 15. Juni 1967 (BGHZ 48, S. 104 ff. – Staubimmissionen durch Autobahnbau). Hier listete der Bundesgerichtshof die gegenläufigen Argumente zur Höhe des im Rahmen des bürgerlichen Aufopferungsanspruchs ersatzfähigen Schadens zwar auf, mußte sich aber nicht eindeutig entscheiden, weil der Kläger im vorliegenden Falle den Ausspruch der Vorinstanzen, die jeweils einen Anspruch auf öffentlich-rechtliche Enteignungsentschädigung bejaht hatten, nicht angefochten hatte, so daß sein Ersatzanspruch in jedem Falle durch den vorinstanzlichen Richterspruch begrenzt wurde.

[1720] BGH, Urteil vom 13. Februar 1970, NJW 1970, S. 857 – Geräuschimmissionen aus einer privatrechtlich betriebenen Transformatorenanlage.

[1721] BGH, Urteil vom 8. Oktober 1958 (BGHZ 28, S. 232 – „Steinschlag-Urteil"; vgl. oben § 32 I. 1. und § 32 II.) sowie BGH, Urteil vom 8. Februar 1972 (BGHZ 58, S. 160 f. – „Marinedamm"), beides jedoch zu nicht dem Anwendungsbereich des § 906 BGB unterfallenden Einwirkungen. Vgl. auch RG, Urteil vom 1. Juli 1920 (RGZ 100, S. 75 – militärischer Flugbetrieb; vgl. oben § 29 II. 2. c)).

[1722] So offenbar auch BGH, Urteil vom 31. Mai 1974 (BGHZ 62, S. 370 f. – Beeinträchtigungen des Grundstückszugangs durch Bauarbeiten), wo das Gericht ausführte, daß der nachbarliche Ausgleichsanspruch „nicht wie ein Schadenersatzanspruch streng auf Ersatz aller entstandenen oder zukünftigen Vermögenseinbußen oder wie ein Anspruch wegen Aufopferung privater Rechte zugunsten höher bewerteter Interessen anderer auf Schadloshaltung gerichtet ist".

[1723] Vgl. soeben § 37 IV. 4. b) bb).

loge Anwendung des § 906 Absatz 2 Satz 2 BGB. Von daher war es konsequent, daß er den Umfang des ersatzfähigen Schadens nunmehr nicht mehr am Umfang eines verschuldensunabhängigen Schadenersatzanspruchs ausrichtete, sondern sich am Umfang des im Rahmen von § 906 Absatz 2 Satz 2 BGB ersatzfähigen billigen Ausgleichs in Geld orientierte[1724]. Bei diesem vom Reichsgericht aus dem Rechtsinstitut des nachbarlichen Gemeinschaftsverhältnis entwickelten nachbarlichen Ausgleichsanspruch[1725], der in § 906 Absatz 2 Satz 2 BGB kodifiziert worden war[1726], war aber auch in der Rechtsprechung des Bundesgerichtshofs seit langem anerkannt, daß sich der „billige Ausgleich in Geld" am Umfang der öffentlich-rechtlichen Enteignungsentschädigung orientieren sollte[1727]. Unter Umständen konnte deshalb nach der neueren Rechtsprechung des Bundesgerichtshofs zum bürgerlichen Aufopferungsanspruch der Vermögensausgleich zulasten des Immissionsbetroffenen gegenüber der früheren, am Umfang eines verschuldensunabhängigen Schadenersatzanspruchs orientierten Rechtsprechung erheblich geringer ausfallen[1728]. Aus diesem Grunde kam der Rechtsprechung des Bundesgerichtshofs zur Ausfüllung des Begriffs des „billigen Ausgleichs in Geld" im Rahmen des nach § 906 Absatz 2 Satz 2 BGB und zum Umfang des im Rahmen der öffentlich-rechtlichen Enteignungsentschädigung vorzunehmenden Vermögensausgleichs erhöhte Bedeutung zu[1729].

[1724] Vgl. beispielsweise BGH, Urteil vom 26. November 1982 (BGHZ 85, S. 386 – Gebäudeschäden durch Erschütterungen und Vertiefungen); BGH, Urteil vom 2. März 1984 (BGHZ 90, S. 263 – Immissionen durch ausgeschwemmte Herbizide).

[1725] Vgl. oben § 30 II.

[1726] Vgl. oben § 34 II. 2. c).

[1727] Vgl. BGH, Urteil vom 22. Dezember 1967 (BGHZ 49, S. 157 – Immissionen durch Verkehrslärm („Bergnase"); BGH, Urteil vom 31. Mai 1974 (BGHZ 62, S. 371 – Beeinträchtigungen des Grundstückszugangs durch Bauarbeiten); BGH, Urteil vom 20. März 1975 (BGHZ 64, S. 225 – Verkehrslärm durch eine dem Schwerverkehr umgewidmete Straße).

[1728] Deshalb war die entsprechende Rechtsprechung des Bundesgerichtshofs in Bezug auf den Umfang des im Rahmen des bürgerlich-rechtlichen Aufopferungsanspruchs auch Gegenstand vielfältiger Kritik. Vgl. für die Bejahung eines vollen Schadenersatzanspruchs etwa *Jauernig*, Schutz des Grundeigentums, JZ 1986, S. 611 f.; *Gerlach*, S. 243 f.; *MüKo-Säcker*, 3. Auflage, § 906 Rn. 135. A. A. *Schlechtriem*, S. 419 f.; *Hagen*, Nachbarrechtlicher Ausgleichsanspruch, S. 502 f.; *Staudinger-Roth*, 13. Auflage, § 906 Rn. 241.

[1729] Vgl. hierzu sogleich unten § 37 V.

## V.
## Die Rechtsprechung des Bundesgerichtshofs zum Umfang des Ausgleichsanspruchs nach § 906 Absatz 2 Satz 2 BGB

Der Ausgleichsanspruch nach § 906 Absatz 2 Satz 2 BGB auf eine angemessene Entschädigung in Geld war gegeben, wenn das Grundstück oder sein Ertrag über das zumutbare Maß hinaus beeinträchtigt waren.

Dementsprechend äußerte sich der Bundesgerichtshof in seinem Urteil vom 31. Mai 1974[1730] zum Umfang des im Rahmen des § 906 Absatz 2 Satz 2 BGB vorzunehmenden billigen Ausgleichs in Geld dahingehend, daß dieser im allgemeinen am Verkehrswert der entzogenen Substanz und nicht an einer hypothetischen Vermögensentwicklung ohne Berücksichtigung der beeinträchtigenden Immission auszurichten sei. Wurde das beeinträchtigte Grundstück gewerblich genutzt, könne unmittelbar der Ertragsverlust angesetzt werden[1731].

Entscheidende Bedeutung kam also der Immobiliarbezogenheit des nachbarlichen Ausgleichsanspruchs nach § 906 Absatz 2 Satz 2 BGB zu. Materielle Folgeschäden waren somit grundsätzlich nur dann ersatzfähig, wenn und soweit sich diese aus einer Beeinträchtigung der Substanz oder Nutzung des betroffenen Grundstücks entwickelten. Denn nur hierauf war nach dem Wortlaut des § 906 Absatz 2 Satz 2 BGB abzustellen[1732].

Als problematisch stellte sich jedoch die im Rahmen des § 906 Absatz 2 Satz 2 BGB zu berücksichtigende Zumutbarkeitsgrenze dar. Bereits das Reichsgericht hatte zwar in seiner grundlegenden „Ersten Gutehoffnungshütte-Entscheidung" vom 26. November 1932[1733] ausgesprochen, daß im Rahmen des Schadensausgleichs nur der Schaden Berücksichtigung finden könne, der die Duldungspflicht nach § 906 BGB übersteige. An dieser Rechtsprechung hielt auch der Bundesgerichtshof – hier nun aber im Hinblick auf die in § 906 Absatz 2 Satz 2 BGB erhöhte Duldungsgrenze – grundsätzlich fest. Fraglich war nun, wie die Zumutbarkeitsgrenze des § 906 Absatz 2 Satz 2 BGB, an der sich die Höhe des zu gewährenden Enteignungsentschädigungsanspruchs orientieren

---

[1730] BGHZ 62, S. 371 – Beeinträchtigungen des Grundstückszugangs durch Bauarbeiten.

[1731] So bereits BGH, Urteil vom 20. Dezember 1971 (BGHZ 59, S. 368 f. – Enteignungsentschädigung bei Bau einer Untergrundbahn). Eine Ausnahme soll allerdings für den Fall gemacht werden, daß der Ertragsverlust gerade darin besteht, daß eine aus dem Grundstück zu erwartende regelmäßige Vergütung nicht erzielt werden kann. Hier kommt ausnahmsweise sogar im Rahmen des Enteignungsentschädigungsanspruchs die Zahlung einer Geldrente in Betracht, weil der Immissionsbetroffene so behandelt werden soll, als habe er dem Immittenten die Einwirkung gegen ein vereinbartes Entgelt gestattet. Vgl. BGH, Urteil vom 11. Juli 1963, LM, Nr. 17 zu § 906 BGB – Immissionen durch Club der Stationierungsstreitkräfte.

[1732] Vgl. BGH, Urteil vom 18. September 1984 (BGHZ 92, S. 145 – „Kupolofen").

[1733] RGZ 139, S. 32. Hier allerdings noch hinsichtlich eines verschuldensunabhängigen Schadenersatzanspruchs. Vgl. dazu oben § 29 II. 3. a).

sollte, zu bestimmen war und ob insbesondere ein mitverursachendes Verhalten des Immissionsbetroffenen seinen Ausgleichsanspruch beeinflussen konnte.

Im Bereich der Ermittlung der Zumutbarkeitsschwelle kam zunächst nach Erlaß des BImSchG zunehmend den Grenzwerten der nach dem BImSchG erlassenen Rechtsverordnungen Bedeutung zu[1734]. Im Bereich der Verkehrsimmissionen hatte der Bundesgerichtshof, wie bereits dargestellt[1735], seine noch im Urteil vom 30. Oktober 1970[1736] vertretene Rechtsauffassung aufgegeben und in seinem Urteil vom 20. März 1975[1737] die Zumutbarkeitsschwelle allein an den Grenzwerten der nach dem BImSchG erlassenen Verkehrslärmverordnung ausgerichtet. Dennoch hatte er in anderen Bereichen an der Forderung einer Einzelfallbetrachtung festgehalten und insbesondere zur Ermittlung der für die Zumutbarkeitsschwelle erforderlichen Dauerbelastung einen differenziert objektiven, durchschnittlichen Maßstab zugrundegelegt[1738]. Die Rechtsprechung des Bundesgerichtshofs zeigte somit keine einheitliche Linie und war auf eine Einzelfallbetrachtung mit differenziert objektiven Maßstäben ausgerichtet[1739].

Zur Frage, ob ein mitverursachendes Verhalten des Immissionsbetroffenen zu berücksichtigen sei und wie sich diese Berücksichtigung auf den nach § 906 Absatz 2 Satz 2 BGB zu gewährenden vermögensrechtlichen Ausgleichsanspruch auswirken könne, äußerte sich der Bundesgerichtshof in seinen Urteilen vom 22. Dezember 1967[1740] und vom 10. November 1972[1741]. Hier befand der Bundesgerichtshof zunächst, daß ein Ausgleichsanspruch nach § 906 Absatz 2 Satz 2 BGB nicht von vornherein ausschied, selbst wenn die Ursache für den besonderen Umfang der Beeinträchtigungen zumindest auch in der Sphäre des Immissionsbetroffenen liege[1742]. Bei der Ermittlung der Zumutbarkeitsgrenze sei aber eine eventuelle Mitverursachung des Ausmaßes der Belästigung durch den Immissionsbetroffenen im Rahmen der Berücksichtigung aller Umstände des Einzelfalls mit einzubeziehen. § 906 Absatz 2 Satz 2 BGB und die in ihm enthaltenen Wertungen seien abschließend, so daß eine eventuelle Mitverursachung durch den Immissionsbetroffenen, die zum Erreichen der Unzumutbarkeitsschwelle führe, zwar bei deren Ermittlung, nicht jedoch gemäß § 254 BGB bei der zu berücksichtigenden Höhe des Ausgleichsanspruch in Betracht komme[1743].

---

[1734] *Staudinger-Roth*, 13. Auflage, § 906 Rn. 220.
[1735] Vgl. oben § 37 II.
[1736] BGHZ 54, S. 384 ff. – Verkehrsimmissionen durch Bau und Betrieb einer Fernstraße.
[1737] BGHZ 64, S. 222 – Verkehrslärm durch eine dem Schwerverkehr umgewidmete Straße.
[1738] Vgl. beispielsweise BGH, Urteil vom 16. März 1978, LM, Nr. 61 zu § 906 BGB – Manöverlärm.
[1739] *Staudinger-Roth*, 13. Auflage, § 906 Rn. 223; *Gerlach*, S. 185.
[1740] BGHZ 49, S. 148 ff. – „Bergnase".
[1741] BGHZ 59, S. 374 f. – Immissionen durch Militärflugplatz.
[1742] BGHZ 49, S. 153 – „Bergnase".
[1743] BGHZ 49, a. a. O. Der Bundesgerichtshof wandte sich also gegen die vom Berufungsgericht vertretene Rechtsauffassung, bei der Zumutbarkeitsfrage erst den vom Immissionsbetrof-

Auch hier läßt sich also beobachten, daß der Bundesgerichtshof dazu tendierte, sich bei den im Rahmen des § 906 Absatz 2 Satz 2 BGB bedeutsamen Fragen an den im Gesetzeswortlaut und vom Gesetzeszweck geforderten Ausgleich der betroffenen Interessen von einer billigen Einzelfallbetrachtung leiten zu lassen, wobei er § 906 BGB insgesamt als eine den gesamten Bereich der nachbarlichen Immissionen abschließend regelnde Rechtsmaterie ansah[1744].

## VI.
## Die Rechtsprechung des Bundesgerichtshofs zum deliktischen Schadenersatzanspruch bei nachbarlichen Immissionen

Daß die nachbarlichen Immissionsvorschriften eine abschließende Regelungsmaterie darstellten, war letztlich auch für die Frage nach der deliktischen Verantwortlichkeit im Bereich der durch Immissionen verursachten Schäden beachtlich.

In seinem Urteil vom 2. März 1985[1745] sprach der Bundesgerichtshof eindeutig aus, daß zur Beurteilung der Rechtswidrigkeitsfrage im Bereich nachbarlicher Immissionsfälle allein die in § 906 BGB normierten Duldungspflichten den Umfang dessen vorgaben, was im Rahmen des Deliktsrechts als rechtmäßig und was als rechtswidrig anzusehen sei[1746].

Im Rahmen eventueller Ansprüche nach § 823 Absatz 2 BGB bekräftigte er in seinem Urteil vom 6. Februar 1986[1747] zudem, daß der immissionsschutzrechtlichen Regelung des § 906 BGB Schutzgesetzcharakter zukomme, soweit materielle Schäden geltend gemacht würden.

In seiner bekannt gewordenen sogenannten Kupolofen-Entscheidung vom 18. September 1984[1748] machte er jedoch deutlich, daß die Wertungen des § 906

fenen betriebenen Aufwand festzustellen, dann aufgrund seines Mitverursachungsbeitrages eine Quote des überhaupt in Betracht kommenden Ausgleichs zu bilden und danach den Ausgleich zuzusprechen oder abzulehnen.

1744 *Hagen*, Nachbarrechtlicher Ausgleichsanspruch, S. 502 f.

1745 BGHZ 90, S. 255 ff. – Immissionen durch ausgeschwemmte Herbizide. Ähnlich BGH, Urteil vom 18. September 1984 (BGHZ 92, S. 148 – „Kupolofen").

1746 BGHZ 90, S. 258.

1747 BGHZ 97, S. 102 – Immissionen durch gemeindliche Kläranlage.

1748 BGHZ 92, S. 143 ff. – Immissionen durch Staubauswurf eines Kupolofens. Im vorliegenden Falle machten die nicht dinglich berechtigten Kläger Schadenersatzansprüche wegen der durch den Staubauswurf eines Kupolofens an ihren Fahrzeugen entstandenen Schäden geltend. Ansprüche aus § 14 Satz 2 BImSchG schieden von vornherein aus, weil den Klägern nur die Benutzung des Betriebsgeländes zum Abstellen ihrer Fahrzeuge gestattet war, sie also nicht zu dem in § 14 Satz 2 BImSchG erfaßten Rechtskreis der dinglich Berechtigten gehörten. Nachbarliche Ausgleichsansprüche nach § 906 Absatz 2 Satz 2 BGB waren ausgeschlossen, weil das Begehren der Kläger sich eindeutig auf Schadenersatz und nicht auf billigen Ausgleich eines am benutzten Grundstück entstandenen Substanz- oder Ertragsschadens rich-

BGB die deliktischen Schadenersatzansprüche wegen nachbarlicher Immissionen auch begrenzten. Seien die immissionsbetroffenen Grundeigentümer nach § 906 Absatz 2 BGB verpflichtet, die in Frage stehenden Immissionen entschädigungslos zu dulden, könne der im Rahmen des § 823 BGB gewährte deliktische Schutz ohne Rücksicht darauf, daß das Deliktsrecht weitere Rechtsgüter als schutzwürdig ansehe, nicht über die Grenzen des materiellen Immissionsschutzrechts ausgedehnt werden[1749]. Im Ergebnis betonte der Bundesgerichtshof hier nochmals die Abgeschlossenheit der Regelungen des privaten nachbarlichen Immissionsschutzrechts nach § 906 BGB und wandte sich – ähnlich schon wie im Bereich der sachlichen und personellen Erweiterung bei ideellen Immissionen[1750] – gegen eine von der Immobiliarbezogenheit abgelöste, erweiternde Anwendung und Betrachtung der privatrechtlichen Immissionsschutznormen[1751].

## VII. Zusammenfassung

Für den Bereich der höchstrichterlichen Rechtsprechung zum Immissionsbegriff und zum Anwendungsbereich der materiellen privatrechtlichen Immissionsschutznormen läßt sich festhalten, daß der Bundesgerichtshof in seinen Urteilen einer personellen und sachlichen Erweiterung des privaten Immissionsschutzrechts zurückhaltend begegnete[1752]. Er weigerte sich in ständiger Rechtsprechung, ideelle und negative Immissionen unter den Immissionsbegriff zu subsumieren und verschloß sich damit gleichzeitig einem erweiterten und am Schutz der Persönlichkeitsrechte orientierten privaten Immissionsschutzrecht. Er

---

tete. Allerdings komme, so der Bundesgerichtshof, eine deliktische Haftung in Betracht. Bei der hier bedeutsamen Frage der Einhaltung der Verkehrssicherungspflichten trage der Immittent zwar die Beweislast. Dennoch seien die in Bezug auf das Verhältnis zwischen Grundeigentümern zugeschnittenen Regelungen des § 906 BGB nicht ohne weiteres auf das Verhältnis zwischen Immittent und sonstigen Personen auszudehnen. In diesem Zusammenhang könne der Immittent deshalb seiner Darlegungs- und Beweislast genügen, wenn er nachweise, daß er die öffentlich-rechtlichen Anordnungen und Richtwerte einhalte, nach welchen grundsätzlich davon auszugehen sei, daß ein Schadenseintritt nicht stattfinde. Für den Bereich des deliktischen Haftungsrechts relativierte der Bundesgerichtshof damit im Ergebnis die Bedeutung der Einhaltung der öffentlich-rechtlichen Grenzwerte und Betreiberpflichten. Vgl. *Hager*, Umweltschäden, NJW 1986, S. 1966; *Nick*, AgrarR 1985, S. 346 ff.; *Salje*, DAR 1988, S. 303 f.

1749 BGHZ 92, S. 149 f.

1750 Vgl. oben § 37 I. 1.

1751 *Olzen*, Jura 1991, S. 284; Kritisch *Gerlach*, S. 236 ff., der die Betonung der Immobiliarbezogenheit des privaten immissionsschutzrechtlichen Instrumentariums durch den Bundesgerichtshofs gerade auf dem Hintergrund, daß zunehmend auch nicht dinglich Berechtigte in tatsächlicher Beziehung zur Immissionsquelle stehen, bemängelt.

1752 Vgl. oben § 37 I.

betonte vielmehr die Abgeschlossenheit der immissionsschutzrechtlichen Regeln des Zivilrechts, um dem vorhandenen Regelungsinstrumentarium seine anerkannten und abgrenzbaren Konturen zu belassen.

Diese Erkenntnis der Abgeschlossenheit des zivilrechtlichen Immissionsschutzes veranlaßte den Bundesgerichtshof auch entsprechend, die Eigenständigkeit der Privatrechtsregeln gegenüber der gesetzgeberisch intendierten Vorreiterrolle des öffentlichen Immissionsschutzrechts zu betonen. Zwar akzeptierte die höchstrichterliche Rechtsprechung die aufgrund der in öffentlich-rechtlichen Vorschriften niedergelegten Meß- und Prüfverfahren gewonnenen Erkenntnisse grundsätzlich als objektive Anhaltspunkte für den Umfang von Immissionsbelästigungen. Die Überschreitung der öffentlich-rechtlichen Immissions- und Emissionsgrenz- und -richtwerte wurde aber lediglich für den Bereich der Verkehrslärmimmissionen als verbindliche Vorgabe auch für den Umfang des zivilrechtlichen Immissionsschutzes übernommen[1753]. Der Grund liegt vor allem darin, dass nur hier taugliche öffentlich-rechtliche Rechtsnormen, die wegen Berücksichtigung wissenschaftlich abgesicherter Erkenntnisse dezidierte Rückschlüsse auf die im Rahmen der Wesentlichkeit zu berücksichtigende Dauerbelastung zuließen, vorhanden waren. Ansonsten betonte der Bundesgerichtshof das Erfordernis einer eigenen tatrichterlichen Ausfüllung der unbestimmten Rechtsbegriffe des materiellen privaten Immissionsschutzrechts, deren Verwirklichung und Ausfüllung im konkreten Einzelfall durch öffentlich-rechtliche Spezialregelungen lediglich indiziert war[1754]. Der Bundesgerichtshof berücksichtigte also durchaus die Regelungen des öffentlich-rechtlichen Immissionsschutzrechts, sah sich jedoch in seiner Rechtsprechung keineswegs absolut an dessen Vorgaben gebunden[1755].

Im Bereich der zunehmenden Belastung durch summierte Immissionen wandte sich der Bundesgerichtshof gegen eine vorschnelle Annahme eines Gesamtschuldverhältnisses[1756]. Er betonte jedoch die Möglichkeit der freien richterlichen Beweiswürdigung nach § 287 ZPO und gestand dem Immissionsbetroffenen zudem gewisse Beweiserleichterungen insofern zu, als er bei Nichtfeststellbarkeit der genauen Verursachungsbeiträge die Verantwortlichkeit auf die Immittenten verlagerte[1757]. Im Ergebnis hatte dies für den Immissionsbetroffenen

---

1753 *Staudinger-Roth*, 13. Auflage, § 906 Rn. 138 f.

1754 Vgl. oben § 37 II.

1755 *Staudinger-Roth*, 13. Auflage, § 906 Rn. 8. Anzumerken bleibt, daß diese Behandlung der öffentlich-rechtlichen Immissionsschutzvorschriften letztlich auch nach der Novellierung des § 906 Absatz 1 BGB im Jahre 1994 bestimmend blieb. Die Novellierung schrieb die von der Rechtsprechung vertretene Auffassung der Indizwirkung der öffentlich-rechtlichen Grenz- und Richtwerte lediglich fest. Vgl. hierzu *Klaus Fritz*, Das Verhältnis von privatem und öffentlichem Immissionsschutzrecht nach Ergänzung des § 906 I BGB, NJW 1996, S. 574 (Fn. 10).

1756 Vgl. oben § 37 III.

1757 BGH, Urteil vom 13. Februar 1976 (BGHZ 66, S. 75 ff. – Steinbruchbetriebe).

eine deutliche Stärkung seiner Position zur Folge, weil er, von seinen Beweisschwierigkeiten befreit, von jedem der in Frage kommenden Immittenten den vollen Ersatz seiner Schäden verlangen konnte.

Auch im Bereich des Entschädigungsrechts sind in der höchstrichterlichen Rechtsprechung Tendenzen erkennbar, den privatrechtlichen Immissionsschutz zugunsten eines möglichst umfassenden vermögensrechtlichen Ausgleichs des Immissionsbetroffenen zu erweitern. Hierher gehört zunächst die Anerkennung der Geltendmachung von bürgerlich-rechtlichen Aufopferungsansprüchen auch in den Fällen, in denen dem Immissionsbetroffenen sein negatorisches Abwehrrecht gegen Immissionen nicht nur aus rechtlichen, sondern bereits aus „triftigen tatsächlichen Gründen“ entzogen war[1758]. Hierdurch wurde eine empfindliche Rechtsschutzlücke geschlossen und der Rechtsschutz des Immissionsbetroffenen deutlich verbessert[1759]. Denn in den Fällen, in denen es der Immissionsbetroffene versäumt hatte, den ihm zustehenden negatorischen Rechtsschutz zu ergreifen, wäre er grundsätzlich nur auf das unsichere deliktische Schadenersatzrecht verwiesen gewesen und hätte darlegen und beweisen müssen, daß ihm selbst bei pflichtgemäßem Handeln eine rechtzeitige Abwehr der drohenden Beeinträchtigungen nicht möglich gewesen wäre[1760]. Indem die höchstrichterliche Rechtsprechung dem Immissionsbetroffenen nun einen aus analoger Anwendung des § 906 Absatz 2 Satz 2 BGB abgeleiteten verschuldensunabhängigen Ausgleichsanspruch gewährte, stellte sie ihn hier deutlich besser[1761].

Zudem wurde auch im Bereich der privatrechtlich organisierten, gemeinwichtigen Anlagenbetriebe der öffentlichen Hand der Rechtsschutz des Immissionsbetroffenen deutlich erleichtert, indem die höchstrichterliche Rechtsprechung die Anwendbarkeit des zivilrechtlichen Regelungsinstrumentariums nunmehr allein von der Unterscheidung abhängig machte, ob die Immissionsbelästigung nach dem zwischen den Parteien herrschenden Rechtsverhältnis öffentlich-rechtlich oder privatrechtlich zu beurteilen war. Bediente sich ein immittierender Träger öffentlicher Gewalt der Regeln des Privatrechts, mußte er sich auch nach den privaten nachbarlichen Immissionsschutzregeln behandeln lassen[1762].

Im Bereich der Aufopferungsansprüche läßt sich die Tendenz erkennen, das private Immissionsschutzrecht zunehmend als abgeschlossene Regelung der Behandlung sämtlicher im Bereich des nachbarlichen Immissionsschutzrechts auftretenden Interessenkonflikte zu begreifen[1763]. Was im Bereich des privaten Im-

---

[1758] Vgl. oben § 37 IV. 4. b).

[1759] *Schlechtriem*, S. 416; *Hagen*, Nachbarrechtlicher Ausgleichsanspruch, S. 501.

[1760] Ihm hätten regelmäßig weder der verschuldensunabhängige Anspruch nach § 14 Satz 2 BImSchG, noch der Ausgleichsanspruch aufgrund direkter Anwendung des § 906 Absatz 2 Satz 2 BGB zugestanden. Vgl. *Brox*, JA 1984, S. 188.

[1761] *Gerlach*, S. 227 ff.

[1762] Vgl. oben § 37 IV. 2.

[1763] Vgl. oben § 37 IV. 4.

missionsschutzrechts entschädigungslos hinzunehmen war, bestimmte sich demnach allein anhand der in § 906 BGB niedergelegten Begrifflichkeiten. Auch der bürgerlich-rechtliche Aufopferungsanspruch wurde deshalb auf die in § 906 BGB enthaltenen Bewertungsmaßstäbe zurückgeführt, indem seine Anspruchsgrundlagen und sein Anspruchsumfang sich nunmehr aus einer analogen Anwendung des § 906 Absatz 2 Satz 2 BGB bestimmten[1764]. Für den Bereich der tatsächlich oder rechtlich nicht zu untersagenden Immissionen durch Träger öffentlicher Gewalt bestimmte sich zwar der Anspruchsumfang nunmehr nach den Grundsätzen der Enteignungsentschädigung und konnte damit unter Umständen zu einer Verminderung des Ersatzanspruchs des Immissionsbetroffenen führen[1765]. Die dem Immissionsbetroffenen günstigen Regelungen des verschuldensunabhängigen Ausgleichsanspruchs mit den einhergehenden Beweiserleichterungen blieben ihm allerdings durch diese Rechtsprechung erhalten[1766].

Insgesamt läßt sich also festhalten, daß die höchstrichterliche Rechtsprechung sich gegenüber der vom Gesetzgeber systematisch bezweckten Vorreiterrolle des öffentlich-rechtlichen Immissionsschutzrechts behauptete[1767]. Sie betonte den Charakter des im privaten Sachenrecht verankerten Immissionsschutzrechts als abgeschlossene Regelung für die Lösung nachbarlicher Immissionskonflikte, erweiterte das hierin enthalte Wertungssystem konsequent auf vergleichbare Fallkonstellationen und gestand dem Immissionsbetroffenen – was sich insbesondere im zunehmend bedeutsamen Bereich der summierten Immissionen zeigt – erhebliche Beweiserleichterungen zu[1768].

---

1764 Vgl. oben § 37 IV. 4. b).

1765 Vgl. oben § 37 IV. 4. c) und § 37 V.

1766 Vgl. hierzu *Gerlach*, S. 245 ff.

1767 *Gerlach*, S. 17.

1768 *Gerlach*, ebenda, der zutreffend darauf hinweist, daß die Entwicklung der höchstrichterlichen Rechtsprechung im wesentlichen ohne zeitgemäße Unterstützung durch die Rechtswissenschaft im Sinne einer Vorreiterrolle funktionierte.

# 3. Kapitel: Privatrechtlicher Immissionsschutz nach der Novellierung des § 906 BGB im Jahre 1994

## *§ 38*
## *Die Novellierung des § 906 BGB im Jahre 1994*

### I.
### Gründe für die Novellierung

Wie bereits dargestellt, existierten insbesondere nach Erlaß des BImSchG im öffentlichen Recht vielfältige spezialgesetzliche Regelungen, die den Umfang des öffentlichen Immissionsschutzrechts bestimmten, aber nur bedingte Auswirkungen auf den privatrechtlichen Immissionsschutz hatten[1769].

Bei der Beurteilung der Tatbestandsmerkmale der Wesentlichkeit, der Ortsüblichkeit und der Zumutbarkeit im Rahmen des § 906 BGB orientierte sich die zivilgerichtliche Rechtsprechung zwar an den in öffentlichen Rechtsvorschriften niedergelegten Grenz- und Richtwerten, maß diesen jedoch lediglich indiziellen Charakter bei der Beurteilung des Vorliegens der materiellen privaten immissionsschutzrechtlichen Tatbestandsmerkmale zu[1770]. Im Vergleich zwischen der verwaltungsgerichtlichen und der zivilgerichtlichen immissionsschutzrechtlichen Rechtsprechung konnte deshalb beispielsweise eine einheitliche Beurteilung, welche Einwirkung „erheblich" im Sinne des § 906 BGB und welche Immission „wesentlich" im Sinne des § 3 BImSchG war, nicht verzeichnet werden[1771]. Dieser Zustand wurde als unbefriedigend empfunden. Man strebte eine „übergreifende Harmonisierung zwischen öffentlichem und privatem Immissionsschutzrecht" an[1772].

In die bereits nahezu abgeschlossenen Beratungen für das Sachenrechtsänderungsgesetz brachten die Fraktionen von CDU/CSU und FDP auf Initiative des Sportausschusses des Deutschen Bundestages einen entsprechenden Änderungs-

---

[1769] Vgl. oben § 35 III. 3. und § 37 II.

[1770] Vgl. beispielsweise das Urteil des BGH vom 26. November 1980 (BGHZ 79, S. 45 ff. – Fluglärm). Eine Ausnahme wurde jedoch für den Bereich der Verkehrslärmimmissionen gemacht. Hier gab der Bundesgerichtshof in seinem Urteil vom 20. März 1975 (BGHZ 64, S. 222 – Verkehrslärm durch eine dem Schwerverkehr umgewidmete Straße) seine ursprünglich differenzierende Rechtsprechung ausdrücklich auf und sah in Verkehrslärmimmissionen, welche die Grenzwerte nach der Verkehrslärmschutzverordnung überschritten, stets eine wesentliche und unzumutbare Einwirkung im Sinne der materiellen zivilrechtlichen Immissionsschutznormen. Vgl. oben § 37 II.

[1771] Vgl. *Franz Otto*, Gesetzesänderung: Duldung und Abwehr von Immissionen aus der Nachbarschaft, ZMR 1995, S. 147; *Fritz*, NJW 1996, S. 573 m w. N. aus der verwaltungsgerichtlichen und zivilgerichtlichen Rechtsprechung.

[1772] Vgl. die Gesetzesbegründung in BT-Drucksache 12/7425, S. 87.

antrag ein. Dieser wurde eine Woche später vom Rechtsausschuß dem Deutschen Bundestag bei der abschließenden Beratung des Sachenrechtsänderungsgesetzes zur Annahme empfohlen[1773].

Zwar wurde auf einen Antrag Nordrhein-Westfalens im Bundesrat der Vermittlungsausschuß angerufen, weil man eine striktere Bindung der Zivilgerichte an die Verwaltungsvorschriften bezweckte. Allerdings brachte das Vermittlungsverfahren nur eine unwesentliche sprachliche Änderung der vom Bundestag beschlossenen Fassung, indem bei der Ermittlung von Einwirkungen nicht nur die in Gesetzen und Rechtsverordnungen festgelegten Grenz- und Richtwerte, sondern auch die dort festgeschriebenen Ermittlungs- und Bewertungsverfahren zugrundezulegen seien[1774].

Die Neufassung des § 906 BGB wurde durch das Artikel 2 § 4 des Sachenrechtsänderungsgesetzes vom 21. September 1994[1775] beschlossen und trat am 1. Oktober 1994 in Kraft.

## II.
## Die Neufassung des § 906 BGB

§ 906 BGB erhielt folgende Fassung:

> *„Der Eigentümer eines Grundstücks kann die Zuführung von Gasen. Dämpfen, Gerüchen, Rauch, Ruß, Wärme Geräusch, Erschütterungen und ähnliche von einem Grundstück ausgehende Einwirkungen insoweit nicht verbieten, als die Einwirkung die Benutzung seines Grundstücks nicht oder nur unwesentlich beeinträchtigt. Eine unwesentliche Beeinträchtigung liegt in der Regel vor, wenn die in Gesetzen oder Rechtsverordnungen festgelegten Grenz- oder Richtwerte von den nach diesen Vorschriften ermittelten und bewerteten Einwirkungen nicht überschritten werden. Gleiches gilt für Werte in allgemeinen Verwaltungsvorschriften, die nach § 48 des Bundes-Immissionsschutzgesetzes erlassen worden sind und den Stand der Technik wiedergeben.*
>
> *Das gleiche gilt insoweit, als eine wesentliche Beeinträchtigung durch eine ortsübliche Benutzung des anderen Grundstücks herbeigeführt wird und nicht durch Maßnahmen verhindert werden kann, die Benutzern dieser Art wirtschaftlich zumutbar sind. Hat der Eigentümer hiernach die Einwirkung zu dulden, so kann*

[1773] *Fritz*, NJW 1996, a. a. O.
[1774] *Fritz*, NJW 1996, S. 574.
[1775] BGBl. I, S. 2457 ff.

*er von dem Benutzer des anderen Grundstücks einen angemessenen Ausgleich in Geld verlangen, wenn die Einwirkung eine ortsübliche Benutzung seines Grundstücks oder dessen Ertrag über das zumutbare Maß hinaus beeinträchtigt.*

*Die Zuführung durch eine besondere Leitung ist unzulässig.*"

Wie bereits auf den ersten Blick deutlich wird, betraf die Novellierung ausschließlich § 906 Absatz 1 BGB. Hier wurde in dem neu angefügten Satz 2 des § 906 Absatz 1 BGB ein gesetzliches Regelbeispiel für das Vorliegen einer unwesentlichen Immission normiert. Sie gibt jedoch im Hinblick auf ihre Formulierung wenig Anhaltspunkte für das Vorliegen einer wesentlichen Immission, indem sie negativ nur die Beurteilung der in der Rechtsprechung relativ unbedeutenden unwesentlichen Beeinträchtigung erfaßt[1776]. Vom Gesetz nicht erfaßt sind also nach dem Wortlaut die Fälle der Überschreitung von Grenz- und Richtwerten sowie der Einfluß privater Umweltstandards wie beispielsweise der VDI-Richtlinien und DIN-Normen. Hier ist der Beurteilungsspielraum der Zivilgerichte also nicht eingeschränkt[1777].

In § 906 Absatz 1 Satz 3 BGB werden die nach § 48 BImSchG erlassenen Verwaltungsvorschriften – also etwa die TA-Luft und die TA-Lärm – in die gesetzlich normierte Regelvermutung eingeschlossen[1778].

§ 906 Absatz 1 Satz 2 und 3 BGB führen damit im Bereich der unwesentlichen Einwirkungen zu einer Umkehr der Beweislast zulasten des Immissionsbetroffenen. Hält nämlich der Immittent die in den einschlägigen öffentlich-rechtlichen Vorschriften niedergelegten Grenz- und Richtwerte ein – wofür er aber darlegungs- und beweispflichtig ist – muß der Immissionsbetroffene beweisen, daß dennoch eine wesentliche Beeinträchtigung vorliegt[1779]. Werden durch den Immittenten allerdings die einschlägigen Grenz- und Richtwerte überschritten, führt dies demgegenüber noch nicht ohne weiteres zur Annahme einer wesentlichen Beeinträchtigung[1780].

---

[1776] *Fritz*, NJW 1996, a. a. O.

[1777] *Staudinger-Roth*, 13. Auflage, § 906 Rn. 167; *Otto*, ZMR 1995, S. 148.

[1778] In erster Linie sind hier die in Bezug auf Lärmimmissionen erlassene Verkehrslärmschutzverordnung (16. BImSchVO vom 12. Juni 1990 (BGBl. I, S. 1036 ff.)), die Rasenmäherlärmverordnung (8. BImSchVO vom 13. Juli 1992 (BGBl. I, S. 1248 ff.)), die Baumaschinenlärmverordnung (15. BImSchVO, geändert durch die Zweite Änderungsverordnung vom 18. Dezember 1992 (BGBl. I, S. 2075 ff.)) sowie die Sportanlagenlärmschutzverordnung (18. BImSchVO vom 18. Juli 1991 (BGBl. I, S. 1588)) bedeutsam.

[1779] Vgl. die Gesetzesbegründung in BT-Drucks. 12/7425, S. 88. BGH, Urteile vom 13.2.2004 – V 217/03 – und – V 218/03 – (noch unveröffentlicht).

[1780] *Staudinger-Roth*, 13. Auflage, § 906 Rn. 178.

## III.
## Auswirkungen der Novellierung auf die Anwendung des § 906 BGB

Auch nach der Novellierung des § 906 Absatz 1 Satz 2 und 3 BGB wird die Abwehrfähigkeit privater nachbarlicher Immissionen nach wie vor durch die Begriffe der Wesentlichkeit und der Ortsüblichkeit bestimmt. Beurteilungsschwierigkeiten für den Bereich der Wesentlichkeit werden durch die Neufassung lediglich reduziert, aber nicht beseitigt[1781].

Als taugliche Bewertungsgrundlagen sind lediglich die öffentlich-rechtlichen Immissionsschutzvorschriften von Bedeutung, die in Gesetzen und Verordnungen niedergelegt sind. Gleiches gilt hinsichtlich der nach § 48 BImSchG erlassenen allgemeinen Verwaltungsvorschriften, die den Stand der Technik wiedergeben. Weil nur eine äußert begrenzte Anzahl von entsprechenden öffentlich-rechtlichen Vorschriften existiert, ist die Auswirkung der Novellierung sachlich begrenzt. Bedeutsam ist sie deshalb bislang vor allem die im Hinblick auf Lärmimmissionen[1782].

Der Bundesgerichtshof hat es in seinem Urteil vom 14. Oktober 1994[1783] ausdrücklich offengelassen, ob die Neufassung des § 906 Absatz 1 BGB seine bisherige Rechtsprechung nur festschreiben soll oder eine weitergehende Bindung der Zivilgerichte statuiert. Er ist vielmehr unter Rückgriff auf seine ständige Rechtsprechung[1784] davon ausgegangen, daß bei der Beurteilung der Frage der Wesentlichkeit von Lärmbelästigungen eine eigene umfassende tatrichterliche Würdigung erfolgen müsse.

Es bleibt also grundsätzlich bei der von der höchstrichterlichen Rechtsprechung vorgezeichneten Rechtslage, daß der mit dem Einzelfall befaßte Tatrichter die vorhandene Situation unter Berücksichtigung sämtlicher Umstände eigenständig bewertet[1785].

Danach können einer Überschreitung der in einschlägigen öffentlich-rechtlichen Vorschriften niedergelegten Grenz- und Richtwerte zwar indizielle Anhaltspunkte für das Vorliegen einer wesentlichen Einwirkung entnommen werden. Zwingend ist dieser Schluß jedoch nicht[1786].

---

1781 *Otto*, ZMR 1995, a. a. O.

1782 *MüKo-Säcker*, 3. Auflage, § 906 Rn. 39 ff. m. w. N.

1783 BGH, Urteil vom 14. Oktober 1994, LM, Nr. 92 zu § 906 BGB – Lärmbelästigung durch Papierfabrik.

1784 BGH, Urteil vom 14. Oktober 1994, LM, Nr. 92 zu § 906 BGB unter Verweis auf sein Urteil vom 5. Februar 1993 (BGHZ 121, S. 251 f. – Lärmimmissionen durch Zeltplatz).

1785 Vgl. auch die Gesetzesbegründung, BT-Drucks. 12/7425, S. 87.

1786 *MüKo-Säcker*, 3. Auflage, § 906 Rn. 16.

## § 39
## *Zusammenfassender Rückblick*

Rückblickend läßt sich festhalten, daß die entscheidenden Impulse im Bereich des privaten Immissionsschutzrechts im wesentlichen von der Rechtsprechung ausgingen. Die deutschen Gerichte entwickelten nicht nur schon früh ein abgestuftes Regelungsinstrumentarium zur Behandlung immissionsschutzrechtlicher Nachbarschaftskonflikte, welches die Normierungen des deutschen privaten Immissionsschutz- und Nachbarrechts entscheidend beeinflußte, sondern paßten dieses sowohl an geänderte rechtliche Vorgaben, wie auch an die tatsächlichen Herausforderungen der modernen Immissionsbelastungen durch die steigende Anzahl der Immissionsmengen und -arten an.

Wo sich durch bewußte gesetzgeberische Entscheidungen Rechtsschutzlücken oder Gerechtigkeitsdefizite ergaben, wurden diese durch die Rechtsprechung im Wege der einzelfallbezogenen Billigkeitsrechtsprechung abgemildert und korrigiert. Im Vordergrund stand stets ein Ausgleich der in nachbarlichen Immissionsstreitigkeiten zu Tage tretenden Interessenkonflikte der beteiligten Grundeigentümer. Gegebenenfalls wurde gegen nicht zu unterbindende Immissionen im Wege der richterlichen Rechtsfortbildung durch die deutschen Gerichte ein wirksames System des finanziellen Ausgleichs durch Schadenersatz- und Entschädigungszahlungen entwickelt.

Trotz der zunehmenden Vorrangstellung des öffentlichen Rechts im Bereich des Immissionsschutzrechts verstand es die Zivilrechtsprechung bis in unsere heutige Zeit, ihre rechtliche Eigenständigkeit zu wahren und damit die strukturellen Schwächen des öffentlichen Immissionsschutzrechts zumindest teilweise auszugleichen. Damit haben die deutschen Gerichte im Bereich des privaten Immissionsschutzrechts einen nicht zu unterschätzenden Beitrag zur Entwicklung des heutigen „zweigleisigen“ Umweltschutzrechts geleistet und nicht nur zu wirksamem Einzelrechtsschutz, sondern auch zur Verhinderung von Immissionsbelastungen beigetragen.

## RECHTSHISTORISCHE REIHE

Band 1 Studien zu den germanischen Volksrechten. Gedächtnisschrift für Wilhelm Ebel. Vorträge gehalten auf dem Fest-Symposion anläßlich des 70. Geburtstages von Wilhelm Ebel am 16. Juni 1978 in Göttingen. Götz Landwehr (Hrsg.) 1982.

Band 2 Hans Poeschel: Die Statuten der Banken, Sparkassen und Kreditgenossenschaften in Hamburg und Altona von 1710 bis 1889. 1978.

Band 3 Thomas Kolbeck: Juristenschwemmen, Untersuchungen über den juristischen Arbeitsmarkt im 19. und 20. Jahrhundert. 1978.

Band 4 Norbert Hempel: Richterleitbilder in der Weimarer Republik. 1978.

Band 5 Rolf Stratmann: Die Scheinbußen im mittelalterlichen Recht. 1978.

Band 6 Martin C. Lockert: Die niedersächsischen Stadtrechte zwischen Aller und Weser. Vorkommen und Verflechtungen. Eine Bestandsaufnahme. 1979.

Band 7 Joachim Rückert/Wolfgang Friedrich: Betriebliche Arbeiterausschüsse in Deutschland, Großbritannien und Frankreich im späten 19. und frühen 20. Jahrhundert. Eine vergleichende Studie zur Entwicklung des kollektiven Arbeitsrechts. 1979.

Band 8 Peter Bender: Die Rezeption des römischen Rechts im Urteil der deutschen Rechtswissenschaft. 1979.

Band 9 Friedrich Karl Alsdorf: Untersuchungen zur Rechtsgestalt und Teilung deutscher Ganerbenburgen. 1980.

Band 10 Dietmar Willoweit/Winfried Schich (Hrsg.): Studien zur Geschichte des sächsisch-magdeburgischen Rechts in Deutschland und Polen (Sammelband). 1980.

Band 11 Brigitte Hempel: Der Entwurf einer Polizeiordnung für das Herzogtum Sachsen-Lauenburg aus dem Jahre 1591. 1980.

Band 12 Klaus-Detlev Godau-Schüttke: Rechtsverwalter des Reiches. Staatssekretär Dr. Curt Joël. 1981.

Band 13 Rainer Polley: Anton Friedrich Justus Thibaut (AD 1772-1840) in seinen Selbstzeugnissen und Briefen. Teil 1: Abhandlung. Teil 2: Briefwechsel. Teil 3: Register zum Briefwechsel. 1982.

Band 14 Michael Wettengel: Der Streit um die Vogtei Kelkheim 1275-1276. Ein kanonischer Prozeß.1981.

Band 15 Otto Wilhelm Krause: Naturrechtler des sechzehnten Jahrhunderts. Ihre Bedeutung für die Entwicklung eines natürlichen Privatrechts. 1982.

Band 16 Helga Spindler: Von der Genossenschaft zur Betriebsgemeinschaft. Kritische Darstellung der Sozialrechtslehre Otto von Gierkes. 1982.

Band 17 Holger Otte: Gustav Radbruchs Kieler Jahre 1919 - 1926. 1982.

Band 18 Rüdiger Teuner: Die fuldische Ritterschaft 1510 - 1656. 1982.

Band 19 Gerhard Dilcher/Rudolf Hoke/Gian Savino Pene Vidari/Hans Winterberg (Hrsg.): Grundrechte im 19. Jahrhundert. 1982.

Band 20 Karl-Hans Schloßstein: Die westfälischen Fabrikengerichtsdeputationen - Vorbilder, Werdegang und Scheitern. 1982.

Band 21 Birger Schulz: Der Republikanische Richterbund (1921-1933). 1982.

Band 22 Engelbert Krause: Die gegenseitigen Unterhaltsansprüche zwischen Eltern und Kindern in der deutschen Privatrechtsgeschichte. 1982.

Band 23 Meent W. Francksen: Staatsrat und Gesetzgebung im Großherzogtum Berg (1806-1813). 1982.

Band 24 Gerd von Sonnleithner: Bearbeitung des Handelsrechts durch Ignaz von Sonnleithner in seinem "Leitfaden über das österreichische Handels- und Wechselrecht". 1982.

Band 25 Rudolf Palme: Rechts-, Wirtschafts- und Sozialgeschichte der inneralpinen Salzwerke bis zu deren Monopolisierung. 1983.

Band 26 Helen Bosshard: Pestalozzis Staats- und Rechtsverständnis und seine Stellung in der Aufklärung. 1983.

Band 27 Jens Jessen: Die Selbstzeugnisse der deutschen Juristen. Erinnerungen, Tagebücher und Briefe. Eine Bibliographie. 1983.

Band 28 Günter Martin Jensen: Das Domanium Waldeck. Die rechtliche Zuordnung eines Fürstenvermögens. 1984.

Band 29 Johann Heinrich Kumpf: Petitionsrecht und öffentliche Meinung im Entstehungsprozeß der Paulskirchenverfassung 1848/49. 1983.

Band 30 Sabine Frey: Rechtsschutz der Juden gegen Ausweisungen im 16. Jahrhundert. 1983.

Band 31 Dietrich Joswig: Die germanische Grundstücksübertragung. 1984.

Band 32 Andreas Baryli: Konzessionssystem contra Gewerbefreiheit. Zur Diskussion der österreichischen Gewerberechtsreform 1835 bis 1860. 1984.

Band 33 Gerhard Oberkofler: Studien zur Geschichte der österreichischen Rechtswissenschaft. 1984.

Band 34 Rudolf Lauda: Kaufmännische Gewohnheit und Burgrecht bei Notker dem Deutschen. Zum Verhältnis von literarischer Tradition und zeitgenössischer Realität in der frühmittelalterlichen Rhetorik. 1984.

Band 35 Jens Jensen: Die Ehescheidung des Bischofs Hans von Lübeck von Prinzessin Julia Felicitas von Württemberg-Weiltingen AD 1648-1653. Ein Beitrag zum protestantischen Ehescheidungsrecht im Zeitalter des beginnenden Absolutismus. 1984.

Band 36 Horst Schröder: Friedrich Karl von Savigny. Geschichte und Rechtsdenken beim Übergang vom Feudalismus zum Kapitalismus in Deutschland. 1984.

Band 37 Andreas Hatzung: Dogmengeschichtliche Grundlagen und Entstehung des zivilrechtlichen Notstands. 1984.

Band 38 Matthias Klasen: Das Billwerder Landrecht. Landrecht und Landgericht in den Hamburger Elbmarschen. 1985.

Band 39 Rainer Jamin: Aufbau, Tätigkeit und Verfahren der Auseinandersetzungsbehörden bei der Durchführung der preußischen Agrarreformen. 1985.

Band 40 Henry Winter: Teilschuld, Gesamtschuld und unechte Gesamtschuld. Zur Konzeption der §§ 420 ff. BGB - Ein Beitrag zur Entstehungsgeschichte des BGB. 1985.

Band 41 Hermann Eichler: Verfassungsbewegung in Amerika und Europa. 1985.

Band 42 Dagmar Bandemer: Heinrich Albert Zachariae. Rechtsdenken zwischen Restauration und Reformation. 1985.

Band 43 Eva-Christine Frentz: Das Hamburgische Admiralitätsgericht (1623-1811). Prozeß und Rechtsprechung. 1985.

Band 44 Karl Lillig: Rechtsetzung im Herzogtum Pfalz-Zweibrücken während des 18. Jahrhunderts. Ein Beitrag zur Geschichte der territorialen Rechtsbildung. 1985.

Band 45 Walter Weber: Die Entwicklung der Sparkassen zu selbständigen Anstalten des öffentlichen Rechts. Ein Beitrag zur Entwicklung des Anstaltsbegriffs im 19. Jahrhundert. 1985.

Band 46 Bärbel Baum: Der Stabreim im Recht. Vorkommen und Bedeutung des Stabreims in Antike und Mittelalter. 1986.

Band 47 Hans Popp: Die nationalsozialistische Sicht einiger Institute des Zivilprozeß- und Gerichtsverfassungsrechts. 1986.

Band 48 John Karl-Heinz Montag: Die Lehrdarstellung des Handelsrechts von Georg Friedrich von Martens bis Meno Pöhls. Die Wissenschaft des Handelsrechts im ersten Drittel des 19. Jahrhunderts. 1986.

Band 49 Volker D. Anhäusser: Das internationale Obligationenrecht in der höchstrichterlichen Rechtsprechung des 19. Jahrhunderts. 1986.

Band 50 Udo Beer: Die Juden, das Recht und die Republik. Verbandswesen und Rechtsschutz 1919-1933. 1986.

Band 51 Herbert Grziwotz: Der moderne Verfassungsbegriff und die "Römische Verfassung" in der deutschen Forschung des 19. und 20. Jahrhunderts. 1986.

Band 52 Ralf Conradi: Karl Friedrich Eichhorn als Staatsrechtslehrer. Seine Göttinger Vorlesung über "Das Staatsrecht der deutschen Bundesstaaten" nach einer Kollegmitschrift aus dem Wintersemester 1821/22. 1987.

Band 53 Dieter Dannreuther: Der Zivilprozeß als Gegenstand der Rechtspolitik im Deutschen Reich 1871 - 1945. Ein Beitrag zur Geschichte des Zivilprozeßrechts in Deutschland. 1987.

Band 54 Stephan Felix Pauly: Organisation, Geschichte und Praxis der Gesetzesauslegung des (Königlich) Preußischen Oberverwaltungsgerichtes 1875 - 1933. 1987.

Band 55 Rüdiger Schulz: Die Entstehung des Seerechts des Allgemeinen Deutschen Handelsgesetzbuches unter besonderer Berücksichtigung der Bestimmungen über die Reederei, den Schiffer und die Schiffsmannschaft. 1987.

Band 56 Reinhold Reis: Deutsches Privatrecht in den Weistümern der Zenten Schriesheim und Kirchheim. 1987.

Band 57 Jürgen Christoph: Die politischen Reichsamnestien 1918 - 1933. 1987.

Band 58 Gerhard Oberkofler/Eduard Rabofsky: Hans Kelsen im Kriegseinsatz der k.u.k.-Wehrmacht. Eine kritische Würdigung seiner militärtheoretischen Angebote. 1988.

Band 59 Arne Wulff: Staatssekretär Prof. Dr. Dr. h.c. Franz Schlegelberger. 1876-1970. 1991.

Band 60 Gerhard Köbler (Hrsg.): Wege europäischer Rechtsgeschichte. Karl Kroeschell zum 60. Geburtstag. 1987.

Band 61 Rüdiger Hütte: Der Gemeinschaftsgedanke in den Erbrechtsreformen des Dritten Reichs. 1988.

Band 62 Markus Göldner: Politische Symbole der europäischen Integration. Fahne, Hymne, Hauptstadt, Paß, Briefmarke, Auszeichnungen. 1988.

Band 63 Wolfgang Kröner: Freiheitsstrafe und Strafvollzug in den Herzogtümern Schleswig, Holstein und Lauenburg von 1700 bis 1864. 1988.

Band 64 Werner Gaile: Die Norder Theelacht. 1988.

Band 65 Karl v. Kempis: Andreas Gaill (1526 - 1587). Zum Leben und Werk eines Juristen der frühen Neuzeit. 1988.

Band 66 Wolf-Rüdiger Osburg: Die Verwaltung Hamburgs in der Franzosenzeit. 1811-1814. 1988.

Band 67 Christian Schudnagies: Hans Frank. Aufstieg und Fall des NS-Juristen und Generalgouverneurs. 1988.

Band 68 Otmar Jung: Senatspräsident Freymuth. Richter, Sozialdemokrat und Pazifist in der Weimarer Republik. Eine politische Biographie. 1989.

Band 69 Joachim Lohner: Das landeshauptmannschaftliche Gericht in Oberösterreich zu Beginn der Neuzeit. Eine Darstellung des oberösterreichischen Prozeßrechts am obersten Territorialgericht des Landes anhand der oberösterreichischen Landtafel.1989.

Band 70 Bernd Klemann: Rudolf von Jhering und die Historische Rechtsschule. 1989.

Band 71 Adalbert Langer: Männer um die österreichische Zivilprozeßordnung 1895. Zusammenspiel / Soziales Ziel. 1990.

Band 72 Robert-Dieter Klee: Die Landessuperintendentur Lauenburg. Ursprung und Entwicklung sowie Ende der Sonderstellung des Kirchenkreises Herzogtum Lauenburg durch die nordelbische Kirchenvereinigung. 1989.

Band 73 Heinrich Herrmann: Die Gehöferschaften im Bezirk Trier. 1989.

Band 74 Wilhelm Brauneder, Franz Baltzarek (Hrsg.): Modell einer neuen Wirtschaftsordnung. Wirtschaftsverwaltung in Österreich 1914 - 1918. 1991.

Band 75 Thomas Dreyer: Die "Assecuranz- und Haverey-Ordnung" der Freien und Hansestadt Hamburg von 1731. 1990.

Band 76 Bernhard Sendler: Die Rechtssprache in den süddeutschen Stadtrechtsreformationen. 1990.

Band 77 Brigitte Lehmann: Ehevereinbarungen im 19. und 20. Jahrhundert. 1990.

Band 78 Michael Sunnus: Der NS-Rechtswahrerbund (1928-1945). Zur Geschichte der nationalsozialistischen Juristenorganisation. 1990.

Band 79 Stefan Schulz: Die historische Entwicklung des Rechts an Bienen. (§§ 961 - 964 BGB). 1990.

Band 80 Gerhard Lingelbach, Heiner Lück (Hrsg.): Deutsches Recht zwischen Sachsenspiegel und Aufklärung. Rolf Lieberwirth zum 70. Geburtstag dargebracht von Schülern, Freunden und Kollegen, herausgegeben von Gerhard Lingelbach und Heiner Lück. 1991.

Band 81 Manfred Krohn: Die deutsche Justiz im Urteil der Nationalsozialisten 1920 - 1933. 1991.

Band 82 Angelika Kühn: Privilegierung nationaler Minderheiten im Wahlrecht der Bundesrepublik Deutschland und Schleswig-Holsteins. 1991.

Band 83 Georg Brun: Leben und Werk des Rechtshistorikers Heinrich Mitteis unter besonderer Berücksichtigung seines Verhältnisses zum Nationalsozialismus. 1991.

Band 84 Wolfgang Simon: Claudius Freiherr von Schwerin. Rechtshistoriker während dreier Epochen deutscher Geschichte. 1991.

Band 85 Friedrich-Carl Wachs: Das Verordnungswerk des Reichsdemobilmachungsamtes. Stabilisierender Faktor zu Beginn der Weimarer Republik. 1991.

Band 86 Jens-Uwe Petersen: Die Vorgeschichte und die Entstehung des Mieterschutzgesetzes von 1923 nebst der Anordnung für das Verfahren vor dem Mieteinigungsamt und der Beschwerdestelle. 1991.

Band 87 Ulrike Haibach: Familienrecht in der Rechtssprache. Die historische Entwicklung zentraler Ausdrücke des geltenden Familienrechts. 1991.

Band 88 Joern Christian Nissen: Die Beratungen des Seeversicherungsausschusses der Akademie für Deutsches Recht zu einem neuen Seeversicherungsgesetz (1934-1939). Ein Beitrag zur Entwicklung der allgemeinen Lehren des Seeversicherungsrechts unter besonderer Berücksichtigung des Handelsgesetzbuchs und der Allgemeinen Deutschen Seeversicherungs-Bedingungen 1919. 1991.

Band 89 Diethard Bühler: Die Entstehung der allgemeinen Vertragsschluß-Vorschriften im Allgemeinen Deutschen Handelsgesetzbuch (ADHGB) von 1861. Ein Beitrag zur Kodifikationsgeschichte des Privatrechts im 19. Jahrhundert. 1991.

Band 90 Gerhard Oberkofler: Die Vertreter des Römischen Rechts mit deutscher Unterrichtssprache an der Karls-Universität in Prag. Vom Vormärz bis 1945. 1991.

Band 91 Ulrich Andermann: Ritterliche Gewalt und bürgerliche Selbstbehauptung. Untersuchungen zur Kriminalisierung und Bekämpfung des spätmittelalterlichen Raubrittertums am Beispiel norddeutscher Hansestädte. 1991.

Band 92 Heinz Marcus Hanke: Luftkrieg und Zivilbevölkerung. Der kriegsvölkerrechtliche Schutz der Zivilbevölkerung gegen Luftbombardements von den Anfängen bis zum Ausbruch des Zweiten Weltkrieges. 1991.

Band 93 Kirsten Kraglund: Familien- und Erbrecht. Materielles Recht und Methoden der Rechtsanwendung in der Rechtsprechung des Oberappellationsgerichts der vier Freien Städte Deutschlands zu Lübeck. 1991.

Band 94 Reinhard Lorenz: Die politische und rechtliche Stellung des Proletariats in Preußen in der Zeit zwischen den Reformen und der Revolution 1848/49. 1991.

Band 95 Eric Hilgendorf: Die Entwicklungsgeschichte der parlamentarischen Redefreiheit in Deutschland. 1991.

Band 96 Hans J. Reiter: Die Handelsgesellschaft Villeroy & Boch von der Gründung 1836 bis zum Jahr 1878. 1992.

Band 97 Martin Johannes Heller: Reform der deutschen Rechtssprache im 18. Jahrhundert. 1992.

Band 98 Michael Kotulla: Die Tragweite der Grundrechte der revidierten preußischen Verfassung vom 31.01.1850. 1992.

Band 99 Michael Siefener: Hexerei im Spiegel der Rechtstheorie. Das crimen magiae in der Literatur von 1574 bis 1608. 1992.

Band 100 Andreas Ebert-Weidenfeller: Hamburgisches Kaufmannsrecht im 17. und 18. Jahrhundert. Die Rechtsprechung des Rates und des Reichskammergerichtes. 1992.

Band 101 Enno Bommel: Die Entstehung der Verwirkungslehre in der Krise des Positivismus. 1992.

Band 102 Ralph Steppacher: Die Berücksichtigung der bäuerlichen Postulate bei der Entstehung des ZGB und der Revision des OR. Ein Beitrag zur schweizerischen Kodifikationsgeschichte (1893 - 1912). 1992.

Band 103 Martin Fleckenstein: Die Todesstrafe im Werk Carl Joseph Anton Mittermaiers (1787 - 1867). Zur Entwicklungsgeschichte eines Werkbereichs und seiner Bedeutung für Theorie- und Methodenbildung. 1992.

Band 104 Jörn Eckert: Der Kampf um die Familienfideikommisse in Deutschland. Studien zum Absterben eines Rechtsinstitutes. 1992.

Band 105 Jörg Grotkopp: Beamtentum und Staatsformwechsel. Die Auswirkungen der Staatsformwechsel von 1918, 1933 und 1945 auf das Beamtenrecht und die personelle Zusammensetzung der deutschen Beamtenschaft. 1992.

Band 106 Andreas Rohde: Die Garantiehaftung des Vermieters und ihr Verhältnis zum Unmöglichkeitsrecht in dogmengeschichtlicher und modernrechtlicher Sicht. 1992.

Band 107 Tjark Siefke Kunstreich: Gesamtvertretung. Eine historisch-systematische Darstellung. 1992.

Band 108 Jürgen Krüger: Blindheit und Königtum. Die Blindheit des Königs Georg V. von Hannover als verfassungsrechtliches Problem. 1992.

Band 109 Wolfgang Putschek: Ständische Verfassung und autoritäre Verfassungspraxis in Österreich 1933-1938 mit Dokumentenanhang. Verfassung und Verfassungswirklichkeit. Mit einem Anhang: Denkschriften von Rechtsanwalt Dr. Erich Führer 1936/37. 1993.

Band 110 Klaus Hofmann: Die Verdrängung der Juden aus öffentlichem Dienst und selbständigen Berufen in Regensburg 1933-1939. 1993.

Band 111 Franz Kilger: Die Entwicklung des Telegraphenrechts im 19. Jahrhundert mit besonderer Berücksichtigung der technischen Entwicklung. Telegraphenrecht im 19. Jahrhundert. 1993.

Band 112 Wilhelm Brauneder (Hrsg.): Heiliges Römisches Reich und moderne Staatlichkeit. 1993.

Band 113 Thomas Heinrich: Das preußische Nichtehelichenrecht: Von der Aufklärung zur Reaktion. 1993.

Band 114 Gerald Kohl: Jagd und Revolution. Das Jagdrecht in den Jahren 1848 und 1849. 1993.

Band 115 Christian Schudnagies: Der Kriegs- oder Belagerungszustand im Deutschen Reich während des Ersten Weltkrieges. Eine Studie zur Entwicklung und Handhabung des deutschen Ausnahmezustandsrechts bis 1918. 1994.

Band 116 Elisabeth Bellmann: Die Internationale Kriminalistische Vereinigung (1889-1933). 1994.

Band 117 Julia Pfannkuch: Volksrichterausbildung in Sachsen 1945-1950. 1993.

Band 118 Jörg Offen: Von der Verwaltungsgemeinschaft des BGB von 1896 zur Zugewinngemeinschaft des Gleichberechtigungsgesetzes von 1957. 1994.

Band 119 Dorothee Kohlhas-Müller: Untersuchungen zur Rechtsstellung Theoderichs des Großen. 1995.

Band 120 Monika Rose: Das Gerichtswesen des Herzogtums Pfalz-Zweibrücken im 18. Jahrhundert. Ein Beitrag zur territorialen Gerichtsbarkeit im Alten Reich. 1994.

Band 121 Jörn Eckert / Hans Hattenhauer (Hrsg.): Bibel und Recht. Rechtshistorisches Kolloquium 9. - 13. Juni 1992 an der Christian-Albrechts-Universität zu Kiel. 1994.

Band 122 Robert Martin Mizia: Der Rechtsbegriff der Autonomie und die Begründung des Privatfürstenrechts in der deutschen Rechtswissenschaft des 19. Jahrhunderts. 1995.

Band 123 Walther Graf von Plettenberg: Das Fortleben des Liber Iudiciorum in Asturien/León (8. - 13. Jh.). 1994.

Band 124 Wolfgang Schulz: Das deutsche Börsengesetz. Die Entstehungsgeschichte und wirtschaftlichen Auswirkungen des Börsengesetzes von 1896. 1994.

Band 125 Frank Hagemann: Der Untersuchungsausschuß Freiheitlicher Juristen. 1949 – 1969. 1994.

Band 126 Andreas Rethmeier: "Nürnberger Rassegesetze" und Entrechtung der Juden im Zivilrecht. 1995.

Band 127 Edith Grether: Die Poesie der Throne. Die Juristen in der Fruchtbringenden Gesellschaft. 1995.

Band 128 Anna Bartels-Ishikawa: Der Lippische Thronfolgestreit. Eine Studie zu verfassungsrechtlichen Problemen des Deutschen Kaiserreiches im Spiegel der zeitgenössischen Staats. 1995.

Band 129 Jörg Schmidt: Otto Koellreutter 1883-1972. Sein Leben, sein Werk, seine Zeit. 1995.

Band 130 Christian Hattenhauer: Wahl und Krönung Franz II. AD 1792. Das Heilige Reich krönt seinen letzten Kaiser - Das Tagebuch des Reichsquartiermeisters Hieronymus Gottfried von Müller und Anlagen. 1995.

Band 131 Jutta v. der Decken: Das Seearbeitsrecht im Hamburger Stadtrecht von 1301 bis 1603. 1995.

Band 132 Detlev Schmidt: Die Reform des Rechts der Handelsvertreter von 1953. 1995.

Band 133 Gabi Roßdeutscher: Privatautonomie im Scheidungsrecht. Scheidungsbezogene Vereinbarungen in den letzten 200 Jahren. 1995.

Band 134 Harald Kahlenberg: Leben und Werk des Rechtshistorikers Walther Merk. Ein Beispiel für das Verhältnis von Rechtsgeschichte und Nationalsozialismus. 1995.

Band 135 Michael Steitz: Adelbert Düringer am Reichsgericht (1902-1915). Seine aktienrechtlichen Entscheidungen und sein Einfluß auf das Aktienrecht in Deutschland. 1995.

Band 136 Christian Becker: Beata Justorum Translatio. Juristen in schleswig-holsteinischen Leichenpredigten. 1996.

Band 137 Christoph Seiler: Vom Allgemeinen Landrecht zum Bürgerlichen Gesetzbuch. Dargestellt am Beispiel der höchstrichterlichen Judikatur zum kaufrechtlichen Sachmängelgewährleistungsrecht. 1996.

Band 138 Bernd Mayer: Die Vertrauensmännerausschüsse auf den preußischen Steinkohlegruben an der Saar. Entstehung und Wirken. Eine rechtshistorische Untersuchung. 1996.

Band 139 Rochus Scholl: Juden und Judenrecht im Herzogtum Pfalz-Zweibrücken. Ein Beitrag zur Rechtsgeschichte eines deutschen Kleinstaates am Ende des alten Reiches. 1996.

Band 140 Meike Bursch: Judentaufe und frühneuzeitliches Strafrecht. Die Verfahren gegen Christian Treu aus Weener/Ostfriesland 1720-1728. 1996.

Band 141 Markus Hillenbrand: Fürstliche Eheverträge. Gottorfer Hausrecht 1544 - 1773. 1996.

Band 142 Ulf Häder: Das gemeinschaftliche Oberappellationsgericht thüringischer Staaten in Jena. Ein Beitrag zur Geschichte des Gerichtswesens im 19. Jahrhundert. 1996.

Band 143 Andreas Bauer: Das Gnadenbitten in der Strafrechtspflege des 15. und 16. Jahrhunderts. Dargestellt unter besonderer Berücksichtigung von Quellen der Vorarlberger Gerichtsbezirke Feldkirch und des Hinteren Bregenzerwaldes. 1996.

Band 144 Christian Wirth: Der Jurist Johann Andreas Georg Friedrich Rebmann zwischen Revolution und Restauration. 1996.

Band 145 Stefanie Müller: Die Rechtsprechung des Hanseatischen Oberlandesgerichts zum persönlichen Eherecht in Hamburgischen Gerichtsfällen von 1879 -1900. 1996.

Band 146 Jean-Nicolas Morisset: Der Frachtvertrag in der *Ordonnance de la marine* von 1681. 1996.

Band 147 Dirk Lentfer: Die Glogauer Landesprivilegien des Andreas Gryphius von 1653. 1996.

Band 148 Wencke Mull: Die Haftung für Einsturzschäden nach den §§ 836-838 BGB in der Rechtsprechung des Reichsgerichts. 1996.

Band 149 Renate Zelger: Teufelsverträge. Märchen, Sage, Schwank, Legende im Spiegel der Rechtsgeschichte. 1996.

Band 150 Guido Kraß: Das Arrestverfahren in Frankfurt am Main im Spätmittelalter. 1996.

Band 151 F. Benedict Heyn: Die Entwicklung des Eisenbahnfrachtrechts von den Anfängen bis zur Einführung des Allgemeinen Deutschen Handelsgesetzbuches (ADHGB). 1996.

Band 152 Thomas Lang: Die Staats- und Verfassungslehre Carl Salomo Zachariaes. 1996.

Band 153 Michael Hebeis: Karl Anton von Martini (1726-1800). Leben und Werk. 1996.

Band 154 Gerald Hubert: Die Diskussion um die rechtliche Natur der Bizone in den Jahren 1947-1949. 1996.

Band 155 Christof Horn: Die Rechtsprechung des Reichsgerichts in Ehescheidungssachen der Jahre 1900 bis 1905. 1996.

Band 156 Hermann Nehlsen / Georg Brun (Hrsg.): Münchener rechtshistorische Studien zum Nationalsozialismus. 1996.

Band 157 Jan Otto Clemens Kehrberg: Die Entwicklung des Elektrizitätsrechts in Deutschland. Der Weg zum Energiewirtschaftsgesetz von 1935. 1997.

Band 158 Johannes Tradt: Der Religionsprozeß gegen den Zopfschulzen (1791-1799). Ein Beitrag zur protestantischen Lehrpflicht und Lehrzucht in Brandenburg-Preußen gegen Ende des 18. Jahrhunderts. 1997.

Band 159 Dietmar Olsen: Das kaufrechtliche Sachmängelgewährleistungsrecht des Code civil in der Rechtsprechung deutscher Gerichte im 19. Jahrhundert. Ein Beitrag zur Ablösung der Partikularrechte durch das BGB. 1997.

Band 160 Ulrich Bernhardt: Die Deutsche Akademie für Staats- und Rechtswissenschaft „Walter Ulbricht" 1948-1971. 1997.

Band 161 Claudia Susan Hoppe: Die Bürgschaft im Rechtsleben Hamburgs von 1600 bis 1900. 1997.

Band 162 Franz-Rudolf Ecker: Die Entwicklung des Bergrechts im Saarbrücker Steinkohlenrevier bis zum Ende des 18. Jahrhunderts. Ein Vergleich mit dem älteren deutschen Bergrecht. 1997.

Band 163 Anne Katrin Rückert: Politik und Privatrecht in der „konservativen Revolution". 1997.

Band 164 Gisbert Laube: Der Reichskunstwart. Geschichte einer Kulturbehörde 1919-1933. 1997.

Band 165 Nicolas Lührig: Die Diskussion über die Reform der Juristenausbildung von 1945 bis 1995. 1997.

Band 166 Regula Gerber Jenni: Die Emanzipation der mehrjährigen Frauenzimmer. Frauen im bernischen Privatrecht des 19. Jahrhunderts. 1997.

Band 167 Mischa A. Färber: Das gemeinschaftliche Testament in der höchstrichterlichen Rechtsprechung zum Allgemeinen Preußischen Landrecht und zum BGB. Ein Beitrag zur Ablösung der Partikularrechte durch das BGB. 1997.

Band 168 Catherine Antoinette Gasser: Philipp Lotmar 1850-1922. Professor der Universität Bern. Sein Engagement für das Schweizerische Arbeitsrecht. 1997.

Band 169 Lars Immisch: Der sozialistische Richter in der DDR und seine Unabhängigkeit. Der Versuch eines Rechtsvergleiches zum Unabhängigkeitsbegriff in der bundesdeutschen Rechtsordnung. 1997.

Band 170 Jessica Jacobi: Besitzschutz vor dem Reichskammergericht. Die friedenssichernde Funktion der Besitzschutzklagen am Reichskammergericht im 16. Jahrhundert, dargestellt anhand von Kameralisten. 1998.

Band 171 Ewald Hügemann: Die Geschichte des öffentlichen und privaten Mietpreisrechts vom Ersten Weltkrieg bis zum Gesetz zur Regelung der Miethöhe von 1974. 1998.

Band 172 Lutz Rentzow: Die Entstehungs- und Wirkungsgeschichte der Vernewerten Landesordnung für das Königreich Böhmen von 1627. 1998.

Band 173 Sabine Stürmer: Mühlenrecht im Herzogtum Pfalz-Zweibrücken während des 18. Jahrhunderts. Ein Beitrag zum Wirtschaftsrecht eines deutschen Kleinstaates im Alten Reich. 1998.

Band 174 Mario Bogisch: *Nemo testis in re sua*. Das Problem der Zeugnisfähigkeit bei der Anwendung der deutschen Zivilprozeßordnung von 1877. 1998.

Band 175 Rainer Oßwald: Pactane sunt servanda? Freiwilligkeit, Zwang und Unverbindlichkeitserklärungen im islamischen Vertragsrecht malikitischer Schule. 1998.

Band 176 Bettina Kern: Der preußische BGB-Entwurf von 1842. 1998.

Band 177 Inken Fuhrmann: Die Diskussion über die Einführung der fakultativen Zivilehe in Deutschland und Österreich seit Mitte des 19. Jahrhunderts. 1998.

Band 178 Annette Rieck: Der Heilige Ivo von Hélory (1247-1303). Advocatus pauperum und Patron der Juristen. 1998.

Band 179 Frank Bottenberg: Die Hamburgische Strafprozeßordnung von 1869. 1998.

Band 180 Matthias Krauß: Das kursächsische Postrecht von seinen Anfängen bis zum Ende des Alten Reichs. 1998.

Band 181 Torsten Schmidt: Die Entmündigung von den Anfängen des BGB bis zu ihrer Ablösung durch das Institut der Betreuung. 1998.

Band 182 Christian Nunn: Rudolf Müller-Erzbach. 1874-1959. Von der realen Methode über die Interessenjurisprudenz zum kausalen Rechtsdenken (Leben und Werk). 1998.

Band 183 Christian Ortloff: Das staatskirchenrechtliche System Wilhelm Traugott Krugs. Glaubens- und Gewissensfreiheit – eine Forderung der Vernunft. 1998.

Band 184 Christian Hattenhauer: Schuldenregulierung nach dem Westfälischen Frieden. Der sog. § *de indaganda* und seine Umsetzung im Jüngsten Reichsabschied (AD 1648 und 1654). 1998.

Band 185 Werner Schubert: Preußen im Vormärz. Die Verhandlungen der Provinziallandtage von Brandenburg, Pommern, Posen, Sachsen und Schlesien sowie – im Anhang – von Ostpreußen, Westfalen und der Rheinprovinz (1841-1845). 1998.

Band 186 Silvia Schumacher: Das Rechtsverhältnis zwischen Eltern und Kindern in der Privatrechtsgeschichte. 1999.

Band 187 Kai Sommer: Die Strafbarkeit der Homosexualität von der Kaiserzeit bis zum Nationalsozialismus. Eine Analyse der Straftatbestände im Strafgesetzbuch und in den Reformentwürfen (1871-1945). 1998.

Band 188 Jan Erik Backhaus: Volksrichterkarrieren in der DDR. 1999.

Band 189 Ralf Ruhnau: Die Fürstlich Thurn und Taxissche Privatgerichtsbarkeit in Regensburg. Ein Kuriosum der deutschen Rechtsgeschichte. 1999.

Band 190 Antonio Grilli: Die französische Justizorganisation am linken Rheinufer 1797-1803. 1999.

Band 191 Stephanie Kammerloher-Lis: Die Entstehung des Gesetzes über die religiöse Kindererziehung vom 15. Juli 1921. 1999.

Band 192 Jan Telp: Ausmerzung und Verrat. Zur Diskussion um Strafzwecke und Verbrechensbegriffe im Dritten Reich. 1999.

Band 193 Kurt von Pannwitz: Die Entstehung der Allgemeinen Deutschen Wechselordnung. Ein Beitrag zur Geschichte der Vereinheitlichung des deutschen Zivilrechts im 19. Jahrhundert. 1999.

Band 194 Sylvia Busch: Die Entstehung der Allgemeinen Gerichtsordnung für die Preussischen Staaten von 1793/95. Ein Beitrag zur Geschichte der Kodifikationsbewegung und der Reform des Zivilprozesses in Preußen im 18. Jahrhundert. 1999.

Band 195 Dirk Bieresborn: Klage und Klageerwiderung im deutschen und englischen Zivilprozeß. Eine rechtshistorische und rechtsvergleichende Untersuchung unter besonderer Berücksichtigung der Beeinflussung durch das römisch-kanonische Verfahren. 1999.

Band 196 Andreas Thier / Guido Pfeifer / Philipp Grzimek (Hrsg.): Kontinuitäten und Zäsuren in der Europäischen Rechtsgeschichte. Europäisches Forum Junger Rechtshistorikerinnen und Rechtshistoriker München 22.-24. Juli 1998. 1999.

Band 197 Franz Smola: Die Fürstlich Liechtenstein'sche Kunstsammlung. Rechtsfragen zur Verbringung der Sammlung von Wien nach Vaduz in den Jahren 1944/45. 1999.

Band 198 Frank Martin Krauss: Das geteilte Eigentum im 19. und 20. Jahrhundert. Eine Untersuchung zum Fortbestand des Teilungsgedankens. 1999.

Band 199 Matthias Frey: Die spanische Aktiengesellschaft im 18. Jahrhundert und unter dem Código de Comercio von 1829. 1999.

Band 200 Alexandra Gilde: Die Stellung der Frau im Reichsstrafgesetzbuch von 1870/71 und in den Reformentwürfen bis 1919 im Urteil der bürgerlichen Frauenbewegung. Eine Analyse ausgewählter Straftatbestände. 1999.

Band 201 Malte Dießelhorst / Arne Duncker: Hans Kohlhase. Die Geschichte einer Fehde in Sachsen und Brandenburg zur Zeit der Reformation. 1999.

Band 202 Jörg Hillmann: Territorialrechtliche Auseinandersetzungen der Herzöge von Sachsen-Lauenburg vor dem Reichskammergericht im 16. Jahrhundert. 1999.

Band 203 Carsten Engler: Die Kommanditgesellschaft (KG) und die stille Gesellschaft im Allgemeinen Deutschen Handelsgesetzbuch (ADHGB) von 1861. 1999.

Band 204 Vesta Hoffmann-Steudner: Die Rechtsprechung des Reichsgerichts zu dem Scheidungsgrund des § 49 EheG (EheG 1938) in den Jahren 1938-1945. 1999.

Band 205 Michaela Thiele: Die Auflösung von Arbeitsverhältnissen aufgrund Anfechtung und außerordentlicher Kündigung nach der Rechtsprechung des Reichsarbeitsgerichts (1927-1945). 2000.

Band 206 Peter Landau / Hermann Nehlsen / Mathias Schmoeckel (Hrsg.): Karl von Amira zum Gedächtnis. 1999.

Band 207 Marcus Flinder: Die Entstehungsgeschichte des Zivilgesetzbuches der DDR. 1999.

Band 208 Boris Franz Leo Bromm: Die Entstehungsgeschichte des Berufs des Handelsvertreters. Unter besonderer Berücksichtigung der Sozialgesetzgebung in den Jahren von 1871-1933. 2000.

Band 209 Winfried C. J. Eberstein: Das Tierschutzrecht in Deutschland bis zum Erlaß des Reichs-Tierschutzgesetzes vom 24. November 1933. Unter Berücksichtigung der Entwicklung in England. 1999.

Band 210 Patrick Deller: Der „nach dem Vertrage" vorausgesetzte Gebrauch (§ 459 Absatz 1 Satz 1 BGB). Eine kaufrechtliche Untersuchung unter Berücksichtigung rechtshistorischer wie rechtsvergleichender Grundlagen. 2000.

Band 211 Eckard Freiherr von Bodenhausen: Haftung des Geschäftsherrn für Verrichtungsgehilfen im Straßen- und Schienenverkehr. Eine Analyse der Entscheidungen des Reichsgerichts zu § 831 BGB (1900-1945). 2000.

Band 212 Birte Gast: Der Allgemeine Teil und das Schuldrecht des Bürgerlichen Gesetzbuchs im Urteil von Raymond Saleilles (1855-1912). 2000.

Band 213 Hansjörg Michael Huber: Koloniale Selbstverwaltung in Deutsch-Südwestafrika. Entstehung, Kodifizierung und Umsetzung. 2000.

Band 214 Ulf Björner: Die Verfassungsgerichtsbarkeit im Norddeutschen Bund und Deutschen Reich (1867-1918). Eine rechtshistorische Untersuchung über Gerichtsbarkeit im Spannungsfeld von Politik und Recht innerhalb der von Bismarck geschaffenen deutschen Bundesstaaten. 2000.

Band 215 Mathias Freiherr von Rosenberg: Friedrich Carl von Savigny (1779-1861) im Urteil seiner Zeit. 2000.

Band 216 Reinhard Binder-Krieglstein: Österreichisches Adelsrecht 1868-1918/19. Von der Ausgestaltung des Adelsrechts der cisleithanischen Reichshälfte bis zum Adelsaufhebungsgesetz der Republik unter besonderer Berücksichtigung des adeligen Namensrechts. 2000.

Band 217 Claudia-Regine Nerius: Johannes Lehmann-Hohenberg (1851-1925). Eine Studie zur völkischen Rechts- und Justizkritik im Deutschen Kaiserreich. 2000.

Band 218 Ludger Meuten: Die Erbfolgeordnung des Sachsenspiegels und des Magdeburger Rechts. Ein Beitrag zur Geschichte des sächsisch-magdeburgischen Rechts. 2000.

Band 219 Christoph Alexander von Wilcken: Die Reformbestrebungen zum Genossenschaftsgesetz in der Frühzeit der Bundesrepublik. Die Beratungen der Sachverständigenkommission zur Überprüfung des Genossenschaftsrechts 1954 bis 1958 und der Referentenentwurf von 1962. 2000.

Band 220 Verein Junger RechtshistorikerInnen Zürich (Hrsg.): ¿Rechtsgeschichte(n)? ¿Histoire(s) du droit? ¿Storia/storie del diritto? ¿Legal Histori(es)? Europäisches Forum Junger Rechtshistorikerinnen und Rechtshistoriker Zürich 28.-30. Mai 1999. 2000.

Band 221 Hans Christian Schüler: Die Entstehungsgeschichte der Bundesnotarordnung vom 24. Februar 1961. 2000.

Band 222 Nils-Eberhard Schramm: Die Vereinigung demokratischer Juristen (1949-1999). 2000.

Band 223 Silke Anke Torp: Das Rechtsverhältnis zwischen den Eltern und ihren Kindern. Dienstleistungspflicht, Aussteuer und Ausstattung. Eine Analyse der Rechtsprechung des Reichsgerichts und des Reichsarbeitsgerichts zu den Vorschriften der §§ 1616 bis 1625 des Bürgerlichen Gesetzbuches in der Zeit von 1900 bis 1945. 2000.

Band 224 Martin Jürgen Maaß: Die Geschichte des Eigentumsvorbehalts, insbesondere im 18. und 19. Jahrhundert. 2000.

Band 225 Stefanie Langer: Rechtswissenschaftliche Itinerarien. Lebenswege namhafter europäischer Juristen vom 11. bis zum 18. Jahrhundert. 2000.

Band 226 Ulrich Schmitz: Der Unterhaltsanspruch des nichtehelichen Kindes gegen seinen Erzeuger. Die rechtsgeschichtliche und dogmatische Entwicklung im deutschen Recht. 2000.

Band 227 Sebastian Günther: Friedrich Carl von Savigny als Grundherr. 2000.

Band 228 Henning Ibs: Hermann J. Held (1890-1963). Ein Kieler Gelehrtenleben in den Fängen der Zeitläufe. 2000.

Band 229 Matthias Rücker: Wirtschaftswerbung unter dem Nationalsozialismus. Rechtliche Ausgestaltung der Werbung und Tätigkeit des Werberats der deutschen Wirtschaft. 2000.

Band 230 Hendrik Sandmann: Die Entwicklung von Begriff und Inhalt des Wirtschaftchsrechts durch die Rechtswissenschaft in der Weimarer Republik. 2000.

Band 231 Sibylle Müller: Gibt es Menschenrechte bei Samuel Pufendorf? 2000.

Band 232 Karin Olechowski-Hrdlicka: Die gemeinsamen Angelegenheiten der Österreichisch-Ungarischen Monarchie. Vorgeschichte – Ausgleich 1867 – Staatsrechtliche Kontroversen. 2001.

Band 233 Johannes Mierau: Die juristischen Abschluß- und Diplomprüfungen in der SBZ/DDR. Ein Einblick in die Juristenausbildung im Sozialismus. 2001.

Band 234 Jörg Wolff (Hrsg.): Stillstand, Erneuerung und Kontinuität. Einsprüche zur Preußenforschung. 2001.

Band 235 Friedo Schröder: Die anwaltliche Tätigkeit während der nationalsozialistischen Herrschaft. Eine Analyse der anwaltlichen Argumentation in Zivilprozessen anhand der vorhandenen Prozeßakten der Landgerichte Frankenthal, Wiesbaden, Limburg und Frankfurt und der Handakten der *jüdischen Konsulenten* des OLG-Bezirks Frankfurt. 2001.

Band 236 Der Code pénal des Königreichs Westphalen von 1813 mit dem Code pénal von 1810 im Original und in deutscher Übersetzung. Herausgegeben und mit einer Einleitung versehen von Werner Schubert. 2001.

Band 237 Klaus Richter: Deutsches Kolonialrecht in Ostafrika 1885-1891. 2001.

Band 238 Kai von Lewinski: Deutschrechtliche Systembildung im 19. Jahrhundert. 2001.

Band 239 Alexander Herzog: Sittenwidrige Rechtsgeschäfte in der höchstrichterlichen Rechtsprechung aus den Jahren 1948-1965. 2001.

Band 240 Claudia Rönnau: Die Beratungen des Wasserrechtsausschusses der Akademie für Deutsches Recht zu einem Reichswassergesetz (1934-1941). Ein Beitrag zur Dogmatik der Begriffe *Gemeingebrauch* und *Sondergebrauch* in der Zeit des Nationalsozialismus. 2001.

Band 241 Momme Rohlack: Kriegsgesellschaften (1914-1918). Arten, Rechtsformen und Funktionen in der Kriegswirtschaft des Ersten Weltkrieges. 2001.

Band 242 Rolf Geyer: Der Gedanke des Verbraucherschutzes im Reichsrecht des Kaiserreichs und der Weimarer Republik (1871-1933). Eine Studie zur Geschichte des Verbraucherrechts in Deutschland. 2001.

Band 243 Felix Lorenz Benjamin Lehmann: Der Rote Adlerorden. Entstehung und rechtliche Grundlagen (1705-1918). 2002.

Band 244 Marc Ludwig: Der Pfändungsschutz für Lohneinkommen. Die Entstehungs- und Entwicklungsgeschichte der Vorschriften zum Schutz vor Lohnpfändung in Deutschland. 2001.

Band 245 Alexander Wachter: Dorfschule zwischen Pastor und Schulmeister. Zur Säkularisierung des niederhessischen Schulwesens im 19. Jahrhundert. 2001.

Band 246 Richard Scholz: Analyse der Entstehungsbedingungen der reichsgerichtlichen Aufwertungsrechtsprechung. Untersuchung unter besonderer Berücksichtigung der konservativen Geldpolitik der Reichsbank und der Inflationspolitik der Reichsregierung. 2001.

Band 247 Judith Laeverenz: Märchen und Recht. Eine Darstellung verschiedener Ansätze zur Erfassung des rechtlichen Gehalts der Märchen. 2001.

Band 248 Christina Schenk: Bestrebungen zur einheitlichen Regelung des Strafvollzugs in Deutschland von 1870 bis 1923. 2001.

Band 249 Nils Werner: Die Prozesse gegen die Landvolkbewegung in Schleswig-Holstein 1929/32. Ein Beitrag zur Justizkritik in der späten Weimarer Republik. 2001.

Band 250 Wolfgang Walter: Das Duell in Bayern. Ein Beitrag zur bayerischen Strafrechtsgeschichte. 2002.

Band 251 Jörn Eckert / Kjell Å. Modéer (Hrsg.): Geschichte und Perspektiven des Rechts im Ostseeraum. Erster Rechtshistorikertag im Ostseeraum 8.–12. März 2000. 2001.

Band 252 Jan Könighaus: Die Inauguration der Christian-Albrechts-Universität zu Kiel 1665. Symbolgehalt und rechtliche Bedeutung des Universitätszeremoniells. 2002.

Band 253 Andreas Görgen: Rechtssprache in der Frühen Neuzeit. Eine vergleichende Untersuchung der Fremdwortverwendung in Gesetzen des 16. und 17. Jahrhunderts. 2002.

Band 254 Ralf Schäfer: Die Rechtsstellung der Haigerlocher Juden im Fürstentum Hohenzollern-Sigmaringen von 1634-1850. Eine rechtsgeschichtliche Untersuchung. 2002.

Band 255 Regine Schmalhorst: Die Tierhalterhaftung im BGB von 1896. Die Entstehung und Änderung des § 833 BGB sowie eine Analyse der Rechtsprechung des Reichsgerichts bis 1908. 2002.

Band 256 Thomas Hense: Konrad Beyerle. Sein Wirken für Wissenschaft und Politik in Kaiserreich und Weimarer Republik. 2002.

Band 257 Christian Mahlmann: Die Strafrechtswissenschaft der DDR. Klassenkampftheorie und Verbrechenslehre. 2002.

Band 258 Henning Kahmann: Die Bankiers von Jacquier & Securius 1933–1945. Eine rechtshistorische Fallstudie zur "Arisierung" eines Berliner Bankhauses. Mit einem Geleitwort von John Kornblum. 2002.

Band 259 Volker Friedrich Drecktrah: Die Gerichtsbarkeit in den Herzogtümern Bremen und Verden und in der preußischen Landdrostei Stade von 1715 bis 1879. 2002.

Band 260 Andreas Klass: Standes- oder Leistungselite? Eine Untersuchung der Karrieren der Wetzlarer Anwälte des Reichskammergerichts (1693-1806). 2002.

Band 261 Wolfgang Eder: Das italienische Tribunale Speciale per la Difesa dello Stato und der deutsche Volksgerichtshof. Ein Vergleich zwischen zwei politischen Gerichtshöfen. 2002.

Band 262 Albrecht Cordes / Bernd Kannowski (Hrsg.): Rechtsbegriffe im Mittelalter. 2002.

Band 263 Thomas Hildebrandt: Die Brandenburgischen Provinziallandtage von 1841, 1843, und 1845 anhand ausgewählter Verhandlungsgegenstände. 2002.

Band 264 Jan Finzel: Georg Adam Struve (1619–1692) als Zivilrechtler. 2003.

Band 265 Björn Carsten Frenzel: Das Selbstverständis der Justiz nach 1945. Analyse der Rolle der Justiz unter Berücksichtigung der Reden zur *Wiedereröffnung* der Bundes- und Oberlandesgerichte. 2003.

Band 266 Nils Reichhelm: Die marxistisch-leninistische Staats- und Rechtstheorie Karl Polaks. 2003.

Band 267 Raik Schneider: Altrechtliche Personenzusammenschlüsse. Ihre Entwicklung unter besonderer Berücksichtigung des Rechts des Großherzogtums Sachsen-Weimar-Eisenach sowie der Herzogtümer Sachsen-Meiningen und Sachsen-Gotha. 2003.

Band 268 Anke Meier: Die Geschichte des deutschen Konkursrechts, insbesondere die Entstehung der Reichskonkursordnung von 1877. 2003.

Band 269 Stefan Jens Jordan: Leben und Werk des Tübinger Rechtsprofessors Wilhelm Gottlieb Tafinger 1760–1813. 2003.

Band 270 Stefanie Hubig: Die historische Entwicklung des § 23 ZPO. Zum Ursprung und Fortleben des Vermögensgerichtsstandes im deutschen Prozeßrecht des 19. Jahrhunderts. 2003.

Band 271 Michael G. Perband: Der Grundsatz der freien Beweiswürdigung im Zivilprozeß (§ 286 ZPO) in der Rechtsprechung des Reichsgerichts. 2003.

Band 272 Mathias Bouveret: Die Stellung des Staatsoberhauptes in der parlamentarischen Diskussion und Staatsrechtslehre von 1848 bis 1918. 2003.

Band 273 Barbara Széchényi: Rechtliche Grundlagen bayerischer Zensur im 19. Jahrhundert. 2003.

Band 274 Sylvia Scharfenberg: Die Entstehungsgeschichte des Beurkundungsgesetzes vom 28. August 1969. 2003.

Band 275 Urte Nesemann: Die schwedische Familiengesetzgebung von 1734 bis zu den Reformgesetzen von 1915 bis 1920 und deren Einfluss auf die Gesetzgebungsprojekte der Weimarer Republik. Unter besonderer Berücksichtigung der Rechtsstellung der Frau und des unehelichen Kindes. 2003.

Band 276 Alexandra Brück: Die Polizeiordnung Herzog Christians von Braunschweig-Lüneburg vom 6. Oktober 1618. 2003.

Band 277 Torsten Landwehr: Das Kommissionsgeschäft in Rechtswissenschaft, Gesetzgebung und Rechtspraxis vom 16. bis zum Ende des 18. Jahrhunderts. 2003.

Band 278 Tassilo Wilhelm Maria Englert: Deutsche und italienische Zivilrechtsgesetzgebung von 1933–1945. Parallelen in der Rechtsetzung und gegenseitige Beeinflussung unter besonderer Berücksichtigung des Familien- und Erbrechts. 2003.

Band 279 Tobias Prang: Der Schutz der Versicherungsnehmer bei der Auslegung von Versicherungsbedingungen durch das Reichsgericht. 2003.

Band 280 Thorsten Lieb: Privileg und Verwaltungsakt. Handlungsformen der öffentlichen Gewalt im 18. und 19. Jahrhundert. 2004.

Band 281 Michael Rühling: Das Ladenschlussgesetz vom 28. November 1956. Vorgeschichte, Entstehung des Gesetzes und weitere Entwicklung. 2004.

Band 282 Kathrin Nawotki: Die schleswigsche Deichstavengerechtigkeit. Vom 17. Jahrundert bis in die Gegenwart. Eine gewohnheitsrechtliche Superfizies an nordfriesischen Deichgrundstücken und ihre Entwicklung. 2004.

Band 283 Erik Nils Voigt: Die Gesetzgebungsgeschichte der militärischen Ehrenstrafen und der Offiziersehrengerichtsbarkeit im preußischen und deutschen Heer von 1806 bis 1918. 2004.

Band 284 Dorothea Riedi Hunold: Die Einführung der allgemeinen Wechselfähigkeit in der Schweiz in der zweiten Hälfte des 19. Jahrhunderts. Unter besonderer Berücksichtigung der politischen, wirtschaftlichen und sozialen Verhältnisse. 2004.

Band 285 Thomas Gergen: Pratique juridique de la paix et trêve de Dieu à partir du concile de Charroux (989–1250). Juristische Praxis der Pax und Treuga Dei ausgehend vom Konzil von Charroux (989–1250). 2004.

Band 286 Kathrin Bethkenhagen: Die Entwicklung des Luftrechts bis zum Luftverkehrsgesetz von 1922. 2004.

Band 287 Heiko Lüpkes: Die Verbrechen der Diener des Staats im Allgemeinen Landrecht für die Preußischen Staaten von 1794 und ihre Entwicklung zu den Vergehen und Verbrechen im Amte im Strafgesetzbuch für die Preußischen Staaten von 1851. 2004.

Band 288 Mirco Peter Hirsch: Von der Erbbescheinigung des Preußischen Rechts zum Erbschein des Bürgerlichen Gesetzbuchs. 2004.

Band 289 Bettina Günther: Die Behandlung der Sittlichkeitsdelikte in den Policeyordnungen und der Spruchpraxis der Reichsstädte Frankfurt am Main und Nürnberg im 15. bis 17. Jahrhundert. 2004.

Band 290 Seunghyeon Seong: Der Begriff der *nicht gehörigen Erfüllung* aus dogmengeschichtlicher und rechtsvergleichender Sicht. 2004.

Band 291 Steffen-Werner Meyer: Bemühungen um ein Reichsgesetz gegen den Büchernachdruck. Anläßlich der Wahlkapitulation Leopolds II. aus dem Jahre 1790. 2004.

Band 292 Ulrich Löffler: Instrumentalisierte Vergangenheit. Die nationalsozialistische Vergangenheit als Argumentationsfigur in der Rechtsprechung des Bundesverfassungsgerichts. 2004.

Band 293 Norbert Koch: Die Entwicklung des deutschen privaten Immissionsschutzrechts seit Beginn der Industrialisierung. Unter besonderer Berücksichtigung des Einflusses der höchstrichterlichen Rechtsprechung. 2004.

Band 294 Julius Ludwig Pfeiffer: Das Tierschutzgesetz vom 24. Juli 1972. Die Geschichte des deutschen Tierschutzrechts von 1950 bis 1972. 2004.

Band 295 Bert-Hagen Strodthoff: Die richterliche Frage- und Erörterungspflicht im deutschen Zivilprozeß in historischer Perspektive. 2004.

Band 296 Tim Kannewurf: Die Höfeordnung vom 24. April 1947. Entstehungsgeschichte und Einordnung in die Entwicklung des Anerbenrechts. 2004.

www.peterlang.de

Alfred Scheidler

# NATO-Truppenübungsplätze zwischen Staatenimmunität und Gebietshoheit

## Geltung und Anwendung des deutschen Bau- und Immissionsschutzrechts

Frankfurt am Main, Berlin, Bern, Bruxelles, New York, Oxford, Wien, 2003.
XXII, 262 S.
Europäische Hochschulschriften: Reihe 2, Rechtswissenschaft. Bd. 3626
ISBN 3-631-50775-5 · br. € 51.50*

Deutschland beherbergt im Rahmen der NATO eine große Anzahl ausländischer Truppen. Deren Übungstätigkeit beeinträchtigt naturgemäß Bevölkerung und Umwelt. Die entstehenden Konflikte rufen nach rechtlicher Regelung, die dadurch erschwert wird, dass auf der einen Seite ausländische Hoheitsträger stehen. Spezialregelungen sind erforderlich, um völkerrechtliche Belange mit denen des deutschen Rechts zu koordinieren. Sie finden sich im NATO-Truppenstatut nebst Zusatzabkommen. Für den wichtigen Bereich des Bau- und Immissionsschutzrechts untersucht die Arbeit, inwieweit deutsches Recht bei baulichen Maßnahmen der Stationierungsstreitkräfte zur Anwendung gelangt. Dabei wird auch aufgezeigt, wie sich nach der deutschen Wiedervereinigung die Rechtslage verändert und aus deutscher Sicht verbessert hat.

*Aus dem Inhalt*: Grundlagen der Stationierung von NATO-Streitkräften in der Bundesrepublik Deutschland · Anwendbarkeit deutschen Rechts und seine Durchsetzung · Die Regelungen zur Liegenschaftsnutzung im Truppenrecht · Die Anwendung des deutschen Bau- und Immissionsschutzrechts · Rechtsschutzmöglichkeiten Dritter und übergangener Gemeinden

FSC
www.fsc.org
MIX
Papier | Fördert gute Waldnutzung
FSC® C083411

Kolibri 360 GmbH
Ferdinand-Jühlke-Straße 7
99095 Erfurt, Deutschland
produktsicherheit@kolibri360.de

Druck:
CPI Druckdienstleistungen GmbH
im Auftrag der
Kolibri 360 GmbH
Ferdinand-Jühlke-Str. 7
99095 Erfurt